*확*풀리는

역사 교과서 이야기

조선왕조사

확풀리는 역사 교과서 이야기
조선왕조사
1판 1쇄 발행일 2013년 11월 25일

지은이 | 윤병욱
펴낸이 | 김재희
펴낸곳 | 화담 출판사

주   소 | 주소 경기도 파주시 청암로 28
전   화 | (031) 923-3549
팩   스 | (031) 923-3358
E-mail hwadambooks@hanmail.net
출판등록 | 제 406-2013-000060호
I S B N | 978-89-87835-71-6 13910

잘못 만들어진 책은 바꾸어 드립니다.

확 풀리는
역사 교과서 이야기
조선왕조사

윤병욱 지음

화담출판사

책을 읽기 전에

 【조선왕조실록】은 조선의 첫 번째 왕 태조부터 제25대 왕이었던 철종 때까지 472년간(1392-1863)의 역사를 편년체(編年體 : 역사적 사실을 일어난 순서대로 기술하는 역사서술의 한 방식)로 기록한 책이다. 【조선왕조실록】은 조선시대 사회, 경제, 문화, 정치 등 다방면에 걸쳐 기록되어 있으며 역사적 진실성과 신빙성이 매우 높다. 또한 사료의 편찬에 있어서 사관이라는 관직의 독립성과 기술에 대한 비밀성도 보장되었다. 실록을 편찬하는 작업은 다음 왕이 즉위한 후 실록청을 열고 관계된 관리를 배치하여 펴냈으며 사초는 임금이라 해도 함부로 열어볼 수 없도록 비밀을 보장하였다. 사료가 완성된 후에는 특별히 설치한 사고(史庫 : 실록을 보관하던 창고)에 각 1부씩 보관하였는데 임진왜란과 병자호란을 거치면서 많은 부분이 소실되었지만 20세기 초까지 태백산, 정족산, 적상산, 오대산의 사고에 남아 있는 자료를 활용하여 완성하였다. 이 책은 수백 권에 달하는 【조선왕조실록】에서 중요한 부분만 발췌하였다. 방대한 역사를 간추리는데 어려움이 많았지만 우리 역사 인식에 도움이 되었으면 하는 바람이다.

역사는 언제 보아도 교훈과 흥미를 주기 마련이다. 그것은 역사를 통하여 옛 선현들의 지혜를 배울 수 있고, 우리의 전통을 찾을 수 있기 때문이다. 이는 현대를 살아가는 우리의 의식이나 생활양식이 근간을 밝히는 당위성을 제공한다. 이 책은 중, 고교생은 물론 모든 일반인들이 꼭 읽어야 할 책이다. 누구나 흥미롭게 읽을 수 있게 하기 위해 이야기 식으로 엮었고 야사를 곁들여 정사의 뒤에 가려져있던 새로운 사실도 추가하여 이야기의 재미를 더하였다.
　또 각 장의 마지막에 앞에서 읽은 내용 중 중요한 부분을 한 번 더 점검하고 기술할 수 있는 질문을 만들어서 학습에도 도움이 되고자 했다.

윤병욱

차례

책을 읽기 전에 4

태조실록

| 태조 가계도 | 16 |
| 태조실록 제1대(1335년~1408년) | 17 |
확 풀리는 태조 18
『태조실록』 18
이성계의 계보와 태몽이야기 19
이성계의 탄생이야기 23
신궁 이성계 25
영웅과 활솜씨 26
위화도 회군과 조선의 태동 29
아집으로 망한 고려 오백년 33
정몽주와 이방원 39
정몽주의 거사 실패 42
제1차 왕자의 난 45
용서받지 못할 자 49
요점정리 | 조선 건국까지의 시대적 배경과 이성계의 생애와 업적 54

정종실록

정종 가계도 58
정종실록 제2대 (1357~1419년) 59
확 풀리는 정종 59
『정종실록』 60
2차 왕자의 난, 방간의 실수 60
요점정리 | 조선시대 인사 청탁 금지법 65

태종실록

태종 가계도	68
태종실록 제3대 (1367~1422년)	69
확 풀리는 태종	69
『태종실록』	71
시대를 꿰뚫어 본 양녕대군	71
천운을 타고난 태종 이방원	73
요점정리 ㅣ 태종의 개혁정치	77

세종실록

세종 가계도	83
세종실록 제4대 (1337~1450년)	84
확 풀리는 세종	85
『세종실록』	86
공부하는 임금이 되다.	86
외척을 견제하여 죽은 세종의 장인	87
청빈의 대표주자 황희 정승	89
조선 최고의 황금기를 이룬 세종	90
요점정리 ㅣ 세종의 등극 배경과 세종의 북방정책	94

문종실록

문종 가계도	101
문종실록 제5대 (1414~1452년)	102
확 풀리는 문종	102
『문종실록』	103
조선 최초 동성연애 사건	103
문종의 예언	106
요점정리 ㅣ 『고려사』의 편찬 과정과 가치	108

단종가계도	116
단종실록 제6대 (1441~1457년)	117
확 풀리는 단종	118
『단종실록』	118
김종서의 죽음	120
사육신의 죽음	124
요점정리 계유정난과 단종복위운동	128

세조 가계도	145
세조실록 제7대 (1417~1468년)	146
확 풀리는 세조	147
『세조실록』	147
영월의 눈물	148
강에 던져진 단종의 시신	151
꿈속에서 세조를 꾸짖은 현덕왕후	153
요점정리 왕도정치를 주장한 세조	155

예종 가계도	180
예종실록 제8대 (1450~1469년)	181
확 풀리는 예종	181
『예종실록』	182
14개월의 만은 치세	183
옛 것을 몰아내고 새 것을 맞이할 징조	186
요점정리 예종은 몇 살 때 자식을 얻었을까?	189

성종실록

성종 가계도	190
성종실록 제9대 (1457~1494년)	191
확 풀리는 성종	191
『성종실록』	192
수렴청정과 파당의 시작	192
용안을 할퀸 왕비의 손톱	194
요점정리 조선 성종대 정희왕후의 수렴청정에 특징	196

연산군일기

연산군 가계도	206
연산군 일기 제10대 (1476~1506년)	207
확 풀리는 연산군	207
『연산군일기』	208
지문에 얽힌 비밀	209
임금을 망친 간신들	213
색정 연산군	216
연산군의 횡포	216
폐비 윤씨의 복수	217
요점정리 1. 연산군의 만행 2. 무오사화	219

중종실록

중종 가계도	224
중종실록 제11대 (1488~1544년)	225
확 풀리는 중종	225
『중종실록』	226
위기의 연산군	226
인왕산 치마바위의 전설	228
왕비자리 다툼	230
아집에 망한 이상주의자	231

사랑하는 신하와의 이별	232
요점정리	
중종반정과 조광조 조광조의 개혁정치-누구를 위한 개혁인가?	234

인종실록

인종 가계도	244
인종실록 제12대 (1515~1545년)	245
확 풀리는 인종	245
『인종실록』	246
문정왕후의 질투	246
쥐꼬리에 얽힌 비화	247
난정의 활약	249
요점정리 조선시대 최악으로 불리는 여인 문정왕후 윤 씨	251

명종실록

명종 가계도	258
명종실록 제13대 (1534~1567)	259
확 풀리는 명종	259
『명종실록』	260
난정의 활약	261
문정왕후와 보우의 밀애	262
수렴청정을 거부한 인순왕후	264
요점정리 조선 명종대 문정왕후의 수렴청정이 실시된 배경	266

선조실록

선조 가계도	268
선조실록 제14대 (1552~1608년)	269
확 풀리는 선조	269
『선조실록』	270
붕당의 시작과 끝	271
정감록과 정도령	273
선조의 현명한 판단	275
비련의 영창대군	277
돌아온 귀양자의 횡포	278
요점정리	조선의 14대 왕 선조는 누구인가?	281

광해군일기

광해군 가계도	303
광해군일기 제15대 (1571~1641년)	304
확 풀리는 광해군	305
『광해군일기』	305
세자 광해군의 울분	306
친정 정치로 흔들리는 조정	308
죽음으로 끝난 인목대비의 원한	310
여장부 인목대비	311
요점정리	광해군의 일생	314

인조실록

인조 가계도	328
인조실록 제16대 (1595~1649년)	329
확 풀리는 인조	329
『인조실록』	330
반란의 서막	331
이괄의 반란	334

죄없이 죽어간 왕손들	338
강빈의 음모와 비운의 세자	339
요점정리 │ 인조 때 이괄의 난의 역사적 배경	341

효종실록

효종 가계도	343
효종실록 제17대 (1619~1659년)	344
확 풀리는 효종	344
『효종실록』	345
효종의 북벌정책	346
비운의 왕	347
못다 이룬 북벌의 꿈	348
요점정리 │ 효종이 북벌정벌을 이루기 위해 한 노력	352

현종실록

현종 가계도	355
현종실록 제18대 (1641~1674년)	356
확 풀리는 현종	357
『현종실록』	358
1차 예송사건	358
2차 예송사건	360
병약한 임금	361
요점정리 │ 현종 대 예송논쟁으로 전개된 서인과 남인 간 당파싸움	363

숙종실록

숙종 가계도	365
숙종실록 제19대 (1661~1720년)	366
확 풀리는 숙종	366
『숙종실록』	367
장막과 차일의 비화	368
나인 장 씨의 꿈	372
게장에 숨은 비밀	373
요점정리 당파의 희생양 장희빈에 대해 설명하시오	379

경종실록

경종 가계도	381
경종실록 제20대 (1688~1724년)	382
확 풀리는 경종	383
『경종실록』	383
조정을 어지럽힌 패거리들	384
임금을 능멸한 대신들	384
신임사화의 비밀 '칼로써'와 '독약으로써'	389
요점정리 조선 경종은 왜 독살 당했는가?	391

영조실록

영조 가계도	396
영조실록 제21대 (1694~1776년)	397
확 풀리는 영조	397
『영조실록』	398
탕평책의 효과	399
사도세자의 탄생	400
사도세자의 죽음에 대한 비화	402
영조의 때 늦은 후회	406
출생의 비밀	408
요점정리 영조대 탕평책을 통해 18세기 정치사	410

정조실록

정조 가계도 　　　　　　　　　　　　　　　433
정조실록 제22대 (1752~1800년) 　　　　　　434
확 풀리는 정조　　　　　　　　　　　　　434
『정조실록』　　　　　　　　　　　　　　　436
홍국영의 지혜로 목숨을 구한 세손　　　　　436
조선의 신도시 건설　　　　　　　　　　　　438
마음 약한 임금　　　　　　　　　　　　　　439
요점정리 정조의 왕권 정치 방법　　　　　443

순조실록

순조 가계도　　　　　　　　　　　　　　　453
순조실록 제23대 (1790~1834년) 　　　　　　454
확 풀리는 순조　　　　　　　　　　　　　454
『순조실록』　　　　　　　　　　　　　　　455
천도교 탄압의 시작　　　　　　　　　　　　456
수렴청정과 홍경래의 난　　　　　　　　　　457
요점정리 홍경래 난의 원인과 결과 그리고 영향　　461

헌종실록

헌종 가계도　　　　　　　　　　　　　　　483
헌종실록 제24대 (1827~1849년) 　　　　　　484
확 풀리는 헌종　　　　　　　　　　　　　484
『헌종실록』　　　　　　　　　　　　　　　485
세도정치에 놀아난 임금　　　　　　　　　　486
요점정리 낙선재와 연경당 특징　　　　　488

철종실록

철종 가계도	489
철종실록 제25대 (1831~1863년)	490
확 풀리는 철종	491
『철종실록』	492
일자무식꾼 강화도령의 행운	492
요점정리 철종대 순원왕후의 수렴청정의 특징	495

고종실록

고종 가계도	496
고종실록 제26대 (1852~1919년)	497
확 풀리는 고종	498
『고종실록』	499
숨 막히는 왕위 계승	500
흥선대원군의 10년 정치	504
몰락하는 조선 왕실	506
요점정리 경운궁을 통해 고종의 국난극복의 상징성	510

순종실록

순종 가계도	517
순종실록 제27대 (1874~1926년)	518
확 풀리는 순종	518
『순종실록』	519
한일합방과 오적들	519
순종황제의 유언과 6·10만세운동	521
순종황제는 성불구자?	522
요점정리 조선 24대 순종의 죽음	524

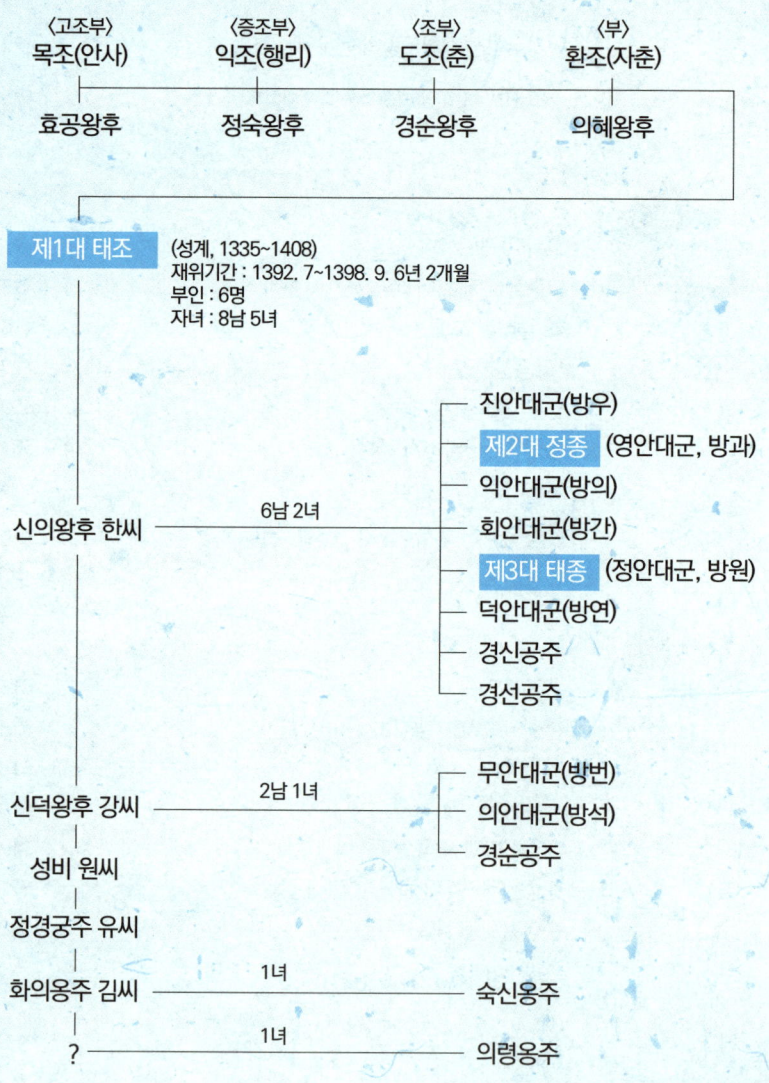

태조실록
제1대 (1335년~1408년)

태조의 본관은 전주로 초명은 성계, 자는 중결, 호는 송헌이다. 왕위에 오른 후 이름을 단, 자를 군진으로 고쳤다. 그는 고려 말 동녘면 신흥 군벌 이자춘과 어머니 최한기의 딸 의비최씨의 둘째 아들이다.

요동정벌에 나섰다가 위화도에서 회군하여 최영을 제거하고 우왕을 폐한 뒤 창왕을 옹립했다. 이듬해 창왕을 폐하고 공양왕을 옹립한 뒤 스스로 수문하시중이 되었다.

1391년 삼군도총제사가 된 후 다음해인 1392년 7월, 공양왕을 강압해 왕위를 물려받고 조선왕조를 세워 태조로 즉위한 후 1408년 5월 24일 창덕궁에서 죽었다. 시호는 강헌(康獻)이고 존호는 지인계운성문신무다(至仁啓運聖文神武 大王). 묘호는 태조(太祖), 능호는 건원릉이며 경기도 구리시 인창동 동구릉 지구에 있다.

1대 태조

 태조

- 1361년 10월, 독로 강만호 박의의 반란을 평정했고, 홍건적의 침입으로 함락된 개경을 이듬해(1362년)에는 재탈환해 큰 공을 세웠으며 원나라 장수 나하추의 대군을 함흥평야에서 격퇴시키기도 했다. 이런 공과를 인정받아 같은 해 밀직부사의 벼슬과 단성양절익대광신이란 호를 받았고, 뒤이어 동북면원수지문하성사·화령부윤으로 승진했다. 1377년 고려 우왕 3년 경상도 일대와 지리산에서 왜구를 섬멸 했고, 1380년에는 양광, 전라, 경상도 도순찰사로 임명되어 운봉에서 아기바투(阿其拔都 : 阿只拔都)가 지휘한 왜군을 섬멸하는데 큰 공을 세우기도 했다 우군도통사로서 요동정벌을 위해 북진하다 위화도에서 회군하여 우왕을 폐하고 신진세력의 경제적 토대를 구축하여 조선을 세우고 국가의 기틀을 다졌다.

- 실질 행정을 담당하던 육조가 귀족 회의기구인 의정부를 거치지 않고 바로 왕에게 행정업무 결제를 받게 하는 육조 직계제제도를 시행하여 왕권을 강화하였다.

- 조선건국 이념으로는 명나라를 종주국으로 받들면서 일본, 여진과는 우호적 교제로 평화유지를 꾀한 사대교린정책, 고려 멸망의 한 요인이었던 불교의 폐해를 배척하고, 유교를 지도이념으로 삼는 숭유배불정책로서, 건국 초기부터 농업을 국가의 근본산업으로 적극 장려한 농본민생이다.

『태조실록』

태조 원년부터 7년 9월까지 재임 기간을 기록한 것으로 총 15권 3책으로 구성되어 있다. 처음엔 필사본이었지만 후에 활자본으로 간행되었다. 태백산본은 주자본(훈련도감자)으로 15권 3책이며, 표제명은 태조강헌대왕실록이다. 태조가 죽은 다음 해인 1409년(태종 9년)에 태종이 편찬을 명령하여 1413년 3월에 완성했다. 편찬책임자는 하륜, 유관, 정이오, 변계량 등이다.

    태조 영정 조선왕실 최초의 실록이지만 편찬에는 우여곡절이 많았다. 태조는 혁명을 통해 신왕조를 건설했다. 하지만 재위 중 이방원(태종)이 주도한 왕자의 난으로 매우 혼란스러웠다. 그가 일으킨 왕자의 난에서 조선개국의 일등공신 개혁파 정도전과 조준 등을 비롯해 상당수의 사람들이 제거되면서 이들이 추구하던 정책에 대한 변화도 많았다.

    더구나 태종이 왕위에 오른 시기의 재상들은 거의 고려 왕조 출신의 관료였으며, 왕자의 난 이후에 출세한 인물들이었다. 다시 말해 조선을 건국한 태조 당시 활약하던 사람들이 거의 살아있었기 때문에 편찬을 차후로 미루자는 말들이 많았다. 이런 관계 조선 태조 이성계 어진로 담당관들이 사초를 제대로 제출하지 않는 사태까지 빚어졌던 것이다.

    그러나 이에 아랑곳 하지 않고 태종은 편찬을 강행했다. 기한 내에 사초를 바치지 않으면 은 20냥을 징수하고 자손을 금고(관직에 등용하지 않는 벌)에 처하는 법까지 마련했던 것이다. 이것은 조선시대 끝까지 관례가 되어 내려왔다.

    태종의 노력으로 실록이 완성되었지만 너무 조잡하고 중복된 기사가 많다는 이유로 다시 개수(改修)되었다. 또한 1438년(세종 20년)에는 변계량이 지은 태종의 비문에서 왕자의 난에 대한 기술이 사실과 다르다는 의문이 제기 되면서 세종이 사실을 직접 확인하기까지 했다.

이성계의 계보와 태몽이야기

    태조 이성계의 조상은 신라와 고려 때 벼슬을 역임했으며 5대조인 목조이안사는 전주 이씨 18대 손으로 전주에서 살았다. 산성별감과 기생 때문에 말썽이 생기면서 고을의 원은 산성별감인 안렴사와 짜고 목조를 죽이려고 했고 이 사실을 알아차린 목조는 가족과 식솔을 데리고 강릉 삼척현으로 이주를 했다. 이때 그를 따라온 백성들은 모두 170여 호나 되었다고 한다. 성품이 호탕했으며 용맹과 지략이 뛰어난 목조는 왜구의 침략을 막아내는데 큰 공을 세웠다. 그런 후 원나라 야굴대왕이 고려를 침략하자 목조는 두타산성으로 식솔과 백성을 불러들여 난리를 피했다. 때마침 전주에서 목조를 죽이려했던 산성별감이 삼척현의 안렴사로 부임하자 그가 보기 싫어 식솔들과 170여 호나 되는 백성들을 데리고 동북면 의주로 이주했다. 이런 보고를 받은 고려조정은 목조를 의주병마사로 임명하고 원나라의 침입을 막게 하였다.

그렇지만 영흥 이북은 원나라의 개원로에 속해 있었고 원나라 산길대왕이 머물면서 철령 이북 땅을 정복하려고 작전을 세우고 있었다. 이에 산길은 여러 번 목조에게 항복을 권하였고 마침내 자신을 따라온 백성들을 구하기 위해 항복하고 말았다. 이에 흡족한 산길은 목조와 헤어지면서 옥 술잔 하나를 선물로 주면서

"내가 아끼는 옥 술잔을 내 마음의 징표로 드리리라."라며 위로했다.

산길이 물러나자 목조는 곧바로 개원로 남경에 있는 알동이란 곳으로 거처를 옮겼다. 알동에 도착한 목조는 동남쪽으로 이동해 섬 자고라에 머물면서 성을 쌓고 말과 소를 길렀다.

그에게는 아들 이행리 익조가 있었다. 그는 아버지 덕분에 원나라 조정에서 천호(千戶)로 습봉(襲封)하여 벼슬을 하였다. 하지만, 그의 둘째부인 최씨에게 아들이 없어 낙산사 관음굴에서 불공을 드리던 부부에게 노스님이 꿈속에 나타났다.

"그대들의 치성에 감동을 받았다. 그래서 그대에게 귀한 아들을 얻도록 해줄 것이야. 이름을 반드시 선래라고 짓도록 해야 하네."

부인은 현몽대로 아들을 낳았고 이름을 선래라고 지었다. 이 아기가 바로 탁조다. 익조가 죽자 안변부 서곡현 봉룡 뒷골에 장사를 지냈다.

탁조의 이름은 춘이고 어릴 때 이름이 선래이며, 몽골이름이 발안첩 목아다. 그 또한 아버지의 벼슬을 그대로 물려받았으며, 문하부시중을 추증한 박광의 딸을 아내로

맞아들였다.

　탁조는 아들 형제를 낳았는데, 큰아들 이름은 자흥(몽골 이름은 탑사불화)이고 둘째 아들 이름이 자춘이다. 둘째 아들 자춘이 바로 환조이다. 탁조는 부인 박 씨가 죽자 화주로 옮겨 쌍성총관의 딸 조 씨를 둘째 부인으로 맞아들였다. 슬하에 아들 두 명과 딸 셋을 낳았는데, 맏아들 이름이 완자불화이고 둘째 아들 이름이 나해다.

　탁조는 안변 이북 땅을 모두 차지한 후 의주로 이주해 살던 어느 날 밤, 꿈속에 어떤 백발노인이 나타나 이렇게 말했다.

　"나는 저 산 밑 못에 살고 있는 흰 용입니다. 그런데 검은 용이 나를 찾아와 내 집을 강제로 빼앗으려고 합니다. 그런데 나의 힘이 부족하니 그대가 나를 도와줬으면 합니다."

　며칠 후 또다시 꿈속에서 백발노인이 찾아와 아예 날짜를 가르쳐주었다. 탁조는 용이 정해준 날짜에 활과 화살을 들고 그 못으로 갔다. 그곳엔 구름과 안개가 자욱했고, 정말 흰 용이 검은 용과 싸우고 있었다. 탁조는 꿈길에서 만난 흰 용의 부탁대로 활을 쏘아 검은 용을 죽이고 집으로 돌아왔다. 그날 저녁 꿈속에 흰 용이 또다시 나타났다.

　"공에게 감사를 드립니다. 내가 은혜를 입었으니 앞으로 공의 자손들에게 경사가 대대로 이어지도록 약속하겠습니다."

　세월이 흘러 탁조가 죽자 함흥부 운천동에 장사 지내졌다. 그의 큰아들 자흥(탑사불화)이 개원로에 보고하면서 아버지의 벼슬을 그대로 물려받았다. 그렇지만 자흥(탑사불화)이 갑자기 죽었고 그의 아들은 너무 어렸다.

　이런 상황을 잘 알고 있는 둘째 아들 나해는 자신의 어머니 조 씨가 고려왕의 친척이고, 자신과 형 완자불화가 벼슬을 하고 있는 배경과 조총관의 세력까지 믿고 엉뚱한 짓을 저지르고 말았다.

　그는 아버지 탁조의 장례식을 틈타 형의 임명장과 도장을 훔쳐 달아났다. 그러자 관내의 군사들과 백성들은 이구동성으로 말했다.

　"조 씨가 본처도 아닌데, 나해가 어떻게 아버지의 벼슬을 물려받을 수 있는가?"

　이런 소문이 꼬리에 꼬리를 물고 결국 환조의 귀에 들어갔다. 그러자 환조는 잘못됨을 바로잡기 위해 형수 박씨(안변출신 박득현의 딸)와 어린 조카 교주를 데리고 개원로에 찾아가 사실을 고했다. 그러자 원나라 조정에서는 조 씨가 탁조의 본처가 아니기 때문에 벼슬을 물려줄 수가 없다고 판단했다. 그러나 자흥의 아들 교주에게 벼슬을 그대로 물려주려 했지만 나이가 너무 어렸다. 그래서 궁여지책으로 교주가 장성하면 벼슬을 돌려주는 조건으로 환조에게 천호라는 벼슬을 물려받게 했다. 한편 원나라 조정에서는 관리들을 급파해 나해를 찾아 죽이라고 명령했다.

환조(이름은 자훈이고 몽골이름은 오로사불화이다)는 어려서부터 또래아이들 보다 총명했고 말 타기와 활쏘기에 뛰어났다. 환조가 벼슬을 물려받자 군사들과 백성들은 모두 기뻐했으며 그에게 충성을 맹세했다. 조카 교주가 성년이 된 후 환조가 벼슬을 되돌려주려고 했지만 그는 극구 사양했다. 한편 환조를 만난 공민왕은

"경의 할아버지께서 항상 왕실을 생각하는 마음이 한결같았기 때문에 부왕께서는 매우 사랑하셨소. 경 역시 할아버지처럼 행동해준다면 나도 그대를 할아버지처럼 아껴 주리라 ."

이때 고려 왕실은 기황후의 일족들이 황후의 세력을 믿고 횡포를 부리고 있었다. 특히 기황후 오빠 기철이 쌍성의 관리 조소생, 탁도경과 내통하면서 반역을 꾀하고 있었다. 이를 알아차린 공민왕은 환조를 불러 비밀리 명령을 내렸다.

"경은 곧장 고향으로 돌아가 백성들을 잘 다스리고 기다려라. 만약 고려 왕실에 어떤 일이 발생하면 짐이 시키는 대로 거행하라."

환조가 돌아가자 공민왕은 기철을 죽인 후 곧바로 밀직부사 유인우에게 쌍성을 공격하라고 명령했다.

하지만 그는 등주에서 이런저런 핑계를 대면서 머뭇거리고 있을 때, 공민왕은 환조를 소부윤으로 임명한 후 중현대부로 품계를 높이고 진격명령을 내렸다. 그에게 명령 병마판관 정신계를 보내 지원토록 했다.

환조가 정신계의 군사와 합세하여 쌍성을 공격하자 조소생, 탁도경은 목숨만 부지한 채 밤에 도망치고 말았다. 이에 힘을 얻은 환조의 군사는 환주, 등주, 정주. 장주, 예주, 고주, 문주, 의주, 선덕진, 원흥진, 영인진, 요덕진, 정변진 등 여러 성들을 되찾았다. 99년 동안 원나라에 강제 점령된 함주 이북의 합과, 홍헌, 삼살 등까지 회복되

는 쾌거를 얻었다.

공민왕은 큰 공을 세운 환조를 대중대부 사복경으로 임명하고 개경에서 살게 했다. 환조가 군기감 판사로 재직할 때 왜구가 양광도에 침입하자 서강병마사로 임명되어 대파했고 공을 인정받아 통의대부 정순대부까지 승진했으며 이후에는 천우위 상장군까지 벼슬이 높아졌다.

이후 환조가 장작감 판사로 삭방도 만호 겸 병마사로 임명되자 어사대에서는 동북면 출신의 천인이라며 임명을 반대했다. 그렇지만 공민왕은 이를 듣지 않고 그대로 밀어붙였다.

임명 날 공민왕은 연회를 마련해 환조를 극진히 대접했고, 재상들은 문밖까지 나와 전송했다.

환조는 호부상서까지 벼슬이 올랐으나 46세에 병으로 죽었다. 함흥부 귀주동에 장사 지내졌다. 환조 부인 최 씨는 문하부시중, 영흥부원군의 벼슬을 추증(종이품 이상 벼슬아치의 죽은 아버지, 할아버지, 증조할아버지에게 벼슬을 주던 일.)한 최한기의 딸로 1335년 영흥부에서 태조 이성계를 낳았다.

이성계의 탄생이야기

태조 이성계는 전주 이 씨로 1335년(충숙왕 4년) 12월11일 함경남도 영흥군 흑석리에서 아버지 환조와 어머니 최 씨 슬하에서 2남으로 태어났다.

조선을 세워 왕위에 오른 후 휘를 단, 자를 군진으로 고쳤다. 정비는 한경민의 딸 신의왕후이고 계비는 강윤성의 딸 신덕왕후이다.

1357년 공민왕 6년, 아버지 환조와 함께 유인우가 쌍성총관부를 공격할 때 공을 세웠다. 이 후 아버지 환조는 고려 삭방도(함경도)만호겸병마사로 임명되었다. 하지만 환조는 46세의 일기로 세상을 떠났으며 그의 자식들은 장남 원계, 차남 성계, 삼남 화가 있었다. 하지만 장남과 삼남은 정실소생이 아니었기 때문에 아버지의 벼슬을 이어받지 못하고 차남 성계가 이어받았다.

어느 날 이성계는 이상한 꿈을 두 가지를 꾸었는데 아무리 생각해도 이해를 할 수가 없었다. 그는 곰곰이 생각하다가 설악산에서 도를 닦고 있다는 유명한 무학대사를 찾아가기로 결심했다. 그는 곧바로 무학대사를 만나 자신이 꾼 두 가지 꿈을 이야기하고 해몽을 부탁했다. 먼저 이성계가 입을 열었다.

"쓰러진 집에 들어가 세 개의 서까래를 가로로 짊어지고 나왔습니다."

이 말을 들은 무학대사는 정중하게 예의를 갖춘 다음 해몽을 했다.

"네 말씀드리지요. 등에 짊어진 세 개의 서까래는 곧 임금 왕(王)자를 뜻하지요."

그러자 이성계는 의미심장한 표정을 짓더니 이내 또 다른 꿈을 말했다.

"그러면 꽃이 지고 거울이 떨어진 것은 무엇을 뜻합니까?"

이에 무학대사는 얼굴에 웃음을 띠면서 이렇게 풀이했다.

"네, 꽃이 졌다는 것은 곧 열매가 나타난다는 것이고 거울이 떨어졌다는 것은 틀림없이 무슨 소리가 난다는 뜻이지요."

이성계는 무학대사의 해몽에 매우 흡족한 웃음을 띠면서 개경으로 돌아왔다. 세월이 흘러 이성계는 역성혁명을 성공하고 조선왕조를 세웠다. 그런 뒤 곧바로 자신의 꿈을 해몽해 준 무학대사와의 만남을 기념하기 위해 석왕사(釋王寺)를 지었다.

이밖에 이성계의 또 다른 꿈 이야기가 전해져 내려오고 있다. 그가 왕위에 오르기 전 고려왕조에서 정승으로 재직할 때 꿈속에 신선이 나타나 금척을 던져주면 말했다.

"내 말을 잘 들어보시오. 시중부흥(고려시대 정승)은 청렴하지만 너무 늙었고, 도통사 최영은 성격이 곧지만 나라를 바로 잡을 인재가 못 된다오. 그래서 내가 그대에게 이 금척을 주겠소. 그대는 이것으로 나라를 바로 잡아주었으면 하오."

이 꿈 역시 그가 왕이 된다는 징조였던 것이다.

신궁 이성계

어릴 때부터 이성계는 총명했으며, 관상학적으로 보아도 콧마루가 높이 솟아있는 용상이었다. 어느 봄날, 마당을 가로질러가는 이성계를 본 의붓어머니 김씨(의안대군 화의 어머니)가 그의 활 솜씨를 시험해 볼 마음을 갖고 부탁했다.

"성계야, 이 어미의 부탁이 있다. 저쪽 담 위에 앉아있는 까마귀 다섯 마리를 활로 맞힐 수 있겠느냐?"

"네, 어머니. 문제없습니다."

라는 말이 떨어짐과 동시에 시위를 당겨 한 발에 다섯 마리의 까마귀 머리를 꿰뚫었다. 그러자 김 씨는 이성계의 활 솜씨에 다시 한 번 감탄했다. 이성계의 청년기에 동북면 도순문사(지금의 도지사) 이달충이 고을 시찰 도중에 안변부로 찾아왔다. 이때 그의 부하 중 한 사람이 이성계와 다툰 후 너무 잘난 체 한다며 헐뜯었다. 그러자 이달충은 그의 부하를 시켜 이성계를 불러오게 한 뒤 얼굴을 곰곰이 살폈다. 이윽고 그는 이성계를 헐뜯은 부하에게 당부했다.

"내가 본 즉 그는 보통 인물이 아니다. 너는 앞으로 절대로 그와 맞서지 말도록 주의해라."

이달충은 무사히 시찰을 마치고 개경으로 되돌아가게 되자 환조가 그에게 수고의 뜻으로 송별연을 베풀어주었다. 이때 환조가 이달충에게 술을 권하자 서서 마셨지만 이성계가 술잔을 권하자 그는 무릎을 꿇고 공손히 받아마시는 것이 아닌가? 기이한 그의 이런 행동을 지켜본 환조가 의아한 표정으로 그 이유를 물었다.

"도순무사께서는 연세도 많으신데, 어찌 제 아들이 권하는 술잔을 무릎을 꿇고 받으십니까?"

그러자 이달충은 얼굴에 미소만 띠운 채 한참 동안 말이 없더니 맞은편 언덕 위에 노루 일곱 마리가 있는 것을 발견하고는 입을 열었다.

"이 기쁜 자리에 안주가 더 필요한 것 같소이다. 때마침 저 언덕위에 노루 일곱 마리가 있구려."

이 말이 떨어지기가 무섭게 환조는 아들 성계에게 노루를 잡아오라고 명령했고, 재빠르게 활시위를 당기더니 노루 일곱 마리를 한꺼번에 잡았던 것이다. 그러자 이달충은 다시 한 번 이성계의 활솜씨에 감탄했다고 한다.

고려 공민왕 13년 기황후 일족이 처단되자 공민왕에게 나쁜 감정을 품고 있는 기황후를 등에 업고 최유는 공민왕을 내쫓고 덕흥군을 왕으로 세우려고 음모를 꾸몄다. 기황후를 등에 업고 원나라 군사 1만 명을 앞세워 압록강을 건너 의주까지 를 포위하자 공민왕은 찬성 안우영을 보내 막으려 했지만 패하고 말았다. 그러자 공민왕은 이성계에게 동북면 정예기병 1천여명을 내주면서 그들의 침략을 막으라고 명령했다. 흔쾌히 이성계는 군사를 이끌고 가서 적을 삼면으로 공격해 화주와 양주 등을 되찾는 공을 세웠다. 이런 공로를 인정한 공민왕은 1370년(공민왕 19년) 이성계를 밀직사 부사로 승진시키고 봉익대부로 봉한 다음 금띠를 하사했다. 같은 해 공민왕은 동녕부를 격파하기 위해 이성계에게 기병 5천명과 보병 1만을 내주었다. 이성계는 군사들과 함께 동북면과 황초령을 넘어 6백여 리를 진군해 설한령을 거쳐 압록강을 건넜다.

이때 동녕부를 지키고 있던 동지 오로첩목아는 이성계가 온다는 소식을 듣고 우라산성에서 300여 호의 백성과 함께 달려 나와 항복했다. 그러나 성의 추장 고안위는 끝내 항복하지 않고 버티자 고려군은 우라산성을 포위했다. 그런 후 이성계는 70여 발의 화살로 성을 지키고 있던 적의 얼굴에 맞혀 사살했다. 이 광경을 본 적군은 그만 기세가 꺾였고 추장 고안위는 가족을 버리고 홀로 도망쳤다.

영웅과 활솜씨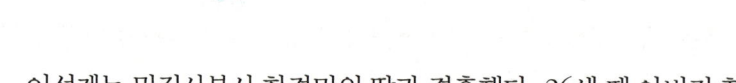

이성계는 밀직사부사 한경민의 딸과 결혼했다. 26세 때 아버지 환조가 죽으면서 벼슬을 그대로 이어 받아 동북면만호로 승진했다. 1361년(공민왕 10년)에 홍건적이 송도로 침략하자 공민왕의 명을 받은 이성계는 그들을 모두 물리쳤다. 이듬해엔 원나라 나하추가 송도로 쳐들어왔다. 다른 장수들을 투입했지만 번번이 실패했던 공민왕은 이성계를 동북면병마사로 임명하여 출전시켰다. 전장에 도착한 이성계는 부하 장수를 모아놓고 실패의 원인을 묻자 모두 한결같이 둘러댔다.

"한창 전투가 무르익고 우리가 유리해질 때쯤 갑자기 철갑 옷에 붉은 쇠털로 장식한 적장이 창을 휘두르면서 달려듭니다. 우리 군사들은 그의 용맹에 지레 겁을 먹고 도망치기 일쑤였습니다."

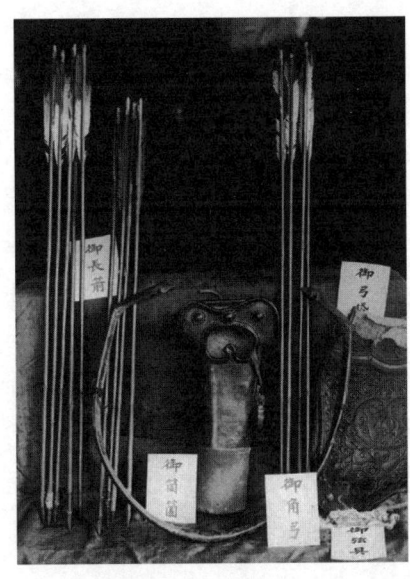

함경도 함흥에서 소장 중이라는 태조 이성계의 활

장수들의 말을 들은 이성계는 적장을 스스로 물리칠 생각을 했다. 드디어 전투가 시작되고 이성계는 작전상 북쪽으로 도망쳤다. 그러자 적장은 계략인지도 모른 채 창을 휘두르며 쫓아왔다. 순간 이성계는 갑자기 말머리를 돌려 적장을 향해 달려가면서 잽싸게 몸을 말의 배에 붙인 후 적장의 말을 들이받았다. 그 순간 적장은 중심을 잃고 낙마했고, 이성계는 이것을 놓치지 않고 활을 쏘아 적장을 단숨에 죽였다. 이때 이성계는 적장의 죽음을 큰 소리로 외쳤고 적군들의 사기가 크게 떨어져 나하추의 군대는 도망치기에 급급했고 그를 따라 북쪽으로 도망쳤다. 이성계가 도망치는 적군들을 뒤쫓아 함관령을 넘어섰다. 그때 나하추는 자신의 본영 앞에서 십여 기의 기마병과 함께 버티고 있었다. 이성계 역시 십여 기의 기마병과 함께 나하추와 마주섰다.

이때 나하추는 화해를 제안을 했지만 이성계는 그것이 계략임을 눈치채고 진격 명령을 내렸다. 급기야 당황한 나하추는 군사들을 팽개치고 도망가자 이성계는 활을 쏘아 말을 쓰러뜨렸다. 그렇지만 나하추는 부하가 건네준 말로 갈아타고 겨우 목숨만 부지한 채 도망쳤고, 이 사건으로 이성계의 이름은 온 천하에 알려지게 되었다.

몇 년 후 이성계는 공민왕의 명을 받아 동녕부를 격파하기 위해 기병 5천과 보병 1만을 거느리고 황초령과 설한령을 거쳐 압록강을 건넜다. 그러자 동녕부의 동지중추부사 이올로는 이성계의 용맹성에 지레 겁을 먹고 백성들과 함께 항복하기도 했다.

우왕 3년인 1377년, 왜구가 경상도로 침범해 피해가 심했다. 그러자 왕은 이성계를 대장으로 임명해 지리산으로 출정하도록 했다. 지리산에 도착한 이성계가 진영을 조성하고 있을 때, 2백보 쯤 떨어진 곳에서 왜구 한 사람이 자신의 궁둥이를 두드리며 조롱하고 있었다. 이에 격분한 이성계가 화살을 쏘아 사살하자 왜구들은 겁을 먹고 사기가 떨어져 결국 참패하고 말았다.

우왕 5년인 1379년, 왜구의 대장 아지발도가 배 5백 척에 군사를 싣고 침입해 운봉인월역에 진지를 구축하고 있었다. 그러자 우왕은 이성계를 경기, 전라, 경상 삼도순찰사로 임명해 그들의 침략을 진압하라고 명령했다.

전장에 도착한 이성계는 작전을 세우기 위해 높은 곳으로 올라가 운봉인월역 지형을 살폈다. 그러던 중 운봉인월역 오른쪽에 있는 험준한 지름길을 발견하고 적들의 매복 작전을 깨트리기 위해 홀로 지름길을 통과하는 작전을 완성했다. 그 다음날 이성계는 질풍같이 말을 몰아 지름길로 들어서면서 선수로 왜구의 얼굴을 향해 화살을 쏘기 시작했다. 이때 이성계가 쏜 화살은 백우전 20대와 유엽전 50대로 한 발도 어긋남이 없이 왜구의 얼을 맞혔고 그의 용맹성에 겁을 먹은 왜구들은 뿔뿔이 흩어져 산속으로 숨어들었다. 그러자 이성계는 왜적들의 잔당을 소탕하기 위해 소라를 요란하게 불며 군사들을 사기를 높혔다. 그 순간. 이성계의 말이 왜구의 화살에 맞아 쓰러지고 말았으나 잽싸게 다른 말을 바꿔 탔다. 자신의 왼쪽 무릎에 왜군의 화살이 박혀있는 상태였다. 하지만 이성계는 이에 아랑곳 하지 않고 태연스럽게 왼손으로 화살을 뽑은 다음 부하들에게 진군을 명령했다. 이 광경을 목격한 부하들은 용감하게 싸웠다.

그렇지만 무슨 이유에서인지 부하들은 좀처럼 앞으로 진군하지 못했다.

그 원인이 왜군을 지휘하고 있는 15~16세가량의 왜장 아지발도에게 있음을 알아차렸다. 그는 나이는 어렸지만 용기와 담력은 백전노장을 능가했다.

더군다나 아지발도는 전신갑옷에 얼굴에도 전면을 투구로 감싸고 있었기 때문에 화살로는 도저히 사살할 수가 없었다. 그렇다고 포기할 이성계가 아니였다. 이두란과 새로운 작전을 짰다. 먼저 이성계가 신궁의 활 솜씨로 활을 쏘아 아지발도의 투구를 벗기면 이두란이 재빠르게 아지발도의 얼굴을 향해 활을 쏘아 사살하는 것이였다. 이 때 전사한 왜구의 피로 강이 물들어 6~7일간이나 물을 먹을 수 없었다고 한다.

위화도 회군과 조선의 태동

1388년 우왕은 요동공격을 위해 전국에 방을 붙여 군사들을 소집하였다. 그러나 백성들은 우왕의 군사소집에 불만이 하늘을 찔렀다. 그것은 왜구의 오랜 침략에 시달린 탓에 가계는 궁핍해져 있었고, 때마침 농사철이었기 때문이다.

그렇지만 우왕과 최영은 이에 아랑곳 하지 않고 군사소집을 감행했던 것이다. 이때 최영은 팔도도통사로 군권을 장악하고 있었다. 최영은 우왕에게 건의하여 조민수를 좌군도통사, 이성계를 우군도통사로 삼아 4만여 명의 군사들을 내주면서 요동으로 진격하도록 명령했다. 명령을 내린 우왕과 최영은 평양을 떠났다.

그러자 이성계는 평양을 떠난 우왕에게 요동공격의 불가함을 상세하게 건의하는 문건을 올렸다.

"이번 출격을 거둬들이시는 것이 마땅합니다. 그 이유는 첫째 작은 나라가 큰 나라를 치는 것이 부당하고, 둘째 전염병이 난무하는 여름철에 군사를 일으키는 것이고, 셋째 나라 안의 군사들을 모두 동원하면, 만약 왜구들이 침략했을 때 무방비가 되는 것이고, 넷째 장마철이기 때문에 활의 아교가 풀어지기 때문입니다."

그러나 우왕과 최영은 아예 회답조차 하지 않자 이성계는 자신의 뜻이 관철되지 않았다고 생각해 두 번째로 건의하였다.

"정녕 요동을 공격하려면 평양에 계셨다가 가을에 군사를 일으키는 것이 마땅하옵니다. 가을엔 군량미가 넉넉해서 군사들이 마음껏 싸울 수가 있사옵니다. 하지만 지금은 우리 군사들이 요동성을 점령한다고 해도 장마가 시작되면 군사들이 고립될 것입니다. 그렇게 되면 오랜 기간 동안 그곳에 머물러야하기 때문에 군량미가 부족 될 수가 있습니다."

이성계의 간곡한 건의에도 불구하고 우왕과 최영은 받아들이지 않았다. 이에 이성계는 눈물을 흘리면서 스스로에게

'아~ 아, 백성들의 불행이 이제부터 시작되는구나.'

라고 중얼거렸다. 군사소집을 끝낸 이성계는 평양을 떠나 압록강을 건너던 중 위화도에 잠시 머물렀다. 위화도에 도착한 군사들 중 일부는 도망치기에 급급했다. 이를 간파한 조민수와 이성계는 또다시 우왕과 취영에게 건의문을 올렸다.

"폐하, 신들은 군사들과 함께 뗏목을 타고 압록강을 건넜습니다. 그렇지만 지금이 장마철이라 강물이 몹시 불어나 여울목에서 뗏목이 떠내려가면서 익사한 군사가 수백 명이나 됩니다. 더구나 여울목의 수심이 너무 깊어 강을 건너지 못하고 섬에 머물면서 군량미만 축내고 있습니다. 또한 지난번 건의문에서도 말씀드렸지만 지금은 장마철이라 활의 아교가 풀어져 사용할 수가 없고 갑옷은 비에 젖은 탓에 너무 무거워져서 군사들과 말까지 매우 지친 상태입니다. 이것들을 모두 각설하고라도 만약 군량미가 부족해지면 대체방법이 있는지요? 이것이 원활하게 해결되지 못하면 지금이라도 군사들을 회군시키는 것이 타당하다고 생각되옵니다. 선처해주시옵소서."

그렇지만 우왕과 최영은 이런 상황을 이해하는 지 못하는 지 두 사람의 건의를 무시했다. 더구나 위화도에 머물고 있는 고려군 진영에서는 이런 유언비어가 나돌았다.

"우군도통사 이성계가 부하들과 함께 동북면으로 떠나려고 한다."

이 유언비어를 들은 좌군도통사 조민수가 이성계를 찾아와 눈물을 흘리면서 이렇게 말했다.

"공이 이곳을 떠나신다면 나와 군사들은 도대체 어디로 가라는 말씀입니까?"

그러자 이성계는 정색을 하며 대답했다.

"장군! 내가 가긴 어디로 간단 말씀이오? 유언비어에 현혹되지 말았으면 하오."

조민수에게 이런 말을 던진 후 이성계는 여러 장수들을 소집해 자신의 심정을 토로

했다.

"그대들은 들어보시오. 작은 나라가 큰 나라를 친다는 것은 천자에게 죄를 범하는 것이고, 이로 인해 나라와 백성들에게 큰 화가 미치는 것이 걱정입니다. 난 폐하에게 요동공격이 옳지 않다고 수차례 건의했습니다. 하지만 나의 의견은 받아들여지지 않습니다. 그대들은 지금부터 내가 하는 말을 깊이 새겨듣고 나를 따랐으면 합니다. 나와 함께 회군을 한 다음 폐하를 만나 이곳의 형편과 요동공격의 부당성을 건의를 하고자 합니다. 그리고 폐하 주위를 감싸고 있는 간신배들은 제거하고 백성들이 편안하게 살 수 있도록 하는 것이 신하된 도리라고 생각합니다."

이성계의 우렁차고 의미심장한 말에 장수들은 마음을 모았다. 그런 후 즉시 이성계는 부하장수들에게 명령해 군사들을 회군시켰다. 회군하는 날 하늘이 도왔는지 며칠 동안 내린 장맛비에도 불구하고 강물이 불어나지 않았다. 다행히 모든 군사들은 무사히 강을 다 건넌 순간이었다. 거짓말처럼 강물이 불어나면서 머물고 있었던 섬 자체가 물속에 완전히 잠겨버렸다. 이 광경을 목격한 모든 군사들은 이성계의 선견지명에 다시 한 번 더 감탄하면서 결속이 다져지는 계기가 되었다.

한편 조전사 최유경은 이성계가 위화도에서 회군하여 개경으로 진격하고 있다는 소식을 우왕에게 급히 전했다. 이에 당황한 우왕과 최영은 어쩔 줄을 모르고 있었다. 얼마 후 이성계가 군사들을 이끌고 개경에 도착하자 겁을 먹은 우왕은 성의 화원으로 들어가 숨었다. 그렇지만 최영은 이성계의 군사들과 맞서기 위해 관리들에게 갑옷을 입히고 손에 무기를 쥐게 하였다.

이런 상황을 전해들은 이성계는 성큼성큼 성 안으로 들어가 화원을 겹겹이 포위했다. 겁에 질린 우왕과 영비(최영의 딸로 우왕의제2비)를 비롯해 늙은 최영은 팔각전에 숨어 있었다. 그러자 이성계의 심복인 곽충보가 팔각전으로 들어가 최영을 체포했다. 체포된 최영을 본 이성계가 짤막하게 말을 던졌다.

"장군, 이 변란은 나의 진심이 아니라는 것을 알아주시오. 백성을 살리기 위해서는 어쩔 수가 없었소."

말을 끝낸 이성계는 최영을 고봉현으로 귀양 보냈다. 이제 외톨이가 된 우왕은 조민수를 좌시중, 이성계를 우시중으로 임명하였다. 하지만 지렁이도 밟으면 꿈틀한다고 하지 않았던가.

변란이 있은 며칠 뒤의 칠흑같이 어두운 밤이었다. 왕권을 되찾기 위한 우왕은 내시들에게 무장을 시켜 이성계와 조민수 등을 죽이려고 그들의 집으로 접근시켰다. 하지만 이성계와 조민수는 성문밖에 있는 진영에 있었기 때문에 우왕의 작전은 실패로 돌아갔다. 이런 일이 평정된 후 최영은 고봉현에서 수원부로 옮겨져 처형되었다. 그는 처형에 앞서 이런 말을 남겼다.

"나는 오직 나라에 충성했을 뿐이다. 나의 충정이 거짓이 아니라면 내 무덤에 풀이 나지 않을 것이다."

그의 유언대로 죽은 뒤 백여 년 동안 무덤에 풀 한 포기 나지 않았다는 일화가 전해지고 있다.

최영이 처형되자 이성계를 따르는 장수들은 영비가 나라를 어지럽힌 원흉이라며 서민으로 강등시켜 내쫓으라고 우왕을 윽박질렀다. 이에 우왕은 장수들에게 왕비의 선처를 눈물로 호소했지만 결국 무산되었다. 이후 우왕과 영비는 강화도로 귀양 보내지면서 이성계의 조선 왕조 창건이 서서히 막을 올리는 계기가 되었다.

한편 우왕 부부를 강화도로 귀양 보낸 후 이성계는 우왕의 아들 창을 왕으로 추대했다. 그러나 창왕 역시 임금 자리를 끝까지 지키지 못했다. 그 이유는 성이 다른 사람을 왕 씨의 후계자로 인정할 수 없다는 명나라의 입김 때문이었다. 그래서 이성계, 정몽주, 성석린, 조준, 박위, 정도전 등은 이 문제를 논의하게 되었다. 그 결과 조정 대신들은 대책을 마련했다.

"종묘사직에 보면 우왕과 창왕은 원래부터 왕 씨가 아니기 때문에 제사를 받들 수 없는 신분이다. 명나라의 뜻대로 창왕을 몰아내고 진짜 왕 씨인 신종 7대 손인 정창군 요를 임금으로 세워야 마땅하다."

이렇게 공론을 확정한 후 대신들은 공민 왕비에게 승낙을 받아 처리했다. 이와 동시에 강화도로 귀양 보낸 우왕을 다시 강릉으로 옮겼고 창왕은 강화도로 내쫓겼다. 이후 요가 임금 자리에 올랐는데 이가 고려 마지막 왕인 공양왕이다.

이때 정몽주는 공양왕이 즉위하면서 그의 스승이 되어 도왔다. 정몽주는 이성계와 함께 친명론을 주장했으며 벼슬이 수시중까지 올라 고려조정을 위해 헌신했다.

그러나 이성계의 세력이 점차적으로 확장되자 정몽주는 그들을 배척하기 위해 음모를 꾸몄다. 때마침 명나라로 갔던 태자가 귀국하면서 벽란도로 마중을 나간 이성계가 낙마로 상처를 입고 그곳에서 머물고 있었다. 정몽주는 이때를 기회로 삼아 대간 김진양을 조정해 조준, 정도전, 남은 등을 탄핵하여 조정에서 제거하려고 했다.

그러나 정몽주의 음모가 이성계의 다섯째 아들 이방원에게 전해졌고, 이방원은 벽란도에 머물고 있는 이성계를 급히 찾아가 사실대로 고하고 하루 빨리 개경으로 돌아올 것을 권유했다. 이성계가 송도로 돌아오면서 정몽주의 음모는 죽음으로 끝났다.

아집으로 망한 고려 오백년

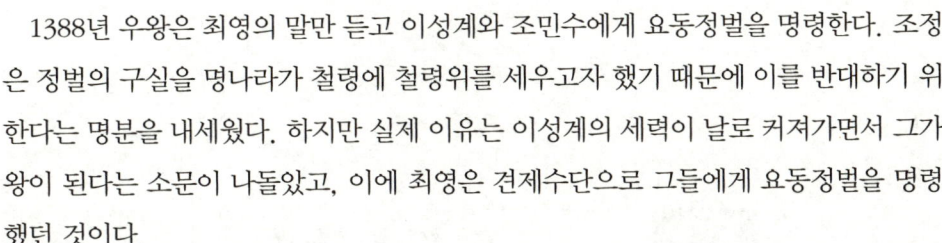

1388년 우왕은 최영의 말만 듣고 이성계와 조민수에게 요동정벌을 명령한다. 조정은 정벌의 구실을 명나라가 철령에 철령위를 세우고자 했기 때문에 이를 반대하기 위한다는 명분을 내세웠다. 하지만 실제 이유는 이성계의 세력이 날로 커져가면서 그가 왕이 된다는 소문이 나돌았고, 이에 최영은 견제수단으로 그들에게 요동정벌을 명령했던 것이다.

한마디로 최영은 세력이 커져가는 이성계의 일거수일투족을 감시하기에부족함을 알아채고 그에게 요동정벌이라는 구실을 내세워 약간의 실수를 트집 잡아 처치하려는 흉계를 품고 있었다. 그래서 최영은 요동정벌을 우왕에게 권했던 것이다. 그러자 공산부원군 이자송이 이 말을 듣고 최영의 집으로 찾아가 요동정벌이 잘못된 것이라며 만류했다.

"장군, 요동정벌은 우리에게 백해무익한 것이오. 도리어 대국을 치다가 백성들에게 화가 돌아올까 걱정이 된다오. 그래서 요동정벌을 철회하시는 것이 좋을 듯싶소이다."

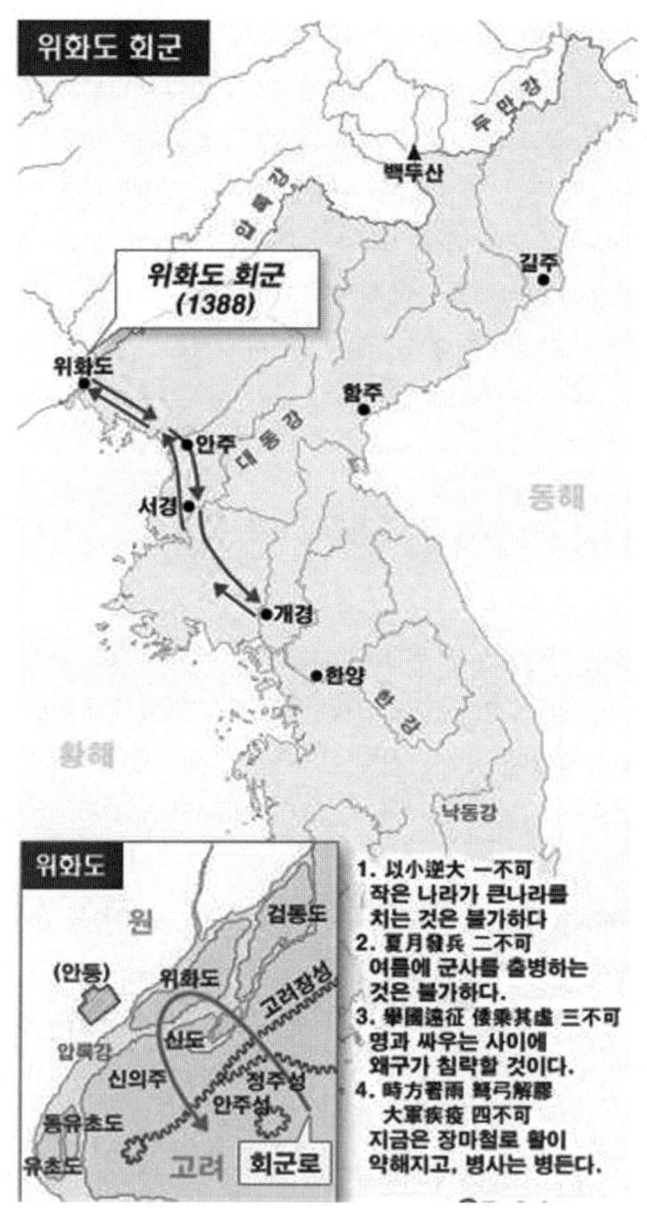

그러자 최영은 눈을 부라리면서 이렇게 말했다.

"당치도 않는 말을 하시는구려. 공산부원군께서는 정세를 그렇게 읽지도 못하오? 요동을 정벌해야만 우리 백성들이 자손만대로 태평성대를 누릴 수가 있단 말이오!"

이자송이 돌아간 그 다음날 최영은 도리어 그에게 죄를 뒤집어 씌워 하옥시켰다. 그런 다음 무자비한 고문을 가한 뒤 유배지로 보낸 다음 자객을 시켜 그를 제거하고 말았다. 이런 일을 전해들은 우왕은 겁에 질려 최영의 말에 무조건 따르겠다고 마음먹고 요동정벌을 허락했던 것이다. 우왕은 곧바로 봉주로 행차해 최영과 이성계를 조용히 불렀다.

"경들은 요동정벌에 최선을 다해주기 바라오."

우왕의 말에 이성계는 시기나 현실적으로 요동정벌이 불합리하다는 것을 설명했다.

"폐하, 현 상황에서 요동토벌이란 당치도 않습니다. 첫째 소국이 대국을 공격한다는 것은 이치에 맞지 않고, 둘째는 여름철에 군사를 움직인다는 것은 사기를 저하시키는 것이 되고, 셋째 나라 안의 모든 군사를 요동정벌에 출진시킨다는 것은 왜구에게 안방을 내주는 것과 같고, 넷째는 날씨가 덥고 비가 많이 내리는 시기라 군사들이 역병에 걸릴 가능성이 높기 때문입니다. 부디 폐하께서 요동정벌 계획을 물리시기 바라옵니다."

그러나 우왕은 최영의 눈치를 보면서 이성계의 말이 틀리고 자신의 주장이 옳다며 듣지 않았다.

"이 장군, 나라에 충성하고자 하는 장군의 충정을 알고 있소이다. 하지만 조정 대신들과 논의한 끝에 이미 출사를 결정한 사항이기 때문에 나로서도 어쩔 수가 없구려."

하지만 우왕의 이런 말에도 불구하고 이성계는 여러 번 출사를 거둬드릴 것을 건의했지만 결국 듣지 않았다. 그러자 이성계는 아무 말 없이 대전에서 물러나와 눈물을 흘리면서 탄식했다.

'아~아, 이 일을 어찌할꼬. 이제부터 백성들의 불안이 시작되는구나. 한탄스럽구나.'

그 해 5월, 이성계는 우군통도사로 임명되어 부장 이두란과 좌군통도사를 맡은 조민수와 그의 부장 심덕부과 함께 요동을 정벌하기 위해 출전했다. 그러나 요동정벌은 도저히 승산이 없는 싸움이란 것을 알고 있는 이성계는 압록강을 건너 위화도에 들어섰다가 좌군통도사와 함께 회군하기로 결정했다. 이에 앞서 이성계와 조민수는 다시 한 번 우왕에게 간곡한 심정으로 상소문을 올렸다.

'폐하! 신들이 압록강을 건너 위화도에 도착하는 순간부터 장맛비 쏟아지고 있었습니다. 더구나 개울물이 넘치는 바람에 수백 명 군사들은 제대로 싸우지도 못하고 물귀신이 되었습니다. 이곳에 발이 묶여있다간 군량미만 줄어들 것입니다. 군량미가 부족하면서 전쟁을 패한 것이나 다름없습니다. 폐하 선처해주십시오. 더구나 약자가 강자를 섬기는 것이야말로 백성들의 안전을 위하는 길 인줄 아옵니다. 또한 왜구의 잦은 침략으로 말미암아 백성들이 피폐해져 있는 가운데 갑자기 대국을 정벌한다는 것은 이치에 맞지 않다고 생각되옵니다. 폐하께서 현명한 판단으로 부디 저희의 충언을 헤아려주시어 회군을 허락해주옵소서.'

상소를 받은 우왕과 최영은 이들의 상소를 일언지하에 묵살하고 아무런 회답도 보내지 않았다. 이를 안타깝게 여긴 이성계는 한동안 말을 잃고 있다가 갑자기 무언가를 결심한 듯 부하 장수들을 불렀다.

"그대들에게 내 답답한 심정을 털어놓겠다. 지금 우리 군사들이 명나라 국경을 침범하는 순간부터 나라뿐만 아니라 선량한 백성들까지 불행에 휩싸일 것이다. 그래서 내가 폐하에게 간곡한 심정으로 상소를 올렸지만 아예 눈과 귀를 막고 계시는 것 같아 걱정이 태산이구나. 지금 심정 같아서는 나를 따르는 그대들과 함께 폐하를 둘러싸고 있는 간신배들을 제거하고 백성들을 구하고 싶구나. 아~아, 이일을 어지하면 좋을꼬?"

이성계의 이런 호소에 여러 장수들은 이구동성으로 대답했다.

"장군! 우리들은 장군의 뜻에 따라 목숨을 바치겠습니다. 이 나라 사직을 보전하고 백성들을 구할 분은 오직 장군밖에 없습니다. 분부만 내려주신다면 기꺼이 장군을 따르겠습니다."

이에 힘을 얻은 이성계는 곧바로 회군을 결심하고 부하장수들에게 명령을 내렸다. 이성계가 위화도에서 회군했다는 정보를 들은 우왕은 급히 말을 재촉해 송도로 돌아왔다.

그때 송도에 남아 있던 다른 장수들과 군사들은 최영을 단죄하라는 상소문을 우왕에게 올렸다. 그렇지만 우왕은 자신의 장인인 최영을 제거하라는 이들의 상소문을 묵살했다.

그런 후 설 장수에게 명해 다른 장수를 회유하여 또다시 파병케 했다. 그러나 이들은 군사들을 데리고 도성문 밖으로 나갔지만 출전하지 않고 주둔만 했다.

이를 보고받은 우왕은 최영에게 명령해 군사들을 소집하여 사대문을 지키게 했다. 이와 함께 이성계와 조민수를 비롯해 여러 장수들의 직함을 삭탈시키고 항전태세를 갖췄다. 얼마 후 좌군 조민수는 선의문으로 우군 이성계는 숭인문으로 향해 성문을 지키던 군사들을 쉽게 제압하고 들이닥쳤다. 그러자 성안에 있던 모든 백성들은 이들의 회군을 환영하면서 반갑게 맞이했다. 이에 힘을 얻은 이성계와 조민수 군사들은 최영을 체포하기위해 앞으로 나아갔다.

얼마 후 조민수는 검은 깃발을 앞세우고 영의교에 도착했지만 최영의 군사들이 항전하는 바람에 멈추고 말았다. 그렇지만 이성계는 황룡 깃발을 앞세워 선죽교를 지나 남산으로 무난히 진격했다. 이때 최영의 군사들은 이성계의 군기를 보고 겁에 질려 허겁지겁 도망가고 말았다.

허탈감에 빠진 최영은 남은 군사들을 데리고 우왕이 있는 화원으로 들어와 방어벽을 구축했다. 그러자 이성계는 암방사 북령으로 올라가 소라나팔을 불어 군사들에게 화원을 수백 겹으로 포위하게 했다. 그런 다음 이성계는 최영을 내놓지 않으면 군사들에게 공격명령을 내 리겠다고 으름장을 놓았다.

이때 우왕은 영비를 비롯해 최영과 함께 팔각전으로 자리를 옮긴 후 이성계의 요구에 응하지 않았다. 어쩔 수 없이 이성계는 군사들을 화원으로 진격시켜 수색에 들어갔다. 이에 겁에 질린 우왕은 장인 최영의 손을 잡고 울기만 했다. 최영은 왕에게 공손하게 인사를 나눈 후 이성계의 부하장수인 충보를 따라나섰다. 걸어 나오는 최영에게 이성계는 안타까운 심정을 토로했다.

"장군, 이번 변란은 나의 본심이 아니란 것을 알아주셨으면 하오. 장군이 더 잘 알고 계셨을 것이오. 요동정벌은 나라와 백성들을 큰 위험에 빠트릴 수 있다는 것…….
그래서 나라와 백성들을 구하기 위해서는 어쩔 수 없이 물리적 수단을 취할 수밖에 없었소이다. 안녕히 가시기를 기원하겠소."

곧바로 최영은 고봉현(현재의 고양)으로 귀양살이를 갔고, 우왕에게 직위가 삭탈된 이성계와 조민수를 비롯해 36원수는 제자리를 찾았다. 얼마 후 최영은 조인옥 등이 그에게 죄를 물어 상소함에 따라 형장에서 목이 잘리고 말았다.

이때 최영은 73세의 고령이었지만 참형 순간까지 안색하나 변하지 않았다고 한다. 그가 죽자 성 안의 모든 백성들은 그를 위해 조상(弔喪)했다고 전해진다.

최영이 죽은 해 6월, 이성계는 우왕을 폐하고 그의 아들 창을 왕위에 올려 홍무 연호를 다시 사용했다. 폐위된 우왕은 강화도로 유배되기 전날 밤 이성계와 조민수를 제거하기 위해 스스로 갑옷을 입고 80여 명의 내시들을 무장시켜 그들의 집으로 찾아갔다. 하지만 이성계와 조민수는 집에 있지 않고 성 외곽에 주둔하고 있었기 때문에 거사는 실패하고 말았다.

1389년 창을 폐한 후 강화도로 추방하고 정창군 요를 왕위에 오르게 하였다. 이 사람이 바로 고려 마지막 임금인 공양왕이다.

어느 날 최영의 생질 김저가 정득후와 함께 비밀리에 여흥으로 유배되어 있는 폐왕 우를 만나 눈물을 흘렸다. 그러자 우왕은 자신의 솔직한 심정을 이들에게 토로했다.

"울지 마시오. 이제 난 꼼짝없이 죽은 목숨이오. 그래서 생각한 것인데, 지금 나를 위해 목숨을 바칠 수 있는 장사 한 명만 있다면 대역죄인 이성계를 단칼에 제거할 수 있는데…….이성계를 죽이지 못하고 내가 먼저 죽는다면 저승에서 선왕들을 뵐 낯이 없소."

자신의 억울함을 두 사람에게 피력한 우왕은 칼 한 자루를 정득후에게 조심스럽게 건네주면서 거사할 것을 명했다. 우왕에게 칼을 받은 정득후는 거사를 반드시 성공시키겠다고 다짐한 후 송도로 돌아왔다.

송도로 돌아온 그날 밤 고려의 국운은 이미 기울어졌다고 판단한 정득후는 곧장 이성계를 찾아가 우왕의 음모를 발고했다. 이에 이성계는 집에서 저녁을 먹고 있는 김저를 체포한 다음 국문에 붙이기로 마음먹었다. 그리고 이성계는 심덕부, 지용기, 정몽주, 설장수, 성석린, 조준, 박위, 정도전 등을 한자리에 불러 국문에 대해 논의했다.

"우와 창은 원래 왕 씨의 자손이 아니오. 그렇기 때문에 종묘를 받들 자격이 없소."

이와 같은 결론을 도출해낸 이성계와 대신들은 정비를 찾아가 이를 고하고 교지를 내리게 하여 우를 강릉으로, 창을 강화도로 유배시켰다. 유배 다음날 정창군 요를 왕씨 집안의 적자라며 왕위에 오르게 했다.

요가 임금 자리에 오른 지 얼마 후 윤회종이 우와 창을 참형해야 한다는 상소문을 올렸다. 힘없는 임금은 어쩔 수 없이 명령을 내려 우는 강릉에서 창은 강화에서 참형시켰다. 이 사실을 전해 들은 우왕의 계비 영비는 소리를 내어 통곡하면서 말했다.

"어찌할꼬. 내 신세가 이렇게 된 것은 아버지(최영)의 잘못이 컸기 때문인 것을……."

정몽주와 이방원

이성계의 세력을 경계하고 있던 정몽주는 그의 아들인 이방원이 자신을 죽일 것이라는 것을 이미 눈치 채고 있었다. 이에 정몽주는 이성계의 문병을 핑계 삼아 분위기를 살피기 위해 그의 집을 방문하려했다. 이에 앞서 이방원이 직접 정몽주를 자신의 집으로 초대해 연회를 베풀면서 그의 마음을 떠보는 시 한 수를 읊었고, 정몽주는 화답했다.

먼저 이방원이 시 한 수〈하여가〉를 읊었다.

'이런들 어떠하리 저런들 어떠하리
만수산 드렁칡이 얽혀진들 어떠하리
우리도 이처럼 백 년까지 누리리라.'

이에 정몽주는 《단심가》로 화답했다.

'이 몸이 죽철 죽어 일백 번 고쳐 죽어
백골이 진토 되어 넋이라도 있고 없고
님 향한 일편단심이야 가실 줄이 있으랴.'

이방원은 정몽주의 심정을 확실하게 파악한 후 그를 척살하기로 마음먹고 이지란을 불렀다. 그러자 이지란은 대답했다.

포은 정몽주 선생

"당치도 않네. 당대의 충신을 죽인다는 것은 말도 안 되네. 나로서는 도저히 자네와 뜻을 같이할 수가 없네."

이지란의 뜻밖의 말에 당황한 이방원은 자신의 심복인 조영규를 은밀히 불러 척살을 지시했다.

"너는 내가 가장 사랑하는 충직한 부하라는 것을 모든 사람들이 알고 있을 것이다. 오늘 밤 부하들을 데리고 선죽교에 숨어 있다가 정몽주가 지나가면 단칼에 척살하라."

이방원의 명령을 받은 조영규는 눈빛을 번뜩이며 부하들을 데리고 선죽교로 향했다. 정몽주는 이성계의 병문안을 마치고 집으로 향했다. 때마침 전 개성부 판사 유원이 죽었다는 부고를 받았기 때문에 문상을 위해 그의 집으로 말머리를 돌렸다.

이러저런 생각에 잠긴 정몽주를 이해하는 듯 모르는 듯 그를 태운 말은 어느새 선죽교로 접어들었다. 이때를 놓치지 않고 그의 말 앞에 철퇴를 든 한 사나이가 나타났다. 섬뜩한 분위기를 느낀 정몽주는 재빨리 자신을 뒤따르던 하인들에게 자리를 피하라고 한 후 길을 재촉했다.

그 사나이는 조영규로 정몽주가 가까이 다가오자 들고 있던 철퇴를 힘껏 내리쳤다. 하지만 다행스럽게도 정몽주는 맞지 않았다. 그러자 정몽주는 조영규를 바라보면서 큰 소리로 꾸짖었다.

"웬 놈인데, 나를 죽이려 하느냐! 썩 물러가지 못할까?"

그러나 정몽주의 꾸짖음에도 불구라고 조영규는 달아나는 그를 쫓아가 말머리를 향해 다시 한 번 철퇴를 내리쳤다. 철퇴를 맞고 말이 꼬꾸라지면서 정몽주는 땅으로 떨어지고 말았다. 그러자 조영규는 단숨에 달려가 정몽주의 머리를 행해 철퇴를 내려쳤다.

고려의 충신 정몽주가 이처럼 비참하게 척살되고 말았다. 정몽주가 죽은 선죽교 위엔 선혈이 낭자했는데, 이곳에서 그의 절개를 상징하는 대나무가 생겨났다는 일화가 전해져 내려오고 있다. 정몽주를 제거한 이방원은 곧장 아버지 이성계를 찾아가 이 사실을 고했다. 그러자 이성계는 이방원에게 몹시 화를 냈다.

"예끼, 버러지만도 못한 놈! 우리 가문은 대대로 충성과 효도를 근본으로 삼고 있다. 그런데 네 놈이 이 나라의 충신을 죽인 죄로 말미암아 백성들은 자손대대로 우리 가문을 원망할 것이야."

"아버님, 무조건 역정만 낼 것이 아니라 제 말씀도 들어보십시오. 저의 염탐꾼에 의하면 정몽주가 아버님을 제거한 다음 우리 집안을 몰락시키려는 음모를 꾸미고 있었습니다. 그런데도 가만히 앉아서 죽기만을 기다려야 하겠습니까?"

한편 철퇴를 맞아 즉사한 정몽주의 시체는 선죽교에 버려졌지만 누구 한 사람 거두지 않았다. 그러던 어느 날 송악산의 승려들이 내려와 시신을 염습한 다음 풍덕 땅에 묻었다. 이후 조선왕조가 건국된 다음 이성계의 명으로 경기도 용인으로 이장되었다.

정몽주가 척살되자 이성계를 추종하는 남은, 조준, 정도전, 조인옥, 조박 등 52명은 그를 왕으로 추대하고자 했다. 이들은 배극렴 등을 사주해 공민왕비 안 씨를 부추겨 공양왕의 나약함을 내세워 결국 원주로 유배를 보내고 말았다.

이로써 고려 태조 왕건이 나라를 세운지 34왕 425년 만에 막을 내렸고 1392년 그 뒤를 이어 이성계가 수창궁에서 조선을 건국하게 되었다. 이성계가 왕위에 오르자 조준의 아우 조견, 원천석, 길재, 이색, 이숭인 등은 고향으로 낙향하여 운둔생활을 했다.

정몽주의 거사 실패

이성계는 공양왕의 아들. 세자 석이 명나라에서 돌아오자 황해도 황주까지 마중한 후, 해주에서 노루사냥을 하다가 낙마해 심한 부상으로 요양을 하고 있었다.

정몽주는 이성계의 세력이 점점 커지자 그를 제거하기로 마음먹었다. 마침 이성계가 낙마로 인해 집안에서 꼼짝하지 못하고 누워있다는 소식을 접했다. 그는 이때가 좋은 기회라고 생각한 나머지 대간을 불렀다.

"소식을 듣자하니, 이성계가 낙마로 인해 고생한다는구나. 이번이 좋은 기회로 우선 조준을 척살한 다음 이성계를 제거하는 것이 순서인 것 같구나."

정몽주에게 이 말을 들은 대간은 은밀하게 삼사에게 전했다. 그러자 삼사는 조준, 정도전, 남은, 윤소종, 청주목사, 조박 등의 죄를 소상히 적은 상소문을 공양왕에게 올렸다. 상소문을 읽은 공양왕은 도당에게 그 일을 처리하라며 넘겼다. 그러자 도당으로 들어간 정몽주는 그들의 죄를 물어 여섯 사람 모두를 귀양 보냈다. 그런 다음 정몽주는 자신의 측근인 김구련과 이번 등에게 이들을 국문토록 지시했다.

한편 정몽주가 이성계를 제거하기 위한 계획이 하나하나 실천되고 있을 쯤, 이성계의 아들 이방원은 어머니 한 씨 무덤 옆에서 여막생활을 하고 있었다.

그러던 중 이방원은 자신의 측근들로부터 아버지 이성계가 낙마해 꼼짝도 못하고 누워있다는 소식과 정몽주가 아버지 이성계가 대궐로 입경하는 날 암살할 것이라는 내용을 보고받았다. 눈이 휘둥그레진 이방원은 한 시간도 지체하지 않고 곧바로 말을 내달려 이성계가 요양하고 있는 벽란도로 향했다. 벽란도에 도착한 이방원은 말에서 내려 숨을 헐떡이며 이성계를 만났다.

"아버님, 큰일 났습니다. 동지로서 굳게 믿고 있는 정몽주가 아버님을 죽이기 위해 음모를 꾸미고 있습니다. 하루 속히 송도로 돌아가셔야만 그들의 거사를 막을 수가 있습니다."

"이 놈이, 누구를 모략하는 것이냐? 네가 무엇을 어떻게 들었는지 모르겠지만 정몽주는 그럴 사람이 절대로 아니다."

이방원은 아버지 이성계가 완강하게 부인하면서 자신의 말을 듣지 않았다. 그렇지만 이방원의 끊임없는 설득에 이성계는 상처의 고통을 참아가면서 송도 집으로 비밀리에 돌아왔다.

하지만 정몽주는 이성계가 집으로 돌아온 사실을 까맣게 모른 채 대간에게 상소케 하여 조준과 정도전까지 죽이라고 지시했다. 이 소식은 곧바로 이방원에게 전해졌고, 이에 이방원은 이성계를 찾아가 고했다.

"아버님, 저 보십시오. 지금 정몽주가 아버님의 측근들을 제거하고 있습니다. 우리가 먼저 손을 쓰지 않으면 꼼짝없이 당할 것입니다."

그렇지만 이성계는 이방원을 한동안 쳐다보더니 역정을 냈다.

"듣기 좋은 꽃노래도 자꾸 들으면 싫증이 나는 법, 이제 그만 남을 비방하지 말고 네 앞가림이나 잘해라. 썩 물러가거라, 이놈!"

그렇지만 이성계의 역정에도 아랑곳 하지 않고 이방원은 계속 고했다. 그런 다음 이방원은 숭교리의 옛집에서 이성계의 회답을 기다렸다. 하지만 이성계로부터 아무런 연락이 없자 답답한 심정에서 마당을 이리저리 거닐고 있었다. 그리고 얼마 후 광흥창의 사자 정탁이 이방원을 찾아와 솔직하게 자신의 마음을 털어놓았다.

"장군! 지금 혼자 나서서 해결할 때가 아니지요. 신중하게 생각하셔야 성공할 수가 있습니다."

정탁의 말을 이해한 이방원은 고개를 끄덕인 다음 곧바로 이방과 이성계의 사위 제를 불렀다. 이 자리에서 세 사람은 정몽주를 죽여야 한다는 결론을 얻었다.

그 다음날 이방원은 이두란을 불러 정몽주가 이성계를 제거하려 한다는 말과 함께 그를 척살하라고 청했지만 일언지하에 거절당했다. 그러자 이방원은 곰곰이 생각하다가 초저녁 경 자신의 측근인 조영규, 조영무, 고려, 이부 등을 집으로 불러들여 상항을 설명하고 척살을 청하자 그들은 흔쾌히 찬성했다. 이방원의 살인청부를 받아들인 이들은 도평의사사로 들어가 정몽주를 암살하기로 결정했다. 이들이 거사를 위해 자리에서 일어서려는 순간 대문 밖에서 벽제성의 큰소리가 들려왔다.

"여봐라~ 게 아무도 없느냐!"

벽제성의 소리를 들은 이방원이 대문 밖으로 나가자 그곳엔 뜻밖에도 정몽주가 서 있는 것이 아닌가. 정몽주는 이방원이 자신을 척살한다는 음모를 염탐해보기 위해 이성계의 병문안을 핑계로 찾아왔던 것이다. 그러나 아무것도 모르고 있는 이성계는 자신의 병문안을 온 정몽주를 반갑게 맞이했다. 한편 이성계의 서자 화까지 이곳에 와 있었다. 그는 정몽주가 왔다는 말에 이방원을 채근했다.

"이보게 아우. 하늘이 돕는구먼. 몽주가 제 발로 찾아오다니. 오늘이 바로 거사날인 것 같네. 안타까운 것은 아버님의 역정(逆情)이야."

"그렇지만 형님! 기회란 항상 주어지는 것이 아니랍니다. 오늘을 넘기면 언제 기회가 올지……"

때마침 판 개성부사 유원이 죽었기 때문에 정몽주는 이성계의 집을 나와 초상집으로 말을 재촉했다. 정몽주는 초상집에서 한동안 머문 후 집으로 돌아가기 위해 말에 올랐다. 밤이 깊은 시각, 정몽주를 죽이기 위해 만반의 준비를 마치고 기다리고 있던 조영규는 그가 나타나자 철퇴로 일격을 가했다.

일격이 빗나가는 순간 정몽주는 말고삐를 짧게 잡고는 급히 말머리를 돌렸다. 그러자 조영규는 또다시 달려들어 일격에 말을 쓰러뜨렸고 결국 정몽주는 말에서 떨어져 도망쳤다. 하지만 그들은 도망치는 정몽주를 뒤쫓아 가서 죽이고 말았다. 측근들의 보고를 받은 이방원은 이성계에게 정몽주를 척살했다고 보고하자 대노하면서 이렇게 말했다.

"뭣이라고? 아, 이일을 어찌할꼬? 너 하나 때문에 충신으로 알려진 우리 가문에 똥물을 튀기고 말았어. 앞으로 백성들이 우리 가문을 어떻게 보겠느냐, 이놈!"

그렇지만 이방원은 자신의 한 일에 대해 끝까지 정당성을 늘어놓았다.

"아버님! 아직까지 모르십니까? 정몽주와 그 일당들이 아버님을 암살하려고 음모를 꾸미지 않았습니까. 어떻게 그런 대역 죄인들을 자꾸만 품안으로 안으시려고 합니까? 억울합니다. 아버님!"

이방원의 주장에 화가 머리끝까지 오른 이성계를 바라보고 있던 부인 강 씨가 입을 열었다.

"대감, 고정하세요. 왜 자꾸만 구차한 변명으로 일관하시려고 하십니까? 제 생각으론 대감께서 초지일관하시는 것이 옳다고 생각합니다."

밤새 한숨도 이루지 못한 이성계는 다음 날 아침 공양왕에게 사람을 보내 그간의 전말을 보고 했다.

"폐하, 정몽주는 대간들과 함께 저를 비롯한 충신들을 죽이려고 모함했기 때문에 그 단죄로 어젯밤에 죽임을 당했사옵니다. 그런즉 정몽주와 연관된 역적 잔당들을 모두 잡아다가 국문으로 다스려야함이 옳다고 생각되옵니다. 통촉해주십시오."

정몽주의 동상

공양왕은 이성계의 청에 따라 정몽주와 가깝거나 연관된 대간들을 모두 구금시켰다. 그런 다음 배극렴과 김사형에게 국문을 맡기면서 이 사건은 끝났다.

제1차 왕자의 난

1398년 태조 7년 8월, 태조가 와병으로 누워있을 때 조정의 분위기는 어수선했다. 이방원은 아버지 이성계가 조선왕조를 건국하는데 혁혁한 공을 세운 일등공신이었다. 그렇지만 그가 세운 공과와는 달리 세자 자리는 다른 왕자에게 돌아가고 말았다.

이방원의 태생은 태조 첫 번째 부인 사이에 태어났다. 하지만 그의 어머니는 죽었고 둘째 부인 강비가 태조의 사랑을 독차지했다. 강비는 정도전, 남은 등을 앞세워 자신이 낳은 이방석을 세자로 세운 후 병으로 죽었다.

이방원은 이방석이 세자자리에 오른 것에 대해 무척 화가 났다. 그래서 자신의 심복인 하륜 등과 함께 정도전 과 조정 대신들을 제거하려고 음모를 꾸몄다. 지모가 뛰어난 하륜은 관상가로 유명했으며 궁궐을 한양으로 옮기는데 일조를 했다.

지난 날 그는 이방원을 초면자리에서 장차 큰 인물이 될 것으로 예언했다. 하륜이 충청감사로 명을 받아 떠나는 날 이방원이 축하해주기 위해 그의 집을 방문했다. 이 자리에서 하륜은 정도전과 남은 등이 태조의 전 부인이 낳은 자식들을 모두 죽이려한다는 말을 전하면서 사람을 천거했다.

"대군, 안산군수 이숙번은 지략과 용맹이 걸출합니다. 그를 측근에 두시면서 요긴할 때 쓰십시오."

한편 남은, 심효생 등은 정도전의 집에 모여 앞날에 대해 논의를 하고 있었다. 그들은 태조의 병이 위독하기 때문에 하루 빨리 이방원의 형제들을 궁궐로 불러 제거하자고 결정했다.

이때 이방원은 하륜이 천거한 이숙번을 몰래 불러올렸다.

"충청감사 하륜에게 그대의 이야기를 잘 들었다. 정도전 등이 부왕의 병을 핑계로 역모를 일으킬지 모른다. 그대는 내가 부르면 어디에 있던지 곧바로 달려와야 한다."

그리고 얼마의 시간이 흘렀다. 이방원의 명을 받은 처남 민무구가 이숙번을 불러올렸다. 그가 한양으로 올라왔을 때 태조의 병이 위중했다. 더구나 정안군(이방원), 익안군, 회안군, 의안군 등이 근정전 문밖 서쪽 집에서 대기하고 있었다.

이날 저녁 무렵이었다. 이방원의 부인 민 씨는 동생 민무질과 이야기를 나눈 후 갑자기 하인 소근을 불렀다. 민 씨는 급히 궁궐로 가서 정안군을 모셔오라며 말했다.

"대군께 내가 갑자기 몸이 아파 쓰러졌다고 전해라."

민 씨의 명을 받은 소근은 이방원을 만나 부인이 몹시 위중하다고 전했다. 그러자 함께 있던 의안군이 약을 주면서 집으로 돌려보냈다. 이방원이 집으로 돌아오고 그 다음 처남 민무질이 찾아왔다. 이방원, 민 씨 부인, 민무질 세 사람은 긴 이야기를 나눴다. 이야기가 끝나고 이방원이 궁궐로 돌아가려고 일어섰다. 그러자 민 씨 부인은 궁으로 돌아가지 말라며 이방원을 말리자 그는 말했다.

"나 혼자 살라는 말이오? 지금 형님들께서 모두 대궐에 계시는데? 안심하시오, 부인. 변란이 일어나면 내가 막을 테니."

밤이 되면서 왕자들은 각기 자신의 군사들을 모두 해산했다 그렇지만 오로지 이방번 만이 군사를 해산하지 않았다. 그러자 이방원은 처남 민무구를 시켜 이숙번에게 군사들을 데리고 신극례의 집에서 조용히 기다리라고 했다.

초저녁이 되어 내관이 왕자들을 찾아와 태조의 병이 위중해서 자리를 옮기려고 한다며 모두 대전으로 들어오라고 했다.

그러나 이상하게도 궁궐엔 불들이 모두 꺼져 있었다. 먼저 의안군이 들어가고 정안군(이방원)은 뒷간으로 숨어들어 분위기를 살폈다. 이방원이 분위기 파악을 위해 몸을 숨긴 줄도 모르는 익안군과 회안군은 그가 보이지 않자 사방을 두리번거리며 불렀다. 이 소리를 듣고 깜짝 놀란 이방원은 손으로 입을 가리며 말했다.

"조용히 하세요. 분위기를 모르고 계십니까?"

이방원은 곧장 말을 타고 궁궐 서쪽 문으로 향해 대궐을 빠져나오고 익안군과 회안군도 덩달아 따라서 나왔다. 이방원은 자신의 군영 앞에 도착하자 말을 세우고 이숙번을 급히 불렀다. 갑옷차림의 그는 완전무장한 측근들과 군사들을 데리고 왔다. 이 자리에 이거이, 조영무, 신극례, 민무구, 민무질 등 10여 명이었다. 더구나 군사들 역시 10여 명에 지나지 않았다. 그리고 집에서 일하고 있는 종들만 10여 명이 뒤따랐다. 이숙번을 보는 순간 이방원이 이렇게 물었다.

"이숙번, 내가 어떻게 처신하면 좋겠는가?"

"대군! 저의 생각으로는 먼저 역적들이 모여 있는 곳으로 찾아가 집을 포위합니다. 두 번째는 집에 불을 지른 다음에 뛰쳐나오는 놈들마다 척살하면 되옵니다."

이 말을 들은 이방원은 곧바로 출동해 일당들이 머물고 있는 정도전의 첩 집을 포위했다. 늦은 밤이라 종들은 모두 잠자리에 들고 없었으며 정도전과 남은 등만 등불을 켜놓고 깊은 밀담을 나누고 있었다.

이숙번은 화살에 불을 붙인 후 지붕위로 쏘았다. 그러자 지붕에 불이 붙으면서 삽시

1차 왕자의 난(무인정사)

간에 불바다가 되었다. 이때 불을 피해 빠져나온 정도전과 남은 등은 도망쳤지만 미처 몸을 피하지 못한 심효생 등은 죽임을 당했다.

정도전은 곧바로 민부의 집으로 도망쳤지만 이방원의 군사들에 의해 붙잡히고 말았다. 체포된 정도전은 사시나무 떨 듯 몸을 떨고 있었으며 손에는 작은 칼을 들고 있었다. 그는 이방원 앞에 끌려나와 울먹이면서 애원했다.

"대군! 제발 목숨만 살려 주시게."

"그렇게 살고 싶은 대감께서 어찌 날 모함한 것이오? 더구나 우리형제들에게 무슨 원한이 그렇게도 많으셨소? 영화는 저승에서나 누리도록 하시오. 여봐라~ 어서 참형을 시켜라!"

이방원은 정도전의 애원에도 불구하고 부하들에게 곧바로 참형시키라고 명령했다. 이어 역모를 꾀했다는 이유로 삼족까지 멸하라고 했다. 참형을 당한 정도전에겐 아들 넷이 있었다. 그중에 정유와 정영은 군사들에게 현장에서 체포되어 죽임을 당했고 정담은 더러운 손에 죽지 않겠다며 스스로 목숨을 끊었다. 이밖에 남은을 비롯한 정도전과 인연을 맺은 모든 사람들을 속속들이 찾아내어 죽이고 말았다.

그리고 불씨의 원인이 된 세자 방석을 체포해 오지로 귀양 보내는 척 하면서 중간에서 죽였다. 또한 이방원은 자신의 형인 이방번까지 무참하게 살해했다.

이방원의 난동을 전해들은 태조 이성계는 아픈 몸이지만 화가 치밀어 누워있지를 못했다. 그것은 자신과 함께 조선왕조를 세우는데 일등공신이었던 정도전과 남은 등을 비롯해 자신이 사랑했던 두 아들까지 모두 이방원의 손에 죽었기 때문이다.

태조는 이방원을 불렀다.

"내가 죽지 않은 이상 너에게 왕위를 물려줄 수가 없다. 결코 넌 임금이 될 수 없을 것이다."

이렇게 호통을 친 태조 이성계는 며칠 동안 식음을 전폐하면서 깊은 생각에 잠겼다. 그러다가 둘째 아들에게 왕위를 물려주고 미련 없이 한양을 떠나 함흥으로 갔다.

용서받지 못할 자

이방원(한 씨 부인 태생)은 이방석(강비가 어머니)이 세자로 책봉되기 전까지 강비는 물론 그녀와 관계된 모든 인물들과의 사이가 매우 좋았다. 하지만 이방석이 세자로 책봉되면서 그녀와 연관된 모든 사람들과 관계가 매우 나빠졌다.

세자가 책봉되면서 야심찬 이방원으로부터 강 씨는 불안과 공포를 느꼈다. 소화불량증, 불면증, 공포증을 겪었는데, 날이 지나갈수록 이 증세는 더더욱 심해졌다. 이를 눈치 챈 태조 이성계는 왕비의 신변을 심상치 않게 생각해 그녀를 찾아왔다.

"중전, 무슨 근심거리라도 있으시오? 얼굴에 살은 어디로 가고 이렇게 뼈만 앙상하단 말이오. 먹고 싶은 것이 있다면 말해보시오. 내가 직접 그대에게 갖다 주리라. 더구나 방석이 내 뒤를 이을 때까지 살아야 호강하지 않겠소. 어서 기운을 차리세요."

1396년(태조 5년) 음력 8월13일 강 씨가 병으로 죽자 태조 혼자만 슬프게 울었다. 그는 10일간 모든 정사를 중지하고 전국 백성과 함께 애도했다. 또한 명당을 찾기 위해

15일 동안 안암동, 행주, 서부 황화방(정동) 등을 물색했다.

이 중에서 안암동은 습해서 버렸고, 행주는 내키지 않아서 버려졌지만 대궐근처에 있다는 이유로 서부 황화방이 능지로 결정되었다. 강비가 죽은 해인 9월 9일부터 친히 정릉축조에 나섰다. 10월 10일에는 좌정승 조준과 판중추원사 이근에게 강비의 생전 덕행을 기록한 시책을 받들어 신덕왕후란 묘호를 올리게 하였다. 이듬해인 정월 초사흗날 안장했는데, 이것이 바로 정릉이다. 정릉동이란 정릉이 생기면서 부르게 되었고 지금은 정동으로 바뀌었다.

강비가 죽은 후인 1398년(태조 7년)가을 어느 날, 정도전과 남은은 네 왕자와 세자 방석에 대해 논의를 하고 있었다.

"대감! 세자 방석이 불쌍하게 되었소."

"그렇지요. 부왕이 있지만 병중이고 중전이 없으니 말이오."

"그래서 말인데 우리가 강비의 유지를 받들어 세자를 도와야 하지 않겠소?" "물론이지요."

"그렇다면 대감께서 좋은 묘책이라도 세우셨소이까?"

"아니오, 난 오직 삼봉의 의견에 따라가겠소."

"별 모수가 없습니다. 그렇지만 요즘 태조께서 병환으로 누워계신데······. 어쩜 이것이 기회가 될 수도 있다고 생각합니다."

"어떤?"

"태조의 병세가 더 나빠지면 나는 대감과 함께 병문안하여 피접(자리를 옮겨 병을 다스림)의 필요성을 강조하겠소. 그러면 모든 왕자들을 한자리에 모이게 할 수가 있소이다. 그때를 기회로 삼아 왕자 넷을 모두 척살할 참이오. 대감."

"흠, 그렇게 된다면 반드시 성공할 수가 있겠구려. 하지만 대감, 만약 이 말이 새나간다면 우린 죽은 목숨이나 다름없소이다. 그래서 말인데, 우리 쪽 사람 몇이나 알고 있소이까?"

"대략 몇 사람 정도입니다."

이들의 은밀한 음모가 결정된 후 열흘도 되지 않아 태조의 병세가 매우 위중해 피접할 정도가 되었다. 그러자 정도전과 남은은 하늘이 준 기회라며 몇 번이나 문병하면서 피접을 강조했다. 태조도 정도전의 진언을 받아들이기로 결정했다. 그 결정에 따라 정도전과 남은은 태조의 측근인 내시에게 일렀다.

"태조의 병환이 심해져 피접해야만 병을 고칠 수가 있다. 여러 왕자들에게 태조가 피접을 떠난다고 알리고 참석케 하라고 하시오."

그러나 음모는 하늘이 돕지 않는 한 발각되게 마련이다. 정도전과 가까운 전 참찬 이무가 이런 음모를 이방원(정안대군)의 부인 민 씨에게 발고했다. 이날따라 방원은 형님 왕자들과 근정문 밖에서 태조의 병을 살피기 위해 밤을 지새우고 있었다.

부인 민 씨(원경황후)는 먼저 자신의 오라버니 민무질을 불러 의논했다. 그런 다음 하인 김수근을 이방원에게 보내 자신이 복통으로 쓰러졌다고 알렸다.

김수근의 말에 깜짝 놀란 이방원은 집으로 급히 돌아왔다. 그는 부인 민 씨의 거짓에 성질이 났다. 하지만 부인 민 씨와 처남 민무질에게 모든 이야기를 듣고 대궐로 돌아가기 위해 자리에서 일어섰다. 그러자 부인 민 씨는 눈물을 흘리면서 붙잡았다.

"대군! 지금 대궐로 가시면 죽임을 당할 뿐입니다. 제발 고정하세요."

그렇지만 이방원은 부인의 만류를 뿌리치며 이렇게 말했다.

"부인, 걱정 마시오. 내가 죽음을 두려워했으면 벌써 이승사람이 아니오. 더구나 부인도 아시다시피 지금 형님들이 대궐 안에 계시오. 내가 지금 입궐하는 것은 역적 정도전의 훈계를 알리는 것뿐이오."

마음이 착잡한 이방원은 말을 달려 대궐로 향했다. 이방원이 대궐에 도착하자 소관이 마중 나왔다.

"대군, 상감마마께서 병환이 위중하셔서 오늘 피접하려고 합니다. 그래서 왕자님들께서는 모두 입궐하시라는 분부입니다."

이들이 들어가려고 할 때 이상하게도 등불이 모두 꺼져 있었다. 그러자 왕자들은 의심을 품었고 이방원은 몰래 화장실로 가는 척했다. 그러자 방의, 방간, 이백경이 방원을 큰 소리로 불렀다. 이에 깜짝 놀란 이방원은 입을 가리며 방의, 방간, 백경 등을 데리고 영추문으로 나오면서 그 사실을 알렸다.

"형님들, 이제 우리 목숨은 촌각을 다투고 있습니다. 그래서 말을 광화문 밖에 세워 놓고 기다려봅시다."

그런 후 이방원은 사람을 시켜 정승 조준과 김사형을 불렀다. 점쟁이에게 길흉을 점치고 있던 조준은 갑자기 연락을 받고 갑옷으로 갈아입고 군사들을 이끌고 왔다. 이방원은 조준을 시켜 군사들에게 명령하여 예빈사 앞 돌다리를 막아 검문검색을 하게 한 다음 큰 소리로 외쳤다.

"어찌 공들은 조선의 사직을 멋대로 하시려고 합니까?"

이방원의 목소리에 깜짝 놀란 대신들이 몰려나왔다. 이때 조준과 김사형은 어전으로 들어가려고 했다. 그러자 이방원이 앞을 가로막으면서 그들을 꾸짖었다.

그들은 하는 수 없이 운종가에 주저앉았고 이방원은 곧바로 문주백관을 불러들였다. 이때 찬성 유만수가 아들을 데리고 오자 이방원은 그에게 갑옷을 입게 하여 자신의 뒤에 서게 하였다. 그러자 이무가 이방원에게 만수는 방석의 패거리라고 일러주었다.

이에 만수는 이방원의 말굴레를 잡고 변명하자 김소근이 나서서 부자를 단칼에 죽였다. 이들 부자를 죽인 이방원은 무사들과 함께 정도전 일당의 동정을 염탐했다. 그때 정도전은 이직과 함께 남은의 작은 집에서 모의를 꾸미고 있었다. 이들의 거처를 알아낸 이방원은 이숙번을 시켜 남은의 집에 불을 질렀다. 깜짝 놀란 정도전은 급히 몸을 피해 이웃한 판봉상 민부의 집으로 숨었다.

그러자 민부는 정도전을 보고 큰소리로 발고했고 곧바로 이방원의 부하들은 그를 붙잡았다. 붙잡힌 정도전은 이방원에게 애원했지만 결국 그 자리에서 죽었고 그의 아들 유영까지 참형 당했다.

도망친 남은은 미륵원 포막으로 숨다가 발각되면서 죽었고, 이직은 아무것도 모르고 정도전에게 끌려왔다고 주장해 목숨을 부지했다.

이 사실을 전혀 눈치 채지 못하고 있던 방석 일당은 군사를 움직이기 위해 세자를 받든 후 성 밖을 살폈다. 그런데 광화문에서 남산까지 철기군 들이 자리 잡고 있어 감히 대항하지 못하고 항복하고 말았다. 이것으로 이방원은 세자 방석을 중심으로 발발했던 정도전의 난을 모두 평정한 것이다.

이들의 싸움에도 불구하고 태조의 병세가 점점 악화되면서 청량전으로 피접했다. 얼마 뒤 좌정승 조준은 중신들과 백관을 거느리고 병세가 호전된 태조를 알현했다. 그는 정도전과 남은 등의 죄를 보고한 후 세자를 딴 왕자로 책봉할 것을 간청하였다.

이때 세자 방석이 태조의 곁에 있었고 태조는 조준의 간청에 대신들을 보고 이렇게 물었다.

"방석을 그대로 두었으면 하오."

"왜 아무런 말들이 없소? 불만이 있다면 경들에게 그 이유를 듣고 싶소."

대신들의 대답이 없자 태조는 세자 방석에게 물었다.

"방석아, 너는 어떠냐? 세자 자리를 내놓고 싶은 게냐?"

"아바마마, 전 오직 아바마마를 편안하게 해드리고 제 마음도 편안하기 위해 세자 자리에서 물러나겠습니다."

이 말을 끝낸 방석은 형 방번과 함께 대궐에서 나와 어디론가 사라지려고 했다. 이때 갑자기 이방원이 찾아와 말했다.

"넌, 내 말대로 했으면 이 꼴이 되지 않았을 것이다. 보기도 싫다. 내 마음이 변하기 전 얼른 가거라."

이들이 정처 없이 길을 떠나고 있던 중 이름 모를 벼슬아치들이 쫓아와 죽이고 말았다. 태조는 방번과 방석이 살해되었다는 소식에 스스로를 원망하며 눈물을 흘렸다.

왕자의 난이 있은 후 대신들은 태조에게 이방원을 세자로 책봉하자고 건의했다. 그러나 이방원은 결코 사양하며 둘째형 영안대군 방과가 세자가 되어야 한다고 우겼다.

하지만 방과는 개국을 주도한 것도 방원이고 더구나 지금의 난리를 평정한 것도 방원이라며 한사코 세자자리는 방원이 적당한 인물이라고 주장했다.

이에 방원이 말을 끝까지 듣지 않자 방과는 다음의 조건을 제시했.

내가 어느 시기까지 자리를 맡고, 끝나면 너에게 양도하겠다. 이로써 그해 9월, 태조는 영안대군 방과에게 임금의 자리를 물려주었다. 이분이 바로 정종이다.

태조 요점정리 — 조선 건국까지의 시대적 배경과 이성계의 생애와 업적

1. 고려말 공민왕 시대

공민왕 시대 때에는 원나라가 쇠퇴해지자 원나라 배척운동을 일으켰는데, 1352년에는 변발·호복등의 몽골풍을 폐지하였으며, 1356년에는 몽골을 상국으로 섬기지 않겠다는 상징적인 표현으로 몽골연호 및 관제를 폐지하고 문종 때의 제도로 복귀하는 한편, 내정을 간섭한 정동행중서성이문소를 폐지하여 원 조정에 고려의 독립의지를 강하게 표현 했다.

한편 어릴 때 원나라에 공녀로 뽑혀가서 원나라 제2황후까지 되고 아들이 황태자까지 되는 기황후를 배경삼아 권세를 부린 오빠 기철 일파를 숙청하고, 100년 간 존속한 쌍성총관부를 공격하여 철령 이북의 영토를 회복하였다. 1368년 명나라가 건국하자 이인임을 보내어, 명나라와 협력하여 요동에 남은 원나라 세력을 공략하였다. 1369년 이성계로 하여금 동녕부를 치게 하여 오로산성을 점령, 국위를 크게 떨쳤다.

내정에서는 정방을 폐지하고, 신돈을 등용하여 귀족이 겸병한 토지를 소유자에게 반환시키고, 불법으로 노비가 된 사람을 해방시키는 등 개혁적인 정치를 베풀었다. 그러나 그 뒤 홍건적과 왜구의 계속적인 침범으로 국력이 소모되었고, 1365년 노국대장공주가 죽자 그녀를 추모하여 불사 에만 전심하였다. 정치를 신돈에게 맡겨 정치가 문란해졌으며, 자제위를 설치하여 풍기도 문란해졌다.

2. 위화도 회군

원을 멸망시키고 등장한 명(주원장)은 고려에 대해서 원에게 했던 것처럼 무리한 공물을 요구함과 동시에 쌍성총관부와 동녕부에 속해 있던 철령 이북 땅을 명나라에 귀속해야한다고 요구한다. 이에 고려 조정은 명나라 역시 원과 마찬가지로 고려를 속국으로 삼겠다는 말과 같은 뜻으로 해석하고 이에 강하게 반발하고 명나라의 전초기지인 요동을 정벌하기로 한다.

당시 고려조정의 집권세력은 최영과 이성계 이 두 축으로 나뉘어 있었다. 먼저 요동 정벌론을 펼친 사람은 최영이었다. 1388년 2월 최영이 주장한 요동정벌은 같은 해 4월 이성계와 조민수가 이끄는 5만 군사로 하여금 요동정벌을 감행한다. 같은 해 5월 이성계가 이끄는 군사들은 위화도에 도착하게 된다. 이때 최영은 위화도에서는 가지 않고 평양에 우왕과 함께 있었다. 이성계는 위화도에서 전열을 가다듬고 요동성을 공략할 계획이었으나 장마가 시작되어서 강물이 엄청나게 불어나 강을 건널 수 없게 된 것이다. 이에 이성계는 요동성을 공격할 수 없다는 판단을 하고 우왕에게 사불가론을 들어 요동정벌의 부당성을 주장하게 된다. 그러나 평양에 있던 우왕과 최영은 이성계의 이러한 주장을 받아들이지 않고 요동정벌을 독촉하자 이성계는 이에 불복하고 위화도에서 회군하기에 이른다. 위화도에서 회군한 이성계는 개경에서 최영부대와 접전을 벌인 끝에 승리하고 최영은 고봉현을 유배시키고 우왕을 폐위하여 강화도로 보낸 후 조민수의 주장에 따라 창왕을 옹립하는 것으로 위화도 회군은 끝난다.

사불가론(四不可論)
첫째, 작은 나라가 큰 나라를 거스르는 일은 옳지 않으며,
둘째, 여름철에 군사를 동원하는 것은 부적당하고,
셋째, 요동을 공격하는 틈을 타서 남쪽에서 왜구가 침범할 우려가 있으며,
넷째, 무덥고 비가 많이 오는 시기라 활의 아교가 녹아 무기로 쓸 수 없고 병사들도 전염병에 걸려 염려가 있다.

3. 업적

〈고려 말〉

이성계는 활의 명수였으며 일찍이 무술에 뛰어난 재능을 보인 고려 말기 신흥 사대부 계층을 대표한 무인이다.

고려 말기의 장군 시절엔 원나라의 쌍성총관부를 공격하여 빼앗았고, 홍건적 10만 명이 고려에 쳐들어왔을 때도 용감히 맞서 싸웠다. 그 후 동북면병마사가 되어 원나라 장군 나하추를 무찔렀으며, 1378년부터 1380년까지 지리산과 해주·황산 등에서 왜구를 크게 무찔렀다. 그러나 잦은 싸움으로 병사들이 지쳐서 더 이상 싸움을 할 수 없는 상황에서 또 다시, 명나라가 철령 부근에 군사 보급 기지를 만든다는 소문이 나돌자 고려 우왕은 이성계에게 요동 정벌을 명령하였다. 이성계는 우군통도사가 되어 10만 군사를 이끌고 압록강 한가운데에 있는 섬 위화도에 도착하였다. 그러나 위화도 진격 도중 군사들을 돌려 개경으로 진격하면서 최영을 제거하고 우왕을 폐한 후 창왕을 내세웠다. 다음 해에 다시 창왕을 몰아내고 고려 마지막 임금이 된 공양왕을 임금의 자리에 앉혔으며 정몽주 등 고려의 충신들을 제거하고 공양왕도 임금의 자리에서 물러나게 하였다.

이로써 고구려의 기상을 계승하고자 일어난 고려 왕조는 475년 만에 영영 모습을 감추고 말았다.

〈조선건국〉

1393년 2월 15일 이성계는 국호를 조선이라 정하고 새 왕조를 설립하였다. '조선'이란 옛 '고조선'에서 따온 이름이다. 1394년 태조 이성계는 무학대사의 건의를 받아들여 서울을 한양으로 옮겼다. 또한 유교 정치를 국가의 기본으로 삼고 농본주의를 건국이념으로 삼아 조선 500년의 근본정책이 되게 하였고 농상 장려, 관세 정비 등 조선의 기틀을 다지는데 큰 업적을 이룩하였다.

그러나 이성계의 말년은 우울한 나날의 연속이었다. 여덟이나 되는 왕자들이 왕위 다툼으로 많은 피를 흘렸다. 맏아들 방우는 아버지가 고려를 무너뜨리고 새 왕조를 세우는 일에 반대하다가 산속으로 들어가 버렸고, 개국 공신이며 다섯째 아들인 방원은 두 번이나 왕위 다툼을 일으켰다. 왕위 다툼 때문에 벌어진 왕자들의 싸움에서 이성계가 아끼던 방번과 방석 두 왕자가 죽고, 사위 이제와 오른팔이던 신하 정도전, 남은 등도 죽었다.

이후 왕위는 둘째 아들 방과(정종)에게 이어졌다가 방원(태종)에게 돌아갔다. 크게 실망한 이성계는 딸 경순 공주를 비구니로 만들어 함께 절에 들어가서 조선을 세우는 과정에서 죽어간 수많은 사람들의 명복을 빌기로 결심하고 함흥으로 들어갔다. 임금이 된 방원은 아버지에게 옥새도 받고 왕으로서 인정받고 싶어 차사(사신)를 함흥으로 보냈다. 그러나 이성계는 한양에서 차사가 오기만 하면 활로 쏘아 죽여 버렸다. 그래서 가면 돌아올 줄 모른다는 '함흥차사'라는 말이 나왔다. 나중에는 무학대사의 설득으로 한양에 돌아왔지만 1408년 74세의 나이로 병으로 세상을 떠났다.

4. 결론

이성계는 숭유억불정책을 폈는데 삼국시대부터 국교로 내려온 불교를 배척하고 유교의 성리학만을 정설로 주장하여 역사적 흐름이 보수적이고 봉건적인 사상으로 흘렀다.

또 조선의 전시대 동안 중국을 큰 나라로 섬기는 사대주의 정책이 완전히 고착화 되었다. 그리고 상업을 천하게 여기고 농업을 중시하여 조선의 시장경제의 발전을 어렵게 만들었다.

하지만 고려시대 왕보다 더욱 더 많은 권력을 휘둘렀던 호족들을 제압하여 귀족들의 방탕한 문화를 청산하고 중앙집권적인 국가를 만들고 타락했던 불교를 몰아냈다. 그 전까지 만해도 고려는 혈연을 중요하게 여기며 왕의 권력도 크지 않았기 때문에 신하들이 부정을 많이 저지르고 지방의 백성들은 그 지방의 호족에 의해서 관리 되어 많은 문제점이 있었지만 이성계는 강력한 중앙집권체제를 갖추고 농상 장려, 관세 정비 등 조선의 기틀을 다지는 큰 업적을 이루었다.

정종 가계도

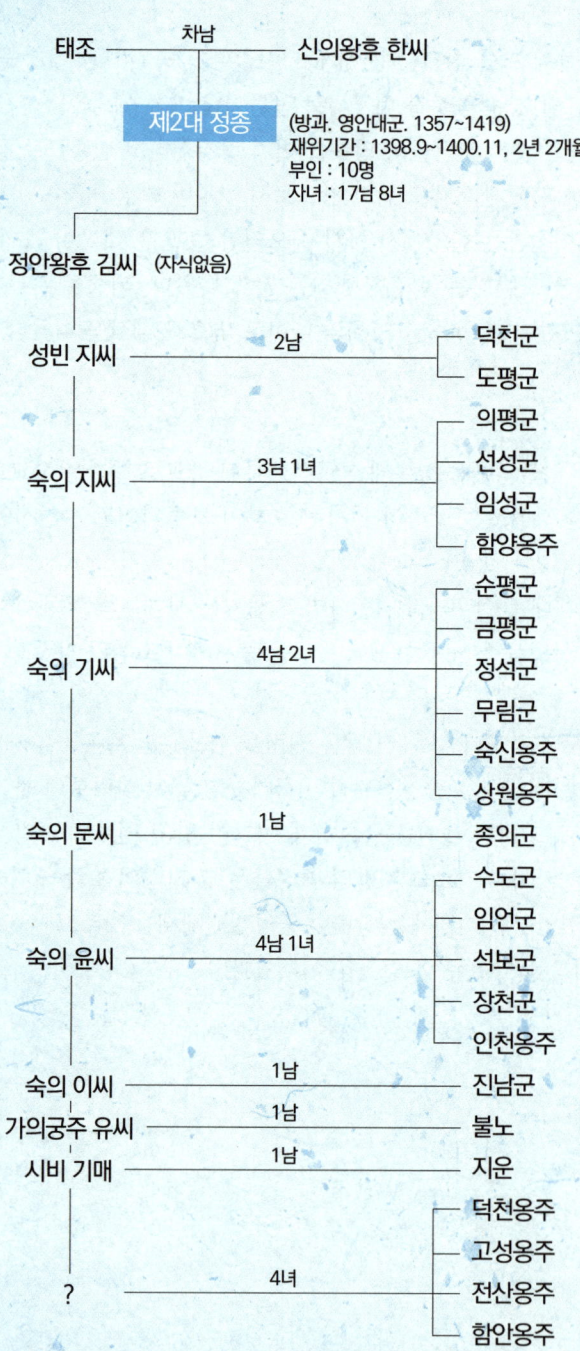

정종실록
제2대 (1357~1419년)

　정종의 초명은 방과, 자는 광원이었지만, 즉위 후 이름을 경으로 고쳤다. 태조 7년(1398년) 8월, 제1차 왕자의 난이 일어나 세자 방석이 죽자 대신 세자로 책봉되었다. 동년 9월 5일 태조의 선양을 받아 2대 왕으로 즉위했다. 정종은 2년 11개월 11일 만에 왕위를 동생 이방원에게 양위하고 상왕이 되었다. 이후 20년 동안 살다가 세종 원년(1419년) 9월 63세의 나이로 죽었다. 능호는 후릉(경기도 개성시 판문군 영정리)이다.

- 제2차 왕자의 난이 수습된 뒤 동생 정안군(이방원)을 왕세제로 삼고 왕족과 권신 등이 기르던 사병을 폐지하여 삼군부에 편입시켰다.
- 하륜의 건의에 따라 관제를 개혁하고 한양의 5부에 각각 학당을 설립하였다.

『정종실록』

『정종실록』 또는 『공정왕실록』은 조선 정종 원년(1399년)부터 정종 2년(1400년)까지의 역사를 기록한 것으로 편년체로 쓰여 있다. 원래는 『공정왕실록』이었지만, 숙종 때 '정종'이라는 묘호를 지어 올렸기 때문에 『정종실록』이라고 한다. 정종은 일찍부터 관직에 나아가 왜구를 토벌하였고, 1390년 1월 공양왕을 옹립한 공으로 추충여절익위공신에 책록되어 밀직부사로 올랐다. 조선왕조가 개국되자 태조 1년(1392년) 영안군에 봉해져 의흥삼군부중군절제사로 병권을 잡기도 하였다. 정종은 원년 1399년 3월 조정을 다시 개경으로 옮겼다. 같은 해 8월에는 분경금지법을 제정하여 권세가들의 세력을 약화시켰다. 1399년 3월에는 집현전을 설치하였고, 5월에는 태조때 완성된 『향약제생집성방』을 간행하였으며 11월에는 조례상정도감을 설치하였다.

2차 왕자의 난, 방간의 실수

1398년 8월 동생 이방원이 주도한 '왕자의 난'이 성공하고 세자 책봉 문제가 거론되자 이렇게 말했다.

"동생 방원이 나라를 세우는데 큰 공을 세웠고, 지금까지 그의 공과가 미치지 않은 곳이 없다. 그런 관계로 내가 감히 세자가 될 수 있겠는가?"

그럼에도 불구하고 이방원이 세자를 양보하자 어쩔 수 없이 세자 자리에 올랐다. 한 달 뒤 부왕 태조의 양위로 왕위에 올랐으며 1399년 3월 한성에서 개경으로 수도를 옮겼다.

1400년 1월 '2차 왕자의 난' 직후 동생 이방원을 세자로 책봉했다. 정종은 1399년 3월 집현전을 설치하여 장서와 경전강론을 담당하게 하였다.

조선 태조의 제2비 신덕왕후 강씨의 능. 사적 제208호. 서울특별시 성북구 정릉동에 있다.

1차 왕자의 난이 일어난 뒤 지중추원사 박포는 자신의 공과에 대해 불평을 늘어놓았다. 이에 따라 이방원은 정종에게 건의해 죽주로 귀양 보냈다가 다시 조정으로 불렀다. 그러자 그는 정안군의 형 회안군 방간을 찾아가 부추겼다.

"대군을 쳐다보는 정안군의 눈초리가 공을 해칠 듯싶습니다. 그러니 선수를 치지 않으면 죽게 될 것입니다."

그의 말에 방간이 대책을 물었다.

"어째서 그렇게 생각하느냐?"

"네 대군, 하늘에 붉은 기운이 도는 것은 불길한 징조입니다. 그렇기 때문에 더더욱 조심하셔야 됩니다."

"그대의 생각으로 내가 어떻게 처신하면 되는가?"

"제 생각으로는 군사들을 믿지 말고 신중하게 생각하셔야 합니다. 아니면 태백이나 중옹처럼 다른 나라로 도망치는 것이 상책입니다."

"그 다음은?"

"정안군의 군사는 숫자도 많고 용맹합니다. 그렇지만 대군의 군사는 그 수도 적지만 약합니다. 따라서 선제공격이 최우선이라고 생각합니다."

이 말에 넘어간 방간은 처조카인 교서관 판사 이래를 불렀다.

"조카, 동생 방원이 나를 죽이려고 하는데 앉아서 기다릴 수는 없지 않은가."

"그렇습니다. 역적들의 중상모략으로 형제를 해치려고 하는 것은 용서될 수가 없습니다. 정안군은 나라를 세우는데 큰 공을 세웠고, 지난번 변란도 평정했습니다. 대군께서 누리고 계시는 부귀영화도 모두 그의 덕이지요."

이렇게 위안의 말을 한 후 이방원을 찾아가 회안군이 곧 반란을 일으킬 것이라고 알려주었다. 이에 이방원은 회안군의 집을 염탐케 했다. 이때 회안군은 갑옷으로 무장시킨 군사들을 집에 모아놓고 있었으며, 수많은 사람들이 드나들었다.

모든 상황을 보고받은 이방원은 곧 회안군이 반란을 일으킬 것이라는 것을 알았다. 얼마 후 회안군이 반란을 일으키자 의안군 화, 이천우 등 10여 명이 정안군의 집에 모였다. 이곳에서 이들은 반란군을 평정해 줄 것을 이방원에게 요청하자 그는 눈물을 흘리며 말했다.

"아아, 안타깝구려. 형제끼리 싸우는 것은 하늘의 뜻을 거스른 것이 아닌가. 또다시 무슨 낯으로 사람들을 보겠는가."

이방원의 말에 의안군 화와 이천우가 덩달아 눈물을 흘리며 나가싸울 것을 청했다. 그러자 이방원은 형인 회안군에게 사람을 보내 만나기를 요구하였다. 그러자 회안군은 화부터 벌컥 내면서 흥분했다.

"소용없는 일이다. 이미 쏟아진 물을 어찌 다시 담겠느냐."

형의 생각을 들은 이방원은 어쩔 수 없이 갑옷을 입고 의안군 화, 이천우 등과 함께 말에 올랐다. 이와 동시에 이방원은 예조전서 신극례를 왕에게 급파해 이렇게 고했다.

"폐하, 만일을 위해서 대궐 문을 굳게 지키셔야 합니다."

그렇지만 정종은 이방원의 전갈을 믿지 않고 있었다. 그러자 방간 또한 부하 오용권을 시켜 임금에 고했다.

"폐하, 방원이 절 해치려고 했습니다. 이에 어쩔 수 없이 군사를 일으키게 되었습

태종과 원경왕후의 능침인 헌릉

니다."

그러자 정종이 몹시 화를 냈다.

"이런 고약한 놈. 간신들의 말을 듣고 동생을 죽이려고 한다니. 여봐라! 어서 전해라. 무기를 버리고 대궐로 들어오면 살려주겠다고"

회안군 방간이 부왕 태상왕이 있는 궁궐을 지나가면서 사람을 보내 고했다.

"아바마마, 방원이 저를 해치려고 합니다. 그래서 할 수 없이 군사를 일으켰습니다."

이에 태상왕 이성계는 몹시 화를 내면서 말했다.

"이런 고얀 놈, 너와 정안군이 부모가 다르냐? 어쩌자고 변란을 일으키는 것이냐!"

한편 방간이 군사들을 거느리고 동대문으로 향할 때 임금이 보낸 사자가 도착했다. 그는 사자로부터 임금의 명을 들었지만 무시한 채 그대로 진군하였다. 마침내 양편의 군사들은 맞붙어 피비린내 나는 싸움을 시작했다.

사자로부터 방간이 임금의 명령을 거절했다는 말을 고 동생 회안군이 죽지 않을까 걱정했다.

"비록 방간이 간신의 말을 듣고 반란을 일으켰지만 필시 본마음은 아닐 것이야."

두 왕자의 싸움에서 이방원의 심복 이숙번이 앞장서서 방간의 군사들을 진압했다. 이때 이방원은 자신의 군사들에게 명령했다.

"잘 들어라. 만약 내 형님을 해친다면 반드시 목을 벨 것이다."

그의 말이 떨어지는 순간 이숙번의 화살은 방간의 부하 이성기를 죽였다. 방간의 아들 맹종도 활을 잘 쏘았지만 이날은 왠지 제대로 쏘지 못했다. 마침내 싸움은 방간에게 불리해지면서 그는 달아나고 말았다.

그는 성균관 골짜기로 들어가 갑옷과 활을 버리고 도망치다가 이숙번의 군사들에게 잡혔다. 이방원은 이숙번에게 붙잡혀 온 형 방간을 안타깝게 바라보면서 반란의 이유를 물었다. 그러자 방간은 이렇게 말했다.

"내 판단이 틀렸는지는 모르겠다만 어느 날 박포가 나를 찾아와 네가 나를 죽이려고 한다는 말에 군사를 일으킨 것이다."

이 말을 들은 이방원은 안타까운 마음에 긴 한숨을 내쉬었다. 그런 후 방간을 토산으로 귀양 보냈고, 그는 그곳에서 죽었다. 그의 아들 맹종은 세종 때 대간들의 상소로 결국 죽고 말았다. 한편 형제간을 이간질한 박포를 귀양 보냈다가 참형시켰다.

 조선시대 인사청탁금지법

1. 정종의 개혁입법정책

정종은 결코 왕위에 오르겠다는 욕심이 없었다. 그래서 일찍부터 세자로 책봉되어 후계자 수업을 받지 못했다. 정종은 비록 실세는 아니었지만 나름대로 그 동안 내분으로 갈라지게 된 형제애를 회복하고자 하였다.

형제애를 회복하겠다는 의지는 곧 왕실세력의 재결집을 의미하며, 나아가서는 국정의 안정을 도모할 수 있는 기초를 마련하는 것이다.

또한 개혁세력들이 추구하고자한 여러 정책사항들을 계속해서 추진하였다. 정종은 그의 재위기간 중 경연을 통해 임금으로서 치도를 익히며, 부왕이자 태상왕인 태조에 대한 예우의 문제 · 용관의 척결문제 등을 해결하고자 하였다.

정종 원년 8월 3일에 정종이 분경을 금하는 하교로 명령하는 부분에서는 정치와 사회의 안정에 대해 깊이 고민하고 있음이 나타난다. 관직에 나아가고자 하는 자들이 몰려다니면서 참소와 무고를 하고 있었던 것이 큰 사회문제로 대두되었다.

정종은 당시 정치상황 속에서 벌어지게 된 여러 문제의 근본적인 것에 대한 인식과 함께 일차적으로 이를 해결하기 위한 작업으로 분경을 금지한 것이다. 그 후 제 2차 왕자의 난이 평정되고 사병의 혁파 후에 비로소 개국 초의 혼란한 정치상황은 중앙정부의 주도로 이루어지게 되었다.

2. 법으로 금지된 인사청탁

분경이란 분추경리의 준말로 벼슬을 얻기 위하여 집정자의 집에 분주하게 드나들며 엽관운동을 하는 것을 말한다. 행정과 군정의 혼란을 수습하고 나아가 집권체제를 강화하기 위한 조치의 하나로 제정되었다. 그 내용은 일족 중 3 · 4촌내의 근친이나 각 절제사의 대소군관을 제외한 일체의 대소관리가 사사로이 만나는것을 금하였다. 구체적으로 분경 금지대상이 확정되는 것은 성종대에 가서야 비로소 이루어졌다는 점을 볼 때, 당시로선 규제하기가 상당히 어려웠음을 알 수 있다.

다음의 기록은 정종실록에 담겨있는 '분경'에 대한 설명이다.

하교하여 분경을 금하였다. 왕은 이렇게 말하였다.

"옛일을 상고하면, 옛날 순임금이 용에게 명하기를 '짐은 참소하는 말이 착한 사람의 일을 중상하여 짐(朕)의 백성들을 놀라게 하는 것을 미워한다.'고 하여, 태평의 정치에 이르게 하였고, 기자가 무왕에게 고하기를, '백성은 음란한 붕당이 없고, 벼슬아치는 서로 비부하는 것이 없어야 한다.' 하여, 충후한 풍속을 이루었으니, 수천 년이 내려와도 모두 상상할 수 있는 것이다. 고려의 말년에 이르러 기강이 해이하여져서 붕당을 서로 만들고, 참소하기를 서로 좋아하여, 군신을 이간시키고 골육을 상잔하여 멸망하는 데에까지 이르렀다. 공경하여 생각하건대, 우리 태상왕(太上王)께서 천지·조종의 도움을 힘입어서 조선 사직의 기업을 창조하시고, 과인에 이르러 어렵고 큰일을 이어 지키니, 어찌 모두 함께 새로워지는 교화를 도모하지 않겠는가! 그러나 남은 풍속이 끊어지지 않아서 사사로이 서로 비부하여 분경을 일삼아, 모여서 남을 참소하고 난(亂)을 선동하는 자가 많도다. 만일 중한 법전을 써서 금령(禁令)을 내리지 않으면, 침윤(浸潤)의 참소와 부수의 호소가 마음대로 행하여져, 장차 반드시 우리의 맹호(盟好)를 저해하고, 우리의 종실을 의심하며, 우리의 군신을 이간하는 데 이르고야 말 것이니, 고려 때보다 무엇이 나을 것이 있겠는가! 지금으로부터 종실·공후 대신과 개국·정사 공신에서 백료 서사에 이르기까지 각기 자기 직책에 이바지하여, 서로 사양하지 말고, 만일 원통하고 억울하여 고소할 것이 있거든, 각기 그 아문(衙門)이나 공회처(公會處)에서 뵙고 진고하고, 서로 은밀히 참소하고 헐뜯지 말라. 어기는 자는 헌사에서 주객을 규찰하여 모두 먼 지방에 귀양 보내어, 종신토록 벼슬길에 나오지 못하게 하리라. 무릇 족친 가운데 삼사 촌과 각 절제사의 대소 군관은 이에서 제외된다. 그러나 말을 만들고 일을 일으키는 것이 있으면, 죄가 같을 것이다. 만일 맡은 바 형조의 결사원이면, 비록 삼사 촌과 소속 절제사의 처소에라도 문병과 조상을 제외하고는 또한 사알하는 것을 허락하지 않는다. 어기는 자는 벌이 같을 것이다. 공신의 경조와 영전은 이에서 제외된다. 아아! 백관을 통솔하고 호령을 반포하는 것은 너희 묘당의 직임이니, 나의 지극한 생각을 몸 받아서 금령을 엄하게 행하여 고려의 풍속을 일변해 고치고, 오나라·주나라의 정치를 만회하여 조선 억만년의 기업을 영구토록 하라."
　이때에 여러 공후가 각각 군사를 가지고 있어 사알하는 것이 풍속을 이루어, 서로 참소하고 헐뜯었기 때문에 이러한 교서를 내린 것이었다.
- 정종실록 1년 8월 3일

3. 나의 의견

　분경이란, 여러 가지 청탁을 위해 고관대작의 집을 분주히 뛰어다니는 것에서 유래되었다.
　정종은 공신의 경우 사촌 내의 가까운 친척을 제외하고는 집에서 개인적인일로 사람을 만나는 것을 금지했다. 만약 이를 어기면 멀리 지방에 귀양을 보냈고, 어떠한 경우엔 평생토록 벼슬을 하지 못하도록 하였다.
　분경 금지법은 조선이 건국된 지 8년 만에 제정된 강력한 법령이었다. 조선 초기에도 서로 견제하여 분경을 일삼고, 모여서 남을 헐뜯고 난을 선동하는 자가 많다며 관료사회에 만연한 붕당을 없애고, 정치 질서를 바로잡으려는 정종의 마음이 느껴진다.
　이후 태종은 분경금지법을 보완하였고, 성종은 조선의 기본법인 경국대전에 성문화하였다. 그리고 예종은 왕실의 종친과 재상들의 집을 대상으로 기습적인 분경단속을 하였는데, 일등 공신 신숙주의 집에서 함경도 관찰사 박서창이 보낸 노비를 찾아낸 것을 비롯해서 수많은 분경 위반 사범을 적발하였다. 정종에서 시작된 법령은 태종, 성종, 예종의 후대 왕들에 의해 지속적으로 보완되어 지켜져 왔다.
　그러나 현재 대한민국 법전 어디에도 인사 청탁과 관련된 처벌 법규가 없다. 단지 공무원 등의 뇌물 관련 조항만이 현행형법에서 찾아 볼 수 있다. 정말로 안타깝고 부끄럽지 않을 수가 없다. 정치와 사회의 안정을 위해 투명한 인사제도에서 기틀을 마련한 정종으로 개혁의지에서 배워보는 자세가 필요하다.

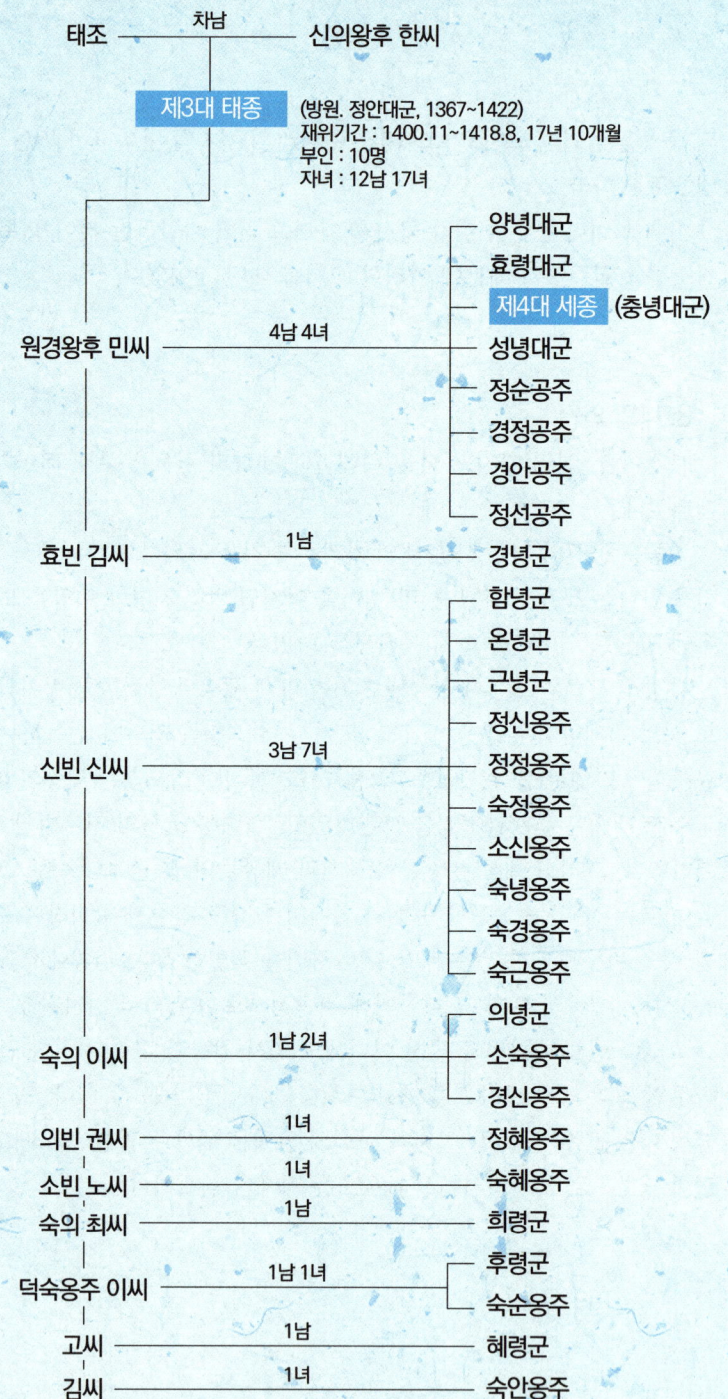

태종실록
제3대 (1367~1422년)

이름은 방원. 자는 유덕. 아버지는 태조 이성계이며 어머니는 신의왕후 한 씨다. 비는 원경왕후로 민제의 딸이다. 태조의 아들들이 대개 무인으로 성장했지만 이방원은 무예나 격구보다는 학문을 더 좋아했다. 성균관에서 수학하고 1383년(우왕 9)문과에 병과로 급제했다.

정종을 즉위시키고 정사공신 1등이 되었으며 개국공신에도 추록(追錄)되었다. 1400년 정종 2년에 2차 왕자의 난을 진압하고 세자로 책봉되었다. 그해 11월 정종이 양위 형식으로 물러나자 왕위에 올랐다. 세종 4년(1422년) 5월 56세의 나이로 죽었다. 시호는 공경이며 묘는 서울 서초구 내곡동 헌릉에 있다.

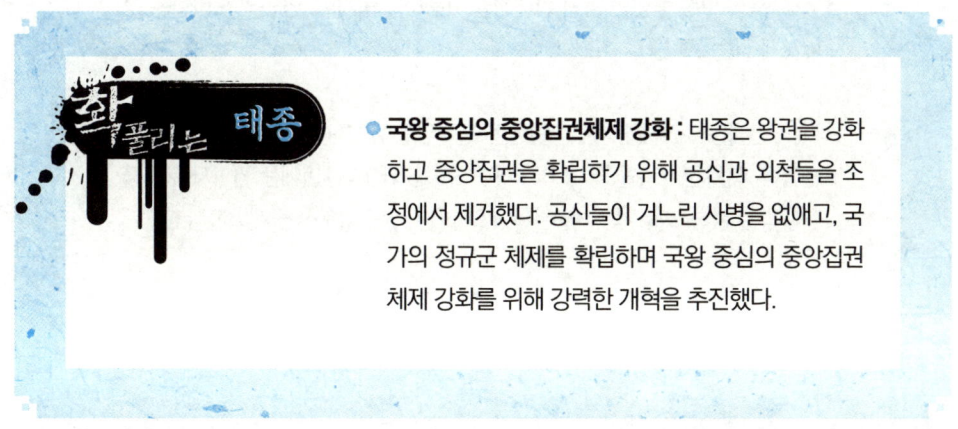

국왕 중심의 중앙집권체제 강화: 태종은 왕권을 강화하고 중앙집권을 확립하기 위해 공신과 외척들을 조정에서 제거했다. 공신들이 거느린 사병을 없애고, 국가의 정규군 체제를 확립하며 국왕 중심의 중앙집권체제 강화를 위해 강력한 개혁을 추진했다.

- 대신들의 합의 기구인 의정부체제를 정비하여 정책결정권을 제도화: 1401년에 문하부를 혁파하고 의정부 구성원으로만 최고 국정을 합의하게 하여 의정부제를 정립하여 중앙 관료제 개혁도 뒤따랐다.

  1405년에는 의정부 기능을 축소하고 육조 기능을 강화해 육조 직계제를 강화하고자 하였다. 그래서 육조장관을 정3품 전서에서 정2품 판서로 높이고, 좌·우 정승이 장악했던 문무관의 인사권을 이조·병조로 이관하였다. 1413년 지방제도를 개편하였다.

- 비판적 언론을 담당하는 사간원을 독립기구로만들어서 언관 제도를 강화했다. 대신들의 권력에 대한 견제 장치였지만, 군주인 자신에 대한 비판도 수용했다. 한편 관료제를 감시하기 위해 신문고를 설치하여 백성의 소리를 들으려 했다.

- 경제면에서는 양전 사업을 실시하여 국가의 토지 파악 능력을 극대화했다. 동시에 과전법 체제를 강화하여, 관료들이 세금을 거둘 수 있는 권리를 본인 당대에만 갖도록 하는 등, 관료들의 토지 지배권을 제한하는 조치들을 취함으로써, 국가 재정을 안정적으로 운영하는 토대를 완성했다.

- 호패법 실시와 호적제도 정비는 국가의 국민 파악 능력을 강화하기 위한 조치였다. 특히 보통 농민인 양인 확대책을 사용하는 동시에, 양인의 노비화는 강력하게 막는 조치들을 취했다.

- 1410년에는 호포세를, 1415년에는 포백세를 폐지하였고 서얼차대법을 만들었다. 태종은 유학을 크게 장려하여 1407년과 1411년에는 권학사목과 국학사의를 정하고 4부 학당을 건축했으며, 1415년 거북선을 개발했다.

『태종실록』

『태종실록』은 조선 3대 왕 태종의 원년(1400년) 11월부터 18년(1418년) 8월10일까지의 역사를 기록한 것으로 모두 36권 16책으로 구성되어 있다. 세종 8년(1426년) 8월부터 편찬하여 세종 13년(1439년)3월에 완성하였다.

편찬책임자는 지춘추관사 변계량과 동지춘추관사 윤회, 신장 등이었지만, 도중에 변계량이 죽자 1430년 4월에 사국을 의정부로이전하고 좌우정승 였던 황희와 맹사성이 윤회, 신장과 함께 편찬책임을 맡아 1431년에 완성하여 인쇄까지 마쳤다.

시대를 꿰뚫어 본 양녕대군

1394년 양녕대군은 태종 이방원의 큰아들로 태어났다. 이름은 제이고, 자는 후백이며, 부인은 광산 김 씨 김한로의 딸이다. 1404년 왕세자로 책봉되었고 문장과 글씨에 뛰어났다. 부왕 태종이 그가 쓴 경회루의 현판 글씨를 보고 깜짝 놀랐다는 일화가 있다. 자유분방한 성품으로 예의범절이 엄격한 궁중생활을 싫어했다. 그래서 몰래 궁궐을 나가 사냥과 풍류를 즐겼다. 더욱이 상왕 정종의 애첩과 사통하고 매형의 첩과도 통정했다. 이런 행동이 태종에게 알려져 몹시 꾸중을 들었지만 그저 풍류만을 좋아했다. 부왕과 어머니 원경왕후의 이야기를 엿들은 후부터 그의 행동은 더더욱 방탕에 빠졌다. 부왕과 어머니의 대화는 충녕과 양녕이 바뀌어 태어났으면 하는 바람이었다. 양녕의 셋째 동생 충녕은 학문을 좋아했고 성품이 인자했다. 양녕은 충녕에게 세자 자리를 물려주기 위해 일부러 방탕에 빠진 생활을 일삼았다. 어느 날 태종이 군사들과 함께 평강으로 나들이를 나갔다. 때마침 양녕은 측근 몇 명과 시흥으로 사냥을 나갔는데 그는 산속에 기생들을 불러 사냥한 고기와 술을 먹고 마시며 놀았다. 이날 궁궐로 돌아올 때는 양녕은 악공들에게 풍악을 울리게 하고 자신은 그 앞에서 춤을 추었다. 그로 인해 종로 일대는 구경꾼들로 인산인해를 이루었다. 또한 지중추부사 곽정의 첩 어리를 동궁으로 납치한 다음 그녀와 통정하면서 매일 치마폭에 묻혀서 지냈다. 그의 방탕생활이 태종에게 알려지고 동궁의 별감에게 죄를 물어 곤장으로 벌한 뒤 공주 관노로 내쫓았다. 그리고 어리를 동궁으로 데려온 사람들을 귀양 보냈다. 어리는 동궁에서 쫓겨났고 세자 역시 송도로 내쫓겼다. 그러자 조정대신들은 이구동성으로 세자를 폐하자고 했다. 조정 대신들의 빗발 같은 상소에 결국 태종의 마음이 움직이고 말았다. 그 전까지 태종은 무슨 일이 있어도 양녕에게 왕위를 물려주려고 했었다. 하지만 이조판서 황희는 세자의 폐위를 말렸다.

"폐하, 고정하옵소서. 만약 큰아들을 폐하고 동생으로 대신하면 분명 재앙이 따를 것입니다. 세자께서 비록 미쳤다고 하지만 소신의 생각으로는 성군이 될 인품을 지녔습니다."

태종은 황희의 반대가 어처구니없었다. 마침내 태종은 황희를 귀양 보내고 말았다. 그렇지만 황희는 양녕을 꿰뚫어 보았다. 그가 일부러 미친 척한다는 것과 성군이 될 자질이 충분하다는 것을 그는 잘 알고 있었던 것이다.

양녕의 세자 폐위 문제가 거론될 때 둘째 동생 효령은 기대했다.

'형님께서 폐 세자가 되면 내가 세자자리에 오르겠구나.'

이런 생각으로 효령은 열심히 학문을 닦았다. 그러던 어느 날 양녕이 그를 찾아와 말했다.

"효령아, 아직도 부왕의 뜻을 모르겠느냐? 세자는 이미 충녕으로 정해져 있다. 그래서 내가 너에게 일러 줄 것은 마음을 비우라는 것이다."

효령은 형의 뜻을 알아들은 후 곧바로 양주 회암사에 들어가 승려가 되었다. 그는 불교에 전념하여 1435년 세종에게 회암사 중수를 건의했으며, 원각사 조성도감도제조로도 활동했다. 1465년엔 『반야바라밀다심경』을 국문으로 번역했고, 그해 원각경을 수교하기도 했다. 여섯 임금들을 거치면서 91세까지 장수했다.

두 형들이 이렇게 떠난 1418년 6월 태종은 셋째 아들 충녕대군을 세자로 책봉하였다.

천운을 타고난 태종 이방원

형 방과가 정종 임금에 오르고 동생 이방원이 동궁으로 책봉되었다. 형제의 싸움을 두 번이나 겪은 정종의 비 김 씨는 남편에게 간곡히 청했다.

"상감마마 불안합니다. 동궁의 눈을 보면 허기진 짐승이 먹이를 노리듯 합니다. 하루 빨리 임금의 자리를 동궁에게 물려주시고 마음 편히 사는 것이 좋지 않겠습니까?"

이처럼 하루하루를 가시방석에 있던 정종은 마침내 자신과 식솔들의 목숨을 위해 왕위를 방원에게 내주었다. 드디어 방원이 경복궁에서 조선 3대 임금 태종으로 즉위했다. 즉위 후 태종은 정종을 상왕, 태조를 태상왕으로 격상해 모셨다. 그렇지만 태조는 태종 방원에게 두 왕자를 잃은 아픔으로 태상왕 자리를 뿌리치고 옥새를 가진 채 함흥으로 들어갔다.

이에 태종은 용서를 빌기 위해 함흥으로 사람을 보내 문안을 드리곤 했다. 하지만 이성계는 태종이 미워 문안사가 오는 즉시 화살로 쏘아 죽였다. 이때 생긴 말이 바로 유명한 함흥차사다.

이에 고민에 쌓여 괴로워하는 태종을 위해 태조의 옛 친구 성석린이 자진해서 나섰다.

"신이 함흥으로 가 부왕의 마음을 돌려보겠나이다."

차사로 임명된 성석린은 나그네 차림으로 백마를 타고 함흥에 도착했다. 그는 이성계가 머무는 근처 언덕에서 불을 피운 후 밥 짓는 것처럼 보이게 했다. 이것을 바라보던 태조가 신하를 그에게 보냈다. 언덕에 도착한 신하는 말을 걸었다.

"이보시오 지금 무얼 하고 계십니까?"

"여행 중인데, 그만 날이 저물어 이렇게 말먹이를 주고 이곳에서 하룻밤을 묵으려고 한다오."

신하는 곧바로 돌아와 선비의 말을 전했다. 이 말을 들은 태조는 그가 누구인지를 알고 불러오게 했다. 이윽고 반갑게 태조를 만난 성석린은 여러가지 도를 들어가며 말했다. 그러자 태조는 갑자기 고함을 쳤다.

"그대를 믿은 내가 어리석구만. 도대체 그대는 누구를 위하고 있는가? 만약 방원을 두둔하는 것이라면 한마디도 하지 말고 썩 물러가게."

태조의 분노에도 물러서지 않고 말을 이었다.

"고정하시옵소서. 만약 신의 말이 지금의 주상을 위해서라면 신의 자손들이 대대로 장님이 될 것입니다."

성석린의 맹세에도 불구하고 태조는 끝까지 고집을 꺾지 않고 결국 그를 죽이고 말았다. 그 후 태조는 함흥에서 몇 해를 보내고 있었다. 그때 태종에게 한 신하가 묘안을 내놓았다.

"상감마마! 무학대사와 부왕은 옛날부터 막역한 사이랍니다. 이분에게 청을 하면 어떻겠습니까?"

태종은 좋은 묘수라고 생각해 무학대사를 불러 지금까지의 모든 이야기를 했다. 그러자 무학대사는 말했다.

"부자 사이지만 정말 기막힌 운명이군요. 능력 없는 땡중인 나는 그만한 능력이 없답니다. 명을 거둬주시옵소서."

하지만 무학대사는 태종의 간곡한 부탁에 손을 들고 말았다. 태종의 명을 받은 무학대사가 함흥에 도착했다. 무학대사가 찾아오자 태조는 반갑게 맞이했다.

"대사께서 이곳까지 웬일이오? 혹시 대사께서도 발칙한 놈을 위해서 온 것이라면 그만 돌아가시오?"

태조의 말에 무학대사는 안색하나 변하지 않고 웃었다.

"상감마마, 오랜만에 보는 벗에게 무슨 섭섭한 말씀을 그리 하십니까? 소승은 옛날 생각으로 상감마마와 얘기나 하려고 찾아왔답니다."

무학대사의 말에 태조는 자기와 한방을 쓰자고 했다. 몇 날 며칠 무학 대사는 태조와 함께 지냈지만 한 번도 태종에 대한 말을 하지 않았다. 이렇게 하면서 태조에게 확신을 얻은 무학대사는 어느 날 밤 태조에게 진심으로 말했다.

"상감마마, 제가 드리는 말씀에서 조금도 오해를 하지 마십시오. 상감마마께서 생각한 것처럼 태종은 많은 죄를 저질렀습니다. 그러나 태종 역시 상감마마의 아드님 아

양녕대군 이제 묘역 - 양녕대군 이제 묘역(지덕사 부묘소)

니십니까. 더구나 지금 보위를 맡기실 아드님은 태종밖에 없지 않겠습니까? 태종을 인정하지 않는다면 지금까지 일구신 대업을 누가 잇겠습니까? 아직까지 천하가 안정되지 않았습니다. 만약 태종을 인정하지 않는다면 언젠가 또다시 실망한 자들이 칼을 들것입니다."

무학대사의 말을 듣고 곰곰이 생각한 태조가 고개를 끄덕였다. 그런 며칠 후 태조는 함흥에서 환궁을 하게 되었다. 기쁨에 들뜬 태종은 성 밖으로 직접 나가서 태조를 맞이하기로 마음먹었다. 그러자 하륜은 태종에게 이렇게 권고했다.

"폐하, 태상왕의 노여움이 풀린 것이 아닙니다. 태상왕을 맞이할 천막기둥을 반드시 아름드리나무를 쓰십시오."

이상하게 생각한 태종이었지만 하륜의 간곡한 청에 천막기둥을 아름드리나무로 세웠다. 태조가 도착한 후 천막 쪽에 서 있는 태종을 바라보는 순간 그만 분노가 치밀었다. 순간 활을 꺼내어 태종을 향해 쏘았다. 그러자 태종은 얼떨결에 천막기둥 뒤로 몸을 피했고 그 순간 화살은 기둥에 박히고 말았다. 그러자 태조는 어이가 없다는 표정

건원릉 예초 전(왼쪽)과 후의 모습(문화재청 제공)

을 지었다.
　'재수가 좋은 놈이야. 정말 하늘이 돕는구나.'
　이렇게 중얼거린 태조는 옥새를 태종에게 집어던졌다. 이에 눈물을 머금고 옥새를 받은 태종은 태상왕을 위해 성대한 잔치를 베풀었다. 잔치 도중 기분이 좋아진 태종은 태상왕의 만수무강을 위해 잔을 올리려는 순간이었다. 이 광경을 지켜보던 하륜이 급하게 태종을 제지하면서 일러주었다.
　"폐하! 저기 보이는 술통으로 가셔서 잔에 술을 따라 중관을 시켜 올리셔야 합니다."
　태종은 하륜이 시키는 대로 했다. 그렇게 술을 받아 마신 이성계는 소매 속에서 철여의를 꺼내 술상에 던지면서 중얼거렸다.
　'저 나쁜 놈을 하늘이 도와주는구나. 이젠 어쩔 수가 없구나.'

태종의 개혁정치

1. 태종의 즉위 과정

태종은 1367(공민왕 16)~1422(세종 4). 조선왕조의 제3대 왕이며, 이름은 이방원, 태조 이성의 다섯째 아들이다. 그는 태조의 여러 아들들 가운데서도 특히 용맹하고 영특하여 정몽주제거하는 등 태조가 군왕으로 즉위하는데 큰 역할을 하였다. 본래 무인적인 기질이 강했음에도 불구하고 유학을 좋아하여 군중에서도 창을 놓고 쉴 때면 유자를 청하여 경서 사기를 강론하였다고 한다.

방원은 태조의 여러 왕자 가운데 개국에 가장 공로가 크고 야심과 자질이 큰 인물이었으나 태조 즉위 이후에는 이 점이 오히려 유신중심의 집권체제를 강화하려는 정도전등의 경계와 견제를 받아 양자 사이에는 긴장이 조성되었다. 특히 태조 3년 이후 병권(兵權)이 정도전에게 넘어가고 사병마저 혁파될 위기에 놓이자 그는 마지막 반격을 시도하여 정도전 등 개국공신들과 세자로 책봉된 방석을 살해하는 '왕자의 난'을 일으켜 실권을 장악하게 된다.

그러나 정변 직후에는 여러 사정을 감안하여 세자로의 추대를 사양하였으며, 단지 정안공으로 개봉되면서 의흥삼군부우군절제사와 판상서사사를 겸하였다. 또한 정사공신을 논정하여 1등이 되었고, 이어 개국공신 1등에도 추록되었다.

1399년(정종 1)에 새로 설치된 조례상정도감판사가 되었으며, 강원도 동북면의 군사를 분령하였다. 1400년 방간과 지중추부사 박포등이 주동이 된 제2차 왕자의 난을 진압한 뒤 세자로 책봉되면서 내외의 군사를 통괄하게 되었다.

세자로 책봉되자 병권장악·중앙집권을 위하여 사병을 혁파하고 내외의 군사를 삼군부로 집중시켰으며, 도평의사사를 의정부로 고치어 정무를 담당하게 하고 중추원을 삼군부로 고치면서 군정을 담당하도록 하였다. 이어 1400년 11월에 정종의 양위를 받아 등극하였다

2. 태종의 개혁정치

가. 왕권 강화를 위한 노력

태종은 집권 이후 왕권 강화에 장애가 되는 공신과 외척세력을 제거하였고 의정부 기능의 약화, 언관제도의 강화, 사전에 대한 통제의 강화 등 일련의 조치를 통해 신하들의 권력이 비대해지는 것을 방지하였다.

특히 태종 14년 이후에는 의정부의 기능을 더욱 약화시켜 모든 정무를 육조에서 직접 왕에게 보고하여 재상들의 권한을 결정적으로 축소시켰다. 이러한 정치적 개혁을 기반으로 신하들의 사전이 확대되는 것을 막아 국가의 수입을 증대시키고, 유랑민을 막기 위해 호적을 정비했고 양인을 억지로 노비로 만들던 '압량위천'을 엄격히 금지하였다.

나. 중앙제도의 정비

1403년과 1406년에 고려 말 이래의 문란한 지방제도를 개편하려 하였으나 시행되지 못하다가 1413년에 10월에 완산을 전주, 계림을 경주, 서북면을 평안도, 동북면을 영길도, 각 도의 단부관을 도호부, 감무를 현감으로 각각 고치고 군·현의 이름에 있는 '주'자를 '산·천'자 등으로 개명하면서 1유도부, 6부, 5대도호부, 20목, 74도호부, 73군, 154현의 지방행정을 정비하였다.

이듬해 경기 좌·우도를 경기도로 개칭하고, 1417년에는 평안·함길도의 도순문사를 도관찰출척사, 도안무사를 병마도절제사로 개칭하고 풍해, 영길도를 황해, 함경도로 개칭하면서 8도체제를 확립하였다.

그밖에 1409년에 전라도 임내를 가까운 군·현으로 이속하면서 혁파하였고, 향·소·부곡도 가까운 군·현으로 이속시켜 점진적으로 소멸시켰다.

다. 군사제도의 정비와 국방

태종은 군사적인 무력을 배경으로 즉위한 만큼 군사에 대한 관심이 매우 높았다.

국왕 개인을 위해 양반 자제로 구성된 별시위로 편성하였으며, 1404년에는 응양위를 설치하였다.

1407년 내상직을 내금위로 개편하면서 자신이 가장 신임할 수 있는 인물을 특지로써 기능을 헤아려 서용하였다.

1409년 내시위를 설치하였으며, 10사중 9사를 시위사로 개편하였다.

군사 지휘체제에 있어서는 1401년 삼군부를 승추부로 개편하여 왕명 출납과 군기를 장악하게 하였고, 1403년 삼군부를 삼군도총제부로 부활시키면서 승추부는 군기를, 도총제부는 군령을 나누어서 장악하게 하였다.

1405년 승추부를 병조에 귀속시켜 병조가 군사 지휘권까지 장악하게 하였고, 1409년에는 삼군진무소를 설치하여 다시 병조는 군정을, 진무소는 군령을 담당하게 하다가 곧 삼군진무소를 의흥부로 개칭하였다. 그 뒤 1412년에 의흥부를 혁파하고 병조가 군정을 전장하게 하였다.

한편, 지방군은 1409년 11도에 도절제사를 파견하였고, 1415년경까지 해안을 중심한 영진군, 수성군을 정비하였으며, 1410년경부터는 군역에서 제외된 향리, 공사노, 교생 등으로 잡색군을 조직하여 유사시에 내륙을 수호하게 하였다.

수군은 시위패의 일부를 수군으로 충당하여 강화하였고, 1403년에는 각 도마다 경쾌소선 10척씩을 만들어 왜구에 대비하게 하였고, 1410년부터 1412년까지 병선 200여척을 새로 만들었으며, 1413년부터 1415년까지는 거북선(이순신의 그것과는 구조가 다름)을 개발하기도 하였다. 1412년과 1417년에는 선저에 석회를 발라 충해를 방지하는 축선법과 선저를 연기로 그을려서 충해를 방지하는 연훈법을 채택하도록 하였다.

사법·경찰은 1402년에 고려 말 이래의 순군만호부를 순위부로 개칭하였고, 1403년에 순위부를 의용순금사로 개편하여 도적을 방지하면서 반역죄인 등을 사찰, 심문, 처벌하게 하였다.

라. 토지 조세제도 정비

양전사업으로 1405년부터 이듬해까지 6도를 양전하고, 1411년부터 1413년에 걸쳐 평안도, 함경도까지 양전함으로써 모두 120만여결의 전지를 확보하였다.

군자보충·조운타개·신권억압과 관련하여 사전의 지배를 강화하여 나갔는데, 1401년에 별사전을 혁파하여 새로 벼슬한 자에게 지급할 것을 정하였고, 이듬해는 과전법을 개정함으로써 종래까지 무세지였던 사원·공신전을 유세지로 편입하였다.

또한, 1405년에 1~18과의 과전에서 5결씩을 감하여 군자전으로 충속하였으며, 외방거주를 원하는 전직관리의 과전은 5~10결로 제한하였다.

이듬해에는 고려 말의 전제개혁에서 제외되었던 사원전을 혁파하여 5만~6만결을 새로이 확보하였고, 1409년에 한량관의 군전을 몰수하여 군자전으로 하고 공신전전급법을 정하여 공·사천인 자손과 기첩과 천첩의 공신전 전급을 금하였다.

1412년에는 원종공신전의 세습제를 폐지하고 외방에 퇴거한 자의 과전을 몰수하였다. 1414년에는 수신전·휼양전의 지급을 제한하면서 액수를 감하고, 군자전에서의 과전절급을 중지, 겸직이 없는 검교를 폐지하였으며, 평양, 영흥 토관의 수를 반으로 줄이면서 녹과의 3분의 2를 감하였다. 1417년에는 1403년 이래 7차에 걸친 사전의 이급논의를 매듭지으면서 각종 공신전·과전 등 총 11만 5340결의 3분의 1을 충청도·경상도·전라도로 이급하고, 이속된 토지는 군자전으로 귀속시켰다.

한편, 조세정책으로 1408년에 공처노비의 신공과 제주의 공부를, 1413년에 함경도·평안도의 공부를, 1415년에는 제주의 수조법과 맥전조세법을 정하였다. 그리하여 후반기에는 곡식을 보관할 창고를 대량으로 만드는 등 비축곡의 규모가 1413년에 356만 8700석이던 것이 1417년에는 415만 5401석에 이르렀다.

마. 적극적인 해외 진출

1401년 명나라 혜제로부터 고명, 인신을 받았으나 성조가 계위하자 이듬해 하륜 등을 보내 등극을 축하하고 혜제가 준 고명, 인신을 개급하여 줄 것을 요청, 1403년에 새 고명, 인신을 받음으로써 대명관계를 정립시켰다.

이후 여진인과 입거 요동인을 둘러싸고 불편한 적도 있었고, 또 1년에 세 차례의 사신파견에 따른 조공과 처녀·환관·말·소 등의 무리한 진헌이 있기도 하였지만,

서적·약재·역서 등의 선진문물을 수입하고 국기를 튼튼히 하는 명분을 얻었다.

한편, 왜인관계에서는 1407년에 흥리왜인의 무역을 정하고 통교무역자의 입구를 입증하는 행장을 발급하였고, 도박소를 부산포와 내이포로 한정시켜 병비를 정탐하고 난언작폐함을 제약하였으며, 1414년에는 왜인범죄 논결법을 정하였다.

1417년 경상도에서의 선박건조를 금하고, 이듬해 염포를 추가로 개방하였지만 왜인제약은 계속하였다.

이와 함께 입국왜인, 왜선, 체류 시일, 조어지등을 제한하였으며, 거주왜인들은 모두 내륙으로 이주시켜 왜구와의 내통을 근절시켰다. 여진에 대해서는 회유와 정벌 등의 강온책을 실시하였지만 크게 성공하지는 못하였다.

1404년에 상경시위제를 실시하고, 1406년에는 경성·경원에 무역소를 개설하였다. 서북국경의 개척은 1403년 강계부, 1413년 갑산군, 1416년 여연군을 각각 설치하면서 압록강까지 진출하였다.

그런데 동북면은 왕 초기에 경원부와 경성성을 축조하였음에도 불구하고 1406년부터 1410년에 걸친 여진의 침입으로 경원부를 경성으로 옮기고 공주에 있는 덕릉, 안릉을 함흥으로 옮겼으며, 1415년에 길주, 영흥성을 축조하면서 1417년에야 경원부를 복설하였다. 그밖에 유구·자바 등과도 교섭이 있었고, 유구로부터는 왜구에 의해 잡혀간 포로를 송환받기도 하였다.

그러나 선위한 뒤에도 군권에 참여하여 심정, 박습의 옥을 치죄하였고, 병선 227척, 군사 1만 7000여명으로 대마도를 공략하는 등 세종의 왕권에 기여하였다.

태종은 이성계를 보필하여 조선왕조 개창에 공헌하였고, 개국 초에는 일시 불우하기도 하였으나 정도전 일파를 제거하고 국권을 장악하였으며, 정종을 계위하여 문물제도를 정비하고 중앙집권을 이룩함으로써 세종성세의 토대를 닦았다.

1418년 성덕신공상왕의 존호를 받고, 1421년에는 성덕신공태상왕으로 가봉되었다. 이듬해에는 성덕신공 문무광효대왕의 시호를 받았고, 숙종 9년(1683년)에 예철성렬의 호를 더하였으며 명나라로부터 공정의 시호를 받았다.

바. 수도의 정비

태종은 서울의 발전과 관련해서도 중요한 치적을 남긴 왕이다. 그는 1400년 개성의 수창궁에서 즉위하였으나 1405년에 한성(한양, 서울)으로 천도하였다. 그는 새로운 수도 한성의 건설사업을 본격적으로 추진하여 창덕궁을 건설하였으며 한성의 초가들을 기와지붕으로 바꾸는 작업을 추진하였다. 또 한성의 수로관리를 위해 청계천의 대규모 수로개착공사를 완수하였다. 또 상업유통의 원활화를 꾀하기 위해 태종 12년에는 한성 내의 중심가 양측에 행랑을 건설하여 이를 시전으로 사용하게 했으며, 10간마다 화방장이라 불리는 방화벽을 쌓아 화재에 대비하였다. 이를 통해 볼 때 조선 전기의 체제 확립에서 태종의 손길이 미치지 않은 곳은 거의 없다 해도 과언이 아닐 것이다.

세종 가계도

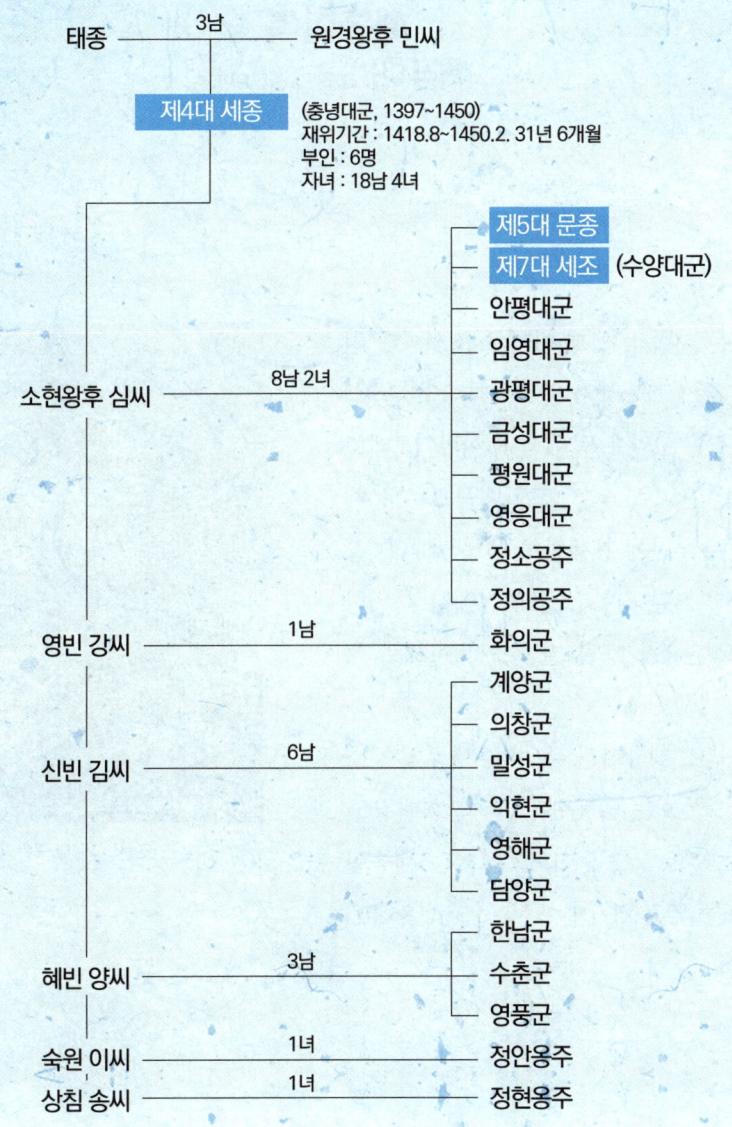

세종실록 83

세종실록
제4대 (1337~1450년)

세종은 태종의 셋째 아들로 조선 4대 임금이다. 휘가 도, 자가 원정이다. 1397년(태조 6년) 4월 10일 한양에서 태어났다. 태종 8년 충녕군으로, 임신년에 대군으로 봉해졌다가 무술년에 왕세자로 책봉되었다. 같은 해 8월 8일 경복궁 근정전에서 즉위한 뒤, 경오년 2월 17일 별궁에서 54세로 죽었다.

슬하엔 18남 4녀를 두었다. 세종의 시호는 장현, 존호는 영문예무인성명효대왕(英文睿武仁聖明孝大王), 이다. 묘호는 세종이며 능호는 영릉(경기도 여주군 능서리 왕대리)이다.

조선의 제4대 국왕 세종

- **훈민정음창제** : 훈민정음의 창제는 세종시대의 가장 빛나는 업적이다. 훈민정음은 세종이 직접 창제를 지휘하였고, 집현전의 최항, 박팽년, 신숙주, 성삼문, 이선로, 이개 등 소장학자들의 도움을 받았다.

- **측우기, 해시계, 물시계, 혼천의, 양부일구, 자격루발명** : 세종 14년부터 간의대의 제작이 시작되는데, 간의대의에는 혼천의, 혼상, 규표와 방위지정표인 정방안 등이 설치되었다. 세종20년 3월부터 이 간의대의에서 서운관의 관원들이 매일 밤 천문을 관측하였고 해시계와 물시계까지 제작되 었다.

  측우기는 세종 23년 8월에 발명되어 이듬해 5월에 개량, 완성되었다. 1403년에 주조된 청동 활자 계미자의 결정을 보완하기 위해 세종 2년에 새로운 청동 활자인 경자자를 만들었고, 세종 16년엔 정교한 갑인자가 주조되었다. 세종 18년에는 납 활자인 병지 자가 주조됨에 따라 조선시대의 금속활자와 인쇄술이 완성되었다.

  화포의 개량과 발명이 계속되어 완구, 소화포, 철제탄환, 화포전, 화초 등이 발명되었다. 세종 26년에 화포주조소를 짓게 해 뛰어난 성능을 가진 화포를 만들었고, 이듬해에 화포를 전면 개주하였다.

- **김종서의 6진 개척과 최윤덕, 이천의 4군 설치 그리고 이종무의 쓰시마정벌** : 두만강 방면에 김종서를 보내 6진을 개척하게 하였고 압록강 방면에는 4군을 설치해 두만강과 압록강 이남을 영토로 편입하였다. 세종 1년에는 이종무 등에게 왜구의 소굴 대마도를 정벌하게 하는 강경책을 쓰기도 했다. 세종 8년에는 삼포(부산포, 내이포, 염포)를 개항하고, 세종 25년에는 계해약조를 맺어 왜구들을 회유했.

  두만강 및 압록강유역의 여진족들을 몰아내 영토를 확보하였으며 쓰시마정벌을 통해 일본의 해적 본거지를 제거했다.

- **연분 9등법과 전분 6등법** : 풍흉과 토지의 비옥도에 따라 조세의 공평화를 목적으로 시행됐다. 그리고 금속화폐 조선통보를 주조했다.

- 박연에게 아악을 정리하게 하여 음악을 장려하였다.

『세종실록』

『세종실록』은 조선 4대 왕 세종의 역사를 기록한 것으로 모두 163권 154책이다. 원명은 『세종장헌대왕실록(世宗莊憲大王實錄)』이다. 1418년 8월부터 1450년 2월까지의 기록이며 세종이 죽은 후 1452년(문종 2년) 3월부터 편찬했다.

처음 편찬책임자는 황보인, 김종서, 정인지였지만 1453년(단종 1년) 계유정난으로 황보인과 김종서가 피살되어 총감수는 정인지가 맡았다. 6방의 책임감수관은 허후, 김조, 박중림, 이계전, 정창손, 신석조이었다가 중간에 박중림이 중국사신으로 파견되면서 최항으로 대체되었다. 편수관은 집현전학사 출신들인 박팽년, 하위지, 어효첨, 성삼문 등이다. 기주관은 신숙주를 비롯해 23명, 기사관은 김명중을 비롯해 25명이었으며 1454년 3월에 완성되었다.

공부하는 임금이 되다

태종의 셋째 아들로 태어난 세종의 어머니는 원경왕후 민 씨이며 1397년(태조 6) 4월 한양의 준수방에서 태어났다. 그의 이름은 도이고, 자는 원정이며 영특하고 성품은 너그럽고 인자하였고, 효성스러웠다.

1418년 6월 태종이 세자를 폐하고 충녕대군을 세자로 책봉하였고, 심 씨 부인을 경빈으로 봉하였다. 이명덕 등을 비롯하여 조정의 대신들이 적극 만류하였지만, 태종은 그들의 건의를 뿌리치고 1418년 8월 세자에게 왕위를 물려주었다. 태종은 조정의 대신들을 불러놓고 말했다.

"과인은 덕이 없는 사람으로서 왕위에 오른 지 18년이 되지만 혜택이 백성들에게 미치지 못하고 여러 가지 나쁜 일들을 겪었다. 몸에 병이 들어 나랏일을 돌볼 수 없게 몇 번이나 양위를 번복할 것을 간청했으나 부왕의 뜻을 꺾지 못하였다. 마침내 1418년 8월 해동의 성군인 세종이 왕위에 올랐다. 세종은 태종을 상왕으로, 장인 심온을 부원군에게 봉했다.

세종은 성품이 유순하고 부모에게 효성 또한 극진했으며 형제들 간의 우애가 깊었다. 어렸을 때부터 눈이 짓무를 정도 항상 책을 곁에 두고 읽기를 즐겨했다. 그는 『좌전』과 『초사』를 백 번씩 읽었다고 한다.

세자시절 몸에 병이 들었어도 계속 책을 손에서 떼어 놓지 않자 태종은 내시를 시켜 책을 모두 거두어 갈 때도 병풍 사이에 몰래 감추어 두었다.

세종은 부왕 태종과 달리 문치로 나라를 다스렸다. 세종 2년(1420년)에 집현전을 설치하였다. 집현전은 처음에는 관리가 12명이었으나 나중에는 30여 명으로 늘어났다. 관리들은 이곳에서 학문을 연마하여 많은 인재가 배출되었고 유교정치의 기반이 되는 의례제도가 정비되었다. 다양하고 방대한 편찬사업이 이루어져 문화발전의 산실이 되기도 하였다. 집현전 관리들에 대한 세종의 관심은 남달랐다. 집현전 관리들은 날마다 번갈아 숙직을 하게 되었는데, 세종은 그들을 위해 음식을 보내는 등 대접이 융숭하였다.

어느 날 집현전에 밤이 깊었는데도 촛불이 켜져 있는 것을 발견한 세종은 슬그머니 찾아가서 방 안을 엿보았다. 이때 그곳에는 신숙주가 밤늦게까지 책을 보다가 책상에 얼굴을 묻고 잠들어 있었다.

세종은 자신이 입고 있던 담비 갖옷을 벗어 그를 덮어 주고 나왔다. 이튿날 잠에서 깨어난 신숙주는 임금의 옷이 자신에게 걸쳐있는 것을 보고 깜짝 놀랐다. 이러한 소문은 곧장 퍼져 관리들은 더욱더 학문에 힘쓰게 되었다.

외척을 견제하여 죽은 세종의 장인

왕위에 오른 세종은 장인인 심온을 영의정으로 삼았다. 그러자 세종의 왕비 심 씨의 마음이 몹시 불안했다. 태종의 강경한 외척세력의 견제와 아버지의 권력욕이 걱정되었다. 그녀는 시어머니 원경왕후 민 씨 형제들이 무참하게 죽는 것을 지켜보았기 때문이다.

심온이 태종의 비위를 거스른 것은 명나라에 사은사로 가게 되었을 때 장안이 떠들썩할 정도로 위세를 부리고 떠난 일이었다. 상왕 태종은 심온을 몹시 못마땅하게 여겼다. 그는 자신의 처남들을 없앨 때 품었던 마음을 심 씨 가문으로 돌렸다.

상왕 태종은, 세종이 경복궁을 지키는 금위군의 군사를 나누어 상왕의 거처인 수강궁과 경복궁을 지키게 했다. 이때 심온의 동생 심정이 상왕인 태종의 병권 장악을 비난한 것이 화근이 되어, 이듬해 귀국 도중에 의주에서 체포되어 수원으로 압송되어 사사되었다. 상왕인 태종이 처리한다고 불평한 것을 빌미로 심 씨 가문을 공격하게 되었다. 심온의 동생 심정은 고문을 받다가 죽었고, 심 씨의 어머니 안 씨는 관노비로 전락하게 되었다.

세종의 왕비 소헌왕후 심 씨는 아버지의 죽음에 속수무책이었다. 세종 역시 상왕 태종의 손아귀를 벗어나지 못하고 국왕으로 힘을 못 쓰는 판국이었다.

심온의 죽음은 태종은 자신의 부인 민 씨의 친정을 멸문시키면서까지 외척의 발호를 막았다. 외척에 대하여 강경하게 척결하려는 의지를 망각한 대가로, 심온 자신의 자제할 줄 모르는 권력욕이 가져온 자멸의 길임을 깨달았어야 했다.

한편 심온을 제거한 신하들은 심 씨를 향해 공세를 폈다. 이들의 두려움은 상왕 태종이 세상을 떠나면 자신들에게 심 씨의 복수가 있을 것으로 생각했기 때문이다. 마침내 그들은 심 씨의 폐출을 강력히 주장했지만 상왕 태종은 이를 거부했다. 심 씨가 많은 자손을 생산했고 세종과도 금실이 좋다는 이유에서였다.

태종은 그의 왕비 원경왕후 민 씨의 동생 네 명을 죽였지만 정비 민 씨만큼은 왕비에서 폐출시키지 않았다. 세종 비 소헌왕후 심 씨도 그녀

영의정 심온의 묘

의 아버지와 숙부는 죽었지만 왕비 지위만은 박탈하지 않았다.

청빈의 대표주자 황희 정승

조선왕조 5백 년을 통해 청빈으로 이름난 방촌 황희는 18여 년 동안 영의정으로 세 임금을 섬겼다.

온화한 성품을 가진 그는 원칙과 소신을 가진 청백한 관리였다. 그는 태종이 양녕대군을 폐위하려 할 때 반대하다가 남원으로 귀양을 가기도 했다.

그 후 세종이 왕위에 오르면서 태종의 건의로 귀양에서 풀려 조정으로 복귀했다.

황희 정승의 성품을 느낄 수 있는 일화이다.

어느 날 황희가 개성의 교외를 지나가다가 소 두 마리로 밭을 가는 늙은 농부를 보고 말했다.

"여보시오, 노인양반. 조금 쉬었다가 하시오."

그의 말에 농부는 밭 한가운데 소를 세운 후 황희가 있는 곳으로 왔다.

"노인양반 밭을 갈고 있는 두 마리 중 어느 놈이 일을 잘합니까?"

황희의 말에 농부가 짐짓 놀라면서 그에게 귓속말로 속삭였다.

"저기 저 누렁소가 검정소보다 힘이 세지요."

"그래요? 내가 보기엔 누렁이가 훨씬 힘이 좋아 보이는데요."

"쉿! 조용히 말씀하세요. 저 소들도 우리가 하는 이야기를 알아듣습니다. 아무리 말 못하는 짐승일지라도 좋아하지 않겠지요."

"그렇다면 저 소들도 우리 이야기를 알아듣는단 말씀이요?"

"그럼요. 지금까지 보셨잖습니까. 내가 명령하는 대로 소들이 움직이지는 것을……."

그 뒤로부터 황희는 누구에게나 겸손했고 너그러운 사람이 되었다고 한다.

황희의 둘째 아들이 매일 기생집을 드나들자 아들을 불러 타일러 보았지만 버릇을 고치지 못한 어느 날 아침 황희는 문밖에서 기다리다가 기생집에서 밤을 새우고 돌아오는 아들을 보면서 공손히 인사를 했다.

황희정승(1363년, 고려공민왕 12년 -조선 문종 2년)

"손님, 저희 집을 항상 찾아주셔서 감사합니다."
그러자 아들은 깜짝 놀라며 말했다.
"아버님, 왜 저에게 손님이라 말씀하십니까?"
"생각해 보면 너도 알 것이다. 내 말을 듣지 않으니 넌 우리식구가 아니라 나그네다. 나그네가 우리 집을 찾아왔으니 당연하게 모셔야 하지 않겠느냐."

이 말을 들은 아들은 땅바닥에 무릎을 꿇고 빌었다. 그 뒤 기생집 출입을 금하고 학문에 전념하여 벼슬길로 나갔다. 이후 벼슬이 참의에 이르렀고 돈을 모아 큰 집을 짓고 손님들을 초대해 낙성식을 베풀었다. 황희는 참석했다가 갑자기 일어나면서 아들에게 말했다.

"관리가 청빈해도 백성들이 잘 살 수 있을지 의심스럽다. 나라의 녹을 먹고 사는 자가 이렇게 큰 집을 짓고 잔치를 베풀다니! 이것은 필시 뇌물을 받은 게 분명하구나. 나는 이런 곳에서 잠시라도 있을 수가 없다."

황희는 음식도 입에 대지 않고 자리를 박차고 나왔다. 그의 이런 행동에 참석한 관리들은 부끄러워했다고 한다.

조선 최고의 황금기를 이룬 세종

세종대왕은 민본주의(民本主義)를 바탕삼아 새로운 학문과 과학기술을 연구하고 발전시켰다. 세종은 왕위에 있으면서 정치, 외교, 군사, 경제, 제도, 예약의 정비와 각종 문물을 만들었고 후대에까지 막대한 영향을 주었다.

조선시대의 유교적인 의례제도의 틀을 만들어 유교정치의 기반을 마련했다. 세종이 펼친 문화 사업은 15세기 민족문화의 정수를 이루었다.

세종 때 만들어진 책은 『효행록』, 『농사직설』, 『삼강행실도』, 『팔도지리지』, 『향약집성방』, 『치평요람』, 『용비어천가』, 『의방유취』, 『동국정운』 등을 비롯하여 다양한 종류, 수십 가지에 달했다.

중국에 대한 의존성을 과감하게 깨뜨리고, 조선의 현실에 맞는 독자적인 학문과 과학기술로 탄생한 대표적인 발명품이 바로 훈민정음이다. 종이 직접 지휘하였고, 집현전의 최항, 박팽년, 신숙주, 성삼문, 이개, 이원로 등의 도움을 받았다.

세종은 과학 발전에도 크게 기여하였다. 세종 14년부터 경복궁의 경회루 북쪽에 천문을 관측하는 대규모의 천문의상과 간의대의 제작이 시작되었다. 높이 약 6.3m, 세로 약 9.1m, 가로 약 6.6m의 규모로 세종16년에 준공되었다. 간의대에는 혼천의, 혼상, 규표와 방위지정표인 정방안 등이 설치되었고 세종 20년 3월부터 서운관의 관원들이 매일 밤 천문을 관측할 수 있게 되었다.

시간을 측정하기 위해 해시계와 물시계도 제작되었는데 앙부일구, 현주일구, 천평일구, 정남일구, 자격루와 옥루 등이다.

세종 15년에는 정인지와 정초 등에게 원나라의 수시력에 대한 해설서인 『칠정산내편』을 편찬하게 하여 24년에 완성하였다. 또 『칠정산외편』도 이순지와 김담에 의해 편찬되었다. 세종 27년에는 천문, 역법의 총정리 작업이며 오늘날의 천체력의 구실을 하고 있다.

측우기는 세종 23년 8월에 발명되었고, 이듬해 5월에 개량, 완성되었다. 세종 13년과 28년에는 도량형 제도를 확정하였고, 그 후 『경국대전』에 수록하였다. 인쇄술

조선 세종 23년(1441)에 만들어진 빗물을 그릇에 받아 강우량을 재는 측우기

세종실록 91

도 큰 발전을 이루었다. 1403년에 주조된 청동 활자인 계미자의 결점을 보완하기 위해서 세종 2년에 새로운 청동 활자 경자자를 만들었다. 세종 16년에는 더욱 정교한 갑인자를 주조하였다. 세종 18년에는 납 활자인 병진자가 주조됨에 따라 조선시대의 금속활자와 인쇄술이 완성되었다.

화약과 화기의 제조기술도 크게 발전하였다. 세종 때는 화포의 개량과 발명이 계속되어 완구, 소화포, 철제 탄환, 화포전, 화초 등이 발명되었다. 그러나 이러한 것들은 완벽한 것은 아니었다.

세종 26년에 화포주조소를 짓게 해 뛰어난 성능의 화포를 만들었다. 이에 따라 이듬해는 화포를 전면 개주하였다. 세종 30년에 편찬, 간행된 『총통등록』은 그 화포들의 주조법과 화약 사용법, 그리고 규격을 그림으로 표시한 책이었다.

세종 때에는 많은 농업 서적이 편찬되었는데, 중국의 농서인 『농상집요』, 『사시찬요』 등과 우리나라 농서인 『본국경험방』, 정초가 지은 『농사직설』 등 농업 서적을 통해 농업기술을 계몽하고 권장하였다.

의약서로는 값비싸고 구하기 힘든 중국의 약재나 처방법이 아닌, 우리나라 땅에서 나는 약재로 치료의 방법을 찾는 『향약채집월령』, 『향약집성방』, 『의방유취』 등이 편찬되었다. 『향약집성방』과 『의방유취』의 편찬은 15세기까지의 우리나라와 중국의 약학 발전을 결산한 것으로 우리 과학사에서 빛나는 업적이 된다.

세종은 음악에도 깊은 관심을 기울여 박연으로 하여금 중국의 각종 고전을 참고해 아악기를 만들고, 아악보를 새로 만들게 하였다. 조회아악, 회례아악 및 제례아악 등이 이때 만들어졌다.

세종은 즉위 초부터 법전의 정비에 온 힘을 기울였다. 세종 4년에는 완벽한 『속육전』의 편찬을 목적으로 육전수찬색을 설치하고 법전의 개찬에 직접 참여하기도 하였다. 태종 후반기부터 논란이 되었던 신구 법령간 어긋나는 내용을 조정하여 이직·이원·맹사성·허조등을 책임자가 되어 세종 8년 12월에 완성된 『속육전』 6책과 『등록』 1책을 세종에게 바쳤다. 그리고 세종 15년에는 1433년 1월 황희에 의해 『신찬경제속육전』6권과『등록』. 6권을 완성하였다.

세종은 사회기강을 확립하기 위한 형벌을 강화하며 형벌제도를 정비함에 있어서 법률의 적용을 신중히 하는 흠휼정책을 시행하였다.

세종은 공법을 제정하여 조선의 전세제도를 확립하였다. 관리의 부정으로 인해 농민에게 주는 폐해가 막심했기이었던 종래의 세법 답험손실법을 폐지하고 18년에 공법상정소를 설치해 연구와 시험을 거듭해 세종 26년에 공법을 확정하였다.

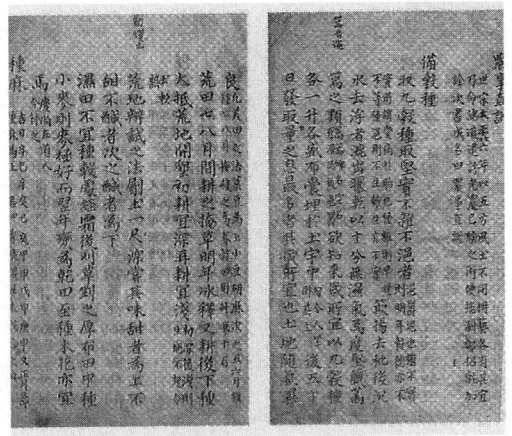
농사직설

국토의 개척과 확장도 세종 때의 큰 업적이다. 두만강 방면에는 김종서를 보내 6진을 개척하고, 압록강 방면에는 4군을 설치해 두만강과 압록강 이남을 영토로 편입하였다.

세종 1년에는 이종무 등에게 왜구의 소굴인 대마도를 정벌하게 하는 강경책을 쓰기도 하였다. 반면 세종 8년에는 삼포(부산포, 내이포, 염포)를 개항하고, 세종 25년에는 계해약조를 맺어 이들을 회유하기도 하였다.

요점정리 | 세종의 등극 배경과 세종의 북방정책

I. 개요

세종장헌영문예무인성명효대왕□(世宗莊憲英文叡武仁聖明孝大王)이 긴 문구는 세종대왕의 무덤에 새겨진 묘호이다. 뜻을 풀이해 보면 □학문에 영특하고 병법엔 슬기로우며 인자하고 뛰어나며 명철하고 효성스러운□이라는 의미다. 태종의 업적 중에 가장 위대한 것이 있다면 그것은 바로 세종을 왕으로 세운 일이다.

세종은 당대 최고의 학자들과 어깨를 겨뤄도 전혀 부족함이 없는 학문적 깊이를 갖춘 책벌레였고, 인정 많고 마음씨 좋은 어진 선비였으며, 우애를 잃지 않는 형제였다. 또한 의리를 저버리지 않는 벗이었고, 공과 사를 명확히 구분할 줄 아는 냉철한 판관이었고, 사람의 그릇을 잴 줄 아는 현명한 경영자였고 백성의 행복과 진리 구현을 꿈꾸는 사상가이기도 했다.

그에겐 인재를 알아보는 눈이 있었고, 사람을 적재적소에 배치하는 남다른 용인술이 있었으며 신분을 따지지 않고 능력을 살 줄 아는 폭 넓은 아량이 있었다. 다른 왕 아래선 전혀 재능을 인정받지 못하던 인물도 그를 만나면 날개를 달았고, 다른 시대엔 쓸모없는 지식으로 여겨지던 것들도 그의 시대엔 부흥의 밑거름이 되었다. 그리하여 그의 시대에 만들었던 보석들은 조선왕조 전체의 주춧돌이 되고 대들보가 되었다.

II. 세종(대왕)의 등극 배경

태종은 일찍부터 왕권 안정에 대한 강한 의지를 보이고 있었다. 하지만 그는 양녕을 세자로서 신뢰하지 않았다. 급기야 세자를 폐하는 극단적인 조치로 나타났다. 1418년에 일어난 이 폐세자 사건은 네 번째 선위 파동으로 이 때 황희 등 조정 대신들 중 일부는 폐세자를 반대하다가 유배를 당하기도 했다.

이처럼 태종이 일방적으로 세자를 폐한 것은 자신이 애써 이룩한 정치적 업적과 안정된 왕권을 양녕이 제대로 이어나갈 수 없다고 판단했던 때문일 것으로 생각된다. 이 무렵 양녕은 궁중을 몰래 빠져나가 풍류 생활을 즐겼을 뿐만 아니라 엄격한 궁중 생활에도 잘 적응하지 못했다. 이에 태종은 수차례에 걸쳐 그에게 심한 벌을 내려 군왕이 지녀야 할 덕행을 쌓도록 타일렀지만 양녕은 태종의 요구에 부응하지 못했다. 태종의 마음이 양녕에게서 떠났음을 간파한 신하들은 마침내 세자를 폐하자는 의견을 내놓았고 1418년 유정현등의 청으로 마침내 양녕은 폐위되었다. 그리고 왕세자의 지위에는 셋째아들 충녕대군 도가 올랐다. 그가 바로 조선 제4대왕 세종이다.

III. 세종(대왕)의 북방정책

1. 조선 국경의 전진 배치계획

세종이 즉위한 이후에도 여진족들의 침입은 계속되었다. 세종 7년(1425)에도 경원부를 용성(龍城 : 지금의 수성)으로 후퇴하자는 논의가 있었다. 세종 9년(1427) 병조판서 황상을 비롯하여 참의 김효손 등이 모두 경원부 후퇴를 강력히 주장하였다. 이들은 경원이 적으로부터 4방에서 공격을 받기 쉬워 백성들이 살려고 하지 않으며, 용성은 불과 30여 리에 불과한 거리이니 만큼 후퇴하여 백성들을 안심시키고 방비를 굳건히 하자고 하였다. 그러나 세종은 이에 동의하지 않고 강한 의지를 보임으로써 본격적인 북방 개척에 나서게 되었다.

조종의 영토를 축소시킬 수 없다는 것이 나의 생각이다. 지난날 야인이 침범하여 점거한 우리 땅이 적지 않거늘 이제 또다시 후퇴한다면 이는 버리고 지키지 않는 것이다. 성보를 넓게 쌓고 다수의 민호를 모아서 지키면 될 것이다. 만약에 경원부를 후퇴시켜 영토를 줄이는 것이 편리하다고 한다면 여연과 거제도의 경우도 마찬가지일 것이다. 물러나 축소하는 것은 조종이 영토를 개척하신 뜻에 어긋나는 일이다. 의정부와 육조에 명하여 다시 논의하도록 하라.

곧 신숙주, 최항, 양성지 등이 장문의 상소를 올려 세종의 뜻을 지지하였다. 국왕인 세종의 북방 개척의지가 강하게 표출된 이래 그 기회를 노리고 있던 조선 조정에 희망적인 소식이 들어왔다. 세종 15년(1433) 10월 여진족 내부에 내분이 일어났다는 것이다. 요동 개양지방에서 명에 반란을 일으키다 구주지역으로 도망해 온 추장 양무타우가 우디거와 연합하여 약 800명의 병력을 이끌고 우도리 부족의 추장인 퉁몽거티무르와 그의 아들 퉁관투를 죽이는 일대 내분이 일어난 것이다.

이 소식을 접한 세종은 중신들을 모이게 하고 이 기회를 이용하여 영북진을 알목하에 옮기고, 경원부를 소다로에 옮겨 옛 영토를 회복하려 하였다. 당시 병조에서 세종에게 보고한 대책 내용 요지는 다음과 같다.

(1) 경원, 영북진에 우선 성벽을 쌓고 토관제도를 설치한 후 본도(함경도)의 백성들 가운데 1,100호는 영북진으로 이주시키고, 1,100호는 경원부로 이주시켜 이들로 하여금 농사도 짓고 방어도 맡도록 한다.

(2) 이주민에게는 요역과 부세를 경감해 주어서 그 생업을 윤택하게 해 주고, 그들이 부유해지기를 기다려서 점차 남도에서 동원하는 병력의 수효를 감소시켜 오랫동안 묵은 폐단을 제거한다.

(3) 본도에서 이주시킬 수 있는 민호가 2,200호 미만인 경우, 충청, 강원, 경상, 전라도 등지에서 이주를 자원하는 자를 모집하되, 그들이 양민인 경우에는 해당지역의 토관직을 주어 포상고, 향리나 역리인 경우에는 영구히 그 이역을 면제해 주며, 노비는 영구히 해방하여 양민이 되게 해 준다. 또한 경원, 영북 두 진에 필요한 노비는 원래부터 소속되어 있는 노비를 합하여 한 진에 각각 1백호씩 주기로 하고, 도내에 살고 있는 공노비로서 충원시켜 주도록 한다. 만약 공천만으로 부족할 대에는 사천으로 보충해 주고, 본래 주인에게도 하도의 공천을 대려다가 대신 보충해 주도록 한다.

세종은 우선 고려 예종 2년(1107년) 윤관이 17만 대군으로 정벌했던 웅주, 영주, 복주, 길주, 공험진 등 9성 지역을 회복하려 하였다. 그래서 세종은 함길도 절제사 김종서에게 다음과 같은 명령을 내리게 된다.

(1) 윤관이 동북 국경의 경계로 삼았다는 공험진은 윤관이 비를 세운 선춘령의 어

느 쪽에 위치하고 있는가?
(2) 윤관의 비문을 찾을 수 있겠는가? 그 비의 상태는 어떠한가? 이를 탐지할 방책은 없는가?
(3) 윤관이 여진인들을 몰아내고 설치한 9성은 현재 두만강 건너에 있는 여러 고성 가운데 어느 것이며, 공험진의 어느 쪽에 위치하고 있는가? 거리는 얼마나 떨어져 있는가?

공험진은 철령에서 1천7백여 리 떨어진 곳으로 만주의 상당히 깊숙한 곳에 위치하고 있었다. 세종은 이 지역까지도 영토를 확장할 의지를 가지고 있었던 것이다.

2. 육진의 개척

세종 15년(1433년) 12월 두만강 하류 일대를 장악하기 위해서 김종서를 함길도 관찰사로 임명하여 영북진을 알목하로, 경원부를 소다로로 옮기는 방향으로 국토 개척의 임무를 부여하였다. 그래서 김종서는 경원·영북진에 대한 조사를 마친 후 다음과 같이 보고하였다.

(1) 석막의 목책을 동량북과 알목하기로 옮기고 그 부근의 전지를 경작하는 자를 목책 안에 모여 살게 한 후 토관을 보내 이들을 영솔하여 지키게 한다.
(2) 알목하에 주위 3천 척이 되는 벽석을 축조하고 절제사로 하여금 군대를 영솔하여 방어토록 한다.
(3) 영북진을 백안수소로 옮겨 주위 6천 척의 벽성을 축조하고, 판관과 군인 약간을 배치한 후 절제사가 왕래하면서 다스리게 한다.
(4) 경원부를 소다로에 옮겨서 배치하

육진의 위치도

고, 그 주위에 6천 척의 벽성을 축조한다.
(5) 공주의 성에 해도만호겸공주등처관군첨절제사)를 두어 이 지역의 정규군 1,100명 가운데 200명을 무장시켜 수륙의 방어를 담당하게 한다.
(6) 경원·영북진에 판관을 신설하여 민사를 다스리게 하고, 절제사는 군무를 관장하게 한다.
(7) 영북진과 경원부를 도호부로 승격한다.

이에 조정에서는 그 해 10월 경원을 도호부로 승격시키고, 세종 17년(1445) 공주도 경흥군으로 승격시켰다. 또 온성)에도 온성군이 설치되었다. 그래서 세종 31년(1449)종성-온성-회령-경원-경흥-부령을 설치하면서 이른바 6진의 완성을 보게 된 것이다.

3. 사군의 개척

태조 2년(1393년) 동북면안무사 이지란이 갑주에 성을 쌓아 여진족들의 침입에 대비하였고, 태조 7년(1398년)에는 정도전이 도선무순찰사로 나가 동북지역의 국경을 설정하면서 갑주의 행정조직을 개편하여 태종 13년(1413년)에는 갑산군으로 개칭하기에 이르렀다. 그러다가 세종 17년(1435년)에는 여연도호부를 신설하였다.

세종 14년(1432년)에 여진족들이 침입으로 피해를 입히자, 조선 조정에서는 중신 회의를 열고 이들에 대한 대대적인 정벌을 계획하기에 이른다. 그 이듬해 봄 조선 조정에서는 원정군의 총사령관인 최윤덕에게 다음과 같은 작전명령을 내리게 된다.

(1) 금번의 여연군 습격사건은 파저강의 도적들이 저지르고서 우디거부족에게 혐의를 씌운 것이 분명함
(2) 토벌군의 병력수는 3천 명으로 하되, 2천5백 명은 평안도에서 동원하고, 5백 명은 황해도에서 동원하며, 기병과 보병의 편성 비율은 현지 상황에 따라 결정할 것
(3) 압록강의 도강이 불가할 경우에는 야인 지역 월경을 엄금하여 야인 측에 작전 기밀이 누설되지 않도록 밀수 통로를 차단할 것
(5) 파저강의 공격 목표 지역에 첩자를 파견하여 야인 부락 수효와 인구, 산악 하천

의 지형을 정탐한 다음에 작전 시기를 결정 보고할 것

(6) 부교 가설 시에는 민간인 장정을 징발하지 말고, 인근 각 고을 소속의 수군을 동원해서 사역할 것

(7) 토벌군 주력이 도하한 후방 지역에 수비 병력을 분산 배치하여 적이 배후를 교란하거나 부교를 파괴하여 보급로를 차단하지 못하도록 대비할 것

그 후 최윤덕은 조정에 토벌군 증원을 요청하여 보병·기병 1만 명과 황해도에서 동원한 기병 5천명을 포함하여 총 병력 15,000명으로 4월 초순까지 강계도호부에 집결시켰다. 그리고는 7개의 부대로 편성하여 4월 10일 압록강을 기습 도하하여 여진의 여러 부락을 초토화시켰다. 이 야인 정벌에서 요행히 목숨을 부지한 추장 이만주는 명으로부터 수여 받은 건주위도독임을 내세워 조선군에 포로가 된 부족사람들을 송환해 줄 것을 명에 중재를 요청함에 따라 조선은 명의 중재를 받아들여 포로를 송환하였다.

최윤덕이 여진족들을 정벌한 이후에도 세종 19년(1437년)까지 무려 6차례나 다시 침입을 해 왔다. 이에 조정 일부에서는 방어선 축소를 거론하게 된다. 이 때 세종은 단호하게 다음과 같이 말하였다.

▫ 조종의 강역은 마땅히 조심하여 지킬 것이요, 함부로 뒤로 물러서 축소하는 것은 옳지 않은 일이다. 이제 만약 조명간을 뒤로 물려서 축소한다면, 다른 연변의구자들도 반드시 이를 선례로 삼아 서로 앞을 다투어 뒤로 물러서 축소하려고 할 것이니 그 폐단을 막기 어려울 것이다.

이로써 조선은 다시 여진 정벌에 나서게 되는 데 이번에는 명에 사전 통첩을 보내 그들의 허락으로 정벌을 단행하였다. 평안도 절제사 이천을 주장으로 하는 총병력 7,800명의 규모로 정벌에 나서 3개 부대로 편성하여 9월 7일에 압록강 중하류 지역을 일제히 도하하였다. 이 작전에서 건주위의 야인들을 소자하반지역으로 축출하는 데 성공하였고, 마침내 세종 25년(1443년)이른바 사군(여연–자성–무창–우예)을 설치하기에 이른다.

세종의 뒤를 이어서 문종이 즉위하면서부터 4군의 철폐 문제가 거론되기 시작하

였다. 문종 즉위년(1450) 8월 하연 등이 다음과 같은 근거를 들어 여연, 무창, 우예의 철폐를 주장하였다.

(1) 삼군은 지리적으로 적지 깊숙이 침투해 들어가 있고 토지가 척박하다.
(2) 이곳을 지키자면 남도 군사를 동원해야 하므로, 군사적으로 많은 폐단이 뒤따른다.
(3) 삼군을 철폐하더라도 그 앞에 압록강이 있으므로 야인 집단이 들어와 살지 못할 것이므로 이 지역이 우리의 국토라는 사실에는 변함이 없다.

그러나 좌승지 정이한등은 ▫비록 국토를 넓히지 못할망정 어찌 조종의 영토를 축소시킬 수가 있겠는가. 비록 촌토라 할지라도 줄일 수는 없는 일이다.▫ 라고 강력히 반대하였지만, 결국 단종 3년(1455) 4월 삼군은 폐지되었고, 세조 5년(1459)에 나머지 자성군마저 폐지되고 말았다. 물론 이것은 조선이 이 지역의 영토 자체를 포기하려는 뜻은 아니었다고 하더라도 고구려의 고토 회복의 강력한 발판이 될 수 있었던 교두보와 그에 대한 의지를 잃은 아쉬움이 있다.

문종 가계도

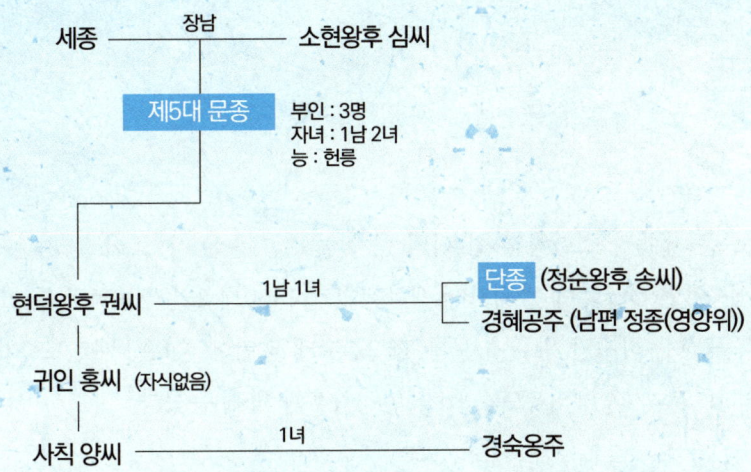

문종실록 101

문종실록
제5대 (1414~1452년)

문종은 세종과 소헌왕후 심 씨의 큰 아들로 이름은 향(珦)이고, 자는 휘지(輝之), 이다. 세종 3년(1421년)에 왕세자에 책봉되었고, 1450년 2월 세종의 뒤를 이어 37세로 왕위에 올랐다. 하지만 왕위에 오른 지 2년 4개월 만에 승하하셨다. 그의 능은 현릉(顯陵)(경기도 구리시 인창동 동구릉)으로, 현덕왕후와 함께 묻혔다.

문종은 2년 4개월간의 짧은 재위기간을 가졌지만 30년 간 세자로 있었고 세종이 병들었을 땐 그를 대신하여 국사를 처리하며 실무를 익혔다. 1450년 왕에 오른 후 문무관리를 고르게 등용하였으며, 6품 이상까지 윤대를 허락하여 언로를 자유롭게 열어 민정파악에 힘썼다. 그해《동국병감》이 출간되었고, 다음 해에는《고려사》(139권), 1452년《고려사절요》등이 편찬되었다.

한편 병제를 정비하여 3군의 5사로 개편하였으며 한양의 도성을 비롯하여 경기도, 충청도, 황해도, 강원도, 평안도, 함경도, 전라도, 경상도 등 각도의 주요한 읍성들을 개축하거나 개수했다. 또 의주, 용천, 삭주 등의 읍성들과 온성, 종성 등지의 성을 새로 개축하거나 보수하여, 국경과 국내의 주요 읍성들을 모두 개축하였다.

또한 유학 및 천문·역법·산술 등에도 조예가 깊어서 혼천의(별관찰기구)나 측우기(비측량기)를 발명에 일조했다.

『문종실록』

『문종실록』은 조선 5대 왕 문종 즉위년(1450년) 2월 22일부터 문종 2년(1452년) 5월 14일까지의 역사적 사실을 기록한 것으로 모두 13권 12책 총 13권이었지만 1권(제11권)이 결본이다. 원제는 『문종공순대왕실록(文宗恭順大王實錄)』이다.

1453년(단종 1년) 『세종실록』의 편찬을 마칠 때 『문종실록』을 편찬하자는 황보인의 주장에 따라 1454년(단종 2년)부터 편찬에 착수해 이듬해에 완성했다. 편찬은 정인지, 정창손, 최항, 하위지, 어효첨 등이 담당했고, 세조도 관여했다. 제1권에는 문종 즉위년 2~5월의 4개월간의 분량을 담았고 나머지는 모두 권당 2개월씩 기록했다.

『문종실록』은 편집 도중 계유정난이 일어나 황보인, 김종서 등 집권 대신들이 죽임을 당해 편찬의 실권은 수양대군 일파에게 넘어갔다. 따라서 『문종실록』의 내용 중 신빙성이 낮은 것이 많다.

조선 최초 동성연애 사건

문종은 1450년 2월 세종의 뒤를 이어 왕위에 올랐지만 몸이 약해 자주 병석에 드러누웠다. 1427년 14세 때 김오문의 딸 김 씨와 가례를 올렸지만 문종의 사랑을 갈구하며, 세자가 자주 출입하는 궁녀의 신을 훔쳐다가 그 신을 태워 세자의 술이나 차에 섞어 마시게 하거나 교미하는 뱀을 잡아 가루를 만들어 먹이는 등의 미신적인 행동을 하다가 3년 만에 폐출되었다. 1431년 두 번째로 세자와 동갑인 봉여의 딸 봉 씨를 세자빈으로 맞아들였다. 하지만 그녀 역시 세자가 무관심하면서 동성연애에 빠지고 말았다.

때마침 19세의 세자와 밀회 중인 15세의 권 씨가 임신하게 되면서 승휘(세자의 후궁에게 내린 작호) 되어 후궁으로 봉해졌다. 당시 예조에서 '세자도 후궁을 들일 수 있다.'

고 법제화시켰다.

　19세였던 순빈 봉 씨는 맷돌남편 시비 소쌍이의 음란한 마사지로 매일 뜨거운 밤을 보내고 있었다.

　"마마, 시원하셔요?"

　"그래 더 세게 만져다오."

　이렇게 그녀들은 하나가 되었다. 소쌍이가 남자 역할이고 순빈 봉 씨는 여자 역할이었다. 세자는 이런 사실을 알고 어머니 소헌왕후에게 고하였고, 세종과 상의하여 임신 중이었던 시비 권 씨를 정4품 승휘로 진봉시켰던 것이다.

　이에 순빈 봉 씨는 더욱 분노하였고 밤낮을 가리지 않고 소쌍이와 기괴한 정사에 집착하였다.

　세종 15년 3월 승휘 권 씨가 세종의 첫 손녀를 낳았다. 하지만 하루를 넘기지 못하고 죽자 세종과 소헌왕후는 몹시 안타까워했다. 세종과 소헌왕후와 세자의 사랑을 받고 있는 승휘 권 씨에 대한 질투심으로 순빈 봉 씨의 패악은 더욱 더해갔다. 권 씨가 또다시 임신하자 세자빈 봉 씨는 생트집을 잡아 종아리를 때렸다. 이를 전해들은 소헌왕후의 노여움은 컸다.

　"질투는 칠거지악 중 가장 나쁜 짓이다. 세자의 정기를 몸에 품고 있는 승휘에게 감히 매질을 하다니……. 개도 제 새끼를 배면 때리지 않는다. 알겠느냐!"

　"잘못했습니다. 용서해주십시오. 다시는 그런 일이 없을 것입니다."

　소헌 황후는 『효경』과 『열녀전』을 읽으며 행실을 반성하도록 하였다.

　순빈 봉 씨는 겉으로 간절하게 용서를 비는 것 같았지만 마음속에는 한을 품었다.

　'나야말로 이름만 세자빈이구나. 정4품 승휘를 불러 종아리를 쳤기로서니……. 무엇이 잘못이란 말인가?'

　그날도 소쌍이를 찾았다.

　"소쌍아! 어서 술상이나 내오느라. 속이 타는구나!"

　세종 18년 봄, 승휘 권 씨는 세종의 첫 손녀 경혜 옹주를 출산했다.

　그해 가을, 창덕궁 세자의 침전 뒤곁에서 세자빈 봉 씨의 총애를 차지하려는 소쌍이와 또 한 사람의 맷돌남편 석가이가 심하게 다투었다.

"적어도 사람이면 그렇게 추잡한 일을 저지르지 않을 것이다."

"뭐야, 네 년이 밤마다 세자빈과 놀아나는 것은 잘한 짓이더냐?"

세자가 두 궁녀를 불러 다그치고 사실을 확인하기에 이르렀다. 세자는 창피했지만 어머니 소헌왕후에게 고했다. 그러자 소헌왕후는 세자빈 봉 씨에게 물었다.

"세자가 내전을 비운 사이 시비를 데리고 논 것이 사실이더냐?"

"네, 그렇지만 그 일이 저 혼자만의 일이 아니잖습니까?"

"뭐라?"

"저도 여자인데 사내의 그리운 정을 어찌 잊고 살겠나이까?"

"그래서?"

"궁중의 긴 밤에 저는 무슨 죄를 지었기에 홀로 밤을 지새워야 합니까? 그렇다고 제가 사내와 정을 나눈 것도 아니고요."

"기가 막혀서!"

억장이 무너진 심정의 소헌왕후는 세종에게 그녀의 행실을 말하자 깜짝 놀랐다. 세종은 몹시 난감해하며 괴로워하다 마침내 창피를 무릅쓰고 대신들에게 의견을 물었다. 괴이한 일에 조정 대신들도 깜짝 놀랐다.

대부분 대신들은 그녀를 사형으로 다스리자는 의견들이었다. 세종은 며느리에게 극형만은 면하게 할 생각이었다. 대신들의 주장은 세자빈 봉 씨의 첫 번째 죄는 궁녀와 동성 연애한 것이요, 두 번째 죄는 궁녀에게 음탕한 노래를 부르게 한 것이요, 세 번째 죄는 궁중에서 술을 마신 것이요, 네 번째 죄는 소헌 황후가 내린 『효경』, 『열녀전』 등을 버려둔 것이요, 다섯 번째 죄는 시기와 질투로 승휘에게 매질한 것이라는 의견을 내세워 뜻을 굽히지 않았다.

이 사건으로 소쌍이와 석가이는 죽임을 당했고 세자빈 봉 씨는 폐출되어 친정집으로 갔다. 극형은 면했지만 아버지 봉의는 딸에게 다시 태어날 때 사내가 되라며 목을 졸라 죽이고 자신도 자살하였다.

문종의 예언

　병약한 문종은 자신의 건강보다 어린 아들 걱정에 건강이 더 악화되었다. 어느 날 저녁 문종은 집현전 학사 성삼문, 박팽년, 신숙주등과 술자리를 했다.
　"세자는 세상에 태어난 지 아흐레 만에 엄마를 잃은 불쌍한 아이요. 과인이 죽고 난 후 세자가 나이가 어려 걱정된다오."
　"신들은 비록 학자 신분이지만 주상 전하의 은혜에 보답하고자 왕세자 저하를 위해 몸과 마음을 바치겠습니다."
　문종 때 삼정승은 영의정 황보인, 좌의정 남지, 우의정 김종서였다. 더욱이 김종서는 세종 때 6진 개척을 주도한 담력이 크고 용맹한 성품을 갖고 있었다. 삼정승이 문종의 부름을 받고 입궐했다. 문종은 이날도 침전에 누워 있다가 겨우 몸을 가누며 일어났다.
　"늘 이렇게 누워만 있어 미안하오. 공들을 부른 것은 짐 때문이 아니라 어린 세자 때문이오."
　이 말을 마친 문종은 세자를 그 자리에 불렀다. 세자는 12세였지만 또래보다 성숙해 보였다. 영의정 황보인이 세자에게로 다가가 물었다.
　"저하의 나이가 올해 몇이십니까?"
　"열두 살이오."
　"제가 누구인 줄도 아시겠네요."
　"영의정 황보인 아니시오."
　황보인이 다른 정승들을 사람들을 가리키며 누구인지를 물었고, 세자는 또박또박 대답했다. 그때 좌의정 남지가 질문했다.
　"저하, 육조가 무엇인지 아십니까?"
　"육조란 이조, 예조, 형조, 병조, 공조, 호조를 말함이오."
　이런 세자를 본 김종서가 한껏 칭찬하였다. 곧 문종은 무엇인가를 생각하다가 말했다.

"세자에게 삼촌이 너무 많다는 것이 걸린다오. 지금은 과인 때문에 평온해 보이지만 내가 죽는다면 분명 피바람이 불어 닥칠 것이오. 내 뒤를 이은 세자가 아무리 총명한들 궁중의 피바람을 어찌 막아내겠소."

삼정승들이 입을 굳게 다물고 있자 문종은 말을 이어나갔다.

"과인의 병세가 심하여 죽을 날이 곧 다가온 듯하오. 그대들은 내 뒤를 이어 어린 세자가 보위에 오른 후에도 어진 집현전 여러 학사와 함께 잘 보필해주기 부탁하오."

"알겠습니다, 폐하. 신들은 폐하의 말씀을 받들어 목숨을 걸고 세자 저하를 지켜 내겠습니다."

『고려사』의 편찬 과정과 가치

1. 머리말

현존하는 고려 시대 자료가 빈곤한 상황에서 『고려사』는 고려 시대사 연구 자료로서 가장 비중이 있는 역사서일 뿐 아니라, 편찬한 조선 초기 당시 역사 인식 및 시대적 상황과 서술을 검토하는데도 매우 중요한 자료로써 일찍부터 학자들의 주목을 받아왔다.

『고려사』는 다른 시기의 사서들에 비하여 객관성을 많이 가지고 있는 점에서 고려시대 연구 자료의 높은 가치를 지니고 있음은 부인할 수 없는 사실이다.

2. 본론

1) 고려사의 편찬과정

신왕조가 개창된 뒤에 새로운 집권층으로 등장한 조선왕실과 신진사대부들의 고려사를 정리하면서 고려 왕조 멸망의 필연성과 조선 건국의 정당성을 밝히는 것이 커다란 과제였다. 그러나 이는 조선 왕실과 혁명파 사대부, 그리고 혁명에 가담하지 않은 사대부 등 정치세력간의 정치적 주도권을 둘러싼 갈등에서 비롯된 것이며, 그로 인해 『고려사』는 60여년이라는 개수과정을 거쳐 오늘날의 『고려사』로 그 완성을 보게 된다.

(1) 정도전의 『고려 국사』(태조 원년 ~ 4년)

『고려사』는 고려 국사를 모체로 개찬된 사서이다. 태조는 건국 직후인 태조 원년 10월에 조준·정도전 등에게 고려의 역사 편찬을 명하여 태조 4년 정월에 정도전·정총[01]이 37권의 고려사를 편찬하는데 이것이 『고려국사』이며, 오늘날에는 전해지지

01_고려 말에서 조선 초까지 학자. 조선 초 개국공신 1등으로 서원군에 봉해지고, 1395년 정도전 등과 함께 《고려사》를 편찬했다. 글씨도 잘 썼으며, 문집에 《복재집》이 있다.

않고 있다. 다만 동문선에 정총이 쓴 고려국 사서가 남아 있어 『고려 국사』의 편찬 원칙이 실려 있고 또 조선왕조실록에는 그 후의 개찬 과정에서 『고려 국사』의 문제점이 지적되어 그 사서의 일면을 알게 한다.

『고려 국사』서에는 8개 항목의 편찬 원칙이 기술되어 있는데, 그것은 유교적이며 사대적인 역사관이 나타나 있다. 정도전ㆍ정총의 사론은 반 고려적인 입장에서 고려 역대 왕에 대하여 신랄한 비판을 가하였고, 성리학적 기준으로 철저한 배불숭유를 강조하는 사대적 사관에 흐르게 되었던 것이다.

『고려 국사』는 조선 건국 직후 단시일에 편찬되고 또 개국공신계 편찬자의 주관이 개입되어 많은 문제점을 내포하고 있다. 그래서 개찬의 논의가 일어나는데, 그 과정에서 지적된 결함은 첫째, 이용한 편찬 자료의 제약으로 내용이 간략하여 누락된 사실이 많고, 둘째, 사실에 대한 기록과 인물에 대한 평가가 공정치 않아 그 내용에 오류가 많으며, 셋째, 유교적이고 사대적인 역사관에 비춰 당시의 사실을 매몰시킨 점 등이다.

(2) 하륜[02]의 『고려 국사』 찬정(撰定)(태종 14년 ~ 16년)

『고려 국사』의 최초의 개수 작업은 태종 14년 하륜에 의해서다. 태종은 정도전의 『고려 국사』가 위조 이후의 사실에 잘못된 것이 많다고 하였다. 특히 태조에 관한 내용이 너무 부실하며, 주관적이고, 공민왕 이후의 사실 또한 오류가 많다고 지적하였다. 편찬의 중점은 고려 말 역사적 사실에 있었다. 그러나 이 『고려 국사』의 찬정은 태종 16년 하륜의 사망으로 완성되지 못하고 중단되었다.

(3) 유관[03]ㆍ변계량[04]의 『고려 국사』 개수(改修)(세종 원년 ~ 3년)

02_ 고려 말 조선 전기의 문신. 1400년(정종 2) 제2차 왕자의 난에도 방원을 도왔다. 이첨과 함께 《동국사략》을 편수하였다. 춘추관영사로 《태조실록》 편찬을 지휘하였다.

03_ 고려 말ㆍ조선 초의 문신. 조선의 개국원종공신이 되어 대사성ㆍ형조전서ㆍ대사헌 등을 지냈다. 춘추관지사로서 《태종실록》의 편찬에 참여하였으며 《고려사》를 개찬하였다.

04_ 고려 말ㆍ조선 초 문신. 진덕박사, 사헌부시사, 성균관학정, 예문관의 응교, 직제학, 예조우참의, 예문관제학, 대제학ㆍ예조판서, 참찬, 판우군 도총제부사를 지냈다. 대제학 재임 시 외교문서를 거의 도맡아 지었고 《태조실록》편찬, 《고려사》 개수에 참여했다.

세종은 즉위년 12월 경연에서 『고려 국사』가 공민왕 이후의 역사는 정도전이 들은 바에 따라 필삭을 가하였다고 하면서 원년 9월에 예문관 대제학 유관과 의정부참찬 변계량 등에게 『고려 국사』의 개수를 명하였다. 이때의 『고려 국사』 개수는 두 가지에 중점을 두었는데, 첫째는 공민왕 이후의 사실로 사신의 본초와 다르게 서술한 오류를 바르게 잡은 것이었고, 둘째는 고려 왕실에서 사용한 용어인 제칙이나 태자 등의 호칭을 교나 세자로 호칭을 고쳐서 기록했고 변계량의 주장에 따라 정도전의 편찬 원칙을 답습하여 참의지사를 개서하였을 뿐 아니라 유교적인 사대가 한층 강화되었다. 그래서 이 개수 『고려 국사』는 반포하지 못하고 있다가 다시 개찬(改撰)하게 된다.

(4) 유관·윤회의 고려사 수교(세종 5년 ~ 6년)

세종 3년에 완성된 『고려 국사』 개수는 유관·변계량의 사실을 매몰시키는 결함을 바로 잡기 위해서 세종 5년 12월에 다시 지관사 유관과 동지관사 윤회에게 『고려사』의 수교를 명하였다. 이때에 수교의 중점은 주로 호칭과 정도전이 지닌 편향된 시각의 왜곡을 수정하기 위해서였다. 예를 들어 정몽주를 깎아내린 것을 다시 충신으로 평가하여 기록한 것이다. 세종은 구문(고려실록)에 따라 고려 시대의 사실 그대로 기록하도록 명하였다. 이리하여 세종 6년 8월에 수교 『고려사』가 완성되나, 변계량의 강력한 반대로 반포하지는 못하게 된다.

(5) 신개[05]·권제[06]의 『고려사전문』 (세종 24년)

세종 24년 8월에 감춘추관사 신개와 동춘추관사 권제 등이 편찬한 『고려사 전문』은 두 가지 면에 개편 작업이 이루어졌다.

하나는 간략한 내용의 보충이고 또 하나는 고려 시대 당시 사용된 용어를 원래대로 기록했다는 점이다. 그리고 『고려 국사』 이래 지금까지 위조인 신과 우, 이 두 부

05_ 조선 전기 문신. 공조참판으로 천추사가 되어 명나라에 다녀와서 집현전 제학이 되었다. 세종 때 전라·황해·경상·경기도의 관찰사를 역임한 후, 형조참판·예문관대제학·대사헌·도총제 등을 거쳐 이조판서로서 북변에 침입이 잦은 야인을 토벌하도록 하였다.

06_ 고려 말에서 조선 초까지 문신 겸 학자. 《고려사》의 수찬에 참여했으며, 이어 좌참찬을 거쳐 우찬성이 되어 정인지·안지 《 등과 용비어천가》를 지었다. 문집에 《지재집》, 주요 저서에 《역대세년가》, 《영가연괴집》 등이 있다.

자(父子)에 대하여 우·창이라 하였는데 『고려사』 개찬에서는 중국 사서의 예에 따라 폐왕 우·폐왕 창이라 하였다. 그러나 『고려사 전문』 역시 시 개찬하게 된다.

(6) 김종서·정인지의 『고려사』 (세종 31년 ~ 문종 원년)

세종은 『고려사 전문』이 내용이 정확하지 못하고 간략하다 하여 세종 31년에 우찬성 김종서, 이조판서 정인지, 호조참판 이선제[07] 및 정창손에게 『고려사』 개찬을 관장하도록 명하였다. 그리하여 지춘추관사 김종서는 문종 원년 8월에 새로 편찬한 『고려사』를 완성하는데, 그것은 세가 46권, 지39권, 연표2권, 열전50권, 목록2권, 총 139권으로 된 내용이었다.

이때에는 전부터 논의되었던 사체 문제가 제기되었는데 종래의 편년체에 대신하여 기전체로 채택되었다. 이에 사관들이 과를 나누어 일의 책임을 맡았는데 최항 등이 열전을 편찬하고, 노숙동 등이 기·지·연표를 편찬하였으며, 김종서·정인지 등이 관장을 하였다. 이리하여 정도전의 『고려국사』 이후 계속된 『고려사』의 개수는 마침내 김종서의 『고려사』로서 최종적인 완성을 보게 되었다.

한편, 기전체의 『고려사』가 편찬된 후에도 역시 종전과 같은 편년체의 새로운 사서가 필요하였다. 그것은 윤회의 수교 『고려사』나 권제의 『고려사 전문』의 무효화로 완전한 편년체 『고려사』가 없었기 때문이다. 이에 『고려사』 집필 직후부터 착수된 『고려사』편년은 이듬해인 문종 2년 2월에 완성되어 역시 감춘추관사 김종서에 의하여 완성 되었으니, 이것이 『고려사절요』이다. 이로써 고려의 역사는 기전체인 『고려사』와 편년체인 『고려사절요』로 최종적인 완성을 보게 되었다.

한편, 김종서는 우선 『고려사절요』의 신속한 출간을 청하고 전사인 『고려사』도 빠른 시일 안에 출간할 것을 요청하였다. 『고려사절요』는 단종 원년에 갑인자로 간인되었으나, 『고려사』의 출간은 이보다 후에 이루어졌다. 단종 원년 소위 계유정난으로 김종서가 제거되고 단종 3년 사육신 사건이 있었으므로 『고려사』가 출간될 때 그 서문

07_ 조선 전기 세종 때의 문신. 《고려사》 개수 때 원전을 따르도록 지적하고, 《태종실록》 편찬에 참여했다. 호조참판으로 정조사가 되어 명나라에 다녀왔다. 정창손, 김종서 등과 함께 《고려사》를 개찬했고, 예문관제학을 지냈다.

에 김종서로 쓰인 것을 모두 정인지로 바꾸었으며, 단종 복위운동에 관련되어 처벌된 허위·박팽년·유성원의 이름이 삭제되었다. 그리하여 오늘날 보통 정인지가 편찬한 『고려사』로 알려졌으나 사실은 김종서가 편찬한 것이라고 하여야 할 것이다.

2) 『고려사』의 사료적 가치

『고려사』는 전반적으로 편찬자의 주관이 제약되고, 객관적 평가 위에서 엄격한 역사성이 견지된 사서이다. 『고려사』는 춘추관에서 30여 명의 사관이 모여 분찬한 관찬사서이다. 이것은 개인적인 사찬 사서에서 떨어지기 쉬운 집필자의 감정이나 주관적인 첨삭의 결점을 극복하는데 유리했다. 그저 지나간 역사가 아니라 고려시대의 군신들의 행사한 자취를 참고로 하여 새로운 조선의 통치에 적극적으로 이용하려는 목적에서 만든 것이다.

또 『고려사』는 기존사료의 엄격한 재편성의 성격을 지니고 있다. 『고려사』가 원 사료의 재구성이었다는 것은 그만큼 편찬자의 주관의 개입에 제약을 가하였다는 것이다. 편찬자의 주관 개입에 커다란 제약이 된 또 하나의 요인은 논찬불작의 원칙을 취하였다는 점이다. 또한, 『고려사』에서 채택한 직서주의는 역사적 사실을 그대로 보존하려는 태도에서 나온 것으로 볼 수 있으며, 『고려사』의 편찬자들은 우리 고유의 토속적인 여러 제도·풍습을 비천하게 생각하면서도 다 기록하였는데, 특히 예지에서 토속 신앙 같은 것을 그대로 기술한 점으로 보아 전통을 존중하고 주체적인 민족사관의 일면을 지니고 있었음을 알 수 있다.

한편, 『고려사』 편찬에 있어서 고려 당시의 현실과 조선 초기 편찬자의 역사의식 사이에 커다란 괴리가 있다. 이는 고려시대의 자주적인 독립국가로서의 위상과 조선초기의 『고려사』 편찬자들의 유교적인 합리주의라는 두 가지 사관의 혼란에 의한 것이라 할 수 있는데, 이는 고려의 역사적 사실과 조선 초기 편찬자들의 역사의식의 차이에서 빚어낸 문제점이다.

『고려사』는 원 사료를 재구성한 사료집의 성격을 갖기 때문에 고려시대를 연구하는데 가장 기본적이고 풍부한 사료들을 제공한다.

기본 자료로 『고려왕조실록』을 이용하였으며, 그 외에도 광범한 자료들을 수집하여 참고하였다. 예를 들면 지를 편찬할 때는 『주관육익』[08] · 『고금상정례』, 『식목편수록』과 여러 문집, 잡록을 이용하는데 이러한 사료들이 거의 다 인멸되었고, 오직 고려사와 고려사절요에 그 면모가 많이 남아 있다. 이와 같이 『고려사』가 의거한 자료들은 풍부해졌을 뿐 아니라 모두 기본사료에 속하는 것들이므로 그 사료적 가치가 높다는 것도 알 수가 있다. 일반적으로 『고려사』에 기록된 사실들은 그대로 믿어서 좋을 듯하다.

　그러나 고려사는 단순한 자료집으로서 편찬된 것은 아니다. 그것은 어디까지나 편찬자의 주관에서 자료를 선택하고, 배열하고, 약간의 평가를 내린 역사 서술임을 주지해야 한다. 또한, 『고려사』는 사실에 충실하고 공정성을 그 기본으로 하여 직필주의, 공정주의로 일관한 점은 두드러진 장점으로 고려시대 연구에 있어서, 『고려사절요』와 더불어 기본사료가 된다는 점을 낮게 평가할 수 없는 것이다.

　특히, 『고려사』는 그 전후의 조선전기 역사서들과 다른 뛰어난 측면이 있다. 성리학적인 이념에 투철한 것이 진리와 정의의 실천 방법이고 그에 어긋나는 것은 이단이라고 단정하는 논리가 횡행하는 가운데에서도 세종의 주장과 같은, 사실의 존중을 내세운 역사와 전통문화에 대한 겸허한 접근이 일부나마 수용될 수 있었던 것은 조선전기 문화의 또 다른 측면이라 하겠다.

　또한 『고려사』나 『고려사절요』는 비슷한 무렵의 『신편동국통감』과 같은 사서와는 달리 유교적 역사인식에도 경직성이 적은 것으로 지적되고 있다. 『고려사절요』도 그렇지만 『고려사』가 사료로서 가치가 높은 것은 주관성을 배제하고 객관성을 좀 더 확보할 수 있는 진전된 역사편찬 방식의 결과였다. 객관성의 확보 면에서 같은 유교사관에 의한 역사서이지만 전 시대에 만들어진 『삼국사기』보다도 한결 큰 진전을 보이고 있는 것이고, 조금 뒤에 만들어진 같은 관찬사서인 『동국통감』[09] 보다 앞선 것으로 평가되고 있다.

08_ 고려 후기에 편찬된 정치와 법제 따위를 정리한 서적으로 알려지고 있으며 현존하지는 않으나, 『주례(周禮)』와 『통전(通典)』의 체제를 본떠 고려의 문물제도를 정리해 놓은 것으로 추정됨.

09_ 조선전기의 문신 서거정(徐居正) 등이 신라 초부터 고려 말까지의 역사를 엮은 사서(史書).

4. 맺음말

고려사

　이상에서 고려사의 편찬과정과 고려사의 사료적 가치에 대해서 알아보았다. 고려사는 고려의 사료가 불충분한 현시점에서 그리고 조선 초기의 역사인식에 대해서도 연구할 수 있기에 고려사 연구에 주목받고 있다.
　그러나 체제의 문제성 예를 들어 본기를 세가로 격하시킨 것 등을 들어 『삼국사기』와 비교하여 그 질이 떨어진다고 보고 있으나 그 부분을 단순하게 사대와 성리학적(유교적) 역사인식을 한편으로 놓고, 주체와 전통적 역사인식을 또 다른 한쪽으로 놓고 대립시키는 관점은 사실을 왜곡시키기까지 하는 관점으로 보인다.
　『고려사』가 여타 사료보다 비교적 객관적 입장을 견지하고 있음과 그리고 편찬시기의 시대적 배경과 60여 년이라는 개수과정을 거친 사료임을 주목할 때 고려 시대 연구에선 학도들의 고려사에 대해 긍정적인 입장에서 볼 필요가 있겠다. 또한, 시대적 한계를 감안할 때 『고려사』나 『고려사절요』가 당시의 사학으로서는 뛰어난 면들을 보여주는 것이라 하겠으나, 그 시대적 한계가 갖는 결함도 주목되어야 할 것은 물론이다.
　결론적으로 『고려사』가 현대에서 가지는 의의는 그가 지니는 일정한 방법으로 고려시대의 사료를 보존해줌으로써 역사적 전통의 구체적 양상을 전해준 데 있다고 할 것이다. 한국 사상에서 차지하는 고려 시대의 위치에 대한 새로운 인식이 요청되고 있는 오늘날, 우리는 왜곡된 부분을 시정하고 부족한 부분을 메워가면서 『고려사』가 지니는 사료적 가치를 정당하게 살려가야 할 것이다.

〈참고문헌〉

한영우, 「15세기 관찬 사서 편찬의 추이」, 『조선전기사학사연구』, 서울대학교출판부, 1981

변태섭, 『고려사 탐구』, 삼영사, 1982.

변태섭, 「고려사의 종합적 검토」, 한국사학4, 정신문화연구원, 1983.

이기백, 「고려사 해제」, 『한국의 역사인식』(上), 창작과 비평사, 1992.

노명희, 『한국의 역사가와 역사학 (하)』, 「고려사·고려사절요」, 창작과 비평사, 1994.

이우성, 『한국의 역사인식 (하)』, 창작과 비평사 1999.

이한우, 『세종, 조선의 표준을 세우다』, 해냄 출판사, 2006.

단종 가계도

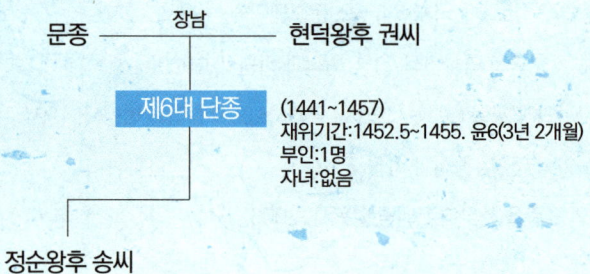

문종 —— 장남 —— 현덕왕후 권씨

제6대 단종 (1441~1457)
재위기간:1452.5~1455. 윤6(3년 2개월)
부인:1명
자녀:없음

정순왕후 송씨

단종실록
제6대 (1441~1457년)

　단종은 문종과 현덕왕후 권 씨 사이에서 태어났다. 비는 정순왕후 송 씨이다. 1448년(세종30) 8세 때 왕세손에 책봉되고 1450년 문종이 즉위하자 왕세자로 책봉되었다. 1452년 5월 문종이 재위 2년 만에 죽자 12세에 왕위에 올랐다. 하지만 숙부 세조에게 왕위를 찬탈당한 뒤 1457년 상왕에서 노산군으로 강봉(降封)되어 강원도 영월로 유배되었다가 그해 10월에 죽임을 당했다.

　단종은 숙종 24년(1698년) 11월 8일에 노산군에게 '순정안장경순돈효(純定安莊景順敦孝大王)'라는 시호와 함께 단종이라는 묘호와 장릉이라는 능호를 받았다. 단종의 능은 장릉(강원도 영월읍 영흥리)이다.

경상남도 사천시 곤명면 은사리 산 438에 위치한 조선
제6대 왕 단종의 태실지(왕, 왕비, 왕자와 공주 등이 출산했을 때 그 태(胎)를 봉안하는 태실이 있던 곳이다.)
〈출처: 한국민족문화대백과사전〉

- **계유정난** : 문종이 죽고 단종은 12세의 어린나이로 왕위를 계승하게 되었다. 문종은 영의정 황보인과 우의정 김종서 등에게 어린 임금의 보필을 부탁하고, 집현전 학사를 지낸 성삼문, 박팽년, 신숙주 등에게도 도울 것을 유언으로 남겼다.

그러나 숙부 수양대군은 한명회 등과 결탁하여 이듬해 10월10일 황보인, 김종서 등을 죽였다. 그리고 안평대군 부자를 강화도로 귀양을 보낸 다음날 스스로 영의정에 올랐다. 정인지를 좌의정, 한확을 우의정으로 삼는 계유정난을 일으켰다.

정권을 잡은 수양대군은 동생 안평대군에게 사약을 내리고, 다음해 윤6월11일 넷째 동생 금성대군 등이 반란을 꾀했다며 삭녕으로 귀양 보냈다. 단종으로 부터 국새를 물려받고 근정전에서 왕위에 올랐다. 이에 단종은 상왕이 되어 창덕궁으로 옮겼다. 한편 수양대군의 왕위찬탈 행위에 반기를 든 집현전 학사 출신 성삼문, 박팽년, 이개, 유성원, 하위지, 유응부 등은 세조 2년(1456년) 6월1일 창덕궁의 연회석에서 수양대군 부자를 죽이고 단종을 복위하려고 했다. 그러나 김질의 밀고로 실패했고 모두 극형으로 죽었다.

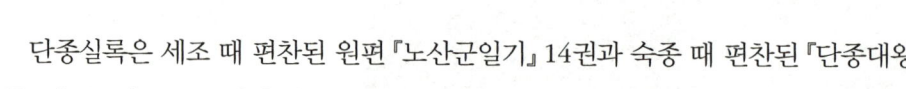

『단종실록』

 단종실록은 세조 때 편찬된 원편『노산군일기』14권과 숙종 때 편찬된『단종대왕실록』부록 1권으로 구성된 합 15권의 활자본이다.

 1452년(단종 즉위) 5월부터 1455년(단종 3년) 윤6월까지인 3년 2개월간의 역사적 사실을 기록한 것이다. 처음에는『노산군일기』라고 했지만 1698년(숙종 24년) 단종의 왕호를 회복한 뒤『단종실록』으로 개칭되었다. 따라서 실록 표지에는『단종실록』으로 되어있고 내면에는 『노산군일기』로 되어 있다.

정확한 편찬연대와 편찬자의 기록은 없지만 1464년(세조 10년) 세조가 집권하는 과정을 그린 『정난일기』의 편찬을 볼 때 이 시기부터 편찬하여 1469년(예종 1년)에 완성된 것으로 추정할 수 있다.

영월 장릉(莊陵). 단종의 능으로 규모나 형식이 매우 단촐하다.
사적 제196호로 강원도 영월군 영월읍 영흥리 소재.
〈출처: 문화재청 홈페이지〉

단종의 부인 정순왕후의 무덤인 남양주 사릉(思陵). 역시 규모나 형식이 간단하다.
사적 제209호로 경기도 남양주시 진건읍 사릉리 소재.
〈출처: 문화재청 홈페이지〉

김종서의 죽음

　단종은 왕위에 올랐지만, 너무 어렸기 때문에 실제적인 일을 의정부와 육조에서 맡아 처리하고 왕은 최종 결재만 했다. 인사 문제에는 황표정사 제도를 이용했다. 인사 대상자 이름에 황색으로 점을 찍어 올리면 왕은 그 점 위에 점을 찍어 결정 하는 것이다.
　차츰 조정의 권력은 부왕 문종의 신임을 받던 황보인과 김종서에게 쏠렸다. 그러자 이에 맞서 세종의 아들들 세력들이 팽창하기 시작되었다.
　수양대군은 세종비 심씨와의 사이에서 문종에 이어 둘째 아들로 태어났다. 단종에게는 18명의 삼촌이 있었는데, 그 중 수양, 안평 ,금성대군 등은 각자 군사를 가지고 있었다. 더구나 수양대군과 안평대군은 세력경쟁까지 벌이고 있었다. 성품이 용맹스런 수양대군은 자신의 세력을 넓히는 수단으로 장수들과 책략가들을 끌어들였다. 이 때 가장 먼저 수양대군을 찾아온 자가 권남이다. 그는 여러 번 과거에 낙방하면서 수양대군 집에서 얹혀 지내며 생활하였다. 그런 그가 한명회를 추천했다. 한명회는 칠삭둥이지만 뛰어난 지략으로 첫 만남부터 수양대군을 사로잡았다. 수양대군은 그를 자신의 자방(한나라 고조 참모였던 장량을 말함)이라고 칭찬했다. 수양대군의 신임을 얻은 한명회는 홍윤성을 비롯하여 수십 명의 장수를 전국에서 모았다. 수양대군은 한명회를 비롯한 모사들과 함께 조정의 권신 황보인, 김종서를 제거하기 위해 치밀한 작전을 세웠다.
　김종서는 세종 때 북방을 개척하고 6진을 쌓은 인물로 수양대군에게는 최대의 걸림돌이었다.
　1483년(단종 원년) 10월 10일, 수양대군은 단종을 지켜온 삼정승을 척살하기로 했지만, 음모가 사전에 누설되었다. 그러자 수양대군은 부하들에게 명령했다.
　"계획이 누설되었다고? 그렇다면 우리가 선수를 칠 수밖에 없지. 먼저 호랑이(김종서의 별명)부터 잡아야겠다. 그자만 없애면 다른 사람은 문제가 없어."
　수양대군은 곧바로 홍달순, 양정 등 유능한 무사 7~8명을 집으로 불러 대책을 논의했지만 묘책이 없었다. 이때 한명회가 입을 열었다.

"대군, 집을 짓는데 삼 년이 지나도 준공되지 않는단 옛말이 있습니다. 모든 것은 대군께서 결정을 내리셔야 성공할 수가 있습니다."

한명회의 말에 수양대군이 벌떡 일어나자 누군가 수양대군의 옷자락을 잡았다. 그러자 그는 화를 벌컥 내면서 말했다.

"내 몸에서 손을 당장 떼지 못할까? 너희는 그들에게 곧장 달려가 수양이 음모를 꾸미고 있다고 전해라. 난 내 방식대로 할 것이다."

수양대군이 혼자라도 거사를 치르겠다며 대문으로 나가자 한명회가 이렇게 부추겼다.

"이보시게들, 대군께서 혼자 가시게 해서는 안 된다. 빨리 움직이시오."

그의 말에 무사들 한패는 돈의문에 매복하고, 다른 한패 양정, 홍순손, 유수 등은 평상복 차림으로 수양대군을 따랐다.

수양대군이 김종서 집에 도착했을 때 그의 아들 승규가 문전에서 다른 사람과 얘기를 나누고 있었다. 수양대군은 승규에게 말했다.

단종어소를 향해 절을 하는 엄흥도 소나무

"대감 계신가? 수양이 왔다고 전하게."

아들에게 연락받은 김종서는 수양이 기다리고 있는 곳으로 뛰어가 안내했다.

"어서 오시지요, 대군."

"괜찮소. 이미 날도 저물어 사대문이 곧 닫히는데 들어가면 뭘 하겠소.

이때 수양대군은 김승규가 자신의 아버지 곁을 지키고 있자 꾀를 냈다. 그는 미리 준비한 각이 떨어진 사모를 벗어 내보이며 말했다.

"대감, 이 사모의 각이 떨어져 없어졌소이다. 대감의 각을 좀 빌려주겠소?"

"그러지요. 승규야, 안에 들어가 각을 가져오너라."

김승규가 안으로 들어가는 순간 수양대군은 보여줄 편지가 있다면서 옷자락에서 편지 한 통을 끄집어내 심복 양정에게 편지를 올리라고 했다. 그러나 양정이 나서지 못하자 이번엔 노비 임어을운을 시켰다.

"네가 대감께 편지를 올려라."

편지를 받아든 김종서가 달빛에 비춰보는 순간 수양대군의 눈짓에 임어을운이 그의 머리를 철퇴로 내리쳤다. 철퇴를 맞고 쓰러진 김종서를 아들 김승규가 껴안자 이번엔 양정이 칼을 뽑아 목을 베었다.

척살을 끝낸 수양대군은 말을 몰아 자신의 집으로 향했다. 그가 돌아오자 한명회는 반겼다. 수양대군은 만족한 표정으로 한명회에게 말했다.

"자! 이제부터 막히는 일이 없을 것이요."

수양대군은 자신의 심복들을 시켜 궁궐의 모든 대문을 지키게 했다. 그런 다음 왕명을 방패막이 삼아 영의정을 비롯한 조정 대신들을 차례로 불러들였다. 그리고 한명회가 작성한 살생부를 펼쳐놓고 대신들을 죽이기 시작했다.

이때 죽임을 당한 중신은 영의정 황보인, 이조판서 조극관, 찬성 이양 등이었다. 이 밖에 중신들은 궐문에서 살해되었고, 좌의정 정분과 조극관의 아우 조수량은 귀양을 보냈다가 죽였다. 더구나 안평대군은 김종서와 내통하였다는 죄를 씌워 강화로 귀양을 보냈다가 후에 사약을 내려 죽였고 단종의 매형인 정종을 귀양을 보냈다가 사약으로 죽였다.

하지만 철퇴를 맞고 쓰러졌던 김종서는 죽지 않고 살아 있었다.

"내가 지난밤 자객에게 부상을 당해 죽을 뻔했다. 빨리 의정부에 알리고 약을 가지고 오느라. 그리고 이런 사실을 안평대군께 속히 알려라."

그렇지만 수양대군과 같은 편인 수문장은 김종서의 청을 단호하게 거절했다. 그러자 그는 상처를 동여맨 채 여자 옷으로 갈아입고 가마에 오른 뒤 돈의문, 서소문, 숭례문 등을 찾아가 문을 열어줄 것을 애원했지만 모두 거절당했다. 하는 수 없이 아들 승벽의 처가에 숨었다.

날이 밝은 후 김종서가 아들의 처가에 숨어 있다는 부하들의 보고를 받은 수양대군은 김종서를 끌어냈다. 그렇지만 김종서는 오히려 기개 있게 호령했다.

"이놈들, 내가 누군지 아느냐? 어서 가마를 대령하여라."

하지만 그는 말과 함께 목이 베이고 말았다. 곧바로 군사들에게 명령해 그를 참수했다. 이때 수양대군은 그의 아들과 손자들까지 죽이고 말았다.

마침내 김종서를 척살한 수양대군은 단종에게 아뢰었다.

"폐하, 김종서가 모반을 꾀해 할 수 없이 척살했습니다."

단종이 울면서 호소했다.

"숙부, 나를 죽이지 말아주시오."

"폐하, 염려 마세요. 제가 전하를 지키겠습니다."

이 후 수양대군은 영의정 부사에 오르고 그 일당은 이조판서, 형조판서, 내외 병마도통사 등의 벼슬을 차지하였다.

단종은 수양대군의 위세에 눌려 있었다. 특히 권남, 정인지의 주청에 마침내 1455년(단종 3년) 6월 11일에 왕위를 수양대군에게 내주고 말았다.

사육신의 죽음

수양대군에게 왕위가 넘어가자 예방승지 성삼문은 옥새를 안고 통곡하였고, 박팽년은 경회루에서 자살을 시도했지만, 성삼문이 만류했다.

수강궁에 칩거하고 있는 단종의 복위를 위해 집현전 학사 성삼문은 박팽년, 하위지, 이개, 유성원, 전 절제사 유응부, 성삼문의 아버지, 단종의 장인 등과 비밀리에 계획을 세웠다.

때마침 명나라 사절이 도착해 태평관에서 여장을 풀고, 세조는 상왕 단종과 함께 연회를 베풀기로 하였다. 성삼문과 박팽년은 이날을 거사일로 정하자고 했다.

그러나 한명회가 세조에게 연회장으로는 창덕궁이 좁으니 세자의 참석은 필요치 않다고 건의했다. 연회가 시작되고 성승 유응부가 운검을 허리에 차고 들어가려 하자 한명회가 이를 말렸다. 이에 화가 난 유응부가 물러나 한명회를 죽이려고 하자 성삼문이 말렸다. 이때 공모자 중의 한 사람인 김질은 일이 뜻대로 되지 않는다고 생각해 장인 정창손을 찾아갔다.

"상왕 복위가 뜻대로 이뤄질 것 같지 않습니다. 차라리 고발하면 그 공이 우리에게 돌아올 것입니다."

이들은 곧장 대궐로 들어가 상왕 복위 계획을 알렸다. 이 말을 들은 세조는 창손과 질을 공신으로 대우하였다.

김질의 밀고로 인해 성삼문, 박팽년 등은 체포되어 국문을 받게 되었다. 세조는 평소 박팽년을 아낀 까닭에 기회를 주고 싶었다.

"잘못을 시인하면 살려 주겠다."

그러나 박팽년은 아무 말이 없었다. 오히려 세조를 상감이나 전하라고 부르지 않고 나리라고 불렀다. 이에 화가 난 세조는 박팽년의 입을 찢은 후 말했다.

"신하라고 네 입으로 말하지 않았느냐. 더구나 내 밑에서 벼슬을 지내지 않았느냐?"

"상왕의 신하로 장계를 올릴 때 신이란 글자를 썼지만, 나리에게는 그런 일이 전혀 없었소. 조사해보시오."

화가 치민 세조는 박팽년의 장계를 모두 조사했다. 충청도 관찰사로 있던 1년 동안에 신(토)이란 글자가 단 한 자도 없었다.

이어 수양대군이 성삼문을 국문했다.

"나와 원한이 있느냐? 무슨 이유로 나를 몰아내려고 했느냐?"

"이유를 모른단 말이오? 오직 전왕을 위함이었소. 나리는 임금의 자리를 강탈했소. 신하된 도리로 임금이 망하는 것을 두고 볼 사람이 있겠소. 내가 도리어 물어보겠소. 정말 나리가 이 일을 감행하였소이까?"

"누구에게 나리라고 하느냐? 네 놈도, 박팽년처럼 나를 나리라고 부르는구나. 네가 먹고 마신 모든 것을 내가 준 것이 아니더냐. 그런데도 나를 배신하느냐?"

"허어, 나리께서 무슨 말씀을 하시는지 알 길이 없소이다. 상왕이 살아 계신데 나를 신하로 부리고자 하시오? 더구나 나리의 녹을 먹어본 적이 없소이다."

세조는 부하들을 시켜 불에 달군 인두로 성삼문의 다리와 팔꿈치를 고문했다. 그렇지만 성삼문은 태연했다.

"나리, 내가 무슨 잘못을 했기에 이러시오?"

때마침 신숙주가 세조 곁에 서 있는 것을 본 성삼문은 그를 꾸짖었다.

김종서 장군 유허지, 오른쪽 앞은 행적비이고, 저 뒤에 서 있는 유허비이다.

"숙주야, 부왕에게 부끄럽지도 않느냐. 지난날 부왕께서 우리들에게 '과인이 세상을 떠나도 학사들은 힘을 모아 세자를 수호해 달라' 한 친탁을 벌써 잊었느냐?"

그러자 세조는 신숙주를 뒤로 물렸다. 뒤이어 강희안이 국문을 받았지만 굴복하지 않았다. 그러자 세조는 성삼문에게 또다시 물었다.

"성삼문, 강희안도 너희 한패가 아니냐? 어서 사실대로 고하라."

"강희안은 우리와 가까이 한 적이 없소. 내가 보건대 나리는 상왕의 신하라면 무조건 죽이려고 하는구려. 아참, 모두 나리가 죽여서 이제 남은 사람은 강희안뿐이구나. 너무 쓸어버리지 말고 한 사람이라도 등용시키구려. 그것이 현자요."

이에 세조는 강희안을 죽이지 않았다. 그 다음 유응부에게 국문이 옮겨졌다.

"너는 무엇 때문에 연회석에 참가하려고 했느냐?"

"일척 검으로 역적 무리를 베고 전왕을 모시려 함이었다. 불행하게도 간사한 놈의 밀고로 망쳤지만……. 꾸물거리지 말고 어서 목을 베라."

이에 세조는 유응부의 살가죽을 벗기는 고문을 가했다. 이때 유응부는 성삼문에게 후회의 말을 던졌다.

"먹물을 먹은 자와는 동업을 하지 말라. 는 옛말이 맞구려. 그때 내가 세조의 도당을 도륙하려고 할 때 당신의 말을 듣지 말 것을……당신 때문에 내가 이런 치욕을 당하는구려. 당신들은 책략이 무엇인지 알지 못했으니 이 판국에 내가 더 이상 할 말이 없소."

다음은 이개를 문초하자 소리쳤다.

"이보시오, 우리에게 이런 형벌이 무슨 소용 있습니까?"

그렇지만 세조는 대꾸도 하지 않았다. 그리고 하위지에게도 형을 가하려고 하자 그 역시 이렇게 물었다.

"나리, 우리가 반역자라면 참하면 되지 않겠소. 지금 무엇을 묻고 무엇을 대답한단 말이오?"

이에 세조는 그의 말에 무슨 생각이 들었는지 형벌을 가하지 않았다.

국문이 모두 끝나고 성삼문이 형장으로 끌려갈 때 세조 옆에 있는 좌우 신료들에게 고했다.

 "너희는 내 말을 명심하라. 부디, 어진 임금을 도와 태평을 누렸으면 한다. 오늘 나는 이승에서 고주(세종)를 뵐 것이다."

 한편 유성원만이 혼자 잡혀서 사예라는 벼슬로 성균관에 머물러서, 협박 끝에 정난공신의 공로를 기록하는 교서를 쓰고 집에 돌아와 통곡했다. 마침내 술상을 차리게 한 후 부인과 이별주를 마셨다.

 그 후 자신의 가족묘로 들어가 관대도 벗지 않고 칼로 목을 찔러 자살했다. 부인과 식솔들은 그의 자살 연유를 몰랐다. 한참 후 포교들이 찾아와 사체를 가져갔고 잔인한 세조는 유성원의 시체가 국문장에 도착하자 형리를 시켜 시신을 토막 내는 육시를 저질렀다.

요점정리 | 계유정난과 단종 복위 운동

1. 머리말

조선왕조는 이성계로 대표되는 신흥 무인세력과 정도전 등의 신진사대부가 결합한 혁명파의 역성혁명으로 건국된 왕조이다. 신진사대부는 조선의 통치이념을 유교로 삼았고, 왕도정치[10]를 국가경영의 이념으로 삼았다. 하늘의 이치를 밝히고, 백성의 마음을 바로잡는 것이 군주의 도리였고, 백성은 명분과 의리로써 나라를 받드는 것이 의무였다. 특히 성리학적 세계관은 두 임금을 섬기지 않고, 불의를 당했을 때는 자기 절개를 지키는 것이 본분이라고 생각했고, 그러한 세계관은 충절의 인물을 배출하는 구실을 하였다. 하지만 이러한 성리학적 세계관에 반하는 사건이 발생하니, 바로 조카의 왕위를 빼앗고 왕위에 오른 세조와 세조의 반정을 도운 신숙주와 권람 등 공신세력이 일으킨 계유정난과 왕위의 선양이 바로 그것이다.

단종의 왕위를 빼앗은 수양대군은 성리학적 세계관에 반하는 행동이었기 때문에, 왕권의 정당성이 결여되어 있었다. 이러한 정당성의 결여라는 단점을 보완하기 위해 세조는 패도정치를 실시하여 저항세력의 저항을 막으려 했다. 하지만 성삼문, 박팽년 등의 문관과 유응부, 성승 등의 무관이 모의하여 단종의 복위를 모의 한 이른바 단종 복위 운동을 전개하였으나 실패로 끝나고, 이후 이들은 모두 목숨을 잃고 그들의 부녀자는 공신들에게 하사되는 등 조선왕조 500년 중 가장 비극적이고 처참한 살육이 행해지는 옥사의 원인이 되었다.

이후에도 단종 복위 운동은 계속되었으나 실패하였고, 단종은 노산군으로 강등되었고 마침내 단종은 목숨을 잃었다. 이후에 오랜 기간에 걸쳐 단종의 복권과 단종 복위 운동의 참여자에 대한 추존이 시행되었다.

본고에서는 계유정난의 과정과 세조의 왕위찬탈이 이후의 조선왕조에 미치는 여

---

10 인과 덕에 의한 정치.(↔패도정치)

파, 그리고 단종 복위 운동의 원인과 전개과정 그리고 실패 원인과 그 결과에 대해 고찰해보고자 한다.

II. 계유정난

1. 단종의 즉위

단종은 세종 23년(1441) 7월 23일 동궁인 창덕궁 자선당에서 문종과 현덕왕후 권씨의 외아들로 태어났고, 이름은 홍위라 하였다. 단종은 세종 30년(1448) 4월 3일 8세 때에 왕세손으로 책봉 되었으며, 문종 원년(1451) 8월 10세 때 왕세자로 책봉되었다가 문종이 문종2년(1452) 5월 14일 승하하자, 5월 18일에 창덕궁 근정전에서 12세의 어린 나이로 왕위에 오른다.

심신이 허약했던 문종은 재위 3년도 채우지 못하고 세상을 떠났는데, 생전에 어린 세자가 걱정되어 집현전 학사인 성삼문·박팽년·신숙주에게 세자를 돕기를 간곡히 부탁하였고, 죽기 전에도 영의정 황보인 우의정 김종서 등에게 어린 세자를 잘 보필하도록 유언을 남겼다.

나이 어린 군주가 등극하면 궁중에서는 가장 서열이 높은 후비가 수렴청정을 하는 것이 일반적인 관례였다. 하지만 단종이 즉위할 때는 궁중에 대왕대비가 없었고 모후인 권씨는 세자빈의 신분으로 단종 출생 후 산후욕으로 이틀 만에 사망하였고, 세종의 후궁 혜빈 양씨, 문종의 후궁 귀인 홍씨와 양씨는 정치적 발언권을 행사하지 못했다. 모든 정치적 권력은 문종의 유언을 받은 황보인과 김종서 등의 고명대신[11]이 잡고 있었다. 그러므로 당시의 정치적 상황은 왕권은 약하고 신권은 강한 군약신강의 상태로, 재상들의 황표정사[12]같은 비정상적인 정국 운영을 초래 하였다.

11_ 선왕(先王)의 임종시에 국가의 대사, 즉 후계문제·장례절차·선정당부 등을 부탁 받은 대신(大臣)을 말한다.
12_ 전조(銓曹)에서 의정부 대신들과 상의하여 황표(黃標)하면, 임금이 형식적으로 이를 낙점하던 일.

2. 계유정난의 과정과 그 여파

1). 계유정난의 과정

전술 하였듯이 신권이 왕권의 우위에 서면서 왕권은 약화된 상황에 처했고 이러한 상황에 불만을 품고 있었던 세력은 종친들이었다. 종친 중 대표적인 인물은 세종의 둘째아들 수양대군[13]과 셋째아들 안평대군, 여섯째아들 금성대군등이었다. 특히 수양대군과 안평대군은 서로 세력 경쟁을 벌여 대립된 위치에 놓여 있었는데, 수양대군이 정치적 야심을 갖고 주위에 문무에 뛰어난 인물들을 모은 반면 안평대군은 정치적 관심보다는 문학·예술의 동호인을 끌어들이고 있었다.

수양대군은 일찍 어린 조카가 세자로 책봉된 것 자체가 불만스러워 했으며 문종의 승하가 가까워져 오자 자신에게 단종을 보필하도록 문종의 명령이 있기를 무척 기대하였다. 물론 이 기회를 이용하여 정권을 장악하겠다는 의도가 있었다. 그러나 황보인 김종서에게 어린 단종을 보필하라는 문종의 유언이 있자 속으로는 앙앙불락(怏怏不樂) 하였다.

기회를 노리고 있던 수양대군은 자신을 따를 사람들이 필요했는데, 권람과 한명회는 이 기회를 자신의 출세로 이용하기 위해 수양대군의 밑으로 들어갔다. 수양대군과 그의 무리는 많은 사람에게 신망이 있던 안평대군을 제거하려는 음모를 꾸미고 있었다. 당시 안평대군만이 수양대군에게 바른 소리로 충고할 수 있었기 때문에 안평대군만 없으면 만사는 순조롭게 진행될 수 있으리라 생각했기 때문이다.

처음에 한명회가 세조에게써조가 한 번보고 옛 친구와 같이 여겼다. 인하여 말하기를,

"역대의 왕조의 운수는 혹은 길기도 혹은 짧기도 하여 비교 안 하지만 ……중략……

13_ 10대부터 유부녀를 겁탈하다 남편에게 발각되어 도망간 적도 있고, 경기도 포천 왕방산에서 노루 사슴 사냥으로 20여 마리를 잡는 신무(神武)를 보여준 수양대군의 면모를 세종은 상당히 신경을 썼다. 본래 수양대군은 진양대군(晋陽大君) 이었는데 세종의 명으로 수양대군으로 바꾸었다. 그 이유는 수양산에서 절개를 지키다 굶어 죽은 백이 숙제처럼 절개를 지키라는 의미가 반영되어있었다. 세종은 수양대군이 어린 조카인 성왕을 성군으로 만든 주나라의 주공(周公)처럼 되기 바랬지만 수양대군은 단종의 왕위를 빼앗고 만다.

두루 오랜 옛날의 일을 보건대, 국가에 어린 임금이 있으면 반드시 옳지 못한 사람이 정권을 잡았고, 옳지 못한 사람이 정권을 잡으면 여러 사특한 무리가 그림자처럼 붙어서 뜻밖의 화가 항상 이로 말미암아 일어났습니다. 그때 충의로운 신하가 있어서 일어나 반정을 한 뒤에야 그 어려움이 곧 형통해지니 …… 이하생략[14]……."

위의 사료에서 한명회가 수양대군에게 반정할 것을 피력하고, 자신의 역할이 필요함을 은근히 암시하고 있다. 명분은 사특[15]한 무리를 없앤다는 것이지만, 그는 수양대군의 집권과 자신의 출세임을 알 수 있다.

권람과 한명회를 얻은 수양대군은 훈련원으로 매일 나가 활을 쏘면서 무사들과 사귀면서 자신의 수하로 끌어들였다.

계획적으로 세력을 키우던 수양대군은 권람, 한명회와 함께 영의정 황보인, 좌의정 김종서 등이 안평대군 이용과 한패가 되어 음모를 꾸민다는 소문을 퍼뜨리면서 제거할 계획을 세웠다. 단종 1년(1453) 10월 10일 새벽에 수양대군은 권람·한명회·홍달손 등을 불러 김종서 등을 제거하기로 약속했다. 수십 명의 무사가 수양대군의 후원에 모여 활을 쏘고 술을 마시며 거사를 의논했다. 송석손·민발이 옷자락을 잡으면서 단종에게 먼저 말씀드려야 한다고 만류했으나 수양대군은 이를 뿌리치고, 갑옷을 입고 김종서의 집으로 향했다. 수양대군은 김종서를 불러내 방심한 틈을 타서 철퇴를 내리쳐 해쳤다.

수양대군은 궁궐로 들어가 '김종서가 모반하였으므로 주륙하였는데, 사변이 창졸간에 일어나 상계할 틈이 없었다.'고 사후에 상주하였으며, 곧 이어 단종의 명이라고 속여 중신을 소집한 뒤, 사전에 준비한 생살계획에 따라 황보인, 이조판서 조극관, 찬성 이양 등을 궐문에서 죽였으며, 좌의정 정분과 조극관의 동생인 조수량 등을 귀양 보냈다가 죽였으며, 수양대군의 친동생인 안평대군이 '황보인·김종서 등과 한패가 되어 왕위를 빼앗으려 하였다'고 거짓 상주하여 강화도로 귀양 보냈다가 후에 사사하

14_ 『단종실록』 권5, 단종 1년 3월.
15_ 못되고 악함.

였다. 이처럼 김종서 등을 역적으로 몰아 죽인 사건을 계유정난이라고 부른다.

이 사건 뒤로 수양대군은 정권을 장악하고 영의정부사판이병조겸 내외병마도통사라는 직함을 받았다.[16] 이와 함께 정난에 가담한 수양을 비록한 정인지, 권람, 한명회, 양정 등 43인을 정난공신으로 책봉하여 수양대군이 국왕으로 즉위할 수 있는 기반세력을 구축하였다.

아아! 경은 주공[17]의 훌륭한 재주를 갖추고, 또 주공의 큰 공까지 겸하였고, 나는 성왕[18]처럼 어린 나이로 또 성왕처럼 많은 어려움을 만났다. 이미 성왕이 주공에게 책임지게 한 일로써 숙부에게 책임 지웠으니, 마땅히 주공이 성왕을 도운 것처럼 나를 도와서 위와 아래가 서로 닦으면 무슨 우환인들 구제하지 못하랴. 네 충성과 공렬을 돌아보니 의지함이 실로 깊다.[19]

단종은 주나라 성왕과 주공의 고사에 의거하여 숙부인 수양대군에게 주공처럼 자신을 잘 도와달라고 부탁하였다. 단종은 숙부인 수양대군이 두렵기도 했으나 한편으로는 믿었다. 단종에게 교서를 받은 정난공신들은 전을 올려 "신 등은 감히 다시 뒤의 공을 도모하여 더욱 평소의 절개를 다 하지 않겠습니까?"[20]라고 맹세까지 했다. 하지만 일 년도 안 지나서 한명회와 권람은 단종을 압박하여 왕위를 선양하도록 만들었으며, 세조는 사양하는 척하다가 마지못해 받는 것처럼 행동했다.

2) 계유정난이 조선왕조에 미친 여파

세조는 왕위에 등극하는 과정에서 자의든 타의든 간에 집현전 학사들의 도움이 컸

16_ 의정부의 최고지위인 영의정으로 동시에 문신과 무신의 인사 부서인 이조판서와 병조판서를 겸임하며, 아울러 내외의 군사를 통솔하는 내외 병마도통사를 맡음. 이는 조선왕조 관료조직의 최고 요직을 전부 장악한 결과이다.
17_ 주왕조를 세운 문왕(文王)의 아들이며 무왕(武王)의 동생. 무왕과 무왕의 아들 성왕(成王)을 도와 주왕조의 기초를 확립하였다.
18_ 중국 주나라 제2대 왕. 아버지 무왕이 죽었을 때 어렸으므로 무왕의 아우 주공 단이 섭정이 되었다. 동이로의 원정에서 귀환한 뒤 기초를 다지고 주공 단과 소공 석의 보좌를 받아 치세에 힘썼고 그로부터 강왕 시대에 걸쳐 주나라의 성시를 실현했다고 한다.
19_ 『조선왕조실록』, 단종 13권 3년 정월 24일.
20_ 『조선왕조실록』, 단종 3년 정월 25일

으며, 그에 따라 학사들은 공신책봉에도 참여하였다. 게다가 집현전이 인재의 산실이라는 사실을 잘 알고 있었던 세조는 경연을 열성적으로 하려고 했으며 집현전에 대해서도 예우를 다 하려고 힘썼다.

하지만 단종복위 운동이 집현전을 중심으로 벌어진 사실을 알고는 매우 분노하였으며 즉각 집현전을 파하고, 경연을 정지하였으며, 그곳에 소장하던 서책들은 홍문관에서 관장하게 하였다. 그리고 집현전에 부제학 이하 관직을 혁파하고, 직제학[21] 2명과 직전[22] 2명을 관각[23]의 예에 의하여 다른 관직으로 겸임시켰으며 서연관 녹관 6명도 43명으로 정하고 이름만 남겨두었다. 그리고 그 뒤로 아예 집현전의 명칭조차 없애고 경연도 거의 열지 않았다.

집현전이 폐지되자 자연스럽게 사가독서[24]도 없어졌고, 이에 따라 국가적인 차원에서 인재양성의 길이 막혔다. 사가독서제도는 성종 조에 가서야 복원되었다.

집현전을 중심으로 열리던 경연이 중지됨에 따라 대신들의 경연을 다시 회복시키라는 요청이 빗발쳤다. 하지만 세조는 경사[25]에 뜻을 두는 것은 좋은 일이라고 하면서도 수용하지 않다가, 결국에는 옛날 성현도 경연을 하지 않았다면서 경연제도 자체를 부정했다. 대신에 세조는 매달 초하루와 보름에 성균관 학도와 예문관 사신을 불러 강론하면서 경연을 대신했다. 그러나 이 강론마저도 왕도정치를 추구하는 것이 아니라 패도정치에 필요한 경연이었다.

계유정난이 조선왕조에 미친 첫 번째 여파는 국가 차원의 인재양성의 길이 막혀 실제로 세조가 통치하는 기간에 인재다운 인재를 양성하여 배출한 사례가 없다는 것이다.

두 번째 여파는 세조 대에 수많은 공신이 배출되었다는 것이다. 세조가 즉위하는 과정과 즉위 후에 책봉된 공신의 수는 134명이다.[26] 훈척들을 중심으로 정치에 참여

21_ 조선시대 집현전의 종삼품 관직.
22_ 조선시대 집현전의 정사품의 관직.
23_ 조선 시대에, 홍문관·예문관·규장각을 통틀어 이르던 말.
24_ 조선시대에 인재를 양성하기 위하여 젊은 문신들에게 휴가를 주어 학문에 전념하게 한 제도.
25_ 경서(經書)와 사기(史記).
26_ 계유정난을 도운 정난공신(靖難功臣) 43명과 세조가 단종의 뒤를 이어 왕위에 오르게 도운 좌익공신(佐翼功臣) 46명 마지막으로 함경도의 호족 이시애가 일으킨 난을 진압한 적개공신(敵愾功臣) 45명을 말한다.

시켜 핵심요직에 배치함으로써 덕망이 높은 인물들은 요직에서 배척되어 유학정치의 붕괴를 초래했다. 그리고 이들 공신은 훈구파가 되었는데, 이들은 자신들의 정권유지를 위해 사화를 일으켰다.

세 번째 여파는 세조가 불교를 유교보다 존중하는 데서 일어났다. 이는 유학정치의 근간을 흔들어 버리는 병폐를 초래했다. 불교를 신봉한 세조는 집권하면서 불교진흥 정책을 펼쳤고 유교서적보다 불교서적을 많이 간행하였고, 정인지는 이해 불만을 가져 이의를 제기했다가 국문을 당했다. 세조는 학자들의 불교에 대한 비판을 자신에 대한, 즉 왕의 권위에 대한 도전으로 인식하였다. 불교가 융성하면서 세속에서는 법회를 비롯하여 많은 불사가 공공연하게 행해졌다. 게다가 사찰에 쌀과 물품을 자주 내려주기도 하였으며 많은 국비를 들여 사찰을 지어주기도 했다. 그러니 승려가 급속도로 증가할 수밖에 없었고, 승려들은 많은 사회적 문제를 일으켰으나, 관원들은 그들을 처벌할 수 없었고, 민가에서는 호랑이보다 승려를 더 무서워한다는 이야기까지 돌게 되었다.

네 번째 여파는 세조가 경학[27]보다 사장[28]을 중시하였는데 이에 따라 훈구파는 사장에 능한 자들이 되었다. 사장을 중시하는 풍조는 성종 조에도 이어졌고, 집현전 학사로서 세조에게 협조하여 공신 책봉된 훈구 관료들은 그대로 성종 조에 정계와 문단을 장악했다.

성종은 훈구를 견제할 필요가 생겨 점차 김종직을 필두로 사림파를 대거 등용하기 시작했다. 이렇게 등용된 사림들은 경학을 중시했고, 훈구파와 정치적인 대립은 물론, 문학적인 대립도 서서히 나타나기 시작했다. 훈구파와 사림파는 암암리에 서로 갈등을 겪어왔고, 훈구파는 사림파에 대한 앙심을 품게 된다. 그러던 중 연산군 4년에 이르러 『성종실록』을 편찬하는데 사관으로 참여한 김일손은 김종서·황보인 등에 관한 기록과 사육신에 관한 기록을 기술하였고 스승인 김종직이 저술한 「조의제문(弔義帝文)」[29]을 사초에 수록하였고, 유자광은 「조의제문」을 구절마다 풀이하여 연산군에

27_ 중국 유가(儒家) 경전의 글자·구절·문장에 음을 달고 주석하며 연구하는 학문.
28_ 문사를 통칭하는 말로 시와 문장 짓는 것을 중시하는 학문.
29_ 조선 전기의 학자 김종직(金宗直)이 수양대군(세조)의 왕위 찬탈(簒奪)을 비난한 글.

게 아뢰고 처벌하기를 주청했고, 김종직 제자들은 거의 모두 연루되어 조사를 받았고 많은 사람이 죽음을 면치 못하는 무오사화가 발생했다.

III. 단종 복위 운동

1. 단종 복위 운동의 배경

단종 복위 운동은 세조 즉위가 부당하다는 문제의식에서 촉발된 것이었다. 비록 선양의 형식을 갖추기는 했으나, 나이가 어린 단종을 물러나게 하고 숙부인 수양대군이 왕위에 오른 데 대해 문제를 제기한 것이다.

그리고 세조는 단종 3년(1455) 윤 6월 11일 을묘에 그의 아우인 금성대군의 역모를 계기로 드디어 왕위에 올랐다. 이 사건은 수양대군의 집권에 불만을 품고 금성대군이 세종의 후궁인 혜빈 양씨와 결탁하고 혜빈의 소생 왕자, 문종 사위 정종 등의 종실세력과 무사들을 비밀리에 규합하여 역모를 꾀하였다는 것이다. 금성대군의 역모사건이 발생하자, 단종은 자신이 중외의 일을 알지 못해 간사한 무리가 계속해서 발동한다는 이유로 수양대군에게 선양할 뜻을 밝히고 있었다. 이에 모든 관료와 수양대군이 사양하였으나 결국은 수양이 선위 교서를 받으며 왕위에 올랐다. 비록 단종의 선양이라는 형식으로 세조가 즉위하게 되었지만 일련의 정황들을 본다면 그것은 자발적인 것이 아니었던 것을 알 수 있다. 단종은 금성대군의 역모사건으로 수양대군을 견제하고 자신을 지원할 수 있는 종친세력을 잃게 되었다. 고립무원의 상황에 처한 단종은 막강한 권력을 가진 수양대군에게 왕위를 내줄 수밖에 없는 상황에 놓이게 된 것이다.

이러한 세조의 즉위에는 성리학적 통치이념에 근거하여 왕과 관료들의 합의가 전제된 왕위 계승방식을 거스르고 있다는 가장 큰 문제점이 있었다. 정상적인 왕위 계승방식이란 국왕의 적장자가 왕위를 잇는 것으로 가장 일반적이고 통상적인 방식이라고 할 수 있다. 조선조에서 적장자 계승은 세종 대에 이르러야 가능해졌다. 세종에서 문종으로, 문종에서 단종으로 이어진 즉위방식이 그것이다. 이는 그 이전에 이루어진 정종에서 태종, 세종으로 이어지는 왕위 계승방식과는 다른 정통성을 보여주는 왕위 계승이었다. 정치적 실권을 장악했던 태종이 주도했던 왕위 계승에는 그 정당성을 둘러싼 논란이 일어 정국 운영에 무리가 초래될 수 있었기 때문이다. 하지만 세종 대부터 정착된 적장자 계승은 자연스럽게 왕권 행사의 정당성과 정국의 안정을 보장받을 수 있게 해주었다. 하지만 수양대군은 이러한 계승방식의 전통을 정치적 실권에 의거하여 깨트린 것이었다.

수양대군의 집권은 단종이 정상적인 왕권을 행사할 수 있을 때까지 그를 보좌해준다는 점에서만 허용될 수 있었다. 따라서 세조가 그 허용 한도를 넘어서 즉위를 도모함으로써 명분의 취약성을 피할 수 없는 것이 되었다. 또한 단종 보필을 기대했던 유학자인 관료들은 세조의 즉위로 인해 부사이군이라는 가장 기초적인 군신 윤리를 위협받게 되었고, 이것이 그로부터 등을 돌리게 되는 주요 원인이 되었다.

세조 즉위가 부당하고 단종 복위가 정당하다는 인식은 단종 복위 운동 주동자인 성삼문이 고변자인 김질에게 모의 참여를 회유하면서 단종 복위의 명분으로 정의확립을 제시하고 있었던 것으로 뒷받침된다. 성삼문은 단종과 지금의 세자인 도원군이 후대에 왕위를 다투게 된다면 상왕을 보필하는 것이 정도라고 완곡하게 표현하고 있었다. 나이가 어린 단종이 성인이 된다면 반드시 왕위에 올라야 하며, 자신들은 그 단종을 보필해야 한다는 당위성이 전제되고 있다.

2. 단종 복위 운동의 전개

단종 복위 운동의 전개 과정을 도식화하면 다음과 같다.

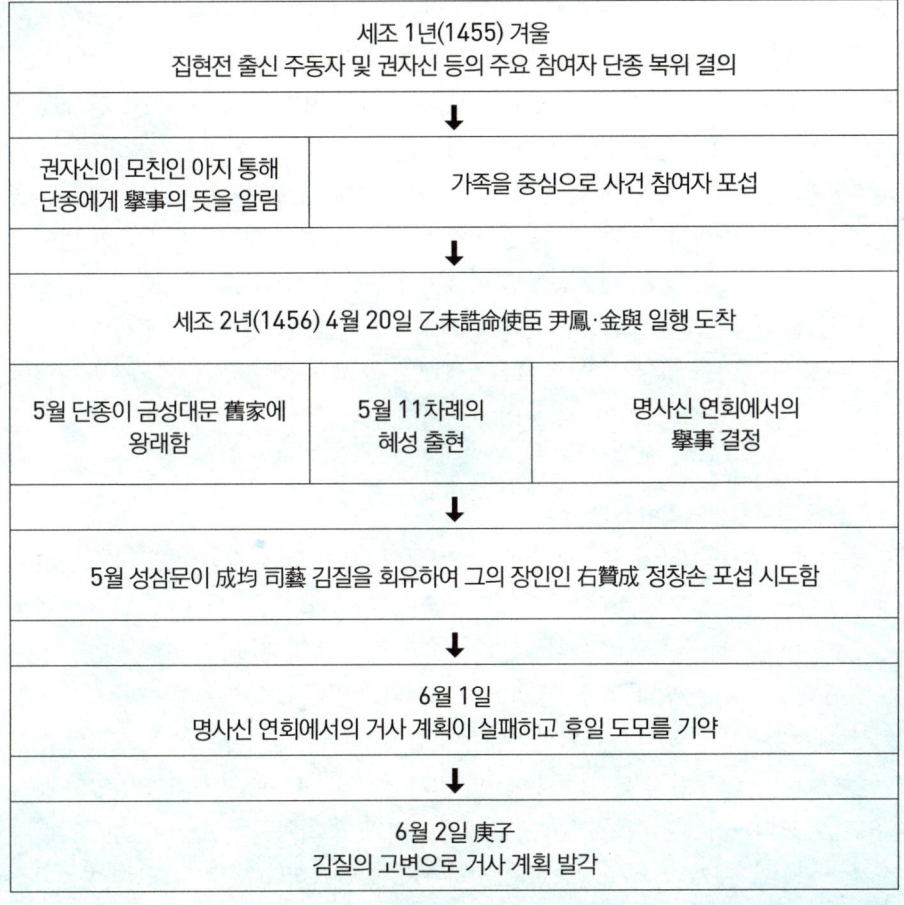

〈출전〉「世祖實錄」卷3, 2年 4月 20日 乙未 ;「世祖實錄」卷4, 2年 6月 2日 庚子 ;「世祖實錄」卷4, 2年 6月 7日 乙巳

 거사일의 구체적인 시행계획은 다음과 같다. 이들은 명사신 연회일을 거사일로 잡고, 거사 당일 세조와 공신을 제거하고자 하였다. 이를 위해 연회장에는 중추원의 성승, 박쟁, 유응부가 단종과 세조 호위를 위한 별운검의 직책을 띠고 진입하기로 하였다. 이들이 제거 대상으로 삼은 인물은 세조와 신숙주, 윤사로, 한명회, 권람 등의 세조의 최측근세력이었다. 이 날 연회장에는 박팽년의 매부인 봉여해도 사옹원 별좌로서 입장하여 거사를 돕기로 약속하였다. 도진무 김문기는 연회장에서의 거사가 성공할 경우 밖에서 반발할 자들을 진압할 수 있는 병력을 지원할 계획이었다. 거사를 실행하는 당일이 되자 단종이 권자신에게 성사를 기원하는 칼을 내려주었고, 단종 유모의 종인 아가지의 남편이오는 궁궐 내 창고인 내상고에서 칼자루를 꺼내 별감 석을중을 통해 권자신에게 전달하는 등 궁내의 무기를 지원하고 있었다. 사건에 참여키로 한 문신들은 창덕궁의 집현전에 모여 진행상황을 주시하기로 하였다. 그러나 거사 당일 창덕궁 연회장이 좁다는 이유로 세조가 별운검[30]을 없애라고 명하면서 계획은 수포로 돌아가고 말았다. 이후 세조가 관가[31] 할 때 노상에서 거사할 것을 기약하였으나, 다음날 김질의 고변으로 모의가 발각되었다.

3. 단종 복위 운동의 실패 원인

단종 복위 운동은 참여자의 일원이었던 김질의 고변으로 발각되었다. 따라서 단종 복의 모의는 결과적으로 시도조차 이루어지지 못하고 실패한 사건이었다. 모의내용을 통해서 단종 복위 운동의 실패원인은 다음과 같이 조망해 볼 수 있다.

우선 단종 복위 이후의 정국운영방향이 제시되고 있지 않았다는 점이다. 모의과정에서는 단종 복위 이후의 운영방향이나 지향점에 대한 고민이나 모색이 드러나고 있지 않다. 다만 오직 단종 복위의 당위성만이 사건 모의 이유로 제시되고 있었던 것이다. 실제 모의과정에 참여한 것은 소수 주동세력과 그 가족들이 중심이 되었으며 기타 참여자들은 대개 모의가 성공한 이후의 지원을 약속하고 있었다. 또한 별운검을 제거하라는 세조 측의 조치에 모의 계획 자체가 무산되면서 다음을 기약했다는 점은 사건의 추진과정이 소수의 주동세력에 의존하고 있었음을 반영한다.

그리고 모의 계획이 무산된 바로 다음날 김질이 모의를 고발하였던 것이다. 그는 사건참여자의 일원이었지만, 사건 주동자와 혈연 등의 관계로 결속되지 않았었다. 성

30_ 조선 시대 운검(雲劍)을 차고 임금의 좌우에 서서 호위하는 임시 벼슬아치. 큰 잔치나 회합에서 임금이 거동할 때 유능한 무장(武將)이나 신뢰할 수 있는 신하들을 골라 임명하였음.

31_ 임금이 들에 나가 백성이 농사짓는 것을 살피는 일.

삼문은 단종을 복위할 경우 다수의 관료를 회유할 수 있는 정치적 영향력을 가진 대신인 정창손을 포섭하기 위해 거사 직전에 정창손의 사위인 김질을 끌어들였던 것이다. 따라서 김질은 이전부터 소수 주동자와 그들의 가족을 중심으로 진행되던 모의에 대한 절실함이 상대적으로 덜한 상황에서 모의 성공에 대한 불안감을 갖고 고변한 것으로 추정된다.

4. 단종 복위 운동의 결과

단종 복위 운동이 김질의 밀고로 실패로 돌아가면서 참여자[32]들은 모두 9차에 걸쳐 처형되었다.[33] 이들의 가족 중 부녀자는 공신들에게 하사되었고, 전토는 일체 몰수당했다. 정권에 도전하는 세력에 대한 단죄 조치가 내려진 것이다.

단종 복위 운동을 주도한 인사들에 대해서 가혹한 형벌 조치가 내려졌으나, 세조와 공신세력은 상왕의 존재 자체를 불안하게 여겼다. 제2, 제3의 단종 복위 운동을 우려했던 것이다. 결국 이들은 단종의 장인 송현수를 역모로 엮었고, 이를 단종과 연루시켜 노산군으로 강등시킨 후 세조 3년 6월 강원도 영월로 유배시키는 조치를 취하였다. 이와 함께 단종의 생모 현덕왕후 권 씨를 서인으로 강등시키는 조치도 강행하였다.

한편 세조의 이해 왕자 신분을 박탈당한 뒤 역모의 혐의로 경상도 순흥으로 귀양을 갔던 금성대군은 순흥에서 부사 이보흠과 제2차 단종복위 운동을 주도하였다. 금성대군의 계획은 순흥을 근거지로 하여 순흥부 군사 670명을 이용해 주변 고을을 점령한 후 일부 군사를 죽령과 조령에 보내 한양과의 통신을 차단하고 영남을 장악하여 전국에 격문을 띄어 동지를 규합한 다음 영월에 유배된 단종을 순흥으로 모시고 와서 복위에 대비하여 힘이 모이면 한양으로 진격하여 수양대군을 몰아낸다.[34]는 계획이었다.

32_ 이 참여자들 중 남효온에 『육신전(六臣傳)』에 소개된 성삼문·박팽년·하위지·이개·유성원·유응부를 가리켜 사육신이라 부르며 조선 중기 이후 충절(忠節)을 상징하는 인물로 여겨졌다.

33_ 1차 – 유성원, 박팽년, 허조. 2차 – 이개, 하위지, 성삼문, 서숭, 박중림, 김문기, 유응부, 송석동, 권자신, 윤영손. 3차 – 이오, 4차 – 황선보, 5차 – 무녀, 6차 – 심신, 박기년, 이정상, 이지영, 7차 – 최지지, 최득지, 권저, 최사우, 박인년, 이의영, 김감, 봉여해, 김선지, 이호, 이유기, 박대년, 성삼성, 성삼고, 정관, 장귀남, 이말생 8차 – 최면, 9차 – 이휘

34_ 이성무, 1998, 『조선왕조사』 1. 건국에서 현종까지, 동방미디어, pp.276~277

하지만 금성대군의 역모 사실은 안동부사 한명진이 세조에게 알리는 한편 군사 500여 명을 지휘하여 순흥부를 급습, 금성대군을 체포하면서 실패로 돌아가게 되었다.

금성대군의 2차 단종 복위 운동은 단종에게도 치명적인 결과를 안겨주었다. 세조는 금성대군에게 사약을 내려 사형에 처하고, 순흥은 반역의 고을이라 하여 풍기군에 합쳐 혁파하였는데, 이리하여 순흥은 지도에서 사라지게 되었다. 그리하여 순흥은 숙종 때까지 폐허로 남아있었으며 영남 선비들은 세조에 대한 원한이 사무치게 된 결과를 가져오게 되었다.

그리고 금성대군의 2차 단종 복위 운동의 여파로 같은 해 10월 24일 노산군에게 사약이 내려졌다. 노산군이 사망하자 시신을 거두지 못하고 그대로 방치했다가 강물에 던졌는데 영월 호장[35] 엄홍도가 관을 준비하여 염을 하고 동을지에 무덤을 만들어 장사지냈다. 이때 엄홍도 친척들은 화가 미치는 것을 두려워하여 말렸으나 그는 **"옳은 일을 하고 해를 당하는 것은 내가 달게 생각하는 바다."** 라고 하면서 단종의 시신을 자기의 선산 양지바른 곳에 묻고 장사 지내었다.[36]

5. 단종과 단종 복위 운동 참여자들의 복권

이후 조정에서 폐서인[37]으로 강등된 단종에 대한 분묘[38], 사묘[39], 제축[40] 및 복위[41]에 대한 논의가 세조 이후 정치구조의 역학 관계에 따라 거론되기 시작하였다. 즉 세조 이후 훈구세력과 대립하던 사림 세력에 의하여 조심스럽게 우선 분묘에 대한 문제부터 거론되기 시작하였다. 즉, 중종 11년(1516) 노산의 묘를 봉심하도록 하였고 선조 13년(1580) 강원 감사 정철이 장계하여 노산군의 뮤를 수축할 것을 건의하자 봉묘와

35_ 조선 시대 향리직(鄕吏職)의 우두머리.
36_ 이긍익편, 1966, 『국역연려실기술』, 「단종조고사본말」, 민족문화추진위원회, p.409(재인용)
37_ 벼슬이나 신분적 특권을 빼앗아 서민이 되게 함. 또는 그렇게 된 사람.
38_ 무덤.
39_ 사당과 무덤.
40_ 제사 때에 읽어 신명(神明)께 고하는 글.
41_ 폐위되었던 제왕이나 후비(后妃)가 다시 그 자리에 오름.

표석을 세우고 치제토록 했다. 사묘도 광해군 2년(1610) 노산군의 사당을 세우도록하고 부인 송씨도 아울러 배향하도록 하였다.

　폐서인으로 강등된 노산군에 대한 복위 상소가 숙종 24년(1698) 전 현감 신규에 의하여 나타났다. 이보다 먼저 숙종 7년(1681) 연신 이민서의 의논을 받아들여 노산군을 추봉하여 노산대군으로 하였다. 신규의 상소는 노산의 위호를 추복하고 신비의 후호도 추복하자는 내용이었다. 이에 대하여 숙종은 널리 중의를 구하고 수의를 실행, 대신 유신에게 물어보고 종친, 문무백관, 대소 관원 490여 인을 모아 뜰에서 의논하여 다음과 같은 결론을 내렸다. 즉 노산군은 시호는 순정안장경순돈효(純定安莊景順敦孝), 묘호는 단종, 능호는 장이라 추상하고 왕후의 시호는 정순(定順), 휘호는 단량제경(端良齊敬), 능호는 사라 추상하였다.

　이로써 상왕에서 노산군, 노산군에서 서인으로 강등되었던 단종이 승하한 지 241년 만에 국왕으로 복위되었으며 아울러 왕비였던 송 씨도 정순황후로 복위되었다. 이와 함께 능묘도 단종 능을 장릉, 왕비 능을 사릉으로 불리게 되었다.

　단종의 복위와 함께 사육신에 대한 복관(復官)도 이루어지게 되었다. 성종 때 김종직이 성삼문을 충신이라고 국왕에게 아뢰니 시기하기부터 시작하여 인조 때 경연관 한주가 세조의 말을 빌려 박팽년 등에 대하여 '당대에는 난신이나 후세에는 충신이다.'라는 말을 되새겼으며, 선조 때 경연에서 남효온의 『육신전』을 거론하였고 효종 3년(1652) 전태학생 조경이 육신 후손의 녹용을 건의하였고 효종 8년(1657) 찬성 송준길이 성삼문, 박팽년의 배향을 건의했으며 숙종 5년(1679) 영중추부사 허적이 노량진의 육신 분묘에서 봉식을 건의하였고 숙종 17년(1691) 국왕이 육신묘의 치제를 지시하고 이어서 비망기를 내려 성삼문 등 육신의 복관 치제를 명하였다. 한편 현종 10년(1669) 우의정 송시열이 경연에서도 엄흥도 후손의 녹용을 건의하였고 숙종 24년(1698) 우의정 최석정이 호장 엄흥도의 육신사 배향과 관직 증직을 건의하였다. 이에 따라 숙종 25년(1699) 엄흥도를 공조좌랑으로 추증하고 이어서 영조 19년(1743)에는 공조 암의에 추증되고 순조 33년(1833) 공조판서에 가증되고 고종 14년(1877) 충의공의 시호가 내려졌다.

단종복위 운동 참여자의 복권과정을 정리하면 다음과 같다.

15세기 후반 사림세력의 중앙 진출은 단종 복위 운동참여자의 복권논의에도 영향을 미쳐, 사림세력을 중심으로 그 복권이 건의되거나 거론되었다. 반면 국왕을 비롯한 공신세력의 입장은 신중론 내지는 유보론으로 볼 수 있다. 이러한 신중론은 국왕의 입장에서 본다면 선왕 대 결정된 사안을 번복했을 때 가져올 정치적 여파를 의식한 것으로 볼 수 있다. 또한 공신세력의 입장에서 본다면 신권 위주의 정국 흐름을 유지하고자 하는 의식의 산물이다.

17세기에 단종 복위 운동 참여자에 대한 복권 과정은 대체로 사림계 신료들 중심으로 논의가 이루어지고 있다. 선조 대 박계현이라든지, 효종대 조경이나 송준길 등이 이에 해당된다. 뿐만 아니라 「노릉지」[42]의 편찬과정에서 송시열이나 김상헌을 비롯해 박세채 등 당대 거대표적 유학자들의 손을 거쳐 이루어졌다. 이들이 단종 복위 운동 참여자에 대해서 복권을 거론하는 것은 절의정신(節義精神)의 표방이었다. 반면 국왕이나 국왕의 측근 인사들은 이에 대해 부정적인 인식을 보이고 있다. 특히 선조의 경우는 『육신전』에 대해서 소각하려는 의도까지 비췄음은 이를 반영한다.

숙종 대 이후 논의 자체가 국왕주도하에 이루어지는데 사육신 복권을 비롯해 상당수의 복권 조치들이 그러했다. 이는 군신분의[43] 확립을 위한 것이며 궁극적으로는 왕권 강화의 논리였다.

정조대 이후에는 그 대상층이 이전보다 확대되었는데, 이는 정조가 자신의 정치기반 확대를 위해 지방 사족을 육성하려는 정책의 연장 이었다. 즉 정조는 종래까지 거론되지 않았던 단종 복위운동 참여자의 신원이나 복권 등을 추진하면서 이들의 후손들과 관련인들을 자신의 지지기반으로 삼고자 하였다.

42_ 2권으로 이루어 졌으며 1권에는 단종의 출생부터 사망 후 1698년(숙종 24) 복위될 때까지의 사실을 편년체(編年體)로 기록하고, 다음으로 분묘(墳墓)의 관리, 남효온(南孝溫)의 단종 복호상소(復號上疏), 사묘(祠墓)·제축(祭祝)의 사실 등을 실었다. 2권에는 노릉을 소재로 한 시문(詩文)을 수록하고, 그 뒤에 부록으로 황보 인(皇甫仁)·김종서(金宗瑞)·허후(許詡)·사육신(死六臣)·정보(鄭保)·금성대군(錦城大君) 유(瑜)·생육신(生六臣) 등의 전기와 무오사화(戊午士禍)에 관한 기록을 실었다.

43_ 임금과 신하 사이에 있어야 할 직분과 도리.

Ⅳ. 맺음말

왕위에 대한 야망이 있었던 세조는 어린 단종이 왕에 즉위하자 그를 보필하는 황보인 김종서 등의 세력과 대립했고, 계유정난을 통해서 반대파를 제거하고 정권을 잡은 후 그의 공신들을 중요 요직에 앉혔다. 이후 치밀한 계략을 통해서 1455년 6월 11일에 단종을 상왕으로 추대하고 세조로 즉위하였다. 하지만 세조의 즉위는 성리학적 통치이념에 근거하여 왕과 관료들의 합의가 전제된 왕위계승방식을 거스른다는 점에서 정당성이 없는 왕권이었고 이에 성삼문, 박팽년 등의 집현전 세력과 유학자들의 비판과 단종 복위 운동의 원인이 된다.

두 차례의 단종 복위 운동은 모두 시행되기 전에 밀고로 실패로 돌아갔으며 많은 피의 바람을 불게 하였다. 그리고 단종은 노산군으로 강등되었다가, 서인으로까지 강등되며 마침내 죽음을 맞이하게 된다.

단종 복위 운동의 의의를 살펴보면 먼저 왕권의 정통성을 바로잡기 위한 실천운동이라고 할 수 있다. 정당하지 못한 과정으로 왕위에 올랐기에 세조의 정권은 도덕성이 결여 되었고, 절의와 지각 있는 신하들에게서 왕권의 정통성을 인정받기 어려웠기 때문에 성삼문 박팽년을 비롯한 사육신 등은 세조의 부당성을 성토하여 단종을 복위하려 추진한 것이다. 그렇기 때문에 단종 복위 운동은 도덕이 바로서지 못한 정권을 몰아내고 왕실의 정통성을 바로 잡으려는 실천운동이라 말할 수 있다.

두 번째로 후세에 공의가 살아 있다는 사실을 보여주었다. 세조 정권이 단종 보다 공적이 많다고 해서 세조 정권의 부도덕성이 정당화될 수는 없다. 더구나 세종이 이룩한 유학정치를 파괴시키고, 문화적 성과를 제대로 계승하지도 못했으며, 패도정치를 강행한 여파로 정국이 파행으로 치달아 소인이 횡행하고 군자가 움츠려드는 시대를 초래한 책임에서 세조는 자유로울 수가 없다. 이러한 정황으로 볼 때 세조 정권은 누가보아도 분명 탄생하지 않았어야 하고, 비판받아야 마땅했다. 단종을 보필해야할 신숙주와, 정인지 마저 세조에게 빌붙어 의리와 양심을 저버리고 세조의 왕위찬탈을 도와주어 명성과 부귀를 얻었다. 이러한 현실에서 사육신은 양심에 따라 단종복위 운동을 벌이고 대의를 세상에 알림으로써, 영달을 바라보며 부러워하던 선비들을 각성시키고 충의를 만천하에 떨쳐 공의가 살아 있음을 몸소 보여주었다. 따라서 단종 복위 운동은 후세의 사가들에게 시비를 가리고 충역을 바로잡는 데에 대한 근거를 마련해주었다는 데 큰 의미가 있다고 본다.

역사가 중요한 이유는 과거의 일을 거울삼아 다신 그런 일이 재발되지 않도록 교훈을 얻을 수 있기 때문이라고 생각한다. 자신들의 목숨을 바쳐서라도 선왕에 대한 충의를 지키려고 했던 사육신과 단종 복위 운동 참여자들의 정신은 돈과 명예만 쫓고 도덕과 의리를 저버리는 풍조가 강한 오늘날에 교훈이 되는 것이라 생각한다.

참고문헌

〈단행본〉

이성무, 1998, 『조선왕조사』 1. 건국에서 현종까지, 동방미디어

〈논문〉

김경수, 2006, 「세종대 단종복위운동과 정치세력의 재편」, 『사학연구』 제83호, 한국사학회

김호일, 2002, 「조선 세조대 단종 부위운동의 재조명」, 『중앙대학교 인문학연구』 제33집, 중앙대학교인문과학연구소

양지하, 2008, 「세조 2년(1456) 단종복위사건의 성격」, 이화여자대학교 석사학위논문

이근호, 2006, 「16~18세기 '단종복위운동' 참여자의 복권 과정 연구」, 『사학연구』 제83호, 한국사학회

이향배, 2007, 「세조의 왕위 찬탈 여파와 단종 복위운동의 의미」, 『동방한문학』 제32집, 동방한문학회

진상원, 2007, 「단종복위 모의자들의 신원과 추존」, 『역사와 경계』 제64집, 경남사학회

진성규, 1998, 「세조의 집권과정과 순흥」, 『중앙사론』 10·11, 중앙대학교 중앙사학연구소

국사편찬위원회 조선왕조실록 http://sillok.history.go.kr/main/main.jsp

국사편찬위원회 한국역사정보통합시스템

- http://www.koreanhistory.or.kr/

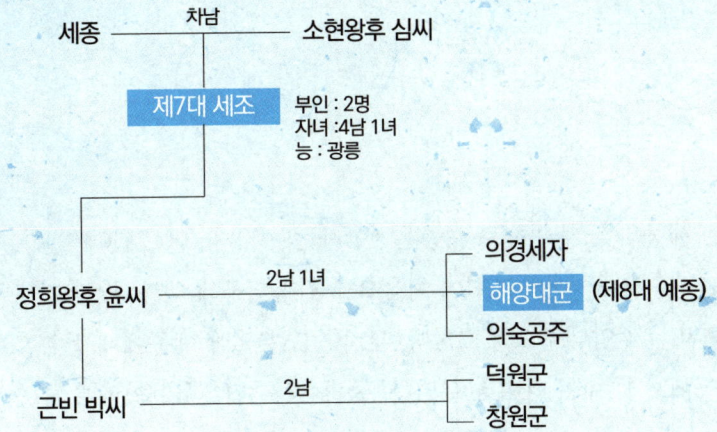

세조실록
제7대 (1417~1468년)

세조는 세종의 둘째 아들로 이름은 유, 자는 수지다. 1417년(태종 17년) 9월 29일 본궁에서 출생하였다. 세종 12년에 처음으로 진평대군에 책봉되었다가 후에 함평대군, 진양대군 또는 수양대군으로 고쳤다. 무자년 9월 7일에 예종에게 전위한 다음날인 8일에 수강궁에서 52세의 나이로 죽었다. 슬하에는 3남 1녀가 있었다. 그의 능호는 광릉(경기도 남양주시 진전읍 부평리)이다.

세조실록, 조선 제7대 왕인 세조 재위 13년 3개월간(1455. 6.~1468. 9.)의 역사를 기록한 책.

조선 세조의 화상으로, 화상 아랫부분에 해인사에 영정이 봉안된 내력이 기록되어 있다. 현재 합천 해인사에 있다.
〈출처 : 국사편찬위원회 한국사데이터베이스〉

- **왕권의 재확립**: 태종처럼 신하들의 권력을 제한하고 왕권을 강화하는 정책을 폈다. 6조 직계제로 관제를 개편하여 신하들 기강확립을 통해 중앙집권제를 확립했으며 호패법을 복원하였다.
- **북방 개척**: 국방력 신장에 힘써서, 각 읍의 군사를 5위에 분속토록 하여 군제를 확정하고 각 역로를 개정하여 찰방을 신설 하였다 각 도에 거진(중간규모의 군진)을 설치했다.
- **법전편찬과 서적편찬 사업**: 국조보감, 동국통감 등의 사서를 편찬하고, 경국대전을 편찬하여 법전을 제정하였다..
- **불교 장려**: 불교를 숭상하여 원각사를 건립하고 간경도감을 신설하여 불경을 간행했으며, 원각경을 편찬하게 하고 법화경, 금강경 등 불경을 간행하고 대장경을 필인 하였다.
- **토지제도 개혁**: 과전을 폐지하고 직전제를 실시하고 규형 인지의를 제작하여 토지측량을 용이하게 하였으며 많은 농서를 간행했다.

『세조실록』

　　1455년 6월부터 1468년 9월까지 세조의 역사를 기록한 것으로 모두 49권 18책으로 간행되었다. 끝의 2권은 세조 때 악보를 수록한 것이다. 원명은 『세조혜장대왕실록(世祖惠莊大王實錄)』이다. 세조가 죽은 다음 해인 1469년(예종 1) 4월에 실록청을 설치하여 편찬을 시작했으며 1471년(성종 2)에 완성했다.

편찬담당자는 영관사 신숙주, 한명회, 감관사 최항, 지관사 강희맹, 양성지, 동지관사 이승소, 정난종, 김수녕, 이극돈, 예승석, 수찬관 김지경, 조익정, 유권, 편수관 김유 등 15명, 기주관 노공필 등 11명, 기사관 김윤종 등 24명이었다.

조선시대에는 즉위한 다음해를 원년으로 하는 유년칭원법을 사용했지만 『세조실록』은 단종을 왕으로 인정하지 않았기 때문에 즉위년 칭원법을 사용했다. 더구나 편찬과정에서 민수사옥이 발생하기도 했다.

세조는 즉위 후 군비를 강화해 두 번이나 압록강과 두만강 건너의 여진족을 정벌했고, 1453년엔 이징옥의 난과 1467년 이시애의 난을 진압하였다. 또한 국가의 제도를 정비하고 『경국대전』과 『국조오례의』를 편찬해 조선왕조의 통치기반을 완성했다.

영월의 눈물

1456년 단종의 복위는 주동자 성삼문·박팽년·하위지·이개·유응부·유성원이이 죽임을 당한 사육신 사건으로 마무리되고 세조3년 (1457)년에 단종을 노산군으로 강봉하여 유배를 보냈다. 유배지는 영월읍에서 수십 리 떨어져 있고 나룻배를 이용하지 않고서는 밖으로 출입할 수 없는 청령포였다. 그러나 그해 여름 큰 홍수로 잠기게 되자 영월 동헌의 객사인 관풍헌으로 처소를 옮겼다. 그 시절 단종은 관풍헌에 머물며 근처 자규루에 올라 자규사(子規詞)와 자규시(子規時)를 지어 읊으는데 자신의 신세를 한탄한 듯 하다.

月白夜蜀魂추 (월백야촉혼추) 달 밝은 밤 두견새 울 제
含愁情依樓頭 (함수정의누두) 시름 못 잊어 누 머리에 기대어라.
爾啼悲我聞苦 (니제비아문고) 네 울음 슬프니 내 듣기 괴롭구나.
無爾聲無我愁 (무니성무아수) 네 소리 없었던들 내 시름 없을 것을

寄語世苦榮人 (기어세고영인) 세상에 근심 많은 이들에게 일으노니
愼莫登子規樓 (신막등자규루) 부디 자규루에는 오르지 마오

-단종의 자규사(子規詞)

이 무렵, 귀양을 가 있던 단종의 여섯째 숙부 금성대군이 단종이 영월로 유배되었다는 소식을 들었다. 그는 순흥 부사 이보흠과 함께 단종의 복위를 모의하다가 탄로 나 금성대군은 안동부에 갇히고 이보흠은 유배되었다. 얼마 후 금성대군은 교수형에 처해졌고, 이보흠은 박천에서 척살되었다. 그런 다음 세조는 금부도사 왕방연에게 사약을 가지고 영월부로 내려가도록 했다. 이때 단종은 죽음을 예견하듯 옆에 있던 궁녀에게 말했다.

"어젯밤 돌아가신 부왕과 어머니께서 나를 끌어안고 슬피 우시는 꿈을 꾸었다."

그날 금부도사 왕방연 일행이 사약을 들고 집으로 들어서면서 외쳤다.

"노산군은 어명을 받으시오!"

그렇지만 단종은 태연스럽게 그들을 꾸짖었다.

"무엄하구나. 감히 신하된 자가 임금에게 약사발을 올리려하다니!"

그의 호통에 약사발을 든 금부도사는 꼼짝하지 못했다. 하지만 다시 한 번 약사발을 올렸다. 그러나 단종은 약사발을 무시한 채 방으로 들어가 옷을 찢어 올가미를 만들고 그 끈을 문틈으로 내밀면서 끈을 잡아 당게함으로 17살의 단종은 자결하였다.

단종이 죽던 날 폭우와 천둥이 극심했는데, 그의 시신은 동강변에 버려졌다. 이때 영월부의 호장 엄흥도가 단종의 시신을 거두어 동을지산 기슭에 몰래 묻었다.

한편 동대문 밖 정업원에 있던 단종 비 송 씨는 단종이 죽자 매일 앞산에 올라 영월 쪽을 바라보며 눈물을 흘렸다. 사람들이 그 산을 망원봉이라고 불렀다. 18살부터 과부가 된 그녀는 초막집에서 함께 사는 시녀들과 구걸로 끼니를 이어갔다. 세조가 식량을 내렸지만 끝내 받지 않고 자줏물을 들이는 염색을 하며살았다. 그래서 사람들이 골짜기를 '자줏골'이라고 불렀다.

송 씨는 중종 16년(1521년) 5월, 82세로 경혜 공주 아들 정미수의 집에서 죽었다. 송

씨는 대군부인의 예우로 양주 군장리(경기도 남양주시 진건면 사릉리)에 묻혔다.

중종 11년(1516년), 59년이 지난 후 노산군의 묘를 찾으라는 왕명이 내려졌다. 하지만 엄홍도 일가족은 자취를 감춘 뒤라 묘를 찾기가 힘들었다. 이때 군수 박충원의 현몽과 호장인 엄주, 신귀손, 엄속, 양인 지무작, 관노 이말산 등의 증언에 따라 묘를 찾아 봉분을 갖추었다.

선조 13년(1580년)에 강원감사 정철의 장계로 묘역을 수축하고, 숙종 7년(1681년) 7월에 노산대군으로 추봉, 다시 숙종 24년(1698년)에 추복하여 묘호를 단종이라 하여, 종묘에 부묘하고 능호를 장릉이라고 했다.

한편 1521년에 죽은 왕비 송 씨는 177년 만에 숙종 24년(1698년) 단종복위와 함께 대군부인에서 정순왕후로 추복되어, 신위가 모셔졌다. 능호는 사릉이다.

관음송. 단종의 유배당시 모습을 고스란히 지켜본 소나무이기도 하구요.
때로는 오열하는 소리를 들었다고 한다.

강에 던져진 단종의 시신

세조는 정인지와 대신들과 함께 상왕(단종)폐립에 대해 논의했다. 이에 세조는 상왕을 노산군으로 강봉시켜 강원도 영월로 귀양 보냈다. 그리고 금성대군 유를 순흥부로 귀양살이를 보냈다. 귀양지에서 금성대군은 순흥부사 이보흠을 만나 상왕복위를 위해 사람을 모았다. 금성대군의 지시로 이보흠은 상왕복위에 대한 격문을 순흥 병영과 남중의 동우자에게 나누어 주었다. 이때 순흥부 관노가 금성대군의 지시로 격문을 입수해 한양로 가져가는 도중이었다.

때마침 기천(풍기)현감이 관노를 쫓아가 격문을 빼앗은 후 상경하여 세조에게 고발했다. 세조는 금성대군과 함께 복위 음모에 가담한 벼슬아치들을 모조리 체포해 참살한 후 죽계라는 시냇물에 버렸다. 금성대군은 순흥부에서 안동으로 끌려가 안동옥에 갇혔다.

어느 날 금부도사가 사약을 가지고 갔지만 금성대군이 사라져버렸다. 금부도사가 사방으로 사람을 풀었지만 찾을 수가 없었다. 그러던 며칠 후 금성대군이 돌아와 큰 소리로 웃었다.

"사람만 많지 제대로 일하는 사람이 없구나. 내가 돌아온 것은 너희들의 목숨을 살려주기 위해서다."

그가 의관을 고쳐 입자 금부도사는 서쪽에 놓여있는 세조 위패를 향해 절을 하라고 권했다. 그러자 큰소리로 꾸짖었다.

"절을 하라고? 내가 모시는 임금은 영월에 계신다. 이놈들!"

금성대군은 북쪽을 향해 통곡하면서 절을 네 번한 후 사약을 마셨다. 하지만 죽지 않자 입회한 군졸들이 목을 졸라 살해했다. 친동생 금성대군을 죽인 세조는 금부도사 왕방연을 시켜 단종에게 사약을 내려 보냈다. 영월에 도착한 왕방연은 주춤하다가 뜰 안으로 들어가 무조건 엎드렸다.

이때 단종은 그에게 자신을 찾아온 이유를 물었다. 그렇지만 대답하지 못하고 어물거렸다. 그러자 단종이 입산할 때 함께 따라온 젊은 시종이 나서면서 교살할 뜻을 비

사릉 조선 6대 단종의비 정순왕후의 능. 경기 남양주시 진건읍. 사적 제209호.

쳤다. 단종은 옷을 찢어 올가미를 만들고 그 끈을 문틈으로 내밀면서 끈을 잡아 당기게함으로 17살의 단종은 자결하였다.

단종의 시신을 거둘 관이나 염구 등이 없어 그대로 버려져 있었다. 이때 젊은 중이 나타나 며칠간 통곡하다가 단종의 시신을 짊어지고 어디론지 사라졌다.

이에 대한 두 가지 설이 있다.

첫 번째는 시체를 산속으로 가져가 화장했다는 설과, 두 번째는 시체를 강에 던졌다는 설이다. 이와 같은 두 가지 주장 가운데 점필재 김종직이 쓴 '투강설'이 진짜라고 했다.

단종의 비 정순왕후 송 씨는 영돈녕부사 여양부원군 현수의 딸이다. 1440년(세종 12년)에 탄생하여 갑술년 1월22일에 왕비로 간택되었다.

을해년 7월에 세조는 의덕왕대비로 존칭하였다가 정축 6월에는 부인으로 봉했다. 부인은 1512년(중종 16년) 6월4일 82세로 세상을 떠났다. 18세의 나이로 과부가 되어 64년을 독수공방했다.

꿈속에서 세조를 꾸짖은 현덕왕후

세조의 꿈에 자신이 죽인 단종의 어머니 현덕왕후가 나타나더니 몹시 꾸짖은 후 마침내 그의 얼굴에 침을 뱉은 후 사라졌다.
"네 이놈! 내 아들의 왕위와 목숨을 빼앗아 갔으니, 난 네 아들의 목숨을 가져가겠다."
깜짝 놀라 잠에서 깨어난 세조가 이마에 땀을 닦고 있을 때 갑자기 내시가 달려와서 고했다.
"전하, 동궁께서 지금 매우 위급합니다."
세조가 급히 동궁으로 달려갔지만 동궁은 이미 숨을 거둔 뒤였다. 그러자 문득 세조는 꿈속의 상황이 생각났다. 이에 화가 난 세조는 군사들을 보내 소릉(현덕왕후의 무덤)을 파헤치라고 명령하였다. 이에 군사들은 소릉으로 달려갔는데 능 부근에 사는 사람들이 말했다.
"어젯밤 능에서는 여자의 울음소리로 온 산이 흔들렸습니다."
군사들은 한동안 주저했지만 세조의 재촉으로 능을 파헤쳤다. 모습을 들어 낸 관에서는 고약한 냄새가 났고, 너무 무거워 도저히 움직일 수가 없었다. 그러자 세조는 관을 도끼로 찍으라고 했다. 군사들이 도끼로 관을 찍으려는 순간 관이 스스로 움직였다. 이에 관을 불살라 버리라고 했다. 군사들이 관에 불을 붙이는 순간 하늘에서 갑자기 천둥과 함께 비가 쏟아졌다.
그러자 이번에 세조는 관을 강물에 던지라고 했다. 하지만 강물에 던져진 관은 가라앉지 않고 떠내려가다 이름 모를 나루에 닿았다. 이 관을 한 농부가 발견하여 강기슭 양지바른 곳에 묻어주었다.
그날 저녁 농부의 꿈에 현덕왕후가 나타나 자신의 관을 묻어줘 고맙다고 했다. 그후 농부의 왕후가 꿈에 나타나 농부의 길흉을 알려 주었고 가세가 번창하여 잘 살게 되었다고 한다. 하지만 세조는 이때부터 온몸에 생긴 피부병으로 평생을 고생했다.
그후 40여 년이 지난 뒤 중종 때 조광조가 소릉의 회복을 건의했지만 현덕왕후의

세조실록 153

관을 찾을 수가 없었다. 그날 밤 관을 찾는 관리의 꿈에 현덕왕후가 나타났다.

"내일 관이 있는 곳을 알게 될 것이다."

같은 날 밤에 왕후의 관을 묻어 준 농부의 꿈에도 나타났다.

"내일 관아를 찾아가 내가 묻힌 곳을 말해 주어라."

다음 날 농부는 관아에 찾아가 현덕왕후가 묻힌 곳을 알려주었고 현덕왕후의 시신은 문종의 능 동쪽에 묻혔다.

세조 요점정리 — 왕도정치를 주장한 세조

1. 들어가는 말

수양산(首陽山) 바라보며 이제(夷齊)를 한(恨)하노라.
주려 주글진들 채미(採薇)도 하난 것가
비록애 푸새엣거신들 긔 뉘 따헤 낫다니.

단종 복위 계획이 발각되어 고진 고문을 받았지만, 끝내 굴하지 않고 죽음을 맞이한 사육신 중 한 명인 성삼문의 시조이다. 그는 이 시를 통해 굶어 죽을지언정 세조의 녹은 취하지 않겠다는 굳은 절개를 표현하고 있다. 결국 그는 시뻘겋게 달군 쇠로 다리를 꿰고 팔을 잘라내는 잔학한 고문에도 굴하지 않고 세조를 '나리'라 칭하며 왕으로 대하지 않다가 끝내 죽음을 맞았고 오늘날 사육신의 한 명으로 그 절개를 추앙받고 있다.

반면 사육신을 죽음으로 몰고 간 세조는 우리에게 어떠한 이미지로 남아 있을까. 단종이 비운의 역사적 희생자로, 사육신을 비롯한 선비들은 지조와 절개, 유교적 이념에 충실했던 신하로 비춰지는 반면 세조에게는 조카를 죽이고 왕위를 찬탈한 비정한 왕이란 꼬리표가 따라다닌다. 그가 '경국대전'의 편찬과 직전법의 시행, 북방정벌 등을 통해 쌓은 정치, 경제, 군사, 문화 분야의 공적들은 그 다음에야 떠오를 뿐이다.

유교적 이념에 익숙한 우리 문화에 비춰 보았을 때, 이는 자연스러운 평가일 것이다. 하지만 이 때문에 상대적으로 세조의 정치적인 기여점이나 인간적인 면모에 대한 이해가 부족했던 것도 사실이다.

본 연구에서는 세조의 생애와 사상, 정치적 기여도 및 당시의 시대배경을 살펴보고 오늘날 제시되고 있는 세조에 대한 상반된 평가를 비교, 제시해보고자 한다.

천륜을 저버린 비정한 권력자로서의 세조, 왕권강화에 강한 의지를 가진 정치가로서의 세조. 그리고 인간적인 고뇌와 그럴 수밖에 없었던 정치 상황 속에서 조명해 봄으로 인간으로서의 세조를 풍부한 이해를 가질 수 있을 것이라 생각한다.

2. 본문

(1) 왕위계승에서 멀어져 간 세종의 아들 '수양대군'

세종의 둘째아들 수양대군은 처음에는 진평대군에 봉해졌다가 1445년 수양대군으로 고쳐 봉해졌다. 세조는 유교경전과 역사서는 물론, 역법. 병서에도 두루 통달했고, 풍수 또한 전문가 수준이었다고 잘 알려져 있다. 음악이론과 악기연주에도 능했으며 실로 당대의 어떤 문사에게도 뒤지지 않을 학문적 소양과 교양을 갖추었다고 한다. 수양대군의 아버지인 세종은 그의 자질을 높이 평가하여 다양한 일을 맡겼는데, 궁정 안에 불당을 살피 하는 일과 불서의 번역을 담당하고 향악의 악보도 정리하는 일들을 잘 수행해 내었다. 세종 때 방위·절기·시각을 측정하는 천문관측기기인 규표를 바로잡기 위해서 삼각산 보현봉에 까지 직접 올라갔다는 이야기는 유명하다.

또한 무인적 자질도 뛰어나 강궁을 다루며 명궁 소리를 들을 만큼 솜씨도 탁월했다. 이런 능력을 가진 수양대군은 과시욕도 강하고 자화자찬도 곧잘 했다. 그는 스스로가 제왕의 풍모를 지닌 영웅이라고 믿어 의심치 않았으며, 기회가 있을 때마다 왕자와 신하들에게 이를 과시하고 상기시켰다. 〈세조실록〉 총서에는 그의 무용담을 보여주는 일화가 지리 할 정도로 잔뜩 실려 있는데, 그 중 상당수는 자신이 평소에 여러 번 과시하고 그러고도 맘에 안 들어 직접 정리해 둔 것이다. 이런 그의 과시적인 행동의 배후에는 다분히 왕위계승을 둘러싼 형 문종과의 경쟁 내지는 반발의식이 깔려 있었다고 생각된다.[44]

그러나 병약했던 문종, 즉 세종의 첫째 아들이자, 수양대군의 형이었던 문종이 왕위에 올라야 한다는 생각에 대한 세종의 믿음은 확고한 것이었다. 세종은 태자(문종)

44_조선국왕이야기, 임용한, 1998

가 병약한 것이 걱정 이였는데, 세손(후의 단종)이 태어난 것은 작은 기쁨 이였다.

또한 수양대군과 안평대군을 비롯한 자신의 아들들이 강성하여 혹시 만약의 변이 있을까 염려하여 세종은 집현전 학자들에게 어린 세손을 특별히 부탁하게 된다. 이광수의 소설 〈단종애사〉에서는 이를 '세자마저 돌아가시고 어린 아이가 등극하시게 되면 필시 불길한 사단이 있을 것은 누구나 상상하기 어렵지 아니한 일일뿐더러 아기가 자라 왕위에 오르실 때는 황희, 황보인, 정분, 김종서 같은 이들은 벌써 죽거나 살아 있더라도 권세에서 물러났을 것이기 때문에 장래가 촉망되는 신숙주와 성삼문등 젊은 학자들에게 세손을 부탁한 것'이라고 표현하고 있다.[45]

수양대군이 보기에 형인 문종은 무능하게 느껴졌고, 집현전 학자들도 '임 만 살았지 아무 힘없는 선비'로 여기고 있었으므로 어린 세자를 자신에게 맡겨야 한다고 기대 하였다. 그 기대 속에는 어린 왕을 보좌하면 군국대사를 한손에 쥐고 호령하는 것에 대한 수양대군의 꿈이 포함되어 있었다. 그러나 그는 섭정이 되지 못했다. 그에게 정통한 방법으로 왕위에 오를 수 있는 기회는 없었다. 그러나 수양대군의 야심이 사라지는 것은 아니었다. 권람과 한명회는 그의 야심을 부추겨 당시 핵심 세력이었던 김종서와 그 아들을 죽이고 반대파라고 여겨지는 조정의 많은 사람들을 죽음으로 내몰았다. 그리고 수양대군은 실권을 잡게 된다. 이것이 1453년에 일어난 '계유정난'인데 계유정난은 폭력으로써 정권을 탈취한 사건으로 기록되어진다. 하룻밤 사이에 정국을 전복 시키고 군국 대권을 한손에 쥐고 자기 심복을 요직에 배치하여 국정을 마음대로 처리하였다. 무력과 많은 사람의 죽음을 통해 수양대군은 자신의 인생에서 멀어져가고 있던 왕위에 대한 야심을 이루게 된 것이다.

(2) 왕권 강화의 강한 의지를 가진 정치가로서의 세조

2-1 즉위 전 세조의 정치적 활동과 이념

치열한 권력 다툼 끝에 왕좌를 차지했다는 점 뿐 아니라 그 과정에서도 세조는 태

45_종과 세조에 대한 역사소설의 검토, 정두희, 1992,봄

종과 무척 흡사한 모습을 보인다. 그것은 당시 정국이 태종 때에는 정도전 등의 개국 공신 세력들이 왕실보다 오히려 높은 곳에 있으면서 왕실을 조정하려고 한 경향이 있었고, 세조 때에는 김종서나 황보인 등의 대신들이 정권을 쥐고 있었다는 점에서 본다면 신권이 강화되어가는 시점에서 왕권의 강화를 표명하고 나서고 있음이 공통적으로 나타나고 있다는 것이다. 물론 왕권의 행사가 신하들의 도움이 없이는 이루어지지 않는다는 점을 생각한다면 결코 왕권과 신권의 문제는 떨어질 수 없는 관계에 있기는 하다. 또한 하늘을 대신하여 천하를 다스리는 왕의 입장에서 본다면 자신은 신료에게 골고루 빛을 내려주는 입장이고 신료들은 그 빛을 받으면서 살아가는 것이라고 당연히 생각할 수 있다. 또 사실 역대의 유교경전에서 왕의 위상을 해로 비견하고, 왕은 천명을 받아 천하를 다스리는 존재로 정의하고 있다.

하지만 수양대군은 바로 이러한 생각에서 왕권의 행사가 왕의 의지에 의해 이루어지지 못하고 있는 현실의 원인이 어린 단종과 고명대신인 김종서와 황보인, 그리고 안평대군의 모호한 태도에서 기인하는 것이라고 생각했다. 이의 해결은 점진적인 개혁으로는 이루어질 수 없으며 또 그들이 그것을 허용하리라고는 기대하기 어려웠다. 왕이 왕다움을 행사하는 것을 되찾기 위한 것은 바로 이들에 대한 단호한 결단만이 가능할 것이라고 하여 '계유정난'을 통해 이룩해 내었던 것이다. 이처럼 세조가 즉위 전부터 줄기차게 내세운 이념은 왕권의 강화라고 할 수 있다.

물론 종친의 한 사람으로서 왕권 강화에 기여할 수 있지 않았냐는 반론이 제기될 수 있다. 하지만 어리고 힘없는 단종에 비해 신료들의 입김이 너무 강했다. 종친으로서 자신이 정치에 개입하는 것 역시 신하들에 의해 제지되곤 했으며 품은 뜻에 비해 한계가 너무 분명했다. 세조가 정치가로서 성향을 드러내기 시작한 뿌리를 거슬러 올라가면 세종 대에 이르게 된다.

세종의 세조, 수양대군에 대한 믿음은 깊었다. 수양대군의 나이 스물 셋이 되던 1439년 7월에 그를 종친들을 관리하는 종부시의 제조로 삼았다. 세종은 다음과 같이 그를 제조로 삼은 이유를 밝히고 있다.

"효령대군은 질병이 있고 몸도 약하므로 종부시를 영솔할 수 없으므로 진양대군으로 이를 대신하게 하려고 한다. 다만 본래의 벼슬이 높고 덕망이 있는 자로 하여금 종친을 대표하게 하는 것이지만 지금으로는 이미 그 마땅한 사람이 없고 진양대군이 비록 젊기는 하나 또한 그 수신의 법을 알고 있다. 예로부터 종실들은 방위하는 것이 매우 급무였다. 이제 방종하고 태만하여 종친의 종복까지도 이에 인연하여 백성을 침해하는 자가 많다. 너를 서용하여 제조로 삼는 것은 또한 너로 하여금 이직에 종사하게 하여 국법을 배우도록 하려는 것이다."

라고 하여 국법을 익히라는 뜻이 있음을 말하였다. 여기서 진양대군은 수양대군을 일컫는 말로 그는 처음에 진양대군으로 봉해졌다가 세종 27년(1445)에 수양대군으로 고쳐 봉해졌다.[46]

그 이외에도 종친 중 어른이 있기는 하지만 수양대군 자신으로 하여금 그 제조를 맡게 하였다는 것은 자신을 그만큼 높게 평가한다는 의미와 함께 훗날 형인 문종을 적극 보좌해야 한다는 것을 의미하는 것이었다.[47]

세종 25년 11월 세종은 공법의 제정에 심혈을 기울였는데 이것은 토지의 생산력을 객관적으로 평가하기 위한 방법의 하나로 일정한 양의 조세를 확보하는데 그 목적이 있었다. 항상 같은 양의 수입이 있어야 국가재정의 예산을 기획할 수 있는 만큼 이는 그 필요성과 효과에 있어 지대한 의미를 갖는 것이었다. 그리고 이 일을 주관해 나갈 수 있는 인물로 세종은 바로 수양대군을 지목하였다. 여러 대신들과 의논한 뒤 수양대군을 전제소제조로 삼으려 하였던 것이다. 곧 세종은 문종에게 진양대군(수양대군)을 전제소제조로 삼을 뜻을 비추었고 진양대군에게 명하길,

"이러한 큰 일은 네가 주재하여야 할 것이다."

라고 하여 확정지었고 이듬해 전분 6등과 연분 9등제로 정해지는 공법이 되어 그 뜻을 충분히 살리게 되었다. 또 그는 30세 되던 해(세종 28, 1447) 이미 왕의 전교를 내리고 실행하는 등 왕명 출납의 권한을 일부 대행하고 있었다.[48]

46_한권으로 읽는 조선왕조실록, 박영규, 1996, 들녘
47_전주이씨 대동종약원 홈페이지 www.rfo.co.kr 선원선계 참고.
48_민족문화연구회 편. '세종실록' 권 114, 28년 10월 4일, 9일.

그는 또한 불교행사와 사신 접대 등의 임무를 맡아 하였는데, 이는 불교에 대한 그 자신의 관심과 (사신과 만날) 세자의 병약함에도 원인이 있었지만, 그의 정력적인 측면과 능수능란함이 이 같은 활발한 활동을 낳았을 것이라고도 생각된다. 명의 사신을 맞아 약간의 오해가 생겼을 때 이를 중간에서 조정한 것도 수양대군이던 것이다.[49]

문종 대에 들어 수양대군의 이 같은 능력은 한층 더 빛을 발하게 된다. 이때의 기록을 보면 그가 '신진법'의 교정, '진설'의 편찬, 궁중음악의 교정을 맡아 한 것으로 나타난다. 이는 그가 병학과 악학에 있어서 상당한 소양을 지니고 있었음을 시사해 주는 것이라 하겠다. 또한 여기엔 일찍이 그의 능력을 인정하고 아껴준 형 문종의 배려도 작용하였을 것이었다.

하지만 그의 정치적 역할은 일정한 한계에 부딪히게 된다. 대군으로서 중신의 자리에 오르지 못한데다, 그나마 예악의 정비를 위해 맡은 '관습도감도제조'의 지위마저 대신들로부터 수차례에 걸쳐 부당하다는 탄핵을 받았던 것이다.

> 사헌부 장령 이보흠이 아뢰기를 "… 종친에게는 일을 맡기지 않는 것은 법령 제1조에 기록되어 있는데, 수양대군으로써 관습도감 도제조로 삼았으니 이루어진 법을 무너뜨릴까 염려합니다."
>
> 임금이 말하기를, "… 수양대군을 도제조로 삼는 것은 내가 깊이 생각하여 한 일이니 개정할 수는 없다."
>
> 이보흠이 아뢰기를, "태종은 먼 앞일을 생각하는 군주이시니, 법령을 기록할 적에 종친에게 일을 맡기지 않으신 것은 어찌 의도가 없었겠습니까? 대저 수성할 때는 이루어 놓은 법을 준수하기를 힘써야 하니, 지금 성명(聖明)한 조정에 있어서는 비록 해로움이 없을 듯하지마는 후일의 폐해가 발생할까 염려됩니다." 임금이 말

---

[49]_민족문화연구회 편. '세종실록' 권 127, 32년 1월 20일. 명의 사신이 세자가 만나주지 않은 것에 대해 신경질을 내자, 이에 수양대군(세조)이 세자의 병을 잘 설명하여 오해를 풀었다.

하기를 "관습도감은 권한이 없으니 무슨 폐해가 생길 일이 있겠는가?" 하였다.

('문종실록' 권 13, 5월 1일)

　위의 기록은 수양대군이 맡은 직책에 대해 사헌부에서 불가하다는 의견을 펴는 부분이다. 이는 벌써 세 번째 상소로, 일찍이 태종이 만들어 놓은 육전의 내용에 따라 종친에게 정치권력을 맡길 수 없다는 의견이었다. 수양대군은 이로 인해 그 자리에서 물러나지는 않았으나, 종친으로서의 정치적 제약과 좌절감을 뼈저리게 느꼈을 것이다. 자신의 정치적 이상을 실현하기 위해서는 종친으로서의 위치는 한계를 가지고 있었던 것이다. 한 마디로 수양대군은 뛰어난 개인적 능력과 정치적 의욕을 가진 사람이었지만 이미 안정된 권력 세습 구조 - 장자 왕위 승계제를 구축한 조선왕조 체제하에서 그의 위치는 그 같은 의욕을 펼 수 없는 것이었다. 대군이라는 지위는 왕실의 직계 자손으로서 평생 먹고 살 걱정은 하지 않아도 될 신분이었으나, 관직에 올라 그 뜻을 펼 수 없다는 점에 있어서는 자칫 별 볼일 없는 사대부 집안의 자손보다도 못한 신세였다. 그 뿐 아니라, 자칫 잘못하면 두드러진 능력으로 인해 목숨을 잃는 경우도 부지기수였다. 수양대군으로서의 세조의 시대상황은 이같이 불우한 것이었고, 그가 왕위를 노리게 된 정황을 제시하게 된다.

　한편 세종이 승하하기 전인 정월에 세종은 문종과 수양대군을 불러 유교를 전하였는데, 그 내용은 이들 두 사람이 서로 도와 나라를 다스려 나가기를 바란다는 것이었다. 즉 세종은 그 유교에,

　"나라를 가진 자는 멸망을 은휘하지 않으며, 삶을 가진 자는 죽음을 은휘하지 않는다. 내 이제 너희 두 사람에게 말하거니와, 대저 신하들이란 임금이 죽는 그 날로 즉시 그 형제들의 허물을 공격하는 법이다. 내가 죽는 날에는 너희 형제의 허물을 말하는 자가 반드시 많을 것이니, 너는 모름지기 내 말을 잊지 말고 항상 친애하는 마음을 위주로 하면 밖의 사람들이 능히 이간하지 못할 것이다. 만약 부득이 해서 비록 죄를 주더라도 재삼 생각하고 그 정리를 깊게 헤아려서 속을 도려내는 듯한 아픔을 느껴야 옳을 것이다. 내가 처음 즉위하였을 때, 효령대군 등을 공격하는 자가 많았는데 내가 아니었던들 능히 보전하지 못했을 것이다. 영응대군이 항상 내 곁에서 밥을 먹

었는데 이는 그 소중함이 음식 먹는 데 있었기 때문이다"라고 하여 주의를 아끼지 않았다.

세종 사후 문종은 대행 대왕의 상을 치르느라 거의 혼신의 정기를 다 쏟았다. 가뜩이나 병으로 쇠약해진 몸이었는데 그의 건강은 위태위태할 지경이어서 옆에서 보기에도 안쓰러울 정도였다. 그래도 대리청정을 하면서 오랫동안 왕좌에 앉아 있었기 때문에 세종 생전과 비교할 때 별다른 차이는 없었다.

또 수양대군도 그가 가진 모든 능력으로써 문종을 보좌하였다. 당시 우리나라에 귀화해 온 여진족들이 서울에 상당히 많이 있었는데 하는 일 없이 봉록만을 먹어 문제가 된 일이 있었다. 국가의 여론은 이들을 추려서 그의 고향으로 돌려보낼 것을 청하였다. 이 때 수양대군이 문종에게 말하기를,

"이는 향화하려는 마음을 막는 것이니, 원대한 계책이 아닙니다. 오랑캐를 제어하는 방법으로 그들을 부지런히 부리고 편히 거처하게 하면 일없이 봉록 먹는 것을 어찌 걱정하겠습니까? 부지런히 부리는 것은 그 기운을 제어함이요, 편히 거처하게 하는 것은 그 마음을 안정시키는 것입니다."

라고 하여 문종의 동의를 받게 하기도 하였다.

문종의 경우 그 동안 섭정을 계속해 왔기 때문에 별다른 정책의 변화를 꾀할 필요는 없었다. 다만 문종의 체력이 급격히 소진되며 동시에 신하들, 특히 원로대신들의 움직임이 활발해졌고, 이어 왕권의 약화가 초래되었다. 문종은 강한 성격으로 신하들을 휘어잡고 자신의 의지를 펴나가는 유형은 아니었다. 그의 성격은 외유내강형으로 신하들과의 관계를 부드럽게 이어나가거나 그들 사이를 균형 있고 조화롭게 해나가는 중재자로서의 역할을 하는 듯하였다. 이것은 신하들에게 있어서 자신들의 영역을 마련할 수 있는 여지가 있게 되었음을 의미한다. 그리고 그것은 문종의 병세가 악화되면서 표면화되었다.

수양대군에게 있어 이 시기는 중요한 의미를 가진다. 문종은 수양대군으로 하여금 〈병요〉, 〈무경〉도 그러하도록 하였으며, 〈음양서〉를 바로잡도록 하였다. 그 동안 〈동국병감〉을 찬집하면서 보였던 수양대군의 능력은 단연 뛰어났고, 아우의 능력을

잘 알고 있는 문종이 그에게 맞는 임무를 맡긴 것이다. 그리고 진법에 관해서도 관심을 가져 진법을 정리하기도 하였다. 이러한 작업들을 하면서 문종은 수양대군과 더불어 군국정사를 무리 없이 처리해 나갈 수 있었던 것이다.

수양대군은 서른여섯의 나이가 되면서 국가의 대소사에 대한 폭넓은 이해를 하였다. 그것은 그 동안 그가 맡아 왔던 여러 직임과 서적편찬 및 연구 등을 통해서였다. 그러나 이 시기는 그로 하여금 모든 능력을 발휘하게끔 후원해 주던 형 문종이 갑작스럽게 승하함으로써 시련을 맞게 된다. 그것은 세종의 승하보다도 그에게 더 큰 충격으로 다가왔다. 이때부터 서서히 불거져 나오던 자신과 다른 대신 및 대군들과의 불편한 관계가 표면화되기 시작하였던 것이다. 1552년 수양대군은 왕실의 가장 웃어른으로서 관습도감 제조에 임명되어 국가의 실무를 맡아 보았다. 어린 단종이 국사를 돌볼 수 없었기 때문이었다.

국가 권력의 실질적인 운영자로서 또 단종의 후원자로서의 역할을 하게 되는 수양대군이었지만 그만큼의 갈등도 커졌다. 그 중 가장 중요한 점은 그가 왕이 아니라는 점이었을 것이다. 분명히 지존의 지위에 있는 사람은 그의 조카인 단종이었던 것이다. 형 문종이 승하하면서 대신들에게 유언을 남겨 잘 보필할 것을 부탁한 것도 역시 단종이었다. 그리고 그 대신들은 바로 김종서, 황보인 등과 같은 고명대신들이었다. 세조가 강력한 왕권에 이상을 가지고 있는 이상, 단종을 둘러싸고 있는 두 부류의 비등한 세력은 결국 충돌을 피할 수 없었다.

더욱이 문종의 죽음은 수양대군이 왕의 신임을 바탕으로 수행하던 정치 고문의 일이 끝났다는 것을 의미하였다. 수양대군은 이제 어린 단종이 왕위에 오른 상황에서, 선왕 세종-문종의 2대에 걸쳐 정치적인 역할을 수행해 온 유력한 대군이라는 지위를 갖추게 되었다. 하지만 여기에는 정치적 주도권을 쥔 황보인, 김종서를 위시한 의정부 중신들이 걸림돌로써 엄연히 존재하고 있었다. 여기서 그에게는 두 가지의 길이 있었을 것이다. 정치 고문의 역할이 끝난 이상, 종친으로서 학문과 예술 분야에 진력해 업적을 남기는 길, 그리고 자신의 능력과 지위를 이용해 정치 일선에 나서는 길이 있었던 것이다. 결국 그가 선택한 길은 그를 묶어놓은 정치적 제약에 정면으로 대항

세조실록 163

하는 것이었다.

　단종 즉위 초의 기록을 보면, 수양대군은 단종 즉위년 7월에서 8월에 걸친 한 달 남짓한 사이에 권남, 홍윤성, 한명회, 신숙주, 황수신 등의 인물들을 만나고 있다.[50] 그 대화 내용은 정적에 대한 대책(권남), 충성의 서약(홍윤성), 회유(신숙주, 황수신) 등 대체로 수양대군 자신의 세력 확충을 위한 인물 포섭이었다. 신왕이 즉위한지 얼마 안 되어 이 같은 주위 인물의 포섭에 나서는 행위는 분명 무엇인가를 획책하는 행위였다. 그는 유력 종친으로서의 입지를 이용하여, 자신의 정치적 참여를 제약하는 세력들에 대한 공격을 준비하고 있었던 것이다.

　단종 재위 3년간의 정치는 세조와 대신 김종서·황보인들 간의 대립양상이 표면화되면서 혼란을 겪었다. 혼란과 무질서, 그리고 권력의 집중과 동시에 공동화라는 현상이 나타나게 된 것이다. 이러한 현상은 반대로 질서를 다시금 만들어내고자 한다. 그것이 정난이든 개혁이든, 혹은 혁명이든 간에 결국은 새로운 환경이 조성될 조짐이었다.

　수양대군 세조는, 그 누구 못지않은 정국의 추세를 읽을 줄 아는 혜안이 있었다. 이 동안 그는 비밀리에 권람과 한명회 등을 만나면서 그 힘을 더욱 확대시켜 나가고 있었을 것이다. 그런데 이런 그의 움직임을 김종서와 황보인 측에서 눈치를 챘듯하였고 그들은 이에 대한 대비를 꾀하고자 하였다. 바로 왕실 종친을 염두에 두고 내놓은 것이 분경(奔競. 여러 가지 청탁을 위해 고관대작의 집을 분주히 뛰어다니는 것) 금지의 시행령이었지만, 수양대군과 안평대군 등의 반발이 거세지자 이를 없던 일로 할 수밖에 없었다. 따라서 그것은 적극적인 대응책이 아닌, 문제가 발생하지 않는 한 그대로 두는 미온적인 것이었다.

　더구나 수양대군은 1452년 10월에 명나라에서 고서와 면류관을 내려준 것에 대해 사례하려고 조정에서 사신을 보내는 것을 의논할 때 스스로 자청하여 갈 것을 청하였다. 당시의 정치상황으로 볼 때 이는 누구도 예상하기 어려운 결정이었다. 명나라 행으로 인해 얻는 실리적인 면과 명분적인 면에서의 이득과 성과는 컸다. 자신의 존재

50_『단종실록』 권 1, 즉위년 7월 23, 25, 28일, 8월 10, 13일.

를 명나라에 알림으로써 자신이 조선을 대표할 수 있는 자격과 능력이 있다는 점을 명확히 할 수 있었다. 이러한 그의 의도는 성공하였다. 이 한 번의 사행으로 뒷날 왕위에 오른 뒤 명의 승인을 큰 무리 없이 얻어낼 수 있었던 것이다.

단종 자신은 총명하고 그 자질도 훌륭했던 것으로 기록되고 있다. 세종과 문종의 가르침을 받고 자랐으니 그것은 분명한 것이었다. 문제는 왕권을 수행할 수 있는 능력을 갖추기 전에 왕위에 올랐다는 점과 또 이러한 상황을 보좌해 줄 모후가 일찍 죽었다는 점 등이 왕권의 약화를 더욱 부채질하였던 것이다. 이것이 단종의 역사적 상황이었다.

수양대군 세조는 그 동안 세종 조와 문종 조를 거치면서 왕권의 유지 및 강화를 기정사실로 하고 이를 보좌해왔다. 이러한 경험은 그에게 왕도정치란 과연 무엇인가라는 문제에 대한 접근을 가능하게 하였다. 굳이 명분상으로 왕은 천명을 받아 인간사회를 다스리는 존재라는 점을 강조하지 않더라도 현실 정치사회에서 군주가 갖는 위상은 절대적인 것이었다. 따라서 그에게 있어 왕권은 절대적인 권력을 의미하는 것이었고 이에 바탕을 둔 왕도정치의 실현을 꾀하는 것이 이상적이었다. 그에게 군주의 덕과 인, 예 등은 신하들이 함부로 접근할 수 없는 왕의 영역으로 이해되었다. 이러한 그의 생각은 신권의 확대를 의미하는 재상 중심의 정치라든가 소수 집정대신에 의한 정치에 대해 그 바탕에서부터 배치되는 것이었다. 그는 궁극적으로 왕권의 위상 강화를 위해 노력하였던 것이다. 세조의 어록 중에 다음과 같은 구절은 이러한 그의 생각을 잘 표현해 주고 있다.

"인을 좋아하는 데도 폐단이 있으니 그 폐단이 임금을 속이게 되고, 의를 좋아하는 데도 역시 폐단이 있으니 그 폐단이 갑자기 반역을 일으키기도 한다. 폐단이 되지 않는 일이란 오직 극히 높은 덕을 갖춘 사람만이 능히 할 것이다."[51]

극히 높은 덕을 갖춘 사람을 군주로 본다면 군주가 갖는 위상에 대한 그의 생각이 어느 정도인가를 짐작할 수 있을 것이다. 1453년 문종의 유탁을 받은 삼공 중 하나인 김종서의 집을 불시에 습격하여 그와 그의 아들을 죽인 계유정난은 세조의 이러한 생

51_국립민속박물관, '한국무예사료총서. 3 : 조선왕조실록편 [태조-세조]' 2005.

각을 구체화하고 실현시켜주는 계기가 되었다. 그는 이를 위해 정난 후 곧바로 군국과 관련된 요직을 맡음으로써 첫발을 내딛었다. 즉, 영의정·이조판서·병조판서와 내외병마도통사(內外兵馬都統使)를 겸임하게 된 것이다.

하지만 이러한 일련의 과정을 세조가 개인의 영달과 부귀를 좇았기 때문이라 단언할 수는 없어 보인다. 그는 훗날 왕위에 있으면서, 또 장자인 의경세자의 능과 자신의 능을 조성할 때 제왕으로서의 화려하고 웅장함을 갖추기보다는 검소하면서도 단아하게 만드는 것을 위주로 하였다. 바로 이러한 점에서 그가 정치가로서 조선왕조의 왕권강화를 향한 강한 신념을 가졌다는 점을 어느 정도 입증할 수 있는 것이다.

또 세조는 왕위에 오른 후 세자의 왕자수업에 자신이 직접 온갖 정성을 쏟았다. 모든 비난을 감수하고 자신과 왕실의 힘, 즉 왕권을 강화하기 위해 그가 전개한 일들을 후계자가 제대로 정리하지 못한다면 그것은 모든 것이 수포로 돌아가기 때문이었다. 그래서 그는 세자로 하여금 철저한 왕자수업을 하게 하였다. 세자가 학교에 들어갈 때 신분에 따르지 않고 연령에 따라서 다른 학생 사이에 자리를 정하는 예식인 치주례를 행하고 박사를 따라서 수업하게 하였다. 고금을 들어 친절하고 간절하게 논설하여 세자를 훈도하였고, 유사를 가리어 경사를 교수하게 하였으며, 친히 훈사1편을 저술하였다. 그 내용은 항덕·경신·납간·두참·용인·물치·사환·신형·문무·선술의 10가지 일을 항목으로 삼고, 나라에 중요한 것을 갖추어 기술하여 세자로 하여금 항상 외우게 하여 철저한 세자 수업을 시켰다.[52]

또한 즉위 후 계속되는 모반의 근원인 자신의 조카이자 상왕, 단종의 처분 역시 왕권강화를 위한 선택으로 받아들일 수 있다. 상왕으로 모셔졌던 단종은 연이은 복위 음모로 인해 노산군으로 강등되어 유배까지 보내져 있었다. 세조는 여러 차례 단종의 죄 없음을 주장하고, 감싸고자 했다. 세조에게 있어서 단종은 자신을 아껴준 선왕, 형 문종의 아들이었고 세조에게 추호도 해를 끼친 바 없었던 것이다. 그러나 세조 개인이 아닌 세조 정권에게 있어, 단종의 상징적 의미는 부담스런 것이었다. 정당성 없는 정권의 후환을 없애기 위해, 자신의 왕권에 도전할 여지를 남기지 않기 위해 세조

52_세자(世子) 교육에 대한 오해 ,이한우, 조선일보 2005/09/01 칼럼.

가 내려야 할 선택은 그의 의지와는 상관없이 필연적인 것이었다. 그 마지막 선택에 따른 단종의 죽음은 세조의 즉위 - 정권 탈취의 마지막 장을 장식하게 되었다.

2-2 왕위에 오른 세조. 신권 약화와 중앙집권화를 위해 힘쓰다.

세조는 적법한 방법으로 왕위에 오른 것이 아니었기 때문에 중앙 집권체제를 이루는 것은 그의 왕위에 대한 불만의 씨를 제거하는 것이었으며, 자신의 지위를 한층 확고히 하기 위한 방법이었다. 세조는 중앙 집권체제를 이루는 데 방해가 되는 모든 가까운 혈육과 시대를 대표할만한 인물들을 가리지 않고 많이 죽였다. 적법한 왕이 아니었기 때문에 그의 왕위에 대한 도전도 많았고 반대 세력도 많았다는 사실에서 충분히 예상가능한 일이기도 했다. 원래 국왕이 될 위치에 있지 않던 세조 자신이 정난을 일으켜 왕권을 탈취하게 된 처지였으므로 그 비정통성을 극복하기 위하여 그는 누구보다도 왕위, 왕권의 전제성을 확고히 하기 위한 노력을 의도적으로 기울이고 있었다고 할 수 있다.[53] 계속된 살육의 행진은 단종을 죽이고 나서야 마무리 되었다. 그래서 중앙집권체제 구축과 신권을 약화시켜 왕권을 강화시키는 것은 세조의 선결과제이자 핵심과제 일 수 밖에 없었다.

왕권을 강화하기 위한 수단으로 세조가 선택한 것은 바로 자신의 편 을 만들기 위한, 즉 종친에 대한 친화정책 이었다. 종친에 대한 우대는 세조가 의도적으로 사용한 것이라 할 수 있는데, 사실 종친은 정통성을 확보하지 못한 왕권에 대해 적대적이거나 나아가 왕권을 위협할 수도 있는 세력이다. 특히 세조는 즉위 과정에서 안평대군, 금성대군 등 가장 가까운 종친들과 단종을 죽음으로 몰아넣은 인물이다. 그러나 종친들의 지지 없이 세조가 그의 왕위를 유지하기는 힘든 것이다. 따라서 나라의 모든 행사와 그의 거동에는 항상 종친들을 불러 들였다. 특히 양녕대군은 세조의 백부로서 찬위 과정과 단종을 귀양 보내는 데 앞장섰으므로 세조에게 있어서 그의 위상은 높았다.[54] 또한 세조는 공신들을 자신의 세력을 확고히 하는데 이용하였다. 세조는 공

53_조선초기 세조왕권의 전제성에 대한 고찰. 김태영, 1994, 한국역사연구
54_세조대 왕위의 취약성과 왕권강화책, 최승희, 1997, 조선시대 사학보

신이 되면 그 공으로 의식이 유족한 생활을 누릴 수 있으되, 만양 등을 돌리는 경우에는 그 같은 '복을 누리는 것이 끝'나고 말 것이라는 이치를 강조함으로써 공신들에게 자신에 대한 충성을 확인 받고 또 강요했다. 공신들은 임금이 하사하는 술과 음악을 앞에 두고 임금에 대한 충성과 상호간의 결속을 다지는 연회를 제도적으로 번갈아 가면서 빈번하게 거행하였다고 한다. 세조는 실제로 그의 공신에 대한 약속을 철저히 지켰다. 다시 말해 세조는 자신의 왕위 왕권의 전제성에 위배되는 사단이 생기는 경우, 비록 공신이라 하더라도 결코 편당적으로 보전해 두려고는 하지 않았다. 임금의 말에 직접 잘못이라고 한다거나 인사권을 천단하는 것은 왕권의 전제성에 정면으로 배치되는 것으로 보아, 그들을 사형시키거나 엄중한 형벌에 처하게 하였다. 세조는 아무리 천신하며 중용 하는 공신이라 할지라도 결코 마음속까지 그들과 일체가 되지는 않고 항상 자기의 지위의 초월성을 따로 생각하면서 그들을 대하고 있었다고 볼 수 있겠다.[55]

즉위 직후 세조는 왕권을 강화하기 위한 정책으로 6조의 일은 직접 왕에게 전달하라는 '6조 직계제'를 실시하였다. 6조 직계제는 의정부 서사제의 폐지를 의미하는 것이었다. 6조의 직계제가 6조의 판서들이 왕에게 직접 업무 보고 및 업무명령을 시달 받는 것을 말하는 것이라면 의정부 서사제는 6조의 판서들이 업무에 관한 내용을 의정부 회의에 제출하여 의정부 회의를 거쳐 이 심사를 통한 일부 사안만을 왕에게 전달하는 제도이다. 의정부 서사제의 폐지와 6조 직계제의 실시가 곧바로 신권 약화와 왕권 강화를 가져오는 것은 아니었지만, 일단 세조의 6조직계제의 강행은 멀리 내다보았을 때, 왕권강화책이 된다. 의정부 서사제와 의정부 대신의 지나친 정치권력이 문제가 된 것은 나이 어린 단종이 즉위하면서부터 이다. 이렇게 강력해진 신권은 왕권에 대한 위협으로 다가와 세조에게는 왕권 강화책이 절실히 필요했었다. 6조 직계제로 인한 신권 약화라는 결과는 뻔 한 일이었기 때문에 오히려 권한이 강화된 6조에서도 이 6조 직계제를 반대했다. 이 과정에서도 세조의 강력한 왕권에 대한 태도를

55_조선초기 세조왕권의 전제성에 대한 고찰, 김태영, 1994, 한국역사연구

발견할 수 있는데, 6조 직계제 실시를 반대하는 예조참판 하위지의 옛제 도를 따르라는 상소에 태조는 당장 하위지의 관을 벗기라 명하고 하위지의 머리채를 잡아 끌고나가 의금부에 가두도록 하였다. 그리고 날이 밝으면 목을 베어 신하들에게 경계로 삼으라고 명했다.[56] 물론 하위지는 목숨은 구할 수 있었지만 이 일을 통해 6조직계제는 실시되었고, 세조는 자신의 입지를 더욱 굳혀나가게 되었지만 유교적인 의미에서의 명군으로 자처하는 것은 불가능했다.

그는 또한 집현전도 폐지해 버렸다. 물론 단종 복위 운동의 주모자들이 집현전 출신이라는 것이 직접적인 원인이 되긴 했지만, 신권을 약화시키고 중앙집권체제를 이루고자 노력했던 세조의 성향을 보여주는 예가 될 수 있겠다. 그리고 바로 경연제도를 폐지하였는데, 경연제도는 조정내의 명망 있는 유신들과 국왕이 한자리에 만나 유교적인 경전을 토의하고 그러한 원칙에 입각하여 국가의 당면문제를 검토하는 자리였다. 유교적인 고제를 연구하는 집현전과 왕에게 부단히 유교적인 이념을 촉구하는 경연을 폐지하였다는 것은 세조가 더 이상 이러한 이념의 구속을 받지 않겠다는 의지를 표명한 것이었다.[57] 즉, 세조는 신권이 강화되면 자신의 위치가 위험해 진다고 생각했기 때문에 신권이 강화될 여지를 남겨두지 않았던 것이다.

"나는 이미 불혹(不惑)의 나이를 넘겼으나 심기가 더욱 건장하여 피곤하지 않다. 날마다 경연에 나가더라도 힘이 부족하지는 않을 것이다. 그러나 경연은 옛 성현하는 바 아니었다…(중략) 송(宋)나라 임금들이 구구하게 처음시작한 일이야 어찌 본받을만한 것이겠느냐."[58]

이러한 세조의 말은 경연제도 폐지에 대한 세조의 의지를 보여주는 것이라 할 수 있다.

또한, 세조는 중앙집권체제를 위해 정확한 인구를 파악하는 호패 제도를 시행하였다. 지방에 대한 지배력의 확보는 왕정의 중요한 목표이며 왕권강화의 척도가 된다. 중앙집권의 강화는 세조대의 중요한 정치 목표의 하나였다. 중앙 집권의 중요한 목

56_한권으로 읽는 조선왕조실록, 박영규, 1996, 들녘
57_단종과 세조에 대한 역사소설의 검토, 정두희, 1992, 봄
58_『세조실록』, 권33, 10년 4월 갑진

표는 전국 인민에 대한 정치적 지배력의 확보, 강화한 것이며 그것은 전국 인민에 대한 철저한 파악에서 비롯하는 것이다.[59] 이를 통하여 세조 7년 7월에는 호적 개정사업이 추진되었고 호패제의 시행으로 인해 인민에 대한 파악과 지배력을 강화할 수 있었다. 또한 세조는 인민을 다스리기 위한 법제를 바로세우기 위해 〈경국대전〉편찬을 시작하게 된다. 이는 중앙에서 직접 백성들을 통치하기 위해서 실시되었고, 또한 이들을 통치하기 위한 법적인 기초를 세웠다는 점에서 중앙집권체제의 강화와 연관이 있다고 할 수 있겠다.

(3) 자기의 죄 값에 시달린 불운한 인간으로서의 세조.

아무리 세조라 해도 역시 나약한 한 인간이었다. 동생과 조카를 위시하여 수많은 사람들을 죽이고 오른 사회적 지위는 그에게 때때로 부담스럽게 다가왔을 것이었다. 치세 말년에 더욱 불도에 의지하고 역모와 관련된 이들을 복권시킨 등의 조치는 그가 자신의 행위에 대해 적지 않은 죄의식을 느끼고 있었다는 사실을 말해 준다.

죽을 때까지 그를 고통스럽게 만든 것은 단순히 왕위를 찬탈하고 조카를 죽였다는 죄책감만은 아니었다. 심리적 압박감으로 인한 노이로제에 시달렸는데, 실제였는지는 판단하기 어렵지만 단종의 어머니인 현덕왕후의 저주가 세조를 몹시 괴롭게 했다는 이야기가 전해지고 있다.

1467년(세조12년) 세조가 낮잠을 자고 있는데 꿈에 단종의 어머니인 현덕왕후가 나타났다. 현덕왕후는 얼굴에 분노의 빛을 띠고 세조를 향하여 꾸짖었다.

"너는 참으로 악독하고 표독하구나. 내 아들 단종의 왕위를 빼앗고도 그래도 부족하여 벽지인 영월로 내쫓더니, 이제는 목숨까지 끊으려 하는구나. 네가 나와 무슨 원한이 그리 심하기에 이처럼 악착스러우냐. 이제 내가 네 자식을 살려두지 않겠다."

그러면서 눈을 부릅뜨고 그의 목을 조르기 시작했다. 세조는 필사적으로 저항하여 한참만에야 겨우 현덕왕후의 손을 뿌리칠 수 있었다.

"지독한 놈! 그래도 살고는 싶은 게로구나!"

59_세조대 왕위의 취약성과 왕권강화책, 최승희, 1997, 조선시대 사학보

그러면서 왕후는 그의 몸에 침을 뱉고 사라졌다.

세조는 큰 소리로 비명을 지르며 자리에서 일어났다. 이미 온몸에 식은땀이 줄줄 흐른 뒤였다. 세조는 반정 이후에 밤마다 꿈자리가 좋지 않아 걱정하던 차에, 이런 꿈을 꾸고서 마음이 섬뜩해서 어찌할 바를 몰랐다. 얼마 후 동궁 내시가 달려와서 황급히 아뢰었다.

"전하, 동궁의 최 내관 이옵니다. 방금 전에 세자마마께서 잠을 주무시다가 가위에 눌리셔서 매우 위중하시나이다."

이 말을 듣고 난 세조가 급히 동궁에 행차해 보니 이미 세자는 목숨이 끊어져 있었다. 실로 약 한 첩 써볼 겨를도 없는 급변이었다.

세조는 맏아들의 죽음이 형수인 현덕왕후의 저주 때문이라고 여기고, 관리를 보내 현덕왕후의 능을 파헤쳐 평민의 무덤으로 만들라고 했다. 그러나 세조의 명을 받은 신하가 현덕왕후의 능을 파고 관을 꺼내려 했지만 웬일인지 관이 꿈쩍도 하지 않았다. 그래서 글을 지어 제사를 지냈더니 그제야 관이 움직였다. 능에서 꺼내진 관은 34일 동안이나 그대로 방치 당했다가 물가로 옮겨져 매장되었다.

한편, 그 이후 세조에게는 또 하나의 불행이 기다리고 있었다. 꿈속에서 현덕왕후가 뱉은 침을 맞은 곳에서 흉칙한 종기가 돋기 시작한 것이다. 종기는 차츰 온몸으로 퍼지더니 고름이 나면서 점점 악화되었다. 세조는 전국 방방곡곡의 명의를 불러 모아 치료를 받아보았으나 신통치 않았고, 그 어떤 신약을 써 보아도 별 효험이 없었다. 지푸라기라도 잡고 싶은 심정에 명산대찰을 찾아다니며 불공을 드려보기도 하지만 효험이 없었고, 결국 죽는 날까지 이 악성 피부병에 시달려야 했다.

① 세조의 맏아들 의경세자와 둘째아들 예종은 발이 썩는 질병으로 각각 20세에 요절한다(의경세자는 왕위에 오르지도 못한 채 급사하고, 예종은 왕위에 오른 지 1년 2개월 만에 사망). 세조의 손자인 성종 역시 소갈증을 심하게 앓다가 38세로 붕어한다.

② 세조의 맏아들이자 성종의 아버지인 의경세자(1438~1457)는 단종이 붕어하기 한 달 전인 1457년 9월에, 20세의 젊은 나이로 요절한다. 단종의 어머니인 현덕왕후 혼령의 살(殺)을 맞아 왕위에 오르지 못하고 횡사하였다고 전한다. 그는

세조실록 171

죽기 전에 늘 현덕왕후의 혼령에 시달렸으며, 그 때문에 병상에 누워 있을 때 21명의 승려가 경회루에서 공작재를 베풀기도 했다고 한다.

③ 문종의 비(妃)이자 단종의 어머니인 현덕왕후(1418~1441)는 1441년 단종을 출생하고 사흘 만에 죽는다. 세조 즉위 후 단종의 생모라는 이유로 종묘에서 신주가 철폐되고 능은 파헤쳐져 물가로 옮겨지는 수난을 당한다. 그 후 1513년(중종 8년)에 복위되어 현릉 동쪽 언덕에 천장되고 신주가 종묘에 봉안된다.

④ 일설에 의하면 세조가 걸린 이 악성 피부병은 다름이 아니라 용천병(용천백), 즉 문둥병이었다고 한다. 또한 세조가 이 병을 고치기 위해 오대산 상원사를 찾았다가 문수 동자를 만나 쾌유하였다는 전설도 전해진다.

3. 세조에 대한 역사적 평가

일부 역사학자들은 세조에 대해 비교적 긍정적인 평가를 내린다. 조카 단종을 살해하고 왕위를 찬탈한 것은 비난받아 마땅하지만, 세조가 아니었더라면 어린 단종을 둘러싼 구신들의 세력 다툼에 조선왕조가 위기를 맞았을 개연성이 높다는 것이다. 단종이 어리다는 것을 빙자하여 구신들이 세력다툼을 벌이자 세조가 조선왕조를 세운 이 씨 왕가의 종친으로서 불가분 일어서지 않을 수 없었다는 설명도 있다.

그런데 근래에 발굴된 자료 중 세조가 문종의 사망 이전부터 왕권을 탈취하려 했다는 정황도 제시되고 있다. 즉 세조는 어린 단종이 왕위에 오른 후 벌어진 불안한 정치상황 때문에 왕위를 찬탈한 것이 아니라, 문종의 사망에 깊숙이 관여하는 등 애초부터 왕위 찬탈을 위해 치밀한 계획을 세웠다는 것이다. 또한 문종의 의관 전순의가 수양대군의 비호를 받으며 문종의 병을 고의로 악화시켜 빨리 죽게 만들었다는 정황도 발견됐다. 세조의 비호를 받은 의관에 의해 문종이 독살된 것이나 마찬가지라는 뜻이다. 실제로 조선왕조실록은 문종이 원래 병약했으므로 오래 살지 못할 것으로 추측하고 있다. 때문에 실록은 문종이 왕위에 오른 지 3년도 채 되지 않아 사망한 것에 대해 어떠한 의문도 제기하지 않은 채 문종의 아들 단종과 동생 세조의 갈등만 주로 다루고 있다. 그러나 조선왕조실록을 다른 각도에서 살펴보면 세조가 문종의 사망에 관여했다는 정황이 여러 면에서 나타난다. 대표적인 정황은 문종과 세조의 중간 매개체 역할을 한 사람이 당시 의관 전순의이다. 문종이 사망하고 단종이 즉위하자 곧바로 문종의 사망 원인을 놓고 의관들에 대한 문책이 시작된다. 의관들에 대한 문책 등 전말의 중요 부분은 다음과 같다.

    사헌부에서 아뢰기를, "허리 위에 종기는 비록 보통 사람이라도 마땅히 삼가고 조심하여야 할 바인데, 하물며 임금이겠습니까? 움직이는 것과 꿩고기는 종기에는 금기하는 것인데, 전순의가 문종께서 종기가 난 초기에 사신의 접대와 관사등 여러 가지 운동을 모두 해로움이 없다고 생각하였고, 이어서 구운 꿩고기를 바치기에 이르면서도 꺼리지 않았습니다. 또 종기가 농(濃)하면 침으로 찌를 수 있으나 농하지 아니하면 침으로 찌를 수가 없는 데도, 전순의는 침으로 찌르자고 아뢰어서 끝내 대고에 이르게 하였으니, 비록 의원을 업으로 하지 않는 자라 할지라도 방서를 펴서 보면 일목요연한 것인데, 하물며 전순의는 의원으로서 어찌 이것을 알지 못하여서 모두 계달하지 않았겠습니까? 이를 마땅히 극형에 처하여야 하는데, 특별히 말감에 따라서 다만 전의감청지기로 정하였다가 얼마 안 되어 내의원에 출사하도록 하시니, 심히 미편(未便)합니다" 하였다.

(단종 1년 4월27일)

    하지만 단종 때 이미 복권된 전순의는 세조가 왕위에 오른 후에도 승진에 승진을 거듭하며 세조의 총애를 받는다. '세조실록'에 기록된 전순의에 대한 내용은 무려 18건이나 된다. 다음은 전순의가 세조로부터 얼마나 총애 받았는지 보여주는 내용이다.[60]

    임금이 크게 웃고 장난삼아 이구로 하여금 주먹으로 이계전을 때리게 하니, 신숙주가 말하기를, "내가 만약 손으로 때리게 되면, 비록 명의로 이름난 전순의, 임원준 같은 사람이 좌우에서 서로 교대하며 구호한다 하더라도 끝내 효험이 없을 것이다"라 말했다.

(세조 1년 8월16일)

    전순의를 자헌대부(資憲大夫) 동지중추원사(同知中樞院事)로, 임원준을 가정대부

60_조선 왕 독살사건, 이덕일, 다산초당, 2005.

(嘉靖大夫) 예조참판(禮曹參判)으로 삼았다. 전순의, 임원준은 시약(侍藥)하는 데 공로가 있었기 때문에 특별히 명하여 가자(加資)하였다.

(세조 10년 11월4일)

문종의 사망과 관련하여 의심스러운 행동을 하였음에도, 또 별다른 공헌을 세운 바도 없이 전순의는 세조가 왕위에 오른 후 1등 공신 책록에 올랐다. 이 점으로 미루어 볼 때 전순의는 세조와 사전 공모해 문종의 병증을 더욱 위독하게 만들어 사망에 이르게 한 것이 아니냐는 의문이 생긴다. 세조가 단순한 왕권 강화를 위한 목적이 아니라 처음부터 왕권 찬탈을 목적으로 하고 있었다면 문종이 보다 빨리 사망할 필요성이 있었다. 단종의 나이가 성년에 이르러 친정을 하게 되면 세조의 야욕은 물거품이 되기 때문이다. 물론 이는 역사적으로 검증되지 않은 하나의 가설에 불과하며, 단순한 추측만으로 세조에게 또 하나의 죄를 추가하는 것은 학술적으로도 온당치 못할 것이다.

한편 세조의 업적과 관련하여 나오는 평가는 대체로 일관성을 갖는다. 우선 세조는 국방 등 외치(外治)에서도 남다른 정력을 쏟았다. 그는 조선의 왕들 중에서도 남다르게 병서에 능한 데다 무인을 중용하여 정권을 잡았기 때문에 무인을 크게 우대했다. 세조는 북방의 여진족 등 야인을 회유 정토했고, 하삼도민을 평안 황해 강원도 등으로 이주시켜 북방을 개척하게 했다. 이로써 세조는 국방과 농업을 장려하는 이중 효과를 거뒀다. 이러한 업적 때문에 일부 역사학자들은 세조에게 점수를 후하게 준다. 관리들에 대한 관제 개편과 기강 확립을 통해 중앙집권제를 확립하고, 민생안정책으로 백성의 편리를 꾀했으며, 법전편찬사업과 문화사업으로 사회를 일신시켰다는 점 등이 인정되기 때문이다. 물론 정치 운영에서는 '문치'가 아닌 '강권'으로, 인재 등용에서는 실력 중심이 아닌 측근 중심 인사로 일관해 조선왕조가 후대에 갈수록 붕당정치로 변질되는 단초를 제공했다는 비판도 있다. 그러나 대부분 역사학자들은 세조가 이씨 왕조를 튼튼한 반석 위에 올려놓았다는 점에 동의한다.

그러나 왕위에 오른 과정에 초점을 맞추었을 때의 평가는 또 다른 면모를 갖는다. 만에 하나 문종의 죽음이 의관 전순의의 술수와 세조의 계략이 작용한 결과라면 세조는 반만년에 걸친 우리 겨레의 역사에서 두 명의 왕을 죽음에 몰아넣은 유일한 왕이 되는 셈이다. 이에 대한 사실 유무를 떠나 단종만 두고 봤을 때에도 유교 사상을 국시로 내세우며 탄생한 조선왕조에서 왕을 제거하고 권력을 잡은 세조에 대한 평가는 군주로서의 업적과 도덕적 정당성 사이에서 크게 엇갈린다고 할 수 있다.

그 중 대표적인 것이 계유정난의 정치적 성격에 대한 해석이다. 그 중 가장 일반적인 것은 세조의 정치적 야심에서 비롯된 것이라는 점이다. 정난의 과정에서 희생된 사육신 및 생육신 단종의 사사, 안평 등 여러 대군들의 죽음이라는 피의 희생을 대가로 하여 일어선 정권이라는 비판적 시각의 평가이다.

한편 당시의 정치적 상황이 권력의 실질적 주체가 누구인지 알 수 없는 권력공동화 현상에서 비롯된 자연스런 정치행위로 이해하기도 한다. 왕을 중심으로 해서 모든 일이 결정되는 왕도정치 체제에서의 주인은 실질적으로든 상징적으로든 군주이다. 군주는 자신의 혈족들로 왕실을 구성하고, 다른 한편으로는 왕명을 대행하는 신료로 구성한다. 이것은 곧 왕과 왕실, 신료라는 세 축이 형성됨을 뜻한다. 그러나 자의든 타의든 간에 왕권이 미약해진다는 것은 곧 전체 정치 상황을 조감하고 이를 조정하는 조율자로의 위상이 미약해짐을 의미한다. 왕권 강화에 강한 의지를 가지고 있었던 세조는 이를 받아들일 수 없었을 것이다. 종친으로서 정치에 개입하는 것에 한계를 느끼고 어린 단종을 통한 왕권 강화가 어렵다는 점을 깨달았을 때, 자신의 욕구와 사회적 상황에 있어서 어떤 절충적 측면이 사라지게 된 것이 아닐까.

한편 후세의 문학작품을 통해서도 세조에 대한 상반된 평가를 살펴볼 수 있다. 단종과 수양대군은 드라마 뿐 아니라 소설로도 많이 다루어졌다. 그 중에서 이광수의 『단종애사』와 김동인의 『대수양』은 꽤 유명하다. 두 작품은 같은 일제시대에 쓴 것인데도 그 시각은 완전히 상반된다고 볼 수 있다.

우선 이광수의 『단종애사』는 그 제목이 말해주듯이 단종에게 정통성을 부여한 소설로 12세의 어린 나이로 왕위에 오른 단종이 숙부 수양대군에게 쫓겨나 영월에서 죽은 과정을 상세히 묘사함으로써 독자들이 단종에게 커다란 연민을 느끼도록 만든 작품이다. 이광수는 세종, 문종, 단종이라는 정통성을 가진 왕들과 일제에 무단합병된 조선민족의 정통성을 동일시하는 태도를 가질 수 있었던 것이다.[61] 반면 김동인의 『대수양』은 그 제목처럼 수양대군에게 정통성을 주고 있는 작품이다. 같은 소재를 가지고 김동인은 춘원의 작품을 염두에 두고서 그와는 정반대의 시각을 보여 주었다. 즉, 김동인은 단종의 심약함을 묘사하고 오히려 수양대군을 긍정적 측면에서 다루고 있다.

관점의 차이를 분석했을 때, 이광수는 단종을 나라를 빼앗긴 우리 민족에, 그리고 수양대군을 나라를 빼앗은 일제에 비유했기 때문에 당연히 단종에게 정통성을 부여하고 있다고 할 수 있다. 1929년에 발간된 이 소설이 엄청난 반응을 불러일으켰던 것은 나라 잃은 우리 민족의 정서와 맥을 같이 했기 때문이기도 하다.

그렇다고 해서 김동인은 일제의 조선 침략을 인정했기 때문에 수양대군에게 정통성을 부여한 것이라고 보기는 어렵다. 다만 김동인은 당시 우리 민족에게 수양대군 같은 강력한 힘을 지닌 지도자가 없었기 때문에 나라를 빼앗긴 것이라는 생각에서 수양대군에게 정통성을 주었을 뿐이다. 왕권강화를 위한 수양대군(세조)의 의지에 공감한 것으로 추측할 수 있다.

세조를 다룬 시 역시 찾아볼 수 있다.

매미 쓰르라미 속에 광릉을 찾아든다.
묏등은 순순한데 골은 깊고 물은 맑고
수풀은 어찌 장한지 자꾸 쳐다보인다.

수양군 세조대왕 군과 왕이 다르고야
군인 채 그럴 것이 왕이 되어 이런가만
산에 찬 풀과 나무야 이 저 가려 자란가.

61_「단종애사」연구, 최유찬 (연세어문학, Vol.17 No.-, [1984])

여기서 영월이면 산 첩첩 물 굽이굽이
그때 어진 신하도 쉬 오가지 못한 길을
두견아 영월의 새야 예서 또한 우느냐.

김동리 선생의 3수 1편의 연시조 '광릉에서'는 세조가 잠든 경기도 남양주 광릉에서의 감회를 노래한 것이다. 첫째 수는 수목 우거진 풍광을 순순한 뭿등을 향해 경배하듯이 그려냈고, 둘째 수에선 대군으로 머물러야 할 사람이 인륜을 저버리고 왕이 된 사연을 안타까워하고 있다. 세인의 평가에서 어린 조카 단종을 죽인 세조에 대한 원망이 없을 수 없다. 셋째 수에서는 '어진 신하도 쉬 오가지 못한' 단종의 유배지 영월 땅 두견이가 광릉 숲에 와 풀어놓는 구슬픈 소리를 듣는다.[62] 라고 표현하고 있다.

같은 사건과 현상에도 보는 이의 관점에 따라 여러 진실이 존재할 수도 있다. 더구나 역사 속의 사건은 매우 한정된 사료에 의지하여 해석할 수 밖 에 없기 때문에 다양한 해석과 관점이 발생할 수밖에 없다. 세조에 대한 평가도 마찬가지이다. 다만 우리는 여기서 세조의 선택에 대해 이해의 측면이 아닌 역사적 평가를 하기 위해 짚고 넘어가야 할 부분이 있다. 그것은 바로 세조의 선택이 무엇을 위한 것이었으며, 그 선택의 결과가 후에 어떠한 영향을 미쳤는가 하는 것이다. 세조 자신의 행동이 어떠한 목표와 이상을 가지고 수행된 것인지, 그리고 그것은 과연 바람직한 것이었는지에 대한 고찰은 그를 역사적으로 평가하기 위해 꼭 필요한 척도일 것이다.

그의 집권이 정당화되기 위해서는, 그의 치세를 통해 무엇인가 뚜렷한 이상국가가 건설되어야만 했다. 그러한 국가는 어린 단종이 그의 보좌만으로 이룰 수 없었던 근본적인 개혁을 수반하는 것이어야 했다. 이를테면 세조가 왕위에 오름으로써 만 왕권이 강화될 수 있고, 이것이 세조가 생각하는 이상적인 국가상이라는 해석이 가능하다. 실제로 의정부의 권력 독점에 대한 개혁 – 육조직계제의 부활이라는 측면에서 그 정당성을 찾을 수도 있다. 결국 세조는 많은 업적을 남겼다. 그가 '경국대전'의 편찬과 직전법의 시행, 북방정벌 등등 정치, 경제, 군사, 문화면에 있어서 수없는 공적

62_[홍성란과 함께 읽는 명사들의 시조] 김동리 [중앙일보 2006-10-26]

을 쌓은 것은 누구나 인정하는 바다. 물론 그에 대한 기회비용으로 조카와 숱한 선비를 죽음으로 몰아간 것이 과연 옳은 선택이었는가에 대한 문제는 여전히 남아 있다.

4. 마치는 말

우리나라 현대사가 군사 쿠데타로 얼룩졌기 때문인지 몰라도 세조에 대한 연구는 그의 왕위에 대한 정통성에 초점을 맞추거나, 그의 일방적이고 괴팍한 성격에 초점을 맞추어 비판하려는 데에 의미를 두고자 하는 연구가 많다. 단적인 예로 어렸을 적 읽었던 만화로 그려진 역사책에서 내 머릿속에 아직까지 남아있는 세조의 모습은 성격이 급하고 과시적이며, 야심이 가득하고, 윤리성이 배제된 그런 사람이었다. 그러나 왕위에 오른 과정이 조선시대에서 강조되었던 유교윤리와 위배되는 것으로써 정통성이 결여된 모습이라 할지라도 정치가로서의 세조의 업적이나 정책의 실행여부까지 부정적인 인식을 갖고, 비판하는 것은 무리가 있을 수 있다. 또한 자신의 정통하지 못한 왕위찬탈에 대해 세조는 인간적인 고뇌의 모습도 보여주고 있는데, 그렇다고 해서 감정적으로 세조를 '어쩔 수 없이 잔인했던 불쌍한 인간'이라고 표현하고자 하는 것은 아니다. 다만 이러한 그의 고민을 통해 왕권 강화를 위한 여러 정책들이 수립되었고, 이는 문종과 단종으로 이어지면서 약화되었던 왕권을 다시 수립할 수 있는 계기를 만들어 주었다는 데에는 긍정적으로 평가할 수 있다는 것이다. 그러나 이러한 왕권 강화책이 그야말로 '부국강병'과 '민본주의'를 위해 이루어 졌다는 긍정적인 결론을 내리는 데에는 전적으로 긍정할 수는 없다. 이러한 정책 또한 그의 왕위에 대한 명분, 도덕성의 결여로 인한 취약성에 기인하여 이루어진, 다시 말해 정신적인 압박감과 불안감을 해소하기 위한 변칙으로서 행해진 것이라 판단할 여지 또한 남아 있기 때문이다.

세조에 대한 역사적 판단이 어디에 초점을 맞추고 있는지를 살펴봄으로써 그 판단의 원인을 찾아보며, 보다 바람직한 것은 그의 개인적 성향, 정치적 상황, 인간적인 고뇌, 정책의 배경 등을 다각적으로 살펴보고 분석함으로써 종합적이고 다양한 인물과 그 시대를 평가하는 것이라고 생각해 본다.

〈참고문헌〉

민족문화연구회 편, '세종실록', '문종실록', '단종실록', '세조실록'

정두희, "조선시대 인물의 재발견", 일조각, 1997. (저자 서문)

정두희, "조선시대의 대간 연구", 일조각, 1994.

최정용, "조선조 세조의 국정운영". 신서원. 2000.

정두희. "단종과 세조에 대한 역사소설의 검토;세조의 찬탈을 찬양한 이광수와 김동인의 친일 역사관". 역사비평사 권호정보 16('92 .2). 1992.

국립민속박물관. '한국무예사료총서. 3 : 조선왕조실록편 [태조-세조]' 2005.

최승희, "세조대 왕위의 취약성과 왕권강화책", 조선시대 사학보,1997

김태영, "조선초기 세조왕권의 전제성에 대한 고찰", 한국역사연구, 1994

박영규, "한권으로 읽는 조선왕조실록, 들녘, 1996

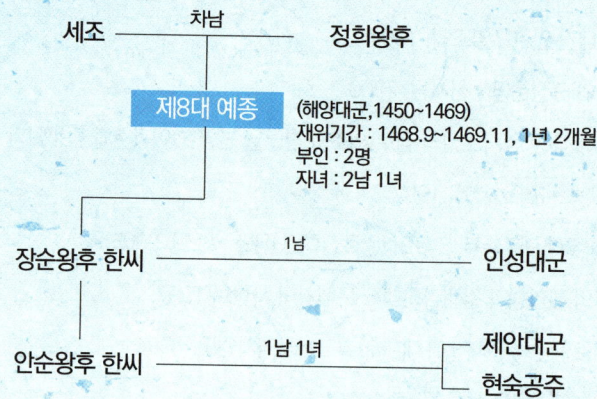

예종실록
제8대 (1450~1469년)

　예종은 세조와 정희왕후 윤 씨의 둘째 아들이다. 이름은 황이고 자는 명조이며, 초자는 평보다. 세조가 즉위한 뒤 해양대군에 봉해졌다가, 세조 3년(1457년) 9월에 형 의경세자(덕종)가 죽자 세자로 책봉되었다. 시호는 양도이고 존호는 흠문성무의인소효(睿宗欽文聖武懿仁昭孝)다. 묘호는 예종이며, 능호는 창릉(경기도 고양시 덕양구 용두동 서오릉)이다.

　1469년 3월에는 삼포에서 왜와 개인적으로 무역을 금지시켰다, 같은 해 6월에는 각 도, 각 읍에 있는 둔전을 일반농민이 경작하는 것을 허락한 직전수조법을 제정하였다했다. 이 해 6월에 세계지도 '천하도'를 완성하였고, 7월에는 조선 시대 건국 초부터 예종 때까지 발생한 국내의 정변과 전쟁, 외침사건의 전말을 기록한 책, 『무정보감』을 편찬하였다. 9월에는 상정소제조 최항 등이 세조 때에 시작한 『경국대전』을 찬진하였다. 하지만 반포는 보지 못하고 승하했다.

『예종실록』

『예종실록』은 조선 8대 왕인 예종의 재위 기간에 있었던 역사적 사실을 기술한 것으로 모두 8권 3책으로 간행된 활자본이다. 원명은 『예종양도대왕실록(睿宗襄悼大王實錄)』이다.

예종이 죽은 다음해인 1470년(성종 1년) 2월에 춘추관에서 전 왕대의 실록을 편찬하라는 왕명을 받아 사초를 꺼냈지만 당시 『세조실록』의 편찬을 위해 설치한 실록청의 작업이 끝나지 않아 곧바로 착수하지는 못했다.

어보낙서

그러나 『세조실록』의 편찬이 끝난 직후인 1471년(성종 2년) 12월에 시작하여 1472년(성종 3년) 5월에 춘추관에서 완성했다.

편찬관은 『세조실록』의 편찬 때보다 참여자가 적었고 새 인물이 참여했다. 그렇지만 동일인물들이 많다.

영관사는 신숙주, 한명회, 감관사는 최항, 지관사는 강희맹, 양성지, 동지관사는 정난종, 김수녕, 예승석, 수찬관은 김지경, 유관 등이다. 편수관은 김뉴, 고태정, 임사홍 등이다.

세조 14년(1468년) 9월 7일, 세조가 죽기 하루 전 날 선양을 받아 즉위 했으며 세조비 정희왕후 윤 씨가 수렴 청정하였다. 예종은 세자 때인 1466년부터 세조의 승명대리(承命代理)로 정치경험이 있었고, 비록 어린 나이로 왕위에 올랐으나 세조의 정치행태를 답습하여 법치주의에 입각한 강력한 왕권을 만들고자 매우 엄격한 통치를 지향했으며 선왕의 치적에 힘입은 훈구파 세력과 대립하여 개혁정책을 펼치고자 하였다.

하지만 이런 그의 의도는 신숙주, 한명회를 중심으로 한 훈구파의 견제를 받았으며 더구나 수렴 청정한 정희 왕후 마저 예종을 지지받지 못했다. 예종은 재위기간이 불과 13개월로 많은 업적은 없다.

14개월의 많은 치세

세조는 자신이 구상한 각본대로 왕위에 올랐으나 심한 피부병에 시달렸다. 그리고 아들과 며느리들은 모두 심신이 허약했다. 세조에게는 두 아들이 있었는데, 큰아들 의경세자(덕종)는 19세의 나이로 어느 날 잠을 자다가 갑자기 죽었다 그래서 몸이 허약한 둘째 아들 해양대군이세자로 책봉되었다. 차남 예종은 20세에 죽었고 예종에게서 태어난 1남 1녀도 일찍 죽었다.

예종은 1460년 4월, 세자시절 한명회의 큰딸과 가례를 올렸다. 세자빈으로 책봉된 지 1년7개월 후인 세조 7년(1461년)11월30일에 원손을 낳고 5일 만에 산후병으로 죽었다.그녀 나이 17세 이였다. 이듬해 2월 세조는 왕세자빈 한 씨에게 장순이라는 시호를 내렸다.

의경세자는 자다가 가위눌림으로 죽었다는 말도 있는데, 당시 사람들 사이에서는 단종의 어머니인 현덕왕후 권씨의 살을 맞았다고 하는 소문도 나돌았다. 이후 장순왕후와 예종마저도 죽자, 이를 두고 많은 사람들은 어린 단종을 죽이고 왕위를 찬탈한 세조가 죗값을 치르는 것이라고 했다. 세조 역시 평생 죄책감을 안고 살았는데, 말년에 불교에 심취한 사실을 보면 이를 알 수 있다.

예종은 왕위에 올랐으나 미성년으로 왕권을 직접 행사할 수 없었다. 그리하여 수렴 청정에 의한 섭정과 원상제도라는 두 형태의 지원에 의하여 왕권을 행사할 수밖에 없었다.

어머니 정희왕후 윤씨'가 섭정을 했는데, 그녀는 대담한 성격으로 일처리를 과감하게 밀고나가 유약한 예종을 잘 보살폈다.

예종 역시 섭정을 받았지만 세자 때부터 부왕의 서무 처리에 참여했기 때문에 국정 운영에 익숙해 있었다. 비록 선왕에 비해 왕권이 위축된 것은 사실이었지만 국정 운영에서는 흔들림이 없었다.

그리고 원상제도는 미숙한 예종에게 큰 힘이 되었다. 이 제도는 세조가 죽기 전에 예종의 유약한 점을 걱정하여 원로 중신들을 승정원에 매일 출근시켜 국정 전반에 관한 문제를 의결하도록 한 것이었다. 이때 원로 중신은 신숙주, 한명회, 구치관과 기타 6명이었다.

예종은 이들의 결정을 그대로 따랐으므로 사실상 형식적인 결재였다. 실제로 왕권을 행사한 것은 예종이 아니라 원로 중신들이라고 볼 수 있다. 때문에 이들 훈신들의 권력은 점차 막강해져 갔다. 이들 권력이 얼마나 강했는지는 민수의 사옥(1469년)이 이를 잘 반영한다.

당시 왕이 죽으면 사관이 각각 쓴 사초를 모아 실록을 편찬하였다. 실록의 1차 자료인 사초는 왕도 열람할 수 없었으며, 각 사관의 집에 보관하고 있다가 실록이 본격적으로 편수작업에 들어 갈 때 중앙에 바치도록 되어 있었다. 그런데 이와 같이 중요한 사초를 사관 멋대로 고친 사건이 바로 예종 대에 발생했다.

과거 세조 재위 시 춘추관의 사관을 지낸 민수가 사건의 장본으로, 그는 한명회가 딴 마음을 품고 있다는 내용을 기록한 사실이 있었다. 그는 뒤에 이 사실이 만에 하나라도 한명회에게 알려질 경우 일신상 손해가 올까 두려워 사초를 고친 것이다. 그런데 고치기는 했으나 뒤처리를 말끔하게 하지 않아 민수는 검열에 걸려들었다. 그가 범인으로 잡히게 되자, 예종이 이를 친히 국문하였다.

왕이 사초를 고친 이유에 대해 묻자, 민수는 불법인 줄 알면서 대신이 두려웠기 때문이고, 자신은 외아들이라 목숨을 연명해 가통을 잇기 위해서라고 자백했다. 이 말을 들은 예종은

"너는 훈신은 두려워하면서 임금은 두려워하지 않는구나"

하고 분통을 터뜨렸다. 이 사건으로 당시 한명회, 신숙주 등 훈신들의 권력이 얼마

예종대왕 태실 및 비

나 막강했는지를 알 수 있다.

예종은 두 형태의 섭정을 바탕으로 14개월의 치세를 이어갔다. 왕위에 오르던 그 해 10월, 남이의 역모사건을 진압하여 남이와 강순 등을 처형했고, 직전수조법을 정했다. 이듬해에는 삼포에서 왜와의 사적인 무역은 금지하고, 각 도와 읍의 둔전을 백성들이 직접 경작하도록 허용했다. 그리고 최항·김국광을 앞세워 ≪경국대전≫을 편찬하도록 지시하기도 했다.

비록 치세는 짧았지만 성실하고 철저하게 국정을 운영하여 조정은 안정을 찾아갔다.

예종은 왕권을 직접 행사하지 못한 채 일찍 세상을 떠났지만 세조 때와 마찬가지로 사헌부와 사간원 언관들에 대한 강경한 소신만은 변동이 없었다. 이것은 왕권이 안정되었다는 것을 의미하고, 예종을 뒤에서 보필한 정희왕후의 힘이 강력했다는 것을 의미하기도 한다.

옛 것을 몰아내고 새 것을 맞이할 징조

세조 재위시 여러 사건과 사고가 발생했지만, 그 중에서도 세조의 간담을 가장 서늘하게 한 사건은 이시애의 난이다. 이때 난을 평정한 사람이 남이로, 1441년 태종의 외손자로 태어났다. 17세 때 무과에 급제하여 장수가 되었고, 1467년 이시애의 난을 평정하여 적개공신 1등에 책록 되었다. 이후 여진족을 토벌하여 공조판서가 되었고, 그 이듬해 오위도총부 도총관과 병조판서를 겸직하였다.

그러나 1468년 세조가 죽고 한명회 등이 원상제도의 권력을 행사하면서부터 남이는 노골적이고 위협적인 인물로 여겨졌다. 세조의 총애를 받으며 실력자로 등장한 구성군·남이 등 종친 세력은 예종뿐만 아니라 한명회 등의 훈구세력에게도 큰 부담으로 다가온 것이다. 특히 한명회는 김종서의 권력 남용에 노골적으로 반기를 든 사람이기도 했다. 남이는 병권까지 쥐고 있던 터라 더욱 위협적으로 보았다.

한명회는 강희맹·한계희 등 훈구 세력들과 뜻을 같이하여, 남이가 국토 방위를 수행할 능력이 부족하다는 이유로 비판했다. 그리고 원상제도의 섭정을 통하여 예종이 직접 남이를 병조판서에서 물러나게 했다. 남이는 비록 서얼 출신이었지만 촌수로 따지면 세조와는 사촌 간이었고 예종에게 5촌 당숙뻘이 된다. 그런데 예종은 전부터 세조의 특별한 총애를 받는 남이를 좋아하지 않은 탓에 훈구 대신들이 먼저 비판하자 물러나게 한 것이다. 남이는 병조판서에서 겸사복장으로 좌천되었다.

남이가 겸사복장에 있을 당시 병조참지인 유자광과 우연히 자리를 같이 했다. 그런데 갑자기 하늘에서 혜성이 나타났는데, 남이가 그것을 보고 말했다.

"하늘에서 혜성이 나타난 것은 앞으로 옛것을 몰아내고 새것을 맞이할 징조다. 필시 묵은 것을 몰아내고 새로운 것이 나타날 징조구나."

유자광은 남이의 말을 조용히 듣고 있다가 그것을 왕에게 아뢰었다. 남이가 평소에 역모를 꿈꾸지 않고서는 그와 같은 말이 술술 나올 수가 없다는 것이었다. 그는 권모술수와 모사에 능한 인물로, 남이가 세조의 총애를 받는 것에 질투가 심했다. 자신도 남이와 같은 공신이면서 누구는 판서 자리에 오르고 자신은 참지에 머물러 있는 것에 항상 불만을 품고 있었다. 그는 이 기회에 남이를 완전히 없애버리기로 했다. 남이는 갑자기 역모죄로 의금부에 끌려갔으며, 역모 사건을 문초할 때 유자광이 증인으로 나와 말했다.

"남이가 말한 혜성의 출현은 왕조가 바뀐다는 징조이므로 임금이 창덕궁으로 행차할 때를 기다렸다가 없애버 리겠다는 뜻이었다."

유자광은 남이의 사건에는 문효량도 깊이 관련되었다고 말했다. 문효량은 남이와 함께 이시애의 난을 평정한 인물로, 당시 겸사복장에 있었는데, 새로 부임할 남이와 역모를 꾸몄다는 것이다. 유자광의 말에 따르면, 이들은 임금을 해치우고 다음에 한명회 일파를 제거한 다음 구성군까지 몰아내고 영의정 강순을 중심으로 새 정치를 도모할 계획으로 모의했다는 것이다.

이것이 남이의 역모 사건으로, 여기에 관련된 강순·문효량·박자하 등 30여 명은 사형당하고, 그 밖에 죄가 가벼운 자는 공신녹권을 모두 몰수당하였으며 종으로 전락시키거나 최전방 군직으로 보냈다.

남이장군묘경기도 화성시 비봉면 남전리.
경기기념물 제13호.

남이는 과격한 성격인데다 30세 전의 혈기왕성한 청년 시절 병조판서에 있었고, 예종이 즉위하자마자 밀려났기 때문에 울분이 터졌을 것이다. 평소에 가까이 지내던 무인 강순을 비롯하여 많은 사람들이 한명회 일파에게 제거당할 운명에 처했으므로 남이의 역모사건은 완전히 조작된 것만으로는 볼 수 없다.

이 사건은 임진왜란 전까지는 '남이의 역모사건'으로 규정되었다가 그 이후 유자광의 계략으로 날조된 것으로 바뀌었다. 사건의 주체와 객체가 바뀜에 따라 남이는 누명을 쓰고 억울하게 죽은 영웅으로 기록되어 있다. 유자광의 계략에 따라 날조된 것으로 기술된 기록은 이밖에도 여러 종류인데, 대표적인 것이 ≪연려실기술≫이다. 조선 중기 유학자들도 책임은 전적으로 유자광에게 있었고, 그를 모사와 계략에 능한 간신으로 본 것이다.

조선 제23대 순조 때 우의정 남공철은 남이의 후손이다. 그는 임금에게 상소를 올려 남이의 신원을 완전히 복원했다. 그에 대한 야사는 소설을 비롯하여 여러 방면에 많이 남아 있는데, 관련된 설화는 대개 원혼과의 관계이다. 그의 원혼은 신통력에 관한 것과 용맹스러운 장군의 기질을 바탕으로 무속인들 중에는 남이 장군 신을 모시는 경우도 있다.

# 예종은 몇 살 때 자식을 얻었을까?

예종은 1468년, 그의 나이 19세에 왕위에 올랐다. 그는 원래 세조의 둘째 아들이었으나 그의 형 의경세자가 20세의 젊은 나이로 죽자 세자자리를 계승했다. 그러나 예종도 어려서부터 병약해 건강이 좋지 않았다. 결국 예종은 왕이 된 지 1년 2개월 만에 그의 형처럼 20세의 나이로 생을 마쳤다.

이때 예종은 뻠의 부인에게서 2남 1녀의 자식을 두었는데 혼인을 일찍 했던 옛날의 관습에 비추어 보면 그리 놀랄 일은 아니다.

그러나 20세에 죽은 왕에게 9세짜리 아들이 있다면 어찌 놀라운 일이 아니겠는가? 예종의 정비, 바로 첫 번째 부인인 정순왕후 한씨는 바로 한명회의 큰딸이었다.

예종보다 다섯 살 위였던 한씨는 1460년 왕세자인 예종과 결혼해 이듬해에 인성대군을 낳았다. 신랑의 나이 12세, 신부의 나이 16세에 첫 아들을 본 것이다.

성종 가계도

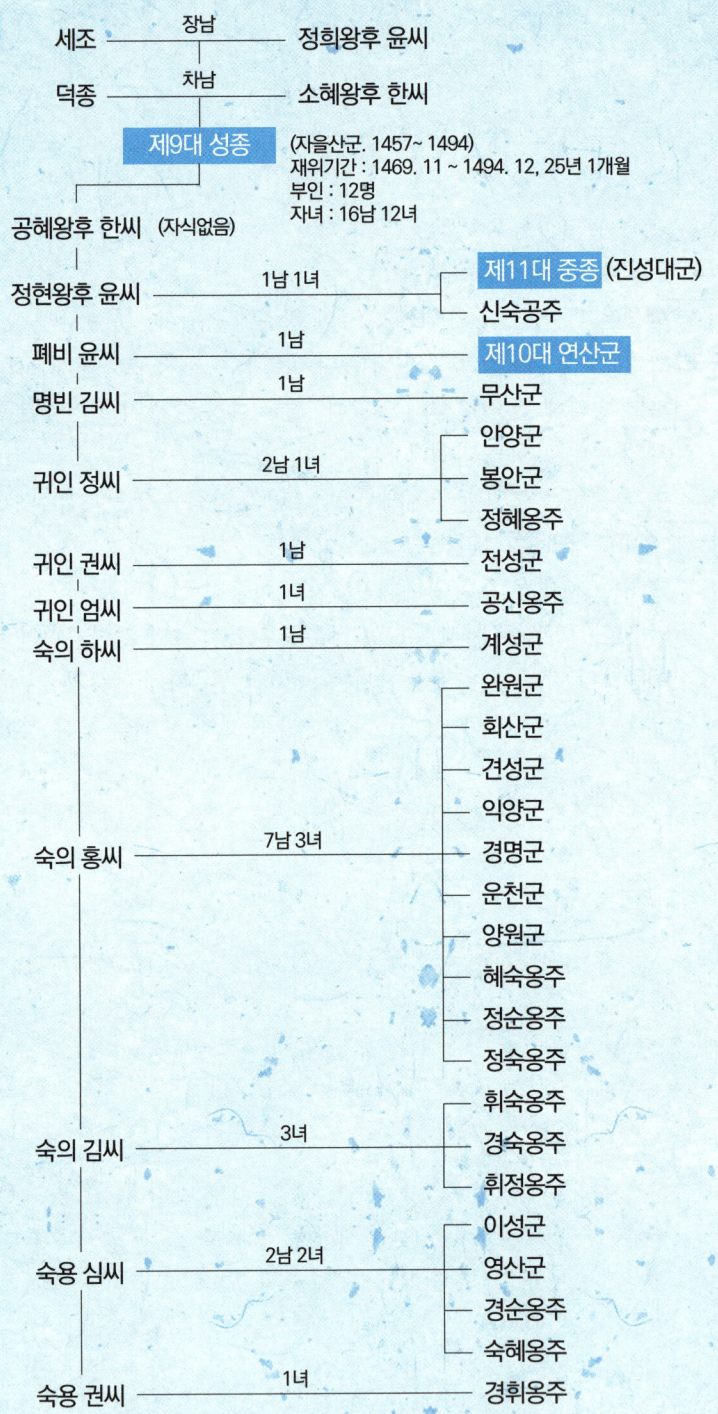

성종실록
제9대 (1457~1494년)

성종은 세조 손자로 의경세자와 소혜왕후 한씨의 둘째 아들이다. 이름은 혈이며, 자산군에 봉해졌다가 후에 자을산군으로 고쳤다.

1469년 11월 예종이 13개월 만에 죽자 할머니 정희왕후가 그를 지명하여 왕위를 이었다. 예종에겐 아들 제안대군이 있었지만 어렸고, 성종의 형인 월산군이 있었지만 병약했다. 그래서 성종이 지명을 받은 것이다. 묘호는 성종이며, 능호는 선릉(서울특별시 강남구 삼성동)이다.

성종은 학문을 좋아해 집현전의 후신 홍문관을 창설했다. 그리고 세조 때부터 편찬을 시작한 『경국대전』과 『국조오례의』를 완성했다. 또한 억불 숭유정책으로 유학을 숭상하여 유교국가의 기초를 다졌다. 이때부터 사림정치가 시작되었던 것이다.

민족문화에 관한 서적 『동국통감』과 조선의 지리서 『동국여지승람』, 『동문선』 음악책 『악학궤범』 등을 편찬했다.

『성종실록』

성종 재위기간인 1469년 11월부터 1494년 12월까지의 역사적 사실을 기록한 것으로 모두 297권 150책으로 되어 있다. 원명은 『성종강정대왕실록(成宗康靖大王實錄)』이다.

이 실록은 성종이 죽은 다음해인 1495년 노사신 등의 건의에 의해 실록청을 설치하고 편찬했다. 실록청 당상은 어세겸, 이극돈, 유순, 성현, 권건, 신종호, 조위 등이었다. 그러나 편찬 중 무오사화가 발생하여 조위가 빠졌으며 성현도 중간에 빠졌지만 그 이유를 알수 없다. 1499년(연산군 5) 2월에 완성했다.

실록 끝에 기록된 편찬자들은 영관사에 신승선, 감관사에 어세겸, 성준, 지관사는 이극돈, 박건, 유순, 홍귀달, 노공필, 윤효손, 동지관사는 조익정, 김수동 외 7명, 편수관은 표연말 외 26명, 기주관은 이전, 유순정 외 8명, 기사관은 김천령 외 36명이다.

이 실록은 분량도 많고 사회, 경제현안에 대한 기사도 충실하게 언급되어 있어 사료적 가치가 높다.

수렴청정과 파당의 시작

1469년 11월 27일 예종이 갑자기 죽자 조정은 어수선했다. 그것은 누가 뒤를 이을 것인가를 정해야 했기 때문 이였다. 예종의 적자로 제안대군이 있었지만 아직 4살이라 세자로 책봉되지 못했다. 다음 임금을 정하는 결정권은 세조의 왕비 윤 씨 정희왕후에게 있었다. 이때 신숙주가 정희왕후 사위 정현조를 닦달해 후계자를 세우도록 건의했다. 이에 대왕대비 윤 씨는 후계자로 누가 좋겠냐고 알아보라고 했다. 그러자 정현조가 신숙주에게 이 말을 전하자 이렇게 말했다.

"이 문제는 오직 대왕대비께서 결정하셔야만 하네."

이에 정희왕후는 중신들을 한 자리에 불러 입을 열었다.

"경들에게 묻겠소. 다음 임금으로 누가 좋겠소?"

"대비마마, 이것은 신들에게 물어볼 것이 아니라 직접 전교를 내리시면 됩니다."

"그래요? 흠, 지금 원자는 너무 어리고 월산군은 병약하오. 내 생각은 자을산군으로 대통을 잇게 하고 싶소."

13세 자을산군은 세조의 맏아들 의경세자의 둘째 아들로 성종임금으로 즉위하는 행운을 얻었다. 성종은 7년 동안 할머니 정희왕후의 섭정을 받았다. 정희왕후는 성종이 왕위에 오르자 그의 형 월산군을 월산대군으로, 예종의 아들을 제안대군으로 봉했다.

정희왕후가 7년 동안 수렴청정을 끝내고 성종이 친정했다. 성종은 원상 제도를 폐지하고, 김종직 등 젊은 사림파 문신들을 등용해 훈구세력들을 견제하였다. 이때 임사홍과 유자광을 멀리 유배 보냈다.

김종직은 밀양출신으로 영남 성리학파의 거두였다. 그는 성종이 실권을 잡았을 때 선산부사로 있었다. 성종은 그의 학문과 학풍을 좋아해 정희왕후가 수렴청정을 거두는 순간 등용시켰다.

그러나 등용된 사림파들은 삼사를 중심으로 세력을 키우고 자신들이 주자학의 정통적 계승자임을 자처했다. 김종직의 문하에는 김일손, 김굉필, 정여창등을 비롯해서 당대의 석학들이 모두 모여 있었다. 이때 사림파의 배척대상은 유자광, 이극돈 등의 훈구세력이었다. 그들은 권력을 남용해 부정부패를 저질렀기 때문에 탄핵대상이었다.

1483년 김종직은 우부승지에 오른 뒤 조정의 요직을 두루 거쳤다. 그는 단종을 폐위하고 죽인 세조를 비판했고, 세조에게 동조한 한명회와 신숙주 등을 멸시하였다. 김종직은 세조가 단종을 폐위한 것에 대한 반발로 '조의제문'을 남겼다. 그는 유자광을 미워했는데, 함양군수로 부임할 때 동헌에 유자광의 시가 걸려있는 현판을 당장 철거하여 불태웠다. 이것으로 인해 유자광 역시 김종직에게 원한을 품게 된 계기를 갖게 되었다.

용안을 할퀸 왕비의 손톱

폐비 윤 씨는 판봉상시사 윤기견의 딸이다. 그녀는 1473년에 성종 후궁으로 간택되면서 숙의에 봉해졌다. 1474년 한명회의 둘째 딸 공혜왕후 한 씨가 죽자 1476년 8월 왕비로 승격되었다. 공혜왕후 한 씨의 뒤를 이은 제헌왕후 윤 씨는 왕비에 오른 지 3개월 만에 연산군을 낳았다.

그러나 성종은 왕비 대신 소용 정씨와 엄 씨 처소로 발길을 돌렸다. 이렇게 된 것은 그녀들의 뒤에 성종 어머니 인수대비가 있었기 때문이다. 당시 인수대비는 제헌왕후 윤 씨를 좋지 않게 생각했다.

한편 제헌왕후 윤 씨는 성종의 총애를 되찾기 위해 두 후궁을 죽이기로 결심했다. 그래서 친정어머니가 일러준 민간 비방인 '소장방자'를 실시했다. 이것은 성종이 출입하는 후궁의 처소 길목에 시신의 뼈를 묻는 것이다. 이것도 소용없자 제헌왕후 윤 씨는 두 후궁이 서로 내통하여 자신과 원자를 죽이려 한다는 투서를 보냈다. 그러자 궁궐은 발칵 뒤집혔다.

성종은 숙의 윤 씨를 비롯해 내명부로 봉한 10여 명의 후궁들을 중전 뜰에 모아 놓고 문초했다. 그러나 거짓 투서이기 때문에 범인이 누구인지 알 수가 없었다.

며칠 뒤 성종이 윤 씨 처소에 들렀다가 투서와 동일한 종이를 발견하게 되었다. 또한 비상과 푸닥거리를 적은 비방 책까지 나왔다. 이에 윤 씨는 궁지에 몰리게 되었다. 이런 연유로 성종은 윤 씨의 폐위문제를 중신들에게 거론했지만, 원자의 생모라는 이유로 기각되었다. 대신 성종은 왕비에게 비상을 갖다 준 시녀를 처형하고, 장모 신 씨는 궁궐 출입을 금했다. 이런 처사에 불만이 많은 윤 씨가 성종을 질투한 끝에 용안에 손톱자국을 내고 말았다.

그 결과 인수대비는 성종에게 윤 씨를 폐하라고 지시했다. 1479년 6월, 성종은 윤 씨를 폐서인시켜 친정으로 쫓아냈다. 1480년 인수대비는 중전자리에 소용 정씨를 마음에 두고 있었지만 엉뚱하게 19살의 숙의 윤 씨가 간택되었다. 그것은 최고 어른인 대왕대비 정희왕후의 입김 때문이었다.

1482년 성종 13년, 연산군이 7살 때 세자책봉 논의와 함께 폐비 윤 씨의 동정론이 일어났다. 그렇지만 그녀를 몰아낸 소용 정씨와 엄 씨를 비롯한 인수대비가 반대했다. 반대의 이유는 폐비 윤 씨가 궁궐에서 나갈 때 10년 먹을 재물을 가지고 갔다고 음해했다.

그 이야기를 들은 성종은 내시 안중경으로 하여금 폐비 윤 씨를 살펴보라고 지시했다. 3년 동안 눈물로 지새운 폐비 윤 씨와 친정어머니 신 씨는 안중경을 보자 반갑게 맞았다.

이때 성종이 폐비 윤 씨에게 안중경을 보냈다는 말을 들은 인수대비는 화가 치밀었다. 그녀는 안중경에게 허위보고를 하도록 시켰다. 안중경은 성종에게 거짓을 고했다.

"폐비는 뉘우침 없이 원자 아기가 장성하면 복수하겠다고 했습니다."

이 소리를 들은 성종은 폐비 윤 씨에게 사약을 내렸고 내관과 좌승지 이세좌, 이극균 등이 사약을 들고 왔다. 이윽고 폐비 윤 씨가 사약을 마시자 입에서는 시뻘건 피가 솟구쳐 금삼소매를 적셨다. 죽어가는 순간 친정어머니 신 씨에게 유언을 남겼다.

"어머니, 원자에게 피 묻은 소매와 저의 원통한 사연을 함께 전해…… 주세요."

사약을 받고 죽은 폐비 윤 씨는 동대문 밖에 묻혔고 성종은 묘비를 세우지 않았다. 그 후 7년 만에 성종은 세자의 미래를 생각해 '윤 씨 지묘'라는 묘비명을 내렸다. 그리고 성종은 유언으로 자신이 죽은 뒤 100년까지 폐비 윤 씨에 대해 거론하지 말라고 했다.

요점정리 | 조선 성종대 정희왕후의 수렴청정에 특징

1. 성종의 즉위와 정치참여

1) 성종의 즉위와 수렴청정권의 결정

성종은 예종이 즉위 14개월 만에 승하하자 정희왕후의 후사 지명으로 즉위하게 되었다. 예종에게는 원자인 4세의 제안대군이 있었다. 그러나 정희왕후는 후사를 정하라는 신료들에게 "원자는 바야흐로 포대기 속에 있고, 월산군(月山君: 성종의 형)은 질병이 있다. 자산군(者山君: 성종)은 비록 나이는 어리지만 세조께서 그의 시강과 도량을 태조에게 견주기까지 하였다."라고 하여 의경세자(懿敬世子: 세조의 장남, 예종의 형)의 차남인 자산군을 즉위하도록 하였다. 그가 곧 성종이다. 성종의 즉위는 적장자 승계뿐만 아니라 종법의 원리에도 맞지 않는 것이었다. 물론 이미 예종의 즉위도 종법에 맞는 것은 아니었으나 기황에 종통이 예종에게 돌아갔다면 나이가 어리지만 원자였던 제안대군이 왕위계승의 서열에 앞섰다. 그러나 적장자 승계와 종법의 원리를 앞세웠지만 조선시대의 왕위계승에서는 예외의 경우가 많았고, 성종의 왕위 계승도 마찬가지였다.

성종이 즉위할 수 있었던 배경은 정희왕후의 명분대로 성종이 세조에게 칭찬을 받을 만큼 자질이 뛰어난 점도 무시할 수는 없었을 것이다. 그러나 이것은 표면적이고 의례적인 명분이고 좀 더 타당한 이유는 당시의 정치 상황에 있었다. 우선 성종의 어머니인 소혜왕후 한 씨가 두 아들 중에서 누가 더 적임자인지 고민했을 것이고, 나이는 어리지만 모든 면에서 자질이 뛰어난 자산군을 추천했을 가능성이다. 다음은 한명회[63]의 입장

63_젊어서 여러 번 과거에 응시했지만 번번이 낙방하자 나이 40세가 다되어 1452년(문종2) 음보(蔭補)로 경덕궁직(敬德宮直)을 얻었다. 친구인 교리(校理) 권람(權擥)의 주선으로 수양대군(세조)의 무리에 가담하여 무사 홍달손(洪達孫), 양정(楊汀) 등 30여 명을 추천하였고 1453년(단종1) 계유정난(癸酉靖難) 때 수양대군을 도왔다. 군기녹사(軍器錄事)가 되고, 정난공신(靖難功臣) 1등으로 사복시소윤(司僕寺少尹)에 올랐다. 1454년 동부승지(同副承旨)가 되고, 1455년 세조가 즉위하자 좌부승지(左副承旨)에 승진, 그해 좌익공신(佐翼功臣) 1등으로 우승지(右承旨)가 되었다. 이듬해 사육신의 단종(端宗) 복위운동을 좌절시키고, 그들의 주살(誅殺)에 적극 가담하여 좌승지를

이 반영되었을 가능성이 크다. 한명회는 예종과 성종의 장인이었는데, 예종의 죽음으로 권력의 향방이 어떻게 변할지 모르는 상황에서 자신의 사위인 자산군을 후계자로 추천하여 권력을 계속 장악하려 하였을 것이다. 그러나 이러한 성종의 왕위계승은 정상적인 것이 아니었고, 이에 따른 반발이 예상되었기 때문에 원상[64]들은 성복(成服)[65] 후에 즉위하는 것이 전례이지만, 먼저 즉위할 것을 청하여 성종은 예종이 승하한 날 바로 즉위하였다.

성종이 즉위할 때의 나이는 13세였다. 성종을 후사로 결정한 정희왕후에게 신숙주 등 원상들은 정사를 청정할 것을 부탁하였다. 이에 정희왕후는 "나는 문자를 알지 못해서 정사를 청정하기 어려운데 사군(嗣君)[66]의 어머니 수빈(소혜왕후)은 글도 알고 또 사리도 알고 있으니 이를 감당할 만하다."라고 하여 성종의 어머니인 수빈, 소혜왕후가 수렴청정을 해야 한다고 주장하였다. 이때 소혜왕후 한씨가 수렴청정권자로 추천을 받은 이유는 글을 알고 있다는 것과 왕의 어머니라는 것이었다. 그렇지만 정희왕후는 계속되는 원상들의 요청으로 수렴청정을 허락하였다. 정희왕후가 이를 수락하자 중앙과 지방에 대왕대비의 수렴청정을 유시하였다. 이로서 정희왕후는 조선에서 최초

거처 도승지에 올랐다. 1457년 이조판서가 되고, 상당군(上黨君)에 봉해졌으며, 이어 병조판서를 거쳐, 1459년 황해·평안·함길·강원 4도의 체찰사를 역임하였다. 한명회는 활쏘기에도 능했고 문치보다는 병권에 재능을 보였다. 오지였던 북방으로 파견을 나가는 일에도 망설임이 없었고 북방을 견고하게 하는데 남다른 공적을 쌓았다. 이 일로 한명회에 대한 세조의 신임이 더욱 두터워졌고 1461년 상당부원군(上黨府院君)에 진봉되었다. 이듬해 우의정이 되고, 1463년 좌의정을 거쳐 1466년 영의정이 되어 병으로 한때 물러났다. 1467년(세조14) 이시애(李施愛)의 난 때 반역했다고 하여 체포되었으나 혐의가 없어 풀려났고, 다음해 세조가 죽고 이 해 남이(南怡)의 옥사를 다스린 공으로 익대공신(翊戴功臣) 1등에 올랐고, 1469년(예종1) 영의정에 복직하였다. 예종이 갑자기 죽고 사위인 성종이 즉위하자 어린 왕을 대신하여 정무를 맡아보는 원상(院相)이 되어 서정(庶政)을 결재하였다. 이때도 병권에는 관심이 높아 병조판서를 겸하였고 그의 세도는 절정에 이르렀다. 1471년 좌리공신(佐理功臣) 1등이 되고, 그 해 춘추관영사(春秋館領事)에 이르렀다. 평소 몸이 쇠약했던 공혜왕후가 세상을 떠나자 한명회의 권세도 추락하기 시작하였다. 1474년(성종5)에 영의정과 병조판서에서 해임되었고 자신의 정자인 압구정에서 명나라 사신을 사사로이 접대한 일로 탄핵되어 모든 관직에서 삭탈되었다. 세조의 묘정에 배향되고, 1504년(연산군10) 갑자사화(甲子士禍) 때 연산군의 어머니인 윤비(尹妃) 사사(賜死) 사건에 관련되었다 하여 무덤을 파헤치고 시체는 토막 내어졌으며 목을 잘라 한양 네거리에 걸렸다. 후에 중종반정이 일어나 신원되었다.

64_원임(原任)·시임(時任)의 재상들을 임명하여 국정을 의논하였다. 뒤에는 시임 3정승을 원상으로 임명하는 것이 관례가 되었다. 세조 말년에 어린 세자(예종)가 승명대리(承命代理)로 정무를 맡아보고, 1468년 예종이 즉위하자, 신숙주(申叔舟)·한명회·구치관(具致寬) 등 중신들이 승정원에서 어린 왕을 보좌하고 정사를 처리한 것에서 비롯되었다. 이후 승정원의 권한이 크게 강화되었다. 1469년 13세로 즉위한 성종 때도 대비(정희왕후)가 섭정을 하면서 이를 두었다. 1545년 명종 때, 1567년 선조 때도 대비가 섭정하면서 원상을 따로 두었다.

65_상례(喪禮)에서 대렴(大殮)을 한 다음날 상제들이 복제(服制)에 따라 상복(喪服)을 입는 절차를 말한다.

66_사왕과 같은 말로, 왕위를 이은 임금을 뜻한다.

로 정치에 공식적으로 참여하였다.

정희왕후는 수렴청정을 하던 중에도 소혜왕후가 수렴청정을 할 것을 희망하였다. 1470년(성종원년) 수재·한재를 비롯한 자연재해와 직전과 탈세의 폐단이 제기되었을 때 정희왕후는 천심이 자신에게 부합하지 않는다 하며 "인수대비가 총명하고 사리에 밝아서 사체를 아니, 내가 큰일을 전하여 맡기고자 하는데 어떠한가?"라고 그 뜻을 밝히기도 하였다. 그러나 이는 원상들의 반대로 실행되지 못하였다.

정희왕후가 성종의 모후였던 소혜왕후의 수렴청정을 희망하였던 데에는 수렴청정이 어린 왕을 보호하고 성장시키는 것이고 그러기에는 모후가 적절한 인물이라는 정희왕후의 인식을 반영한 것이라 생각된다. 그러나 정희왕후가 원상들의 뜻과 그들의 협력관계 속에 성종을 즉위하게 하였고 수렴청정을 하게 되었기 때문에 조선의 수렴청정은 시작부터 모후가 아닌 왕실의 가장 어른이 시행하는 것이 되었다.

왕실의 가장 어른이 수렴청정권을 행사하는 것은 조선시대 이전의 섭정과 다른 점이다. 즉, 고려시대까지 시행되었던 섭정은 왕의 모후가 하여 아들의 왕위를 지키고 아들을 보호한다는 측면이 강조되었다. 그러나 조선에서 최초로 시행된 정희왕후의 청정이 왕의 모후가 아닌 왕실의 가장 어른이 정치에 참여하게 된 것은 모자관계라는 사적 관계를 바탕으로 행해지는 것이 아니라는 것을 보여주는 것이다. 즉, 선황의 적처이며 왕실의 가장 어른이 어린 왕을 보호하여 정치에 참여하게 된 것은 그만큼 수렴청정을 하는 대비의 지위를 높여주는 의미를 지닌다. 특히 정희왕후의 수렴청정은 원상들과의 협의를 통해 결정된 것이며 이후 성종대의 국정은 정희왕후와 성종, 원상들이 논의하여 운영하였다. 대비의 정치참여는 어린 왕을 보호하는 것만이 아니라 관료 제도를 유지하는 방향에서 이루어졌다. 이러한 경향은 이후 수렴청정에도 영향을 주었다.

2) 최초로 시행된 수렴청정으로 인식

정희왕후의 수렴청정은 조선에서 최초의 경우로 인식되었다. 이러한 인식은 이후 수렴청정이 이루어질 때 "송조의 선인태후와 국조)의 정희성모의 고사에 의거하여 대왕대비가 수렴하고 함께 청정할 것을 청하였다."라고 한 것에서도 알 수 있다. 그런데 정희왕후가 수렴청정을 처음으로 행했던 것이 예종 대인지 성종대인지에 대해서는 서로 다른 인식이 있어 혼란을 준다. 조선 말기인 고종대편찬된 『증보문헌비고』 「태후」 편에는 "정희대비 윤씨가 예종 즉위년에 수렴청정을 하였다"고 기록되어 있다. 그리고 여러 연구서에서도 세조 승하 후 19세의 예종이 즉위하였으나 나이가 어려 정희왕후가 수렴청정하고 원상들이 국정을 의결하였다고 서술되어 있다. 또한 이 때 정희왕후는 국왕과 자리를 함께 하고 모든 정무를 일일이 결재하게 되었다고 하였다

1468년(세조14) 9월 7일, 세조는 "내가 정차 세자에게 전위하겠으니 그에 대한 모든 일을 판비[67]하라."라고 하였다. 이때 세조는 병이 위중하여서 세자에게 전휘라고 상왕으로 물러나고 예종이 즉위하였다. 예종은 즉위교서에서 "군국의 중한 일은 승품[68]하여 행하겠다."고 하였다. 예종은 아직 미성년인 19세에 즉위하였지만, 1467년(세조13)부터 서무를 대리하고 있었다. 즉, 1467년 2월 세자에게 정사를 재결할 것을 명한데 이어서 3월에는 서사를 의논하여 정하도록 하였다. 그리고 세조가 세자에게 전위하고 살아있었기 때문에 상왕의 의견을 따르겠다는 의미에서 '승품한다.'고 한 것이다. 그러나 세조는 예종이 즉위한 다음날에 승하하였다. 따라서 정황상 세조의 비이자 당시 궁중의 최고 어른인 예종의 어머니 정희왕후가 수렴청정을 해야 할 상황이 빚어지게 된 것이다. 그렇지만 『예종실록』에는 이때 정희왕후가 수렴청정을 하였다는 기록이 없다.

대비의 수렴청정을 쉽게 결정되는 것이 아니다. 신료들이 여러 차례 청하면 마지못해 수락하는 형식을 띄고 있으며 수렴청정에서 물러나는 철렴시에도 신료들이 철렴을 만류하는 과정을 거치고 왕이 친정교서를 내린 후에야 직접 정무를 담당하는 과정을 거치게 된다. 그런데 예종 대에서는 그러한 절차가 전혀 보이지 않는다. 그렇기 때문에 정희왕후가 예종대에 실제 수렴청정을 하였다고 보기는 힘들다. 또한 이는 후대에 정희왕후가 수렴청정을 통해 성종을 보좌하였다고 칭송한 것에 미루어 알 수 있

67_형편과 경우에 따라서 일을 융통성 있게 잘 처리하여 준비한다는 뜻이다.
68_정사와 관련한 일 등을 물어서 그 명령에 따른다는 뜻이다.

다. 1800년 순조가 즉위하고 정순왕후김씨가 수렴청정을 하게 되면서 내려진 '수렴청정 영교문'에서 "우리나라의 정희왕후가 성묘를 도와서 끝내 중흥의 밝은 정치를 이룩하였다."라고 정희왕후의 수렴청정을 칭송하였다. 이것은 조선에서 최초의 수렴청정은 성종대 정희왕후가 시행했다는 인식을 반영한 것이다. 그러므로 예종이 즉위했을 때 정희왕후의 수렴청정은 행해지지 않았다. 따라서 조선에서 처음으로 이루어진 수렴청정은 12세의 나이로 즉위하는 성종대에 시작된 것이다.

2. 청정의 시행

1) 수렴 설치 이전의 청정

수렴청정의 사료상 공식 명칭은 '수렴동청정'이다. 즉, 발을 내리고 함께 정치·정무를 듣는다는 의미이다. 이때 수렴은 국왕이 친정하기 어려운 상황에서 왕실의 가장 어른인 왕대비나 대왕대비가 공식석상에서 정무에 참여하기 위한 하나의 절차이다. 왕대비나 대왕대비가 국왕·신료들과 함께 정치에 참여할 때 발을 설치하는 것은 유교적 이념인 내외법에 근거한다. 즉, 남녀가 유별한 유교의 질서에서 왕실의 가장 어른이고 국정 운영의 실제라 할지라고 여성인 이상 왕·신하들과 직접 대면하는 것을 지양한다는 것이다. 그러므로 수렴의 설치는 유교적 산물이라 할 수 있다. 그러나 조선에서 최초로 수렴청정을 하였다고 인식된 정희왕후는 수렴을 설치하지 않고 정국을 운영하였다.

수렴의 설치는 수렴청정이 제도적으로 정비되어 가는 과정을 알게 해준다. 순조가 즉위하였을 때 마련된 '수렴청정절목'에는 "이번에는 대왕대비전과 대전이 함께 청정하는지라……."라고 명시한 부분이 있다. 이 기록을 보면 이번에는 함께 자리하므로 함께 자리를 하지 않는 경우도 있었다고 볼 수 있다. 그리고 함께 자리하지 않는 경우는 대비가 직접적으로 정치에 참여하지 않았다거나 그 방식을 달리 했을 것으로 유추해볼 수 있다.

최초로 수렴청정을 시행한 것으로 알려진 정희왕후는 발을 설치하지 않은 채 정치에 참여하였다. 이러한 점은 정희왕후가 청정을 할 때 수렴을 설치할 것인가에 대한 논의가 없었으며 사료상에도 '수렴'이라는 기사는 보이지 않는 것에서 알 수 있다. 즉, 정희왕후는 수렴을 하지 않은 채 국정을 운영한 것이다. 이것은 명종 즉위 후 문정왕후가 수렴청정을 하게 되면서 더욱 명백해졌다. 명족이 즉위한 후 영의정 윤인경[69]과 좌의정 유관[70]이 문정왕후에게 수렴의 예절을 갖출 것을 청하면서 "정희왕후 때의 일기를 상고하여 본 바 아무 날 아무 궁전에 나아가셨다는 사례가 있는데, 정희왕후께서 성종과 같이 앉아 청정하였습니다." 하였고, "정희왕후 때의 일기를 상고하여 본 바 수렴한 사실이 보이지 않습니다. 그러나 수렴하는 것은 예로부터 있어 온 일이니 지금도 설치하지 않을 수 없습니다."라고 하였다. 이를 보면 문정왕후의 수렴청정이 정희왕후의 선례를 따라 실시하려는 것을 알게 한다. 즉, 정희왕후가 성종과 함께 조정에 나아가 왕과 함께 앉아 정무를 처리했으므로 문정왕후도 이를 따를 수 있다고 말한 것이다. 또 수렴의 설치도 정희왕후의 선례를 따르려 하였으나 정희왕후는 수렴을 설치하지 않았음을 알 수 있다. 정희왕후는 성종과 함께 임어하여 직접 신하들을 만나 정무를 논의하였으나 수렴을 설치하였다는 기록을 찾을 수 없다.

따라서 정희왕후는 수렴을 설치하지 않고 왕과 함께 정국을 운영하였으며 수렴의 설치에 따른 위차 논의도 성종대에는 이루어지지 않았다. 정희왕후가 정치에 참여할 때 수렴을 설치하지 않은 이유는 시기적으로 조선에서 성리학이 발전하여 정치이데올로기화 하기 이전인 것이 그 이유이다. 즉, 조선에서는 성종대 사림들이 등장하게 된 이후 16세기에 가서 성리학이 발전하고 사람들이 공론에 의한 정치를 하게 된다. 아직 성종대에는 내외법에 대한 인식이 강하지 않았기 때문에 수렴을 설치하지 않았던 것이다.

69_1506년(중종1) 별시문과에 급제, 학록(學錄)이 되고, 예조참의(禮曹參議)를 거쳐 1526년 충청도관찰사를 지냈다. 1536년 예조판서에 승진, 호조·이조 판서를 지내고, 우의정에 올랐다. 1545년(인종1) 좌의정이 되고 이어 영의정에 올랐다. 인종이 죽자 원상(院相)으로서 국사(國事)를 맡아 처결하고, 명종이 즉위하자 위사공신(衛社功臣) 1등에 책록되고 파성부원군(坡城府院君)에 진봉되었다.

70_1507년(중종2) 증광문과에 병과로 급제한 뒤, 정언(正言)·지평·장령·부승지·강원도관찰사·대사헌을 거쳐 병조와 형조 및 이조의 판서를 역임하고 좌찬성에 이르렀다. 1543년 국경지대의 정지정책에 따라 평안도관찰사가 되어 남쪽 하삼도(下三道) 백성들을 평안도지방으로 이주시키는 일을 지휘하였다. 1545년(인종1) 우의정을 거쳐 좌의정이 되고, 인종이 죽고 어린 명종이 즉위하자 원상(院相)이 되어 서정(庶政)을 총관하였으나, 정권을 장악한 소윤(小尹)일당이 일으킨 을사사화로 서천(舒川)으로 유배되어 가던 도중 과천(果川)에서 사사(賜死)되었다. 선조 때 복관되어 중종의 묘정에 배향되었다.

요컨대 정희왕후는 수렴청정을 한 것이 아니고 발을 설치하지 않은 채 직·간접적으로 정치에 참여한 것이다. 그러나 정희왕후의 청정이 최초의 수렴청정으로 인식되었던 것은 수렴청정이 발을 치고 정치에 참여하는 정치제도이기도 하지만 어린 왕이 즉위하였을 경우 왕실의 어른이 왕을 보호하고 성장시키기 위해 정치에 참여하는 정치운영의 방식이기도 했기 때문이다. 이러한 수렴청정이 지닌 이중적인 의미로 인해 정희왕후의 청정은 수렴청정으로 인식되었고 이것이 조선시대 수렴청정의 효시로 인식되고 선례로 삼게 되었던 것이다.

2) 정희왕후의 청정 양상

성종대 정희왕후는 전교 의지를 하교하여 정국을 운영하였다. 전교는 주로 직접 신하들에게 하교하는 정희왕후의 명이었다. 정희왕후는 원상·승지(承旨)들과 함께 정무를 의논하고 이때 전지·전교를 통해 하교하였다. 정희왕후의 국정운영 상대는 원상과 승지였지만 인견[71]을 통해 그 외의 신하들도 만나 소견하거나 정무를 논의하였다. 이렇듯 정희왕후가 신하들과 면대하여 정무를 논의하고 전교를 내리는 것은 직접적인 정치참여라 할 수 있다. 그러나 이러한 직접적인 정치참여도 수렴을 설치하는 것과는 차이가 있다. 후대에 수렴청정을 시행한 대비들은 편전에 수렴을 설치하고 관료들의 보고를 듣고 결정을 하고 국사를 논의하였다. 이는 공적영역에서 직접적으로 정치에 참여한 것이다. 그러나 정희왕후는 비록 원상·승지들과 국사를 논의하고 인견을 통해 신하들과 대면하지만 격식을 갖춰 공적 영역에서 정국을 운영한 것이 아니다. 그리고 직접 대면보다는 하교를 통한 정치참여가 주된 방법이었다. 이것이 청정과 수렴청정의 차이점이다.

수렴청정을 대비가 정무를 대신하는 것이 아니라 왕과 함께 하는 것이다. 그러므로 왕과 대비는 국정을 분담하거나 함께 처리하였다. 성종의 정사 처리는 1470년(성종원년) 3월 3일의 기록을 통해 알 수 있다. 선정전에 나아간 성종은 승지들이 일을 아뢰면 친히 결정하였고 혹은 원상에게 의논하거나 혹은 대왕대비에게 아뢰도록 명하

71_신하를 불러 들여 만나보는 것을 뜻한다.

였다. 그리고 정사를 보는 것이 파하면 승지가 아뢴 일을 다시 대왕대비에게 '품(稟)'하여 시행하였다. 이날의 정무 처리를 기본으로 하여 이후 수렴청정 기간 내에 성종의 정치참여도 이루어졌다.

　수렴청정 기간 동안 성종의 국정 운영은 육조[72]의 업무 경재와 상소 처리, 경연을 통해 이루어졌다. 육조직계제[73]가 시행되었던 성종대에는 육조에서 업무보고를 성종에게 하였다. 또한 상소도 우선 성종에게 전해졌다. 이러한 보고나 상소에 대해 성종이 직접 전교를 내리기도 하지만 많은 경우 정희왕후에게 물어 본 후 명을 내리는 형식을 취하였다. 또한 신하들의 건의에 대해 대왕대비에게 물어보고 처리하겠다고 하였다. 즉, 어떤 논의사항이 발생하면 "내가 마땅히 대비께 아뢰어 명을 받도록 하겠다."라고 하여 정희왕후에게 물어보고 처리하였다. 그리고 정희왕후가 전교한 뜻을 받아서 명을 내리기도 하였다. 1473년(성종4) 사옹원 도제조 김질[74]이 수라상의 감선[75]을 낭청이 아니라 제조에게 맡길 것을 청하였는데 성종이 전교하기를 "지금 경의 뜻을 가지고 아뢰었더니 대비께서 전교하시기를 '낭청도 역시 조관이니 감선해서 무방하지만 제조가 하루에 세 번 감선하니 마음이 편하지 않다.'하니 대비의 뜻이 이와 같

72_기능에 따라 서정(庶政)을 분담하고 집행하던 6개의 중앙관청인 이조(吏曹)·호조(戶曹)·예조(禮曹)·병조(兵曹)·형조(刑曹)·공조(工曹)를 말한다.

73_6조의 판서가 나라 일을 왕에게 직접 보고하도록 한 제도이다. 《경국대전》에 의하면 조선 왕조는 최고 합의기관인 의정부가 모든 국가의 업무를 처리하도록 하고, 6조는 이를 실행에 옮기도록 하는 의정부서사제(議政府署事制)를 채택하고 있다. 따라서 6조의 판서는 자신이 담당한 업무를 의정부에 보고하도록 되어 있다. 이 제도는 의정부의 권한이 강화되는 것으로 왕권을 견제하는데 유용한 수단이 되었다. 그러나 왕권을 강화할 필요를 느꼈던 태종(太宗)과 세조는 의정부의 권한을 축소하기 위해 6조의 판서로 하여금 모든 업무를 국왕에게 직접 보고하도록 하였다. 6조 판서로부터 업무에 관한 사항들이 보고되지 않음으로 인해 의정부는 그 기능이 유명무실하게 되었다. 이 제도를 6조 직계제라 한다. 태종은 6조의 장관인 판서가 정책결정권을 가질 수 있도록 정2품으로 높이고, 모든 정무를 6조에서 왕에게 직접 상계하도록 함으로써 실질적인 최고의 행정판서가 되도록 하였다. 이와 같이 6조의 기능이 강화된 것은 공신 계열의 재상권을 약화시키는 반면 태종의 왕권을 강화시킴으로써 국왕 중심의 집권체제 정비를 가져왔다. 세조 때의 6조 직계제 부활도 같은 이유에서였다.

74_음보로 충의위(忠義衛)에 속하여 부사직(副司直)에 이르렀을 때 사가독서(賜暇讀書)를 청원, 허락받았다. 성균관에서 참상관의 수학제도가 이로부터 비롯되었다. 1450년(문종즉위년) 추장문과에 정과로 급제, 주부에 제수된 뒤 사간원우정·병조좌랑을 지냈다. 그 무렵 성삼문(成三問)·최항(崔恒)·신숙주 등과 함께 문종(文宗)의 사랑을 받았다. 1455년(세조1) 성균관사예(司藝)가 되고, 다음해 성삼문 등과 단종 복위의 거사를 꾀하였다. 여러 번 기회를 놓치고 위험을 느끼게 되자, 동지들을 배반하고 세조에게 고변하여, 이른바 사육신사건을 일으켰다. 그 공로로 군기감판사(軍器監判事)가 되고, 이어 좌익공신(佐翼功臣) 3등에 책록, 상락군(上洛君)으로 봉하여졌다. 평안도관찰사·공조판서·병조판서·우참찬(右參贊)·경상도관찰사 등을 거쳐, 1468년 우의정, 이어 좌의정으로 승진하였다. 그때 영의정 한명회·신숙주 등과 함께 원상(院相)세력을 형성하였다. 이들 원상세력과 함께 나이 어린 예종과 성종 초기에 국정서무를 주관하고, 정치적 영향력이 큰 구성군(龜城君) 준(浚)을 제거하였다. 1471년(성종2) 좌리공신(佐理功臣) 2등에 책록되고, 1474년 우의정으로 주문사(奏聞使)가 되어 명나라에 갔다가 이듬해 돌아왔다. 세조의 공신으로 특히 세조의 병제개편에 깊이 관여하였으며, 《경국대전》편찬에도 참여하였다.

75_임금에게 올리는 음식과 그릇 따위를 살펴보는 일을 맡아보는 것을 말한다..

기 때문에 윤허할 수 없다"하였다. 이와 같이 성종은 정희왕후에게 아뢰고 전교·의지를 받아서 다시 그것을 신하들에게 하교하는 식으로 정무를 처리하였다. 이는 성종이 국정을 운영하되 정희왕후는 하교를 통해 간접적으로 정치에 참여한 것이라 할 수 있다.

성종의 국정운영은 경연을 통해서도 가능하였다. 경연은 왕의 학문적 성장을 위해서 시행하는 제도로 경연 석상에서는 당시의 정국에 대한 논의가 진행되었다. 정희왕후는 경연에 관심을 갖고 운영과 관련된 하교를 여러 차례 내렸다. 성종이 어린 나이에 즉위하여 처음 경연을 하는 것이므로 보다 효율적인 경연이 되기 위하여 경연관의 구성과 경연 방법을 논의하여 하교하였다. 성종이 문리(文理)에 통달하지 못한 것은 음과 뜻을 진독[76]하여 습독하도록 하였다. 이를 위해 진강[77]을 잘한다는 경연관을 들이거나 조강에 참여한 당상관이 주강에도 그래도 들어가 수업의 연속성을 유지하도록 하였다. 또한 학습효과를 높이기 위해 주강에서 전일 수업한 내용의 음과 해석을 각기 한 번씩 읽도록 하였다. 그러나 왕이 피곤할 수 있다는 원상들의 건의를 받아들여 대문만 해석하는 것으로 결정하였다.

이렇듯 정희왕후는 성종의 경연을 효율적으로 운영할 것을 강조하였으나 직접 참석하지는 않았다. 이것은 1474년(성종5) 8월에 경연에서 이효지에 대한 처벌을 의논하는 기사를 통해서도 알 수 있다. 이때 강을 마친 성종은 "내가 대비께 여쭈어 보았는데 대비께서 전교하기를 '이효지 등을 부처하는 것도 율 밖의 형벌인데, 더하는 것은 불가하다.'고 하셨다."라고 하여 정희왕후의 뜻을 간접적으로 전하였다. 경연에서 논의되는 국사는 성종이 보고, 정희왕후의 하교를 내려 국사를 처결하는 방식을 보여준 것이다. 다만 정희왕후가 경연에 참석하지 않았기 때문에 경연석상에서의 자리 배치에 관한 논의가 진행되지 않았다.

정희왕후의 정치참여는 대비가 직접 왕과 함께 발을 치고서 정사를 담당하는 정치제도로서의 수렴청정은 아니었다. 대체로 원상들과 직접 논의를 하였지만 이는 격식

76_임금이나 왕세자(王世子)가 공부를 할 때 주위의 신하들이 글을 읽어 주던 것을 이르는 말이다.
77_임금 앞에 나아가 경서(經書) 등을 강론(講論)하는 것을 말한다.

을 통한 공적영역에서의 정치참여라 하긴 어렵다. 정희왕후는 대신 대부분 성종을 통한 간접정치를 행하였다. 물론 청정기간 동안 정희왕후는 실질적으로 국정을 운영하였으나 형식상으로는 간접적인 정치참여를 하였던 것이다. 이러한 정희왕후의 청정에 대해서 당시의 신료들은 대개 정무를 청단[78]한다고 하였으나 때로는 수렴청정을 하였다고 인식하였다. 이것은 대비의 간접정치를 통해 정국 운영상 원상들의 발언권이 확대된 성종대 정치사의 한 특성으로 이해할 수 있다. 한편 이러한 인식의 차이는 수렴청정이 정치제도이면서 정치운영방법이라는 이중적인 성격을 지니고 있기 때문에 발생한 현상이다. 또한 중국의 고사에 따라서 수렴청정을 시행하였다는 것을 강조하면서 발생한 인식이다. 그러므로 정희왕후가 조선시대에 최초로 수렴청정을 하였다는 것은 엄밀한 의미로는 맞지 않는다. 그러나 수렴청정을 정치운영으로 볼 때는 잘못된 인식도 아니다. 그러므로 정희왕후의 청정은 최초의 정치참여이며 최초의 수렴청정은 문정왕후의 수렴청정이라 할 수 있다.

78_일을 처리할 때 다른 사람의 의견을 청취한 뒤에 결단하는 것을 말한다.

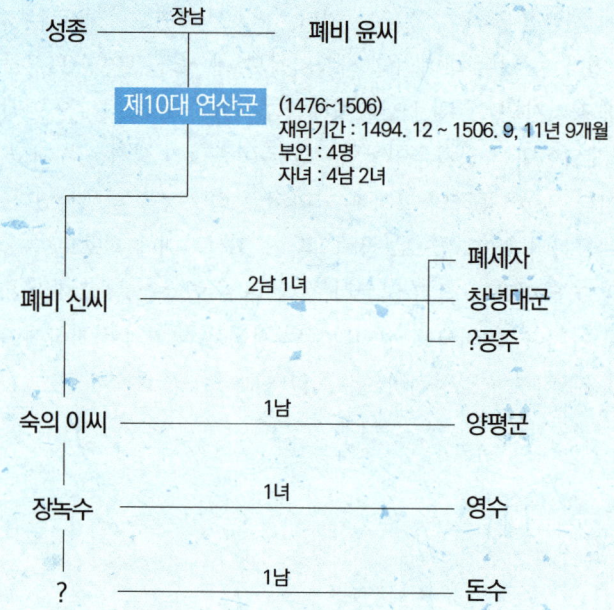

연산군일기
제10대 (1476~1506년)

연산군은 성종의 원자이며, 부인은 영의정 거창부원군 신승선의 딸이다.

1494년 성종이 죽자 즉위하였는데 그의 실정으로 1506년 중종반정이 일어나 재위 12년 만에 폐왕이 되고 연산군으로 강봉되어 강화 교동에 유배되었다가 그 해에 병사했다. 1512년(중종 7) 폐비가 된 부인 신 씨가 건의하여 묘를 강화에서 서울 도봉구 방학동으로 이장시켰다.

연산군

● **무오사화** : 1498년 성종실록 편찬 때 김일손이 사초에 적은 김종직의 조의제문이 세조의 즉위를 비방한 것이라 하여, 김종직을 부관참시하고 김일손,권오복등을 처형했으며, 정여창, 이주, 김굉필, 강혼 등을 귀양보냈다.

- **갑자사화** : 1504년에는 어머니 윤씨가 폐비되어 사사되는 사건과 관련했던 후궁들과 윤필상, 이극균, 김굉필 등 수십 명을 살해하고 한치형, 한명회, 정창손, 정여창, 남효온 등을 부관참시했다. 이 옥사에서는 김종직 문하의 사림파와 함께 훈구파의 거목들도 대거 참화를 당했는데 연산군의 사치와 향락을 위해 훈구 재상들의 토지를 몰수하려하려는 훈구파의 반발을 제거하기 위함이였다.
- 사간원을 폐지하여 언로를 막고 성균관 학생들을 몰아내고 성균관을 철폐해 자신의 놀이터로 삼았으며 향락에 빠져 국고를 탕진 하였다.

『연산군일기』

『연산군일기』는 조선 10대 왕 연산군의 재위기간인 1494년 12월~1506년 9월까지 11년 9개월 간의 역사를 기록한 것으로 모두 63권 46책으로 활자로 간행되었다. 연산군은 중종반정에 의해 폐위되었기 때문에 실록이라고 하지 않고 일기라고 했다.

연산군 묘 1506년(중종 1) 연산군이 죽자 바로 일기청을 설치했지만 감춘추관사 김감이 귀양을 가는 등 여러 사정으로 인해 곧바로 편찬에 착수하지 못했다. 다음해 4월에 중종반정의 주역이던 성희안을 총책임자로 삼고 기타 편찬자들을 임명했다. 임명원칙은 연산군 시대에 소외된 인물들을 중심으로 했다. 그러나 연산군 때 김일손의 사초 사건으로 원인이 된 무오사화의 여파와 함께 반정으로 집권한 초기의 상황이었기 때문에 사관들이 사초를 제출하지 않았다. 또한 새로 임명된 편찬관 조차 전직운동을 하는 등 작업이 순조롭지 않았다. 더구나 연산군 당시 사관들이 활동하지 못해 사초가 제대로 남아 있지 않았다고 한다.

이에 따라 사초 누설에 대한 엄벌규정을 세웠으며, 사초 누설로 무오사화를 일으킨 이극돈, 윤필상, 유자광 등의 관직을 추탈하고 재산까지 몰수했다. 이와 함께 일기청 관원은 전직할 수 없다는 규정을 세우기도 했다.

지문에 얽힌 비밀

연산군이 즉위한 후 4년 동안은 퇴폐풍조와 부패를 척결한 성군정치를 폈다. 또한 유능한 학자들에게 휴가를 주어 독서에 전념케 했다. 그리고 『국조보감』을 편찬해 후대 왕들의 제왕수업에 도움이 되도록 했다. 하지만 사림파들을 미워하게 되자 유자광 등의 훈구파세력들은 이것을 악용해 그들을 침몰시키려는 음모를 꾸몄다.

1498년 성종이 승하한 3개월 뒤, 『성종실록』을 편찬하기 위해 이극돈이 편찬 책임자로 임명되었다. 연산군은 선릉에

김일손

올릴 지문(죽은 사람의 이름과 생몰연대와 행적과 무덤이 있는 곳과 좌향 등을 적은 글)을 읽고 있었다. 그 지문엔 판봉상시사 윤기무란 이름과 폐비에 대한 내용이 들어 있었다. 이상하게 생각한 연산군은 승지를 불러 물었다.

"지문에 윤기무가 나오는데 이 사람이 누구인지 아느냐?"

승지는 어쩔 줄을 몰랐다. 윤기무는 폐비 윤 씨의 친정아버지이며 연산군의 외조부였기 때문이었다. 그는 신하된 도리로 임금에게 거짓을 고할 수도 없었다. 승지는 꿀 먹은 벙어리처럼 아무 말도 못하고 엎드려만 있었다. 그러자 답답한 연산군은 소리쳤다.

"도대체 윤기무가 누구냔 말이다! 당장 말하지 못할까?"

연산의 호령에 승지는 하는 수 없이 말문을 열었다.

"윤기무는 폐비 윤 씨의 아버지입니다. 윤 씨가 왕비로 책봉되기 전에 세상을 떠났고, 전하의 외조부가 되는 분이옵니다."

"뭐? 윤기무가 과인의 외조부라고? 과인에겐 외조부가 따로 있지 않는가. 그런데 어째서 그가 과인의 외조부란 말이냐?"

승지는 폐비 윤 씨의 모든 비밀을 연산군에게 낱낱이 고하고 말았다.

"지금 과인의 생모가 생존해 계시느냐?"

"여러 해 전에 세상을 떠나셨습니다."

하지만 승지는 폐비 윤 씨가 사약을 받고 죽었다는 사실을 알리지 않았다. 연산군은 생모 윤 씨가 여러 해 전에 세상을 떠났다는 소리에 슬픔이 앞섰다. 이때 연산군은 자신을 낳은 어머니가 폐비된 것을 알았다.

그날 이후부터 술로 자신을 달래다가 인수대비를 찾아가 생모가 폐위된 까닭을 물었다.

"폐위된 것은 본인에게 그만큼 잘못이 있었기 때문이라오."

연산군은 인수대비의 말을 의심했다. 한편으로는 사헌부나 사간원이나 홍문관의 유생들이 윤 씨의 행실에 대한 잘못을 집요하게 상소했기 때문이라고 생각했다. 이런 생각이 깊어질수록 유생들을 단칼에 죽이고 싶었다. 그래서 큰 세력을 유지하고 있던 유생들이 미웠고 이때 그의 스승 조지서도 표적이 되었다. 또 실록에는 이극돈이 전라감

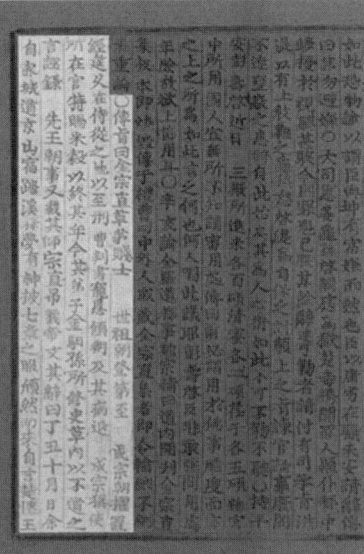

김종직의 [조의제문]. 무오사화가 확대되는 데 가장 중요한 요인으로 작용한 [조의제문]의 원문이다. 김종직이 26세 때 지은 이 짧은 글은 41년 뒤 조선 최초의 사화에서 핵심적인 도화선이 되었다. 사진은 [연산군일기] 권 30, 4년 7월 17일(신해)의 기사며, [점필재집] 부록의 사적(事蹟)에도 실려 있다.

사 시절 정희왕후 상중임에도 불구하고 장흥의 기생과 어울렸다는 내용도 있었다. 화가 난 이극돈은 유자광에게 사림파들을 없애자고 했다. 유자광 역시 김종직에게 원한을 품고 있었기 의기투합되었다.

연산군 4년 7월 1일 노사신, 윤필상, 한치형, 유자광 등은 임금께 비밀을 고하겠다고 청했다. 이 소식을 들은 연산군의 비 신 씨의 먼 친척인 도승지 신수근이 마중 나왔다. 그가 도승지로 임명될 때 대신들은 외척이 권세를 휘두를 수 있다면서 반대했다. 따라서 신수근도 그들에게 좋지 않은 감정을 품고 있었다.

중신들이 배석한 가운데 유자광의 말을 들은 연산군은 화가 머리끝까지 났다. 지금까지도 유생들이 너무나 미웠는데, 사초에 세조대왕에게 대한 추문까지 기록했다는 사실에 더 이상 참을 수가 없었다.

연산군은 예조에 명을 내려 폐비 윤 씨에 대해 상의하였다. 또 유자광에게 국청을 설치해 죄를 심문하라고 했다.

연산군은 의금부경력 홍사호, 도사 신극성 등을 경상도 청도로 급파해 김일손을 잡아오도록 했다. 연산군은 김일손을 친히 국문하겠다며 그를 수문당 앞으로 끌어내게 하였다. 연산군 옆에는 노사신, 윤필상, 한치형, 유자광, 신수근, 주서 이희순만 있었다.
연산군은 엎드려 있는 김일손을 보고 호통치며 물었다.
"네놈이, 성종대왕의 실록을 기록할 때 어째서 세조 때의 일까지 기록하였느냐!"
비로소 이극돈이 사초를 임금께 고자질을 한 것을 알게 된 김일손은 고개를 들고 말했다.
"역사를 기록할 때에 전왕의 사실까지 기록하는 것은 옛날부터 전해져 내려오는 관례이옵니다."
"허면, 세조대왕과 권 씨를 부른 사건은 네가 꾸며서 기록한 것이냐!"
"그것은 권부인의 조카뻘 되는 허경이란 자에게 들은 것입니다."
"여봐라' 허경을 불러들여라!"
국문장에 붙잡혀 온 허경은 연산군의 험악한 표정에 놀라 자신이 했음에도 불구하고 부인하면서 김일손에게 덮어 씌웠다. 며칠 동안 연산군은 꼬리에 꼬리를 물고 나오는 사람들을 붙잡아 국문하던 중 유자광이 소매에서 책 한 권을 꺼내어 바쳤다.
"상감마마! 이 책은 김종직의 글이옵니다. 이것으로도 그들이 세조대왕에게 불충한 뜻을 품었다는 것을 증명할 수가 있사옵니다."
연산군이 받아본 책은 조의제문이었는데, 그것이 무엇이냐고 묻자 이렇게 대답했다.
"조의제문이라 함은 옛날 한나라의 의제가 항우의 손에 시살된 것을 조상한다는 뜻입니다. 이 글을 쓴 김종직은 세조대왕을 항우에게 비유하고, 의제는 단종에 비유한 것이옵니다. 즉 세조대왕께서 단종을 죽였다는 것을 직접 쓸 수가 없어 비유해서 쓴 글이라고 사료되옵니다."
김종직, 김일손 등의 죄상이 분명히 드러났다. 이놈들을 어떻게 했으면 좋겠느냐?"
복수심에 불탄 유자광은 유학자들을 모두 제거하기 위해 이렇게 고했다.
"김종직과 김일손 등은 신하된 자로서 왕실에 불경을 저질렀습니다. 따라서 잔당들을 모두 찾아내 뿌리를 뽑아야 합니다. 그렇게 하지 않으시면 잔당들이 다시 들고 일어날 것입니다."
그리하여 7월 26일 연산군은 역도들을 박멸하고 종사를 안정시킨다는 주장아래 김종직은 부관참시를, 김일손, 권오복, 권경유 등은 능지처참에, 이목, 허경 등은 참형에, 그밖에 나머지 김종직과 친구나 제자들은 형장(죄인을 심문할 때 사용되는 몽둥이)을 때려 먼 지방으로 귀양을 보냈다. 한편 유자광은 이로 인해 연산군의 신임을 받아 권력을 장악하면서 훈구파의 중심인물이 되었다. 이것이 무오사화이다.

임금을 망친 간신들

임사홍은 성종 때에 당상관을 지냈는데, 맏아들 임광재는 예종의 사위이고 둘째 아들 임숭재는 성종의 사위였다. 임사홍은 수단과 방법을 가리지 않고 자신의 부귀영화를 위해 아첨을 하였다. 더구나 둘째 아들은 남의 아내를 빼앗아 임금에게 바쳐 특별한 총애를 받고 있었다.

그러나 셋째 아들 임희재 만은 아버지와 형들과는 달리 청렴한 선비였다. 김종직의 제자가 되어서 성종 때 생진시험에 급제하고 연산군 4년엔 대과에 급제했다. 하지만 무오사화가 일어나자 김종직의 제자였다는 이유로 귀양살이를 했다. 그는 자신의 집 병풍에 이런 글을 써 붙여놓았다.

> 순과 요임금을 본받으면 저절로 태평세상을 이룰텐데
> 진나라 진시황제는 어찌하여 국민을 괴롭혔던가
> 화가 자기 집 담장 안에서 일어날 줄은 모르고
> 공연히 쓸데없이 오랑캐를 막는다고 만리장성을 쌓았구나.

이 내용은 김종직이 조의제문을 지어 세조를 비방한 것처럼 진나라 시황제의 이름을 빌어 연산군을 조롱한 내용이었다. 어느 날 연산군이 임사홍 집에 암행을 나왔다가 병풍의 글을 보고 노했다.

"이 글은 누가 썼느냐?"

그러자 임사홍은 사실대로 자신의 셋째 아들이 썼다고 대답하자 연산군이 화를 내며 물었다.

"허~어. 그대의 아들이 이처럼 불초하니 과인이 죽여야겠구나. 그대는 어떻게 생각하느냐?"

"전하께서 말씀하신 것처럼 자식 놈이 불초하나이다. 그래서 미리 전하께 발고해 형벌을 가하려고 했습니다. 하지만 애비가 된 죄로 차마 용단을 못 내렸나이다."

그러자 연산군은 임희재를 의금부에 하옥시켰다가 곧바로 참형에 처했다. 그러나 이해할 수 없는 것은 아들이 참형을 당하는 날 아버지는 조금도 슬퍼하는 기색 없이 집에서 연회를 베풀며 친구들과 즐겁게 놀고 있었다. 이것은 임사홍이 얼마나 냉혹한 인물인지 잘 알 수 있는 내용이다. 이 소문을 들은 연산군은 더더욱 임사홍을 신임하게 되었다.

연산군 10년 3월 20일 연산군 옆에 시종이 없자 반대세력을 제거하기 위해 연산군 처남 신수근과 결탁해 폐비 윤 씨의 일을 알렸다. 임사홍은 어머니 폐비 윤씨가 성종대왕의 미움을 받아 폐출된 것이 아니라, 엄숙의와 정숙의 투기심으로 인해 폐출되었으며 사약을 받고 죽었다고 고자질했다. 연산군은 임사홍의 말에 하늘이 노랗게 변하는 것 같았다.

이후 외할머니 신 씨는 자유롭게 대궐을 출입하면서 연산군을 만났다. 내 아들이 왕위에 오르면 원통함을 꼭 풀어 달라고…….

외할머니 신 씨로부터 모든 사실을 듣고 피 묻은 금삼을 건네받은 연산군은 진노했다. 이때 사약을 마시고 흘린 피를 닦은 수건을 보이며 윤 씨의 유언을 자세하게 전해주었다. 피 묻은 수건을 본 연산군은 미처 날뛰었다. 이제야 생모의 최후를 확실하게 알게 된 것이다. 연산군이 할 수 있는 것은 자신의 어머니를 죽인 자들을 찾아 복수하는 것이었다. 그는 춘추관에 폐비와 관련된 인물들을 모조리 발본색원하라고 명했다.

춘추관에서 조사하여 작성한 '폐비사약시말단자'엔 폐비의 사약과 조금이라도 관련된 사람들 수백 명의 이름이 올라 있었다. 이 조사로 가장 먼저 희생당한 사람은 성종 때 승지를 지낸 이세좌였다. 그는 당시 왕명을 받아 약사발을 가지고 간 인물이다. 그는 연산군에 의해 귀양을 가던 중 곤양군 양포역에서 스스로 목을 매고 자살했다. 이것을 시작으로 폐비사건에 연관된 사람은 무조건 대역죄로 다스리고 삼족을 멸했다. 그리고 어머니 폐비 윤 씨의 묘를 회릉으로 고치고, 시호를 제헌왕후로 추존했다.

지금 엄숙의와 정숙의는 후궁에서 편안하게 여생을 보내고 있다. 더구나 선왕의 총애를 받아오던 그들이 생모의 원수일 줄이야. 괘씸하게 생각한 연산군은 분통이 터져 곧바로 대궐로 돌아와 엄 숙의와 정 숙의를 대궐 뜰에 불러내어 호통을 친 후 주먹으로 때려서 죽였다. 그래도 분이 풀리지 않아 시체를 갈기갈기 찢어 소금에 절인 후 까치밥이 되도록 산에다 버려두게 명했다.

이 사건으로 대궐은 발각 뒤집어졌으며, 이 소리를 들은 인수대비가 칠십의 노구를 부축 받으며 나타났다. 인수대비가 연산군을 보며 꾸짖었지만 그는 오히려 막말을 내뱉었다.

"늙은 것이 뭐라고?"

말이 끝남과 동시에 연산군의 머리는 인수대비의 가슴을 들이받았다. 쓰러진 인수대비는 숨을 몰아쉬며 이렇게 되풀이 하다가 기절하고 말았다.

"세상에 이런 법이 어디 있나……."

그런 후 연산군은 정 숙의 자식인 안양군과 봉안군 형제를 큰칼을 씌운 후 옥에 가뒀다. 인수대비는 이것이 원인이 되어 얼마 후 세상을 떠나고 말았다.

이중에서 가장 혹독한 형벌을 받은 사람은 윤필상 한치형 한명회, 정창손, 이세겸, 심회, 이파, 김승경, 이세좌, 권주, 이극균, 성준 등으로 연산군은 이들을 이륙간이라고 했다.

이들 중 생존해 있던 윤필상, 이극균, 이세좌, 권주, 성준 등은 참형을 당했다. 또한 이미 죽은 사람들은 점필제 김종직처럼 부관참시를 한 후 쇄골표풍(무덤에서 시신을 끄집어내어 허리를 자른 후 그 뼈를 가루로 만들어 바람에 날리는 것)까지 자행했다. 이 사건을 갑자사화라고 한다.

색정 연산군

무오사화 직후 연산군은 무엇이든 자기 마음대로 할 수 있는 절대왕권을 휘두른다. 더구나 선천적으로 타고난 색기를 노골적으로 나타냈다. 연산군은 왕비 신 씨와 궁인 곽 씨 외에 윤 훤의 딸을 숙의로 들였다. 이에 김효손은 자신의 처제며 예종의 둘째 아들 제안대군의 여종인 장녹수를 천거했다.

임사홍은 권력을 위해 뭇 선비와 아들까지 죽였지만, 권력의 부메랑은 임사홍 자신의 처형으로 날아왔다.

30세의 나이지만 미모가 뛰어난 장녹수는 머리가 총명하고 노래와 춤에 능했다. 첫눈에 반한 연산군은 그녀를 숙원으로 봉했고 그녀에게 빠져 정사는 뒷전으로 밀려났다. 이때부터 그녀는 임금을 조종하기에 이른다.

한마디로 벼슬자리를 얻거나 임금에게 청을 넣을 땐 비변사보다 장녹수가 우선이었다. 이에 따라 장녹수 집에는 사람들이 문전성시를 이뤘고 청탁을 위한 금은보화가 줄을 이었다.

어느 해 봄, 연산군은 매일 벌어지는 장녹수와 연회에 염증을 느껴서인지 정업원으로 암행을 나왔다. 정업원은 마땅히 갈 곳 없는 늙은 후궁들이 여생을 보내는 곳이다. 연산군이 이곳에 온 이유는 젊은 궁녀들이 몰래 빠져나와 살고 있었고, 이들 중 미인을 찾기 위해서였다. 연산군이 갑자기 나타나자 법당의 비구니들은 동시에 일어나 합장했다. 미소로 답한 연산군은 여러 비구니들 중 젊고 아름다운 다섯 명을 가리킨 후 나머지는 물러나게 했다. 그런 후 연산군은 비구니들 범했던 것이다.

연산군의 횡포

연산군은 장녹수에게 빠져 모든 것을 들어주었다. 장녹수가 집을 크게 짓겠다 하자 백성들의 집을 불법으로 철거하려하였고, 백성들의 원망이 들끓자 사헌부와 사간원에서는 연산군에게 왕명을 거두라고 건의했다. 하지만 도리어 대사헌 이자건, 대사간 박의영 등을 옥에 가두었다.

임사홍은 연산군에게 큰아버지 월산대군 부인 박 씨를 소개해 준 사건도 있었다. 연산군은 백모 박 씨의 집으로 향했다. 이에 왕비가 말리려고 하자 상궁이 막았다.

"중전마마, 나섰다가 윤 씨처럼 폐출되시면 어쩌시려옵니까?"

이후에 백모 박 씨를 궁으로 불러 주연을 베푼 다음 겁탈하고 말았다. 박 씨 부인은 동생인 강원 관찰사 박원종에게 자신의 원한을 풀어달라는 유서를 남기고 자살했다. 이 소식을 들은 박원종은 이를 갈았다.

또한 연산군은 채홍사를 통해 전국에서 뽑아 올린 수백 명의 기생들과 매일 연회를 벌였다. 채홍사를 통해 전국에서 뽑힌 운평 중 300명을 '흥청'이라고 하여 궁중에서 살게 했고, 연산군이 원 없이 놀았다는 말에서 '흥청거리다'란 말이 유래되었다.

이런 여색행각으로 국가재정이 바닥나기 시작했다. 이에 연산군은 부족한 재정을 충당하기 위해 공신들에게 지급했던 공신전의 환납과 노비를 몰수하려고 했다. 그러사 대신들은 임금의 부당한 처사와 지나친 향락을 자제하라고 간청했다.

이것을 이용한 임사홍은 왕과 대립하는 훈구세력과 사림세력을 한꺼번에 제거하려고 했다.

폐비 윤씨의 복수

날이 갈수록 연산군의 폭정과 비행은 점점 심해졌고 장녹수는 연산군을 완전히 치마폭으로 감싸 안고 말았다. 그래서 경연관 박은이 연산군에게 자제를 진언했다가 즉시 목이 잘렸다. 더구나 성균관을 놀이터로 만들기도 했다.

1506년 연산군 12년 9월, 박원종 등이 군사를 일으켜 연산군을 폐하고 성종의 둘째 아들 진성대군을 중종 임금으로 옹립하는 '중종반정'을 일으켰다.

중종반증 후 임사홍, 신수근, 신수영, 신수겸, 장녹수 등을 처형했고 연산을 군으로 강등시켜 강화도 교동으로 유배를 보냈다. 연산군은 유배지에서 두 달 만에 역질로 31살의 나이에 죽었다. 두 아들 역시 유배지에서 사사되었다. 처음엔 유배지에 묻혔다가 연산군부인 폐비 신 씨가 죽자 그녀와 함께 도봉구 방학동에 묻혔다.

연산군의 묘 연산군은 중종반정으로 왕위에서 쫓겨나 유배지에서 삶을 마감했다. 이 때문에 왕실의 족보와 실록에는 왕사로 기록되어 있다.

연산군 요점정리 1. 연산군의 만행

1. 연산군에 관한 역사적 배경 지식

- 연산군(1476 ~ 1506, 재위 1494 ~ 1506)
- 조선 제 10대 왕
- 연산 군은 조선시대 10대왕으로 성종의 아들이며, 생모인 윤씨는 연산군이 태어나기 3달 전 후궁에서 중궁으로 발탁됨으로써, 후궁 소생의 일개 군으로 태어날 뻔한 연산군은 원자로 신분이 격상된다. 하지만 윤 씨는 연산군이 4세 때 쫓겨나 7세 때 사약을 받았다.

연산군은1494년 12월에 성종의 승하와 함께 왕위에 올랐는데, 재위 12년 동안 너무도 무도한 짓을 많이 하였으므로 폐위, 교동에 안치되어 있다가 그 해 11월에 죽었다. 15대 광해군과 함께 조선시대 두 사람의 폐주 가운데 한 사람이며, 따라서 〈선원계보〉에도 묘호와 능호 없이 일개 왕자의 신분으로만 기록되어 있다. 그리고 그의 재위기간의 실록 역시 〈연산군일기〉로 통칭된다.

2. 연산군의 폭정과 폐출

어린 시절을 고독하게 보낸 연산군은 왕으로 등극하면서 자신의 내면에 숨겨져 있던 광폭한 성격을 어김없이 표출하기 시작했다.

① 12년 집권기 중 두 번에 걸친 사화를 통해 엄청난 인명을 죽임. – 무오사화, 갑자사화
② 자신을 비판하는 무리는 단 한 사람도 곁에 두지 않는 전형적인 독재군주로 군림했다.

- 경연과 사간원, 홍문관 등을 없애고, 모든 상소와 상언, 격고 등 언론과 관련되는 제도를 남김없이 철폐, 성균관, 원각사, 등을 주색장으로, 불교 선종의 본산인 홍천사를 마구간으로 바꾸고 훈민정음의 사용금지.
③ 극악무도하고 패륜적인 행위를 서슴지 않았다.
- 기생의 부탁 같은 하찮은 이유로 아무 잘못 없는 관리를 죽임.
- 성종이 아끼던 애완동물을 활로 죽여 버림.
이런 폭정의 결과로 그는 국민적 저항을 받는 희대의 폭군으로 인식되었고, 마침내 박원종의 반란으로 폐출되기에 이른다.

3. 주요 사건

① 폐비사건의 배경과 윤씨의 사약
성종의 총애를 독차지했던 왕비 윤 씨는 후궁들에 대한 질투가 심하고, 왕의 용안에 손톱자국을 낸 것을 빌미로 모함을 받아 인수대비의 격분과 한명회의 훈구 세력과 김종직등의 사림 세력이 가세함으로써 결국 폐비가 된다. 사가로 쫓겨 난지 3년 만에 사약을 받고 운명을 달리한다.

② 무오사화 & 갑자사화
무오사화 : 훈구세력이 사림세력을 대거 숙청한 사건
갑자사화 : 궁중세력이 신하세력을 대거 숙청한 사건

4. 연산군의 만행

생모의 죽음이 평생의 한으로 남아 폭정으로 분출된 군주. 두 번에 걸친 사화로 숱한 선비들을 죽음의 길로 몰아넣었던 임금. 설혹 그에 대한 인간적인 연민이 있었을 지언정, 연산군이 한국사상 최악의 폭군이었다는 점만은 의심할 여지가 없는 듯 했다. 조선조의 또 다른 폐주였던 광해군이 자주적 외교를 펼친 현군으로 복권되는 분위기와도 사뭇 다르다. 연산군이 왕으로서의 풍류를 즐길 줄도 알았던 낭만주의자였다는 의견이나 태평성대 속에서 왕권 강화에 힘썼던 군주라는 의견도 있다. 이처럼 연산군이란 인물을 재평가하고 재해석 하려는 노력들이 많다. 하지만 내가 본 연산군은 모든 권력을 쥔 자신의 지위를 이용해 폭정을 하며 백성의 피와 눈물을 짜낸 폭군일 뿐이다. 나는 연산군이 덕보다 힘을 중시한 패도주의자였고, 신권의 도전을 용납하지 않은 왕권주의자이자 폭군이었다고 생각한다.

5. 권력에 대한 나의 생각

'남을 지배하여 강제로 복종시키는 힘', 권력의 사전적 의미이다. 처음에 사전적 의미를 보았을 때는 진정한 권력의 의미와는 많이 동떨어진 것이 아니냐는 생각과 동시에 아래로부터 이루어진 권력이 진정한 권력이 아니냐는 생각도 하였다. 하지만 좀 더 현실적으로 생각해보니, 힘이나 돈, 지적능력 등에 의한 주종관계가 성립하는 현대사회. 그리고 미약한 권력의 일면이기는 하나 가정 내에서도 볼 수 있는 가부장적 제도를 보았을 때는 그 의미가 맞는 것 같기도 하였다. 하지만 사사로운 이익을 위해 권력을 쟁취하고, 그 권력을 이용한다면 그것은 이미 그 권력자 아래에 있는 사람을 다스릴 가치가 없는 것이다. 권력은 쟁취하는 것보다 그 권력을 유지하는데 더 많은 노력을 기울여야 한다고 생각한다.

2. 무오사화

1498년 – 연산군 4년 에 김일손 등 신진사류가 유자광을 중심으로 한 훈구파에 의하여 화를 입은 사건이다

성종에 이어 등극한 연산군은 학문을 싫어하고 언론을 귀찮게 여기는 인물이었다. 그래서 자연스럽게 사림을 배척하고 있던 연산에게 유자광을 중심으로 한 훈척 세력이 불을 붙이게 되었다. 1498년 무오년 〈성종실록〉을 편찬하는 과정에서 일어난 무

오사화는 실록청이 개설되고 이극돈이 실록 작업의 당상관으로 임명되었다. 그는 김일손이 작성한 사초 점검과정에서 김종직이 쓴 〈조의제문〉과 이극돈 자신을 비판하는 상소문을 발견했다.

〈조의제문〉은 진나라 항우가 초의 의제를 폐한 일에 대한 것이었는데, 이 글에서 김종직은 의제를 조의하는 제문 형식을 빌려 의제를 폐위한 항우의 처사를 비판하고 있었다. 이는 곧 세조의 단종 폐위를 빗댄 것으로 은유적으로 세조의 왕위 찬탈을 비판하는 것으로 해석되었다.

나머지 상소문은 세조 비 정희왕후 상중에 전라감사로 있던 이극돈이 근신하지 않고 장흥의 기생과 어울렸다는 불미스러운 사실을 적은 것이었다. 당시 이 상소 사건으로 이극돈은 김종직을 원수 대하듯 했는데, 이것이 사초에 실려 있는 것을 발견하자 그는 분노를 금할 길이 없었다. 그래서 달려간 곳이 유자광의 집이었다. 유자광 역시 함양 관청에 붙어 있던 자신의 글을 불태운 일 때문에 김종직과 극한 대립을 보였던 인물이었다. 게다가 김종직은 남이를 무고로 죽인 모리배라고 말하면서 유자광을 멸시하곤 했다.

유자광은 〈조의제문〉을 읽어보고는 곧 세조의 신임을 받았던 노사신, 윤필상 등의 훈신세력과 모의한 뒤 왕에게 상소를 올렸다. 상소의 내용은 뻔했다. 〈조의제문〉이 세조를 비방한 글이므로 김종직은 대역무도한 행위를 했으며, 이를 사초에 실은 김일손 역시 마찬가지라는 논리였다.

그렇지 않아도 연산군은 사림세력을 싫어하던 차였다. 그래서 즉시 김일손을 문초하게 되었다. 〈조의제문〉을 사초에 실은 것이 김종직의 지시에 의한 것이라는 결론을 얻기 위해서였다. 그리고 의도하던 바대로 진술을 받아내자 연산군은 김일손을 위시한 모든 김종직 문하를 제거하기 시작했다. 우선 이미 죽은 김종직에게는 무덤을 파서 관을 꺼낸 다음 시신을 다시 한 번 죽이는 부관참시형이 가해졌으며, 김일손, 권오복, 권 경우, 이목, 허반 등은 간악한 파당을 이루어 세조를 능멸하였다는 이유로 능지처참 등의 형벌을 내렸고 같은 죄에 걸린 강겸은 곤장 10-0대에 가산을 몰수하고 변경의 관노로 살았다. 그 밖의 이들은 불고지죄로 곤장 100대에 3천리 밖의 귀양 보내졌다.

  한편 실록자료인 사초를 관장하는 수사관들은 문제의 사초를 보고도 보고하지 않은 죄로 파면되었다. 이 사건으로 대부분의 신진 사림이 죽거나 이극돈까지 파면되었지만 유자광만은 연산군의 신임을 받아 조정의 대세를 장악했다. 이에 따라 정국은 훈척 계열이 주도하게 되었다.

  이렇게 사초의 원인이 되어 무오년에 사림들이 대대적인 화를 입은 사건이라 해서 이를 무오사화라고 한다.

중종 가계도

성종 —(차남)— 정현왕후 윤씨
│
제11대 중종 (진성대군, 1488~1544)
재위기간 : 1506.9~1544.11, 38년 2개월
부인 : 12명
자녀 : 9남 11녀

- 단경왕후 신씨 (자식없음)

- 장경왕후 윤씨 —1남 1녀—
  - **제12대 인종**
  - 효혜공주

- 문정왕후 윤씨 —1남 4녀—
  - **제13대 명종** (경원대군)
  - 의혜공주
  - 효순공주
  - 경현공주
  - 인순공주

- 경빈 박씨 —1남 2녀—
  - 복성군
  - 혜순옹주
  - 혜정옹주

- 희빈 홍씨 —2남—
  - 금원군
  - 봉성군

- 창빈 안씨 —2남 1녀—
  - 영양군
  - 덕흥대원군(선조 아버지)
  - 정신옹주

- 귀인 한씨

- 숙의 홍씨 —1남— 해안군

- 숙의 이씨 —1남— 덕양군

- 숙의 나씨

- 숙원 이씨 —2녀—
  - 정순옹주
  - 효정옹주

- 숙원 김씨 —1녀— 숙정옹주

중종실록
제11대 (1488~1544년)

중종은 1488년 성종과 계비 정현왕후 윤 씨 사이에서 태어났다. 이름은 역이고 자는 낙천이다. 1494년 진성대군에 봉해졌다가 1506년 9월 박원종과 성희안의 혁명으로 조선 왕위에 올랐다.

1544년 11월 14일 세자에게 왕위를 물려준 그 다음날 죽었다. 사후시호는 중종공희휘문소무흠인성효성대왕(中宗恭僖徽文昭武欽仁誠孝大王)이다. 묘호는 중종이고 능호는 정릉인데 서울 강남구 삼성동에 위치하고 있다.

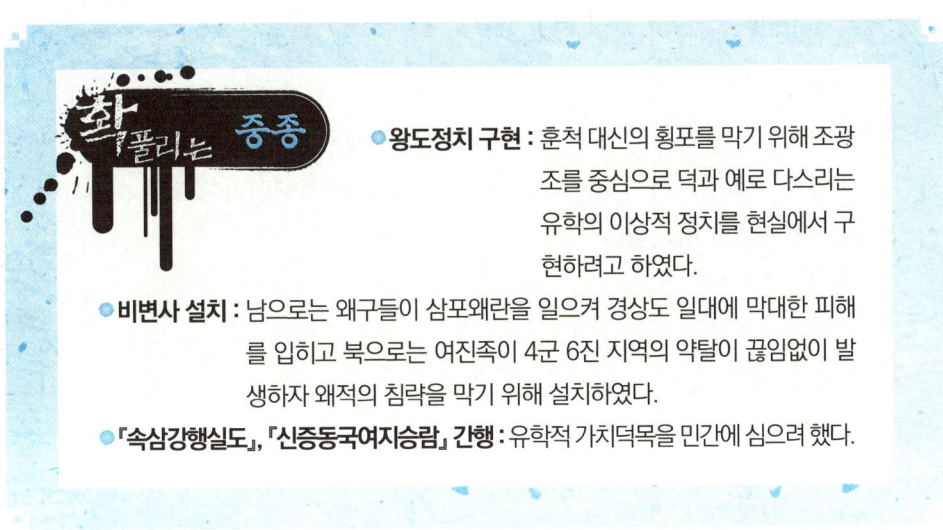

- **왕도정치 구현** : 훈척 대신의 횡포를 막기 위해 조광조를 중심으로 덕과 예로 다스리는 유학의 이상적 정치를 현실에서 구현하려고 하였다.
- **비변사 설치** : 남으로는 왜구들이 삼포왜란을 일으켜 경상도 일대에 막대한 피해를 입히고 북으로는 여진족이 4군 6진 지역의 약탈이 끊임없이 발생하자 왜적의 침략을 막기 위해 설치하였다.
- **『속삼강행실도』, 『신증동국여지승람』 간행** : 유학적 가치덕목을 민간에 심으려 했다.

『중종실록』

『중종실록』은 조선 11대 중종의 재위기간 동안의 역사를 기록한 실록이다. 제105권엔 인종이 즉위한 1544년 11월16일부터 12월 말일까지의 기록이 합편되어 있으며 모두 105권 102책의 주자본이다.

『중종실록』은 중종의 후계자 인종이 즉위 8개월 만에 죽어 실록편찬에 착수하지 못했다. 따라서 명종이 즉위한 후에 비로소 실록청을 설치하고 『인종실록』과 동시에 편찬에 착수하여 5년 만인 1550년 10월에 완성했다.

편찬책임자는 이기, 정순붕, 심연원, 윤개, 상진 등이다. 유년칭원법이 아닌 즉위년칭원법을 사용했다.

중종은 오랜 재위 기간 탓에 다른 실록보다 분량이 매우 많다. 수록한 내용의 종류는 전대 실록과 큰 차이는 없지만 개별사실에 대한 기술이 길고 비교적 상세하다. 특히 경연의 토론이나 경학, 도학에 관한 논의는 내용까지 구체적으로 전개했다. 또한 사론과 세주가 많은 점도 특이하다.

사론은 권마다 빠짐없이 실려 있고 세주는 특기사항, 보충설명, 방언과 제도에 관한 용어설명 등이다.

그러나 기묘사화와 관련된 사실이 빠져있거나 왜곡된 부분이 많다. 기묘사화 때는 사관이 비밀회의에 입시하지 못했다는 기록도 있고. 편찬책임자도 정순붕에서 심연원, 이기로 여러 차례 바뀌었다.

위기의 연산군

중종의 즉위를 도운 일등공신 박원종은 박중선의 아들이다. 그는 무과에 합격해 함경북도 병마절도사를 지냈다. 연산군 때 벼슬을 그만두었다가 누이인 월산대군부인이 연산군에게 능욕당하고 자살하자 복수의 기회를 노렸다.

박원종과 성희안은 한마을에 살았다. 성희안은 이조참판으로 연산군의 폭정에 불만이 있었다. 어느날 연산군이 성희안에게 시를 지으라고 명령하자 '임금은 본디 청류를 즐기지 않는다.'라고 지었다. 이로 인해 조정에서 쫓겨났다. 이때부터 연산군을 몰아낼 궁리를 했다.

그는 한 마을에 사는 군자감 부정인 신윤무와 친했다. 신윤무는 성희안에게 조정의 모든 것을 보고했고, 박원종과 어울리면서 연산군의 폭정에 한탄했다.

어느 날 성희안은 신윤무를 시켜 박원종의 마음을 떠보았는데 의외로 박원종이 흔쾌히 찬성했다. 그들은 이조판서인 유순정을 찾아가 마음을 터놓자 그는 동의했다. 또한 무사 박영문과 홍경주를 합류시켰다. 1506년 초하룻날 밤, 군사들을 훈련원으로 모이기로 약속한 후 우의정 김수동과 유자광을 끌어들였다. 그런 다음 군사들과 백성들을 이끌고 경복궁으로 달려갔다. 신윤무는 임사홍, 신수근, 신수영의 집으로 찾아가 모조리 척살했다.

반정군이 경복궁으로 쳐들어왔을 때 내시와 궁녀들은 밖으로 도망쳤고, 깊은 잠에 빠져 있는 연산군의 침소로 향했다. 반정군은 연산군을 깨운 후 말했다.

"옥새를 내놓아라!"

"누가 역모를 꾸몄느냐?"

"성희안, 박원종 대감이 진성대군을 새 왕으로 옹립하였다."

이에 연산군은 기가 죽어 옥새를 내놓았다. 그런 후 연산군의 총애를 받던 전동, 김효손, 강응 등의 목을 베었다. 날이 밝자 성희안과 박원종은 자순대비를 찾아가서 아뢰었다.

"신 등은 임금의 폭정에 반정을 일으켰습니다. 백성들은 도탄에 빠져있고 나라의 장래는 매우 어둡습니다. 그리고 신들과 백성들은 진성대군을 모시기로 했습니다. 대비마마의 처분을 기다리겠습니다."

"진성보다 총명한 세자가 있으니 그를 왕으로 세우시오."

그러자 유순정을 비롯한 조정대신들은 진성대군을 여러 번 간청해 대비의 승낙을 받았다. 이리하여 19세의 진성대군이 중종임금으로 즉위했다.

인왕산 치마바위의 전설

중종이 보위에 오른 것은 19세 때이고 중종의 왕비 신 씨는 반정군의 손에 죽은 신수근의 딸이다. 신 씨는 연산군 5년에 진성대군과 가례를 올렸으며 중종반정 이후 왕비가 되었다. 즉위식을 마치고 부인 신 씨가 울음 섞인 목소리로 중종에게 입을 열었다.

"마마, 역적 딸이라고 내쫓자고 하면 상감도 어쩔 수 없을 것입니다."

"어찌 섭섭한 소리를 하십니까. 그렇게 되면 임금 자리를 버리겠소."

하지만 반정에 성공한 박원종, 김수동, 유자광, 성희안, 유순정 등이 중종에게 나와 왕비의 폐출을 강력히 청했다. 실제적인 이유는 왕비의 아버지를 죽인 자신들이 또다시 화를 당할지 모르기 때문 이었다.

"상감마마, 신 등이 고민해온 바 역적 신수근의 딸을 중전으로 둔다는 것은 당치않다고 생각됩니다. 사직을 보존하기 위해서는 신씨를 폐하는 것이 옳은 줄 아옵니다."

"과인은 경들의 덕분에 이 자리에 앉았소. 조강지처를 내쫓는다는 것은 옳지 못하다는 것을 알고 있지 않소."

이때 박원종이 아뢰었다.

"상감마마의 용심을 충분히 이해합니다. 그러나 상감께서는 종사를 위해 사적인 생각을 버리셔야 합니다."

그러자 중종은 더 이상듣기 싫다며 침전으로 들어가 버렸다. 하지만 임금은 그들의 말을 듣지 않으면 또 변란을 일으킬 것 같았다. 더구나 밖에는 신 씨가 타고 나갈 가마까지 대령하고 있었다. 중종이 자신을 원망하자 신 씨가 울음을 그치며 말했다.

"상감, 이 몸 때문에 용상을 버리시면 안 됩니다."

인왕산 치마바위 각서(刻書) 흔적

중종은 어쩔 수 없이 신하들의 뜻에 따라 왕비 신 씨를 폐한 후 사가로 보냈다. 그것은 왕비가 된 지 7일 만에 일어났다.

폐비 신 씨는 하성위 정현조의 집에 잠깐 머물다가 죽동궁으로 옮겼다.

중종은 왕비가 보고 싶어 높은 누각에 올라가 죽동궁을 바라보며 눈물을 흘렸다. 이 소문을 들은 신 씨 역시 뒷동산 바위에 붉은 치마를 둘러놓고 궁궐을 바라보며 그리워하였다.

두 사람은 끝내 만나지 못하고 신 씨는 인왕산 치마바위의 전설을 남기고 명종 12년(1557년) 12월 71세로 죽었다. 그녀는 아버지 신수근의 묘 곁에 묻혔다. 232년 후인 영조 15년(1739년)에 비로소 단경왕후로 추존되고, 능호를 온릉(경기도 양주군 장흥면 일영리)이라고 했다.

왕비 자리 다툼

얼마 후 박원종은 자신의 처형 윤여필의 딸을 왕비로 책봉 했는데 이분이 장경왕후다. 그러나 중전 윤 씨는 중종 10년 3월 2일. 아들을 낳은 지 일주일도 채 안 되 죽었다. 이미 폐비 신 씨가 궁중에서 쫓겨난 지 십 년이 지났고 박원종도 죽었지만 임금은 다른 공신들이 더 무서워 단 한 번도 신 씨를 찾아보지 못했다.

마침 담양부사 박상과 순창군수 김정 등이 영남학자들과 교제하면서, 박원종 등이 신 씨를 폐비시킨 것에 불만을 품어왔다. 장경왕후가 죽고 또다시 계비문제가 나오자 김정과 박상이 나섰다.

이들은 후궁이 세력을 잡으면 나라가 어지럽다고 입을 모았다. 따라서 후궁의 승격보다 폐비 신 씨를 복위시키는 것이 좋다고 했다. 그리고 박상과 김정 등이 상소문을 올렸다.

"신 씨가 폐위된 것은 당시 박원종, 성희안, 유순정 등이 신수근을 죽이고, 그 딸을 왕비로 두면 훗일이 두려워서 그랬던 것입니다. 이제 장경왕후가 돌아가시고 중전의 자리가 비어있습니다. 전하께서는 이 기회에 신 씨를 복위시켜 부부의 연을 잇는 것이 옳다고 생각합니다. 만약 숙의 박 씨나 다른 분을 왕비로 승격시키면 적통을 고수하는 종사로 볼 때 원자의 위치가 위태로울 것으로 사료되옵니다."

그러자 대사간 이행, 대사헌 권민수 등이 반박했다.

"상감마마, 이것은 평지풍파를 일으키는 일이 옵니다. 태평천국에 이들은 사직을 어지럽혔습니다. 마땅히 이들의 죄를 물어야 하옵니다."

그러자 중종은 영의정 유순, 좌의정 정광필, 우의정 김응기, 좌참찬 장순손, 우참찬 남곤 등에게 이 문제를 의논케 했다. 이들은 충분히 의논한 후 중종에게 아뢰었다.

"상감마마, 만약 신 씨를 복위시켰다가 왕자가 태어나면 사직이 복잡해지옵니다. 가례를 올린 순서로는 당연 신 씨가 원실이고 장경왕후의 소생은 계실의 소생이 되옵니다. 박상과 김정 등은 사직을 가볍게 여긴 것으로 죄로 엄중히 다뤄야 하옵니다."

이 상소문으로 박상은 남원, 김정은 보은으로 귀양을 가면서 평지풍파가 가라앉았다. 그 후 중종은 윤지임의 딸을 책봉하여 계비를 삼았는데, 이 분이 바로 문정왕후다.

아집에 망한 이상주의자

중종은 훈구대신들을 억제하고 성균관을 개수한 다음 연산군 때 화를 당한 사람들의 원한을 풀어주고 유학에 힘썼다. 그리고 이상 정치를 위해 이조판서에 안당을 임명했다. 그는 실력 있는 선비를 천거하는 것이 목적이었다. 숨어있던 인재들이 줄을 이었고 조광조 역시 이 중 한사람이었다.

조광조는 아버지 조원강이 함경도 지방에 어천찰방으로 부임될 때 아버지를 따라갔다가 무오사화 때 유배된 김굉필에게 성리학을 배웠다. 그 후 과거에 합격하여 벼슬을 할 때는 선비로서 올바른 몸가짐이 모범이 되었다.

조광조는 중종에게 기회가 있을 때마다 왕도정치를 역설했다. 그의 말대로 중종은 개혁정치를 밀어붙였다. 1518년 조광조의 건의에 따라 현량과를 설치해 한양과 지방의 참신한 선비들을 등용했다. 천거된 젊은 피들은 사헌부와 사간원에서 일했다.

과거 박상과 김정이 신 씨 복위문제를 논의하다가 대간들의 반대로 귀양 간 것을 문제 삼은 조광조가 목소리를 높였.

"옳은 일을 상소하는 충신들에게 대간들이 옳지 않다며 벌을 주는 것은 임금에게 상소하는 길을 막는 것이다."

조광조

그 후 권민수와 이행 등을 파직시켜 귀양을 보냈으며, 이장곤을 대사헌으로 김안국을 대사간으로 천거했다.

이 당시 젊은 학자들은 조광조를 중심으로 뭉쳐있었다. 조광조는 학문이 높고 덕망이 있어 벼슬길에 나선지 불과 3년 만에 부제학에 올랐고, 그해 겨울 대사헌이 되어 임금의 신임을 받았다.

부제학 당시 만조백관들이 결정한 여진토벌을 한마디로 중지시켰다. 그리고 판서 고형산이 거만하다며 그의 부하를 옥에 가두었다.

또한 대비는 이단인 도교를 믿고 미신적인 행동을 하고 있었는데 유학자조광조는 소격서를 폐지했다. 이후부터 조정의 세력이 점점 조광조쪽으로 집중되어 원로대신들까지 꼼짝 못했다.

조광조 일파는 병인년 반정 때의 공신록이 엉터리라고 주장했다. 즉 이름이 적힌 공신들 대부분이 아무런 공도 없이 박원종에게 아부해 등제된 사람들이라고 주장했다. 대사헌이 되면서 공신책록이 멋대로 주어졌다며 없애자고 주장했다. 이에 중종은 유순, 김수동, 심정 등 20여 명과 54명의 4등 공신들을 공신록에서 삭제했다. 그러자 공신들의 반발이 심했다. 그 후 공신록에서 삭제 당한 사람이 무려 70여 명이나 되었다. 이 사람들 역시 조광조 일파를 제거하려고 기회를 엿보고 있었다. 이중에서 희빈 홍씨의 아버지 홍경주도 공신록에서 삭제되었다.

사랑하는 신하와의 이별

중종도 사림 측 대신들에게 싫증을 느끼고 있었다. 그들은 정사에 사사건건 물고 늘어졌기 때문이었다. 조광조 일파가 소격서를 없애자고 주장했을 때도 중종은 선뜻 들어주지 않자 임금의 승낙이 있을 때까지 대궐 문 앞에서 새벽까지 농성을 했다. 그들은 자신들의 주장을 관철하기 까지 너무 과격해서 염증을 느낀 것이었다.

기묘년부터 조광조의 득세가 심해져 사림파 정객들 간에 반목이 생겼다. 따라서 반대파들은 기회만 있으면 조광조 일파를 조정에서 몰아내기 위해 더더욱 굳게 뭉쳤다. 기묘년 어느 날 중종이 희빈 홍 씨의 처소를 들렀을 때 홍 씨는 벌레 먹은 뽕나무 잎을 꺼내 중종에게 보였다. 벌레가 먹은 자국은 '주초위왕'이라는 글씨형체였다. 중중이 물었다.

"희빈, 뽕나무 잎은 어디서 난 것이요?"

"후원 뽕나무 밭에서 주웠사옵니다."

그러자 중종은 입직승지를 불러 뜻을 물었다. 이 글은 본 승지는 깜짝 놀라 멍하니 서 있다가 말했다.

"조 씨가 왕위에 오른다는 뜻이옵니다."

다음날 중종은 신하들을 불러 들여 보였다. 그러자 한결같이 조광조를 가리키면서 역모를 꾸민다고 고했다. 곧바로 중종은 이자, 김정, 조광조, 김구, 김식, 유인숙, 박세희, 홍언필, 박 훈 등을 체포하라고 명했다. 이 사건이 기묘사화이다. 한편 백성들 사이에서는 자신들의 권력을 유지하기 위해 홍경주와 심정 등이 꾸며낸 것이라는 소문이 돌았다.

전국의 민심이 동요되면서 중종은 조광조 등을 풀어주려고 했다. 그러자 박배근, 정귀아 등 무사들이 떼를 지어 그들을 죽여야한다고 선동했다. 이에 대사헌 이항 대사간 이빈 등은 조광조를 사형에 처하고 유생들의 등용문인 현량과를 없애야 한다고 주장했다.

중종은 정국을 수습하기 위해 능성으로 귀양 보낸 조광조에게 사약을 내렸다. 그리고 다른 사람들은 섬으로 귀양처를 옮기도록 명했다.

중종 요점정리

중종반정과 조광조
조광조의 개혁정치 – 누구를 위한 개혁인가?

I. 서문

중종반정과 조광조에 관한 이야기를 풀어나가기 위해 반정이라는 용어의 정의에서부터 시작한다. 조선시대의 왕조사에서 반정에 의해 왕위에 오른 사람은 중종과 인조, 이 두 사람이다. 反正이라는 한자를 풀이해보게 되면 反이라는 자는 되돌린다는 뜻이며, 正이라는 자는 바르다는 뜻이다. 즉, 중종과 인조는 이전의 바르지 않던 것을 바르게 되돌리기 위해서 왕이 되었다는 것으로 볼 수 있다. 그렇지만 바른 것으로 되돌리기 위함이었다는 명분을 내세우고 단종을 폐위시키고 왕위에 오른 세조에게는 반정이라는 용어를 쓰지 않는다. 왜 그럴까? 이 문제는 각각 이들이 왕에 오르게 되는 과정을 살펴봐야 할 필요가 있다. 중종과 인조의 경우에는 신하들이 주도세력이 되어 이전의 왕을 폐위시킨 것이고 세조의 경우에는 자신이 직접 주도세력이 되어 이전의 왕을 폐위시킨 것이다.

반정이란 단어에는 주체세력의 성격을 포함한다고 볼 수 있다. 즉, 중종과 인조는 왕권과 신권과의 갈등에서 비롯된 것이고 세조의 경우는 왕실 내부의 갈등에서 비롯된 것이라는 것이다. 여기까지 생각한 반정의 의미는 바르지 못한 왕을 신하들이 폐위시키고 새로운 왕으로 하여금 바른 것으로 되돌아가게 한다는 뜻을 가지게 된다고 볼 수 있다. 여기서는 이렇게 중종이 반정에 의해서 왕이 될 수밖에 없었던 연산군 당시의 상황에서부터 이야기를 시작하여 조광조를 비롯한 사림세력을 등용하고 그리고 중종의 절대적 신임 하에 조광조와 사림세력들의 정치개혁실시, 그리고 기묘사화로 인한 조광조의 축출까지 과정을 전개한다. 특히 조광조가 정치개혁사상을 실시하는 과정에서 훈구와 사림 그리고 왕의 권력관계에 초점을 두고 조광조의 개혁이 과연 누구를 위한 것인지에 대해 생각해보고자 한다.

1. 중종반정

　그러면 반정에 의해 축출 당하게 되는 연산군 시대를 살펴보자. 조선왕조실록에서 폭군으로 규정한 연산군의 초기 모습은 바른 정치를 하기 위한 모습이 보인다. 하지만 훈구세력이 사림세력을 축출하기 위해 김종직의 '조의제문' 문제를 빌미로 연산군과 무오사화를 일으키게 되면서 연산군은 폭군의 모습이 보인다. 그리고 연산군은 왕실의 인척과 손을 잡고 연산군의 어머니인 폐비윤씨 사건의 비밀을 빌미로 하여 갑자사화를 일으키게 되면서 그의 폭군적이 모습은 극에 이르게 되었다. 그는 경연을 싫어하여 홍문관 예문관의 대제학 제도를 폐지시키고 각지에서 미인을 뽑아 성균관과 서원을 유흥장으로 만들고 왕의 사냥터를 만들기 위해서 궁궐 밖 30리 이내에 있는 민가를 강제로 철거 이주시키기도 한다. 또한 그의 행위를 비방하는 상소가 언문으로 각지에서 올라오자 한자교습을 폐하고 언문구결을 모조리 거두어 불태워 버리고 한글을 사용을 금지시키는 등 그 행동이 점차 도를 지나치게 되었다. 무오사화 갑자사화를 거치면서 연산군은 능상이라는 죄목으로 신하를 다스림으로 왕에 대한 비판이나 비판세력의 결집은 막을 수 있었지만 연산군의 통치방식은 그의 측근들로 하여금 자신도 언제 능상의 죄목으로 처단될지도 모른다는 불안감을 증폭시켰다. 그로 인해 연산군은 자신이 측근세력들로부터 축출 당하게 되는 결과를 가져오게 된다.

　연산군을 축출시켰던 세력은 연산군의 측근이었다가 연산군과의 갈등으로 좌천되거나 파직된 성희안과 박원종이었다. 그들은 이조판서 유순정을 끌어들이고 당시 연산군의 신임을 받던 신윤무와 무장출신인 장전 박문영을 끌어들였다. 이렇게 시작된 그들의 거사는 신수근 등의 왕실인척을 제거하는 중에 별다른 저항 없이 이루어지게 된다. 이들을 성종의 계비인 정현왕후 윤씨를 찾아가 연산군을 폐하고 진성대군으로 하여금 왕위를 잇도록 종용하였다. 처음에는 거절하였던 정현왕후는 결국 연산군을 왕자로 강등시키고 자신의 아들이 진성대군으로 하여금 왕위에 오르라는 교지를 내리게 된다. 그리고 진성대군의 즉위식을 거행함으로 그들의 반정은 성공하게 된다. 이들은 반정으로 하여금 불안해진 정국을 수습해야 했다. 이들의 반정수습책은 자신들과 같은 또 다른 반정세력이 나타나는 것을 방지하기 위해 중종의 아내인 신 씨를 폐비시키고, 또한 연산군 때의 신하들의 반발을 최소화시키기 위해 "반정과 같은 일은 온 조정이 함께하는 것"이라는 명분을 내세워 117명의 정국공신을 책봉하게 된다. 그리고 후에 갑자사화의 피해자였던 훈구세력을 끌어들임으로서 정국은 어느 정도 안정을 찾아가게 된다.

2. 조광조의 등용

반정세력에 의해 자신의 의도와는 상관없이 왕위에 오른 중종은 그야말로 허수아비와 같은 존재가 될 수밖에 없었다. 하지만 어느 정도 정국이 안정되면서 훈구세력의 견제를 통해 자신의 입지를 강화해 나가려는 움직임을 보이게 된다. 홍문관을 강화시키고 정책의 경연을 중시하여 정책을 토론에 중점을 둠으로 훈구세력을 견제하려 하였으나 이러한 그의 노력은 처음에는 반정공신들에 의해 좌절된다. 하지만 반정주도세력이었던 성희안이 죽게 되고 대부분의 반정주도세력들이 정계에서 물러나게 되면서 그의 왕권강화를 위한 노력은 어느 정도 실효를 거두게 된다. 중종은 반정세력이나 훈구세력과는 관계가 적은 사림을 등용하고자 하였다. 우선 무오사화와 갑자사화의 피해자였던 사림들의 신원을 회복해 주면서 그들의 홍문관등의 언관직에 등용시키게 된다. 당시 사림파의 대표적인 사람은 조광조였다. 중종은 당시 의정부와 육조를 장악하고 있던 훈구파를 의식해 그를 언관직에 등용하여 훈구세력을 견제하고 사림과 훈구의 대립을 통해 자신의 왕권을 강화하고자 하였다. 이렇게 해서 조광조는 정치세계에 등장하게 되는 것이다.

II. 본문

조광조는 정치세계에 등장한 이후로 급진적인 개혁정치를 펼친다. 그러면서 훈구세력과 반목하고 서로 견제하게 된다. 여기에서는 조광조가 펼친 개혁정치 중에 중요하다고 생각되는 것 몇 가지를 골라 이를 중심적으로 살펴봄으로써 당시 상황에 대한 이해와 개혁정치의 특징 및 조광조와 중종, 훈구세력들의 관계에 대해서 알아보고자 한다.

1. 소격서 철폐

　소격서는 조선시대에 도교의 보존과 도교 의식을 위하여 설치한 예조의 산하 기관이다. 도교의 일월성신을 구상화한 상청·태청·옥청등을 위하여 삼청동에 성제단을 설치하고 초제지내는 일을 맡아보는 기관이었다.

　조선의 건국이념인 유교주의에 따르면 이단이고 철폐되어야 마땅한 기관이었으며 제사를 지내는 것이 단순한 제사가 아니라 왕조에서 지내는 제사이다 보니 그 규모나 제물을 준비하는 과정에서나 많은 제물과 인력이 낭비되는 의식이어서 그 당시 신하들의 대부분은 소격서 철폐에 관한 문제에 있어서 통일된 견해를 가지고 있었다. 그러나 선친 때부터 내려오는 전통이라 하여 철폐를 주저하는 중종의 의견에 쉽게 자신들의 의견을 내기는 힘들었다. 그러나 조광조는 이를 개혁의 시작이라 생각하고 왕에게 상소를 올려 소격서 철폐에 앞장을 서게 된다. 주된 이유로는 과도한 공물 징수의 문제점과 선친대의 법을 그대로 살리는 것이 능사가 아니라 잘못된 점을 융통성 있게 고쳐 나가는 것이 선친의 법제를 준수하는 것이라는 점을 들었다. 그러나 왕 역시 쉽게 그러한 상소를 받아들이지는 않았다. 하지만 조광조는 주변 신하들의 의견을 모으고 계속해서 간언을 통해 결국은 소격서 철폐를 이루어 낸다. 이 과정에서 조광조는 여러 달이 지나도 임금이 허락하지 않자 합 문 밖에 엎드려 네 번이나 장계를 올렸다. 하지만 역시 허락받지 못하자 승지에게 "이 일의 허락을 얻지 못하면 오늘은 물러가지 않겠다"라고까지 말하였다. 수십명의 유신들이 일제히 그 폐지의 상소문을 올리고 대간은 모두 사직하는 험악한 사태까지 일어나게 되었다. 이어 조광조는 그 동지들을 이끌고 입궐하여 밤을 세우며 끈질기게 그 폐지를 되풀이 주장하자 새벽이 되어 중종도 지쳐 폐지할 뜻을 밝히게 되었다.

　훈구들의 입장에서도 소격서는 철폐해야 할 것이었지만 조광조의 신하로서의 도리에 맞지 않는 행동은 탄핵할 만한 일이었다. 하지만 중종이 이를 받아들였기에 그들은 조광조의 행동을 묵인하였다.

　후세의 사가 이긍익은 기묘사화의 원인이 이 사건에도 있었다고 하고 있다. 폐지의 다음해인 중종 14년(1519)에 일어난 기묘사화로 조광조가 죽은 뒤 중종 15년 정월에 이르러 본래 소격서를 폐지시킬 뜻이 없었던 중종은 소격서를 다시 세워보려 하였다. 하지만 영중추부사 정광필 등의 강력한 반대의견에 부딪쳐 그 뜻이 이루어지지 못하였다.

중종 17년(1522) 12월에 모후의 병이 심상치 않아 이를 소격서에 빌고자 다시 그것을 세우려 하였으나 이번에도 영중추부사 정광필, 좌의정 남곤, 우의정 이유청 등이 반대의견을 올렸다. 하지만 맞서 모후에 대한 효성을 가로막는 유신들을 꾸짖는 어귀로 응수하는 중종의 태도는 매우 강경하였던 것이었다. 예조·대간을 비롯하여 대사헌 조순, 대사간 유여림, 부제학서후 등이 잇따라 소격서를 다시 두는데 대한 반대의견을 내놓았으나 중종의 결심은 흔들리지 않았다. 결국 중종은 성종 때의 예에 따라 소격서를 다시 세우도록 명하였다.

2. 향약 실시

향촌은 말단 행정구역으로 기초적인 지배 기반이다. 그러므로 향촌에서의 지지 기반의 확립은 통치체제의 확립과 연결되는 것이다. 그러므로 조광조를 비롯한 신진세력들은 성리학의 윤리질서·통치 질서를 향촌에 정착시켜 지지 기반을 구축하고, 그것을 토대로 지배 세력으로서의 우위를 확보하기 위하여 소학의 사회적 실천 운동으로서 향약의 보급에 주력하였다. 그러므로 소학 소재의 여씨향약(呂氏鄕約) 보급 운동은 단순히 성리학의 제도의 보급이 아닌, 기존 정치세력의 비리로 한계점에 이른 사회질서를 바로잡기 위한 방도로 제시된 것이었다.

조광조를 비롯한 신진세력들의 주도하에 보급된 향약은 성종 19년(1488) 6월에 설립된 유향소를 토대로 하여 실시되었다. 유향소는 향촌교화의 한 방법인 향사·음례의 실행을 통해 재지적 기반을 가진 사족세력 중심의 향촌 자치체제 확립을 목표로 하는 것이었다.

향촌질서 확립의 방법으로 향약이 거론된 것은 중종 12년(1517) 6월 함양유생 김인범이 여씨향약을 준행하여 풍속을 바꾸자는 상소를 올리면서다. 이에 중종은 김인범의 상소는 날로 경박해지는 인심과 천박한 풍속을 삼대의 정치로 회복하자는 것이니, 풍속을 바꿀 방도를 강구하라고 의정부에 전교 하였다.

여씨향약 보급시행이 공인된 중종 12년에는 이미 조광조, 김식, 박훈 등이 중앙정계에 진출하여 정치적 우위를 확보하고 있었다. 그러나 이러한 우위는 단지 중종의 정치적 신임만을 통해 획득한 상대적인 우세로서, 기존세력을 제압하고 획득한 실질적인 우세는 아니었다. 그러므로 향약은 국가적인 차원에서 보급되지 못하고, 감사로 임명되어 임지로 나간 신진세력들에 의해 개별적으로 보급되었다.

하지만 훈구세력에게 기존의 향촌 세력과 심한 갈등을 야기한다는 비판을 받았다. 그들은 사림이 급진적인 성향을 띠면서 민중과 향촌 세력을 전혀 염두에 두지 않았다고 주장하였다. 또 향약이 이상에 치우친 당국자들에 의한 주도적 성격만이 보이며 조화된 모습은 보여주지 않는다고 주장하였다.

결국에 향약이 국가적 차원에서의 보급론이 대두되면서 서울에서의 향약 실시에 많은 물의가 일어 반대 세력들의 반발이 심하자 중종은 향약의 혁파를 명하였다. 조광조 등 신진세력들에 의해 주도되었던 향약 보급 운동은 사회적으로는 향촌사회의 재구성을 모색했던 것이고, 사상적으로는 성리학이 정착될 수 있는 사회적인 토대를 닦는 과정이었던 것이다.

3. 현량과 실시

왕도정치를 시행하기 위한 조광조의 개혁정치는 소학 소재의 여씨향약을 향촌 사회에 보급하여 성리학의 질서체계를 정착시켜 지지 기반을 구축하고, 그 기반을 토대로 해서 왕도정치를 구체화시키려는 것이었다. 조광조는 성리학의 윤리질서를 향촌 사회에 정착시키기 위해 시행하였던 향약과 더불어, 향거이선(鄕擧里選)의 정신으로 새로운 인재등용법인 현량과의 실시를 건의하였다. 중종 13년(1518) 조광조가 발의한 현량과는 중국 한나라의 현량·방정과를 본뜬 것으로 외방은 감사·수령이, 경중은 홍문관·육경·대간이 재행이 있고 임용할 만한 사람을 천거하면 임금이 대책으로 취재한다는 인재등용법이다.

현량과의 실시 목적은 경학을 위주로 하는 조광조 등의 신진세력이 추구하는 개혁정치에 뜻을 같이 하는 지지세력 들을 중앙정계에 진출시켜 정치세력을 강화하려는 데에 있었다. 현량과를 시행하기 위해 내세운 명분을 보면 과거는 시로 인재를 뽑기 때문에 사장만을 일삼고 성리학을 소홀히 할뿐만 아니라, 벼슬을 얻지 못하면 어떻게 하면 얻을까 궁리하고, 얻고 나면 놓치게 될까 봐 근심하는 폐습이 생겼다는 것이다. 이것은 사장을 위주로 하는 과거로는 경학에 능한 신진세력들을 등용하기 어렵다는 것으로, 덕행을 보고 천거하는 현량과를 시행하면 분경하는 폐습이 사라질 뿐더러 대현인을 얻을 수 있다는 것이다.

이에 사장을 위주로 하는 기존의 과거를 통해 정계에 진출한 조정대신들은 현량과의 실시에 반대하는 입장이었다. 즉 경학을 위주로 하는 신진세력들이 천거제인 현량과를 통해 정계에 진출하여 그 세력이 강화되면, 사장을 위주로 하는 기존 세력들은 상대적으로 약화되기 때문이다. 그들은 사장에 치우쳐 경박한 풍습만을 조장한다는 것은 흑백논리이며 현량과는 사림파의 세력 확장에 이용될 뿐이라고 주장하였다.

현량과 시행에 대한 찬반 논의가 분분하자, 중종은 옛적에는 향거리선으로 인재를 뽑고 과거에 의존하지 않았기 때문에 그 사람들의 덕행이 당시 사람들의 추앙 받는 바가 되었는데, 지금은 중외의 과거한 사람들은 그의 재주는 알 수 있어도 마음과 행실은 잘 알 수 없다고 하면서, 대신들은 힘써 찾아내어 천거해야 한다는 입장을 분명히 밝히고 현량과의 천거책취(薦擧策取)에 관한 절목(節目)을 마련하라고 의정부에 전교 하였다.

4. 정국공신 위훈삭제

정국공신은 반정 직후부터 정치 문제화되었다. 즉 정국공신은 부자, 형제, 숙질, 조손, 사촌 등의 친족집단과도 같은 성격으로 구성되어져 반정 초부터 정치문제화 되었던 것이다. 정국공신 개정에 대한 집요한 논의에도 불구하고 중종은 침묵으로 일관하였다. 반정으로 왕위에 올랐던 중종의 입장에서 보면 이러한 반응은 오히려 당연한 것이라고 할 수도 있는 것이다.

그러나 조광조를 비롯한 신진세력들의 계속이고도 집요한 개정 논의로 중종14년 11월에 정국공신 76명의 위훈이 삭제되기에 이르렀다.

즉 중종은 전에 어려운 때를 당하여 종묘가 위태로웠으나 신하들이 힘을 합쳐 나로 하여금 선왕의 유업을 잇게 하였으므로, 훈적에 기록하여 영구히 남기게 하였다. 그러나 녹공을 분수에 넘치게 하여 이 때문에 여론이 거세게 일어났으니, 나도 또한 함께 허물이 있는 것이다. 대신·대간들이 공리의 근원을 막아 국운을 장구하게 하려고 하니, 오래 쌓인 때를 씻지 않을 수 없다고 하면서 유순, 김수동, 김감 등 76명의 외람된 것을 바로 잡아 공권을 맑게 하라는 내용으로 전교 하였다.

중종이 정국공신 76명의 훈적을 삭제하기는 했으나, 그것은 중종의 자의에 의한 것이 아니라, 조광조 등 신진세력들의 거듭된 주장에 의해 어쩔 수 없이 시행한 것이라고 볼 수 있다. 훈적을 삭제하기는 했으나, 임금이 불편해 하는 심정을 보이므로 오래지 않아 추복될 것이라는 당시 사신의 논평에서도 알 수 있다.

한편 다른 사신은 조광조가 정국공신을 개정하려고 발의한 말은 매우 조심스럽고 간절하였는데, 화가 일어날 것을 염려했더라면 그 기미를 진정시킬 방법을 생각하고, 임금의 덕이 더욱 밝아지고 인심이 안정되기를 기다려서 여유 있게 성취해야 할 것인데, 뭇 사람들의 분노를 돋구어 다스릴 기회를 잃었다고 논평하고 있다.

조정 대신들은 이 역시 사림세력의 강화에 이용되고 자신의 실질적인 이익이 줄어들며 조광조가 자신들을 소인배라 칭하며 제거 할 것을 중종에게 권하자 정국공신 위훈삭제 단행 시 겪은 중종의 심리적 갈등을 간파하여 공격적인 자세로, 조광조 등의 청죄를 중종에게 건의하였다.

이에 따라 상황이 반전되어 중종은 조광조, 김정, 김식, 김구 등은 서로 붕당을 맺어 성세로 서로 의지하고, 권요의 자리를 차지하여 후진을 유인하여 궤적을 일삼아 국론과 조정을 어지럽게 하였으나, 조정의 신하들은 그 세력이 치열한 것을 두려워하여 아무도 입을 열지 못하게 되었다면서 이들을 추고하라고 전교 하였다.

이와 같이 상황이 급박해지자 평소 조광조를 사유로 모시고 따르던 성균관 유생 이약수 등 150여명이 대궐 안에 들어와 상소하고, 합문 밖에서 통곡하면서 조광조의 무고함을 논하고, 또한 대사간 윤희인 등도 조광조는 나라를 위해 일한 것뿐인데, 큰 죄를 입게 되면 사기가 꺾여 국맥이 시들게 된다면서 조광조의 무고함을 탄원하였다.

게다가 성균관 유생 임봉 등 240여명이 조광조의 억울함을 아뢰고 옥에 함께 갇히기를 청하자, 중종은 젊은 사람이 옛글만 읽어서 사체를 모르고 정사를 날로 위태롭게 하였다면서, 이들을 죄준 것은 조정의 폐단을 바로 잡으려는 것이므로 다시 논할 수 없다는 강경한 입장을 피력하였다.

당시 상황에 대해 사신은 임금이 선을 매우 좋아 하기는 하나 곧은 말에 대해서는 자세를 고쳐 앉고 용색을 바꾸니 매우 의심스러웠다며, 그럼에도 불구하고 조광조가 신조를 내세워 구신들을 배척하였으니 음모를 꾸미고 모함하는 자가 많게 되었으며, 중종도 그 붕당이 성하고 권세가 중한 것으로 의심해서 제거하기에 이르렀다고 논평하고 있다.

이와 같이 상황이 바뀌자 중종은 정국공신의 개정은 조정 대신들도 바라지 않고, 또 녹훈한지 이미 오래되었으니 개정할 수 없다고 전교 하여, 불과 6일전에 삭제되었던 76명의 정국공신을 추복하게 하였다. 또 조광조 등에게 붕당을 이루어 궤적을 일삼아 정치를 문란하게 한 죄를 물어 조광조·김정·김식·김구는 원방에 안치하고, 윤자임·기준·박세희 등은 외방에 부처하였다.

그 후 중종은 주위에서 조광조를 죽이자는 청이 없어서 결단을 못 내리고 있던 차에, 생원 황이옥, 유학 윤세정·이래 등이 조광조를 죽여서 생살여탈의 권한이 임금에게 있다는 것을 보여 주어 기강을 확립해야 한다는 상소가 올라오자, 즉시 전교 하여 조광조·김정·김식·김구을 사사하고, 윤자임·기준·박세희·박훈은 절도에 안치하게 하였다.

III. 결론

조광조는 왕도정치의 실현을 위해서 여러 개혁방안을 내 놓았다. 그 과정에서 급진적, 개혁적 흐름 속에서 훈구 세력을 비롯한 자기 이념에 반대되는 세력을 소인배라 칭하고 배척하였다. 따라서 당시 기득권 세력이던 훈구 세력과 알력이 발생하고 심하게 배척하는 모습까지 보인다.

조광조의 여러 방안은 정치적 개혁에 한정되고 옛 요, 순 때의 고전적 이상정치를 위에서부터의 개혁으로 일관하다가 결국 꺾이게 된다.

  이를 통해서 아무리 좋은 개혁방안도 제반조건이 갖추어지지 않는 상태에서는 어렵다는 것을 역사를 통해서 알 수 있었다. 간접적으로나마 우리 현 정부의 개혁정치가 어떠한 방향으로 어떻게 나아가야 할지 참조하는 기회가 되었으면 한다.

참고도서

우리시대에 조광조가 있다면, 최락도 지음 푸른샘, 2002

왕의길 신하의 길 , 이이화 ,한길사, 2000

역사속의 역사읽기2, 고석규 고영진 지음 풀빛 2002

역사와 현신 역사비평사 1997년 9월 25호 (논문: 조선중반기 정국구도와 정책론 윤 정, p.138~p.176)

정암 조광조(영원한 개혁의 순교자) ,이종호 , 일지사, 1999

한국사, 변혁을 꿈꾼 사람들 ,신정일 , 이학사, 2002

한권으로 읽는 조선왕조 실록, 박영규지음 들녘 1996

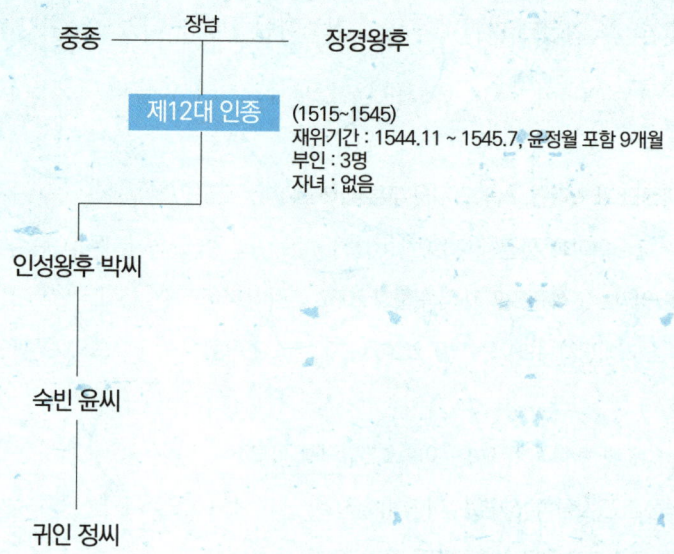

인종실록
제12대 (1515~1545년)

인종의 휘는 호이며, 자는 천윤이다. 중종과 장경왕후 윤 씨 사이에 태어난 큰아들이다. 중종 15년(1520년)에 세자로 책봉되었는데, 세자로 25년간 지내다가 중종이 죽자 다음날 즉위했지만 이듬해에 죽었다. 묘호는 인종(仁宗), 시호는 영정(榮靖) 존호는 헌문의무장숙흠효(獻文懿武章肅欽孝)이고, 능호는 효릉(경기도 고양시 덕양구 원당동)이다.

조선 12대 인종

현량과 부활: 훈구 세력들의 관직독점을 막기 위해 조광조에 의해 주장되었으나 기묘사화로 폐지되었던 제도를 부활시켜 유능한 인재 등용에 힘썼다.

『인종실록』

『인종실록』은 인종의 역사를 기록한 것으로 재위기간이 8개월에 불과해 실록도 2권 2책 밖에 없다. 즉위년(1543년 11월16일~12월 말일)까지는 『중종실록』 제105권에 합편되어 있다.

1546년(명종 1년)에 『중종실록』과 함께 편찬을 시작해 1550년 9월에 완성했다. 편찬관이나 체제는 『중종실록』과 비슷하다. 편찬책임자는 심연원, 윤개, 상진, 신광한 등이다.

인종 사후 바로 을사사화가 일어나 인종의 외가, 처가, 근신들이 직접 피해를 입어 을사사화와 관련되는 기록은 다시 생각해 볼 필요가 있다. 또 일반기사도 내용이 소략하여 국정전반에 관한 기록보다는 왕실의례, 경연, 대간의 상소 등 특정부분에 치우쳐 있다.

인종은 총명해 3세 때 글을 배웠고, 8세 때 성균관에 입학했다. 원년 3월에 성균관 진사 박근 등의 상소를 시작으로 대간, 시종신, 경연관 등의 지속적인 상소로 조광조의 복직을 청했다. 하지만 그때마다 결정을 미루었다가 병이 위중하자 대신들에게 유교하여 복직시켰다. 아울러 기묘사화에 희생당한 사람들까지 복직시켰다.

인종은 중종의 초상 때 6일 동안 단식했으며, 5개월 동안 곡하면서 죽만 먹었다. 이때 소금과 장을 전혀 먹지 않았다. 이것으로 건강이 악화되었던 것이다.

문정왕후의 질투

인종은 태어난 지 7일 만에 생모 장경왕후를 잃은 후 계모 문정왕후 윤 씨 밑에서 성장했다. 문정왕후는 성품이 좋

문정왕후

지 못해 인종을 괴롭혔다. 중종 19년(1524년), 인종은 세자로 책봉되어 10세 때 금성부원군 박용의 딸과 가례를 치렀다. 어느 날 밤 동궁에서 화재가 나 순식간에 불바다가 되었다. 이때 동궁은 깜짝 놀라 세자빈을 깨웠다.

"내가 불에 타 죽으면 좋아할 사람이 있을 것이오. 빈궁은 어서 이곳을 피하시오."

하지만 빈궁은 동궁을 불길 속에 남겨두고 갈 수가 없었다.

"저하, 저도 함께 죽겠사옵니다."

세자는 누가 동궁에 불을 질렀는지를 알고 있었다. 그 후에도 몇 번이나 죽을 고비를 넘겼다. 계모 문정 왕후가 자신을 죽이려 했기 때문에 차라리 불에 타서 죽는 것이 효도라고 생각했다. 내시는 곧장 중종에게 달려가 사실을 알렸다.

"세자야! 어서 나오너라." 그러자 불에 타죽으려고 생각했던 세자는 부왕의 목소리를 듣고 빈궁과 함께 탈출했다.

"동궁이 살아 있었구나."

"아바마마, 괜찮사옵니다."

이것은 계모 문정왕후가 쥐꼬리에 붙여 동궁을 죽이려고 한 방화사건이었다.

쥐꼬리에 얽힌 비화

기묘사화 이후 남곤과 심정 일파가 득세했다. 이들은 자기들을 반대하는 사람들을 무고하여 숙청했다. 그래서 평소 조광조와 가깝던 우의정 안당, 문근, 유운, 유인숙, 정순붕, 신광한, 박영 등을 몰아냈다.

안당은 고향 음성으로 내려가 세월을 보냈다. 하지만 안당의 아들 처겸, 처함, 처근 삼형제는 남곤과 심정에게 불만을 품고 있었다. 그래서 외숙 시산정, 권진, 안정 등과 함께 그들을 몰아낼 음모를 꾸몄다.

하지만 안 씨 집안의 서자 송사련이 발고하여 안씨 일족은 역적으로 몰려 멸문지화를 당했다. 송사련이 안처겸 형제를 역적으로 고발한 이유가 있다. 당시 사대부 사상이 판을 치고 있을 때라 양반과 상놈의 관계를 몹시 따졌다. 따라서 송사련 역시 외사촌들에게 상놈의 지식이라며 천대를 받았기 때문이다.

　이후 조정은 남곤, 심정, 이항, 김극복 등이 판을 쳤다. 이에 세력가 김안로가 자꾸 밀려났다. 그는 자신의 세력을 지키기 위해 부제학 민수천, 장순손 등과 뭉쳤다. 이때부터 조정은 두 당파로 갈라졌으며 기회만 있으면 서로를 물고 헐뜯었다.

　더구나 김안로는 자신의 세력을 다지기 위해 아들 김희를 효혜공주와 결혼시켰다. 김안로가 대사헌을 거쳐 이조판서에 오르자 수많은 조정신하들이 그에게 줄을 섰다. 김안로의 세력이 커지자 남곤 일파는 들고 일어섰다. 곧이어 남곤은 대사헌 이항을 시켜 상소를 올리게 했다.

　'김안로는 붕당을 만들어 조정을 어지럽히고 있습니다. 즉시 그를 파직시키는 것이 옳은 줄 아옵니다.'

　그 다음으로 홍문관 응교 심사손, 수찬 조인규, 정자 송인수 등도 연이어 상소했다. 이런 상소를 중종도 부마의 아버지라며 듣지 않았다가 그들의 성화에 못 이겨 김안로를 풍덕으로 귀양을 보냈다. 이에 따라 김안로는 조종 대신들에게 원한을 품게 되었다. 김안로를 제거했지만 조정엔 새로운 인물들이 들어와 말썽을 부렸다. 이항이 우의정이 될 때 이들이 반대하여 취임하지 못했다. 이항이 우의정에 임명된 것이 정해년 1월 남곤이 죽기 바로 한 달 전이었다.

　구파와 신파가 대립하고 있던 중 세자 생일날에 사건이 터졌다. 대궐 후원 나뭇가지에 쥐의 네다리와 꼬리를 자르고 입과 귀와 눈을 불에 지져서 걸어둔 것이다. 이것을 '작서의 변'이라고 했다.

　그 후에도 중종의 침실 난간에 불에 지져진 쥐가 버려져 있었던 것이다. 처음엔 궁에서 벌어진 일이기 때문에 대신들은 모르고 있었다. 하지만 세자 외조부 윤

영의정 지정 남곤 묘

여필이 이것은 필시 세자를 저주한 것이라며 들고 일어났다. 그러자 심정과 좌의정 이유청도 범인을 색출해야 된다고 상주했다.

그 다음날부터 수많은 궁인들을 심문했는데 아무런 증거가 나오지 않았다. 결국 대비 윤 씨가 경빈 박 씨를 지목했다. 대비는 이유청에게 전지를 이렇게 써서 내렸다.

'작서 사건을 내가 문초하여 알아내려고 했다. 하지만 조정이 나서서 문초한다고 하여 믿었건만 범인을 잡지 못하였다. 동궁의 작서는 나도 잘 알지 못한다. 하지만 임금 침실의 작서는 경빈 박 씨가 한 것 같구나. 당시 현장엔 경빈만 있었다. 만약 다른 사람이 쥐를 갖다놓았다면 경빈이 틀림없이 범인을 보았을 것이다. 쥐를 보았을 때 상감께서 쥐를 갖다버리라.고 해 시녀가 쥐를 가지고 나갔다. 그러자 경빈이 급하게 "쥐는 상서롭지 않습니다."라고 말했다고 한다. 이 사건이 가볍지 않기 때문에 내가 나서서 말하지 않았다. 하지만 경빈은 "궁의 모든 사람들이 자신을 의심한다."고 푸념했다고 하니 이상스럽지 않은가. 더구나 며칠 전 경빈의 딸 혜순옹주가 비자들과 함께 사람의 형체를 만들어 목을 베어 죽이는 시늉을 하면서 "작서를 발설한 사람은 이렇게 죽인다."고 하며 몹시 꾸짖고 떠들며 저주했다고 한다.'

그리하여 경빈 박 씨을 폐하여 서인으로, 복성군은 작호를 삭탈시켜 궁에서 쫓아냈다. 그러나 이것으로 끝나지 않고 경빈 박 씨와 연관된 이조판서 홍숙, 예조참판 김극개, 문학 홍서주, 병조좌랑 김헌윤, 경빈 박 씨의 친정아버지 박수림, 그의 오빠 박인형, 박인정 등도 모두 벼슬자리에서 쫓겨났다.

난정의 활약

인종이 죽자 가장 기뻐한 것은 대비와 윤원형 형제들이었다. 인종이 승하한 그날로 경원대군은 나이 12세로 등극했는데, 이 분이 바로 명종임금이다. 문정대비는 신왕이 어리다는 핑계로 발을 드리우고 섭정했다. 이때 문정대비는 제일 먼저 선왕 인종의 외숙 윤임 일파를 몰아내려고 했다.

얼마 뒤 윤원형의 형 원로를 해남으로 귀양 보낸 것도 윤임 일파의 압력 때문이었다. 문정대비도 친형제를 귀양 보내자 마음이 좋을 리가 없었다. 이때 윤원형에게 난정이라는 첩이 있었다.

윤원형

그녀는 매우 영리해 대비와 윤원형 사이를 오가는 연락책이었다. 윤원형은 형님 원로가 쫓겨 난 것을 보고 즉시 계략을 꾸며 난정을 시켜 문정대비에게 전했다.

"윤임이 조카 계림군 유를 선왕의 양자로 세워 큰일을 꾀하려고 합니다."

이에 문정대비는 분함을 이기지 못해 곧바로 충순당으로 나와 대신들을 불러 들였다.

"윤임은 중종대왕 때부터 우리 모자를 해코지 해왔소. 더구나 인종이 승하한 뒤 자신들의 세력이 불안함을 느껴 모의를 한다는 말이 있소."

이때 경기관찰사 김명윤의 한마디 말이 윤임 일파에게 결정적인 타격을 주었다. 문정대비는 계림군과 관련된 자를 잡아들이도록 명했다. 안변 황룡사로 도망갔던 계림군이 잡혀와 국청 앞으로 나왔다. 이때 심문을 담당한 사람은 임백령과 허자였다.

그러나 아무리 추궁해도 별 것이 없었다. 한마디로 윤임을 계략에 애꿎은 계림군만 희생 당할 판국이었다. 이때 계림군의 주리를 틀 때마다 계림군의 비명소리가 국청에 울려 퍼졌다. 어린 임금은 처참한 광경에 질려 눈을 가리고 귀를 막았다. 대비도 임금을 데리고 안으로 들어가 버렸다.

고문에 못 이긴 계림군은 서리가 가르쳐 준대로 거짓 자백 후 기절하고 말았다.

"아저씨가 임금을 없애고 나를 임금으로 세운다고 했습니다."

며칠 후 계림군은 역적의 누명을 쓰고 처형을 당했고, 뒤이어 윤임, 유관, 유인숙 등도 반역 음모죄로 죽임을 당했다. 나머지 이언적, 노수신, 유희춘 등을 비롯해 수많은 선비들이 귀양을 갔다. 이 사건이 을사사화이다.

조선시대 최악으로 불리는 여인 문정왕후 윤 씨

중종 12년(1517) 중종의 왕비 최종 후보로 오른 처녀가 윤지임의 딸과 이조판서를 지낸 윤금손의 딸이었다. 중종의 간택이 있기 몇 일전 윤지임의 딸은 심한 병을 앓았다. 중종은 혼사를 포기하고 파성군 윤금손의 딸을 맞으려고 마음을 돌렸다.

"윤지임의 딸은 병이 낫거든 파성군의 딸과 함께 입궐하도록 하라."

중종은 그 자리에서 파성군의 딸을 계비로 결정을 내릴 요량이었다.

이 무렵, 점 잘 치는 점쟁이가 스스로의 앞날을 점쳐 보았다.

그때 윤지임이 점쟁이의 소문을 듣고 딸의 앞날을 점쳐보기 위해 점쟁이를 찾아왔다.

"이것이 어인 일이냐? 오늘은 귀한 손님이 맨 먼저 나를 찾아오겠구나."

"밖에 손님이 와 계신데, 따르는 종이 겨우 한명입니다요. 귀한 손님은 아닌 듯 싶습니다."

"모르는 소리마라. 그분은 귀한 손님이시다. 정중히 모셔라."

윤지임은 딸의 생년월일을 알려주고 앞날을 점쳐 달라고 부탁했다.

"나는 대감이 오실 줄 알았소이다. 따님은 틀림없이 국모가 될 사주이며, 지금 병중에 계시지만 염려 할 것이 없소이다. 대감은 국구(임금의 장인)가 되실 분이십니다."

점쟁이가 일어나 큰절을 올렸다. 윤지임은 위로는 되었으나 안심 할 수 없었다. 중종이 파성군 윤금손의 딸을 계비로 맞이한다는 소문이 파다하게 나 있어서였다.

얼마 후, 중종은 윤지임의 딸을 선택했다. 그녀가 바로 조선조 제 11대 임금 중종의 제2계비이며, 제 12대 임금 인종의 계모였으며, 제13대 임금 명종의 모후 문정왕후 윤씨이다.

〈조선왕조실록〉은 문정왕후를 어려서부터 정정단일(貞靜端一), 효경자혜(孝敬慈惠) 하였으며, 매우 총명하고 검소하여 사치스러운 것을 좋아하지 않았고, 예의범절을 잘 지켰다고 했다. 하지만 이렇게 덕성스럽고 국모로서 흠잡을 데 없는 자질을 갖춘 문정왕후가 어찌하여 뒷날 사람들에게 왕권을 악용하여 조선왕조 최악의 '여인천하시대'를 구가한 악녀, 독재자라는 혹독한 비난을 받아야만 했을까.

1. 이름난 명문집안 출신

문정왕후는 파평 윤씨 시조 윤신달의 후손 윤지임의 딸로 연산군 7년(1510) 10월에 태어났다. 11살에 어머니를 여의고 어린 동생들을 보살피며 자란 문정왕후는 방년 17세의 꽃다운 나이에 자기보다 13살 많은 중종의 비로 간택되어 중종 12년(1517)2월 궁중에 들어갔다.

그 당시 중종은 생이별한 단경왕후 신씨, 사별한 장경왕후 윤씨 외에도 경비 박씨, 희빈 홍씨, 창빈 안씨, 숙의 홍씨, 숙의 이씨 등의 여인들을 곁에 두고 있었다. 게다가 이미 장경왕후 윤씨가 낳은 적실의 왕자와 경빈 박씨가 낳은 복성군, 숙빈 홍씨가 낳은 봉성군 등 왕자들이 있어 새 왕비 윤씨는 그다지 반가운 존재가 아니었다. 중신들의 성화에 못 이겨 그 자리에 누군가 앉혀 놓았을 뿐이다.

그 시기 윤지임의 집안은 선대에서는 정승과 판서를 지냈으나, 부친대 부터 벼슬이 끊기고 자녀는 많아서 대개 몰락 양반의 가정이 그렇듯이 어렵게 살고 있었다. 때 마침 과년한 딸이 있어 혼처를 물색하던 차에, 비어있는 중궁 자리에 딸이 들어가게 되었다. 윤씨 집안에서는 그야말로 천재일우의 호기를 맞은 셈이었다.

2. 아들. 아들만이 살길

문정왕후가 입궐할 당시 조정은 훈구파와 사림파간의 권력투쟁이 한창이었다. 그 결과로 결국 조광조는 죽게 되고 신진 사림파가 몰락하였다. 이것이 중종 14년(1519)의 기묘사화이다.

이 때 경빈 박 씨와 그의 소생 복성군 그룹에 남곤과 심정 등 권신이, 왕세자를 둘러싼 세력으로 윤임과 김안로가, 그리고 문정왕후 쪽에 윤원로와 윤원형 형제가 3대

세력을 형성하며 서로 각축을 다투기 시작하였다.

이 과정에서 궁중에 이렇다 할 배경이 없던 문정왕후는 온갖 수모와 굴욕을 견디어 내었다. 아마도 당시 문정왕후는 궁중 안팎의 정치적 혼란상을 지켜보면서 아직도 불안한 중전의 위치를 안전하게 지키기 위해서는 권력을 잡아야 한다는 생각과 더불어, 이를 이루기 위해서는 왕자를 생산해야 한다는 사실을 절감했을 것이다.

중종 22년(1527) 2월 동궁에서 이른바 '작서의 변'이 일어났다. 작서의 변이란 동궁 후원에 있는 은행나무에 큰 쥐가 걸렸는데, 그 쥐는 네 다리와 꼬리가 잘리고 입, 눈, 코가 불에 지져 있었다. 또 왕세자를 저주하는 그을린 쥐를 침실에도 몰래 들여 놓은 사건이다. 이 사건의 범인은 들어 나지 않았으나 대비 정현왕후가 경빈 박 씨를 범인으로 지목하는 교지를 내렸다. 결국 이 사건은 박 씨 모자가 축출되는 결과를 빚었고, 남곤과 심정도 유배되어 사사되었다. 숙빈 홍 씨의 아버지 홍경주도 이미 6년 전에 사망하였으므로, 이제 싸움판은 윤원로와 윤원형 형제의 대윤과 소윤 집안의 한바탕 혈투로 좁혀졌다.

중종과 혼인 한지 17년 만인 중종 29년(1534) 문정왕후는 마침내 왕자를 생산한다. 이때 낳은 세자가 바로 경원대군이니 곧 뒷날 '눈물의 왕'이라 불린 명종이었다. 문정왕후 나이 35세였다. 문정왕후는 왕자를 생산하고 자신이 낳은 아들로 하여금 대통을 잇게 하기로 결심한다. 그러기 위해서는 세자를 보호하고 있는 윤임과 김안로를 제거해야만 하게 되었다.

3. 은혜를 원수로 갚다

당시 동궁을 보호하려는 장경왕후의 오라비 윤임 일파를 이른바 '대윤', 문정왕후의 동생 윤원형 일파를 이른바 '소윤'이라고 불렀는데, 모두 파평 윤 씨 같은 문중 이였지만 이들은 외척간 권력투쟁으로 정국은 더욱 혼란 상황에 빠져들었다.

윤임과 김안로는 윤원형이 세자를 폐위하고 경원대군을 세자로 책봉하려는 음모를 꾸미고 있으므로 세자를 보호해야 한다고 주장하여 문정왕후와 대립하였고, 문정왕후는 윤임과 김안로 등이 동궁 보호를 구실로 자신을 폐위 시키려 한다고 하여 중종 32년(1537) 김안로가 사사되고 만다. 그 와중에 동궁의 침실에 불이 나고 만다. 방문은 밖에서 잠겨 진 채였고 효심이 지극했던 동궁은 이 일이 계모 문정왕후의 소행임을 알고 죽으려고 했으나 부왕과 세자빈의 만류에 방문을 박차고 뛰어 나왔다고 한다.

실록은 문정왕후가 자신의 아들 경원대군을 세자로 만들기 위해 동궁을 제거하려고 쥐의 꼬리에 불을 붙여 동궁으로 몰아놓은 음모라고 전하고 있다. 이런 상황에서 중종은 세자 인종에게 왕위를 물려주고 이듬해 세상을 떠나고 만다. 1544년 11월. 재위 39년 만이며, 향수 57세였다.

대비가 된 문정왕후는 문안차 대비전에 들어온 인종에게 어린 경원대군을 앉혀놓고, "우리 모자가 전하의 손에 죽는 날이 멀지 않았소 그려. 언제쯤 죽이려 하오?" 하고 협박하듯 따졌다는 이야기가 전해진다. 인종의 즉위로 대윤과 소윤간의 권력 투쟁은 일단 대윤의 승리로 돌아갔지만, 승리의 기쁨은 잠시였다. 인종이 한나라의 국왕이라는 높은 자리에 올랐지만, 문정왕후의 핍박은 갈수록 심해 졌고 심약한 인종은 등극 8개월 만에 의문의 변사를 당하게 된다. 야사에서는 인종의 죽음 뒤에는 문정왕후의 살해 음모가 있었다고 한다.

인종이 죽고 난 후 마침내 경원대군이 왕위에 오르니 그가 바로 명종이다. 명종이 즉위하고 문정왕후는 윤임을 비롯한 대윤이 음모를 꾸몄다고 죄를 씌워 대윤 일파를 제거 한다. 이것이 바로 을사사화였다.

윤임은 문정왕후가 중종의 계비로 간택될 때 당시 정치적 기반이 없던 문정왕후를 지지해준 세력이었다. 윤임은 아마도 자신의 집안사람인 문정왕후가 왕비가 되면 조카인 세자가 왕이 되기에 문제가 되지 않을 것이라고 생각했었을 것이다. 자신이 지지했던 문정왕후가 왕비가 되었지만, 훗날 윤임과 문정왕후는 정적으로써 대립하였고 결국 윤임은 문정왕후에 의해 제거 되고 만다. 윤임의 입장에서 보면 문정왕후가 은혜를 원수로 갚은 셈이 되고 말았다.

4. 독재의 시작

　12세의 어린 나이에 명종이 왕위에 오르자 문정왕후는 수렴청정을 하겠노라고 선포한다. 수렴청정을 통해 왕권을 앞세운 문정왕후는 절대 권력을 휘두르기 시작했는데, 그 배후에는 소윤의 우두머리로 알려진 윤원형이 있었고, 윤원형의 뒤에는 난세의 여걸 정난정이 있었으니 바야흐로 세상은 문정왕후와 정난정의 여인천하시대, 여기에 윤원형을 더하여 트로이카 전성시대의 막이 오른 것이다. 문정왕후의 섭정은 공식적으로 명종이 20세가 되는 8년 동안 이지만, 명종이 워낙 심약했던 까닭에 명종이 65세로 죽을 때 까지 20년에 걸쳐 전권을 휘둘렀다.
　을사사화, 양재역 벽서사건 등을 거치면서 문정왕후를 반대하는 세력들은 완전히 제거 하였고, 심지어 남매 사이인 윤원로까지 제거하기에 이르렀다.

여주(女主)가 위에서 정권을 잡고
아래에서는 간신들이 권세를 농간하고 있으니
나라가 장차 망할 것을
서서 기다릴 수 있게 되었다.

- 중추절 그믐날 -

　문정왕후와 윤원형의 세도는 나는 새도 떨어뜨릴 정도가 되었고, 명종도 이를 막을 수 없었다. 명종이 20세가 되자 문정왕후는 국법에 따라 수렴, 곧 섭정의 발을 걷어 올렸는데, 그렇다고 해서 완전히 2선으로 물러나는 것은 아니었다. 임금의 친정(親政)은 말뿐이었고 실권은 여전히 문정왕후가 틀어쥐고 있었다. 이처럼 조정이 권력투쟁으로 날 새는 줄 모르는 사이에 민생은 도탄에 빠져 백성들의 곤궁한 형편은 말로 다 형용할 수 없었다. 곳곳에서 도적이 일어나고 무리를 이루었는데, 이 당시 가장 유명한 도적의 우두머리가 홍길동, 장길산, 임꺽정 이었다.
　정국이 어려운데도 불구하고 문정왕후는 한번 잡은 권력을 좀처럼 내놓으려 하지 않았다.

명조실록을 보면 '윤씨는 천성이 극악스러웠고 문자를 알았다. 명종이 즉위한 뒤로는 그 아우 윤원형과 안팎에서 권세를 휘둘러 20년 사이에 조정 정사가 어지러울 대로 어지러워지고 국맥이 끊어지지 않은 것이 오히려 다행스러운 일이었다. 따라서 윤씨는 사직의 죄인이라 할 만하다.'라고 평하고 있다.

5. 불안한 현실, 불교로 달래다

문정왕후는 섭정 초기 불교 중흥에 나선다. 문정왕후가 불교 중흥을 꾀 한 것에는 여러 이유가 있지만, 그중 하나가 불안한 현실과 미래를 불교로 달래보자는 마음이 있었던 것으로 보여 진다. 그러나 유교를 믿고 따르는 조선에서 불교를 중흥시키기는 쉬운 일이 아니었다. 그래서 문정왕후는 보우라는 스님과 손을 잡는다. 문정왕후는 보우에게 불교 정책들을 위임하고 보우는 세종 때 세운 불교의 교종과 선종을 다시 설립하는 등 불교 중흥에 힘썼다. 또 승과 시험을 체계화하여 승려들의 자질을 높이려고 애썼다. 이는 뒷날 임진왜란이 일어나자 승병을 일으켜 구국에 앞장선 서산대사와 사명대사 같은 불교 지도자들이 배출되기도 하였으며 이들은 한국 불교의 선맥과 법통을 이어나가기도 했다. 하지만 물심양면으로 불교를 지원하던 문정왕후가 노쇠하여 국권을 명종에게 완전히 넘겨준 후부터 불교는 갈등과 분열을 반복하다 명종 20년 (1565) 4월 7일 문정왕후가 세상을 떠나고 아쉬운 막을 내렸다.

6. 악녀인가? 여장부인가?

17세 때 중종의 제2계비로 간택된 이후 65세의 일기로 세상을 떠날 때 까지 48년 동안 대궐의 안주인 노릇을 한 문정왕후는 귀한 집안에서 태어나 궁궐에 들어가서 천수를 누렸다.

문정왕후는 모질고 사나운 악녀인가? 아니면 그 시대가 낳은 탁월한 여장부인가?

그녀에 대한 평가는 이처럼 왕권을 내세워 국정을 어지럽혔다는 이유로 유학자의 진영에서는 빨리 죽기를 바랐고, 천민이 대부분인 불교도들로부터는 칭송과 환호를 받았던 것으로 전혀 판판이다. 남존여비가 당연한 조선시대, 성리학적 이상에 따른 계급질서가 철저한 조선 왕조시대에 문정왕후는 이 불문율을 모두 거부하고 남녀의 벽을 뛰어넘어 시대를 앞서 갔으며 억불숭유정책에 반하여 불교중흥을 꾀한 탓에 유학자 출신 양반, 특히 남성들의 참을 수 없는 분노를 샀다. 사람의 혀끝과 붓끝의 움직임에 따라 혹은 선인도 될 수 있고 혹은 악인도 될 수 있다. 문정왕후는 때로는 어진 어머니요 착한 아내처럼 행동하면서 실제로는 악한 짓을 저질렀고, 결국 불자의 이름을 더럽혔던 두개의 얼굴을 가진 여인임에 틀림없다. 그녀가 아마 남녀가 평등했던 시대에 태어나 이러한 삶을 살았더라면 이야기는 또 달라졌을 지도 모른다. 하지만 역사가 증거 하는 바, 그녀는 여장부이긴 보다 절대 권력을 장악하기 위하여 온갖 살상을 다 했으면서도, 권력을 제대로 행사할 줄 모르는 패덕의 여인이었다. 예나 지금이나 권력은 마약과도 같은 것이다. 문정왕후는 사후 중종의 곁에 묻히고 싶어 했지만, 그것도 뜻대로 되지 않아 다시 태릉으로 이장되었다. 사적 제 201호로 지정되어 있다.

〈참고문헌〉

대윤과 소윤 1, 신봉승.

야사로 보는 조선의 역사 1, 최범서.

역사속의 한국 여인, 변원림.

조선시대 조선 사람들, 이영화.

조선의 왕비, 윤정란.

조선의 인물 뒤집어 읽기 -김재영 교수의 역사기행-

한국사를 바꾼 여인들, 황원갑.

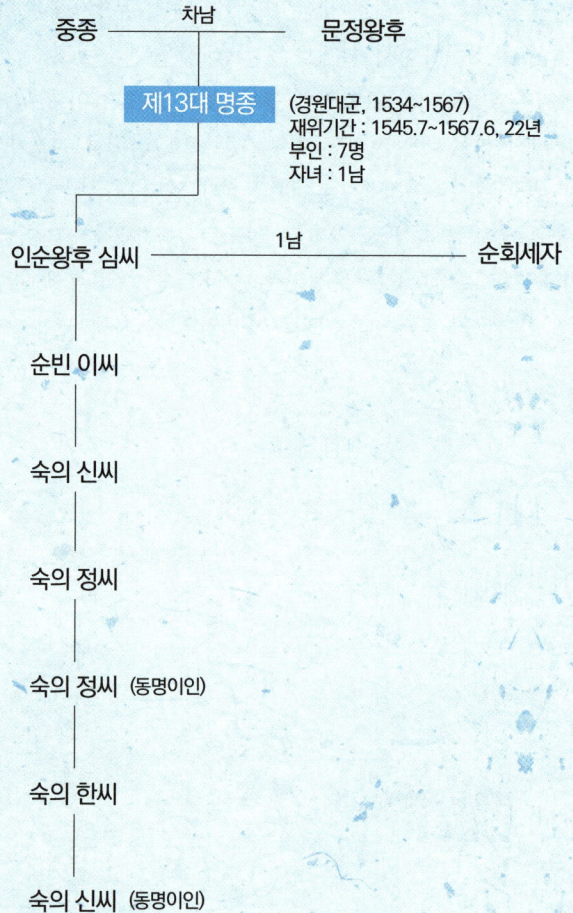

명종실록
제13대 (1534~1567)

명종의 이름은 환(峘), 이고 자가 대양이며(對陽), 비는 인순왕후(仁順王后)로 청릉부원군(靑陵府院君) 심강(沈鋼)의 딸이다. 중종의 둘째 아들로 계비 문정황후 사이에서 태어났다. 명종의 시호는 공헌(恭憲)이며 존호는 헌의소문광숙경효(獻毅昭文光肅敬孝大王). 묘호는 명종이며 능호는 강릉으로 서울시 노원구 공릉동에 있다. 즉위 2년 4개월 만에 승하하셨다.

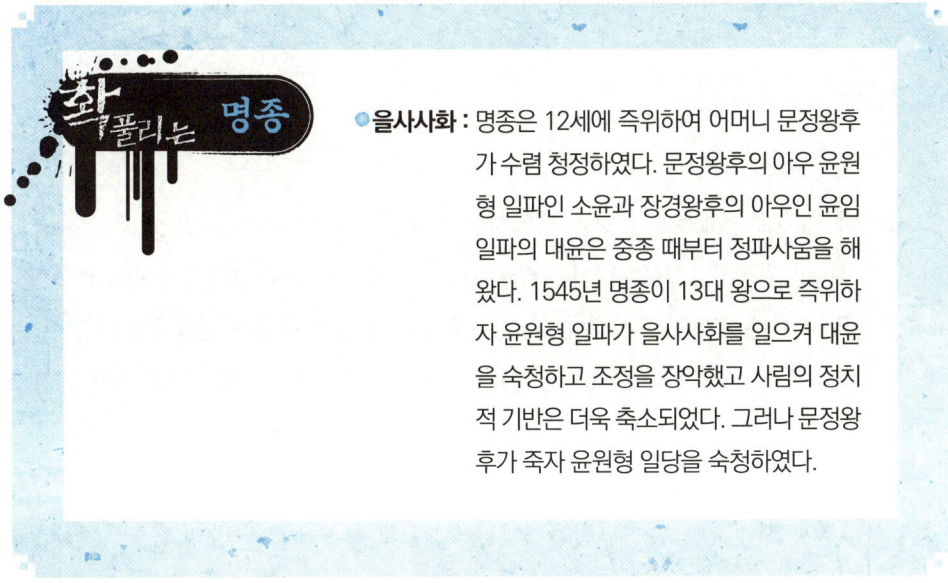

● 을사사화 : 명종은 12세에 즉위하여 어머니 문정왕후가 수렴 청정하였다. 문정왕후의 아우 윤원형 일파인 소윤과 장경왕후의 아우인 윤임 일파의 대윤은 중종 때부터 정파사움을 해왔다. 1545년 명종이 13대 왕으로 즉위하자 윤원형 일파가 을사사화를 일으켜 대윤을 숙청하고 조정을 장악했고 사림의 정치적 기반은 더욱 축소되었다. 그러나 문정왕후가 죽자 윤원형 일당을 숙청하였다.

- **양재역 벽서사건 :** 명종 2년에는 '여주(女主)가 집권하고 간신 이기가 정권을 농단한다.'는 익명서가 양재역에 붙은 '양재역 벽서사건'이 일어났다. 다음해에는 윤임의 사위 이홍윤 형제의 역모사건인 충주옥사가 일어나 일백여 명의 사류가 화를 입었다.
- **을묘왜변 :** 안으로는 조정의 신하들이 권력을 독점하고 임금의 권위가 땅에 떨어지자 지방 관리들의 횡포가 심하였다. 설상가상 흉년으로 굶주리는 백성들이 늘어나자 곳곳에서 도적들이 들끓었다. 특히 양주 백정 출신인 임꺽정이 황해도와 경기도 일대에서 탐관오리를 죽였다. 밖으로는 국방이 허술한 틈을 타 왜구들이 70척의 배를 타고 침입해 남해안에는 을묘왜변이 일어났고 여진족 침입으로 북쪽지방도 불안했다.
- **비변사 설치 :** 나라의 군사 기밀과 계획 및 작전을 총괄하는 관청으로 삼포왜란 때 임시기구 설치되었다가 을묘왜변 이후 상설 기구화 되었다.
- 『속무정보감』, 『경국대전』 간행하여 문화 창달에 기여 했다.

『명종실록』

『명종실록』은 조선 13대 왕 명종의 역사를 기록한 것으로 모두 34권 34책의 활판본이다. 원제는 『명종대왕실록(明宗大王實錄)』이다. 명종이 승하하고 1년 후인 1568년(선조 1년) 영의정 이준경과 우의정 홍섬이 춘추관에 나와 편찬관의 선발을 논의하면서 편찬이 시작되었다. 실록청의 총재관은 홍섬, 도청당상은 오겸, 이황, 이탁, 각방당상으로 박충원, 박순, 윤현, 박응남, 김귀영, 윤의중, 도청낭청으로 김란상, 민기문, 윤근수, 유희춘 그리고 각방낭청에 이담 등 12명을 임명했다. 이어 창덕궁 사초의 납입기한과 사무일자를 각각 정한 후, 편찬사무를 3방으로 구분하고 각방의 담당 당상과 낭청 및 사무를 배정했다. 1571년 편찬을 완수했는데, 감관사는 홍섬, 지관사는 송기수 등 4명, 동지관사는 박순 등 9명, 편수관은 이산해 등 19명, 기주관은 신점 등 16명, 기사관은 홍성민 등 19명이었다.

난정의 활약

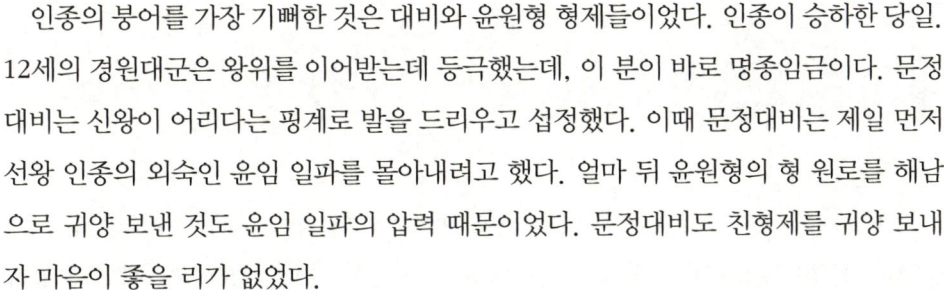

인종의 붕어를 가장 기뻐한 것은 대비와 윤원형 형제들이었다. 인종이 승하한 당일. 12세의 경원대군은 왕위를 이어받는데 등극했는데, 이 분이 바로 명종임금이다. 문정대비는 신왕이 어리다는 핑계로 발을 드리우고 섭정했다. 이때 문정대비는 제일 먼저 선왕 인종의 외숙인 윤임 일파를 몰아내려고 했다. 얼마 뒤 윤원형의 형 원로를 해남으로 귀양 보낸 것도 윤임 일파의 압력 때문이었다. 문정대비도 친형제를 귀양 보내자 마음이 좋을 리가 없었다.

윤원형에게는 난정이라는 첩이 있었다. 그녀는 매우 영리해 대비와 윤원형 사이를 오가는 연락책이었다. 윤원형은 형님 원로가 쫓겨남을 보고 즉시 계략을 꾸며 난정을 시켜 문정대비에게 전했다.

"윤임이 조카 계림군 유를 선왕의 양자로 세워 큰일을 꾀하려고 합니다"

이에 문정대비는 분함을 이기지 못해 곧바로 충순당으로 나와 대신들을 불러들였다.

"윤임은 중종대왕 때부터 우리 모자를 해코지 해왔소. 더구나 인종이 승하한 뒤 자신들의 세력이 불안함을 느껴 모의를 한다는 말이 있소."

이때 경기관찰사 김명윤의 한마디 말이 윤임 일파에게 결정적인 타격을 주었다. 문정대비는 계림군과 관련자를 잡아들이도록 명했다. 안변 황룡사로 도망갔던 계림군이 잡혀와 국청 앞으로 나왔다. 이때 심문을 담당한 사람은 임백령과 허자였다.

그러나 아무리 추궁해도 별 것이 없었다. 한마디로 윤임을 올가메는 계략에 애꿎은 계림군만 희생을 당할 판국이었다. 이때 계림군의 주리를 틀 때마다 계림군의 비명소리가 국청에 울려 퍼졌다. 어린 임금은 처참한 광경에 질려 눈을 가리고 귀를 막았다. 대비도 임금을 데리고 안으로 들어가 버렸다.

고문에 못 이긴 계림군은 서리가 가르쳐준 대로 거짓 자백 후 기절하고 말았다.

"아저씨가 임금을 없애고 나를 임금으로 세운다고 했습니다."

며칠 후 계림군은 역적의 누명을 쓰고 처형을 당했고, 뒤이어 대윤일파 윤임, 유관, 유인숙 등도 반역 음모죄로 죽임을 당했다. 나머지 이언적, 노수신, 유희춘 등을 비롯해 수많은 선비들이 귀양을 갔다. 이 사건이 을사사화이다.

문정왕후와 보우의 밀애

명종 3년(1548년) 9월, 문정왕후는 강원도 관찰사 정만종을 통해 승려 보우를 소개받았다. 문정왕후 윤 비는 미약(성욕을 일으키는 약)을 차에 타서 시험하려했는데 황진이의 유혹에도 의연함을 잃지 않았던 화담 서경덕을 자신에 빗대었다.

중종 재위 때 불교에 심취해있던 문정왕후는 보우를 깊이 신임하여 판선종사,도대선사로 불교 선종의 총수가 되면서 불교 진흥책이 본격적으로 시작되었다.

명종 7년(1552년)에는 문정왕후 윤 비로부터 불교진흥책에 힘이 실린 보우는 봉은사를 선종의 본산으로, 봉선사를 교종의 본산으로 정하고 선교 양종을 다시 세웠다. 한편 승과를 부활시고 도첩제를 실시하였다. 그러자 성리학과 유교를 신봉하던 대신들은 호불정책을 반대했으나 문정왕후를 이기지는 못해다.

명종 8년(1553년) 명종이 20세가 되면서 문정왕후가 수렴청정에서 물러나고 비로소 친정이 시작되었다.

하지만 명종 10년(1555년)에는 전라도 연안에 왜구가 60여 척의 배를 거느리고 침입해 많은 피해를 준 을묘왜변이 일어났다. 이때 조정은 호조판서 이준경을 도순찰사로, 김경석, 남치훈을 방어사로 임명해 영암에서 물리쳤다.

조정 내 사정도 좋은 것만 아니였다. 대신들이 권력 투쟁과 부정 축재에 혈안이 되어 있었고 민심은 흉흉해지고 도처에 도적떼가 일어났다. 특히 명종 14년(1559년)부터 명종 17년(1562년)까지 의적 임꺽정이 전국을 누볐다.

문정왕후는 섭정을 거둔 후에도 명종을 자신의 뜻대로 움직였다. 왕의 종아리를 때리거나 뺨까지 때렸으며 대궐 후원에 대신들의 부인들을 불러들여 연회를 자주 열었다. 명종은 어머니의 행동에 못마땅하게 생각하고 보우의 궁궐 출입을 금해 달라고 요청했다. 암암리에 보우가 문정왕후의 기둥서방이라는 소문까지 나돌았던 것이다.

그러자 문정왕후는 불당을 아예 보우가 주지로 있는 봉은사에 마련했다. 그리고 중종의 능에서 물이 나온다는 헛소문을 내어 서삼릉에서 봉은사 옆, 선릉으로 옮겼는데 문정왕후가 사후 남편과 같은 유택에 묻히고자, 장경왕후의 희릉과 아들 인종의 효릉으로 멀리 떨어진 곳까지 옮긴 것으로 생각된다. 중종의 능을 옮긴 3년 뒤 명종 20년(1565년) 4월, 문정왕후는 창덕궁 소덕당에서 65세로 죽었다.

문정왕후는 자신의 뜻대로 중종 옆에 묻혔지만 어느 날 명종의 꿈에 중종이 나타나 능의 잘못된 곳을 지적했다. 그래서 능을 살펴보자 문정왕후 능에서 물이 나왔다. 이

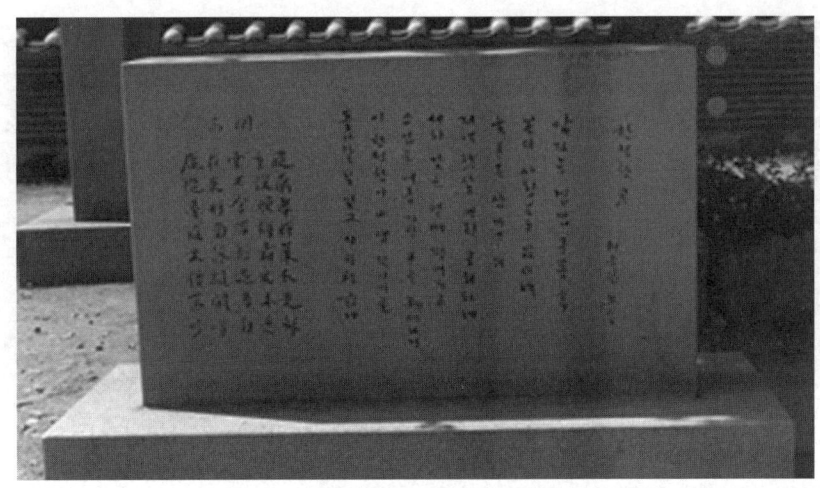

백담사 허응당 보우 시비 「한적한 곳」

명종실록 263

에 따라 문정왕후의 능을 노원구 태릉으로 이장했던 것이다.

문정왕후가 죽자 보우는 불교탄압을 주장하는 대신들의 탄핵을 받고 제주도에 유배되었다. 그 후 제주목사 변협에 의해 죽임을 당했다. 윤원형 역시 그해 8월 관직을 삭탈당한 후 황해도 강음에서 숨어 지내다가 금부도사가 자신을 잡으러 오는 줄로 착각해 음독자살한 난정의 묘 앞에서 11월에 자살했다.

수렴청정을 거부한 인순왕후

명종 후비 인순왕후 심 씨는 영돈녕부사 청릉부원군 청송 심 씨 심강과 어머니 전주 이 씨 사이의 큰딸이다. 심 씨는 12세 때 두 살 연하인 경원대군과 가례를 올렸다. 2년 뒤에 인종 승하 후 경원대군이 12세로 왕위에 오르면서 왕비로 책봉되었다. 하지만 시어머니 문정왕후의 그늘에서 살기가 쉽지 않았다.

인순왕후 능

명종과 심 씨 사이에는 뒤를 이을 후사가 없었다. 심 씨는 명종 6년(1551년)에 순회세자를 낳았지만 명종 18년(1563년)에 열세 살 나이로 죽었다. 그 후 서른 살이 넘도록 대를 이을 아들이 없었다. 심 씨는 후사 문제를 할아버지 심통겸과 의논했다. 심통경은 명종이 총애한 중종의 후궁 왕빈 안 씨가 낳은 덕흥군의 셋째 아들 하성군을 양자로 선택했다.

명종이 한때 위독했을 때 심 씨는 하성군을 후사로 삼는다는 전교를 작성했다. 하지만 명종이 병석에서 일어나자 이 일은 없었던 것으로 되었다. 명종은 자신의 아들에게 보위를 물려주고 싶었다. 하지만 인순왕후 심 씨와 어떤 후궁에게도 뜻을 이루지 못했다. 마침내 명종 22년(1567년) 6월, 34세 나이로 경복궁 양심당에서 승하했다.

인순왕후 심 씨의 전교에 따라 1567년 6월 양자로 입적된 하성군이 16살로 즉위했는데, 이분이 바로 선조다. 이때부터 적장자 우선의 원칙이 적용되던 조선의 왕위가 방계로 승계되었던 것이다.

선조를 즉위시킨 심 씨는 문정왕후의 전횡을 겪었기 때문에 직접 정사에 나서지 않으려고 했다. 그녀는 조정에 친정식구들이 많은 것으로 만족했다. 그러나 영의정의 강력한 요구로 수렴청정을 하였다.

하지만 대부분 조정대신들의 의사를 따랐을 뿐이다. 그런 후 선조 1년(1568년) 2월 수렴청정을 거두었다. 1575년 1월 44세의 나이로 창경궁에서 죽었다.

서울 노원구 공릉동 강릉에 명종과 나란히 묻혔다.

조선 명종대 문정왕후의 수렴청정이 실시된 배경

1545년 7월 인종이 즉위한 지 1년도 되지 않아 후사를 남기지 못하고 죽었다. 이에 인종의 뒤를 이어 경원대군((慶原大君: 명종(明宗))이 12세의 나이로 즉위하였다. 명종의 즉위는 인종에게 후사가 없고 명종이 중종의 둘째 아들이며 또 다른 대군이 없었기 때문에 명분상 하자도 없었다. 경원대군은 즉위 시 나이가 12세였으므로 문정왕후의 수렴청정도 자연스러운 것이었다. 그런데 문정왕후의 수렴청정은 신하들의 주청이 아닌 문정왕후 자신의 전교를 통해 시작하였다. 문정왕후는 영의정과 좌의정에게 "대군이 즉위하더라도 나이가 어리니 정희왕후께서 성종의 전례처럼 모든 공사는 원상[79]이 함께 의논하여 처결하도록 하라."는 전교를 내렸다. 이후 문정왕후의 수렴청정 여부를 의논하거나 청하지 않고 문정왕후는 자연스레 수렴청정을 하게 되었다.

명종이 즉위하였을 때 수렴청정을 누가 할 것인지 논의가 있었다. 당시 왕실에서는 명종의 생모이자 중종 비였던 문정왕후와 인종 비였던 인성왕후 있었다. 영의정 윤인경[80]은 대왕대비와 왕대비 중에서 누가 수렴청정을 해야 하는가를 발의했고, 이에 이언적[81]은 수숙(형수와 시동생)간에 함께 임어할 수 없다는 이유로 문정왕후의 수

79_원임(原任)·시임(時任)의 재상들을 임명하여 국정을 의논하였다. 뒤에는 시임 3정승을 원상으로 임명하는 것이 관례가 되었다. 세조 말년에 어린 세자(예종)가 승명대리(承命代理)로 정무를 맡아보고, 1468년 예종이 즉위하자, 신숙주(申叔舟)·한명회·구치관(具致寬) 등 중신들이 승정원에서 어린 왕을 보좌하고 정사(政事)를 처리한 것에서 비롯되었다. 이후 승정원의 권한이 크게 강화되었다. 1469년 13세로 즉위한 성종 때도 대비(정희왕후)가 섭정을 하면서 이를 두었다. 1545년 명종 때, 1567년 선조 때도 대비가 섭정하면서 원상을 따로 두었다.

80_1506년(중종1) 별시문과에 급제, 학록(學錄)이 되고, 예조참의(禮曹參議)를 거쳐 1526년 충청도관찰사를 지냈다. 1536년 예조판서에 승진, 호조·이조 판서를 지내고, 우의정에 올랐다. 1545년(인종1) 좌의정이 되고 이어 영의정에 올랐다. 인종이 죽자 원상(院相)으로서 국사(國事)를 맡아 처결하고, 명종이 즉위하자 위사공신(衛社功臣) 1등에 책록되고 파성부원군(坡城府院君)에 진봉되었다.

81_1514년(중종9) 문과에 급제하여 벼슬을 시작하였다. 사헌부 지평·장령·밀양부사 등을 거쳐 1530년(중종25) 사간원 사간에 임명되었는데, 김안로(金安老)의 재 등용을 반대하다가 관직에서 쫓겨나 귀향한 후 자옥산에 독락당(獨樂堂)을 짓고 학문에 열중하였다. 1537년 김안로가 죽자 다시 관직에 나아가 홍문관 부교리·응교를 거쳐 이듬해에는 직제학에 임명되었다가 전주부윤이 되었다. 이 무렵 일강십목(一綱十目)으로 된 상소를 올려 올바른 정치의 도리를 논하였다. 그 후 성균관대사성·사헌부대사헌·홍문관제학을 거쳐 1542년 이조·형조·예조 판서에 임명되었는데, 노모 봉양을 이유로 자주 사직을 하거나 외직으로 보내줄 것을 요청하여 안동부사·경상도관찰사에 임명되었다. 1544년 무렵부터 병이 생겨 거듭되는 관직 임명을 사양하였는데, 인종이 즉위한 다음해(1545)에 의정부 우찬성·좌찬성에 임명되었다. 그해 인종이 죽고 명종이 즉위하자 윤원형(尹元衡) 등이 사림(士林)을 축출하기 위해 을사사화(乙巳士禍)를 일으켰는데, 이 때 의금부판사에 임명되어 사람들을 죄 주는 일에 참여했지만 자신도 곧 관직에서 물러났다. 1547년 을사사화의 여파인 양재역벽서(良才驛壁書) 사건이 일어나 사람들이 다시 축출될 때 그도 연루되어 강계로 유배되었다. 명종의 묘정(廟庭)에 배향되었고, 1573년에는 경주의 옥산서원에 제향되었으며, 1610년(광해군2) 문묘에 종사되었다.

렴청정을 주장하였다. 그러나 이때의 수렴청정에 관한 논의는 전대부터 이어져온 관료들 간의 대립의 연장선으로 문정왕후가 수렴청정 하는 것에 반대의 의견이 있었음이 알려지면서 논란이 되었다. 즉, 이림[82]은 정권이 여주(女主)에게 돌아가서는 안 된다고 하였고, 대간들은 꼭 모후만 가능한가라고 문제를 제기하였다.

문정왕후의 수렴청정은 왕실의 가장 어른이면서도 명종의 모후였기 때문에 수렴청정권 자체로는 논란의 대상이 아니었다. 다만 이때 수렴청정권을 두고 나타났던 서로 다른 의견들은 문정왕후와 소윤[83]에 대한 견제의 의미를 지니는 것이다.

조선시대의 수렴청정			
왕	대비	즉위시 왕의 연령	철렴시 왕의 연령
성종(成宗)	세조비(世祖妃) 정희왕후(貞熹王后) 윤씨	13세	20세
명종(明宗)	중종비(中宗妃) 문정왕후(文定王后) 윤씨	12세	20세
선조(宣祖)	명종비(明宗妃) 인순왕후(仁順王后) 심씨	16세	17세
순조(純祖)	영조비(英祖妃) 정순왕후(貞純王后) 김씨	11세	14세
헌종(憲宗)	순조비(純祖妃) 순원왕후(純元王后) 김씨	8세	14세
철종(哲宗)	순조비(純祖妃) 순원왕후(純元王后) 김씨	19세	21세
고종(高宗)	익종비(翼宗妃) 신정왕후(神貞王后) 조씨	12세	15세

82_1506년(중종1) 별시문과에 급제, 학록(學錄)이 되고, 예조참의(禮曹參議)를 거쳐 1526년 충청도관찰사를 지냈다. 1536년 예조판서에 승진, 호조·이조 판서를 지내고, 우의정에 올랐다. 1545년(인종1) 좌의정이 되고 이어 영의정에 올랐다. 인종이 죽자 원상(院相)으로서 국사(國事)를 맡아 처결하고, 명종이 즉위하자 위사공신(衛社功臣) 1등에 책록되고 파성부원군(坡城府院君)에 진봉되었다.

83_조선 인종의 이복동생 경원대군의 외숙인 윤원로(尹元老), 윤원형 일파. 인종의 외숙인 윤임 일파(大尹)와 세력 다툼을 벌였고, 이 때문에 을사사화가 일어났다.

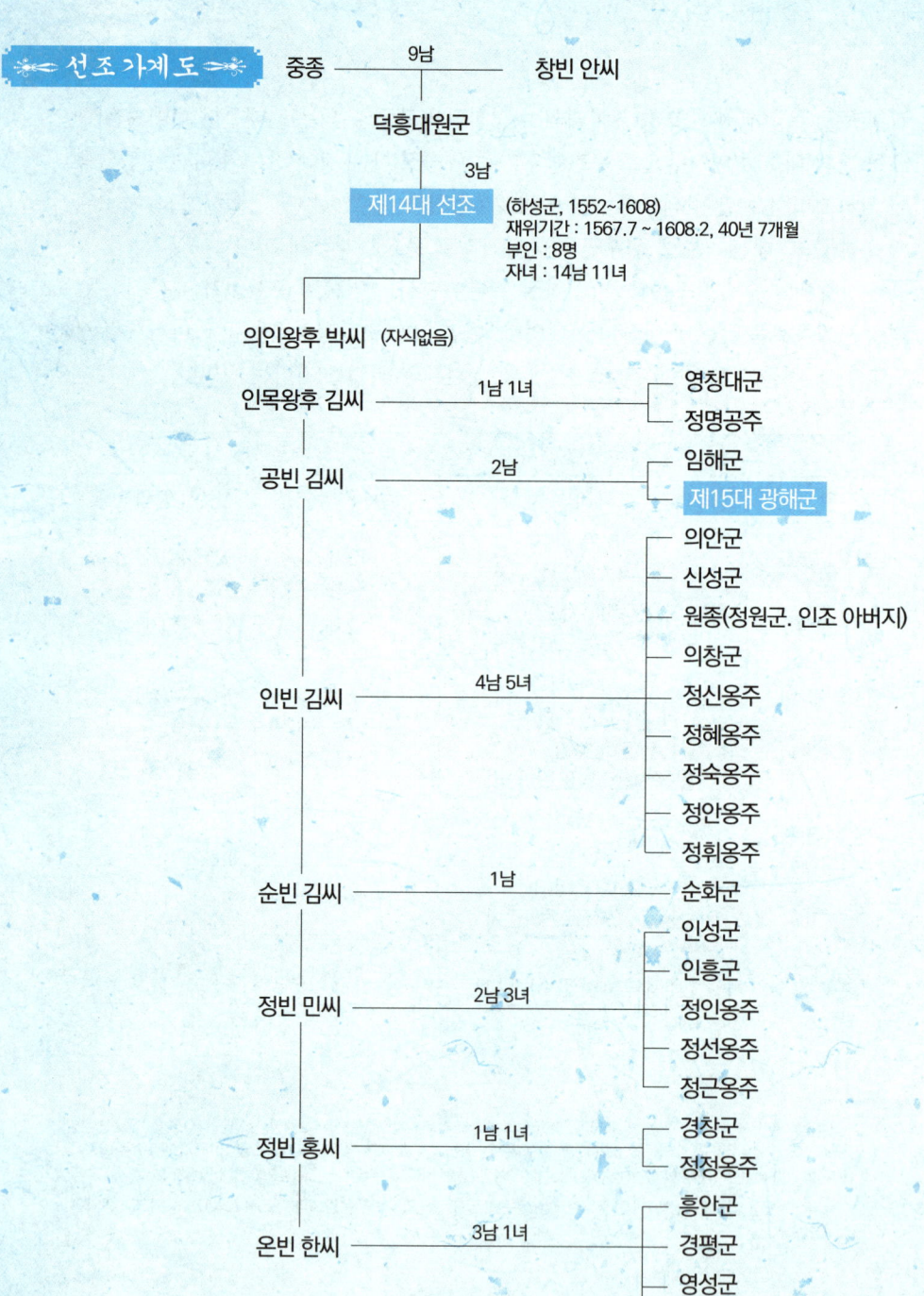

선조실록
제14대 (1552~1608년)

선조의 이름은 연이고 초명은 균이다. 중종의 일곱째 아들인 덕흥대원군과 하동부대부인 정씨의 셋째 아들로 하성군에 봉해졌다.

명종은 외아들 순회세자가 일찍 죽어 후사가 없자 유언으로 하성군을 후계자로 지명했다.

묘호는 처음엔 선종으로 정하였지만 광해군 8년(1616년) 8월에 선조(宣宗)로 개정했다. 시호는 소경(昭敬)이고 존호는 정륜입극성덕홍렬지성대의격천희운현문의무성예달효다(正倫立極盛德洪烈至誠大義格天熙運顯文毅武聖睿達孝大王).

선조는 1608년 2월 1일 별궁 경운궁에서 57살로 죽었고 능호는 목릉(경기도 구리시 인창동 동구릉 경내)이다.

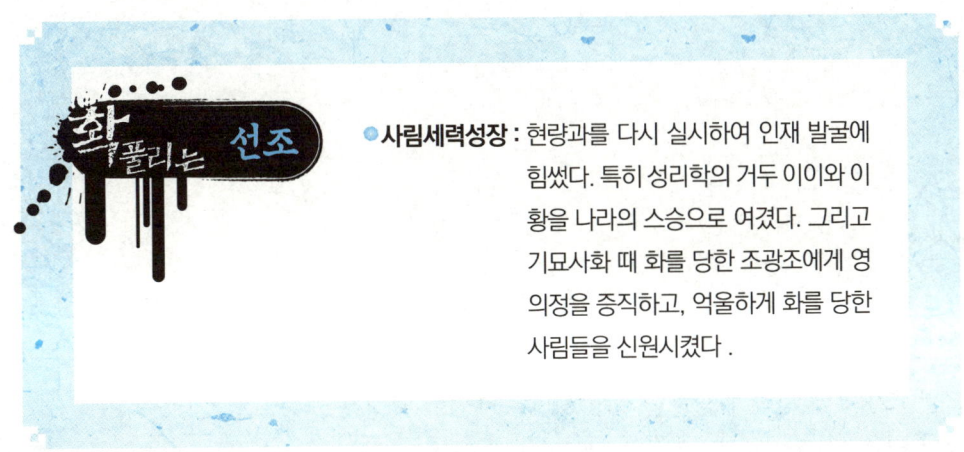

사림세력성장: 현량과를 다시 실시하여 인재 발굴에 힘썼다. 특히 성리학의 거두 이이와 이황을 나라의 스승으로 여겼다. 그리고 기묘사화 때 화를 당한 조광조에게 영의정을 증직하고, 억울하게 화를 당한 사림들을 신원시켰다.

● **임진왜란 발발** : 선조 23년(1590년)에 왜국의 동태파악을 위해 통신사를 파견했다. 하지만 정사 황윤길과 부사 김성일의 상반된 보고로 국방대책을 정확하게 세우지 못했다. 그러다가 2년 후인 선조 25년(1592년) 4월에 임진왜란이 일어났다. 선조는 개성과 평양을 거쳐 의주로 피난했다. 그러면서 명나라에 원병을 청했다. 이때 광해군을 세자로 책봉했으며, 조정을 두 개로 나누어 의병과 군량미를 확보하도록 했다.

왜군의 침입에 대항하기 위해 전국적으로 의병이 봉기하였고, 관군도 곳곳에서 승리를 거두었다. 더구나 전라좌수사 이순신의 수군이 한산도대첩으로 제해권을 장악하면서 왜군의 진출을 막았다.

명나라 원병과 관군이 평양을 수복했으며, 권율의 행주대첩으로 선조 26년(1593년) 10월 한양으로 환도했다. 7년간의 전쟁으로 의주까지 몽진한 굴욕을 겪어야 했다. 많은 유적들이 불타고, 백성들은 노예와 기술자로 강제로 붙잡혀 갔고 농사짓기 힘들 정도로 땅은 황폐해졌다.

● **붕당 정치** : 선조 8년(1575년) 심의겸과 김효원의 파벌싸움으로 동인과 서인으로 갈라졌다. 이것이 정여립의 모반사건으로 발단된 기축옥사의 처리문제로 선조 22년부터 동인은 다시 남인과 북인으로 분열되었다.

『선조실록』

『선조실록』은 1567년 7월부터 1608년 2월까지 41년간의 역사를 기록한 것으로 모두 221권 116책의 활판본이다. 원명은 『선조소경대왕실록』이다. 광해군 원년(1609년) 7월 12일부터 시작해 광해군 8년(1616년) 11월에 완성하였다.

이 실록은 두 가지 특징을 가지고 있는데, 첫째는 총 221권 중 임진왜란 이전인 선조 25년까지의 기록으로 26권에 불과하고 나머지는 모두 임진왜란 이후 16년간의 기록이다. 이는 임진왜란으로 『춘추관일기』, 『승정원일기』와 같은 각종 정부 문서가 소실되었기 때문이다. 둘째는 다른 실록들처럼 원칙을 지킨 것이 아닌 당색에 따른 노골적인 곡필과 재 편찬이 시작된 것이다. 편찬 책임자도 처음엔 서인 이항복 이었다가 중도에 북인 기자헌으로 교체된 것은 좋은 예이다. 더구나 『선조실록』이 광해군 때 대북정권의 주도로 편찬되었기 때문에 서인과 남인들에게 불리한 기록이 많다. 이것으로 인해 인조반정 뒤 『선조수정실록』의 편찬이 시작되어 효종8년에 완성되었다.

이후부터 실록편찬에서 이런 상황이 여러 번 발생하는데 『선조실록』이 효시가 될 뿐만 아니라 정도가 심해서 역대 실록 중 가장 부실한 실록으로 평가 받고 있다.

붕당의 시작과 끝

선조는 조정의 훈구세력을 몰아내고 사림파들을 대거 등용했다. 특히 이황과 이이를 무척 신임했다. 이황이 죽자 삼일 동안 정사를 폐하고 죽음을 애도하기도 했다. 새롭게 등용된 사람들은 그동안 훈구세력들이 일으킨 여러 가지 폐해를 극복하고 새로운 나라를 정착해 나갔다.

아쉽게도 이런 개혁과정에서 이견이 발생되면서 사림세력은 동인과 서인으로 갈라졌다. 붕당의 중심에는 심의겸과 김효원이 있었.

심의겸은 인순왕후의 동생으로 조정 일에 나서기는 거부했지만 명종 말 사림파를 비호하고 또 다른 사화를 막은 공이 있어서 사림파들에게 배척되지는 않았다. 또한 김효원은 신진사림파로 신진사림들을 조정에 많이 천거해서 추앙을 받았은 인물이다.

무오사화로 희생당한 점필제 김종직의 제자 김근공의 문하생 김

심의겸

효원과 심의겸과의 일이다.

　김효원이 출세하기 전 권세가 윤원형의 사위 이조민 집에 머문 적이 있었다. 당시 심의겸은 의정부사인으로 있었다. 어느 날 공무 로 당시 영의정이던 윤원형을 만나러 그의 집으로 찾아갔는데 윤원형은 아직 자고 있고 청지기가 사랑방으로 안내했다. 때마침 그곳엔 한 선비가 자고 있었다. 그가 바로 윤원형의 첩 정난정의 친정 당질녀의 아들 김효원이였다. 이때 심의겸은 김효원에게 이름난 선비가 재상의 집을 드나들면서 아첨한다고 생각해 찝찝하게 생각했다.

　얼마 후 김효원이 벼슬길에 올랐는데, 때마침 이조전랑 오건이 사직하면서 자신의 후임자로 그를 천거했다. 그때 이조참의 심의겸은 김효원이 세도가의 집을 기웃거리는 아첨꾼이라며 반대했다. 오해를 받은 김효원은 이조전랑에 임명되지 못했다. 그렇지만 김효원을 찬성하는 신진사류들은 심의겸을 비난했다. 그로부터 수년 후 김효원은 이조전랑이 되었다. 그는 많은 공적을 쌓은 후 승진하여 자리를 옮기던 중 후임자로 심충겸이 거론 되었다. 심충겸은 심의겸의 아우다. 신진사류들은 외척이 정치에 참여한다며 반대했다. 이때 김효원은 옛날생각이 나 정면으로 나서서 반대하며 다른 사람을 추천했다. 심의겸은 김효원에게 화가 치밀어 비꼬았다.

　"시시비비는 나와의 문제인데, 이로 인해 내 아우에게 문제 삼는 것은 소인배의 짓이다. 외척이라도 원흉의 문객보다는 낫지 않은가."

　이때부터 당론이 갈라져 김효원을 동인, 심의겸을 서인이라고 하였다. 더구나 우의정 박순은 심의겸의 편을, 대사간 허엽은 김효원의 편을 들었다. 서인 쪽엔 김계휘, 정철, 윤두수, 홍성민, 이해수, 구사맹, 신응시, 이산보 등이 있었고, 동인 쪽엔 김우옹, 허엽, 유성룡, 이산해, 이발, 우성전, 이성중, 허봉 등이 있었다. 이들의 분당을 을해분당이라고 한다.

　당시 부제학 율곡 이이는 조정의 분당을 근심하고 타파하기 위해 심의겸을 개성유수로, 김효원을 삼척부사로 보냈다. 하지만 해결되기는커녕 당파 싸움이 깊어가자 벼슬을 버리고 고향으로 내려갔다. 그를 신임했던 선조는 이이를 다시 불러 대사헌, 병조판서 등의 중직을 맡겼다.

먼저 이이는 당쟁을 막기 위해 동인 이발과 서인 정철에게 편지를 보내 힘을 모아 줄 것을 당부했다. 그러나 동인 편에서는 율곡이 중립적인 인물이 아니고 오리려 서인들 대부분이 율곡의 문인이거나 친구인 이유를 들어 서인편에 가깝다고 일축했고 서인 역시 자신들을 두둔하지 않는다고 불평했다.

선조 18년에 이이가 세상을 떠나자 상주에 있던 동인의 거두 노수신이 올라와 영의정이 되고, 이산해는 이조판서, 유성룡은 예조판서가 되었다. 이로써 조정은 온통 동인의 세력이 팽창하고 서인이 밀려났다. 동인들은 서인의 영수 심의겸을 탄핵했다. 이미 인순대비가 세상을 떠난 뒤라 심의겸에게는 지원군이 없었다. 그는 파직당하고 얼마 후 죽고 말았다.

정감록과 정도령

황해감사 한준이 조정에 장계를 올렸다. 내용은 안악군수 이축 등이 역모를 고변한 것인데 주모자가 정여립이었다. 정여립은 전주태생인데, 아버지 태몽에 고려장군 정중부가 나타났다고 한다. 어려서부터 학문에 능하고 언변은 뛰어났으나 성품이 포악하기로 유명했다.

15~16세 때 아버지 정희중이 현감으로 재직할 때였다. 그는 아버지를 따라가 고을의 일을 자신의 멋대로 처리했다. 스물다섯 살에 문과에 급제하였지만 관직에 나가지 않고, 성혼과 이이를 찾아가 학문을 토론하였다. 이후 금구로 내려가 학문에 정진하여 죽도선생이라고 불렸다.

선조 17년(1584년) 우의정 노수신이 정여립과 동인인 김우옹을 천거했다. 당시 노수신은 김효원과 심의겸이 심각했을 때, 김효원의 편을 들어 동인으로 지목된 인물이었다.

정여립은 수찬이 된 후 집권세력인 동인에 들어가 신처럼 떠받들던 이이를 배반하고 성혼을 헐뜯었다. 이것으로 선조에게 미움을 받아 관직에 오래있지 못했다. 그 후 전라도로 내려가 학문을 강론한다는 핑계로 사람을 모았다. 그런 다음 항해도로 올라가 불평분자 변승복, 박연령 등을 포섭했다.

그들과 헤어진 후 충청도 계룡산을 구경하면서 어느 절에 들러 시 한 수를 지어 벽에 붙였다.

'남쪽나라를 두루 돌아다녔더니
계룡산에서 처음눈이 밝았구나.
이는 뛰는 말이 채찍에 놀란 형세요,
고개를 돌린 용이 조산을 바라보는 형국이니,
모든 아름다운 기운이 모였고,
상서로운 구름이 일도다.
무기 양년에 좋은 운수가 열릴 것이니,
태평세월을 이룩하기 무엇이 어려우리.'

그는 『정감록』에 있는 목자(木子)는 망하고 존읍(尊邑)은 흥한다는 참언을 옥판에 새겼다. 이것을 의연스님에게 지리산 석굴 속에 감추어 두게 했다. 그런 다음 자신이 우연스럽게 이것을 얻은 것처럼 꾸몄던 것이다.

참언의 뜻은 목자는 곧 조선왕조를 세운 이 씨고 존읍은 정 씨를 말하는 것으로, 곧 정 씨 성을 가진 사람이 나라를 일으킨다는 내용이다. 정여립은 의연스님에게 각 지방을 다니면서 소문을 퍼트렸다.

"왕기는 전라도에 있고 전주의 남문 밖에 있다."

전주의 남문은 정여립이 태어난 곳으로 이미 역모를 꾸미고 있었다. 마침내 그는 반란을 결심하고 황해도와 전라도에서 의기투합한 사람들을 선동하여 한양으로 쳐들어가려고 했다. 그러나 그의 음모는 승려 의암의 밀고와 정여립의 제자 안악의 조구가 자백함으로써 탄로가 났다. 이것을 안악군수 이축이 황해감에게 보고했던 것이다.

조정에서는 정여립을 잡으려고 의금부 도사들이 군사들을 거느리고 금구로 달려갔다. 하지만 그는 그곳을 피신하고 없었다. 그가 몸을 피하게 된 것은 심복 변승복의 기별 때문이었다.

진안현감이 관군을 동원해 정여립을 쫓았는데, 진안의 죽도로 도망쳤다. 그러나 더 숨을 곳이 없자 죽도에서 자살했다. 정여립의 시체는 곧 서울로 압송되어 반역죄로 목을 베게 한 후 아들 옥남을 국문했다. 이때 옥남은 17세로 날 때부터 손에 임금 왕자가 새겨져 있었다고 한다.

이 사건을 너무 오래 끌자 서인 쪽에선 이번 기회에 동인을 없애기 위해 단합했다. 그래서 새 위관에 서인 정철을 앉혔다. 정철이 위관이 되자 사방에서 상소문이 빗발쳤다. 역모사건을 조사하는 과정에서 많은 동인사람들이 제거되었다. 3년여 동안 진행된 조사에서 목숨을 잃은 사람이 천여 명에 이르렀다.

화를 입은 사람들을 보면 동인 이발, 이길, 정언신, 백유양, 최영경, 정개청 등인데 이것을 기축옥사라고 한다. 이 사건 이후 서인이 권력을 차지했지만, 정철이 세자책봉 문제로 물러나면서 동인으로 바뀌었다.

선조의 현명한 판단

임진왜란 때 전라좌수사 이순신이 왜구를 물리치면서 조선은 희망이 보였다. 선조는 의주에 자리를 잡았고, 이때 서인들은 동인 이산해나 유성룡의 부하들이 다시 정권을 잡는 것이 두려워 그들을 몰아내고자 했다.

선조는 잠잠했던 붕당 싸움이 다시 시작되는 것을 보고 諸臣今日後(신하들이여 이제부터는 동이니 서이니 하며 제발 다투지 말라.)라는 글을 친히 지어 신하들에게 보였다

피난길 일 년 후인 다음 해 4월 왜군이 퇴패하면서 선조는 10월에 의주로부터 한양으로 환도했다. 환도 후 피난에서 유성룡의 충정을 인정한 선조는 윤두수 후임으로 유성룡을 영상의 자리에 앉혔다. 이것을 계기로 동인들은 또다시 정권을 잡았으며,

정철은 환도 다음 해인 갑오년에 세상을 떠났다. 이후 남인과 북인의 책동이 시작되면서 수년 전에 정여립 역옥사건에 얽혀 죽은 최영경의 복권문제가 6개월까지 지속되었다.

그러나 사류들은 군신이 당파싸움만 할 때가 아니라 창을 메고 적을 물리칠 일을 생각할 때라며 비난했다. 그러나 대사헌 김우옹, 대사간 이기, 장령 기자헌이 중심이 되어죽은 정철의 관직을 삭탈하자고 고집하였다. 따라서 11월에 죽은 정철의 관직이 삭탈되고 말았다.

이때부터 서인들이 몰락하였고 동인들이 득세했다. 하지만 동인의 독무대가 이어지면서 동인 자체 내에서 남인과 북인의 대립이 벌어졌다. 북인의 거두 이산해가 쫓겨났지만, 선조는 인빈 김 씨와의 관계로 인해 그를 잊지 못했다. 그러자 정탁은 기회를 엿보아 선조에게 쫓겨난 이산해를 복귀시키려고 했다. 이때 남인이 대사헌 김우옹을 시켜 정탁을 나무라며 파면시키자 북인들이 위기를 느껴 유성룡이 시킨 일이라며 들고 일어났다. 그래서 북인들은 계략을 꾸며 유성룡을 명나라 사신으로 파견했다. 이때 유성룡은 병을 핑계로 사양하자 선조는 괘씸하게 여겼다. 이것을 꼬투리 삼은 북인인 지평 이이첨과 남인인 대사헌 이헌국이 서로 공박했다. 결과는 이이첨의 승리로 끝나면서 이헌국이 파직되었다. 결국 유성룡이 벼슬에서 물러나게 되었다.

유성룡이 물러나자 북인은 다시 이산해와 홍여순을 중심으로 한 대북파,와 남이공과 김신국을 중심으로 한 소북파로 갈라졌다 . 이들은 계속 다툼을 하다가 김신국과 남이공이 물러나고 이산해가 세력을 잡으면서 영상이 되었다. 정권을 잡은 후 이산해의 당을 육북, 홍여순의 당을 골북이라며 갈라졌다.

선조는 당파 싸움에 환멸을 느껴 갑론을박하는 이이첨과 홍여순을 내쫓고 다시 서인을 등용시켰다. 얼마 후 서인 이귀가 조정에 들어와 대북 정인홍의 행동을 비판하였다. 이에 정인홍은 서인 전체를 싸잡아 공박하였다. 그러자 대사헌 황신이 선조에게 그렇지 않다고 변명했다. 그러자 선조는 황신의 벼슬을 바꾸어 '간혼독철(姦渾毒澈, 간사한 성혼 악독한 정철)이라 부르며 싸잡아 배척했다.'란 전교까지 내려 조정에서 모든 서인들을 쫓아냈다. 이후 소북 유영경을 이조판서로, 대북 정인홍을 대사헌으로 삼았다.

비련의 영창대군

　인목왕후 김씨는 연흥부원군 김제남의 딸로 선조의 계비이다. 그녀는 선조 후비인 의인왕후 박씨가 죽자 선조 5년(1602년)7월에 19세의 나이에 51세의 선조와 가례를 올리고 왕비로 책봉되었다. 김제남은 딸이 왕비가 되자 이조좌랑에서 영돈녕부사로 승진되었다. 그녀는 이듬 해 정명공주를 낳고, 선조 39년(1606년) 3월, 영창대군을 낳자 조정이 시끄러웠다. 서출이지만 이미 공빈 김씨의 둘째 아들이 이미 세자로 지목된 상황이었기 때문이다.

　선조 역시 중종의 후궁 창빈 안씨의 아들인 덕흥대원군을 아버지로 둔 서출이다. 그래서 심한 열등의식을 가지고 있었던 것이다. 그래서 왕비 김 씨가 영창대군을 낳자 몹시 기뻐했다. 그러나 김제남의 부인정씨는 걱정이 앞섰다. 선조가 늦둥이 대군에게 흠뻑 빠지는 바람에 불행을 자초하리라 예상했고 왕비의 친정아버지 김제남의 집안과 영창대군이 비참하게 죽었다.

　선조는 광해군이 마음에 들지 않았다. 당시 조정의 실세였던 북인파 영의정 유영경은 광해군 대신 영창대군을 세자로 세우려는 선조의 마음을 알아차렸다. 그래서 그가 영창대군을 지지하자 소북파로 광해군을 지지하는 쪽은 대북파로 붕당하게 된다.

　선조는 즉위 41년(1608년) 2월 경운궁(현 덕수궁)에서 57세의 나이로 죽었다. 그러자

영창대군의 묘

미부연화 - 영창대군 묘 이야기

선조실록 277

소북파 유영경은 3살 된 영창대군을 왕으로 즉위시키고 인목왕후에게 수렴청정을 건의했다. 하지만 현실성이 없다고 판단한 인목왕후는 광해군을 즉위시키는 교지를 내렸다. 선조가 죽으면서 대신들에게 영창대군을 잘 보살피라는 유교를 남겼다. 하지만 이것은 오히려 영창대군을 죽음으로 몰아넣었다.

돌아온 귀양자의 횡포

이이첨과 정인홍 등은 귀양지에 미처 도착하기 전 선조의 승하 소식을 듣고 되돌아와 공신으로 돌변했다. 광해군은 이산해에게 선왕의 장례식 준비를 맡겼다.

그러자 유영경이 사직하겠다는 상소를 올렸다. 그러자 광해군은 너그럽게 유영경을 위로하며 만류했다. 그런지 수일도 안 되어 대북 일파들이 상소했다.

'유영경은 전하께서 세자로 계실 때 전하 대신 영창대군을 세자로 세우려던 원흉이옵니다. 그런 죄인을 조정안에 머물게 함은 옳지 못한 처사이옵니다. 즉시 추방하시기 바랍니다.'

그러자 광해군은 과거의 모든 혐의를 깨끗이 잊은 듯이 유영경을 두둔했다. 그렇지만 대북 일파는 정권욕에 눈이 뒤집혀 하루도 빠짐없이 유영경을 추방하라고 상소했다. 광해군은 하는 수 없이 유영경을 내쫓고 이원익을 영의정으로 임명했다. 또 양사에 이이첨, 이경전, 정인홍 등을 등용했다.

이때 광해군의 나이가 서른다섯, 세자빈이던 유 씨가 왕비로 승격했지만 광해군은 왕비보다 후궁 김상궁을 사랑하고 있었다. 김상궁은 선왕이 병중에 있을 때 곁에서 시중들던 궁녀이다.

선조가 광해군의 문안을 받지 않고 호통 쳐서 내쫓을 때 김상궁은 피를 토하며 통곡하는 세자를 극진히 간호했다. 그때부터 김상궁을 마음속에 새겨두었다가 보위에 오르면서 후궁으로 맞아들였던 것이다.

그동안 후궁에는 여섯 명의 숙의와 열 명의 소원을 두었지만 김상궁을 꺾지 못했다. 더구나 김상궁은 왕비 유 씨의 비위까지 잘 맞춰 그녀에게도 귀염을 받았다.

광해군은 붕당의 해가 크다는 것을 알고 가끔 신하들에게 주의를 시키고 스스로도 초월하려고 애썼다.

어느 날 광해군 형 임해군이 모반을 꾀했다며 조정이 또다시 시끄러워졌다. 이원익, 이항복, 이덕형, 이산해, 한응인 등 원로 들은 임해군의 사형을 반대하고 귀양만 보내자고 했다. 그러나 이이첨, 유희분, 정인홍 등은 원로들이 남인과 상통했다며 대들었다. 결국 광해군은 임해군을 강화 교동으로 귀양을 보내어 위리안치(담장을 쌓아 담장 안에서만 지내는 것)시켰다. 이때 강화 현감 이현영은 임해군의 신세가 가엾어 가끔 문밖까지 내주는 자유를 주었다. 이것이 이이첨의 귀에 들어가면서 현감이 교체되었다. 신임 현감은 이이첨의 부하로 얼마 후에 사람을 시켜 임해군을 죽였다.

신해년(광해군 3년)부터 왕비 유 씨를 중심으로 유희분의 세력이 늘어나면서 궁중의 중요한 자리를 모두 차지했다. 유희분은 자신의 집안 아들을 과거에 합격시키고자 부정한 짓을 저질렀다.

이를 개탄한 임숙영이란 사람이 과거에 응시하였는데, 답안을 쓸 때 외척 유 씨들의 부정이 눈에 거슬려 시대를 개탄하는 글을 써서 바쳤다. 시관들은 그의 글을 보고 깜짝 놀랐다. 매우 훌륭한 글이었지만 발표할 수가 없었다. 마침내 그는 전시에서 누락되었다. 권필이 이 소문을 듣고 풍자시를 지었다.

> 대궐 버들은 청청하고 꽃은 바람에 어지러이 날리는데
> 성 안에 가득 찬 사람들은 봄빛에 아첨을 떠네.
> 모든 백성들이 태평세월이라고 희희낙락하건만,
> 위태로운 말을 누가 내어 베옷 입은 사람을 내쫓았느냐.

권필은 이 글로 인해 혹독한 곤장을 맞고 귀양을 가다가 맞은 곳의 상처가 심해 죽고 말았다.

광해군 5년, 동래의 어떤 상인이 은을 말에 싣고 서울로 올라가다가 문경새재에서 산적을 만나 재물과 목숨을 빼앗긴 사건이 일어났다. 포청의 활동으로 그들은 곧 체포되었다. 하지만 체포된 이들은 서인의 거두 박순의 서자 박응서와 서자출신이지만 명문자제들이었다. 포도대장 한희길은 서출이지만 명문자제들만이 모여 결당을 했다는 것에 의심이 갔다. 그가 박응서를 문초하자 서자를 천대하는 나라를 뒤집기 위해 군자금을 구한 것이라고 했다. 이것이 이이첨의 귀에까지 들어갔다. 그는 포도대장을 찾아가 밤새도록 음모를 꾸몄다.

그 다음날 포도대장은 박응서를 조용히 불러 먹을 것을 주면서 살 수 있는 방법을 말해주었다. 그러자 박응서가 쾌히 응했다. 며칠 후의금부에서 문초할 때 박응서는 이렇게 말했다

"역적도모를 하였다. 지금 임금을 내쫓고 영창대군을 모셔다 임금으로 삼기를 꾀하였다. 영창대군의 모후 인목대비도 물론 아는 바이다. 인목대비의 친정아버지 영흥부원군 김제남도 배후의 인물이다."

광해군은 영의정 이덕형, 좌의정 이항복, 판의금 박승종 등을 거느리고 친국을 벌인 후에 영창대군은 폐서인을 시키고, 김제남은 사사하고, 일족을 멸했다.

인목대비의 어머니 부부인 노씨를 제주도로 귀양 보냈다. 이럼에도 불구하고 이이첨 일파는 영창대군을 폐서인만 시킬게 아니라 죽여야 한다고 했다. 그러자 임금은 할 수 없이 명을 내렸다.

"영창은 여덟 살 먹은 어린아이다. 그러니 죽일 수가 없어 강화로 귀양을 보내도록 하라."

영창대군은 강화도로 쫓겨나 울타리가 튼튼한 집안에 갇혀 군사들이 지키고 있었다. 어린 대군은 어머니를 그리워하며 병이 들었다. 강화부사 정항은 대군의 방에 불을 많이 때라고 명령하였다. 그러자 어린 영창대군은 뜨겁다는 소리를 지른 후 세상을 떠나고 말았다. 영창대군이 죽었다는 소식에 대비는 기절하고 어린 정명공주는 쓰러진 어머니의 치맛자락을 잡고 울고만 있었다.

 ## 조선의 14대 왕 선조는 누구인가?

I. 서론

　2004년 방영한 불멸의 이순신이라는 KBS드라마가 많은 국민들에게 인기를 샀던 일이 있다. 물론 드라마는 드라마일 뿐, 내용면에서 100% 사실인 것들로 구성된 것이 아니지만 많은 이들에게 이순신은 영웅적 존재로 인식을 받았는데, 드라마의 영향 외에도 이순신은 원래부터 영웅적 존재로 추앙받았던 것이 사실이다. 이는 우리의 역사 속 큰 국난이었던 임진왜란의 극복 사례를 통해 애국심의 정서를 자극받은 국민들의 반영물일 것이다. 그리고 그 국난극복의 핵심적 인물이었던 이순신의 이야기는 민족의 영웅으로 가슴 깊이 새겨져 있었다. 하지만 이런 이순신에 대비되어 악역처럼 비추어진 인물이 있었으니, 바로 조선의 14대 임금 선조였다. 선조는 이순신을 인정하고 발탁해서 주위의 반대에도 불구하고 무려 다섯 품계는 올리는 엄청난 인사를 감행하면서 이순신을 전라좌도수군절도사로 임명한다. 선조는 그런 이순신을 끝까지 믿지 못하고 신하들의 모함에 이순신을 파직시켰다가 후에 다시 발탁한다. 이에 임진왜란 발발의 책임까지 짊어진 선조임금의 모습은 사람들에게 긍정적으로 보이기는 어려웠을 것이다. 선조의 재위기간 동안 조선시대 500년 중 최대위기였던 임진왜란과 정유재란이 발생하였고, 그의 치세기간 중 동서붕당이라는 최초의 붕당이 출현하기도 한다. 그리고 그는 재위기간 말기에 잦은 선위문제를 일으켰으며, 이순신을 추앙하는 정서와 광해군의 정치에 대한 긍정적인 분석이 이루어지는 현재에서 선조의 치세는 마이너스 요인을 갖을 수밖에 없을 것이다.

　실제로 선조에 대한 이미지는 유약하고, 줏대가 없으며, 의심이 많고, 인재를 보는 눈이 없으며, 편협한 인물이라는 평가가 주를 이루었다. 하지만 후대에 들어 선조에 대한 재평가가 이루어지고 있으며, 이는 양극화되는 현상을 보이게 된다. 선조는 왕위에 오른 초반에 외척들의 전횡으로 일어났던 기묘사화, 을사사화 등의 상흔을 씻어내고 당대의 대표적인 유학자인 이황과 이이 등을 극진하게 예우해 침체된 정국에 활력을 불어 넣었다. 당시 과거제도가 문장능력을 평가하는 데만 치우치자, 학행이 뛰어난 사람을 선발하기 위해 각 고을을 순행하기도 했으며, 정여립의 난, 국론 분열 등 나라에 화도 많았지만 역사상 인재가 가장 많이 배출됐던 때가 선조 때였다. 이러한 선조의 긍정적 측면에 무게를 싣고, 선조임금에게 변명할 기회를 주고자 선조를 다시 바라보는 연구를 시작하게 되었다.

그리고 우리는 선조 정치의 핵심인 붕당과 현시대의 진보, 보수간에 존재하는 무언가의 유사성 또한 느끼게 되었다. 시대를 넘어선 정치이념의 유사성이 있다고는 할 수 없지만, 큰 틀의 두 정치주체간의 대립과 정치 행위라는 외향적인 유사성을 통해 선조의 재조명은 무언가의 큰 교훈을 주지 않을까 하는 생각 또한 선조 재조명의 연구를 시작하게 된 동기중 하나이다.

선조에 대한 소개, 긍정적 평가와 부정적 평가의 분석, 부정적 평가에 대한 반박, 조사와 연구의 재해석을 통해 결과를 요약하고 최종결론을 도출할 것이다.

II. 본론

1) 선조는 누구인가

(1) 선조의 약력

선조는 조선의 제14대 임금(재위 1567년~1608년)이다. 휘는 연(昖), 시호는 선조소경정륜립극성덕홍렬지성대의격천희운경명신력홍공융업현문의무성예달효대왕(宣祖昭敬正倫立極盛德洪烈至誠大義格天熙運景命神曆弘功隆業顯文毅武聖睿達孝大王). 중종의 서손이며 조선 명종의 이복 조카이고, 덕흥대원군과 하동부대부인 정씨의 아들로서, 비는 의인왕후 박씨, 계비는 인목왕후 김씨이다. 조선 최초의 방계 혈통의 임금이다. 개인적으로는 주자학에 조예가 깊었고, 서화에도 뛰어났다.

(2) 선조의 생애

1552년 음력 11월 11일 덕흥대원군 초와 하동부대부인의 셋째 아들로 한성 인달방 도정궁에서 태어났다. 하성군에 봉해졌다가 1567년 명종이 후사 없이 죽자 명종이 1565년(명종 20년)에 병석에서 밝힌 바에 따라 16살의 어린 나이로 왕위에 올랐다. 후궁에게서 태어난 서자 출신이 왕위에 오른 첫 번째 사례였다.

① 사림정치의 확립

선조가 즉위할 무렵 조선 사회는 성종 때부터 중앙정치에 진출하기 시작한 사림이 정계를 주도할 수 있을 만큼 성장했던 시기였다. 이러한 분위기 속에서 선조는 주자학을 장려하고 사림을 널리 등용했으며, 스스로 학문에 힘써 강연에서 이황·이이·성혼 등 대유학자들과 경사를 토론했다. 기묘사화 때 화를 당한 조광조를 비롯한 여러 사림을 신원하고 을사사화로 귀양 가있던 노수신·유희춘 등을 석방하여 기용하는 한편, 훈신세력인 남곤·윤원형 등의 관작을 추탈하거나 삭훈했다. 또한 현량과를 다시 설치하고, 유일을 천거하도록 하여 조식·성운 등을 등용했다. 유교사상 확립을 위해 명유들의 저술과 경서의 간행에 힘써 1575년 〈주자대전〉의 교정본을 간행하고 1585년에는 교정청을 설치해 경서의 훈해를 교정하게 했다. 1588년 사서삼경의 음석언해를 완성하고 〈소학언해〉를 간행했다.

한편 조선초부터 명나라와의 외교문제가 되고 있던, 즉 명나라의 〈태조실록〉·〈대명회전〉 등에 이성계가 고려의 권신 이인임의 아들과 함께 4명의 왕을 살해했다고 되어 있는 것을 고치기 위해 주청사를 거듭 파견했다. 그리하여 1584년 황정욱이 중찬된 〈대명회전〉의 수정된 조선관계 기록의 등본을 가져옴으로써 종계변무의 목적을 달성했고, 1589년 성절사 윤근수가 〈대명회전〉 전질을 받아옴으로써 이 문제를 해결했다.

② 동서분당과 붕당정치의 성립

선조의 즉위를 계기로 정국의 주도권을 장악한 사림은 척신 정치하에서 성장한 구세력의 제거를 둘러싸고 전배와 후배가 대립하게 되었다. 전배는 소윤세력이 우세하던 상황에서 심의겸의 도움으로 정계에 진출한 인물들로서 심의겸을 척신이지만 사림의 동조자로 받아들인 데 반해, 소윤세력의 몰락 이후에 정계에 진출한 후배들은 심의겸을 포함한 구세력의 제거를 주장했다.

1575년 전배는 심의겸을 중심으로 하는 서인이, 후배는 김효원을 중심으로 하는 동인이 되었다. 서인의 주요인물은 박순·정철·윤두수 등이고 동인의 주요인물은 유성룡·이산해 등이었으며, 각각 이이와 이황의 학문에 영향을 받고 있었으므로 학풍·학연을 배경으로 한 대립의 양상도 띠었다.

1589년 정여립의 역모사건을 계기로 일어난 기축옥사를 통해 서인세력은 동인세력을 제거하고 권력을 장악했다. 1591년에는 건저 문제로 정철이 파면되면서 동인이 집권하게 되었으나, 정철의 처벌을 둘러싸고 온건파는 남인으로, 강경파는 북인으로 다시 나누어졌다. 그뒤 선조대의 정국은 유성룡을 중심으로 한 남인세력이 주도권을 행사하면서 이항복 등의 중도적인 서인세력을 포섭하는 가운데 전개되었다.

③ 임진왜란과 정유재란

대내적으로 붕당간의 권력 쟁탈전이 치열하게 전개되고 있을 때 대외적으로는 여진족과 일본의 외침이 있었다. 1583년 니탕개를 중심으로 회령지방에 살던 여진족이 반란을 일으켜 경원부가 함락되자, 경기감사 정언신을 도순찰사로 하여 군대를 출동시켜 이를 진압했다. 또한 1587년에도 니응개가 이끄는 여진족이 대거 침입하자 조산만호 이순신과 경흥부사 이경록이 이를 격퇴했으며, 이듬해 북병사 이일을 시켜 두만강 건너에 있는 여진족 근거지를 소탕했다.

한편 선조는 1590년 황윤길·김성일·허성 등을 통신사로 파견하여 일본의 동태를 파악하도록 했다. 당시 일본에서는 도요토미 히데요시가 전국 시대를 통일하고 자신의 정치적 안정을 도모하기 위해 대륙침략을 계획하고 있었는데, 서인인 황윤길은 일본이 많은 병선을 준비하고 있어 멀지 않아 병화가 있을 것이라고 보고한 반면, 동인인 김성일은 침입할 조짐을 발견하지 못했다고 보고했다. 대신들은 김성일 쪽으로 의견을 모았다. 그러나 통신사와 함께 온 일본사신이 1년 후에 조선의 길을 빌려서 명나라를 칠 것이라고 통고하자 조선 정부는 크게 놀라 뒤늦게 경상도·전라도 연안의 여러 성을 수축하고 각 진영의 무기를 정비하는 등 대비책을 마련했으나 실효를 거두지 못했다.

1592년 4월 13일 일본군이 부산포에 상륙, 파죽지세로 북진해오자 조정은 보름 만에 한성을 버리고 개성으로 피난했으며, 이어 평양을 거쳐 의주까지 퇴각했다. 이곳에서 선조는 만일의 사태에 대비하여 평양에서 세자로 책봉한 광해군으로 하여금 분조(分朝)를 설치하게 하는 한편, 명나라에 구원병 파견을 요청했다. 이에 명나라는 그해 12월 4만 4만5천명의 군대를 파견했다.

이 사이 이순신·권율 등이 이끄는 관군이 일본군과 싸워 승리를 거두고, 전국 각지에서 의병이 봉기하여 일본군을 격퇴했다. 이때 선조는 공사천무과와 참급무과를 실시하여 천인의 신분을 상승시킬 수 있는 기회를 제공하는 등 전 국민적인 전쟁 참여를 유도하기 위해 힘썼다. 일본군이 1593년 4월 남쪽으로 퇴각하자 그해 10월 선조는 서울로 돌아왔다.

이후 1594년 훈련도감을 설치하고 조총과 탄환을 만드는 기술을 배우도록 했다. 1597년 일본은 명과 진행되던 강화회담이 깨지자 다시 침입하였다(정유재란). 그러나 이순신이 이끄는 조선 수군의 승리로 전세는 다시 역전되었고, 때마침 도요토미 히데요시가 사망하여 일본군이 총퇴각함으로써 7년에 걸친 전쟁은 끝났다.

④ 임진왜란 후의 사회변동과 전후 수습책

7년간에 걸친 전쟁으로 국토가 황폐화되어 경작지가 크게 줄어들었다. 이를 회복하고 전쟁으로 소실된 토지대장을 재정비하기 위해 1601년과 1603년에 어사를 파견해 전국적으로 양전을 실시했다.[84]

또한 전쟁 중에 명군의 식량 조달을 위해 실시했던 납속을 더욱 확대했다. 납속책의 실시는 부유한 상민·천민의 신분상승을 가능하게 해 조선 후기 신분제 변동의 한 계기가 되었다. 각 궁방의 경제적 토대를 마련해주기 위해 임시변통으로 왕자·옹주

84_조선왕조실록. 선조 36년 12월 21일

23명에게 예빈시에 소속되었던 어전·염분·시전을 획급했는데, 이후 궁방전의 시초가 되었다.

1604년 호성·선무·정난 공신 등을 녹훈함으로써 전쟁 중에 공을 세운 사람들을 표창했다. 그리고 유정을 일본에 보내 도쿠가와 이에야스와 강화를 맺었으며, 왜관을 열어 개시하는 것을 허락하고 포로로 잡혀가 있던 사람들을 데리고 오게 했다.

선조는 1608년 승하 하였으며, 능은 경기도 양주에 있는 목릉, 전은 영모전이다. 시호는 소경이다.

2) 선조에 대한 평가

기존 선조에 대한 평가는 긍정적인 면 보다는 부정적인 면이 다수를 차지하는 실정이고, 선조 재위 기간의 치적을 살필 때, 부정적인 면을 부인할 수 없는 것이 사실이다. 때문에 선조에 대한 평가를 위해서는 선조에 대한 기존 평가들을 살펴보는 것 또한 중요하다. 선조에 대한 기존의 평가들은 긍정적인 부분 또한 존재하기 때문에 긍정적인 면과 부정적인 면으로 나누어서 살피도록 하겠다.

2-1 긍정적인 평가

선조의 긍정적인 면들로 평가할 수 있는 면이, 사림 등용으로 훈구 정치에 막을 내린 용인술의 대가, 붕당을 이용해 왕권 중심의 정치 행태를 확보한 지도자, 조선 최고의 명필이자 사서를 한글로 간행한 최초의 왕, 7년 전란 후에도 왕권을 지킨 통치자등의 면모이다.

① 훈구정치에 막을 내린 용인술의 대가:

조선이란 나라가 고려의 불교를 거부하고 성리학을 국가 기본 이념으로 하고 통치를 시작한 이후 여러 차례, 성리학을 신봉하는 사람들은 왕권 강화라는 명분으로 사화의 희생양이 되었다. 그런데 그 피해 당사자 사림이 정치의 주류를 차지하기 시작한 것이 선조 치세 기간이었다. 선조는 명종의 갑작스런 죽음으로 왕실의 평범한 자손에서 군주로 등극했다. 그것도 사림의 전폭적인 지지를 얻고 등극했다. 그 이유는 다른 종친 가계에 비해 아버지 없는 고아나 다름없었던 하성군 균이 가장 적당했기 때문일 것이다. 중종 치세 이후에 외척들의 전횡으로 정치가 몹시 어지러운 것을 경험한 뒤라 왕실이나 사림들은 외가에 대해 특히나 경계가 심했다. 하성군 균은 외삼촌 한 명만이 살아 있어 외척으로부터 자유로운 인물이었다. 사림과 왕실의 지원 아래 등극한 선조는 6개월 동안 대비 인순왕후로부터 수렴청정을 받으며 이황과 기대승, 이준경에게 따로 정치수업과 학문을 받았다. 이 와중에 사림의 등용에 적극적인 면모를 보인다. 집권 초 직제학 기대승의 의견에 따라 백인걸, 김난상, 유희춘과 노수신등을 등용하기도 했다.[85] 또한 남명 조식과 성운을 불러들이기도 했다.[86] 이에 맞춰 을사년 이후에 죄를 받고 적몰당한 사람들을 신원하라는 전교를 내림으로써 사림들의 정계 진출에 발목을 잡던 사화에 대한 사면을 행했다.[87] 이와 함께 집권 초기, 사림의 대표적 인물이었으나 누명을 받고 사사당한 조광조의 신원 회복과 함께 벼슬과 시호를 추증 함으로써 사림세력의 충성을 받기도 했다.[88] 이를 통해 기존 훈구 세력 중심의 정치 판도가 막을 내리고 새로운 세력으로써 사림이 등장하게 되는 것이다. 사림의 등장 이 후 이순신, 유성룡, 권율, 이항복, 이덕형, 이이등 선조 치세에는 유난히도 인재가 많았다. 이들의 등장을 갑작스러운 현상으로 보기 보단 선조의 인재 등용 능력에 있다고 보는 것이 더 정확할 것이다.

② 붕당을 이용해 왕권 중심의 정치 행태를 확보한 지도자:
선조는 구세력이나 신진세력에 치우친 정치를 한 것은 아니었다. 일례로 선조 2년 양사가 합계하여 김개가 경석 상에서 사의를 감히 발론하여 사림을 모함한 죄를 논박하였으나 선조가 윤허하지 않음으로써 세력이 한쪽으로 치우치는 면을 삼가고자 했다.[89] 이처럼 선조는 집권초반의 정치적 혼란 상황 속에서 신진 세력인 사림을 적극

85_조선왕조실록. 선조1년 1월 13일
86_조선왕조실록. 선조1년 1월 27일
87_조선왕조실록. 선조1권 10월 15일(병신)
88_조선왕조실록. 선조1년 4월 17일(병신)
89_조선왕조실록. 선조2년 6월 10일(임오)

끌어들였고, 구세력과 신진세력 간의 힘의 균형이 한쪽에 치우침으로써 왕권의 힘이 약해지는 것을 막기 위해 어느 한 쪽의 발언권이 강해지는 것을 용납하지 않았고, 집권 초 6개월여 간의 수렴청정 와중에도 인사권을 가지고 있음으로써 신하들에 대한 영향권을 확보하고 있었다는 점에서 왕권 중심의 정체를 확보한 군왕이라는 점에는 반론의 여지가 없으리라 본다. 조선의 국법 대명률에는 "붕당을 이룬 자는 사형에 처하며 그 재산은 몰수하고 처와 자식은 노비로 삼는다."는 문구가 명문화되어 있음에도 선조는 당을 만들고 붕당하는 것이 '정치의 한 요체'라고 생각 했다. 물론 선조 자신도 당파적 갈등이 극에 달해 인사가 제대로 이뤄지지 않은 경우에는 당파적 갈등을 조장하는 인물들을 철저하게 배척하기도 했다. 그러나 선조의 정치 특징은 정통성이 미약한 부분을 당파적 갈등에 교묘하게 이용하여 왕에게 충성경쟁을 유도한 임금이었다는 것이다. 선조 초기 사림을 적극 등용한 일면에는 왕실과 사림에 의해 선택된 군왕이었다는 점도 어느 정도 작용했다. 때문에 선택 받은 임금으로서 자신을 지지했던 세력들에게 무언가 정치적 이익을 마련해 주어야 한다는 부채의식도 강하게 남아 있었던 것이다. 선조 초기 이후 정권을 장악하기 시작한 사림은 정치 실현의 방법론적인 면에서 차이를 보이기 시작했고 이에 따라 초기에는 동인과 서인으로, 서인은 다시 남인과 북인으로 갈라져 정권을 놓고 줄다리기를 시작했다. 붕당정치의 시작인 것이다. 선조는 이들 충돌하는 이념적 대결을 적극적으로 화합 조정하기 보다는 이들 간의 충성경쟁을 유도함으로써 왕권 우위의 정체를 형성하기를 원했다. 정치 초반에는 동인, 이후에는 서인을, 임진왜란 이후에는 북인을 택함으로써 자신의 권력 기반을 탄탄히 쌓아갔다.[90]

③ 조선 최고의 명필이자 사서를 한글로 간행한 최초의 왕:
  선조는 정통성의 한계를 극복하기 위한 방법의 하나로서 자신의 학문적 성취를 높이고, 왕도 정치의 근본인 유교의 대표적 경서인 사서를 언문으로 번안하는 작업을 완성한다.

90_김만중, 『임금 노릇 못해 먹겠다』, 2004, 거송미디어, pp35-44.

선조는 집권 초기부터 기대승, 이황, 이준경등과의 경연을 즐겼고, 선조 자신의 글씨 자체가 뛰어났기 때문에 명의 사신이 직접 글을 부탁하기도 했다. 또한 언문의 사용을 늘리고 유교 사상의 대중화를 꾀할 수 있었던 사서를 번안함으로써 그 의도와 상관없이 학문적인 업적 역시 적지 않다.[91]

이에 더해 선조의 업적 중 하나라 칭해질 만한 것이 바로 종계변무이다. 조선개국 초부터 선조 때까지 약 200여년간 명나라에 잘못 기록된 조선 태조 이성계의 종계를 개록해 줄 것을 주청했으나 이루어지지 않던 것이 1588년 선조의 재위기간에 이루어지게 된 것이다.

④ 7년 전란 후에도 왕권을 지킨 통치자:

선조가 자신의 정치기반을 다지는 와중에 천재지변이 일었다. 임진왜란이 발발한 것이다. 전쟁에 대한 최종적인 책임은 역시 임금에게 있었다. 일본의 침략은 이미 예견된 일이었다. 그러나 선조는 전쟁에 대한 준비를 전혀 하지 못했다. 조선을 건국한 후 200년 동안 한 번도 전면전 성격의 전쟁을 치룬 적이 없는 조선의 입장에서는 전쟁의 무서운 공포를 알 도리가 없었다. 또한 조선의 종주국을 자처하던 명나라 역시 일본이 침략하리라고는 상상도 하지 못했으며 일본은 두 나라의 관심 밖이었다. 일본은 자주 조선의 해안을 침략했다. 1510년(중종5) 삼포왜란이 일어나고 1555년(명종10)을묘사변으로 조선은 비변사라는 상설 기관을 설치하기도 했다. 선조의 재위 기간과 맞물려 일본의 정국은 혼란으로 치닫고 있었다. 오랫동안 정권을 잡고 있던 아시카가 막부가 쇠퇴하여 각지에서 호족들이 군웅할거 하였다. 이때 유력한 호족이던 오다노부나가가 전국을 평정하였으며 또한 아끼던 부하의 배반으로 노부나가가 살해당하자 설욕전을 펼침으로써 도요토미히데요시는 전국시대 일본을 평정 하였다.

그는 1587년(선조 20) 규슈를 정벌할 때 이미 조선을 정벌할 계획을 갖고 있었다. 히데요시는 그때까지 굴복하지 않고 있던 규슈 지역을 공격하기 위해 20만 명의 대군을 동원 수륙 양면 작전을 가동하여 보기도 했다. 이에 놀란 규슈의 시마즈요시하사는 대군에 놀라 저항도 하지 못한 채 항복했다. 그해 히데요시는 그의 심복 장군이

---

91 소학언해(1588),논어언해(1588), 대학언해(1590)

었던 고니시유키나가에게 친서를 만들어 조선에 전달하게 하기도 했다. 실상은 조선의 허실을 탐하기 위한 밀정으로서의 역할이 더 컸다고 할 수 있다. 그때가 1587년 9월이었다. 이때부터 일본은 조선 침략의 준비를 진행하고 있었다. 1592년 4월 13일 오전 8시, 하늘은 청명하니 맑고 바람도 출항하기 아주 좋은 날이었다. 이날 드디어 16세기 말 동아시아 삼국은 전쟁의 소용돌이에 빠져들기 시작했다. 쓰시마의 아즈하라 항을 출항한 일본 함선 700척은 고니시유키나가의 지휘로 18,700명이 부산포에 상륙, 7년간의 전쟁이 시작된 것이다. 단기간에 조선군을 격파하고 물밀 듯 북상하는 일본군 때문에 선조는 수도를 버리고 북향하기에 이른다. 이러한 여러 일련의 사건에 대한 책임으로 인해 선조는 재위 기간 최대의 위기에 직면 한다. 시시각각 전해져 오는 이순신과 각지의 의병들의 승전 소식과 이에 대한 백성들의 열광은 선조의 입장에서 도를 넘는 것이었다. 또한 분조를 이루어 활동하던 세자 광해군의 활약과 명나라측의 광해군에 대한 우호적인 태도, 자신에 대한 명나라측의 책임론 문제가 불거지면서 양위에 대한 말들이 나오기 시작한 것이다. 이때 보여준 선조의 일련의 행동들은 그가 얼마나 정치적 균형 감각이 뛰어 났는가를 보여주는 단면이라 할 수 있겠다. 임진왜란 와중에 선조는 15차례에 걸쳐 양위를 선언한다. 조선은 유교정치에 입각한 정체이기 때문에 이러한 임금의 양위 선언을 받아들인다는 것은 세자와 신하들 모두에게 불충과 불효를 행하는 일이었다. 때문에 세자 스스로 왕위를 고사하게 되었고, 신하들의 행동과 명의 압력을 분쇄하는 효과를 거두는 일거삼득의 효과를 거두었다. 이를 통해 선조는 전란이 끝난 이후에도 왕위를 지킬 수 있었다.

2-2 부정적인 평가

선조는 긍정적인 면으로 평가될 부분들이 있기는 하지만 부정적인 면모로서 평가되는 점들 역시 많다. 정권의 잦은 교체로 인해 정치적 혼란을 야기했고, 전란의 와중에도 백성을 버리고 자신의 안위만을 찾은 점, 임진란 이후의 난에 대한 공신선정에 있어서 인색 했던 점, 백성을 위한 정치를 제대로 펴지 못함 점등이 대표적인 의견들이다.

① 정권의 잦은 교체로 정치적 혼란을 야기:

집권 초반 사림의 등용을 통해 자신의 지지기반을 넓혔고, 붕당을 이용한 충성경쟁을 통해 자신의 왕권의 기반을 닦았던 선조는 그러나 자신에게 주어진 정권 선택을 너무 자주 빼들었다. 집권 초반에는 동인을, 기축옥사 뒤에는 서인을, 그리고 임진왜란이 끝난 뒤에는 북인을 선호하였고, 이후 영창대군이 태어나자 광해군을 밀어내고 유영경을 중심으로 친위 세력을 키워 영창을 옹립하려 했던 임금이었다. 선조처럼 당쟁을 자신의 권력 기반 다지는데 탁월하게 이용한 군주도 드물다. 선조가 가장 정치적으로 큰 실책을 범한 것은 기축옥사다. 기축옥사 이전까지, 선조시절 당쟁은 정치적 우열싸움이고 정책적 대결이었다. 그러나 기축옥사로 동인 1천명이 죽음을 당하자 싸움은 목숨을 건 정치투쟁으로 변하고 임금조차도 생명의 위협을 느껴야 하는 상황으로 변질된 것이다. 임진왜란 와중의 선위 파동 또한 좁게는 선조의 정치적 생명력을 연장시켰다는 점에서 긍정적 평가를 받을 수 있지만, 넓은 의미에서의 선위 파동은 전쟁으로 혼란한 정국을 더욱 혼란스럽게 하고, 선조 사 후의 정치적 혼란을 야기하는 것이었다. 선조는 전쟁 기간 중에 무려 선위표명을 15차례나 한다. 그만큼 왕의 권위가 커다란 상처를 받게 되었다. 전쟁 기간 중에 여러 차례 왕위를 광해군에게 물려주고 권좌에서 내려오라는 압력도 받는다. 이에 선조는 임금에 대한 욕심이 없음을 들어 선위를 주장하였다. 그러나 그 이면에는 왕에 대한 충성심을 신하들에게 유도하고 싶은 마음이 더욱 강했던 듯하다. 만약 선조가 임진왜란 당시 약속처럼 전쟁이 끝나고 광해군에게 선위를 하였다면 선조의 평가는 또 달라질 수 있었을 것이다. 그리고 광해군도 임해군을 죽이고 영창대군을 죽이면서까지 권력에 집착하여 결국 쫓겨나는 군주는 되지 않았을 것이다. 이것이 선조와 그 아들 광해군의 비극의 씨앗인 것이다.[92]

② 전란 중에 백성을 버린 임금:
임진왜란 와중의 일본군의 전투경험과 신무기인 조총은 조선군의 녹슨 창과 활로

92_김만중, 『임금 노릇 못해 먹겠다』, 2004, 거송미디어, p.42.

서 대적하기에는 무리가 있었다. 전쟁 발발 후 채 열흘이 되기 전에 믿었던 신립이 패배하고, 충주가 일본군의 수중으로 떨어졌다.[93]

선조는 신하들이 나서기에 앞서 스스로가 파천을 발의 했다. 대부분의 대신들은 파천의 부당함을 알렸으나, 이때 영의정이었던 이산해가 파천에 동조함에 따라 결국 초라한 행색으로 피난길에 올랐다.[94]

선조 역시 민심을 고려했기 때문인지 새벽에 도망치듯 피난을 나설 수 있었다.[95]

선조의 피난은 여기서 그치지 않았다. 평양성에 도착한 선조는 1달여만에 다시 피난길에 이른다. 일본군의 진격은 멈추지 않았고 겁을 먹은 선조는 자신의 안위를 위해 세자인 18살의 광해군에게 분조를 맡기고 자신은 명나라의 국경 쪽으로 대피하기 시작했다. 이 때 선조 보다는 평양성을 사수하는 쪽에 무게를 두었던 대신들이 세자의 분조에 의탁하게 되면서 선조는 정치적 위기의식을 점차 실감하게 되었다. 하지만 선조의 이러한 행태는 자신의 정치적 입지를 약화 시키고 백성들의 원망과 전쟁의 책임을 떠안게 되는 결과를 얻게 됨으로써 현재에 와서 더욱더 부정적인 면으로 부각되는 것이다.

③ 임진란 이후의 난에 대한 공신선정에 있어서 인색 했던 점:

전쟁이 장기화 되어가는 시점에서 선조에게는 또 다른 위기가 다가오고 있었다. 선조는 몽진으로 인해 왜란의 책임론에 봉착했고, 이와 함께 선위를 약속했던 정치적 라이벌인 세자 광해군과, 끝없는 활약으로 이름을 떨치던 이순신, 권율등의 장군들과 곽재우, 김덕령등의 이름 높던 의병장들은 큰 부담으로 작용했다. 이에 정통성의 문제와 몽진으로 인한 부담감이 결부되면서 선조는 이를 타개할 수단이 필요했다. 때문에 전쟁이 끝나지 않은 와중에 붕당정치를 이용해 이순신을 파직하고 백의종군케 했으며, 이몽학의 난을 이용해 명성이 자자한 의병장들에 대한 본보기로 김덕령을 죽이는 일이 발생했다. 이 때문에 의병의 활동이 지역적으로 위축 되었고, 수군이 대패

93_조선왕조실록. 선조 25년 4월 17일
94_조선왕조실록. 선조 25년 4월 29-30일
95_조선왕조실록. 선조 25년 4월 30일

함으로써 수군전력의 누수를 불러왔다.

　7년여의 전쟁이 끝나고 또 다른 문제가 발생 한다. 바로 공신 선정의 문제이다. 임진왜란을 통해 혹은 그 덕분에 공신의 반열에 오른 사람은 총 189명이다. 이를 세분화하면 4개의 카테고리로 나눌 수 있다. 일단 공신의 숫자로 살펴보면, 호성공신(임진왜란이 터지고 선조가 몽진에 올랐을 때 끝까지 따라갔던 공으로 공신이 된 것이다)이 86명, 위성공신(광해군의 분조 활동을 도왔던 공을 인정받아 공신이 된다.)이 80명, 선무공신(최초 정왜공신으로 칭하다 선무로 바뀌었다. 임진왜란 3대첩의 주역인 전쟁 영웅들이 받았다.)이 18명, 청난공신(왜란 당시 일어난 이몽학의 난을 진압한 자들이 받았다.)이 5명이다. 일단 여기서 위성공신과 청난공신은 논외로 한다. 위성공신은 선조 시절에 내려지지 않았고, 광해군 5년에 가서야 공신책봉이 되었으나 광해군 퇴진과 함께 삭제 되었다.

　여기서 주목할 점은 직접 싸운 병사를 이끌던 장수들과 최전방에서 일본군에 맞서던 분조의 인원에 대한 공신선정에서의 제외된 이유이다. 임진왜란이 종결 된 시점에서 이들에 대한 막대한 포상은 오히려 어떠한 공적도 없는 선조와 이를 따르던 이들에게는 큰 부담감으로 다가왔다. 선조의 입장에서는 왕위를 장담할 수 없다는 점이 그러했고, 선조를 따르던 이들에게는 자신과 다른 정치성향을 보이던 분조의 신하들이 광해군 즉위 이후 나타낼 정치적 적대행위를 감당하기가 어려웠던 것이다. 이와 함께 선조의 업적을 높임으로서 정치적 위기를 돌파할 타개책이 필요했다. 이에 대한 대책으로서 떠오른 것이 바로 명군의 활용이었다. 조선은 임진란을 돌파할 방법이 없었고 이때에 현명한 군주인 선조가 명에 원군을 청했기에 그들의 활약으로 조선은 난을 극복했다는 것이 그 요지로, 이를 부각하기 위해서는 이순신과, 의병들, 분조의 활약상은 숨기거나 잘못으로 덮어야 했다. 다행스럽게도 이순신이 전투 중 사망함으로써 선조에게 걸리는 가장 큰 걸림돌은 아들이자 정치적 라이벌인 광해군 뿐이었다. 이는 명에서 세자의 위를 받지 못 함으로써 해결이 되었기 때문에 선조에게는 자리를 보존함에 있어 별다른 문제가 없었다. 이러한 정치적 의도가 숨겨진 공신 선정은 그 이면을 살필수록 선조의 자리보존을 위한 행적을 살피는 길 일 수밖에 없다. 선무공신 18명은 2가지 법칙아래 선정 되었다. 첫째, 임진왜란의 3대첩[96]의 참가

96_① 한산도대첩 : 임진년(1592) 7월, 이순신 장군이 이끄는 연합함대는 한산도 앞바다에서 왜선을 전멸시켜(60척 침몰) 왜의 수군에 큰 타격을 주어 제해권을 잡았다. ② 행주대첩 : 1593년 2월 전라 순찰사 권율이 서울 수복을 위해 북상하다가 행주산성에서 왜적을 크게

자에 한정되었다는 것이다. 때문에 여러 의병장들이 공신선정에서 제외된 것이다. 둘째, 선무 1등 공신은 무조건 죽은 사람만 올린다는 것이다. 선무공신의 공신 등위를 보면 아래와 같다.

구분	이름
I	이순신, 권율, 원균
II	신점, 권응수, 김시민, 이정암, 이억기
III	정기원, 권협, 유충원, 고언백, 이광악, 조경, 권준, 이순신(이순신 휘하 동명이인), 기효근, 이운룡

이와 함께 볼 수 있는 특이점이 원균의 1등 공신에의 선정이다. 선조는 이순신의 공적을 깎고 자신의 공적을 높이기 위해 원균을 1등 공신에 두게 된다. 이에 대한 논의를 살펴보면 그 진의를 잘 알 수 있을 것이다.

원균을 2등에 녹공해 놓았다마는, 적변이 발생했던 초기에 원균이 이순신에게 구원해 주기를 청했던 것이지 이순신이 자진해서 간 것이 아니었다. 왜적을 토벌할 적에 원균이 죽기로 결심하고서 매양 선봉이 되어 먼저 올라가 용맹을 떨쳤다. 승전하고 노획한 공이 이순신과 같았는데, 그 노획한 적괴와 누선을 도리어 이순신에게 빼앗긴 것이다. 이순신을 대신하여 통제사가 되어서는 원균이 재삼 장계를 올려 부산 앞바다에 들어가 토벌할 수 없는 상황을 극력 진달했으나, 비변사가 독촉하고 원수가 윽박지르자 원균은 반드시 패전할 것을 환히 알면서도 진을 떠나 왜적을 공격하다가 드디어 전군이 패배하게 되자 그는 순국하고 말았다. 원균은 용기만 삼군에서 으뜸이었던 것이 아니라 지혜도 또한 지극했던 것이다.

당나라 때 가서한이 가슴을 치면서 동관을 나섰다가 마침내 적에게 패전하게 되었고, 송나라 때 양무적이 반미의 위협 때문에 눈물을 흘리며 싸우러 나갔다가 적에게

쳐부수어 승리한 싸움을 말한다. 이때 동원된 부녀자들이 긴 치마로 돌을 날라 석전(石戰)을 벌인 것이 유명하다. ③ 진주성대첩 : 1차 혈전은 1592년 10월, 3만의 왜군 연합부대가 공격해 왔으나 진주 목사 김시민이 끝까지 이를 고수하였으며, 이때 의병 곽재우가 합세하여 화약물과 돌로 왜군을 물리쳤다. 2차 혈전은 1593년 6월, 1차전의 패전을 설욕하고자 대군으로 공격, 의병인 고종후·강희열등이 참가하여 항전하다 전원이 전사하였다.

섬멸된 것이 어찌 이와 다르겠는가. 고금의 인물들을 성공과 실패만 가지고는 논평할 수 없는 것이다.

　나는 원균이 지혜와 용기를 구비한 사람이라고 여겨 왔는데, 애석하게도 그의 운명이 시기와 어긋나서 공도 이루지 못하고 일도 실패하여 그의 역량이 밝혀지지 못하고 말았다. 전번에 영상이 남쪽에 내려갈 때 잠시 원균을 민망하게 여기는 뜻을 가졌었는데, 영상이 기억하고 있는지 모르겠다. 오늘날 공로를 논하는 마당에 도리어 2등에 두었으니 어찌 원통하지 않겠는가. 원균은 지하에서도 눈을 감지 못할 것이다.[97]

　이에 반해 호성공신을 살피면 공신 선정으로서 의문이 가는 점들이 등장한다. 임진왜란 중에 병사한 신성군과 함께 86명의 호성공신 중 24명이 내시이고, 마의가 6명, 의관이 2명, 별좌사알(임금의 명을 전달하던 잡직) 2명 등 그 면모는 참으로 한심하기 까지 하다.[98] 86명중 35명이 잡직 혹은 병사한 왕자라는 점은 공신으로 선정된 다른 이들의 공적까지도 깎아 내릴 수 있는 요인으로 작용하였다.

④ 백성을 위한 정치를 제대로 펴지 못함 점:
　선조의 통치 연간을 살필 때 가장 아쉬운 점이 있다면 바로 백성을 위한 정치에 실패 했다는 점이다. 선조는 초창기부터 학자들과의 강연을 즐겼고, 이황, 기대승등의 학자와의 대담을 즐겼다. 또한 자신의 정치적 식견을 도울 조력자로서 이이를 선택하였으나 선조 특유의 고집과 콤플렉스는 정치 개혁을 막는 벽이 되고 있었다. 이이와의 일화들을 통해서 선조의 성격을 파악하는 것이 더욱 빠를 것이다.

　1569년(선조 2) 8월 초, 홍문관 교리 이이가 임금에게 맹자에 대해 강의 하였다. 그리고 강론이 끝난 뒤 이이는

　"임금이 다스리려고 하지 않는다면 그만이거니와 만약 다스리려고 한다면 반드시 먼저 학문에 공을 쏟아야 합니다. 이른바 학문이라는 것은 단지 부지런히 경연에 나아와 고서를 많이 읽는 것뿐만이 아니라 반드시 격물(格物)·치지(致知)·성의(誠

---

[97]_조선왕조실록. 선조 36년 6월 26일(신해)
[98]_이성주(2009), 『발칙한 조선 인물 실록』, 추수밭, pp68-84.

意)·정심(正心)하는 공부를 게을리 하지 않아서 실지로 공효가 있게 된 다음에야 학문이라고 할 수 있습니다. 필부는 집에 있으므로 아무리 학문의 공이 있다 해도 그 효과가 세상에 나타나지 않지만, 임금은 그렇지 않아 마음과 뜻에 온축된 것이 정사에 발휘되는 까닭에 그 효과가 곧바로 나타나는 것입니다. 현재 민생은 곤핍하고 풍속은 박악하며 기강은 무너지고 사습은 바르지 못한데 전하께서 즉위하신 지 몇 해가 되는데도 그 다스림의 효과가 나타나지 않는 것은 아마도 전하의 격물·치지·성의·정심하는 공부가 지극하지 못한 점이 있기 때문일 것입니다. 만약 이처럼 인습적으로 이어가 날로 더욱 퇴패해진다면 나라 모양이 어떻게 될지 알 수 없습니다. 원컨대 전하께서는 크게 성취시키겠다는 뜻을 분발하시어 도학에 마음을 두시고 선정을 강구하시어 성주가 장차 삼대의 도를 흥기시키려고 한다는 것을 신민들이 환히 알게 하소서. 그런 뒤에 뭇 신하의 선악을 자세히 살피시어 충군 애국하는 자들을 가려 그들과 함께 일을 같이하시고, 아무 뜻도 없이 평범하게 국록만 탐하는 자들을 큰 직임에 외람되이 있지 못하게 하심으로써 거조가 타당함을 얻고 인물과 자리가 서로 걸맞게 된다면, 경세 제민하는 선비들로서 세상의 소용이 되는 자가 반드시 나와 나라의 일이 제대로 될 수 있을 것입니다.… 전하께서 진실로 다스리는 데에 뜻을 두신다면 평상인의 말도 성덕에 보탬이 될 수 있겠지만 만약 전하께서 유유 범범하게 세월만 보내면서 형식만을 일삼는다면 비록 공자와 맹자가 좌우에 있으면서 날마다 도리를 논한다 하더라도 또한 무슨 유익함이 되겠습니까."

　　전하의 견해가 진정 천고에 탁월하다 하겠습니다. 다만 왕도가 행해지는 것은 실질적인 공을 쌓는 데에 있는 것이지 언어에 있는 것이 아니니, 전하께서는 실질적인 공부에 힘을 쏟으소서. 맹자의 말에 '일단 임금의 마음을 바로잡기만 하면 나라가 안정된다.'고 하였는데 이것이 가장 긴요한 말입니다. 임금의 마음이 일단 바르게만 되면 정사를 처리하는 사이에 조그만 실수가 있다 해도 스스로 개혁해 나가겠지만 임금의 마음이 바르지 못하면 아무리 정사가 도리에 우연히 맞는다 해도 점차 변하여 그릇되게 될 것입니다.

　　이제 전하께서 먼저 성심을 바르게 하시어 일상의 언행이 순수하게 한결같이 정도에서 나오게 해서 신민의 모범이 되신다면, 군자들은 믿는 바가 있게 되어 충성을 다해 보좌할 것이며, 소인들 역시 상의 마음을 사사로이 요구할 수 없다는 것을 알아 앞으로는 반드시 허물을 고치고 선을 향하게 될 것이니, 이것이 이른바 '임금의 마음을 일단 바르게 하면 나라가 안정된다.'고 하는 것입니다."[99]

라는 말을 통해 실천하는 군주가 되길 청하였고 선조 역시 이를 긍정적으로 받아들이는 모습을 보인다. 하지만 선조와 이이 두 사람 사이에는 어느 정도 벽이 존재했다. 상호 간의 신뢰가 부족했던 것이다. 선조는 학문적 성취를 위한 꾸준한 노력과 당대의 대학자들 사이에서의 강연을 통해 학문적 성취는 뛰어난 면을 보인 듯하다. 하지만 실상은 죽어있는 학문에 불과 했다. 당대의 성리학자들과의 대담은 아이러니 하게도 성리학적 한계성, 즉 실천하지 않는 학문의 한계성에 묶어버리게 한 것이다. 이러한 선조에 대해 직언을 서슴치 않았던 이가 바로 이이다. 위에 언급 한 바 와같이 실천하는 군주가 되길 바랐던 이이는 선조에게 당파적 안배를 버리고 능력 있는 인재를 중용할 것을 요청했고[100], 성혼을 천거하기도 했다. 성혼은 이이와의 오랜 지기였고 이기론을 체계화 시킨 장본인이자 서인들 사이에서 영수로서 부각되던 인물이었으며 개혁에 대해 긍정적인 입장을 취하고 선조에게 적극 권장한 인물이다. 1579년에 올린 〈기묘봉사〉에서는 마음을 비우고 선을 따르는 것이 어진 임금의 도리라고 역설했으며, 1581년에 올린〈신사봉사〉에서는 고금의 치세와 난세의 원인을 진술하여 현재 등용의 중요성을 강조하는 한편 역법·공법에서의 민폐 시정을 위해 혁폐도감을 설치할 것을 제안했다. 특히 혁폐도감의 주요임무로 과중한 세금을 거두어들여 백성에게 해를 끼치는 법을 버리고 백성을 위한 정책을 펴야 함을 강조하는 상소를 올린 것이다. 1590년에는 〈경인봉사〉를 올려 백성을 보호하고 탐관오리를 다스리는 방법을 밝혔다. 1592년 〈편의시무〉9조를 올렸으며, 1954년에도 〈편의시무〉14조를 올렸다. 선조는 율곡 이이와 성혼을 통해 개혁 군주의 위상을 실현할 수 있었으나 올바른 인물을 볼 수 없는 선조의 무능함으로 인해 조선의 역사는 다시 암울한 시간으로

99_조선왕조실록. 선조 2년 8월 16일(정사)
100_조선왕조실록. 선조 13년 9월 24일

흘러 간 것이다. 아쉬운 것은 성혼이 올린 여러 개혁 정책은 임금의 의지만 강했다면 실현 가능했지만 당파적 이해로 보고 적극적인 실천을 하지 못한 것이 선조 임금의 실책인 셈이다.

선조에 대한 이이의 평은 선조의 한계를 보여준다.

"논쟁은 있으나 실천하지 않은 군주" 이것이 바로 선조인 것이다. 때문에 유래를 볼 수 없을 정도로 풍성했던 인재들을 이끌고도 부정적인 면으로 부각되고 있는 것이다.

3) 부정적 평가에 대한 반박

선조에 대한 부정적인 평가들 즉, 정권의 잦은 교체로 인해 정치적 혼란을 야기했고, 전란의 와중에도 백성을 버리고 자신의 안위만을 찾은 점, 임진란 이후의 난에 대한 공신선정에 있어서 인색 했던 점, 백성을 위한 정치를 제대로 펴지 못함 점등은 물론 현실에서 바라보는 우리에게 비판적 시작을 갖게 하는 것이 사실이다. 하지만 선조의 이러한 비판 받는 행적들이 이루어진 근본 원인을 되짚어 보는 것이 중요하다.

① 정권의 잦은 교체로 인해 정치적 혼란을 야기했다?

선조는 조선 최초로 왕의 직계가 아닌 방계의 인물이다. 또한 왕위 등극 과정에서 왕실과 사림세력의 조력을 얻었기 때문에 그들에 대한 보상을 해야 한다는 점 등이 그의 정치 일생에 한계점을 제공하고 있다. 집권 초기 선조는 사림에 많은 양보를 하게 된다. 사화의 복권과 사화를 당한 인물들에 대한 신원회복, 조광조의 복권과 벼슬 추대 등이 그것이다. 하지만 이 과정에서 선조는 사림세력에 대한 반발심이 작용하게 된다. 명종시절 신하들의 전횡으로 인해 임금의 권위가 땅에 떨어진 것을 봐온 선조는, 임금의 명이 있었음에도 계속되는 양사의 간언과 어린 나이에 등극했고, 정통성에 문제가 있다는 콤플렉스로 인해 그의 신하들에 대한 의심병을 더욱 부채질하는 결과를 낳은 것이다. 이 와중에 선조 자신의 권한을 강화하고자 용인했던 기축옥사는 결국 치열한 당쟁으로 이어지면서 선조에게 또 다른 행동을 강요한감이 없지 않아 있었다. 때문에 선조는 정권 선택의 카드를 자주 빼어들 수밖에 없었던 것이다.

② 전란의 와중에도 백성을 버리고 자신의 안위만을 찾았다?
　선조의 입장에서 나라란 백성이 근본이긴 하나 자신이 정치의 근본이었다. 때문에 임금의 상징성, 즉 자신이 항복이나 혹은 죽임을 당한다면 조선이라는 나라자체가 멸망하는 것이었다. 또한 병사들마저 궁궐을 버리고 도망을 치는 절망적 상황 속에서 주어진 것은 몽진이라는 카드 뿐 이었을 것이다. 선조 자신이 몽진을 주장한 것은 붕당으로 인해 정치적 공세를 저어한 신하들 사이에서 먼저 주청되지 않았기 때문으로도 이해 할 수 있다. 이와 함께 평양성에서 이루어졌던 논의 즉 요동망명설은 먼저 주창한 이가 우의정 이덕형 이었으며, 원래의 의견은 세자에게 왕위를 물려주고 선조는 요동에 건너가 망명정부를 수립해서 후에 명나라가 구원할 시 다시 조선정부를 이끄는 것 이었다. 이는 선조의 이야기 속에도 충분히 설명되어 있다.
　"안남이 멸망당하고 난 후 스스로 명에 입조하자 명조에서 병사를 보내 안남을 회복시켰다. 나도 이와같은 생각으로 요동으로 들어가고자 하는 것이다."

③ 임진란 이후의 난에 대한 공신선정에 있어서 인색 했다?
　정통성 문제로 콤플렉스를 가지고 있던 선조에게 임진왜란은 또 하나의 정치적 약점을 제공했다. 국가의 난이나 자연재해의 원인을 임금에게 돌리던 시절이기 때문에 임진왜란과 임진난 와중에 일어난 대기근은 선조의 자리보존에 있어서 큰 적이었다. 하지만 가장 큰 위협은 선조의 몽진 이었다. 임금이 백성을 버리고 떠난다는 오명은 백성들에게 큰 반발을 일으켰고, 때문에 일부 지역에서는 일본군을 환영하기 까지 하는 사태로 발전한다. 이 와중에 분조를 이끄는 세자의 활약과 사실상 조선군 전체를 통솔하는 이순신의 활약, (선조입장에서)언제 폭도로 돌변할지 모르는 의병들의 활약은 자신의 입지를 더욱 좁게 만들고 있었다. 때문에 선조가 활용한 것이 명군이었다. 명군의 파병 요청의 공은 오롯이 선조의 것이었기 때문이다. 그렇기 때문에 이순신 등의 공신과 의병, 분조에 대해 냉혹 하리 만큼 공신선정에 차등을 둠으로써 자신의 왕위를 지킬 수 있었던 것이다.

④ 백성을 위한 정치를 제대로 펴지 못함 점

이 부분에 대해서는 크게 반박할 만한 사례를 댈 수 없는 것이 사실이다. 하지만 대동법의 시행을 불러온 일이 있었던 것은 사실이다. 선조 36년 1603년에 있었던 일이다.

호조가 아뢰기를,

"국가의 저축이 탕갈되어 각사는 허명만 있습니다. 부득이하여 준비할 것이 있을 경우에는 임시하여 무역하되 또한 제 값을 지급하지 않고 있으니 시민들이 원망하여 부르짖는 것을 차마 듣지 못하겠습니다. 이는 처음에 정한 원공의 숫자가 작을 뿐만 아니라 더러 견감한 것이 많아서 한때의 수요에 이바지하기 부족한데도 각도·각읍의 관리는 태만함이 습관으로 굳어져 응당 바쳐야 할 공물을 전혀 수송하지 않은 소치입니다. 법전에 공물을 육사에 바치지 않는 경우에는 수령을 파출시키는 법이 있는데, 근래 폐하고 거행하지 않고 있으므로 완만함이 날로 심해져서 수습할 수 없는 지경에 이르렀습니다. 신명시켜 거행하소서. 육사의 법에 의해 공물을 바치지 않은 경우에는 별도로 차사원을 차정해서 4월 그믐 전에 빠짐없이 상납하도록 각도에 이문하여 알리소서. 또 모든 공물을 방납하는 폐단이 난후에 더욱 심해져 각사의 하인들이 멋대로 날뛰면서 침학하여 반드시 십 배를 징수하고야 마니, 과외의 침탈에 이르러서는 형언하기 어렵습니다. 민력의 곤궁함이 실로 여기에서 연유되고 있으니, 법사로 하여금 엄히 금지시키되 만일 범하는 자가 있으면 철저히 추문하여 통렬히 다스린 다음 율에 따라 정죄하소서. 그리고 그 관사의 관리가 잘 검거하지 못하거든 또한 중하게 논하는 것이 어떻겠습니까?" 하니, 윤허한다고 전교하였다.[101]

당시 공납의 폐단이 극심해 일반 농민들의 피해가 크고 이를 통해 고리대금업을 하는 자가 성행할 정도였다고 한다. 비록 선조는 공납의 폐단을 충분히 인지하고 있었을 가능성이 크며 다른 대안이 없었기 때문에 백성의 피해를 줄이고자 하는 호조의 요청을 받아들인 것으로 볼 수 있다.

또한 초반의 개혁적인 성향과는 다르게 선조의 정치 행태가 자신의 안위를 기준으로 행해졌기 때문에, 신하들과의 줄다리기가 계속 되고 있는 한 백성들을 위한 정치

101_조선왕조실록. 선조 36년 3월 13일

가 행해지기 힘들었음을 능히 짐작 할 수 있다. 이러한 붕당정치 때문에 이이 역시 개혁적인 성향을 펼치지 못한 채 당파 싸움을 피해 고향으로 낙향해 학문을 쌓게 되는 것이다.

III. 결론

연구 결과 얻은 선조의 가장 큰 장점은 정치적 균형 감각이 뛰어난 왕이라는 것이다. 선조는 당을 만들고 붕당 하는 것이 정치의 한 요체라고 생각하며 군주에게 중요한 인사권을 가지고 서로를 교묘하게 경쟁시키기도 하고, 충성을 부추기기도 하며 신진세력과 구세력의 힘의 균형을 맞추는 정치가였다. 그리고 선조는 용인술의 대가이기도 했다. 선조의 용인술은 그 활용에 문제가 있기는 하지만 모든 왕을 통틀어 상위권에 위치한다고 볼 수 있다. 사림세력을 정치 일선으로 불러왔고, 현재까지 이름이 자자한 인재들을 기용하고, 정치 세력을 다각화함으로써 이는 왕권을 강화하는데 긍정적 요소로 작용했다. 그리고 선조는 소국의 왕으로서 많은 업적을 이루어내었다. 전쟁을 초래한 부정적인 평가 쪽에 무게가 실리는 임금이기는 하지만, 많은 인재들을 난을 극복하는데 기용하였으며, 명에게 지원을 요청하자고 적극적으로 제안한 것도 선조였다. 물론 임진왜란 중에 명과 일본이 한강 이남을 기점으로 조선을 분할하고 휴전하자고 제안한 위험한 일이 있기도 하였고, 국토가 피폐화되기도 하였지만 결과적으로는 난을 극복하였고 영토를 유지했다는 점은 분명 인정받아야 부분일 것이다. 그리고 조선사에서 인정하는 선조의 가장 큰 업적중 하나가 바로 종계변무의 성취다. 종계변무란 조선 개국 초부터 선조 때까지 약 200년간 명나라에 잘못 기록된 조선 태조 이성계의 종계를 개록해 줄 것을 주청한 사건인데, 선조가 선조로 종이 아닌 조로 존호가 된 것도 이 업적이 큰 영향을 미쳤다고 한다.[102] 그리고 선조가 이전의 신권우위 정치행태에서 왕권우위의 정치행태를 확립했다는 것 또한 인정받아야 할 부분이라고 생각한다. 군주로서 중요한 인사권을 가지고 신하들을 충성시험하면서 때론 서로를 교묘하게 경쟁시켜, 왕권을 확립해간 점은 선조임금의 생애에 있어 하나의 업적이라고 볼 수 있을 것이다. 선조는 정치적 감각이 뛰어난 임금이었으며, 명

102_조선왕조실록. 태조 원년 11월 6일. '공(功)이 있는 이는 조(祖)로 하고 덕(德)이 있는 이는 종(宗)으로 한다.'

석한 두뇌에는 선조의 정신적 스승이었던 이황도 감탄한 적도 있었다. 선조의 아쉬운 점은 바로 이런 정치적 기교를 국가 발전이나 백성들의 삶을 위한 정책으로 펼쳐 나가지 못했다는 것이다.

우리가 살고 있는 지금 이 시대도 지역적 이기주의, 이념의 대립, 빈부 갈등 등 그야말로 혼란의 연속이며 나라의 핵심인 대다수 민중들의 삶은 고단함의 연속이다. 서민을 위한 정치를 부르짖던 자들은 집권만 하면 힘 있는 세력의 대변자 노릇만 한다. 그러나 동인이고 서인이고, 보수고 진보고 간에 이들이 내세운 백성들의 편안한 삶을 위한 정치는 온통 현란한 미사여구뿐, 그들은 결국 권력을 쟁취하기 위한 권력투쟁에 몸 바친 것이라고 생각한다.

우리가 살고 있는 지금 이 시대에 진정으로 민중을 위하고 국가를 위하는 정치인이 얼마나 될까? 선조시대의 정치행태를 거울로 삼아 오늘날의 정치주체들은 자신의 이익과 당파적 이익이 아닌 백성을 편안하게 하기 위한 정치를 할 수 있기를 바란다.

참고문헌

I. 서적

발칙한 조선 인물 실록, 이성주, 추수밭, 2009

임금 노릇 못해먹겠다, 김만중, 거송미디어, 2004

조선왕조실록, 선조실록-태조실록

II. 웹사이트

http://ko.wikipedia.org/wiki/%EC%84%A0%EC%A1%B0 위키백과(선조)

http://lib.inha.ac.kr/ 인하대학교 정석도서관

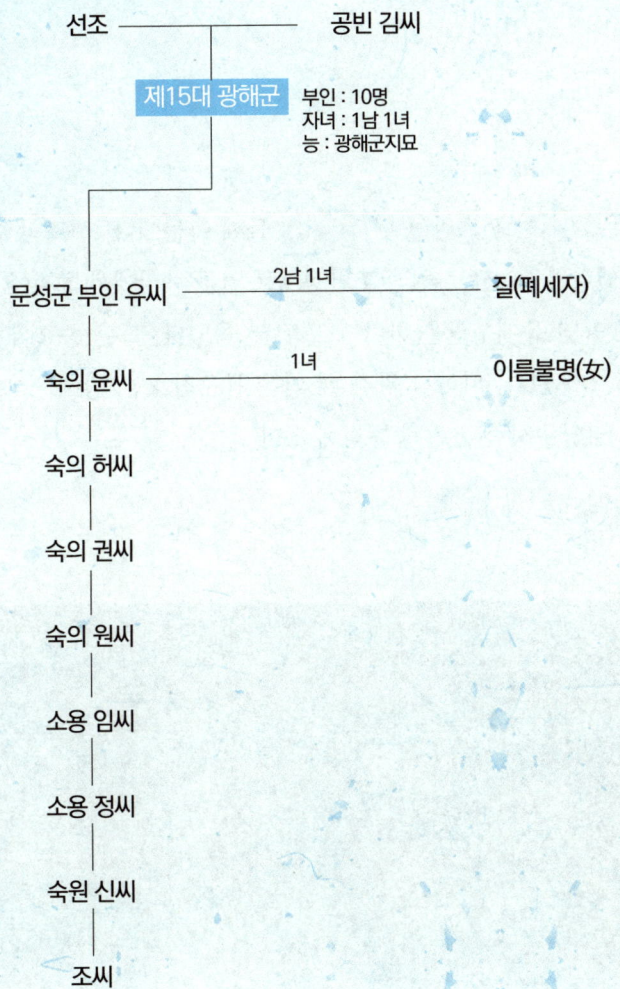

광해군일기
제15대 (1571~1641년)

　광해군의 이름은 혼이며 선조와 공빈 김 씨의 둘째 아들이다. 선조의 뒤를 이어 15년간 왕으로 재위했다가 1623년 3월 인조반정으로 임금 자리에서 쫓겨나 강화도와 제주도 등에서 18년 동안 유배생활을 하다가 1641년 죽었다. 그는 종묘에 들어가지 못해 묘호, 존호, 시호가 없다. 따라서 왕자 때 받은 봉군작호인 '광해군'으로 호칭되었으며 묘는 경기도 남양주시 진건면 송릉리에 있다.

광해군과 문성군 부인 유씨의 무덤

- **조정의 분소** : 광해군은 임진왜란이 일어나 한양이 함락될 때 피난지 평양에서 세자로 책봉되었다. 다음날 선조와 조정은 평양에서 다시 피난 길에 올랐는데, 피난 도중 영변에서 국왕과 세자가 조정을 나누었다.
- **인목대비 유폐** : 1606년 선조의 계비 인목왕후가 영창대군을 낳자 세자 지위가 위태로웠다. 하지만 정인홍 등 북인의 지원으로 선조의 뒤를 이어 즉위했다. 그가 즉위하자 한동안 명나라에서는 그의 임명을 거부했다. 이것으로 인해 임해군을 교동에 유배시키고 유영경을 죽였다. 1613년, 인목대비 아버지 김제남을 죽이고, 영창대군을 강화에 위리안치 시켰다가 죽였다. 또 1615년엔 대북파의 무고로 능창군을 죽이고, 1618년엔 인목대비를 폐비시켜 서궁으로 유폐시켰다.
- **실리적 외교정책** : 1619년에는 명나라의 원병요청에 따라 강홍립에게 1만 군사를 주어 후금을 치게 하였다. 그러나 부차싸움에서 패한 뒤 명나라와 후금사이에서 외교의 균형을 취했다.
- **서적간행** : 광해군은 임진왜란으로 불탄 서적 간행에 힘을 쏟았다. 『신증동국여지승람』, 『국조보감』을 다시 편찬했다. 그리고 실록보관을 위해 적산산성에 사고를 설치하고 임진왜란 때 불타버린 네 곳의 사고를 대신했다. 이때 허준의 『동의보감』이 간행되었다.

『광해군일기』

『광해군일기』는 인조 2년(1624)에 실록청에서 펴낸 광해군 재위동안의 역사를 기록한 사서이다. 다른 실록과 달리 187권 64책의 중초가 남아 있으며, 정조 18년(1794) 9

월에 187권 40책으로 수정해서 간행하였다. 『광해군일기』는 다른 국왕들과는 달리 유일한 필사본이다.

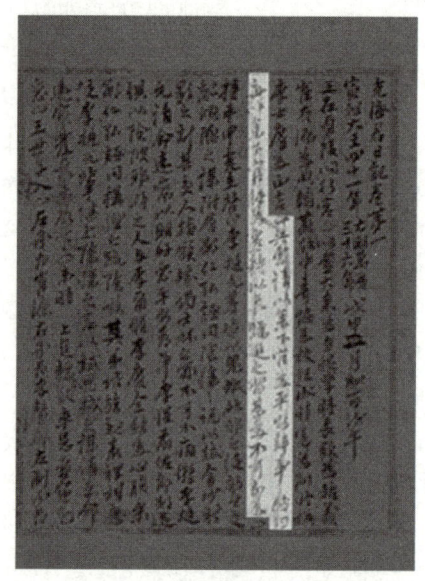

광해군일기.
광해군일기는 다른 왕대의 실록과는 달리 중초본과 정초본이 남아 있다.
하이라이트 표시된 부분의 기사는 정초본에는 없는 기사이다

세자 광해군의 울분

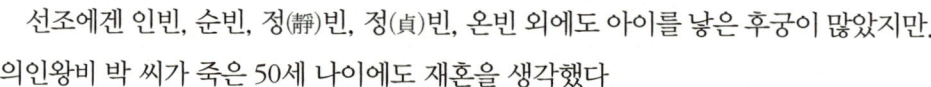

선조에겐 인빈, 순빈, 정(靜)빈, 정(貞)빈, 온빈 외에도 아이를 낳은 후궁이 많았지만. 의인왕비 박 씨가 죽은 50세 나이에도 재혼을 생각했다

다음해(임인년(선조 35년)에 이조좌랑 김제남의 딸인 19세의 김 씨를 새 왕비(인목왕비)로 맞았고 임신하자 정실소생이 없던 선조는 몹시 기뻤다.

그러던 어느 날 선조가 인빈의 처소로 갔다. 인빈은 오래 전부터 마음에 두고 있던 말을 했다

"상감, 중전께서 아들을 낳으시면 세자로 정하십시오."
"허~어. 세자는 벌써 광해군으로 세우지 않았느냐?"
"하오나 이번에 태어날 원자는 정실소생이 아니오니까?"
1592년 임진왜란이 일어나고 신하들의 간청으로 광해군은 세자로 책봉되었지만 적자로 왕위를 계승시키고 싶은 마음과 일부 대신들 역시 당연하다는 말에 새로 태어나는 원자를 세자로 삼겠다고 결심했다. 이 생각은 유영경도 마찬가지였다.

드디어 인목왕후가 첫아기를 낳았는데 딸 정명공주였다. 선조의 꿈은 깨어지고 말았다. 그 후 일 년이 지나간 후 왕비에게 또다시 태기가 있었다. 이번엔 기다리던 아들 영창대군이 태어났다. 임금으로 정실에서 처음으로 얻은 아들이라고 기뻐했다.

유영경은 이때를 놓치지 않고 문무백관으로 하여금 '영창대군 만세!'를 외치게 했다. 그러나 광해군의 마음은 편하지 만은 않았다. 조정대신들은 영창대군을 왕으로 세우려는 세력과, 광해군을 옹호하는 세력으로 나뉘어졌다.

얼마 후 선조가 병을 얻고 정미 년 10월부터는 증세가 매우 위태로워졌고 광해군은 매일 임금에게 정성껏 문안하러 갔다. 유영경 일파가 광해군을 폐하고 영창대군을 새 세자에 봉하려한다는 항간의 소문을 덮기 위해서였다. 또한 형 임해군도 은근히 왕위를 노리고 있다는 말까지 들렸다. 한마디로 광해군은 마음을 놓을 수가 없었다.

그러던 어느 날 선조는 영의정 유영경, 좌의정 허욱, 우의정 한응인 등을 불러 세자 광해군 에게 전위하겠다고 뜻을 밝히자 세 정승들은 반대했다.

하지만 선조는 뜻을 굽히지 않았다. 대신들이 물러간 뒤 선조는 이항복, 이원익, 이덕형, 이산해, 기자헌 등 원로대신들과 의논해서 세자에게 전위하도록 전교를 내려 독촉하려했지만 유영경은 선조의 전교를 알리지 않았다.

이 사실이 대북 일파에게 알려지자 이이첨과 이산해의 아들 이경전 등은 세자빈의 오라비 유희분과 유영경을 몰아낼 계획을 하고 있었다. 영남으로 내려가 있는 정인홍에게 유영경이 세자 광해군를 위태하도록 꾀한다는 진상을 알리고 상소를 권했다. 정인홍은 성격이 곧고 두려움을 가리지 않아, 상대를 공격할 땐 항상 선봉에 섰다. 그는 경상도에서 선조에게 상소를 올렸다.

'유영경은 임금의 명령을 어기고 여러 원로대신들을 부르지도 않았사옵니다. 이건 필시 어떤 무서운 흉계를 꾸미고 있는지 알바가 없나이다. 나랏일은 한 사람이 하는 게 아니옵니다. 예로부터 임금 유고시 세자가 대리를 하는 법임에도 불구하고 모든 일을 유영경 혼자서만 비밀리에 처리하려고 합니다. 이것은 사직과 세자를 위태롭게 하는 수작이옵니다.'

그렇지만 유영경을 신임한 선조는 정인홍의 상소문을 보고 몹시 노했다. 이후에도 대북과 소북은 서로 반박하며 싸우기를 그치지 않았지만 당시의 여당은 소북이었다.

선조는 결국 유영경과 인빈의 주장대로 정인홍을 영해로, 이이첨은 갑산으로, 이경전은 강계로 귀양 보내라고 명했다.

그 후 광해군이 문안을 하려고 하면 '명나라에서 인준해주지 않는 세자는 세자가 아니다'라며 호통을 쳤다. 이에 마음의 골이 깊어만 갔다.

친정 정치로 흔들리는 조정

선조는 병이 악화되자 광해군에게 선위교서를 내렸다. 그렇지만 교서를 받은 영의정 유영경은 이를 공포하지 않고 감췄다. 이때 광해군을 지지하는 대북파의 정인홍과 이이첨은 이것을 알고 유영경을 죄로 다스릴 것을 선조에게 청했다. 하지만 선조는 사경을 헤매다가 죽었다.

유영경은 인목대비에게 영창대군을 왕으로 즉위시키고 수렴청정 하도록 건의했다. 하지만 인목대비는 그의 말을 듣지 않고 광해군을 왕으로 즉위시켰다.

광해군은 왕위에 오르자 임진왜란으로 피폐된 나라의 재정회복에 힘을 쏟았다. 그리고 남인 이원익을 영의정에 임명하였으며, 불 탄 궁궐을 수리하고 대동법을 실시해 백성들을 구제하는 데 노력했다.

그리고 영창대군을 지지했던 유영경과 그의 무리들을 죽였다. 이때 명나라에 자신이 보위에 오른 것을 알리기 위해 오억령을 사신으로 보냈다. 명나라에서는 선조의 큰 아들 임해군이 있는데 둘째 아들 광해군이 왕위에 오른 것은 잘못된 것이라는 뜻밖의 보고가 왔다.

마침내 명나라는 요동도사 엄일괴를 조선에 보내 사실 여부를 확인토록 하자 조정은 대책 마련을 고심하기 시작했다. 조선에 도착한 요동도사 일행은 조선 왕이 마중 나오지 않음을 서운해 했다.

"나는 임해군을 만나보고 사실을 황제께 아뢰어야 하는 책임이 있다. 어서 임해군에게 안내하라."

그러자 조선의 조정은 더더욱 난처했다. 한때 임해군은 선조의 병이 위급 할 때 비밀결사대를 조직하고 무기를 마련하여 사태에 대비하고 있다는 밀고가 있었다. 이를 구실로 임해군은 교동에 유배되어 있었다.

사신 접대를 맡은 영의정 이원익은 둘러댔다.

"조선의 예법에는 상복 입은 사람은 다른 사람을 만나지 않는 것이오."

하지만 명나라 사신은 자신들의 주장만 되풀이 했다. 하는 수 없이 광해군이 그들이 묵고 있는 객관으로 찾아가 예를 차렸다. 그 후 교동에 있는 임해군을 일부러 미친 척하게 하여 서강나루에서 사신과 만나게 했다. 그 후 임해군은 광해군 1년(1609년) 이이첨 등의 사주로 교동현감 이직에게 살해되었고 조정에서는 사신들에게 은과 인삼을 뇌물로 주었다. 그 후 3월 명나라의 황제는 웅화를 사신으로 보내 광해군을 왕으로 봉하는 조서를 내렸다. 그 뒤 자신의 어머니 공빈을 공성왕후로 추존하고, 무덤을 성릉이라 하였다.

광해군이 왕위에 오르자 그를 지지한 대북파가 세력을 떨쳤다. 대북파는 자신들의 정적들을 조정에서 쫓아내고 죽여 버렸다. 광해군 2년(1610년) 정여창, 김굉필, 조광조, 이언적, 이황 등을 유학의 시조 공자를 제향하는 문묘에 모시는 일이 결정되었다. 1611년 정인홍은 시속에 따르는 부류로 칭하며 이언적과 이황을 배척하는 상소를 올렸다. 정인홍은 자신의 스승 조식이 문묘에 배향되지 못했기 때문에 문묘에 배향한 사람들에 대해 불만이 많았다. 그러나 성균관 유생 500명이 상소를 올려 이언적과 이황을 적극 옹호하고 정인홍의 이름은 유적에서 삭제됐다.

죽음으로 끝난 인목대비의 원한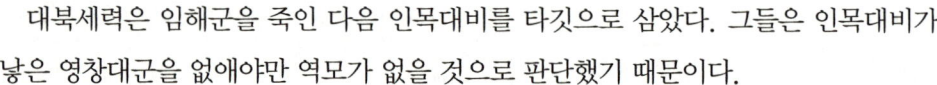

대북세력은 임해군을 죽인 다음 인목대비를 타깃으로 삼았다. 그들은 인목대비가 낳은 영창대군을 없애야만 역모가 없을 것으로 판단했기 때문이다.

광해군 5년(1613년) 4월, 이이첨은 박응서, 서양갑 등 강변칠우라는 명문가의 서자 7명이(박응서, 서양갑, 심우영, 이경준, 박치인, 박치의) 여주에서 결의형제하고, 조령에서 일으킨 살인사건을 역모로 확대시켜 인목대비의 아버지 김제남을 연루시켰다. 날조된 역모로 김제남은 역적으로 몰리고 결국 김제남과 그의 형제들 모두 사형 당하고, 어머니 정씨는 제주도 관노비로 전락하게 되었다. 그리고 강화도에 유배된 9살 영창대군은 이듬해 2월에 밀폐되고 뜨거운 방 안에서 질식사했다.

그 후 광해군과 대북파 세력들은 인목대비의 폐모론을 거론했다. 영창대군이 죽은 4년 뒤(광해군 10년 (1618년)) 정월, 조정에서는 폐모에 관한 찬반양론이 격화되었다. 광해군은 폐모론을 반대한 신하들을 유배시키고, 인목대비 김 씨에게 대비의 존호를 폐한 후 서궁에 유폐시켰다.

한편 반대세력들에게 반정을 일으킬 좋은 구실을 제공했다. 서인 이귀, 김자점, 신경진, 심기원, 김유, 이괄 등은 선조의 후궁 인빈 김 씨의 3남 정원군의 큰아들 능양군을 추대했다. 반정군은 서궁에 유폐된 인목대비 김 씨에게 능양군의 전위교지를 내려달라고 청했다. 하지만 원한과 복수심에 불타는 대비 김 씨가 순순히 반정군의 뜻을 받아주지 않았다. 그러자 능양군이 직접 대비를 알현하고서야 윤허를 받아냈다. 능양군 역시 8년 전 동생 능창군의 억울한 죽음으로 광해군과 대북파에게 원한을 품고 있었다. 그 후 김 씨의 교지를 받아 광해군 15년(1623년) 3월13일 반정에 성공했다. 오직 대비 김 씨는 광해군의 목숨을 원했던 것이다. 반정군에 의해 대북파 간신들은 모두 목이 잘렸고 광해군은 강화도로 귀양을 갔다. 이로써 능양군은 인조로 즉위했다.

인목대비 김 씨는 광해군을 끝내 죽이지 못하고 인조 10년(1632년) 6월 48세로 죽었다. 그녀는 경기도 구리시 인창동 동구릉 묘역에 묻힌 선조와 의인왕후의 능인 목릉에 묻혔다. 간밤의 난리에 도망쳤다가 붙잡힌 광해군은 취중인 채 폐주로 전락되었다.

여장부 인목대비

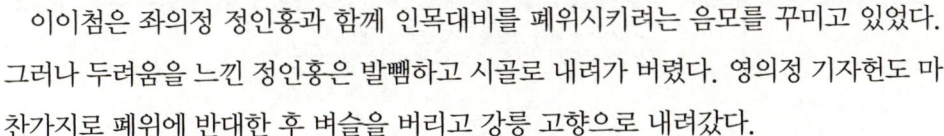

이이첨은 좌의정 정인홍과 함께 인목대비를 폐위시키려는 음모를 꾸미고 있었다. 그러나 두려움을 느낀 정인홍은 발뺌하고 시골로 내려가 버렸다. 영의정 기자헌도 마찬가지로 폐위에 반대한 후 벼슬을 버리고 강릉 고향으로 내려갔다.

그러나 이이첨은 심복 우참찬 유간에게 대비를 폐하라는 지령을 내렸다. 유간은 곧바로 한효순을 찾아가 거사에 성공하면 영의정은 따 놓은 것이라고 이이첨의 말을 전했다.

한효순은 영의정에 눈이 어두워 옳지 못한 일임을 알고도 당장 대궐로 들어가 정원 승지를 불렀다. 승지들 역시 이이첨의 심복들로 한효순이 대궐로 들어온다는 소식을 미리 알고 있는 상태였다. 승지들은 삼정승과 육조판서 이하 참판, 참의, 정랑, 좌랑까지 불렀다. 반나절이 넘어서 모인 사람들은 전관의 직함을 가진 사람들까지 모두 구백삼십 여명이나 되었다. 우의정 한효순은 큰 국사나 처리하는 듯 큰 소리로 외쳤다.

"역적 김제남의 딸인 대비는 그의 아들 영창대군으로 왕위를 계승시키려고 열 가지 죄악을 범하였소. 그래서 만조백관들께 폐위여부를 묻는 것이니 여러분은 가부를 표해 주기 바라오."

이 말이 떨어지기가 무섭게 이이첨과 폐모론을 주장하던 대사간 윤인이 앞으로 나와 외쳤다.

"옳소! 벌써 폐모를 했어야했는데 전하의 인정으로 오늘까지 자리가 유지됐던 것이다. 빨리 백관에게 가부를 물어 처단하시오. 자아~ 두 줄로 갈라서서 '가'면 좌편에,

경기도 구리시 인창동 에 있는 조선 제14대왕
선조와 비 의인왕후 박씨, 계비 인목왕후 김씨의 능

'부'면 우편에 서서 자신의 이름을 쓰시오."

대사간 윤인이 '가' 자를 쓰는 쪽 맨 앞줄에 섰다. 바로 뒤로는 대사헌 정조가 섰다. 이 두 사람은 폐모론 주장 후 이이첨의 눈에 들어 미관말직 당하관에서 급 승진 했다. 그러자 대북 명사들이 꼬리를 이어 폐모하는 것이 옳다는 줄에 섰다.

이때 원임대신 이항복 에게 가부를 묻기 위해 보낸 칙사가 수의문을 가지고 돌아왔다. 한효순이 수의문을 받아 만조백관 앞에서 읽었다.

'신은 벌써 반년 동안이나 중풍에 걸려 병중에 있소. 누가 전하를 위하여 이런 일을 꾸몄는지 몰라도 어미가 악해서 비록 죄를 지었더라도 자식은 어미를 죄 줄 수가 없소. 아버지가 자상하지 못해도 아들은 효도를 극진히 해야 하는 것이 법이요. 도대체가 이러한 것을 논의하는 것부터가 불가하오.'

이항복이 폐모론에 반대하자 만당의 분위기는 삽시간에 변하였다. 그때까지 대북 일파의 눈치만 살피던 사람들이 하나 둘 반대론으로 줄을 서기 시작했다. 결국 이날의 공론은 찬반양론을 가리지 못하고 흐지부지되고 말았다.

그러나 폐모론을 주장하는 대북 일파들은 반대하는 사람들에게 무서운 공격을 가했다. 우선 이항복에게 처참의 형을 가하라 하였고, 양사에서도 그의 말이 불손하다면 삭탈관직을 청했다. 마침내 광해군은 이항복을 북청으로 귀양 보냈다. 그 후로도 인성군과 여러 종실들은 대북파의 사주를 받아 나라를 위해 대비를 폐하라고 떠들었다. 그 다음 해인 광해군 10년 2월 11일 임금 말을 무시한 채 좌의정 정인홍과 예조판서 이이첨 등은 폐모의 절복을 결정했다. 절복은 명나라에서 내린 존호와 본국에서 내린 옥책과 옥보를 빼앗고 대비 명칭을 서궁으로 부르고, 국혼 때 내린 납폐등속을 비롯하여 왕비의 어보나 표신을 회수하고, 출입할 때 연과 의장까지 폐지하고 일체 문안과 숙배를 폐하여 후궁과 같이 대우를 한다는 것이다. 이밖에도 다음과 같은 대목도 들어 있다.

'대비는 아비가 역적의 괴수로 역적모의에 참여했을 뿐만 아니라 역적들이 자식을 추대한바 되었으니 이미 인연은 종묘와 사직에 끊어진바 되었다. 그가 죽은 후에 나라에서는 거애를 하지 아니하고 복을 입지 아니하며 신주는 종묘에 들어갈 수 없다. 또 서궁의 담을 더 높이 쌓고 무장을 두어 지키게 하되 그 수직군사의 행동은 병조에서 감독하고 내시는 두 명, 별감은 네 명만 둔다.'

승지는 곧 이 결정을 받들고 대비에게로 갔다. 대비는 영창대군이 죽었다는 소식을 들은 후 식음을 전폐하고 누워만 있었다. 승지는 우선 열 가지 죄목을 읽고 폐모의 선언을 내렸다. 그러자 대비는 갑자기 문을 열어젖히면서 호령했다.

"만고에 자식이 어미를 폐한다는 말은 처음 듣는다. 나는 상감의 아비가 친히 친영례를 거행하여 들어온 정정당당한 적모다. 제 아비가 정해놓은 어미를 어떻게 자식이 마음대로 쫓아낼 수 있단 말인가? 상감한테 내 말을 전해라. 폐모할 것이 아니라 죽이라고 해라. 그러면 만사가 다 해결될 것이 아니냐?"

승지는 고개를 숙이고 부들부들 떨다가 슬며시 나가버렸다. 대비는 늙은 궁녀들에게 영을 내렸다.

"먹을 것을 가져오너라. 내가 살아 저 놈들이 망하는 꼴을 봐야겠다."

광해군의 일생

1. 광해군의 어린 시절

광해군은 1575년 선조와 어머니는 공빈 김씨사이에서 둘째 아들로 태어났으며, 이름은 혼이다.

선조는 본래 의인왕후 박씨를 정비로 맞아들였는데 자식이 없었고 ,아홉 후궁과의 사이에 열세 명의 왕자를 두었는데 그 가운데 공빈 김씨 몸에서 태어난 임해군과 광해군이 각각 장남과 차남이다. 그러나 공빈 김씨가 그를 출산한 후 후유증으로 3년 만에 세상을 떠났다.

소년시절의 광해군이 친형 임해군이나 다른 형제들에 비해 총명하고 학문에 힘쓴 것으로 보인다.『정문록』에 '선조가 왕자들 앞에 여러 가지 물건을 늘어놓고 마음대로 고르게 하니 왕자들이 다투어 보물을 골랐는데 유독 광해군만은 붓과 먹을 집었다.'라는 내용과『공사견문록』에 '선조가 여러 왕자들에게 "반찬 가운데 무엇이 으뜸이냐?"라고 묻자 광해는 "소금입니다"라고 대답했다. 선조가 다시 그 까닭을 묻자 광해는 "소금이 아니면 백가지 맛을 이루지 못하기 때문입니다." 라는 이야기가 나온다. 이 밖에도 여러 곳에서 광해군이 총명했다는 이야기가 나온다. 또한 그는『고려사』,『용비어천가』등 역사서를 많이 읽었다. 그는 신하들과 경연을 열었을 때나 내외의 정책 방향을 놓고 토론을 벌였을 때, 광해군은 전 시대의 사실이나 고사를 인용하는 등 해박한 모습을 보여주고 있다. 이는 그가 역사서를 탐독하는 것을 즐겼던 것과 밀접한 관련이 있다.

광해군은 관례를 치른 뒤에 유자신의 둘째 딸과 혼례를 올렸다. 유년과 소년시절을 경복궁에서 보낸 광해군은 가정을 꾸린 뒤 경복궁을 나와 이현에 있는 저택으로 거처를 옮겼고 임진왜란이 일어난 직후 왕세자로 책봉되어 다시 경복궁으로 돌아올 때까지 그 곳에 머물게 된다.

2. 세자책봉과 등극

　선조의 나이가 40세를 넘기자 세자책봉에 대한 문제가 불거져 나왔다. 적지 않은 나이에 혹시라도 선조가 미처 세자를 결정하지도 못한 상태에 죽는다면 14명의 왕자 때문에 조정이 혼란에 휩싸일 것은 불 보듯 뻔 한 일이었다. 이런 혼란을 미연에 방지하기 위해 건저의 문제를 거론했는데, 이 문제를 가장 먼저 내놓은 사람은 좌의정 정철이었다. 정철은 경연장에서 선조에게 광해군을 세자로 세울 것을 주청했다가 선조의 진노로 화를 당하고 서인들의 피해 또한 막심하였다.

　그 후 세자 책봉 문제는 거론되지 못하다가 1592년 임진왜란이 일어나고 광해군을 세자에 책봉하게 된다. 당시 선조는 북쪽으로 쫓겨 가는 몸이었기 때문에 후사를 결정하지 않을 수 없는 처지였고, 또한 조정을 분리하여 비상사태에 대비해야 되는 입장이어서 평양성에 머무를 때 대신들의 주청을 받아들였다. 이 때 장자임에도 불구하고 임해군은 성격이 포악하고 임금의 자질이 없다는 이유로 세자 책봉 대상에서 제외된 상태였다.

　하지만 이것으로 세자 책봉 문제가 일단락 된 것은 아니었다. 당시 세자를 책봉하면 명나라에 보고를 하고, 고명이 내려와야 정식으로 세자로 확정되는 것이 상례였다. 1594년 선조가 명에 세자 책봉을 주청했지만 명은 장자 임해군이 있다는 이유로 이를 거절했다. 때문에 광해군은 비록 왕으로부터 세자로 선임되긴 했지만 불안정한 처지였다. 그럼에도 광해군은 임진왜란 때 분조의 소임을 다하여 조야로부터 명망을 얻게 되었다. 그 후 광해군의 계승권은 요지부동한 사실로 인식된 듯하였다. 하지만 전란이 끝나고 1602년 인목왕후가 선조의 계비가 되면서 광해군의 입지는 조금씩 약해지기 시작했다. 설상가상으로 1606년 인목왕후가 영창대군을 낳자 상황은 더욱 악화되었다. 선조는 적자로 하여금 왕위를 계승시키려는 생각을 가지고 그 기미를 보이기 시작했다. 일부 눈치 빠른 신하들은 선조의 속내를 파악하고 서서히 영창대군을 옹립하려는 움직임을 보였다. 더구나 선조는 영의정 유영경을 비롯한 몇몇 신하들을 모아놓고 공공연히 '영창대군을 잘 부탁한다'는 말을 하기도 했다. 마침내 대신들은 영창대군 지지파와 광해군 지지파로 분리되고 말았다.

영창대군을 지지하는 소북파는 광해군이 서자이며 차남인 까닭에 명나라의 고명도 받지 못했다면서 세자로 인정하지 않으려는 경향을 보였다. 그러나 1608년 선조는 병이 악화되어 사경을 헤매는 상황에 이르자 광해군에게 선위 교서를 내린다. 그런데 선위 교서를 받은 영의정 유영경은 이를 공포하지 않고 자기 집에 감춰버린다. 이 일이 광해군을 지지하던 대북파의 거두 정인홍, 이이첨 등에 의해 발각되었고 정인홍이 선조에게 사건을 알리고 유영경의 행동을 엄히 다스릴 것을 간언하지만 선조는 미처 결정을 내리지도 못한 채 운명을 달리하고 말았다. 마침내 왕위 계승의 결정권은 인목대비에게 넘어가게 된다. 유영경은 인목대비에게 세 살 박이 영창대군을 즉위시키고 수렴청정할 것을 종용하지만 인목대비는 현실성이 없다고 판단하였다. 이는 광해군이. 왕세자로 16년 동안 전장을 전전하며 쌓은 공덕과 정치판에서 산전수전 겪으며 길고 험난한 세월을 기다려온 광해군을 의식할 수밖에 없었기 때문이다. 더욱이 선조가 적자 영창대군에게 왕위를 넘기겠다는 어떤 언질도 주지 않은 채 세상을 떠난 상황에서 어린 영창대군을 보호하기 위한 불가피한 행동이었던 것이었다. 마침내 선조가 세상을 떠난 직후 1608년 2월 2일 34세.광해군이 즉위했다.

3. 세자시기의 광해군

1592년 4월 13일 임진왜란의 반발하고, 일본은 파죽지세로 밀고 올라왔다. 결국 선조는 피난길에 올라야했고, 종묘사직과 민심 수습을 위해 다른 형제에 비해 총명한 광해군이 세자로 책봉되었다. 피난길에 오른 선조는 종사회복을 위한 계책을 마련코자 하였지만 전황이 좀처럼 나아지지 않고 일본군의 추격이 계속되자 커다란 위기감을 느끼게 되었다. 이에 광해군에게 자신의 권력 일부를 넘겨주어 그로 하여금 전쟁을 수행하고 민심을 수습케 하려 했다. 그리고 최악의 경우 선조 자신은 압록강을 건너 요동으로 들어가 명에게 의탁할 계획을 세웠다. 1592년 6월 자신의 요동행을 전제로 광해군에게 국왕 자리를 넘겨주려고 했으나, 신하들의 반대에 밀린 선조는 광해군에게 분조를 이끌고 함경도로 떠나라고 지시했다. 조선 역사상 처음으로 국왕의 권한이 분할되는 상황이 연출되었다.

광해군이 분조를 이끌면서 벌였던 활약은 눈이 띄게 두드러졌다. 평안도와 함경도, 강원도와 황해도 등 여러 지역을 옮겨 다니면서 흩어진 민심을 수습하고 의병모집과 전투를 독려하고 군량과 말먹이의 수집과 운반 등 전란 수행을 위한 활발한 활동을 벌임으로써 조정이 건재하다는 사실을 백성들에게 알렸다. 또, 1593년 강화 논의가 제기 되었음에도 불구하고 일본군이 조선에서 철수하지 않고 남해안 일대로 물러나 장기주둔 태세에 돌입하였을 때, 광해군은 무군사를 이끌고 사실상 두 번째 분조 활동을 하였다. 전라도와 충청도 일대를 돌며 병력을 모집하여 훈련시키고 군량을 수집하여 명군에게 공급하도록 했다. 특히 그가 홍주에 머물고 있었던 1594년에는 송유진이 반란을 일으켰다. 그 당시 대기근이 들었던 해이고, 백성들이 굶어죽기 직전임에도 관청의 징발과 징세는 그치지 않았다. 이와 같은 분위기에 반란이 일어났는데 광해군은 다른 곳으로 피신하지 않고 그대로 머물면서 난의 진압 과정을 지휘하였다.

4. 왕으로써의 광해군

왕으로 등극한 광해군은 우선 조정의 기풍을 바로 잡고 임진왜란으로 파탄지경에 이른 민생을 안정시키고 회복하는 데 전력을 기울였다. 먼저 조정의 기풍을 바로잡기 위하여 당 사이 갈등을 조정하기 위하여 초당파적인 입지를 굳히고 있던 남인의 이원익을 영의정으로 등용시키고 전란 중에 타버린 궁궐을 창건, 개수하여 왕실의 위엄을 살렸다. 이때 선조 말에 시역한 창덕궁을 즉위년인 1608년에 준공하고, 1619년에 경덕궁(또는 경희궁)을, 1621년에는 인경궁을 중건하였다. 이 과정에서 인력을 무리하게 동원하여 민간의 원성을 사기도 했지만 당시 상황으로서는 어쩔 수 없는 일이었다. 임진왜란으로 궁궐이 완전히 소실되어 국사를 월산대군의 서가에서 논의해야 할 지경이었기 때문이다. 또한 광해군은 민생 안정책을 강력하게 추진하기도 하였다. 광해군은 등극하자마자 1608년 선혜청[103]을 설치하고 경기도에 대동법[104]을 실시함으

103_대동법의 실시에 따라 설치한 기관으로, 함경도와 평안도를 제외한 6도에 지청을 두었다. 대동법을 지방별로 시험을 거쳐 시행하였기 때문에 설치 연대가 모두 달라, 처음 설치한 경기청과 마지막으로 설치한 해서청은 꼭 100년의 차이가 난다.

104_광해군 즉위 직후인 1608년 5월 경기도 지역에서 대동법을 이원익의 건의를 받아들여 실시하였다. 공물을 현물로 걷는 대신 봄과 가을로 쌀 16말만을 내도록 하고 여타의 비용은 완전히 없앴다. 사실 광해군 초반에는 대동법이라 하지 않고 선혜지법이라고 하였다.

로써 민간의 세금 구조를 일원화시키고 조세 부담을 줄여주었다. 1611년에는 농지를 조사하고 측량하여 실제 작황을 점검하는 정책인 양전을 실시하여 경작지를 확대하고 국가 재원을 확보하기도 했다. 또한 전란 중에 흩어져버린 서적들을 수습하고 새로 찍어내는데 대단한 노력을 기울였다. 광해군 대에 새로 찍어낸 많은 서적들 가운데 중요한 것은 굶주림과 전염병 때문에 인구가 줄어들고 있던 현실을 타개하기 위해서 간행된 『동의보감』(1613년)과 전란이후 흐트러진 민심과 기강을 바로 잡으려는 노력과 밀접한 관련이 있는 『동국신속삼강행실도』(1617년)이다.

5. 동북아 정세의 변화에 대한 광해군의 대응

이 무렵 동북아의 국제 정세도 급변하고 있었다. 만주에서 누르하치가 이끌던 여진족의 세력이 커져 1616년 후금을 건국하였다. 1618년에는 명의 무순을 공격하고 점령했다. 이쯤 되자 명으로서도 긴장하지 않을 수 없었다. 이전과는 다르게 주변 부족을 삼키는 것이 아니라 명을 직접 공격하고 나왔기 때문이다. 이에 명은 '재조지은(再造至恩)을 내세우며 후금을 응징하는데 조선도 참여하라고 강요하였다. 그러나 광해군 입장은 단호했다. 임진왜란을 겪으면서 주변국에 대한 정보를 수집하여 국방문제 해결에 도움을 받고자 했다. 그 결과 명의 병력으로 누르하치를 일거에 제압한다는 것이 그의 생각이었다. 그는 전장을 돌아다니면서 전쟁을 참상을 보아왔고, 임진왜란으로 명과 조선의 병력이 많이 쇠약해져있는 상태여서 누르하치의 보복 공격이라고 받으면 큰일이었다. 더구나 누르하치의 기병의 강력함은 주변국에게 명성을 떨치고 있었다. 이런 상태에서 나라의 부대를 누르하치의 밥으로 던져줄 수는 없는 노릇이었다. 그러나 명의 압력과 조정 대신들의 사대주의 앞에서 결국 원병을 보낼 수밖에 없었다.

그는 군대를 보내는 데는 양보했지만 그 피해를 줄이기 위해서 후금에게 군대를 보낸 것이 어쩔 수 없는 일임을 알려야했다.

그는 국왕 직속의 통역관 출신이며 중국어에 능숙한 강홍립을 도원수로 임명하였다. 그러나 1619년 3월 강홍립이 투항했고 평양감사 박엽은 강홍립의 가족을 모두 하옥시켰다. 조정 대신들은 명나라를 배반하고 투항한 강홍립을 역적으로 다스리고 그의 가족은 모두 주살해야 한다고 했다. 하지만 광해군은 대신들의 주장을 무시하고 그 가족들을 서울로 데려와 물품을 하사하고 편안히 지낼 수 있도록 했다. 강홍립의 투항은 사실 광해군의 책략이었다. 즉 명나라에 대해서는 겉으로 협력하는 체하면서 꼬투리를 잡히지 않고, 후금에 대해서는 명의 강요에 의해서 출병했을 뿐 그들과 우호를 다지겠다는 양면의 계책을 폈던 것이다. 강홍립은 광해군의 이런 계책을 충실이 이행한 인물이었다. 강홍립은 후금에 억류되어 있으면서 계속해서 광해군에게 밀서를 보내고 조선은 후금의 동정을 낱낱이 파악하여 후금의 대대적인 침략을 예방할 수 있었다.

이러한 광해군의 실리 외교론은 일본과의 관계에서도 그대로 적용되었다. 1609년 일본과 송사약조를 체결하고 임진왜란 후 중단되었던 대일 외교를 재개하였으며, 1617년 오윤겸 등을 회답사로 일본에 파견하기도 했다. 이로써 임진왜란 이후 악화되었던 일본과의 관계를 회복하고 전쟁의 위협으로부터 벗어날 수 있었다.

광해군의 실리적 정치관은 도성을 옮기는 계획으로도 이어졌다. 당시 백성들 사이에는 이씨 왕조의 기운이 다해 정씨 왕조가 들어설 것이라는 소문이 파다하게 퍼져 있었고(鄭鑑錄), 민심이 동요되는 요인이 되었다. 또한 한성이 전란으로 완전히 소실된 상태였기 때문에 복구 사업에 엄청난 재원과 인력이 필요했다. 그는 민간에 널리 유포된 정씨 왕조설을 일소하고 임진왜란의 악몽에서 벗어나 새로운 도약을 위해 도성을 파주 교하로 옮길 것을 결정했다. 광해군이 새로운 도읍지를 교하로 설정한 것은 철저한 실리주의적 판단에 따른 것이었다. 교하는 위치적으로 임진강을 끼고 있어 물 사정에 어려움이 없고 대평야로 둘러싸여 있어 식량을 쉽게 구입할 수 있는 곳이었다. 또한 중국과의 해상 교통이 가능한 지역이어서 새로운 문물을 받아들이기에도 적당했다. 군사적으로 보아도 한성 보다 안전한 위치였다. 파주는 한성보다 지리적으로 북쪽에 있어 일본의 위협에서 조금이나마 벗어날 수 있고, 임진강이 가로막고 있어 중국의 침략을 방어하기에 제격이었다. 또한 주위의 산이 낮아 산성으로 사용하기에도 안성맞춤이었다. 중국과 해상로가 가까워 수군에 의한 위협이 있는 곳이긴 했으나 해상전에 약한 국가였기에 그다지 염려할 바가 못 되었다.

하지만 이러한 천도 계획은 명에 원군을 파병하는 문제를 비롯한 다른 현안에 밀려 연기되었고 결국 시행되지 못한 채, 축성 작업에 동원된 백성들의 원성만 높아지는 결과를 낳았다. 그러나 광해군은 밖으로는 철저한 실리주의 외교 노선을 펼치고, 안으로는 강력한 왕권체제 하에서 부국강병의 길을 모색했다.

6. 광해군 시대의 혼란

광해군 시대는 왕권에 대한 위협이 극대화되어 있었다. 임진왜란이 일어났고 민간에선 이씨 시대는 끝나고 정씨 시대가 올 것이라는 소문이 파다하게 퍼져있었다. 게다가 광해군은 서자인데다 세자 책봉 과정에서도 장자 임해군을 제치고 선택된 터라 중국의 고명을 받지도 못했으며, 설상가상으로 유영경의 모략 때문에 선조의 선위 교서를 받지 못해 인목대비의 언문 교지로 겨우 왕위를 넘겨받은 처지였다. 그는 즉위 후 자신의 왕권을 확립하기 위해서 부단히 노력했다.

광해군이 임해군을 유배시킨 것은 1608년 명나라에서 조선의 세자 책봉 과정에 대한 진상 조사단을 파견했기 때문이다. 조선에서 서얼 출신이 왕위를 계승하게 되자 명나라에서는 이에 대한 논란이 일었고, 현장 실사를 위한 사신이 파견되었고 조정에서는 임해군이 문제를 일으킬 소지가 있다판단하여 그를 유배시켜야 한다는 주장이 강하게 대두되었다. 당시 임해군은 왕위를 도둑맞았다면서 노골적으로 광해군을 비방하고 다녔기 때문에 집권당인 대북파는 이를 묵과할 수 없었다. 이미 세자 책봉 과정에서 장자가 아니라는 이유로 고명을 거부했던 명에 대한 광해군의 감정이 좋지 않은 것은 당연한 일이었다. 더군다나 왕위를 계승한 이후에도 진상 조사단을 파견하는 것은 그야말로 조선 조정과 광해군을 무시한 처사가 아닐 수 없었다. 이러한 광해군의 분노는 그의 왕위 계승을 반대하던 소북파, 그리고 명분론과 대명 사대주의를 강조하던 유생들에게로 돌려진다. 광해군은 명나라가 사신을 보내어 현장 실사를 한 것은 조선 내부의 친명 세력이 요청한 것이라는 판단을 하고 있었다. 광해군의 분노를 부추긴 것은 대북파 정치인들이었다. 그들은 권력을 독점하기 위해 광해군으로 하여금 정적들을 제거하도록 종용했고, 광해군은 왕권 안정을 목표로 그들의 요구를 들어주었다. 하지만 이 과정에서 오히려 많은 정적들을 양산해 결국 이로 인해 인조반정이 일어나고 폐위되는 지경에 이르게 된다.

1611년에는 대북파의 거두 정인홍이 이언적, 이황의 문묘 종사를 반대하자 성균관 유생들이 청금록에서 정인홍의 이름을 삭제하는 사건이 발생하는데, 광해군은 이 사태에 직면하자 강경한 입장을 보이며 유생들을 모두 성균관에서 쫓아내는 조처를 취한다.[105] 이 때문에 그는 등극 초기부터 유생들과 등을 지고 만다. 이듬해 1612년에는 김직재의 옥으로 소북파 인사 1백여 명이 숙청당하는 대옥사가 발생한다. 이 옥사는 김경립이 군역을 회피하기 위해 어보, 관인을 위조한 사건에서 시작되었는데 모진 고문과정 속에 사건이 걷잡을 수 없이 확대되어 결국 역모사건으로 결론이 나고 말았다.[106]

1613년에는 다시 '칠서의 옥'[107]이 발생하여 인목대비의 아버지 김제남이 사사되고 영창대군을 서인으로 전락시켜 교동으로 유배되었고, 인목대비에 대한 폐모 논의가 진행되었다. 이런 와중에 영창대군은 이이첨의 사주를 받은 강화부사 정항에 의해 증살(방안에 가두고 장작불을 지펴 그 열기로 죽게 하는 것)되었다. 이로인해 인목대비의 원한을 증폭시키게 되었다. 또한 영창대군은 돌봐달라던 선조의 유명을 받든 일곱 신하들을 삭직시킨다.

이후 1615년 능창군 추대사건이 발생해 능창군(인조의 아우)은 물론 이에 연루된 신경희 등이 제거된다. 능창군은 정원군의 셋째아들로 일찍이 임진왜란 중에 죽은 신

105_광해군은 1611년 조선의 최고학부인 성균관에 설치된 공자의 사당(문묘)에 김굉필, 정여창, 조광조, 이언적, 이황의 위패를 문묘에 모시는 것을 허락하였다. 김굉필, 정여창, 조광조는 성리학을 보급하고 정착시키는데 중요한 역할을 함으로써 당시 당파의 초월하여 인정받고 있었다. 문제는 이언적과 이황이었다. 이들은 우선 당시 남인과 학통이 연결되었는데 정인홍은 남인을 왜란 중에 화친을 주장하던 형편없는 인물들로 보았고 더욱이 이황은 정인홍의 스승인 조식과 동갑으로서 과거 조식을 비판했던 적이 있었다. 이에 문묘에 이황과 이언적이 모셔지자 정인홍이 이들을 비판하고 격하시키려고 상소를 올렸다. 이를 회퇴변척이라고 함. 이에 성균관의 유생들이 정인홍의 이름을 청금록에서 삭제하였고 전국에 걸쳐 유생들의 반박상소가 이어졌다. 이에 광해군이 드러내놓고 정인홍을 비호할 수는 없으나, 유생들이 청금록에서 그의 이름을 삭제한 행동이 과격했다고 나무랬다.

106_이 사건으로 대부분 서인과 남인들이 줄줄이 연루되었다. 이 사건을 계기고 북인들은 조정에서 더욱 확고한 위치를 차지하게 되었다.

107_계축옥사라고도 불리는 이 사건은 당시 박응서, 박치의, 서양갑, 심우영, 허홍인, 김평손, 김경손 등의 명문가의 서자들로서 뛰어난 재주를 가졌다고 자부함에도 불구하고 서울이라는 이유로 벼슬길이 제대로 열리지 않아, 조정에 불만을 품고 병란에 대비한다는 명목으로 무리를 모아 거사를 도모하려 했다. 『광해군일기』에는 이이첨이 박응서를 회유하여 역모사건으로 자백하라고 사주했다고 쓰여져있다. 이때 김제남과 영창대군이 죽고, 인목왕후는 폐모시키려는 움직임이 일어난다.

성군의 양자로 입적한 인물이었다. 그는 어릴 때부터 총명하고 기상이 비범하여 광해군과 대북 세력의 경계를 받아왔다. 당시 죄수 소명국이란 자가 무고하기를 그가 신경희의 추대를 받아 왕이 되고자 한다고 함에 따라 강화도 교동에 위리안치되고, 이후 살해당할 위험에 처하자 스스로 목숨을 끊었다. 이 사건으로 신경희는 사형당하고 양시우, 김정익, 소문진, 김이강, 오충갑 등은 유배되었다. 그래서 이 사건을 '신경희의 옥사'라고도 한다.

1617년에 이르러서는 폐모론[108]이 대두하여 이항복, 기자헌, 정홍익 등의 폐모 반대론자들을 유배시키고 이듬해인 1618년에 인목대비의 존칭을 폐하고에(덕수궁)유폐시킨다. 이로써 광해군과 대북파는 왕권을 위협하던 모든 세력을 제거하는데 성공했지만 이 과정에서 지나치게 많은 인명을 희생시키고 패륜 행위를 일삼아 오히려 반정의 명분을 제공하고 말았다.

7. 인조반정

광해군의 실리적이고 과단성 있는 정책은 인조반정으로 중단되고 말았다. 그의 15년 재위 기간 동안 정권을 장악한 것은 대북파였다. 대북파는 정권 유지를 위해 많은 정적을 제거했는데, 그들에게 희생된 사람들과 서인들은 광해군 정권을 전복할 기회를 엿보고 있었다. 마침내 1623년 김류, 이귀, 김자점 등의 사대주의자들과 능창군의 형 능양군이 군사를 이끌고 창덕궁으로 진격하기에 이른다. 마침내 반정에 성공한 이들은 대북파를 제거하고 광해군을 폐위시킨다.

인조반정의 명분은 두 가지였다. 첫째는 명에 대한 의리를 저버리고 대명 사대를 하지 않았다는 것과, 둘째는 선조의 적자 영창대군을 죽이고 계모 인목대비를 유폐시켜 형제를 죽이고 불효를 저질렀다는 것이었다. 하지만 이들이 내건 이 같은 명분에는 몇 가지 문제가 있다.

그것은 우선 이들이 중국의 흐름에 둔감해 시대적 대세를 읽지 못했다는 점이다.

108_1613년경부터 폐모논의가 이어져왔으나, 1617년 11월경부터 조정에 남아있는 신료들과 재야의 친대북계 선비들을 움직여 대비 처벌의 정당성을 강조하고, 그 실행을 요청하는 내용의 상소 운동이 벌어졌다.

당시 명은 이미 기울고 있는 나라였고 청은 일어서는 나라였다. 조선은 중국의 세력 다툼을 이용해 개국 이후 계속되던 중국과의 군신 관계를 청산하고 대등한 위치로 격상할 수 있는 유일한 기회를 맞이하고 있었다. 광해군은 이 점을 읽어내고 중립 외교 노선을 걸었지만 서인들은 계속해서 대명 사대주의 길을 걸어 결국 뒷날 청에게 왕이 무릎을 꿇고 군신 관계를 맺는 대 치욕을 겪게 된다.

다음으로 광해군이 영창대군을 비롯해 능창군, 인목대비 등의 왕권 위협 세력들을 제거한 것을 폭정으로 몰아간 부분이다. 폭정이란 원래 집권층에게 행사된 정치적 행위를 일컫는 것이 아니라, 민생을 위협하는 폭력적 행위를 가리키는 것이다. 광해군이 왕권을 위협하는 세력을 제거하긴 했으나 백성을 위협하고 학대하는 정사를 펼친 일은 거의 없다. 오히려 민생 구제에 주력하여 민생 경제를 일으키는 데 전력을 쏟은 왕이었다.

8. 광해군일기 편찬 경위

광해군일기는 총 64책으로 1608년 2월부터 1623년 3월까지 광해군 재위15년 1개월 간의 역사적 사실을 편년체로 기록하고 있다. 편찬 작업은 1624년 춘추관의 건의로 시작되었다. 원래 1623년 이수광이 광해군 당시의 시정기를 수정해야 한다고 건의했으나 받아들여지지 않았고, 또한 이듬해 1월에 발생한 이괄의 난으로 많은 사료들이 소실되기도 했다. 이후 광해군이 폐군이라는 이유로 편찬 작업을 하지 않고 시정기만 수정한다는 방침을 세웠으나, 시정기만으로는 광해군의 실록을 대신할 수 없다는 춘추관원들의 주장에 따라 1624년 2월에 광해군일기 편찬 작업이 결정되었다.

같은 해 6월에 일기 편찬을 위해 남별궁에 찬수청을 설치하고, 총재관 윤방을 중심으로 3개조로 나뉘어 편찬 작업에 돌입했다. 그러나 기본 자료인 승정원일기 등이 대부분 이괄의 난 때 없어졌기 때문에 부득이 광해군 즉위 이후의 조보와 사대부 집안의 소장 일기, 상소문의 초고, 야사, 문집 등과 사초를 합쳐 편찬하였다. 그러나 이 작업은 1627년 정묘호란이 일어나 한때 중단되었다가 1632년 2월에 다시 시작하여 이듬해 12월에 겨우 완성되고 인쇄에 착수했으나 물자가 부족해서 광해군 즉위년 2

월에서 6월까지의 기록 5권과 그 해 7, 8월에 해당하는 기록만 인쇄하는 데 그쳤다. 이에 조정은 정초본을 여러 벌 등사하여 각 사고에 나누어 분장하기로 하고, 1634년 정월부터 등록관 50인을 임명하여 4반으로 나누고 정서하기 시작했다. 그리고 그 해 5월에 두 부의 정초본을 작성하였다.

실록의 편찬을 완료하면 원래 초초와 중초는 세초하고 정초본만 인쇄하여 사고에 보관하는 것이 관례나 광해군일기는 불과 2부를 동시에 등사했을 뿐이어서 중초본을 세초하지 않고 이를 64권으로 꾸며서 태백산사고에 보관하였다. 그리고 정초본 2부는 강화도 정족산사고와 전라도 무주의 적상산사고에 나누어 분장했다. 이 때문에 실록 중에 유일하게 광해군일기만 중초본과 정초본이 함께 남게 되었다. 그 후 이 책은 숙종 대와 정조대의 두 번에 걸쳐 인쇄와 출판이 논의된 바 있으나 결국 이루어지지 못했다.

유일하게 남아 있는 광해군일기 중초본은 먹 또는 붉은 먹으로 수정하여 삭제하거나 보첨한 부분이 많다. 그래서 이 중초본은 실록 편찬 과정을 여실히 보여주는 좋은 자료로 활용되고 있다. 또한 이 책이 비록 '일기'라는 표제를 달고 있긴 하지만 중초본을 통해 실록과 다름없이 편찬되었음을 알 수 있다. 하지만 이 책을 편찬한 사람들이 인조반정을 주동하거나 방조한 서인세력이라는 사실을 감안할 때 많은 부분이 왜곡되고 조작되었을 것으로 판단된다.

9. 광해군 가족들의 비참한 말로와 광해군의 유배 생활

광해군 폐위 후 광해군과 폐비 유씨, 폐세자 질과 폐세자빈 박씨 등 네 사람은 강화도에 유폐된다. 하지만 반정 세력은 이들 네 사람을 한곳에 두지 않았다. 광해군과 유씨는 강화부의 동문 쪽에, 폐세자와 세자빈은 서문 쪽에 각각 안치시켰다. 이들이 울타리 안에 갇혀 살기 시작한 지 두 달쯤 뒤에 폐세자와 세자빈은 자살하게 되는데 그 과정이 기이하다.

당시 20대 중반이던 이들 부부는 아마 강화도 바깥쪽과 내통을 하려고 한 것 같다. 세자 질은 어느 날 담 밑에 구멍을 뚫어 밖으로 빠져나가려다 잡히게 되는데 그의 손에는 은덩어리와 쌀밥 그리고 황해도 감사에게 보내는 편지가 있었다. 짐작컨대 은덩어리를 뇌물로 사용해 강화도를 빠져나가 자신을 옹호하고 있던 평양 감사와 모의를 하여 반정 세력을 다시 축출하려는 시도였을 것이다. 이 때문에 인목대비와 반정 세력은 그를 죽이기로 결정했고 이 사실을 전해들은 세자 질은 스스로 목숨을 끊고 말았다.

세자빈 박씨도 이 사건으로 죽었다. 박씨는 세자가 울타리를 빠져나가는 것을 돕기 위해 나무 위에서 망을 보고 있었던 것으로 생각된다. 하지만 세자가 탈출에 실패하고 붙들려오는 것을 보고는 놀라서 그만 나무에서 떨어졌고, 그후 스스로 목숨을 끊었다.

장성한 아들과 며느리를 잃은 광해군은 1년 반쯤 뒤에 아내 윤씨와도 사별하게 된다. 폐비 윤씨는 한때 광해군의 중립 정책을 이해할 수 없는 처사라고 하면서 대명 사대 정책을 주청하기도 했다. 그리고 광해군이 폐위되자 궁궐 후원에 이틀 동안이나 숨어 있으면서 인조반정이 종묘사직을 위한 것이 아니라 몇몇 인사들의 부귀영화를 위한 것이라고 비판한 적도 있었다. 그녀는 나름대로 성리학적 사상에 기반을 둔 가치관이 뚜렷했던 여자였다. 그러나 유배 생활이 시작되면서 그녀는 홧병을 얻고 유배생활을 한지 약 1년 7개월 만인 1624년 10월에 생을 마감하게 되었다.

아들과 며느리, 그리고 아내마저 죽자 광해군의 가족은 박씨 일가로 시집간 옹주 한 사람밖에 남지 않았다. 하지만 광해군은 초연한 자세로 유배 지에서 18년을 넘게 생을 이어간다. 이 과정에서 그는 몇 번에 걸쳐 죽을 고비를 넘긴다. 광해군으로 인해 아들을 잃고 서궁에 유폐된 인목대비는 그를 죽이려 혈안이 되어 있었고, 인조 세력 역시 왕권에 위협을 느껴 그를 죽이려는 시도를 한다. 그러나 반정 이후 다시 영의정에 제수된 남인 이원익의 반대와 광해군을 따르던 관리들에 의해 살해의 기도가 성공을 거두지 못하였다.

1624년 이괄의 난이 일어나자 인조는 광해군의 재등극이 염려스러워 그를 배에 실어 태안으로 이배시켰다가 난이 평정되자 다시 강화도로 데려왔다. 1636년에는 청나라가 쳐들어와 광해군의 원수를 갚겠다고 공언하자 조정에서는 또 다시 그를 교동에 안치시켰으며, 이때 서인 계열의 신경진 등이 경기수사에게 그를 죽이라는 암시를 내리지만 오히려 보호하기도 했다. 그리고 이듬해에는 조선이 완전히 청에 굴복한 뒤 그의 복위에 위협을 느낀 인조는 그를 제주도로 귀양 보냈다. 광해군은 제주 땅에서도 초연한 자세로 자신의 삶을 이어갔다. 자신을 데리고 다니는 별장이 상방을 차지하고 자기는 아랫방에 거처하는 모욕을 당하면서도 묵묵히 의연한 태도를 보였다. 심부름하는 나인이 '영감'이라고 호칭하며 멸시해도 전혀 이에 대해 분개하지 않고 말 한마디 없이 굴욕을 참고 지냈다.

10. 광해군의 왕비 문성군 부인 유씨

광해군 부인 유씨는 1588년 16세때 두 살 아래인 광해군과 혼인하여 아들 셋을 두었으나 두 아들은 일찍 요절하고 외아들 지만 두었다. 유씨의 아들이 열 살이 되던 1602년 51세의 시아버지 선조가 19세의 인목왕후 김씨를 맞이했다. 이때 30세인 유씨보다 시어머니 김씨는 열한 살 어렸다. 이미 남편 광해군과 유씨는 세자와 세자빈으로 책봉된 후였는데, 1606년 인목대비 김씨가 영창대군을 낳자 선조는 광해군의 문안인사를 거절하자 덩달아 김씨의 궁녀들도 콧대를 높이고 나인들까지 유씨를 무시하였다. 유씨와 시어머니 김씨 간에는 암암리에 긴장 상태가 고조되고 있던 중 결정적으로 감정의 골이 깊어지는 사건이 벌어졌다. 유씨의 막내아들이 병이 들어 대전약방에서 약을 지어 오게 했는데 대전 약방 궁녀가 인목왕후의 세력을 믿고 유씨가 보낸 궁녀에게 약방의 약을 사용하라며 약을 주지 않았다. 당시 대전 약방과 동궁 약방의 수준이 달랐던 것이다. 유씨는 하는 수 없이 동궁 약방의 약을 썼는데 아들이 죽어버렸다. 유씨는 아들이 죽은 것은 인목왕후가 세력을 부렸기 때문이라고 원망했지만 분노를 속으로 삼킬 수밖에 없었다.

선조가 죽고 광해군이 등극하면서 조정은 온통 유씨 집안의 세도로 가득 찼다. 유씨의 오라버니 셋은 물론 조카들까지도 모두 벼슬아치가 된 상황이었다. 유씨의 친정 식구들은 부정 비리 관리를 묵인해 준 대가로 뇌물을 챙기고 벼슬자리까지 추천하는 낙하산 인사 청탁까지 서슴지 않았다. 그러나 인조반정이 일어나 유씨의 유배당하고 그의 친정식구들은 모두 죽었다.

11. 폐세자 빈 박씨

판윤(判尹) 유자신(柳自新)동래 정씨 (東來 鄭氏)			
유희견	유희분(柳希奮) 1564년 출생	유희발(柳希發) 1568년 출생	문성군부인 유씨 (文成郡夫人 柳氏) 1573년 출생

　광해군 초반 이이첨은 광해군의 처남인 유희분과 유희분과 가까운 박승종에게 밀리고 있었다.
　마침내 이이첨이 자신의 딸을 박승종의 아들 박자흥에게 출가시켰다. 박승종과 이이첨은 사돈이 되고 곧이어 박자흥의 딸은 세자빈으로 간택되었다. 자연히 박승종과 이이첨은 왕실의 외척이 되고 박승종은 밀창부원군, 이이첨은 광창부원군이란 칭호를 받았다.
　그후, 문창부원군과 더불어 그 시대를 풍미했다.

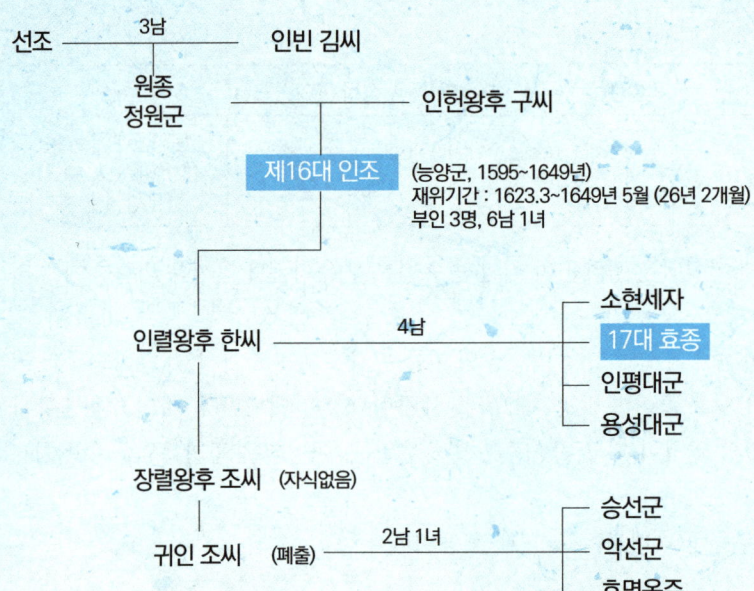

인조실록
제16대 (1595~1649년)

인조의 휘는 종이고 자는 화백이다. 선조의 다섯째 아들 정원군과 인헌왕후 구 씨 사이에서 태어났다. 선조 40년(1607년)에 능양도정에 봉해졌다가, 능양군에 진봉되었다. 인조는 26년간 재위한 뒤 1649년 5월8일 창덕궁 대조전에서 죽었다. 묘호는 인조(仁祖)이고, 존호는 헌문열무명숙순효(憲文烈武明肅純孝) 이며, 능은 장릉, (경기도 파주군 탄현면 갈현리)이다.

- **이괄의 난** : 인조반정으로 이괄은 2등 공신으로 녹봉되어 도원수 장만 밑의 부원수 겸 평안병사로 임명하였다. 이괄은 이에 불만을 품고 인조2년(1624년)에 난을 일으켰다. 이괄의 군대가 한양을 점령하자 인조는 공주로 피난했다. 그러나 이괄의 반군은 도원수 장만의 관군에 의해 진압되면서 한양으로 귀환했다.

● **정묘호란 &병자호란** : 인조 5년(1627년), 정묘호란이 일어났다. 후금은 군사 3만을 이끌고 의주를 함락시키고 평산까지 침략했다. 그러자 조정은 강화도로 천도하여 최명길의 강화주장을 받아들여 강화조약을 맺었다.

1636년 조선이 형제관계를 군신관계로 바꾸자는 제의를 거절하자 청나라는 12월에 10만 군사로 또다시 침입하였는데, 이것을 병자호란이라고 한다.

조정은 봉림대군, 인평대군과 비빈을 강화도로 보낸 뒤 인조는 남한산성으로 들어가 항거하였다. 결국 삼전도에서 항복하여 군신의 예를 맺고, 소현세자와 봉림대군을 청나라에 볼모로 보냈다. 1644년 소현세자가 볼모생활에서 풀려나 돌아왔지만, 의문의 죽음을 맞았다. 인조는 소현세자의 아들을 후계자로 삼지 않고 둘째 아들 봉림대군을 세자로, 소현세자의 빈이었던 강 씨를 죄에 엮어 사사하였다.

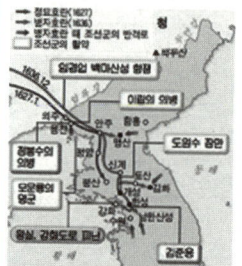
정묘호란과 병자호란

● **대동법실시** : 1623년 인조는 조익의 건의로 강원도, 충청도, 전라도에 대동법을 실시하였으나 강원도를 제외한 충청도 전라도는 다음 해에 폐지되었다. 대동법을 실시하여 넓혀나갔고 1633년 김신국, 김육 등의 건의에 따라 상평청을 설치해 상평통보를 주조하여 민간무역을 공인하였다. 학문을 장려하여 우수한 학자들이 많이 배출되었다.

상평통보

『인조실록』

『인조실록』은 인조의 역사를 기록한 것으로 모두 50권 50책의 주자본이다. 1650년(효종1년) 8월에 편찬을 시작하여 1653년 6월에 완성했다. 총재관은 이경여와 김육이었고 당상으로 오준, 윤순지, 이후원, 이기조, 한흥일 등이 참여했다.
　인조는 광해군을 폐하고 즉위했기 때문에 유년칭원법이 아닌 즉위년칭원법을 사용했다.

반란의 서막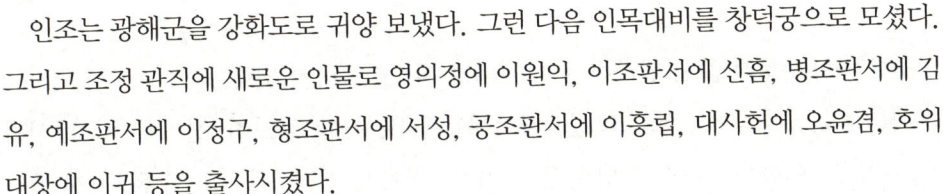

　인조는 광해군을 강화도로 귀양 보냈다. 그런 다음 인목대비를 창덕궁으로 모셨다. 그리고 조정 관직에 새로운 인물로 영의정에 이원익, 이조판서에 신흠, 병조판서에 김유, 예조판서에 이정구, 형조판서에 서성, 공조판서에 이흥립, 대사헌에 오윤겸, 호위대장에 이귀 등을 출사시켰다.
　또한 영창대군, 임해군, 능창군, 연흥부원군 김제남 등 광해군으로부터 죽임을 당했거나 불이익을 당한 사람들을 복권시켰다. 그리고 폐비 모의를 주장했던 이이첨, 정인홍, 윤인, 정조 등 열여섯 명은 목을 베었다.
　조정이 안정되면서 반정에 참여한 대신들은 논공행상 발표에 불만이 많았다. 그 가운데 김유에 대한 이괄의 불만이 가장 컸다. 이괄은 김유가 공은 세웠지만 거사 당일 연서역에 늦게 도착한 것을 문제 삼았고 이괄의 주장에 김유도 나름대로 할 말이 있었다.
　벌써 이괄의 목을 베어야 함에도 불구하고 반정거사란 대의 아래 참았다는 것이다. 이괄이 연서역에 모이는 시각보다 빨리 도착해 대장자리를 가로채려 한 것은 비열한 행동이었다고 주장했다.
　결국 승리는 김유에게 돌아갔다. 임금이 김유를 무조건 신뢰하여 대소사 일체를 모두 맡기고 있었기 때문이다. 이때 이귀가 이괄의 태도에 대해 김유에게 주의를 주었다.
　"이러니저러니 해도 이번 거사에서 이괄의 공이 큰 것은 사실이오. 앞으로 무슨 일이건 가리지 않고 과감하게 행동할 수 있는 인물이오. 그러니 주의 깊게 생각하시오."

하지만 이귀의 말을 들은 김유는 귀담아 듣지 않았다.

"과감한 것은 일의 성격에 따라 다릅니다. 성급하고 교양 없는 인물을 큰 자리에 올렸다간 오히려 일을 그르칠 수가 있소이다. 그래서 이등공신이면 적당한 것이오."

"그건 너무 심한 것 같소이다."

"무엇이 심하단 말씀이오?"

"논공행상이린 공평하게 평가되어야하는데, 지나치게 불공평하다 느끼는 사람이 많으면 오히려 큰 화가 되는 법이오이다."

"화근? 생각해보시오. 이등공신이라고 높은 벼슬에 오르지 못하는 것은 아니잖습니까."

김유는 대수롭지 않게 생각해 자기 멋대로 처리할 심산이었다.

이튿날 논공행상이 발표되고 일등공신에는 김유, 이귀, 김자점, 심기원, 이서, 신경진, 최명길, 이흥립, 구굉, 심명길 등이 이등공신에는 이괄, 원두표, 장유, 장신 등이 삼등공신에는 이기축 승지 홍봉서 등이 책록되었다.

논공행상에서 장유, 장신, 이귀의 아들 이시백, 김유의 아들 김경징 등이 이등공신으로 분류된 것은 후한 처분이었다. 하지만 이괄이 이등공신으로 분류한 것은 확실히 불공평했다. 더욱이 직분을 내정한 김유의 농간은 심했다.

원로 이원익은 영의정에 김유 자신은 병조판서 직책에 두고 이귀를 호위대장자리로 내몰았다. 호위대장이 상감의 신변을 호위하는 측근 중신이라고 하더라도 별 볼 일 없는 관직이었다. 더구나 각 조 장관은 모두 반정동지들이 아니었다. 반정 때 뒤에서 협조했다고는 하지만 적극적으로 활동한 사람을 제외한 것은 잘못 된 것이다. 더구나 거사 전 북방사 였던 이괄은 한성좌윤이란 벼슬을 얻었다. 북병사와 한성좌윤의 계급 차이는 많았다. 이때부터 이괄은 두문불출하고 집에 틀어 박혀 술로 하루하루를 보내고 있었다.

이귀가 이괄을 안타깝게 생각해 김유에게 우대해줄 것을 부탁했지만 듣는 둥 마는 둥 했다. 이귀는 걱정스러웠다. 이괄의 감정이 폭발하여 언젠가는 큰일을 저지를 것이라고 생각을 했다. 그래서 그를 만나 심중을 헤아려도 보고 노여움까지 풀어주어야

겠다고 생각했다. 이귀는 밤에 이괄을 찾아갔다. 불평불만에 쌓여있는 이괄 이지만 노인 이귀에게만은 호의를 가지고 있었다. 두 사람은 시국에 대한 이야기를 주고받았다. 그러다가 갑자기 이괄이 물었다.

"영감. 영감께서 야심한 밤에 날 찾아온 것은 필시 시국 이야기나 하려고 온 게 아닌 것 같소이다. 솔직히 내 근황을 알고 싶어서 오신 것 아니시오?"

"그렇소."

"그래요? 내 근황을 알아서 무엇에 쓰시려고요?"

"반정 초 결의형제들의 싸움이 우려돼서……."

"내 존재가 그렇게 걸림돌이 된답니까?"

"화만내지 마시고, 바람이나 쐬는 것도 괜찮을 것 같소만."

"그럼, 외지로 나가란 말씀이요?"

"눈치 한번 빠르시군요."

"그것도 좋은 방법이지요. 눈꼴사나운 놈도 보지 않고."

"뭐가 그렇게 눈꼴사납소이까?"

"반정이 성공하면 모든 것이 깨끗할 줄 알았지요. 그런데 임금 한 분 새로 모신 것 밖에 달라진 것이 없지 않습니까? 그리고 서인 일파가 대북파를 대신해서 다시 머리를 들었다는 것 외엔 아무 것도 변한 게 없지 않소이까?"

"성급하게 생각하지 마시오. 차차 좋은 일이 있을 것입니다."

이괄의 마음을 짚어 본 이귀는 더 이상 꺼낼 말이 없었다. 더구나 북쪽 오랑캐 세력이 날로 강해지고 명나라를 침범하고자 기회를 엿보고 있을 때였다. 조정에서는 장만을 도원수로 이괄을 부원수로 임명해 북쪽을 지키게 하였다. 이괄은 그 이튿날 수병 수십 명을 데리고 한양을 떠났다.

임금은 전례 없이 모화관까지 행차하여 이괄을 전송하면서 보검 한 자루를 직접 건네주었다.

이괄의 반란

공신 등급에 불만을 품은 이괄이 인조 2년(1624년)에 반란을 일으켰다.

용맹스러운 이괄은 반정 때 군사들을 지휘하여 큰 공을 세웠지만 김유와 김자점의 방해로 이등 공신으로 책록되고 한성부윤으로 임명된 것이 불만스러웠다. 그런 그를 북쪽 오랑캐의 침략에 대비해 평안병사 겸 부원수로 발령해 군사들을 데리고 영변으로 가게 하자 더더욱 불만이 쌓이게 되었다. 영변에 내려간 그는 군사들을 훈련시키고 무기를 보수하기에 바빴다. 그런데 조정에 윤인발과 서로 뜻이 통해 같이 일했던 문회와 이우 등이 글을 올렸다.

'기자헌, 현즙과 이괄 등이 흥안군을 내세우기 위해 역모를 꾀하고 있습니다.'

글을 본 인조가 공신들을 불러 의논하자 이귀와 최명길이 고했다.

"이괄이…… 영변 병영으로 간 뒤 군사를 조련하고 병기를 보수하는 것 은 아무래도 반란을 꾀하고 있는 것이 분명한 듯하옵니다. 속히 관련자 들을 잡아야 합니다."

이에 이괄의 아들 이전과 기자헌 등이 체포되고, 이괄 에게는 체포령이 내려졌다. 사선인 영변에서 이괄은 아들이 잡혔다는 소식을 듣고 한탄했다.

'내 자식이 아직 어린데 무슨 역모를 꾀하겠나? 이것은 나를 미워하고 시기하는 일파가 모함한 것이다. 대장부로서 죄 없이 소인배들의 참소로 부자가 한자리에서 국청에 무릎을 꿇겠는가?

이렇게 화를 내다가 믿지 못하겠다며 입을 열었다.

"난 양심을 걸고 죄를 짓지 않았다. 아무리 불공평한 조정이라도 김유 같은 사람만 있는 것이 아니다. 조정은 병력을 가진 나를 두고 내 아들을 먼저 잡아가는 어리석은 행동은 취하지 않을 것이다. 그러니 확실한 통고를 받지 않고 행동하는 것은 경거망동이며 김유 같은 자에게 구실을 주는 꼴이 될지도 모르겠다."

며칠 후 금부도사와 선전관 일행이 경내에 들어섰다는 정보가 입수되었다. 그의 부하 이수백과 기익헌 등은 그들의 목을 잘라버리자고 했지만 일행을 포박한 후 한양 소식과 조정의 공론을 상세히 심문하고 단칼에 베어버렸다.

이를 본 주위의 군사들은 모두 벌벌 떨었다. 이괄은 피 묻은 칼을 높이 치켜들고 외쳤다.

"여러 군사들이여! 지금부터 싸움이 시작되었다. 지금 조정엔 간사한 무리들이 사람을 음해하여 충직한 신하를 죽이고 있다. 우리는 불의의 칼 아래 죽는 것보다 먼저 그 자들을 베야만 한다."

군사들은 환호성을 치며 그를 옹호했다. 다음 날 한양으로 진격할 때는 부근에 있는 군사들까지 합세했는데, 가장 먼저 구성부사 한명련이 가담했다. 이때 반란군은 모두 1만2천 명이었다. 이밖에 임진왜란 때 해로가 막혀 돌아가지 못한 왜병도 130여 명이나 되었다. 왜병들은 모두 조총을 갖고 있어 실제로 일당백의 강병들이었다.

도원수 장만은 이 소식을 한양에 전한 후 이괄을 막으려고 했다.

그러나 오랫동안 훈련을 받은 이괄의 군대를 당할 재간이 없었다. 때 마침 정충신은 이괄이 반란소식을 듣고 숙천부사 정문익에게 고을을 맡기고 단신으로 장만의 진중으로 뛰어갔다.

"저는 평소 이괄과 형제처럼 지냈소. 그가 모반을 일으켰다는 소식을 듣고 이렇게 달려왔습니다. 저에게 군사를 맡겨주시면 그를 물리치겠습니다."

"이괄에겐 어떤 작전이 있소?"

"이괄의 작전은 세 가지입니다. 첫번째는 곧장 한강을 건너 임금의 뒤를 추격하려 할 것입니다. 그렇다면 전세가 어떻게 될지 모릅니다. 두번째는 평안도와 황해도를 걸쳐 명나라 장수 모문룡과 결탁하게 된다면 쉽게 물리칠 수 없습니다, 세번째는 한양으로 쳐들어가 빈 성을 차지하지만 이는 아무 소용이 없습니다."

"좋은 작전이라도 있소?"

"이괄은 용맹스럽지만 계략이 없습니다. 그래서 세번째 작전을 쓸 것입니다. 그의 작전대로라면 관군과 반란군은 한양의 서문 밖에서 결전을 벌이게 됩니다. 그렇게 되면 북산을 먼저 차지하는 쪽이 당연하게 승리하게 될 것입니다. 그렇다면 군사들을 동원하여 북산을 굳건히 지켜야 합니다."

장만은 정충신에게 여러 가지 전략을 확인한 후 부원수란 직책을 맡겼다. 장만은 군사 2천 명을 정충신에게 내주어 중군대장 남이흥과 함께 반란군을 물리치도록 했다.

여러 고을을 함락한 이괄의 군대는 중군대장 남이흥과 부딪치는 것을 꺼려 뒷길로 돌아서 한양으로 향했다. 한양은 풍전등화였다. 조정에서는 벌써 패색이 짙자 갈팡질팡했다. 이때 김유는 한양이 위태로워지자 이괄 친척들과 기자헌까지 끌어 내어 모조리 죽였다 마지막 방어선인 임진강에서 이귀와 박효립이 패한 뒤 한양은 더욱 혼란했다.

갑자년 삼월 초여드렛날, 임금은 먼저 신주를 보내고 대비를 가마에 태워 내 보낸 다음 한강을 건너

김유 초상

공주로 몽진하였다. 임금이 공주로 떠난 지 이틀 만에 이괄의 군대가 한양으로 입성했다. 이괄은 선조의 열째 아들 흥안군을 모시고 개선장군처럼 나타났다. 이때 백성의 입에서 새 임금이 들어온다는 말을 하자 일제히 환성을 질렀다. 그러자 이괄은 흥안군을 임금이라 칭하고, 서인에게 쫓겨난 대북사람들까지 쓸 만한 사람이면 모조리 등용시켰다. 그리고 과거를 실시해 선비들을 뽑는다고까지 했다. 한양을 점령한 이괄은 정충신의 말처럼 인조를 추격하지는 않았다.

얼마 후 이괄의 귀에 정충신이 관군을 거느리고 남하한다는 소문이 들려왔다. 그러자 이괄은 몹시 당황하여 군사를 모으고 군기를 정비하고 있는데, 한 장교가 달려와 정충신의 군대가 이미 서대문밖 안재에 진을 치고 있다고 알려왔다.

"정충신은 장만보다 뛰어난 장수다. 그가 북산에 진을 치면 우리의 전세가 매우 불리하다. 우리가 먼저 북산을 점령해야 한다."

그러나 이괄이 군사들을 동원하려 할 때 관군이 이미 북산에 올랐다는 소식을 전했다. 깜짝 놀라 북산을 바라보자 몇 명의 군사들만 보였다.

"관군이 얼마 되지 않은 것 같구나. 우리가 먼저 쳐들어가자."

이괄은 정충신이 앉아있는 막사를 바라보았다. 그의 주변에 사람들이 있었지만 군사의 수는 얼마 되지 않는 것 같았다. 이괄은 기회를 잡았다며 공격명령을 내렸다. 그러자 이괄의 군사는 일제히 안재를 공격했다. 마침 동풍이 불어 이괄의 군이 유리하여 총탄과 화살을 쏘면서 산위로 향했다. 싸움이 점차 치열해졌을 때 바람의 방향이 동풍에서 서북풍으로 변했다. 산 위에서 화살과 돌과 모래가 내려와 이괄의 진을 뒤덮었다. 이때를 놓치지 않고 정충신은 관군에게 돌격하라고 했다. 한동안 관군과 반란군이 뒤섞여 싸우고 있을 때 별안간 징소리가 나면서 '후퇴하라!'는 소리가 들렸다.

그러자 이괄의 군대는 멋도 모르고 후퇴를 개시했다. 이것은 정충신의 계교로 남이흥으로 하여금 반란군 후방에서 징을 치며 퇴각하라고 외치게 했던 것이었다. 이괄의 군은 패하고 말았다. 이괄은 얼마 남지 않은 군사를 이끌고 도망쳐 성안으로 들어가려고 했다. 그때 백성들은 성문을 굳게 닫고 들이지 않았다. 이괄은 하는 수없이 초라한 군사를 이끌고 한강을 건너 광주 쪽으로 달아났다. 정충신의 관군은 성 안으로 들어와 그동안 이괄에게 협력한 사람들을 잡아들였다.

이괄의 군사들은 광주로 달아나 광주목사 임회를 죽이고, 이천에 다다랐을 때 군사는 여섯 명밖에 없었다. 그러자 이괄은 한명련, 기익헌, 이수백과 군졸 서넛을 데리고 남으로 내려가 재기하려고 했다.

그러나 이괄을 섬겨오던 기익헌과 이수백은 이괄과 한명련이 잠든 틈을 타 목을 베었다. 그 머리를 군복에 싸서 공주 행재소로 가서 임금에게 바쳤다. 기익헌과 이수백은 얼마 후 죄를 용서받았다.

하지만 서흥에서 이괄과 싸우다 전사한 이중로의 아들 이문웅이 아버지의 원수를 갚는다며 한양에서 이수백을 죽였다.

죄없이 죽어간 왕손들

　인조반정이 성공한 후 반정공신에 대한 논공행상이 불공평했다. 또다시 조정이 어지러워지면서 역옥사건이 일어났다. 몇 사람만 모이면 왕자를 추대한다고 떠들어댔던 것이다.

　이때마다 단골로 떠오른 사람은 인성군과 홍안군이었다. 홍안군을 내세우려던 황현의 역옥사건과 인성군을 추대한 윤인발의 음모는 좋은 예이다. 흉흉한 민심은 좀처럼 진정될 기미가 없었고 유언비어까지 난무했다.

　'왕손이 많은데도 인빈 김 씨의 소생 정원군 아들이 보위에 올랐으니 나라가 바로 될 수가 없지. 역시 종실이 임금이 되어야 하는 것이야.'

　조정에서는 소문의 출처를 찾기 위해 혈안이 되었고 이것을 고발하여 공신이 되고자 하는 패거리들도 있었다. 이괄의 반란 이후 서인들은 조금만 의심스러운 자가 있으면 인조의 재가없이 이괄과 한 패라며 잡아다가 죽였다. 홍안군은 옥중에 있었는데 훈련대장 신경진이 역적은 죽어야 한다며 목을 베어버렸다. 한양으로 돌아온 인조는 이 말을 듣고 신경진을 크게 꾸짖은 후 며칠 동안 금부에 가뒀다. 그러나 반정공신들의 방자한 행동은 날로 심해졌다. 역적이 아니더라도 당파가 다르다는 이유로 사람들을 죽였고 저자거리엔 격문이 나붙었다.

　'폐주 광해군을 다시 모시고 와야 한다. 이번 반정은 서인들이 자기네 당만 생각하고 일으킨 것이다. 더구나 나라에 왕자가 얼마든지 있는데, 한 대를 건너간 손자를 세워 나라가 이 꼴이 되었다. 이것은 반정이 아니라 서인들의 농간이다.'

　그러자 이번엔 서인들이 인성군을 내세우려고 역모하는 자들의 소행이라며 당장 인성군을 없애자고 했다. 이때 이원익을 중심으로 한 남인들은 인성군을 두둔하고

인성군의 묘역

백성과 대항했다. 조정안에서는 인성군 문제로 서인과 남인으로 갈라져 또다시 당파싸움에 휘말렸고 하루가 멀다 하고 효성 땅의 선비 이인거 역모사건과 광해군의 왕비 유 씨의 조카 유효립의 역모사건이 연속적으로 일어났다. 이때도 추대된 인물이 인성군이었다. 그래서 삼사 모두가 합세하여 인성군을 참하라고 했다. 그러자 대사간 정온은 임금에게 아뢰었다.

"전에 영창대군은 역적들이 그 이름을 입에 올렸다고 해서 죽였습니다. 인성군의 경우 확실한 증거도 없는데, 극형에 처하면 원통하고 억울하지 않겠사옵니까. 역옥이 거의 해마다 일어나는데, 지금 인성군을 제거한다 해도 또 다른 인성군이 나오지 않는다고 누가 보장하겠습니까? 삼사에서 종사를 위한다는 구실로 처벌만 계속한다면 전하께서 광해군과 무엇이 다르겠습니까?"

그러나 이번엔 대비로 부터 인성군을 죽이라는 전교가 내려왔다. 물론 서인편을 두둔해서 그런 것은 아니었지만 서인들에겐 기쁜 소식이 아닐 수가 없다. 마침내 임금은 죄가 없는 인성군을 반정공신들의 등쌀에 못 이겨 참형시키고 말았다.

강빈의 음모와 비운의 세자

청나라 심양으로 끌려간 소현세자는 청나라 관리들과 활발한 관계를 유지하면서 문물을 자세히 살폈다.

소현세자

1644년 청나라가 명나라를 멸망시키고 북경으로 수도를 옮기자 소현세자도 북경에 들어가 몇 달 동안 머물렀다. 그 때 소현세자는 아담 샬을 만났다. 그는 유럽인의 천문대와 과학자들을 소개했고 서양의 역법까지 알려주었다.

한편 조선에서는 청나라가 소현세자를 돌려보내 왕으로 삼고, 인조를 심양에 불러들인다는 소문이 돌아 인조는 기분이 몹시 나빴다. 이런 상황에서 1645년 3월 소현세자가 9년 만에 귀국했는데 인조는 달갑게 생각하지 않았.

북경에서 심양으로 돌아올 때에는 아담 샬 로부터 받은 『천문역산서』와 지구의, 천주상 등을 가지고 왔다. 하지만 당시의 조선은 그것을 받아들일 분위기가 아니었다. 소현세자는 서양의 문물을 받아들여 조선을 개혁하려는 큰 뜻을 품고 있었다.

봉림대군

그러나 그가 뜻을 펴보기도 전에 갑자기 병으로 죽었다. 소현세자의 갑작스런 죽음은 의문점이 많다. 인조의 후궁 조 씨는 평소에도 소현세자를 못마땅하게 생각했다. 세자가 병을 앓자 후궁 조 씨 집안과 가까운 사이인 이형익에게 침을 놓게 했는데 갑자기 죽자 다음 세자를 정해야 했다. 하지만 소현세자의 아들이 너무 어려 인조는 둘째 아들 봉림대군을 세자로 책봉하였다.

1645년 9월 봉림대군이 세자로 책봉되자 소현세자의 부인 강 빈에게 비난의 화살이 빗발쳤다. 조정의 권력을 김자점이 잡고 있었는데, 그는 소용 조 씨와 한 통속이 되어 강 빈을 무고했다.

인조는 강 빈의 오빠인 강문성, 강문명 등을 섬으로 귀양을 보냈다가 후에 곤장을 때려 죽이고 강 빈을 사가로 내쫓았다가 인조 24년(1646년)에 사약을 내려 죽였다.

인조 요점정리 | 인조 때 이괄의 난의 역사적 배경

　1624년(인조 2) 평안병사 이괄이 인조반정의 논공행상에 불만을 품고 일으킨 반란을 가리킨다.
　1623년(광해군 15) 서인계의 이귀·최명길·김자점 등과 함경북도 병마절도사 이괄 등은 반정을 위해 사모군을 이끌고 홍제원에 모였다. 그런데 총지휘자로 추대되었던 김유가 사전 계획 누설을 이유로 소극적으로 행동하자 이괄은 이를 비난했다. 따라서 반정에 성공한 후에도 김유와의 관계가 불편했다.
　인조반정이 성공한 뒤에 김류, 이귀, 김자점, 심기원, 이흥립 등 반정의 주모자들은 대개 1등 공신이 되었다. 그러나 인조반정 때 총 책임을 맡아 가장 큰 공을 세운 이괄은 김유와 김자점 등 몇몇 반대세력에 의해서 그를 후참자[109]라 하여 2등 공신으로 낮추어 한성부윤(지금의 서울시장)을 제수하였다. 마침 북방의 오랑캐(후금)가 우려된다 하여 1623년(인조 1년)에 조정에서는 만약에 있을지도 모를 금나라의 침략에 대비하여 장만을 도원수[110]로 하고 그를 평안병사 겸 부원수로 임명하여 영변에 주둔케 하였다. 이괄의 불만은 더욱 커졌다. 게다가 인조 2년 문회, 허통 등은 이괄과 그의 아들 및 한명련 등이 군사를 일으켜 변란을 꾀하고자 한다고 고변하였다. 조정에서는 이괄의 군중에 머물고 있는 그의 아들 전을 붙잡아 사실 여부를 조사한다는 명목으로 선전관 김지수와 금부도사 심대림을 영변으로 보내 이괄의 아들과 한명련을 잡아오도록 하였다.
　이괄은 위기의식을 느끼고 전을 압송하러 온 이들을 죽이고 역시 서울로 잡혀가는 한명련을 구해내어 "군측[111]의 악을 숙청한다."는 명분으로 난을 일으켰다. 자신의 부하들과 한명련이 군사를 이끌고 합류하였고 가까운 병영의 군사 1만여 명과 임진왜

109_後參者. 뒤에 늦게 들어옴
110_고려, 조선 시대에 전쟁이 났을 때 군무를 통괄하던 임시 무관 벼슬
111_임금의 곁

란 때 항복하였던 왜병 100여 명으로 먼저 개천을 점령하고 평양으로 진격하였다. 이 때 도원수 장만은 즉시 조정에 이괄의 반란 소식을 알리고 병력을 이동하여 이괄을 막으려 했으나 크게 패하였다. 임진강이 무너진 그날 밤 인조는 서울을 떠나 피난길에 오르게 되었다. 인조는 한강을 건너 공주로 피난길에 올랐다. 공주에 이르기까지 인조는 그에게서 민심이 떠나 있다는 사실을 뼈저리게 느꼈다. 인조가 서울을 떠나던 그날에는 따르는 백성이 하나도 없었던 것이다.

　이틀 뒤에 이괄의 군사는 도성으로 돌입하였다. 이괄은 1624년 2월 11일 선조의 열 번째 아들 흥안군을 왕으로 추대하였는데, 바로 그날 밤 도원수 장만은 패잔병[112]을 수습하여 반란군을 한성 근교의 안현(길마재)에서 대파하였다. 이괄은 패잔병을 이끌고 광희문을 빠져나와 경기도 이천으로 달아났으나, 전부대장 정충신의 추격을 받았다. 이에 이괄의 부하 기익헌·이수백 등은 자기들의 목숨을 보전하기 위해 이괄·한명련 등 9명의 목을 베어 관군에 투항하여 반란은 평정되고 인조는 다시 환도하였다. 하지만 반란이 실패하자 한명련의 아들인 윤 등이 후금으로 도망하여 조선의 불안한 정세를 알려주면서 남침을 종용했다. 이러한 움직임은 1627년(인조 5년)에 일어난 정묘호란의 한 원인이 되었다.

112_敗殘兵 . 싸움에 진 군대의 병사 가운데 살아남은 병사. =잔병(殘兵)

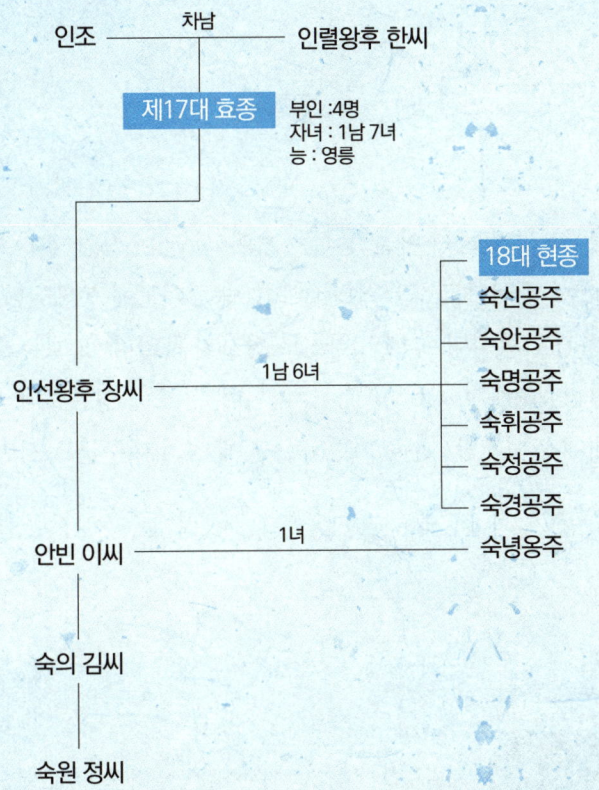

효종실록
제17대 (1619~1659년)

　인조와 인열왕후 한 씨의 둘째 아들로 휘는 호이고, 자는 정연이다. 1619년 5월22일 한성부 경행방에서 태어났고, 인조 4년(1626년)봉림대군에 봉해졌다. 1659년 5월 효종은 얼굴에 종기가 악화되어 41세의 나이로 갑자기 죽었다. 묘호는 효종이고 존호는 선문장무신성현인대왕(宣文章武神聖顯仁大王)이며, 능호는 영릉인데 처음엔 구리시 인창동동구릉 경내에 있었지만, 현종 14년(1673년)에 경기 여주군 능서면 왕대리 세종의 영릉 뒤편으로 옮겨졌다.

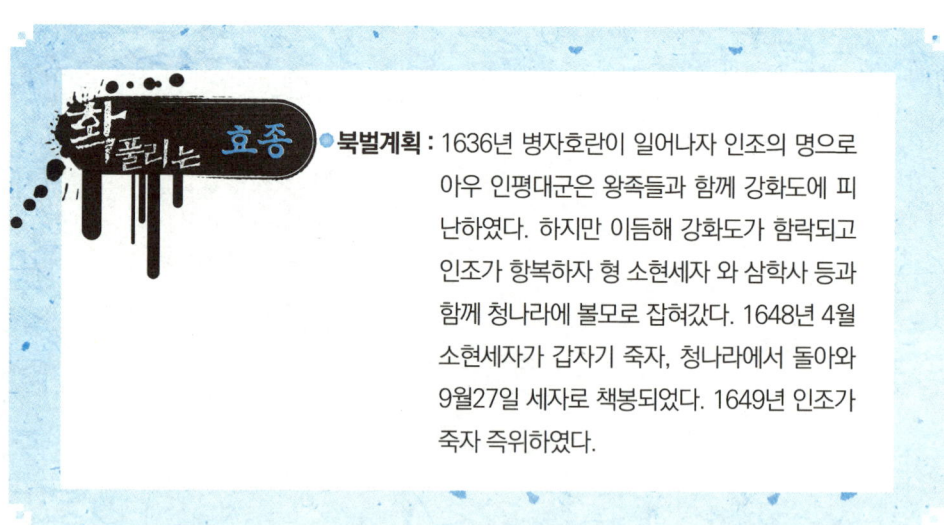

●**북벌계획**: 1636년 병자호란이 일어나자 인조의 명으로 아우 인평대군은 왕족들과 함께 강화도에 피난하였다. 하지만 이듬해 강화도가 함락되고 인조가 항복하자 형 소현세자 와 삼학사 등과 함께 청나라에 볼모로 잡혀갔다. 1648년 4월 소현세자가 갑자기 죽자, 청나라에서 돌아와 9월27일 세자로 책봉되었다. 1649년 인조가 죽자 즉위하였다.

효종은 즉위 후 북벌계획을 추진하기 위하여 충청도 지역의 재야학자들을 조정에 대거 등용시켰다.

1659년 6월 김집을 선두로 송시열, 송준길 등이 조정에 들어왔다. 그들은 정계에 진출하자 김자점 및 원두표 중심으로 훈구세력을 탄핵하고, 효종 2년(1651년)조귀인 옥사를 계기로 친청파 김자점과 낙당계 관료들을 조정에서 제거하였다. 원당계에서도 이행진과 이시해 등의 중진들도 파직되었다.

효종 10년(1659년)3월, 이조판서 송시열과 함께 북벌계획을 논의했다. 이때 양병에 치중한 북벌정책을 내세웠고 송시열은 원칙론만 내세웠다.

- **대동법실시** : 효종이 주도한 군비증강계획은 중앙군의 강화와 수도방위에 역점을 두었다. 또 군비강화를 내세우면서 대동법의 확대등을 통해 국가재정확보책에 주력하였다. 이것은 왕권강화와 직결되었다.

『효종실록』

『효종실록』은 조선 17대 왕 효종 10년간의 사실을 기록한 것으로 본문 21권 21책과 효종의 행장, 지문, 시책문, 애책문 등이 수록된 부록을 합쳐 모두 22책으로 구성된 활자본이다. 효종이 죽은 다음 해인 1660년 편찬을 시작하여 이듬해 2월에 완성했다. 이때 처음으로 등록낭청이 신설되었고 편찬자는 총재관 이경석, 도청당상 홍명하, 채유후, 이일상, 각 방의 당상은 허적, 김수항, 유계, 윤순지, 오정일, 김남중 등으로 되어 있다.

효종의 북벌정책

효종은 왕위에 오르자 북벌계획을 위해 친청세력인 김자점과 일당들을 제거했다. 인조 말 무렵 서인들은 원당, 낙당, 한당, 산당 등의 파당으로 나누어져 있었다.

원당과 낙당은 인조반정의 공신들인데 원당은 원평부원군 원두표가 낙당은 김자점이 한당은 김육이 중심세력이었다. 그리고 산당은 김집을 영수로 고향에 살면서 서원을 중심으로 성리학에 철저한 사람들로 세력을 형성하였는데 점차 영향력을 확대하였다.

효종은 송시열을 중심으로 한 산당세력을 조정에 등용했다. 그들은 대의명분을 내세워 청나라에게 받은 치욕을 씻는 방법을 제시했다. 조정이 산당세력으로 개편되자 김자점은 자신의 입지가 불안해져 산당세력을 모함하다가 유배를 갔다.

그는 유배지에서 역관 이형장에게 새로 왕위에 오른 효종이 중신들을 쫓아내고 청나라를 공격하려 한다고 고발하며 그 증거로 조선이 청나라 연호를 쓰지 않는다는 문서를 보냈다.

이에 청나라는 압록강 부근에 군사들을 보내고 사건 진상을 조사하기 위해 조선으로 사신을 보냈다. 그러자 원두표, 이시백 등을 청나라에 보내 사건을 무마시키고, 김자점은 광양으로 유배되었다.

효종(위)와 인선왕후 장씨 능(아래)

1651년 유배된 김자점은 조귀인과 짜고 또다시 역모를 꾸몄다. 아들 김이익으로 하여금 수어청 군사와 수원의 군대를 동원해 원두표, 김집, 송시열 등을 제거하고 숭선군을 왕으로 추대하려고 했다. 이 역모가 폭로되어 그는 아들과 함께 죽었고, 조귀인 역시 사약을 받고 죽었다.

이때부터 효종은 북벌을 준비했는데, 이 계획에 참여한 사람은 이완, 원두표 등을 비롯한 장수들이었다.

1652년 효종은 어영청을 대폭적으로 개했다. 또 금군을 기병화하고 남한산성을 근거지로 하는 수어청을 강화해 한성 외곽의 경비를 보강하고 지방군의 핵심인 속오군의 훈련을 강화시켜 군사력과 수도의 안전을 도모하였다.

비운의 왕

효종은 조선군이 두 번씩이나 러시아군을 물리치자 한껏 고무 되었다. 그래서 북벌에 박차를 가했고, 인조시대 표류해 온 네덜란드인 하멜을 훈련도감에 보내 조총을 비롯한 신무기를 개발하고 화약 생산에 종사케 했다. 그러나 무리한 북벌계획으로 재정적인 어려움에 부딪혀 백성들은 살기 힘들어졌다. 한편 청나라는 날이 갈수록 세력이 확장되었고 북벌의 기회는 좀처럼 얻기 힘들었다.

무리한 군비 증강과 소현세자 부인 강 빈의 신원을 주장하다가 죽은 김홍욱 사건으로 백성들의 비난이 쏟아졌다. 1655년 북벌계획에 충당할 노비추쇄사업은 당시 16만 명이 넘을 것으로 추산된 도망 노비를 찾아내 속오군에 복무할 장정을 충원하고 군수품을 확보하기 위해 시작된 것이기 때문에 매우 엄하였다. 백성들 불만이 커지자 북벌계획에 찬성했던 대신들도 추쇄사업을 낮추자고 건의했다. 하지만 효종이 일언지하에 거절하였고 그들 역시 등을 돌리게 되었다.

효종은 경제적인 안정을 위해 충청도와 전라도지역에 대동법을 실시해 백성들의 부담을 덜어주었다. 또 역법의 발전을 위해 태음력과 태양력을 결합한 시헌력을 사용하게 했고『국조보감』을 다시 편찬하였다.

인조 때 삼전도에서 청나라에 항복한 치욕을 씻기 위해 북벌에 매달렸지만, 국제 정세는 날이 갈수록 청나라에 유리하게 전개되었으며, 나라 안의 재정이 부족하여 많은 어려움이 따랐다. 안타깝게도 북벌의 웅대한 꿈을 실현하지 못한 채 효종은 1659년 5월 41세의 나이로 숙었다.

못다 이룬 북벌의 꿈

봉림대군(효종)은 형 소현세자와 9년 동안 볼모로 심양과 북경에서 지내는 기간 동안 입술을 깨물면서 군사를 양성할 줄 아는 장수가 있어야 하며, 그것만이 병자호란이나 삼전도 치욕을 갚을 수 있는 길이라고 다짐했다.

효종은 31세에 왕위에 올랐는데, 송시열, 송준길, 이유태 등에게 정치를 보좌케 하고, 대동법을 다시 시행했고 물차사용을 장려하여 관개에 쓰이게 했다. 갑오년에 웬만큼 국고가 차자 삼남 각 도에 오영장을 두었다.

어느 날 임금은 갑자기 침전으로 무감을 불러 누가 들을 새라 귀에 대고 분부를 내렸다. 그날 밤 자정이 훨씬 지난 후 대궐 별감 십여 명이 말을 달려 장안의 무신들 집으로 향했다.

"상감마마께서 지금 예궐하라는 분부가 계십니다."

전갈을 들은 무신들은 황급히 대궐로 들어왔다. 그들이 대궐에 들어서는 순간 사방에서 촉 없는 화살이 빗발쳤고, 모두 화살을 맞고 쓰러졌다. 이때 오직 한 사람만이 쏟아지는 화살 속에서도 흔들림 없이 꼿꼿하게 읍을 한 상태로 정전을 향해 나아갔다. 그 때 용상 아래 서 있던 내관의 소리가 울렸다.

"누구냐는 하문이 계시오."

그러자 그는 대궐이 흔들릴 정도로 우렁찬 목소리로 대답했다.

"삼도 도통사 이완이라 하옵니다."

"이리 오시오."

. 내관을 물리치고 손수 용상을 내려와 그를 맞았다.

"상감마마, 야반에 내릴 급명은 어떤 것인지요?"

"경은 저 빗발치는 화살을 어떻게 들어왔소?"

그러자 이완은 자신의 옷 앞자락을 약간 들쳐보였다. 겉은 보통 옷이었지만 속에는 튼튼한 갑옷을 입고 있었다.

"옷 속에 갑옷을?"

"그렇사옵니다. 상감마마. 한밤중에 황급히 입궐하라는 어명은 분명 범상치 않은 일이라고 생각해 옷 속에 무장을 했나이다."

이 소리를 들은 임금은 몸소 그를 데리고 내전으로 들어갔다. 그날 임금은 이완과 함께 밀담을 나누면서 밤을 세웠다. 그 다음날 이완은 특지로 훈련대장의 임무를 부여받았다.

즉위 5년간 임금의 마음속에만 간직하고 국력을 키우기에 힘쓴 목적인 북벌이 드디어 공포되었다.

"최근 5년간을 두고 봤는데 이런 중대사를 맡을 장군은 대장 한 사람밖에 없었소. 밤 예궐할 때에 경황 중에도 몸단속을 하고왔다는 점에 그 대는 대임을 넉넉히 소화할 수 있다고 생각하오. 부디 나를 도와 병자년의 치욕을 씻어주시오."

임금이 이완의 손을 잡고 간곡히 당부하자 그는 눈물을 흘리며 성지를 받들고 반드시 보답하겠다고 맹세하였다. 그 후 전국에서 장사 6백 명을 모아 그들을 훈련시키고 웅지를 펼 준비를 했다.

조정은 1658년 한당의 영수 김집이 병으로 관직을 사임하자 송시열 일파가 다

이완의 묘역

시 들어왔다. 송시열을 만난 효종은 넋두리를 했다.

"과인이 경을 만난 것은 북벌에 관한 일이오. 하지만 과인이 병이 들었으니 자주 만나지 못할까 걱정되오."

"전하, 어찌 그런 약한 말씀을 하시옵니까? 먼저 옥체를 보존하시는 것이 좋을 듯 싶습니다."

그러자 효종은 송시열에게 자신에게 건의할 말이 있으면 하라고 했다.

"전하의 학문은 높고 밝지만 아직은 부족한 부분이 있사옵니다. 한나라의 백성들을 다스리시는 군왕으로서 모든 일을 신중하게 처리하셔야 되옵니다. 이제부터는 작은 일은 신하들에게 맡기시고 큰일만 처리하시옵소서."

송시열은 효종의 건강을 염려했던 것이었다. 그 후 이조판서에 임명되어 장차 북벌할 때 군량이 부족하거나 국력이 고갈되지 않도록 전력을 다했다.

갑오년에 드디어 화폐가 사용됐다. 임금은 큰 뜻을 관철시킬 때 지장을 줄 수 있는 물물교환을 없앴다. 그런 후 당전 십오만 문을 사다가 평양과 안주 등에 사용케 했다. 그 결과가 양호하여 훈련도감에 명하여 돈을 만들어 사용하게 했다. 또한 돈으로 바꿀 물가표도 작성했다.

군사들의 옷도 가볍고 편안하게 개량했는데 전쟁 때 유리하도록 하기 위한 것이다. 또한 전국에서 나는 금은을 모두 모아서 바둑돌 모양의 금바둑쇠를 만들어 군용자금으로 준비해 두었다. 이것은 대원군의 집정 초까지 보관되어 있다가 경복궁 중건 때 모두 사용되었다. 어느덧 창고엔 곡식과 재물이 가득 찼는데 을미, 병신, 정유, 무술을 지나 기해년에 와서는 국력과 군력이 모두 마련되었다.

드디어 효종 10년 기해년 5월5일을 북벌 거사일로 정했다. 그해 봄 임금은 이황, 이이, 김린, 송인수, 이항복, 김장생 등의 서원에 사액(조정에서 예산, 인력, 재산 등을 하사하여 지원함)을 하였다. 북벌을 하기 위해 대군을 일으키는데, 유생들이 이러쿵저러쿵 하면서 당쟁을 일으켜 대사를 그르치는 것을 막기 위해서였다. 4월로 접어들면서 북벌준비로 온 나라가 뒤끓었고 어느새 오월 초하루가 되었다. 이젠 출전일이 나흘 남았다.

이완대장은 갑옷으로 몸을 싼 채로 잠깐 눈을 붙이려고 안석에 기대었다. 불길한 꿈을 얼핏 꾸면서 눈을 번쩍 떴는데 누군가 대문을 요란히 두드리는 것이 아닌가? 대궐에서 입궐하라는 전령이다. 무슨 일인지 알 수는 없었지만 가슴이 철렁 내려앉고 까닭 없이 떨리는 다리를 겨우 지탱한 후 말에 올라 대궐로 달려갔다.

"상감마마, 입궐하였습니다."

"들어오시오."

얼마 전까지 우렁차던 임금의 음성이 아니었다. 힐끗 보아도 용안은 검붉게 변하여 있었고 온몸을 와들와들 떨고 있었다.

"내 몸이 좋지 않아, 이리 가까이 오시오."

이완이 무릎걸음으로 다가갔다.

"대장, 오월 단오, 오월 단오~."

"예, 출사가 이제 나흘 남았습니다."

"내가 혹시나 죽더라도 기어코 북벌은 진행해야 되오"

"상감마마! 그게 무슨 말씀이십니까?"

이 말을 전한 임금은 그만 자리에 눕고 말았다. 그날 밤 이완은 내전 뜰에서 선 채로 밝혔다.

'출전하기로 결정된 날이 이제 겨우 나흘 남았는데, 임금께서 갑자기 몸이 좋지 않다니…… 이 일을 어쩌나.'

그러나 효종은 북벌을 하루 앞두고 승하하고 말았다.

효종실록 351

효종 요점정리! 효종이 북벌정벌을 이루기 위해 한 노력

청나라는 병자호란을 종결짓고 돌아가면서 소현세자, 봉림대군, 인평대군 등 인조의 세 아들을 볼모로 잡아갔다. 인평대군은 이듬해에 돌아왔지만 두 아들은 8년 후인 1645년에 귀국하게 되었다. 그동안 소현세자는 청에 수입된 서양문물과 서양인들을 접촉하여 새로운 문물과 사상을 익힌 반면에 봉림대군은 철저한 반청 주의자가 되었다. 청의 내부사정을 파악하여 본국에 알려주는 역할도 하였다. 대명정책에 직접 참여하여 명이 멸망하는 과정을 목격하기도 하였으며 자신이 패전국의 왕자라는 이유로 청나라 관리들로부터 멸시를 받은 것이 반청사상을 더욱 강하게 불러일으키는 원인이 되기도 하였다. 청은 명을 멸망시키고 세자 일행을 풀어주었다. 귀국한 소현세자는 인조에게 청의 내부 사정과 서양문물에 대하여 이야기를 하였는데 인조의 표정이 어두웠다. 서양의 책과 문명화된 기계를 보여주자 인조는 분개하며 벼루로 얼굴을 내리쳤다. 그후 소현세자는 가슴앓이를 하다가 자리에 눕고 말았다. 그 원인이 울화병인지 열병인지 분명하지는 않지만 어의는 학질이라고 했고 침을 맞은 지 3일 만에 죽고 말았다. 세자의 낯빛은 새까맣고 배속에는 피가 쏟아졌으며 중독된 사람 같았다. 이런 정황으로 볼 때 아버지 인조에 의해 독살되었을 가능성이 높아 보인다. 소현세자가 죽고 3개월 뒤 새로운 세자를 책봉하겠다고 했다. 신하들은 소현세자의 아들 석철을 세손으로 책봉하는 것이 마땅하다고 하였으나 열 살인 세손은 어리다는 이유로 마땅하지 않아하고 봉림대군을 세자로 삼았다. 심양에 머물러있던 봉림대군은 소현세자가 죽었다는 소식을 듣고 1645년 5월에 귀국하였다. 인조는 그해 9월에 봉림대군을 세자로 책봉하였다. 봉림대군은 8년간 청에 머물면서 철저한 사대사상에 빠졌으며 반청주의자가 된 점이 인조는 자신의 사상과 일치한다고 보고 소현세자를 죽이고 차남에게 왕위를 물려주고자 한 것이었다.

1649년 5월에 인조가 죽자 세자는 31세의 나이로 왕위에 등극하였으니 조선 제17

대왕 효종이다. 효종은 등극하자 친청세력을 몰아내고 척화론자들을 중용하여 북벌계획을 강력히 추진한 덕택으로 국력이 강성해져서 사회가 안정되는 기반을 마련할 수 있게 되었다. 효종은 청나라에 머물면서 철령위, 개원위 등지를 끌려 다니면서 온갖 고초를 다 겪었기 때문에 청나라에 대해 많은 원한을 가지고 있었다. 그래서 그는 집권 초기부터 배청 분위기를 확산시키며 송시열의 북벌론에 근거하여 북벌계획을 추진하였다. 한편 친청세력의 대표자 김자점은 유배지에서 풀려난 뒤 반청세력의 송시열등이 집권하자 신변의 위협을 느껴 역관 이행장을 시켜 새 왕이 옛 신하들을 몰아내고 청나라를 치려한다고 효종을 청에 고발하였다. 그 증거로 조선이 청의 연호를 쓰지 않는다는 문서를 보냈다. 이에 청은 군대를 압록강 근처에 배치하고 진상조사를 위하여 사신을 보내 왔다. 그러나 이시백, 이경석, 원두표 등이 탁월하게 사건을 무마시키고 김자점은 광양으로 유배되었다. 김자점 역모 사건으로 친청세력을 모두 제거한 효종은 이완, 유혁연, 원두표 등 무장을 중용하여 북벌을 위한 본격적인 군비확충 작업에 착수하였다. 1652년 북벌의 선봉부대인 어영청을 대폭 확대강화하고 임금의 호위를 맡은 금군을 기병화하는 동시에 금군을 내삼청에 통합하고 군사도 600명에서 1천명으로 증강시켜 왕권을 강화시켰다. 그리고 남한산성의 수어청을 재강화하여 한성외곽의 방비를 강화하고 중앙군인 어영군을 2만 명, 훈련도감 군을 1만 명으로 증가시키고자 하였으나 재정이 빈약하여 실현하지는 못하였다. 1654년 3월에는 영장제도를 강화하고 1656년에는 남방지대 속오군에 정예 인력을 보충시켜 기강을 튼튼히 하였다. 효종은 이러한 군비증강 바탕으로 두 번에 걸쳐 나선(러시아)정벌을 감행하였다.

청은 조선에 조총군사 1백 명 지원을 요청함에 따라 조총군사 1백 명과 병력50명을 추가 지원하여 나선병력을 흑룡강 이북으로 격퇴시켰다. 이것이 1654년 4월에 있었던 제1차 나선정벌이다. 1658년 6월 청의 요청에 따라 조총부대 200명과 초관 및 여타 병력 60명을 파견하여 제2차 나선정벌에 나섰다. 청군과 조선 조총부대는 송화강과 흑룡강이 합류하는 지점에서 적을 만났다. 나선군이 10 여척의 배에 군사를 싣고 당당하게 나타나자 청군은 겁을 먹고 대적할 생각조차 하지 못하고 있었는데 조선군이 화력으로 적선을 불태우자 나선군은 흩어지고 이후 흑룡강 부근에서 나선군은 거의 섬멸되었다. 나선 정벌을 핑계로 조선은 산성을 정비하고 군비를 확충하여 북벌작업에 박차를 가하였다.

표류해 온 네덜란드인 하멜을 훈련도감에 수용하여 조총과 화포 등 신무기를 개량하고 보충케하여 필요한 화약 생산을 위한 염초생산에 매진하였다. 그러나 지나친 군비 확충작업에 주력한 나머지 백성들의 생활이 곤란해지는 부작용이 나타나기도 하였다. 한편 시간이 흐를수록 청나라의 세력이 강해져 북벌의 기회는 좀체 오지 않았다.

효종은 평생토록 삼전도의 치욕을 되새기며 북벌에 전념하여 군비확충에 진력한 군주였으나 국제정세가 호전되지 않았고 이를 뒷받침할 재정이 부족하여 때로는 군비확충보다 현실적인 경제 재건을 주장하는 신하들과 마찰을 빚기도 하였다.

결국 효종은 북벌의 뜻을 이루지 못하고 1659년 5월 41세의 나이로 세상을 떠났다. 그러나 효종이 확립한 군사력은 조선사회의 안정을 위한 기반이 되었다. 효종은 인성왕후 장씨와 안빈 이씨 등 4명의 부인과 1남7녀의 자녀를 두었다. 그의 능은 영릉으로 처음에는 경기도 구리시 건원릉 서쪽에 위치하였다가 경기도 여주군 능서면으로 옮겼다.

영릉 경기 여주군 능서면 왕대리. 사적 제195호. 효종과 인선왕후 장씨의 능

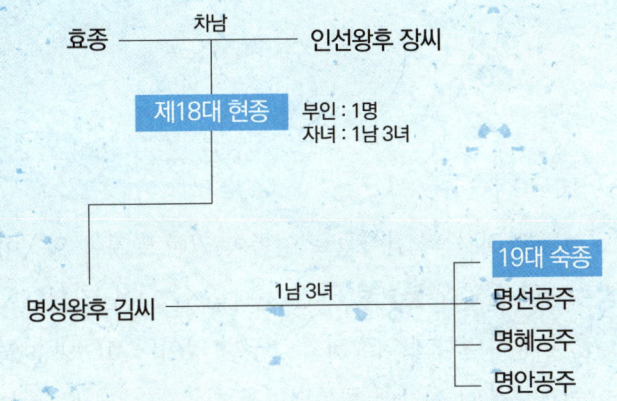

현종실록
제18대 (1641~1674년)

현종은 효종과 인선왕후 장 씨의 맏아들로 이름이 연이고 자는 평직이다. 그는 효종이 봉림대군으로 청나라 심양에 볼모로 있던 1641년(인조 19년) 2월 4일 심양에서 태어났다. 조선 역대 왕 중에 유일하게 외국에서 출생한 왕이다. 1649년(인조 27년) 소현세자가 급작스럽게 죽고 효종이 세자에 책봉되면서 현종도 함께 세손에 책봉되었다. 그 해 5월에 인조가 승하하고 효종이 왕위를 잇자 세자자리에 올랐다. 1659년 5월 효종이 갑자기 죽자 19세에 왕으로 즉위했다. 그러나 1674년 8월, 현종은 2차 예송사건이 끝난 직후 병으로 죽었다. 존호는 소휴순문숙무경인창효대왕(昭休純文肅武敬仁彰孝大王), 묘호는 현종(顯宗)이다. 능호는 숭릉(경기도 구리시 인창동 동구릉)이다.

숭릉

● 예송 논쟁

현종은 즉위하자 복제문제에 부딪쳤다. 효종의 상에 계모 자의대비 복제가 『국조오례의』에 규정되어 있지 않았다. 송시열은 효종이 인조의 둘째 아들이기 때문에 기년복을 주장하였고, 윤휴는 효종이 대통을 계승하여 왕위에 올랐다는 이유로 3년 복을 주장했던 것이다. 그러자 영의정 정태화의 중재로 『경국대전』에 따라 큰아들과 둘째 아들을 구별하지 않고 기년복으로 정했다. 그러나 이듬해 2월 허목이 『의례』를 근거로 다시 장자 3년 설을 주장하면서 격심한 논쟁이 일어났다. 결국 서인들의 주장으로 기년복으로 결정되었다. 그러나 1674년 2월에 효종의 비 인선왕후가 죽자 자의대비의 복제문제가 다시 거론되어 조정이 시끄러웠다.

● **민생안정** : 세계적인 이상 저온현상으로 곡물 생산량이 줄어 기근이 극심나라에 질병이 창궐했다. 현종 3년(1662년) 호남지방에 대동법을 확대 시행하여 민생안정에 기여 했으며 수리사업과 양전 사업을 실시했다.

● **동철활자 주조** : 인쇄 사업 육성을 위해 1668년에는 동철활자 10여만 자를 주조했으며 천문관측법과 역법 연구를 활성화시키기 위해 혼천의를 다시 제작하게 하였다..

● **동성통혼을 금지** : 송시열의 건의로 동성통혼(同姓通婚)을 금하였다.,

● **훈련별대 설치** : 현종 10년(1669년)에는 훈련별대를 설치하여 유료군사들을 줄여 나라의 예산절약에 힘썼다.

『현종실록』

『현종실록』은 조선 18대 왕 명종의 역사를 기록한 것으로 모두 22권 23책으로 간행되었다. 실록은 『현종실록』과 『현종개수실록』 두 가지로 기록되어 있는데 『현종개수실록』은 서인이 득세한 숙종 6~9년에 걸쳐 28권으로 편찬, 간행된 사서다.

실록편찬은 1675년(숙종 1년)에 시작했는데, 당시 서인이 실각하고 남인이 정권을 잡았다. 실록편찬을 담당했던 당상과 낭청이 모두 중책을 겸하고 있었기 때문에 2년이 되도록 완성되지 못했다. 결국 왕의 독촉으로 1677년 2월 편찬 담당관들을 늘려 편찬사업을 강행해 2개월만인 5월에 완성하고 9월에 인쇄했다. 편찬자는 거의 남인 이였는데 총재관은 허적과 권대운이며 도청당상은 김석주, 오시수, 민점, 홍우원 등이었다. 각방 당상은 오정위, 민희, 김휘 등이었다.

그러나 1680년 서인이 재집권하자 재차 실록 개수청을 설치하여 개수작업을 시작했다. 실록 편찬 후 시정기는 세초하여 없애버리는 것이 상례였기 때문에 시정기가 남아 있지 않다. 따라서 사관들의 가장사초와 『승정원일기』, 『비변사등록』 등 정부문서를 참작하여 편찬했다. 체제는 도청만 두고 각방은 설치하지 않았다. 이로써 『현종실록』은 명실상부하게 2종이 존재한다. 이때의 편찬담당관은 서인들로 총재관은 김수항, 도청당상은 이단하, 신정, 이민서, 이익상, 김만중 이선 등이다.

1차 예송사건

현종이 왕위에 오르는 순간부터 복제문제로 서인과 남인의 정쟁이 벌어졌다. 효종이 죽자 인조의 계비 자의대비 조 씨가 입게 되는 복상문제로 조정이 시끄러웠다. 즉 어머니가 아들을 위해 1년 동안 상복을 입느냐 삼년 상복을 입느냐 하는 것이었다. 예조에서 세자에게 국상에 관한 일을 건의하였다.

"선왕을 위해 자의대비께서 입을 복제가 오례의에 기록이 없사옵니다. 일반적으로 대비께서 3년을, 다른 사람들은 1년을 입어야 한다고 하옵니다. 그러나 이런 경우 근거가 어디에도 없사옵니다. 그래서 대신들과 의논하는 것이 좋을 것으로 생각되옵니다."

송시열

이것이 구실이 되어 서인과 남인이 논쟁을 벌였다. 서인 송시열과 송준길은 효종은 차자이니 1년이라고 하였고, 남인 허목과 윤휴는 비록 차자라도 장자로 승격했기 때문에 당연히 3년이어야 한다고 우겼다. 임금 역시 자기 아버지의 종통을 인정하느냐 하지 않느냐가 문제였다.

그러나 1660년 3월, 남인 허목이 상소를 올려 1년 복이 부당하다고 이의를 제기했다. 효종은 소현세자가 죽은 뒤 인조의 큰아들이 되었기 때문에 마땅히 3년 복을 입어야 한다는 것이었다.

그러자 송시열은 조 대비가 소현세자를 위해 3년 복을 입었는데, 효종을 위해 또다시 3년 복을 입는 것은 부당하다고 반박했다. 결국 허목의 상소가 묵살되고 1년 복으로 추진되었다. 그러던 중 윤선도가 상소를 올려 예론 싸움에 크게 불을 질렀다. 더구나 서인들이 소현세자의 아들을 내세운다는 말에 궁중은 크게 흔들렸다. 그러자 승지 김수항 등은 윤선도의 상소문은 예론을 칭탁해 나라를 위태롭게 한다고 주장했다. 이때 임금도 윤선도의 상소문이 너무 지나치다며 상소문을 돌려보낸 후 근신할 것을 명했다. 그러나 서인들은 이에 만족하지 않고 윤선도를 죄를 주라며 우겼고 윤선도를 두둔하는 남인 측에서도 대항했다.

이 문제로 남인과 서인이 서로 다투자 임금은 윤선도의 상소문을 태우게 한 후 삼수로 귀양 보냈다. 이로 1차 예송논쟁은 매듭지어졌다.

2차 예송사건

현종 갑인년 2월에 임금의 어머니 인선대비 장 씨가 경덕궁 화상전에서 죽었다. 예조판서 조형 등이 또다시 자의대비의 복상문제를 상주하였다.

윤선도

이번에는 효종 부인이 승하했기 때문에 시어머니인 자의대비가 며느리를 위해 복을 입는 것이 1년이냐 9개월이냐의 문제였다. 임금이 신하들과 자의대비의 복제를 의논하고 있을 때 대구의 유생 도신징이 상소를 올렸다.

'대왕대비의 복제에 대하여 대공으로 마련한다는 것은 효종대왕 승하 때처럼 인선대비를 장부로 인정하지 않겠다는 것입니다. 마땅히 기년으로 해야 맞습니다.'

그는 서인들이 대공으로 해야 한다는 주장을 반대했던 것이다. 현종은 1차 예송 때 선왕 효종이 서자라고 1년 복으로 정한 것에 불편했다 더욱이 임금도 자칫 잘못하면 자기도 차자의 손으로 대우를 받을 것을 염려했다.

"도대체 대왕대비께서 입으실 상복이 처음엔 기년복을 정하였다가, 후에 대공복으로 고친 이유가 무엇이오?"

그러자 김수흥이 대답했다.

"전하, 그것은 기해년 국상 때 기년복으로 정했기 때문이옵니다."

"당시 송시열이 기년복을 주장하여 말썽이 있었소. 그때 기년복으로 의견을 수렴하자 영의정 정태화가는 '뒷날 틀림없이 말하는 사람이 있을 것이오.'라고 하였소. 더구나 그 때엔 『국조보감』의 예를 사용하였다고 했소. 그러면 지금의 대공복은 국가의 제도요?"

이에 김수흥은 말하였다.

"상감마마, 『대전』엔 기년복이란 글자만 기록되었지 큰아들인지 둘째 아들인지 서열에 대해선 아무런 기록이 없었사옵니다."

"부왕 때 기년제를 채택한 것은 차자로 취급한 것이 아닌가. 그러니 이번에도 인선왕비를 작은 며느리라는 입장에서 대공으로 하자는 것이 아니요? 이제 논할 가치도 없다. 그냥 기년제로 시행하도록 하라."

결국 복상문제가 결정되지 않자 현종은 장인 김우명의 의견에 따라 남인들이 주장하는 기년복으로 결정하였다. 임금은 이렇게 하여 서인들의 주장을 물리쳤다. 이것으로 인해 대공을 주장한 우의정 김수흥, 조형, 김익경, 홍주국 등은 귀양을 갔고 예조 관리들을 국문하도록 했다. 그리고 남인 이하진 권대운 등을 조정으로 불러들였다.

병약한 임금

현종은 어려서부터 몸이 유약하였는데 재위 14년 동안에도 건강한 날이 없었다. 인선대비의 장례가 끝나고 효복을 입은 채 현종은 또다시 병석에 누웠다. 현종은 나날이 병세가 나빠지자 후계자를 튼튼히 세워 두어야겠다고 생각했다.

이때 세자 나이는 14세였는데 총명하면서 성품이 순해 믿음직스러웠지만 걱정되는 것은 몸이 약하다는 것과 보위에 오르기엔 나이가 어리다는 것이었다. 병상에 누워있는 현종은 동궁을 앉힌 후 자신의 사후에 생길 일을 근심하며 말했다.

"동궁, 내가 죽더라도 의지하고 믿을 만한 재상이 계신다. 어려운 일을 당했을 때 영의정 허적과 우의정 김수항 두 재상에게 부탁하고 믿어라."

한참 뒤에 현종은 두 재상을 불러놓고도 동궁에게 사부의 예를 갖춰 절하게 하고 간곡한 말로 당부했다. 현종은 갑인년 추석에 임종을 맞는 듯하자 모든 궁중의 대신들은 물론 백성은 추석 차례를 지내지 못했다. 그러나 저녁때부터 현종의 병세가 점차 좋아졌다. 하룻밤이 지난 그 다음날 아침에 임금은 할마마마를 보겠다고 했다. 그러자 자의대비는 임금의 병상에 나와 근심스러운 얼굴로 손자의 이마를 짚었다. 이때 임금은 대비의 손목을 잡으면서 말했다.

우암 송시열과 임관주의 글씨바위
- 보길도, 포구가 보이는 자리에서 마음속세의 티끌을 씻어내고자 '心'의 형태로 파낸 세연지와 세연정

 '할마마마, 전 회생할 가망이 없습니다. 제가 용상에 앉은 지 15년이지만 아무 것도 해놓은 일이 없습니다. 선왕이 갈구한 국치를 씻지 못한 채 세상을 떠나게 되어 너무 원통합니다.'

 현종은 효종 때 추진되던 북벌계획을 중단했다. 그 대신 군비증강을 위해 훈련별대를 창설했고, 백성들을 위해 대동법을 호남지방에 실시했다. 그리고 인쇄사업을 육성하기 위해 동철활자 10만자를 주조시키고 천문관측법과 혼천의를 다시 만들게 했다.

 이때 제주도에 표류되어 조선에 들어온 네덜란드인 하멜 등은 본국으로 돌아가기 위해 전라도 좌수영을 탈출했다.

 본국에 돌아간 그는 조선에 억류되었던 14년 동안 일들을 『하멜표류기』를 발간했다. 이로 인해 조선이 유럽에 최초로 알려졌던 것이다.

현종 요점정리 — 현종 대 예송논쟁으로 전개된 서인과 남인 간 당파싸움

서인과 남인 간에 벌어진 당파싸움은 현종 때에는 예송논쟁으로 전개가 되었다. 예송논쟁은 두 차례 있었는데 1차 논쟁에서는 서인이 승리하였고 2차 논쟁에서는 남인이 승리를 하였다.

1. 1차 기해예송(1659) :

효종이 죽자, 서인세력의 송시열, 송준길, 정태화등은 효종이 둘째 아들로서 왕위를 계승했기 때문에 어머니인 조대비가 상복을 1년만 입어야 한다고 주장하였는데, 남인세력의 허목과 윤휴는 효종이 비록 차자지만 장자가 죽은 후 왕위를 이었으므로 장자로 보아야 한다고 하여 상복을 3년을 입어야 한다고 주장하면서 예송논쟁이 발단이 되었다. 이 논쟁에서는 서인이 승리하여 1년 상이 채택이 되었으며 서인이 계속 정권을 유지하였다. 1년 복으로 굳어지려고 하는 상황에서 남인 문사 윤선도가 송시열을 역적으로 몰면서 다음과 같이 말하였다.

"송시열이 종통은 종묘사적을 계승한 임금에게 돌리고, 적통은 이미 죽은 장자에게 돌리려는 것입니까? 그렇다면 종통과 적통이 갈라져 둘이 되는 것이니 천하에 어찌 이런 이치가 있겠습니까? 지금 나라의 권력은 위의 임금에게 있지 않고 신하에게 있습니다"

이 상소에 경악한 서인들은 당력을 모아서 윤선도를 삼수갑산으로 귀양을 보내게 된다.

2. 갑인예송(1674)

효종비가 죽자, 조대비의 상복 문제가 다시 등장하여 서인은 효종비가 차자의 부인이므로 상복을 9개월만 입어도 된다고 주장하였고, 반면 남인은 적장자의 부인이므로 1년을 입어야 한다고 주장하여 이번에는 남인이 승리를 거두어 정권을 잡았다.

〈기해예송 연표〉
1659년 효종 사망, 조대비 복상문제 제기,
송시열,송준길 1년복 주장
1660년 남인의 허목 3년복 주장
남인의 윤선도 서인의 주장 비판하다가 귀양
1663년 윤선도 석방 요구
1665년 윤선도 광양 이배
1667년 윤선도 석방

〈조선후기의 예악서〉
김장생 〈가례집람〉〈상례비요〉
유계 〈가례원류〉
이재 〈사례편람〉

〈갑인예송 연표〉
1674년 효종비 사망, 조대비 복상문제 제기
기년복 채택, 남인의 허적 영의정 임명
1675년 송시열 유배
1680년 송시열 석방(경신환국)

현종 때의 예송논쟁은 2차에 걸쳐서 이루어졌으며 그 이후에는 예송논쟁이 일어나지 않았다.

조선이 성리학적인 유교국가라는 것을 잘 보여주는 사건이라고 할 수가 있다.

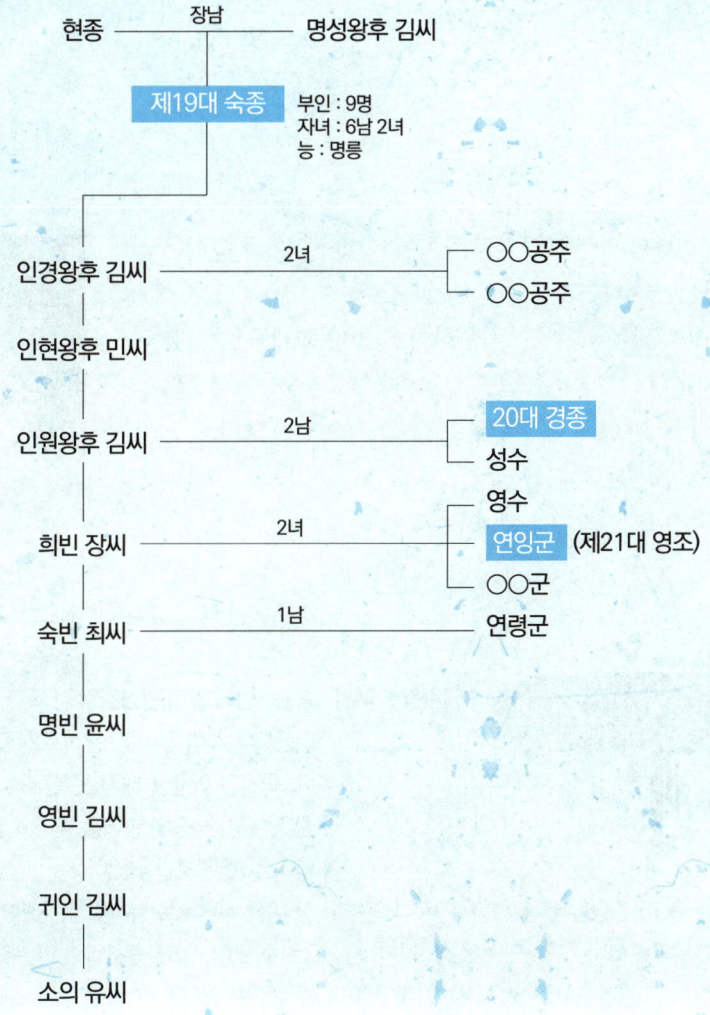

숙종실록
제19대 (1661~1720년)

숙종은 현종과 명성왕후 김씨 사이에 태어난 외아들로 휘는 순이고 자는 명보다.

숙종은 1674년 8월 14세에 즉위하여 1720년 59세로 죽었다. 묘호는 숙종(肅宗)이고, 존호는 "광효효숙경상측서윤희성렬광무신정대왕(廣孝效肅慶商側曙尹熙性洌光武新政大王)"이다.

능은 명릉(경기도 고양시 덕양구 용두동 서오릉)이다.

조선 19대 숙종

● **인현왕후 폐위** : 숙종 6년에 왕비 인경왕후 김 씨가 죽자, 이듬해에 계비 민 씨가 왕비로 책립되었다. 하지만 아들을 낳지 못하자 후궁 숙원 장 씨가 숙종의 총애를 받아 숙종 14년 10월에 왕자를 낳았다.

숙종 15년 정월에 왕자를 원자로 책봉하고 장 씨를 희빈으로 봉하였다. 1689년 인현왕후 민 씨는 폐출되면서 장희빈이 중전으로 올랐다. 이때 송시열이 인현왕후가 젊기 때문에 후사를 낳을 가능성이 있다며 폐출을 반대했다. 그러자 숙종은 송시열의 관직을 삭탈하고 서인일파를 내쫓았다. 이를 계기로 남인들은 송시열을 제주에

위리안치 시켰다가 6월에 정읍으로 옮기는 도중에 사사시
켰다. 세월이 지난 후 폐비 민 씨가 왕비로 복위되고, 왕비
장 씨는 희빈으로 강봉되었다.

- **대동법 실시** : 평안도와 함경도 등을 제외한 모든 지역
에 대동법을 실시하여 임진왜란과 병자
호란 이후 계속 추진해 온 토지 사업을 완
료하였고 상평통보라를 주조하여 상업을
장려하였다.
- **국방력 강화** : 숙종 38년(1712년)에는 백두산 분수령(압록강과 두만강이 갈리는
곳)에 백두산에 정계비를 세워 우리나라의 경계를 분명히 하였고 울
릉도에 침범한 왜구를 무찌르고 울릉도 출입을 금지시켰다.

장희빈

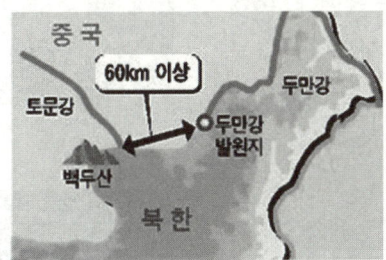

백두산 정계비

『숙종실록』

『숙종실록』은 숙종의 재위기간인 1674년 8월부터 1720년 6월까지의 역사를 기록한 것
으로 모두 65권 73책으로 된 활자본이다.

원제는 『숙종현의광륜예성영렬장문헌무경명원효대왕실록』이다.

숙종이 죽은 지 반년 뒤인 경종 즉위년(1720년) 11월부터 시작하여 영조 4년(1728년) 3월
에 완간하였다. 실록 편찬은 1720년(경종 즉위) 11월에 시작하여 1728년(영조 4) 3월에 완
성했다. 8년이 소요된 것은 숙종의 재위기간이 47년이나 되어 기사의 분량이 많고, 편찬

도중 노론과 소론의 정쟁으로 신임옥사 등 정국이 요동치면서 편찬 책임자가 자주 바뀌었기 때문이다.

숙종 6년엔 경신환국이, 15년엔 기사환국 그리고 20년엔 갑술환국이 일어났다. 그때마다 남인과 서인들이 번갈아가면서 득세했고 그런 와중에 많은 사람이 죽었다.

장막과 차일의 비화

숙종이 아버지 대신 의지하고 믿으라고 부탁했던 허적과 가족이 몰살당한 것은 허적의 권력욕심 때문이었다. 허적은 현종 말년부터 숙종 즉위 후까지 영의정으로 있었는데 서인들을 몰아내고 남인의 세력을 펼치려다가 변을 당했다. 1679년 6월 영의정 허적이 허목의 상소에 반대해 한양성 밖으로 나가버렸다. 그러자 숙종은 당파 간에 불화가 심한 것을 비판하면서, 사사로운 의견으로 자신들의 파당을 지지하면 중벌로 다스리겠다고 경고했다.

허목

서인들은 허적이 세력을 확장하고자 하자 약점을 찾았지만 전혀 없자 아들 허견을 조사했다. 이를 눈치 챈 허적은 아들에겐 몸가짐을 조심하라고 타이르고 심복에겐 아들을 감시하라고 했다. 허견이 유부녀와 간통했다는 소문이 종친 복선군과 역모를 꾸몄다는 혐의로 발전해 있었다.

허견은 옛날부터 역관 이동구의 딸 차옥을 마음에 품고 있었다.(이차옥은 역관 서효남의 며느리이다) 그러던 어느날 친척 결혼식에 참석한 그녀를 거짓으로 꾀어내 능욕을 범하고 사흘 지난 밤, 사동 친정집에 데려다 주었다 친정부모가 깜짝

허적

놀라며 이유를 묻자 어머니에게 자신이 당한 일들을 이야기하고 범인도 알았지만 세도가인 재상이라 그저 참는 수밖에 없다며 분기를 억지로 참았다.

허견은 이차옥을 청풍부원군 김우명의 첩 예정이 살고 있는 집에서 범했다. 예정은 허견의 처 예형과 의형제지간으로 허견의 집사람이나 마찬가지라 생각했지만 예정은 김우

명을 내탐하기 위해 보낸 첩자였다. 예정에게 반한 김우명은 그녀를 첩으로 삼아 살다가 죽자 첩의 신분을 면하게 된 후부터 허견의 집을 드나들었다. 예형은 심부름하는 계집아이를 예정의 집에 들여보냈는데 어느 날 고하는 말을 듣고 깜짝 놀랐다. 그 이튿날 예정은 평상시와 똑같이 예형을 찾아왔다. 냉면으로 밤참을 먹은 예정이 추워서 떨고 있었다. 그러자 예형은 생강차를 끓여 오라고 한 뒤 입을 열었다.

"아우님, 옥동자를 낳으려나 보구먼. 이렇게 더운 방에서 춥다고 떨고 있으니?"

"형님도 별말을 다 하십니다. 하늘을 올라가야 별을 따지 않겠소."

"그런데, 우리 대감이 자네 집 건너 방에 사흘씩이나 묵게 두었나? 할 말 있으면 해보게나."

예정은 차옥의 일을 사실대로 말했지만 예형은 믿지 않았고 예형은 한층 더 호통을 치며 예정의 머리채를 잡아당기자 넘어지면서 장지에 입이 부딪쳐 이빨 두 개가 부러졌다.

청풍부원군의 조카 김석주는 죽은 숙부와 옛정을 생각해서 숙모가 되는 예정을 가끔 찾아가 위로했는데 이듬해 봄. 예형과 싸우다가 이빨이 부러진 것을 알았고 허견의 집을 은밀히 염탐해 줄 것을 당부했다. 예정은 다시 예형을 찾아가 사과를 하고 두 사람은 전과 같이 친해졌다.

김석주는 예정을 통해 허견에 대해 매일 만나는 사람은 벼슬아치는 별로 없고 복선군과 가장 친하다는 것을 알았다.

김석주는 상동 사는 한성좌윤 남구만을 찾아가 허견을 제거하고 서인들이 다시 일어나야할 기회로 삼아야 한다고 했다. 남구만은 동인을 잡아먹지 못해 안달난 사람으로 그는 상소문을 올렸다.

'신이 전해 들은 바 청풍부원군 김우명은 이미 작고했지만 그의 첩실 오 씨(예정)가 아직 옛집을 지키고 있습니다. 오 씨는 허견의 처 홍 씨와 결의형제를 맺은 사이옵니다. 그런데 홍 씨는 오 씨가 자신의 남편과 정분이 났다며 마구 때리고 싸웠습니다. 싸움 중 오 씨는 앞니 두 대가 부러졌습니다. 부원군의 첩이 비록 천인이지만 중전의 서모가 되는 분입니다. 이것을 이대로 두는 것이 옳습니까?'

이 상소문으로 또다시 조정이 시끄러워지고 이튿날 허적이 사연을 밝힌다며 상소했다.

'신의 소자 허견의 처는 죽은 홍순민 첩의 딸로서 성품이 괴팍하고 결혼도 속였습니다. 그간 결의형제한 예정이란 여자와 친하게 지낸다는 말은 들었지만, 서로 싸움을 했다는 말은 처음 듣습니다. 아마 그의 성품이 흉패해서 좋지 못한 소문이 난 모양입니다.'

그러자 그 다음 날에는 우윤와 신정이 다시 상소를 올렸다. 이번에는 이차옥 사건을 놓고 공박했고 임금은 포도대장 구일에게 사실을 조사하라했다. 어명을 받은 구일이 허견과 차옥을 잡아가두고 문초를 했지만 부인하자 근거가 없는 일로 돌아간 듯 했다. 그러자 이튿날 남구만이 또다시 상소를 올렸다.

'허견은 집에서 백두 친구들을 끌어 모아 시국을 논하고 남의 집 유부녀를 겁탈하는 자입니다. 이차옥의 사건은 허견의 아내 예형과 그녀와 결의형제 예정이 증인이옵니다. 그런데 허견과 이차옥만 불러 물어봤으니 진상이 드러날 수가 있겠습니까? 뿐만 아니라 윤휴가 싸고돌기 때문에 결국 무소(誣訴)가 된 것입니다. 윤휴는 바른 사람이 아닙니다. 그는 나라에서 금하는 소나무 수천 주를 베어다가 자기 집을 지었다고 합니다. 국법에 소나무 열 주만 베어도 큰 죄를 짓는 것인데, 관직에 있는 자가 이러니 어떻게 백성들을 보살필 수 있겠습니까?'

젊은 임금은 이 상소를 보고 눈살을 찌푸리며 즉시 형조판서 이관징을 불러 모든 사실을 밝혀내라고 명했고 모두가 거짓이라고 아뢰었다.

그러자 임금은 남구만이 무근지설로 남을 헐뜯고 임금을 속인 것을 이유로 관직을 삭탈하고 귀양을 보내고 말았다. 바로 이 무렵 의병과 승군이 합세해서 소현세자의 손자 임창군을 추대하려 한다는 무명의 투서가 병조판서 김석주의 손을 거쳐 조정으로 전달되었다.

이후 서인과 남인의 감정은 극도로 팽창되었지만 숙종은 허적을 믿고 의지했다. 아버지의 권세를 믿은 아들 허견의 방종한 생활은 날로 심해져 주변에 적이 많았다. 이미 공공연하게 남의 집 부녀를 겁탈하고 무기를 대량으로 만든다는 소문이 돌았지만 누구 한사람도 그를 탄핵하지는 못했다. 이때 김석주가 드디어 직접 탑전에 나아가 아뢰었다.

"상감마마, 허적은 늙은 간흉이요, 그의 아들 견은 젊은 역적이옵니다. 그들을 그냥 내버려두시면 훗날 반드시 후회할 날이 올 것입니다. 여러 사람들의 여론을 살피시고 일의 귀추를 따라 그들 생활의 이면을 살펴보시기를 바랍니다."

임금은 비로소 허적 부자를 의심하여 별군직 이입신과 어영장 박빈을 비밀히 불러서 복선군과 허적 부자의 사생활을 살피라고 했다. 어느 날 새벽 찬 서리를 맞고 떨면서 복선군 궁 행랑채 아궁이 앞에서 불을 때는 궁비 앞에서 손을 녹이며 예상치 못한 말을 들었다.

"손끝은 왜 그렇게 다쳤소."

"바느질이 많아서 바늘에 찔린 것이 덧났답니다."

"혼수 바느질을 했소?"

"군복 백 벌을 한 개의 가위로 본을 뜨고 꼭 밤에만 짓는 거예요. 거의 끝나 가는데 또 몇 백 벌을 만들지 모른다하니 걱정입니다."

"그러면, 그것은 모두 궁 대감께서 시키신 일이요?"

"아니에요, 어느 정승 아드님이라나? 옷감을 가져오는데 꼭 밤에만 왔다가 돌아간답니다."

이입신은 그날 아침, 김석주에게 낱낱이 고했다. 그날은 영의정 허적의 집에선 조부 허잠이 충정공의 시호를 받는 날이었다. 아침부터 사당에 차례를 지내고 원근 친척과 친구들을 청해 잔치를 열게 되었다. 그런데 아침이 지나 갑자기 비가 내려 잔칫집은 엉망이 되었다. 그렇다고 연기할 수도 없었다. 우선 비를 막을 수 있는 차일을 궁에서 빌려 쳐 놓고 빈객들을 대접했다.

이때 임금은 비 오는 날 잔치를 치르는 영의정을 염려하여 차일을 내주라고 했다. 그런데 옆에 서있던 내시가 아무 생각 없이 벌써 빌려갔다고 아뢰었고 승낙도 없이 가져간 것에 기분이 언짢아지니 허적에 대한 의심이 들었다.

때마침 김석주가 급히 입궐하여 이입신이 내탐한 정보를 아뢰었다. 그러자 임금은 곧장 무감을 허적의 집에 보내 빈객들을 조사케 했다.

이날 참석자는 종친 복선군 형제와, 서인 오두인, 이단상, 김만기를 제외하면 모두 남인 재상들이었고 훈련대장 유혁연이 주빈과 가장 가까운 자리에 앉아 있었다. 무감이 보고를 받은 즉시 내시가 허적의 집으로 찾아와 유혁연과 김만기에게 당장 입시하라고 전했다. 상감이 병조를 통하지 않고 직접 훈련대장을 부르는 것은 나라에 변고가 있기 전에는 없는 일이다. 이상한 예감을 한 부제학 유명천이 벌떡 일어나 삼정승이 대궐로 들어가 무마하자며 곧장 예궐하였다. 이들은 내전 궐문에 이르러 승지에게 알현할 것을 전하자 승지가 지금 만날 이유가 없으니 그대로 물러가라는 것이었다.

이들의 얼굴은 흙빛으로 변했다. 집으로 돌아온 허적은 아들 허견을 불러 최근에 어떤 일을 했는가를 물었지만 대답이 없었다. 걱정으로 하루가 지났지만 대궐로부터는 어떤 처분도 내려오지 않았다. 한편 김석주는 심복 정원로를 시켜서 상소를 올리게 했.

'허견은 유혁연과 잔당들과 규합해 역모를 꾸미며 장차 복선군을 추대하려는 것이 최근에 알려졌습니다. 며칠 내로 거사할 모양이니 속히 처분하시옵소서.'

더 이상 임금은 참지 않았다. 허적이 가평으로 내려가려고 황급히 가사를 정돈하는데 돌연 의금부 나졸들이 집을 에워싸고 들어왔다. 허적이 의금부로 붙들려 간 뒤 허견과 복선군도 체포되었다.

임금은 일곱 곳에 국문처를 만들고 엄중하게 문책한 결과 주범이 되는 허적 부자, 유혁연, 복선군, 윤휴, 민희, 오시수, 이태서 등은 처형시키고 그밖에 사람들은 모두 귀양 보냈다. 이것이 경신년에 일어났다고 해 경신대옥이라고 한다. 이것은 숙종의 외삼촌 김석주가 꾸며낸 사건이다. 김석주와 정원로는 역모를 고변한 공로로 보사훈을 받았다. 허적이

숙종실록 371

죽은 후 김수항이 영의정을 맡고 좌우영상과 육조판서가 모두 서인이 임명되었다. 즉 남인들이 멸망하고 서인의 세력이 판을 쳤다.

나인 장 씨의 꿈

인경왕후 김 씨는 서인 광성부원군 김만기의 딸이다. 현종 11년(1670년) 11세의 나이로 세자빈으로 간택되어 이듬해 3월 왕세자빈으로 책봉되었다. 1674년 숙종이 왕으로 즉위하면서 왕비가 되었고, 숙종 2년(1676년) 정식으로 왕비에 책봉되었다.

숙종은 인경왕후가 서인들의 힘으로 중전이 된 것을 달갑지 않게 생각했지만 절세미인에 심성이 고왔기 때문에 차츰 정이 들어갔다. 그에게는 동궁시절부터 장렬왕후의 나인 장 씨와 사랑에 빠져 있었는데 왕위에 오르자 장 씨는 숙종에게 접근하였고 숙종은 그녀의 숙소를 수시로 출입하게 되었다. 그때 인경왕후는 장렬왕후에게 말했다.

"주상께서 보잘것없는 나인의 처소에서 자게 내버려 둔다는 것은 왕실에 자칫 누가 될까 걱정이옵니다. 처소를 따로 정해 주심이 좋을 듯해서 아뢰나이다."

이후 장 씨는 응향각으로 처소를 옮기고 왕을 맞이하게 되었지만 왕비의 배려에도 장 씨는 틈만 나면 숙종에게 인경왕후가 왕을 욕하고 자신도 죽어야 한다했다고 거짓말을 하며 이간질했다. 숙종 5년(1679년) 늦가을, 이런 사실을 안 장렬왕후는 장 씨를 사가로 내쫓았다.

그러나 장 씨는 뉘우침이 없었고, 중전을 원망하고 있을 때 동평군이 찾아와 조사석이 조대비의 마음을 돌리려 힘쓴다며 다시 궁궐에 들어가게 될 것이라고 전했다.

서인인 조사석은 강직한 성품의 인물로 여러 관직을 두루 지낸 그는 동평군과는 인척지간으로 조대비의 친정아버지 사촌 아들로 재종동생이기도 했다.

장 씨는 동평군과 조사석의 도움으로 다시 궁궐로 돌아갈 것이라는 기대를 걸고 있었다. 그러던 이듬해 숙종6년(1680년)봄에 경신대출척이 일어나고 삼복형제와 허적과 허견 등 남인들 대부분이 조정에서 제거될 때 동평군과 조사석은 근신중이였고 장씨가 궁궐에 들어오는 기회를 엿보는 일도 중단했다. 그러던 중 조사석은 예조판서로 승진되었고 장씨의 궁궐 복귀 또한 시작했다. 그런데 숙종 6년(1680년)10월, 인경왕후는 장 씨의 질투와 모함에 시달려 만삭상태로 갑자기 죽었다. 그녀의 죽음에 장 씨가 더욱 기뻐했다. 그녀는 경기도 고양시 덕양구 용두동 서오릉 능역의 익릉에 묻혔다.

그 이듬해 숙종 7년(1681년) 서인 세력 영양부원군 민유중 딸과 가례를 올렸는데, 인현왕후 민 씨다. 그녀 나이 15세였다. 어린 인현왕후는 지나치게 예의가 바른 탓에 숙종과는 관계가 서먹하고 죽은 인경왕후만 생각하였다. 이를 본 어머니 명성왕후와 증조할머니 장렬왕후는 후사를 걱정했는데 마침 재종동생 조사석은 장 씨 입궁을 권유했다.

마침내 장렬왕후는 장 씨를 궁궐로 다시 불러들였는데, 숙종이 지나치게 장 씨에게 빠지자, 왕대비 명성왕후가 노했다.

"상감이 승하한 중전으로 상심했다는 것도 헛말이구나. 더구나 장 씨는 과거 현덕한 중전을 모함한 계집이 아닌가? 지금 당장 궁궐에서 쫓아내어라!"

장 씨는 다시 쫓겨나는 처지에 이르고 숙종은 어머니의 노여움이 풀리면 다시 불러들이겠다고 약속하고 이별했다. 쫓겨난 장 씨는 인조의 다섯째 아들 승선군 부인 신 씨의 배려로 그 집에서 살게 되었다. 장씨는 임금이 새 중전과 첫날밤부터 다투었다는 말에 기뻐했지만 세월이 흐르면서 차츰 임금이 중전에게 정을 붙인다는 소식에 분함을 참지 못했다..

숙종 9년(1683년) 12월에 대비 명성왕후가 죽자 인현왕후가 궁중의 사실상 어른이 되었다. 이때 조정은 서인들이 득세했고 민심은 여전히 흉흉했다. 영의정 김수항은 너무 강경해 임금도 꺾을 수가 없었고, 숙종이 믿었던 대비의 사촌오빠 김석주가 역시 당파를 일으켜 다른 계파를 배척하고 부귀와 영달만 쫓고 있었다. 마침내 숙종은 3년 전 경신대출척으로 영의정 허적을 죽인 것이 후회스러웠다.

명성왕후가 죽었다는 소식을 듣고 대궐로 들어가는 희망을 품고 있던 장 씨는 장렬왕후를 설득한 숙종의 부름을 받았다.

인현왕후에게 후사가 없자 26세의 숙종은 장 씨에게 더욱 집착했고 불안을 느낀 서인들은 서인출신 집안에서 후궁을 뽑아 후사를 잇게 하자고 했다. 숙종 12년(1686년) 2월부터 간택령을 내리고 3월에 영의정 김수항의 형 김수흥의 아들 김창국의 딸이다. 숙의에 봉해진 후궁 김 씨는 몸이 허약해 숙종의 관심을 끌지 못한 채 인현왕후와 가깝게 지냈다.

게장에 숨은 비밀

숙종 12년(1686년) 5월 장 씨는 쫓겨난 지 5년 만에 다시 입궐하였다. 숙종은 장 씨에게 빠져. 정사를 팽개쳤다. 장 씨가 입궁한 지 얼마 되지 않아 예조판서 조사석이 이조판서에

올랐는데 장 씨 힘이 작용했고 이듬해는 오빠 장희재 에게 금군장이란 소임을 맡겼다

장씨에겐 취선당 이란 별당 까지 지어 주었고 재 입궐한 6개월 뒤 12월에는 정2품 소의로 진봉 된후엔 궁중의 안주인 행세를 했다.

숙종 13년(1687년) 3월, 인경왕후의 아버지 김만기가 죽고 7월엔 계비 인현왕후의 아버지 민유중이 병으로 죽었다. 영의정 김수항은 임금의 무절제한 행동을 간하다가 청풍부사로 좌천되었다가 사직했다.

숙종 14년(1688년) 10월 28일 장소의가 아들을 낳았다. 그 아기가 후일 조선 20대 왕 경종이다. 아들을 낳자 그녀의 콧대는 더욱 높아졌고 덩달아 어머니 윤 씨도 마찬가지였다. 왕자가 태어난 지 14일이 지날 무렵, 장소의 어머니 윤 씨가 옥교를 타고 궁궐로 들어오다가 금리 김만석과 박소일에게 제지를 당했다. 당시 국법엔 윤 씨가 가마를 타고 대궐을 출입하는 것이 허용되지 않았다. 가마를 빼앗긴 윤 씨는 일부러 땅바닥에 딩굴면서 대성통곡했고 장소의는 숙종에게 통곡하며 고했다.

"이게 모두 제 잘못입니다. 인삼이 든 보약을 먹으면 왕자 아기씨께 해가 될까 봐 중전께서 하사하신 약을 돌려드렸더니 당장 이런 화가 미치는군요."

"중전이 그런 짓을 했단 말이요?"

숙종은 진노하여 김만석과 박소일을 국문하며 중전으로부터 밀령 받은 것을 자백하라는 고문에 허위자백을 했고 고문 후유증으로 그날 밤 죽었다. 이후 숙종은 인현왕후에게 달려가 호통 쳤다.

"중전, 바른대로 말하시오? 왜 인삼이 든 약을 취선당에 내렸소? 그렇게 왕자를 해치고 싶었소."

"전의청 제조 유영을 직접 불러 처방한 것입니다."

"그럼, 왜 문지기들을 교사하여 장소의 어미 윤 씨를 치게 하였소?"

인현왕후는 정말 어처구니가 없었다. 다만 요녀 장소의에게 빠진 임금이 안타까웠다. 이번에 숙종은 전의청 제조 유영을 고문하여 중전과 공모한 사실을 실토하라고 했다. 인현왕후는 억울하게 고초를 당하는 유영이 안타까웠다. 소문은 조정으로 순식간에 퍼졌다. 숙종 15년(1689년)정초, 왕자가 태어난 지 5일 만에 장소의의 성화로 원자로 책봉했다. 이때 서인들은 민비가 아직 23살로 젊기에 서두를 필요가 있겠느냐며 반대했지만 숙종은 강경했고 희빈으로 승격시켰다.

그러자 노론의 영수 송시열 역시 송나라 철종의 예를 들어 왕자를 원자로 세우는 것은 급한 일이 아니라며 상소를 올렸다. 그러자 송시열을 비롯한 노론계 정치인들이 대거 유배되었

다 또한 진도로 유배 간 김수항에게 사약이 내려졌으며 지난해 장희빈의 일로 귀양을 갔다가 풀려났던 김만중도 다시 남해로 귀양을 갔다. 그는 유배지에서 명작 『구운몽』을 집필하였다.

이로써 조정 주도권은 민암과 이의징 등에게 넘어갔으며 남인들이 대거 등용되는 기사환국이다. 희빈의 욕심은 끝이 없었다. 입궁한 지 4년 된 후궁 김귀인을 모함하여 작호를 삭탈하고 사가로 추방했다. 인현왕후의 생일날, 점심 때 가 되어서 거처 영휘당에있는 장희빈에게 갔는데 임금 앞에 엎드려 울면서 간했다.

"전하, 이대로 있다가는 소빈은 제명에 죽지 못하겠사옵니다."

"무슨 일이 있느냐?"

"마마, 저 뜰 밑에 피를 토하고 죽은 개를 보세요."

"아니?"

"도대체 저 개가 왜 여기서 죽었단 말이냐?"

"중전께서 오늘 음식을 많이 보내셨는데 왠지 섬뜩한 생각에 개에게 주었습니다. 그런데 개가 저렇게……."

숙종이 분노하자 장희빈이 매달리면서 말리는 척 했다.

"오늘은 중전마마 생신이옵니다. 신첩이 모함을 받고 있어서인지 아침문안인사를 드리러 갔다가 거절당했습니다."

숙종은 장희빈의 이야기를 자신이 직접 중전에게서 들었다고 하자 남인 조정대신들도 왕이 의도를 간파했다. 승지 이기만이 부당하다고 간하였으나 숙종은 그를 파직시키고 중전을 폐위시키기로 마음먹었다. 중전은 생일 다음날에 폐출되었다. 그러자 서인 측 오두인과 박태보 등 85명이 연서로 왕비 폐출을 비난하는 상소문을 올리자 화가 난 숙종은 그들에게 낙형(달군 인두로 살을 지지는 형)을 자행했다. 마침내 오두인과 박태보는 귀양을 가다가 고문 후유증으로 죽었다. 이번엔 제주도로 귀양을 간 83세의 우암 송시열을 제거하려고 마음먹었다. 결국 남인세력에 의해 송시열은 그해 기사년 6월 국문을 받기 위해 한성으로 올라오던 중 정읍에서 사사되었다. 이로써 서인이 완전히 숙청된 기사환국은 끝이 났다.

숙종 16년(1690년) 6월, 장희빈이 낳은 균은 3살 때 왕세자로 책봉되었고, 10월에는 장희빈이 왕비로 책봉되었다.

인현왕후는 궁궐을 떠나 안국동 본가 별궁에서 근신하며 지냈다. 안마당은 잡초가 우거져 폐가나 다름없었는데 우연하게 집으로 들어온 개를 길렀는데 새끼 세 마리를 낳아 모두 네 마리가 되었다. 모두 송아지 만큼 자랐고 사나운 맹견이 되어 인현왕후를 시해하려고 여러 차례 자객으로부터 지켜 주었다. 장희빈의 오빠 희재가 어느 날 길을 지나다가 우연히 아이들이 부르는 동요를 듣게 되었다.

> 미나리는 사철이요
> 장다리는 한철일세,
> 철을 잊은 호랑나비
> 오락가락 노닐으니
> 제철가면 어이 놀까
> 제철가면 어이 놀까.

가만히 생각해보니 미나리는 민 씨고 장다리는 동생을 가리키는 것 같았다. 게다가 호랑나비란 임금을 일컫는 것이고, 철을 잊은 임금이 왕비에게 빠져있지만 제철이 지나면 어쩔 것이냐는 노래였다. 한 아이가 선창하면 다른 아이들이 따라 불렀다. 장희재는 아이들을 붙잡아 캐묻고는 죽였다. 그리고 아이의 아버지를 잡아들여 문초했다.

"네 이놈, 너는 무엇 때문에 이런 해괴한 동요를 만들어 민심을 동요시키느냐?"

지독한 형벌에 아이 아버지마저 죽었다. 이 소문이 장안에 퍼지면서 백성들은 분개했고 백성들은 그 동요를 더 열심히 불렀다. 마침내 궁중 나인들까지 이 동요를 흥얼거렸다. 그러자 장희빈은 숙종에게 동요에 대해 말하자 장희재에게 총융사 직책을 내려 노래 부른 사람은 무조건 잡아들이게 했고 폐비 민 씨가 사는 곳에는 허가 없이는 누구든 출입을 엄금한다는 방이 나붙었다.

숙종 19년(1693년) 봄, 숙종이 중궁전에 들자 장희빈은 무릎에 재우던 6살짜리 세자를 방바닥에 내던지며 인현왕후에게 사약을 내려 세자로 하여금 저주에서 벗어나게 해달라며 독기를 품고 앙탈부렸다. 숙종은 그녀가 세자를 내던지자 화가 머리끝까지 났다.

"이 못된 것 같으니라고!"

그날부터 숙종은 점점 자신의 과거를 뉘우치고 이성을 찾기 시작하면서 부터는 백성들이 자주 드나드는 술집으로 미행을 나섰다. 어느 곳을 지날때 창에 불빛이 훤하고 주문 소리가 들려왔다. 창틈으로 들여다보았는데, 기괴한 일이 벌어지고 있었다.

"비나이다. 비나이다. 화살을 맞은 자리마다 악창이 나게 해주십시오."

벽에는 폐비 민 씨의 초상화가 붙여져 있었고, 여러 명의 무당들이 춤을추며 활을 쏘고 있었다. 화살은 그림의 눈, 목, 가슴, 아랫배 등에 꽂혔고 옆에서는 장님이 경문을 읽고 있었다. 숙종은 교만방자한 왕비의 행동임을 알아차렸다. 4월 23일에 숙종은 심야에 궁중을 거닐다가 불이 켜진 궁녀 방을 엿보았는데 젊은 무수리 최 씨가 폐비 민 씨의 만수무강을 기원하는 축원을 드리고 있었다. 그것을 숙종에게 들킨 것이었다. 그녀는 민비가 폐출된 뒤 해마다 생일날이 되면 방에서 몰래 음식을 차려놓고 축원을 드렸던 것이다.

여느때 같으면 중죄에 처했을 임금이었지만 책망하기는커녕 오히려 자신이 행동을 후회스러워했다. 벽에 걸려있는 옛 중전의 옷에서 인자한 체취가 느껴지는 듯 했고 갑자기 인현왕후가 보고 싶어졌다. 하지만 숙종에게 겁에 질린 무수리는 방 아랫목에 겁내하며 주저앉아 있었다. 숙종은 인자한 말투로 입을 열었다.

"여봐라! 중전에게 올린 음식과 술이 먹고 싶구나"

무수리 최 씨는 그날 밤 숙종의 성은을 입어 숙종 20년(1694년) 9월에 연잉군을 낳았다. 이 아기가 바로 영조다. 영조를 낳기 전까지 최 무수리는 왕비로부터 혹독한 고문을 당했다. 왕비는 발악하면서 외쳤다.

"네 이년! 바른대로 고하지 못할까? 네 뱃속의 아이가 상감의 아이라고? 어서 바른대로 말해라."

직접 인두로 국부와 온몸을 마구 지졌다. 그리고 초죽음이 된 그녀를 장독으로 덮어놓았다. 이것을 알아챈 임금은 다음날 예조에 명하여 최 씨에게 종4품 숙원에 봉했으며 1699년 내명부 정1품인 숙빈으로 봉했다.

숙종 20년(1694년) 3월, 노론계의 김춘택과 소론계의 한중혁 등이 폐비 민 씨의 복위운동을 벌였다. 그러자 권력을 잡고 있던 남인 민암과 이의징은 김춘택과 폐비복위운동의 관련자 수십 명을 옥에 가두고 온갖 고문을 가한 뒤 숙종에게 보고했다.

그러나 왕비에 대한 감정이 좋지 않은 숙종은 도리어 민암을 귀양을 보내 사사시켰다. 그리고 권대운, 목내선, 김덕원 등을 유배시켰다. 이번 일로 인해 고문을 자행한 참국 대신들도 모두 처벌되었으며, 장희재까지 옥에 가두었다. 소론계의 남구만, 박세채, 운지완 등을 등용했다.

마침내 4월 숙종은 안국동의 폐비 민 씨를 복위한 후 서궁의 경복당으로 옮기라 명하고 왕비를 희빈으로 강등시켰다. 이렇게 남인의 세력이 축출된 사건을 '갑술옥사'라고 한다.

장희빈은 취선당으로 옮겨갔고 같은 해 9월에 최숙원이 옥동자를 낳자 내명부 정1품 숙빈이 되었다.

숙종 22년(1696년) 장희빈이 낳은 세자 균이 9살이되자 11살이 된 청송 심 씨 심호의 딸을 세자빈으로 맞았다. 인현왕후는 임금을 설득시켜 장희빈에게도 배례토록 하였다. 하지만 세자 내외가 인사를 하려고 할 때 장희빈은 폐백 상을 뒤엎었다.

숙종 26년(1700년) 봄, 인현왕후가 환궁한 지도 벌써 6년이 흘렀다. 복위된 인현왕후는 원래 몸이 허약했는데, 5년간의 어려운 생활 탓으로 시름시름 앓았다. 왕비의 환후가 지속되자 어약청을 마련하여 집중적으로 치료했다. 그 덕분에 병환이 조금 회복되어 일어났다. 이때 최숙빈은 입맛을 당기게 하기 위해 게장을 상에 올렸다. 다행스럽게도 중전의 구미를 돋워주었다. 그러자 최숙빈은 햇게장을 구하라고 시녀들에게 시켰다. 이것이 취선당까지 알려졌다. 장희빈은 악독한 마음을 버리지 못하고 인현왕후가 죽기를 기원했다. 그리고 자신이 왕비로 복위할 환상에 젖어 있었다.

"최숙빈, 게장이 유난히 달구나. 맛좋은 게장은 난생처음 먹어보네."

최숙빈은 왕비의 말에 너무나 기뻐 사람을 시켜 싱싱한 게장이 삭는 대로 들여오라고 했다. 그런데 왕비는 새로 가지고 온 게장을 먹고 별안간 정신을 잃고 쓰러진 두어 시간 후 왕비는 세상을 떠나고 말았다. 그러자 임금을 비롯해 모든 측근들은 의심을 하기 시작했다. 최숙빈 또한 게장이 의심스러워 맛을 봤다. 죽기 전 왕비의 말처럼 게장의 단맛이 이상스러웠다. 누군가 틀림없이 게장 속에 꿀을 넣었던 것이다. 최숙빈은 곧바로 게장이 궁중에까지 들어오게 된 과정을 조사했다.

게장을 수라간에서 편전까지 김나인이 올렸다는 것을 알아낸 최숙빈은 곧 김나인을 가두고 임금께 아뢰었다.

임금은 즉시 친국을 시작했다. 금부나장이 곤장을 때리자 김나인은 장희빈의 사주를 받아 음식의 금기를 이용했다고 순순히 자백했다. 임금은 곧바로 장희빈에게 사약을 내렸다.

장희빈은 사약을 받아놓고 나인을 궐내로 보내 죽기 전에 세자를 한 번만 만나게 해달라고 했다. 이 말을 들은 세자 또한 애걸복걸 하자 늙은 내시와 함께 세자를 보냈다.

세자는 장희빈을 보자 눈물을 흘리면서 '어머니'라고 부르며 달려들어 통곡했다. 그러나 제정신이 아닌 장희빈은 쏜살같이 세자의 급소를 잡은 후에 죽으라며 아래로 당겼다. 세자가 비명을 지르며 기절하고 옆에 있던 사람들이 달려들어 장희빈을 떼어놓았다. 세자 일행이 돌아가자 장희빈은 약사발을 내동댕이친 후 대청마루에 줄을 매어 자살했다. 세자는 차차 기운을 차리고 기동했지만 급소를 다친 상처 때문에 걸음걸이가 내시처럼 되었다.

그 이듬해 9월 30일 인현왕후의 상이 끝나자 대신들은 임금에게 다시 왕비 간택을 고했다. 이때까지 서인들은 노론과 소론으로 분파되어 세력다툼을 하고 있었다. 외척과 당파 싸움의 폐해를 뼈저리게 느낀 임금은 이들과 상관없는 곳에서 왕비를 찾았다. 임금은 경주 김 씨 김주신의 16세의 딸을 왕비로 삼았는데 친척들이 소론이었지만 어떠한 당색을 가지고 있지 않았기 때문에 택했다.

숙종 요점정리 : 당파의 희생양 장희빈에 대해 설명하시오

　숙종 그리고 그를 둘러싼 장희빈과 인현왕후의 대결. 그렇다면 장희빈과 인현왕후는 어떤 사람이었고 둘 사이는 어떠했는지 살펴보자.

　장희빈과 인현왕후 모두 당파싸움의 희생양이다. 장희빈의 아버지는 남인계열의 사람이었으므로 자연스레 남인의 지원을 받으며 지내왔고 반면에 인현왕후는 서인계열의 사람으로 남인과 서인의 대결구도는 뚜렷해졌다. 그러나 두 여자는 달랐다. 장희빈은 국모로써의 인격을 갖추지 못하였고, 인현왕후는 국모의 모범을 보여주었다. 장희빈은 실제로 숙종과의 첫 만남 이후 비운의 사랑을 자신도 모르게 시작했는 지도 모른다. 인현왕후는 국모로써 자존심을 갖추지 못한 비운의 왕비이자 그 죽음은 예사롭지 않았다. 한때는 인현왕후도 투기를 했다고 전해 내려오고 있지만 예의 바른 요조숙녀였다.

　숙종은 경신환국을 일으킨 이 후, 인경왕후가 경덕궁 회상전에서 20세의 나이로 요절하자, 계비인 인현왕후를 맞아들였다. 가례를 올린지 6년이 지나도 후사가 없자, 인현왕후는 후궁을 맞아들여 후사를 볼 것을 청하였고 장희빈을 후궁으로 봉한다.

　그러나 숙종은 장희빈이 아들을 낳자 그 아이를 원자로 책봉하며 푹 빠져있었지만 인현왕후를 능멸한다는 사실은 알지 못했다. 이듬해, 원자 균을 세자로 책봉하고 소의를 희빈으로 승격시키고 마침내 인현왕후를 폐출시켰다. 세월이 흘러갈수록 인현왕후를 한참 그리워 할 때, 무수리 최씨를 만났고 서인의 김춘택 등 폐비복위운동으로 마침내 인현왕후를 복위시켰다. 그리고 인현왕후를 저주한 장희빈에게 인현왕후의 은혜를 갚는 것으로 사약을 내렸다.

　인현왕후의 폐비와 장희빈의 강등에는 정치적 색채가 짙었다. 환국이란, 정당의 교체를 말한다. 경신환국과 기사환국 그리고 갑술환국을 거쳐 내재되어있는 남인과 서인의 대결은 외재적으로 장희빈과 인현왕후의 갈등체제로 나타났다.

숙종실록 379

조선시대 왕실에서는 '저주'에 대해서는 용서를 받았고, '투기'에 대해서는 죄를 받아 '패서인'으로 낮아지곤 했다. 그러나 장희빈은 똑같은 '저주'를 했지만, '용서'가 아닌 '사형'이라는 형벌을 받았다. 그렇다면 장희빈이 사약을 받은 진짜 이유가 인현왕후 저주 사건이었을까? 장희빈이 진짜 죽은 이유는 정치적인 이유 때문이라고 생각한다. 장희빈이 사약을 받아 죽었다는 것은 단순히, 인현왕후를 저주했다는 이유로 보기에는 무리가 있다.

　당시 정치에는 서인과 남인이라는 두 당파가 있었다. 장희빈은 남인이었고, 인현왕후는 서인이었다. 숙종의 어머니를 비롯한 궁의 사람들은 서인파가 장악하고 있었고 새로 들어온 어린 중전 또한 서인의 사람이었다. 숙종은 서인사람들에게 실망을 하기 시작하고 장희빈을 총애하다보니 남인으로 마음이 돌아설 즈음에 장희빈이 아들을 낳았다. 아들까지 생기고보니 서인들은 장희빈의 아들이 왕이 되면 남인의 세상이 될 것이 두려워 장희빈을 싫어하였고, 숙종은 장희빈과 아들을 보호하기 위해서 서인들을 버리고 인현왕후도 내쫓고 장희빈을 중전으로 삼아 남인의 나라로 만들었다. 하지만 인현왕후의 종으로 입궁한 무수리 최씨가 아들을 낳아 빈까지 오르고 보니 숙종의 마음이 다르게 변한다. 이제는 서인의 세상이 마음에 안 들어 서인을 다시 등용하고 남인들을 숙청해버린다. 그리고 중전이었던 장씨는 다시 희빈으로 후궁으로 내려오고 인현왕후가 다시 중전으로 돌아온다. 다시 궁에 돌아온 인현왕후는 오래 못 살고 6년 만에 죽게 되자 숙종은 생각한다. 만약에 세자가 왕이 되면, 장희빈의 집안은 남인이니 또 남인이 득세할 것이고 정치는 또 혼란이 올 것이라고 말이다. 세자는 인현왕후의 양자로 되어있으니 숙종은 장희빈을 죽이기로 마음을 먹는다. 믿을 수 없겠지만, 그때시대에는 궁 안에서 남을 저주하는 사건은 생각보다 비일비재했다고 한다. 장희빈이 거하는 취선당 뒤쪽에서 저주를 행한 것이 있다는 이유로 사약을 내렸다는 것이다.

　현재사회에 적용해 보면, 제대로 된 조사와 수사를 벌이지 않고 또 사건의 당사자인 장희빈의 진술도 제대로 듣지 않고서 재빠르게 사약을 내려 죽여 버렸다는 것인데, 그것은 너무나 가혹한 형벌이 아닌가 싶다. 어떻게 보면, 장희빈은 그 당시의 남인과 서인이라는 두 구도에서 정치싸움의 표상이자, 희생양이었다고 생각한다.

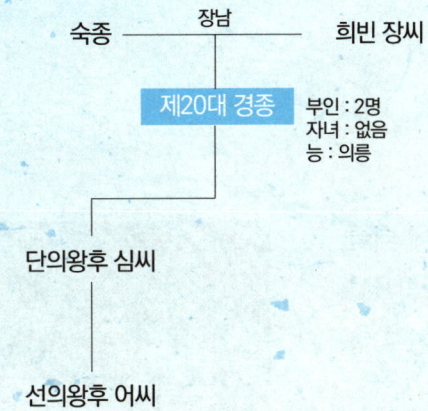

경종실록
제20대 (1688~1724년)

경종은 숙종과 희빈 장 씨 사이에 태어난 큰아들로 이름은 균이고, 자는 휘서이다. 태어난지 두 달 만인 1689년 원자로 정호 되었다.

숙종 46년(1720년) 6월13일에 즉위하여 4년 동안 재위하다가 경종 4년(1724년) 8월 25일에 죽었다. 묘호는 경종(景宗)이고 존호는 각공덕문익무순인선효대왕(恪恭德文翼武純二宣孝大王)이다.

능호는 의릉(서울 성북구 석관동)이다.

20대 경종

경종, 의릉

- **신임사화** : 소론은 경종을 노론은 연잉군(훗날 영조)을 지지하며 .소론과 노론 간의 권력 투쟁은 날로 심했다.. 경종 2년(1722)에 김창집 등의노론과 김일경 등의 소론이 대립하였고 이 사건으로 김창집 이이명, 이건명, 조태채등 4명의 노론파 대신들이 죽임을 당했다.
- 독도가 조선의 영토임을 기록한 남구만의 《약천집》이 발간되었고, 서양의 것을 모방한 소화기가 만들어졌다.

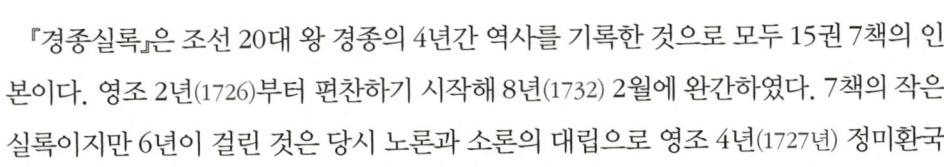

『경종실록』은 조선 20대 왕 경종의 4년간 역사를 기록한 것으로 모두 15권 7책의 인본이다. 영조 2년(1726)부터 편찬하기 시작해 8년(1732) 2월에 완간하였다. 7책의 작은 실록이지만 6년이 걸린 것은 당시 노론과 소론의 대립으로 영조 4년(1727년) 정미환국과 정국변동이 있었고, 신임옥사의 후유증 때문이다.

『경종수정실록』은 영조 초에 편찬된『경종실록』을 정조 때 수정하여 편찬한 것이다. 모두 5권 3책으로 본래 실록의 1/3분량이다. 정조 2년(1778년) 편찬이 시작되어 1781년 7월에 완성 간행되었다. 수정 이유는『경종실록』이 소론인 이집, 조문명, 이덕수, 서명균 등이 편찬해 노론에게 불리한 내용이 많았기 때문이다.

따라서 수정 실록 편찬 작업에 참여한 인원은 총재관 정존겸을 비롯해 도청당상 6명, 도청낭청 4명, 분판낭청 12명 등 도합 23명이었다. 이들은 모두 노론이었다.

조정을 어지럽힌 패거리들

1720년 숙종이 죽고 경종이 즉위했을 때 노론이 정권을 잡고 있었다. 그들은 경종이 병약해 연잉군을 세자로 세우자고 건의했다. 하지만 1721년 경종은 소론의 반대에도 불구하고 노론 측 주장에 따라 연잉군을 세제로 책봉했다. 그러자 두 달 뒤에 노론 측은 연잉군으로 하여금 대리 청정케 해야 한다고 주장했다. 이때 경종은 병석에 있었기 때문에 대리청정을 받아들였다가 다시 거둬들였다.

1721년 12월 경종을 지지하는 소론의 김일경을 비롯한 7명은 대리청정을 건의한 조성복과 대리청정을 받아들여 명령을 집행한 노론의 사대신 영의정 김창집, 좌의정 이건명, 영중추부사 이이명, 판중추부사 조태채 등은 왕권교체를 기도한 역모자라 공격하라고 상소문을 올렸다. 그러자 경종은 조정에서 노론의 세력을 없애려고, 김창집은 거제부에, 이이명은 남해현에, 조태채는 진도군에, 이건명은 나로도로 유배 보냈고, 소론의 조태구를 영의정에, 최규서를 좌의정에 임명하였다.

임금을 능멸한 대신들

4년간의 국정경험을 얻은 경종이지만 원래부터 병약했다. 따라서 대소사건을 승지와 사관이나 주서들에게 맡겼다. 그래서 국정은 침체해지고 혼탁해지고 말았다.

이듬해 신축년 경종 원년에 건강이 점점 나빠지자 무엇보다 국본을 내세우는 일이 급하다는 의논이 대두되게 되었다. 그래서 우의정 조태구를 제외한 노론파 대신들이 문무백관들을 거느리고 궐내 합문밖에 엎드리며 세제를 동궁으로 책봉하라고 했다. 그러자 반대파의 반대로 큰 참극이 일어났다.

경종이 동궁시절 세자빈 단의 심 씨는 아깝게도 16세를 일기로 세상을 떠났고 그 이듬해에 어유구의 딸을 계빈으로 맞아들였다. 어유구는 자신의 위치를 최대한 이용해 외척의 이해득실을 따지며 궁중의 분위기를 잘 이용하는 인물이었다. 그래서 노론의 영수이자 재상인 김창집은 그의 모든 것을 감시하기 위해서 매부 김순행을 그의 집에 밀정으로 들여보냈다. 결과 어유구가 딸 어비를 책동해서 경종이 아들을 낳을 가망이 없음을 기회로 소론들과 한패를 이뤄 종친 중에서 적당한 아이를 골라서 세자로 책봉하려한다는 것을 알게 되었다. 이렇게 되면 둘째 왕자 연잉군을 옹호해 오던 노론 당파의 몰락은 불 보듯 뻔했던 것이다. 더구나 최근 들어 경종이 양자 문제를 내세우는 것은 어유구 일당의 음모라는 것까지 알게 되었다.

마침내 노론파인 영의정 김창집, 좌의정 이건명, 판중추부사 조태채 등이 이조판서 이의현, 호조판서 민진원, 병조판서 이만성, 형조판서 이관명, 공조판서 겸 훈련대장 이홍술, 한성판윤 이우항, 대사헌 홍계적, 대사간 홍석보, 도승지 조영복 등과 함께 세제 동궁책봉을 주청했다. 이것은 자신들의 선배이자 동지인 이이명이 일찍이 선왕으로부터 간곡한 유언을 받았고 유언을 받들겠다는 충의로써 일어났던 것이다.

숙종의 유언이란 무엇일까? 숙종 34년 8월 어느 날 숙종은 자신의 병세가 악화되자 우의정 이이명과 독대를 했다. 그때 임금은 이이명에게 동궁이 병이 많아 둘째 왕자를 동궁으로 바꾸겠다고 했던 것이다. 그러나 이이명은 인정과 의리를 생각해 병약할지언정 자신들이 보필하면 괜찮다며 반대를 했다. 그러자 임금도 동의해 다음날로 세자를 대리청정하게 했다.

하지만 이이명이 억지로 대리청정하게 했다고 반대파들은 떠들어댔다. 안산고을에 은퇴해 있던 원임 영중추부사 윤지완은 소론의 영수로서 당년 90세 노인이었으나 이 소문을 듣고 크게 분노했다. 그는 즉시 관을 짜서 이끌고 한양으로 올라왔다. 그러나 소문과는 달리 이이명이 왕위를 둘째 왕자에게 옮기려는 전제의 행동이니 그대로 둘 수 없는 일이었다. 그래서 여론을 일으키고 상소를 올렸다. 그러자 임금은 이렇게 답했다.

"이이명이 한 것이 아니라 동궁에게 대리청정을 시키자는 것은 나의 병세를 염려해서 내가 한 것이다. 또 동궁에게 대리청정을 시킬 바에는 병약한 동궁보다는 튼튼한 연잉군을 동궁으로 봉하겠다고 했다. 그러자 이이명은 도리어 인정과 의리상으로 차마 큰 왕자를 버릴 수 없다고 도리어 동궁을 비호했던 바이다. 더구나 승지와 사관만 없었지 측근들이 모두 옆에 있었는데 독대라는 것이 말이 되느냐? 다른 풍설을 듣고 경솔한 행동을 취한 것을 보니 답답하기 그지없구나."

4년 후에 동궁이 임금으로 즉위했지만 병세가 위중하고 대신들이 나라를 걱정해 과거 숙종이 둘째 왕자를 부탁했던 유지를 좇아서 왕세제로 동궁을 책봉하려는 것은 잘못 된 것이 없었다. 그러나 소론파들은 이 일을 옳지 않다하고 도리어 환후 중에 있는 군왕의 지위를 엿보는 것이라고 주장했다.

원래 영의정 김창집과 여러 신하들의 연좌시위 할 때에는, 우의정 조태구는 빠져 있었는데, 그의 반대로 방해가 되기 때문에 고향으로 내려가 있는 시기를 택했던 것이다.

그 후 조태구가 한양으로 돌아와서 모든 것을 알게 되자 그는 본격적으로 소론들과 손을 잡고 세제 동궁책봉 문제를 반대했다. 그러자 임금은 대답했다.

"상소한 것을 깊이 생각해본 후 신중히 처단할 것이니 아직 기다려라."

이 비답을 불경에 가까운 일이라 생각한 부원군이 유구와 함께 왕비 어 씨를 움직여 임금에게 양자를 들여 동궁으로 세우라고 했다. 그러나 임금은 대답하지 않았고 왕대비 인원 김 씨는 크게 노했다.

"효종과 태종 이래 그 혈통이 계승되는 왕실이요. 또 임금의 춘추가 아직도 젊은데 누가 양자를 의논하며, 만일 무슨 변고가 있더라도 선왕의 혈통이 또 한 분 있지 않소. 그래서 혈통이 이어질 것인데 왜 망령된 말들을 한단 말이요?"

이런 인비의 말이 전해지자 소론들은 잠잠해지고, 왕대비의 주장대로 왕세자가 동궁에 책봉이 되었던 것이다. 그러나 그해 10월12일에 조성복이 또 상소를 올렸다.

'상감께서 나날이 환후가 나빠지시고 그로 인해 나라의 일이 지체되고 있습니다. 따라서 왕세제께서 이미 동궁에 책봉되었으니 가만히 앉아서 환후가 좋아지는 것을 기다릴 것이 아니라 동궁에게 국정을 대리 청정케 하심이 당연한 줄 아옵니다.'

이것으로 조정은 또다시 소란해졌다. 이때 경종은 병세가 악화되어 무슨 일이든지 무조건 귀찮았던 것이다. 그래서 이런 상소가 임금으로선 무척 반가웠던 것이다. 또한 경종은 아우를 매우 사랑하고 믿고 있었다. 임금은 다음날 명을 내렸다.

"나의 병세가 한결같아 회복될 가망이 없고, 나라의 일이 침체되어 하루가 바쁘니 왕세자에게 국정을 대리케 하겠다."

그러자 조정은 갑자기 슬렁거렸고 이와 함께 소론 재상들은 큰 변이 난 것처럼 불안에 떨었다. 그 이유는 지금까지 임금을 섬겨왔던 처지로서 너무나 억울했던 것이다. 그래서 전왕 숙종의 유지를 내세워 부당함을 주장했지만 불윤하였다.

이렇게 되자 소론파의 양자책립계획은 허물어지고, 노론파에서 옹호하던 세제추대계획이 이루어진 셈이다. 이때 조태구가 한밤중에 갑자기 내전에 들어가 임금을 만날 것을 청했다. 그러나 입직승지는 거절했다. 조태구는 승지가 못마땅한 것이 아니라 노론파 정승은 마음대로 소대를 허락하고, 소론 정승에게는 불허하라며 방어를 쳐둔 노론파의 행패가 괘씸했던 것이다.

그래서 그는 무감을 시켜 이 뜻을 곤순전에 아뢰었다. 그러자 왕비 어 씨는 조태구라 하면 부친의 동지인 것을 알고 있어, 곧 임금의 침전으로 가서 아뢰었다.

"상감마마, 지금 좌의정 조태구가 한밤중인데도 불구하고 시급한 일로 입궐을 했는데 건방진 입직승지가 들이지 않는다 하옵니다. 군신지간을 막는 자를 치워버리시고 곧 좌의정을 인견하옵소서."

경종은 병세가 더욱 악화되어 정신이 시시각각으로 변하는 때에 이 말을 듣고 화를 내며 말했다.

"이런, 무엄한 놈이 있나. 대신이 과인에게 급하다고 왔는데 왜 길을 막는단 말이냐. 여봐라~ 입직승지 놈을 불러들여라!"

조금 후에 조태구가 들어왔지만 임금은 그의 말까지도 물리치고 듣지 않았다. 이때 노론 광성부원군 김만기의 조카뻘되는 김일경이라는 사람이 있었다. 그는 문장과 변론이 뛰어나고 지략가 였지만 흉악무도한 성품으로 노론에서 배척당했다. 이를 이유로 김만기에게 감정을 품고 소론의 거두 이사상, 유봉휘 등을 찾아가 아첨했다.

김일경이 영변부사 시절 궁중 장번내시 박상검은 영변출신으로 그 세력이 막강한 것을 알고 그의 일족을 잘 보살펴 주었다. 그 후 김일경이 한양으로 돌아와 박상검의 집을 드나들게 되면서 친한 사이가 되었다. 박상검은 장희빈의 득세에 힘입어 남인과 소론들에게 충성을 바쳤다. 이사상, 유봉휘를 가르치던 김일경은 그들을 통해서 소론들과 친해졌고 조태구와도 친분을 쌓았다.

소론은 김일경을 통해 박상검을 움직이고, 박상검은 그의 심복인 내시 문유도를 통해 나인 석렬, 필정 등을 시켜 궁중과 연락을 했다. 이러한 조직을 기반으로 한 김일경은 이진유 등 여섯 사람의 동지와 함께 상소문을 올다.

"4명의 대신이 왕세제 대리청정을 건의하지 않는 것은 그들이 그 일을 일찍부터 권계하려고 했기 때문입니다. 그들이 이런 권계를 하려는 뜻은 틀림없이 왕세제를 추대해서 왕위를 엿보려는 흉계이옵니다. 그 흉계를 사전에 밝혀서 다스리옵소서."

이런 상소를 올린 김일경은 다시 목호룡 같은 늙은 원로를 시켜 또다시 4명의 대신을 성토하는 상소를 올리게 했다. 이것은 이진유의 상소를 더욱 힘 있게 밀어 주었다. 이때 임금의 병세가 더욱 위중하여지자 이 상소문을 박상검은 나인 석렬을 시켜 왕비께 올리게 하였다. 왕비는 이 글을 보고 신임하는 박상검에게 처리 방법을 물었다. 그러자 박상검은 왕비에게 자기의 의견을 말했다. 왕비는 즉시 병석에 누워있는 임금이 알지도 못하는 사이에 사대신의 관직을 삭탈하고 하옥시켰다.

그날로 최석항이 위관이 되고 남인 심단이 금부당상이 되고 소론 이삼이 포도대장이 되어 마음대로 사대신을 형살시키고 이와 연관하여 노론과 한편이 되었던 자들을 모조리 죽이고 내쫓았다. 이 일은 경종 원년 신축년부터 그 이듬 해 임인년 까지 일어난 사건으로 신임무옥이라고 한다.

이 사건 이후 노론조정 대신 영의정에 조태구, 좌의정에 최규서, 우의정엔 최석항이 되면서 모든 육조판서가 소론으로 돌아갔다. 조정은 갑술년 장비폐출 이전의 소론 시대로 돌아간 듯했다.

그러나 소론들이 두려워했던 것은 왕세제의 존재였다. 그가 즉위하면 반드시 노론이 다시 일어날 것이라고 생각해 이번 기회에 뿌리를 뽑아버리자고 했다. 그 때 총대를 멘 사람은 목호룡과 김일경이었다. 이들은 조태구, 최규서, 최석항과 새로운 음모를 꾸미기 시작했다.

먼저 임금 가까이 있는 석렬과 필정을 사주해 임금과 왕세제 사이를 이간시켰으며, 세제를 동궁처소에 구금시킨 것이었다. 그러던 어느 날 왕세제는 답답함을 참지 못하고 미친 듯이 처소를 뛰쳐나와 왕의 침전으로 달려갔다. 이를 본 내시 석렬이 말리던 중 입직승지 김일경과 환관 박상검이 나와서 세제의 팔을 잡아끌었다. 동궁으로 돌아온 세제는 이를 갈았다. 이때 동궁을 모시고 있던 설서 송인명이 충심으로 세제를 위로했다. 그는 세제가 굶어죽던가 아니면 간신들의 모해로 화를 입을 것이라고 생각했다.

어느 날 송인명은 세제에게 힘을 내라며 저녁식사를 든든히 먹게 한 후 한밤중에 세제를 목마에 태워 담을 넘게 했다. 이렇게 해서 세제는 대비의 처소로 갈 수가 있었다. 세제는 대비를 보자 눈물을 쏟으며 통곡했다. 대비도 역시 목이 메어 울면서 때가 있으니 그 때를 기다리라고 했다. 그러나 이것을 알게 된 김일경과 그 일당들은 세자가 빨리 동궁처소로 돌아가기를 간청했다. 그러자 대비는 김일경과 박상검 등을 호령하여 물러가게 했다.

마침내 경종이 병을 이기지 못하고 재위 4년 후인 갑진년 8월 25일에 세상을 떠났고 그동안 구박을 받아온 왕세제가 왕위를 계승했다. 이가 바로 조선 21대 임금인 영조로 나이가 31세였다. 세상은 또다시 변화를 맞았다.

신임사화의 비밀 '칼로써'와 '독약으로써'

소론이 권력을 차지하자 왕세제 연잉군은 위태로웠다. 그가 데리고 있던 하인들도 쫓겨났고 국왕에게 날마다 문안가는 길도 막았다. 그래서 연잉군은 왕대비에게 신변보호를 요청하고, 왕세제의 작호를 거두어 달라고 했다.

경종 2년(1723년) 3월, 목호룡이 경종을 시해하고자 한다며 고변하였다. 목호룡은 본디 남인 집안 서자출신이다. 시에 능통해 사대부 자제들과 폭넓은 교류를 가졌다. 그와 친한 사람들은 왕세제의 매사냥꾼이었던 백망과 노론의 핵심세력 출신 이천기과 김용택 등이다.

이들은 매우 친하게 지냈으며 비밀스런 일을 도모했다. 이때 왕세제의 문제가 잘 진행되자 김용택 등은 비밀을 막기 위해 목호룡을 죽이려고 했다. 그러자 소론의 김일경은 목호룡이 위험하다는 것을 알고 접근했다. 그런 후 김용택 등과 모의했던 것을 고변케 했던 것이다. 목호령의 고변내용은 다음 세 가지다.

대급수인은 칼로써 한다는 것인데, 백망이 궁궐의 담을 넘어 경종을 시해하는 것이고, 소급수인은 독약으로써한다는 것인데, 이기지, 정인중 등이 궁궐의 지상궁을 시켜 독약을 타서 경종을 시해하는 것이고 평지수는 경종을 폐출하기 위해 언문으로 노래가사를 지어 궁중에 퍼뜨려 헐뜯는 것이었다.

목호령의 고변으로 최석항이 주관이 되어 조사하였는데, 이삼과 김일경도 참여하였다. 이 음모에 가담한 사람은 정인중, 김용택, 이기지, 이희재, 심상길, 홍의인, 백망, 김민택 등이다. 이들은 모두 노론 사대신의 아들이거나 조카들이었다. 이들은 모두 죽임을 당했고, 이 밖에 170여 명 이상이 죽거나 유배되었다.

이 사건은 노론에게 치명적인 타격을 주었는데, 노론 사대신인 김창집, 이건명, 이이명, 조태채 등은 한양으로 압송된 후 사사되었다.

권력을 잡은 소론은 윤선거와 윤증을 복관시켰고, 고변한 목호룡은 동지중추부사가 되었다.

이것이 신축년과 임인년에 연달아 일어났기 때문에 '신임사화'라고 부른다.

경종 요점정리 — 조선 경종은 왜 독살 당했는가?

1. 괘서사건이 많았던 영조시대!
서소문, 남원, 전주, 종로, 나주 등등 영조대에만 무려 15건의 괘서사건이 일어났다.
그리고 영조는 다른 왕들과 달리 괘서사건 연루자들을 친히 국문한다.
현재 괘서의 내용은 전해지지 않는다.
실록은 단지 '차마 참을 수 없는 말'이어서 영조가 사관에게 기록하지 말라고 명했다는 사실만 전하고 있다. 임금이 실록에 올리기를 꺼렸던 괘서의 내용. 과연 영조의 아킬레스건은 무엇이었나?

2. 경종 독살설의 근거 2가지!
① 게장과 생감!
게장과 생감은 상극인 음식이라 한의학에서는 함께 먹는 것을 꺼린다.
왕세제 연잉군(영조)는 병석의 경종에게 이 두 음식을 함께 올린다.
② 인삼과 부자!
게장과 생감을 먹은 뒤 병세가 급격히 나빠진 경종에게 연잉군이 이번에는 인삼과 부자를 올린다. 독성이 강한 약재인 부자. 이를 두고 당시 어의는 크게 반발했다.

3. 왕위에 못 오를 뻔한 사나이. 경종!
세자 시절 어머니(장희빈)가 사약을 받게 되자 경종은 모진 당쟁의 풍파를 겪어야 했다.
즉위 3년 전 상대당파인 노론이 세자의 대리청정을 적극 지지하고 나섰다.
그런데 노론은 세자의 대리청정을 종묘(宗廟)에 고하는 것은 반대하는데…
"세자의 대리청정!" 이는 곧 세자 폐위 계획과 일맥상통하고 있던 것이다!

4. 경종즉위 1년. 대리청정이 웬 말인가?

1720년. 온갖 음모를 이겨내고 경종은 왕위에 오른다.
그런데 경종이 즉위한지 1년도 못되어 이복동생 연잉군(영조)이 왕세제에 책봉되고, 심지어 노론은 왕세제의 대리청정까지 주장하고 나선다.
적장자 상속원칙의 조선왕조. 노론은 왜 왕세제 책봉을 서둘렀나?

5. 경종 vs 영조, 그들은 이복형제였다

왕위 계승에 라이벌이었던 경종과 영조. 그들의 어머니 장희빈과 최숙의!
최숙빈은 장희빈이 인현왕후를 저주했다고 숙종에 고하여 장희빈을 죽음으로 몰고 간 여인이다. 경종과 영조는 이복형제임과 동시에 원수지간이었던 것이다.

■ 결론

경종은 1720년에 숙종의 뒤를 이어 왕이 된 임금으로, 불과 재위 4년 만에 승하한 비운의 인물이다. 그러나 그의 죽음을 둘러싼 의혹이 여전히 제기되고 있었는데, 그것은 바로 '경종 독살설'이다. 이 독살설에 의하면, 경종의 이복동생인 왕세제 연잉군(훗날 영조)이 환후 중에 있는 왕의 수라에 게장과 생감, 인삼과 부자를 올린 후, 왕의 병세가 급격하게 나빠졌고 결국 왕을 죽음으로 몰고 갔다는 것이다. 이 음식들은 한의학에서 꺼리는 음식으로, 같이 먹으면 치명적인 결과를 야기할 수 있기 때문이다. 의학서적인 본초강목에 의하면, 게장과 생감은 같이 쓰면 곽란을 일으키기 때문에 쓰지 말라고 되어있다. 생감도 성질이 차고 게장도 성질이 차기 때문에 설사를 할 수 있으므로, 소화기능이 약하고 배가 찬 사람에게는 쓰지 말라는 말이다. 게다가 게장과 생감은 건강한 사람이 먹어도 탈이 나기 쉬운 음식인데다가, 소화기능이 크게 떨어져 있는 경종에게는 더 큰 문제를 일으킬 수도 있었을 것이다. 더구나 당시는 8월 한여름으로, 게장을 먹는 것은 꺼려야할 시기였다. 또 병세가 나빠졌을 당시, 경종의 상태는 게장과 생감을 함께 먹었을 때의 부작용과 일치한다. 경종이 먹었던 이 두 가지 음식은 분명히 문제가 있었던 것이다.

그런데 이 같은 상황에서, 경종의 병구완을 지휘하던 왕세제는 어의들과 전혀 다른 처방을 내렸다. 당시에 어의들이 썼던 약은 계지마황탕이었고, 왕세제(영조)의 처방은 인삼과 부자였다. 어의는 이에 대해, 두 가지 약을 함께 쓰면 죽을 수도 있다며 반발한다. 부자와 마황이, 완전히 상극의 성질을 갖고 있다는 이유였다. 그러나 이번에는 영조의 처방이 옳았던지, 이를 먹은 경종의 증세가 오히려 좋아지지만, 이미 심신이 극도로 쇠약해진 왕은 결국 하룻밤을 넘기지 못하고 승하하고 만다. 왕세제가 올린 게장과 생감을 먹고 나서 경종의 환후가 나빠졌고, 인삼과 부자를 쓴 그날 밤에 경종이 죽었다는 것, 이같은 정황은 그대로, 독살설의 증거가 되고 만 것이다.

따라서, '게장과 생감, 인삼과 부자'는 경종 독살의 근거가 될 수는 없었지만, 이러한 소문은 삽시간에 전국으로 퍼지는데, 그 이유는 당쟁이 매우 심했던 당시 정치상황에 있다.

경종의 어머니인 희빈 장씨가 사약을 받을 때, 이를 반대했던 소론과 찬성했던 노론의 태도가 상반되었는데, 왕위에 오른 후 어머니의 죽음을 보복했던 연산군의 예에서 볼 수 있듯이, 경종에 의한 미래의 정치보복을 미리 방지하고자 집권세력인 노론과 숙종은 세자의 교체를 시도했는데, 그러던 중에 숙종이 승하하게 되고, 결국 경종이 등극하게 되었다. 이로써, 장희빈의 사사문제로 대립했던 노론과 소론 두 당파는, 그 아들인 경종이 왕위에 오름으로써 본격적인 당쟁을 피할 수 없게 된 것이다. 정권은 여전히 노론에서 잡고 있었지만, 경종이 왕으로 있는 한 소론은 언제든지 반격의 기회를 잡을 수 있기 때문이다. 경종이 있는 한 두 발 뻗고 편히 잘 수 없었던 노론은 연잉군의 왕세제 책봉을 관철시켰고, 한 술 더 떠서 왕세제의 정사 참여까지 시키라는 무리수를 두고 말았고, 여기에 힘을 얻은 소론과 경종은 노론세력을 조정에서 쓸어버리고, 소론을 요직에 앉히는 신축환국을 단행한다. 또한 노론가의 자제들이 왕을 암살하려는 계획을 목호룡이 고변함에 의해 수 십 명이 죽음을 당하는 등 노론은 풍비박산 나고, 그 계획의 핵심에 연잉군이 있다는 사실이 밝혀지면서, 영조는 자신의 이복형인 경종을 죽이려했다는 혐의로부터 자유로워질 수 없게 되었다. 더구나 경종을 지지했던 소론이 경종의 왕비 선의왕후를 움직여 양자를 맞아들여, 새로운 세자를 세우려는 계획을 추진하려 했는데, 이 계획이 성공했다면 연잉군과 노론의 입지는 더욱 좁아졌겠지만, 이러한 상황을 뒤집는 사건이 발생했으니, 바로 경종의 죽음이었던 것이다. 이처럼 왕위를 둘러싼 당파간의 음모가 끝없이 계속됐던 당시의 상황, 그리고 경종의 죽음으로 인해 뒤바뀐 노론과 소론의 운명, 바로 이것이 경종 독살설의 또 다른 이유였던 것이다.

경종이 죽고 영조가 왕위에 오른 후, 영조는 자신을 역적으로 몰았던 김일경을 비롯한 소론세력을 일거에 축출하는 을사환국을 단행하고, 정권은 다시 노론으로 넘어간다. 가까스로 정권을 잡은 소론에게는 경종의 죽음은 정말 뼈아픈 일이 된 것이다. 경종 독살설은 바로 이같은 상황에서 일어난 것이다.

당시 소론이었던 담양부사 심유현에 의해, 독살설이 괘서 형식을 통해 전국으로 퍼지게 되었고, 이것이 불만세력인 소론을 자극시켜, 이인좌의 난의 발발을 야기시켰던 것이다. 또한 영조가 펼친 탕평책역시, 자신의 과거사에서 자유로울 수 없었던 영조 자신의 한계에 의해, 결국 노론의 편에 서게 되고, 이로 인해 사도세자의 죽음까지 불러왔다 해도 과언이 아니다. 아버지인 영조에 의해 뒤주에 갇혀 죽은 사도세자는 아버지를 반대했던 소론과 정치적인 입장을 같이 했는데, 결국 이로 인해 노론의 음모에 희생되었던 것이다. 경종 독살설의 부담에서 자유로울 수 없었던 영조는 이로 인해 결국 아들까지도 희생시켰고, 탕평책이라는 개혁도 포기하고 말았던 것이다.

경종이 죽은 지 3백 여 년이 지났지만, 그동안 사라지지 않았던 독살설의 이면에는, 당쟁과 음모로 점철됐던 조선 후기의 어두운 역사가 있었다. 어쩌면 그것은 우리에게 잊고 싶은 과거일지도 모른다. 그러나 당시의 상황들을 하나하나 살펴보면서, 우리는 당파 간에 공존의 틀이 무너졌을 때 얼마나 큰 비극이 따라오는지를 적나라하게 느낄 수 있다. 노론과 소론이 자신의 세력을 지키는 데만 몰두하지 않았더라면, 그래서 당파를 초월해 인재를 등용하겠다는 영조의 탕평책이 성공했더라면, 조선의 정치는 좀 더 발전적인 방향으로 나아갈 수 있었을지도 모른다. 또한 영조가 자신의 과거사를 뛰어넘어, 경종의 독살과 관련한 소론의 지적을 거국적인 마음에서 넘겼다면, 영조의 탕평책은 성공할 수 있었을 것이고, 조선의 역사는 좀 더 달라질 수 있었을 것이다. 예나 지금이나, 일당독재체제는 심각한 부작용만 남기게 마련이다. 붕당간에 상호견제에 의한 건전한 정당정치의 구현, 백성과 국가를 위한 정치, 그것이야말로 경종·영조시대 뿐만 아니라 지금도 절실히 요청되는 덕목이다.

자신들의 파당의 이익만을 대변하고, 정권유지에만 급급한 노론과 소론의 모습을 볼 때, 씁쓸한 기분을 감출 길이 없다. 자신들의 이익을 위해, 국가와 다름없는 국왕을 독살할 계획을 세우고, 자신들에게 이익을 가져다 줄 수 있는 인물을 국왕으로 추대하려는 택군을 모의하는 노론의 모습, 이것은 정말 신하가 군주에게 할 짓이 아니다.

입으로는 유가의 가르침인 군신유의나 충신불사이군이니 하는 주옥같은 경전을 서슴없이 내뱉으면서도, 한 손에는 권력을 놓지 않기 위해 불충한 짓을 서슴치 않고 딴 마음을 품는 그들의 행위는 진정한 군자와는 정말 거리가 먼, 소인배나 할 짓이다. 국왕과 마음을 합해 부국강병에 힘써도 모자란 판국에, 당파싸움만 일삼고 있는 그들의 정치놀음을 볼 때, 지금의 현실과 많이 닮아있기에 더욱 씁쓸해진다. 이합집산과 당리당략에 따른 어처구니없는 논리에 의해 세상이 움직이고 있는 것 같은데, 어쩌면 이것이 정치인지도 모른다. 당쟁으로 얼룩진 조선의 역사에 많은 아쉬움이 남는다.

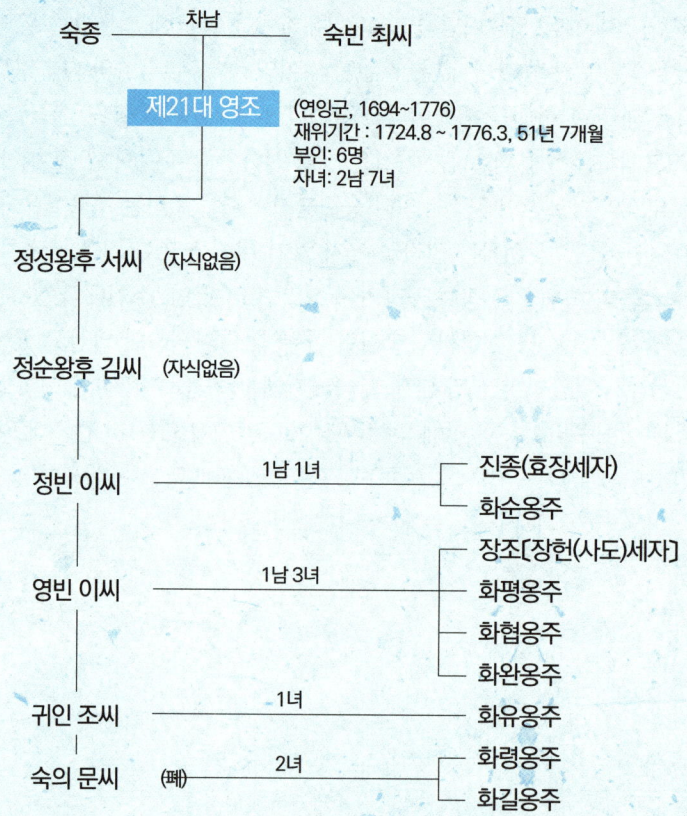

영조실록
제21대 (1694~1776년)

영조의 휘는 금이고, 자는 광숙이다. 숙종의 둘째 아들이며 생모는 숙빈 최 씨다. 6세에 연잉군으로 책봉되었고, 경종 1년(1721년)에 왕세제로 책봉되었다가, 경종 4년(1724) 8월 25일 경종이 죽자 왕으로 즉위했다. 영조는 1736년 83세에 죽었다. 처음에 올린 묘호는 영종이었지만, 고종 27년(1890년)에 영조로 고쳤다. 능은 원릉(경기도 구리시 인창동 동구릉)이다.

21대 영조

- **정미환국** : 영조는 왕위에 오른 직후 소론 이광좌, 조태억을 영의정, 좌의정으로 삼고, 세제책봉을 격렬하게 반대했던 유봉휘를 우의정으로 발탁하였다. 신임옥사 때 자신을 모해한 김일경과 노론 역모설의 고변자 목호룡을 처형하였다. 이것을 정미환국이라고 한다.

- **탕평책** : 영조의 탕평책이 본 궤도에 오른 것은 1728년 이인좌의 난을 겪은 후였다. 영조 33년(1757년)2월, 정성왕후가 죽고 영조 35년(1759년) 정순왕후가 계비로 들어왔다. 그러자 그녀의 아버지 김한구를 중심으로 또 하나의 척신세력이 등장해 분열이 가속화되었다. 영조 38년(1762년), 영조가 대리 청정하던 사도세자를 뒤주에 가두어 죽게 만든 참변이 일어났다.
- **백성을 위한 법** : 영조는 1729년 사형수에 대해 삼복법을 엄격히 시행하였다. 신문고제도를 부활시켜 백성들의 억울한 일을 왕에게 직접 알리도록 하였다. 1729년에는 오가작통 및 이정법을 엄수하게 하여 탈세방지에 힘썼다.
- **경제 정책** : 1760년 개천(오늘날의 청계천)을 준설하고 준천사를 설치하여 이를 지속적으로 관리하게 하였다. 영조 때 경제정책 중 가장 중요한 것이 균역법이다.
- **서적 발간** : 1729년에 『감란록』을, 이듬해 『숙묘보감』을 편찬하였다. 1732년에는 이황의 『퇴도언행록』 등을 비롯하여 많은 책을 편찬하였다.

『영조실록』

『영조실록』은 조선 21대 왕 영조의 52년간 역사를 기록한 것으로 모두 127권 83책의 활자본이다. 원제은 『영종지행순덕영모의열장의홍륜광인돈희체천건극성공신화대성광운개태 기영요명순철건건곤녕 익문선무희 경현효대왕실록(英祖 莊順至行純德英謨毅烈章義洪倫光仁敦禧體天建極聖功神化大成廣運開泰基永堯明舜哲乾健坤寧配命垂統景曆洪休中和隆道肅莊彰勳正文宣武熙敬顯孝大王)』이다. 영조가 죽은 뒤인 정조 2년(1778년) 2월부터 시작되어 3년 6개월 만인 1781년 7월에 완성되었다.

편찬 인원은 총재관 김상철, 서명선, 이은, 이휘지, 정존겸 등 5인을 비롯하여 도청당상 17인, 도청낭청 19인, 각방당상 27인, 각방낭청 58인, 등록낭청 37인, 분판낭청 30인을 합해 총 183인이었다.

탕평책의 효과

영조가 왕위에 올랐을 때 영의정 이광좌를 중심으로 소론들이 정권을 잡고 있었다. 영조는 노론세력에 의해 왕세제로 책봉되었고, 그들의 보호를 받고 성장했다. 따라서 자신을 위해 소론을 내쫓고 노론세력을 조정에 불러들이기 위해 귀양을 간 노론의 민진원을 석방했다.

11월 노론계의 이의연이 상소를 올렸는데, 소론세력이 흉악한 뜻을 품고 민심을 동요시키고 역모를 꾸민다는 것이었다. 그러자 소론세력은 선왕을 욕되게 하였다는 죄를 들어 처할 것을 요청하자 영조는 그를 섬으로 귀양을 보냈다.

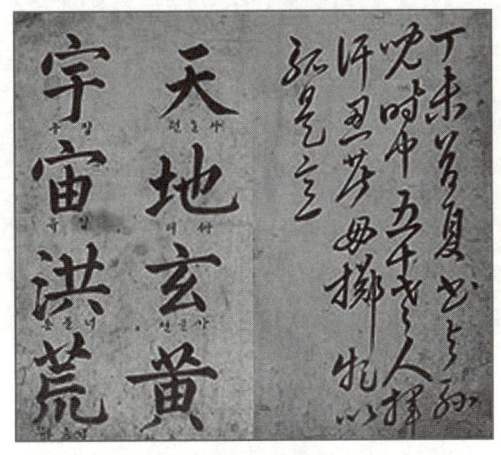

좌의정 이태좌의 필적

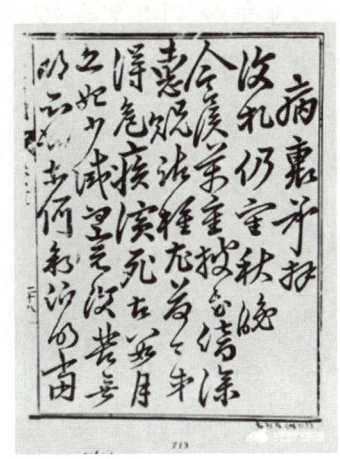

영의정 홍치중의 필적

영조는 노론의 송재후가 김일경이 주종이 되어 일으킨 신임옥사 때 작성한 토역반고문을 문제 삼아 처벌할 것을 상소하였다. 송재후의 상소가 올라오자 전국 각처에서 김일경을 탄핵하라는 상소가 빗발쳤다.. 영조는 김일경을 잡아들여 친히 국문하였지만 끝까지 불복하여 사형 당했다. 또한 목호룡도 끝내 자신의 죄를 불복하여 사형을 당했다. 그리고 김일경이 노론의 4대신을 역적으로 몰아 상소할 때 동조한 이진유 등을 귀양 보냈고, 영의정 이광좌와 우의정 조태구 등 소론의 세력을 조정에서 내쫓았다. 이것이 '을사처분'이다.

영조는 세제시절부터 당파 간에 싸움을 지켜보았기 때문에 즉위 초부터 송인명 등의 도움을 받아 각 당파를 고르게 조정에 등용하려는 탕평책을 펴려 했다. 영조는 노론세력들이 계속 소론세력에게 보복하려고 하자 노론의 정호, 민진원 등을 파직시키고 이광좌, 조태억을 정승으로 삼았다. 이 사건을 '정미환국'이라고 한다.

1728년 소론세력의 일부 인사와 남인 급진세력이 세상을 떠난 경종을 위한 보복을 명분으로 이인좌의 난을 일으켰다.

이인좌의 난을 평정하는데 공을 세운 소론세력은 반란의 주모자들이 소론이 많아 조정에서 자신들의 처지가 약화되었다. 1729년 영조는 노론과 소론의 세력들을 조정에 고르게 등용시키기 위하여 노론의 홍치중을 영의정으로 삼고 소론의 이태좌를 좌의정으로 임명하였다.

사도세자의 탄생

영조의 후비 정성왕후 서 씨는 달성부원군 서종제의 딸이다. 서 씨는 숙종 30년(1704년) 3월, 13세 때 11세의 연잉군과 가례를 올렸다. 경종 1년(1721년) 8월 연잉군이 왕세제로 책봉됨에 따라 세제빈이 되었고 경종 4년(1724년) 8월 경종이 죽고 연잉군이 왕위에 오르면서 왕비가 되었다.

그러나 영조 1년(1725년) 중전 서 씨는 자식을 낳지 못했다. 그나마 영조의 슬하에 정빈 이 씨가 낳은 경의군 행이 있어 위로가 되었다. 7세의 행은 3월 왕세자로 책봉되었고, 중전은 영조가 후궁들을 가까이 해도 너그럽게 대해야 했다.

영조에게 있는 열등의식은 자신이 무수리 최숙빈의 몸에서 태어난 서자라는 것이었다. 이것을 알고 있는 중전은 영조를 달래곤 했

뒤주

다. 그런데 영조 4년(1728년) 11월, 경의군 행이 10살의 나이로 갑자기 죽었다. 숙종 45년(1719년) 2월에 태어난 행은 영조 즉위년(1724년) 11월에 경의군에 봉해졌다가 다음해 3월 7세 때 왕세자로 책봉되었고, 세상을 떠나자 시호를 효장이라고 했다. 이때 세자빈 풍양 조 씨는 14세였다.

세자빈 조 씨는 좌의정 조문명의 딸이다. 영조 3년(1727년) 세자빈에 간택되어 효장세자와 가례를 올렸다. 그가 죽은 7년 뒤인 영조 11년(1735년)에 현빈에 봉해졌지만 영조 27년(1751년)에 37살의 나이로 죽었다. 효순의 시호를 받아 효순현빈이 되었다가 정조가 즉위한 남편인 효장세자가 진종으로 추존되면서 효순소왕후로 추존되었.

영조는 장헌(사도)세자를 폐한 뒤 장헌(사도)과 혜빈(혜경궁 홍씨)사이의 왕세손을 효장세자의 양자로 입적시켜 왕통을 잇게 했다. 후일 왕위에 오른 정조는 영조의 유지를 따라 효장세자를 진종으로 추존했다. 진종은 사도세자의 이복형으로 사도세자가 태어나기 7년 전에 죽었다.

영조 10년(1734년) 봄, 귀인 이 씨의 몸에 태기가 있다는 소식에 중전과 영조는 기뻤다. 영조 11년(1735년) 정월 그믐날, 영빈 이 씨가 옥동자를 낳았다. 이 왕자가 비극의 사도세자다. 영조 12년(1736년) 1월 왕자 선은 세자로 책봉되었고 이때 영조 나이 42세였다.

사도세자의 죽음에 대한 비화

영조에게는 중전 정성왕후 서 씨와 계궁인 정순왕후 김 씨가 있었다. 정성왕후가 자식을 남기지 못하고 죽자 66세인 영조는 빈궁과 귀인을 제치고 정실인 중전을 새로 맞아들이려고 했다.

그러자 대신들은 늙은이가 여자를 밝힌다며 못마땅해 했다. 더구나 권력을 잡기 위해 어린 딸을 영조에게 준 김한구는 미친놈이라고 생각했다. 이때 아직 30세가 안된 젊은 몸으로 왕의 총애를 받고 옹주까지 낳은 문숙의의 질투가 무척 심했다. 문 씨는 자기가 아들을 낳아서 왕모로 올라서려는 야심을 품고 있었다. 그녀는 왕과 사도세자와의 사이를 이간시키려는 당파싸움에서 주동역할을 한 인물이었다.

특히 자신보다 어리고 문벌이 높은 재상집에서 중전을 새로 맞는 것을 막으려고 했다. 그래서 온갖 아양을 떨고 있던 어느 날이었다.

"상감, 제 몸에 태기가 있는 모양입니다. 이번엔 꼭 왕자를 낳아서 상감을 기쁘게 해드리겠습니다."

"허~ 어, 그래? 이번엔 꼭 아들을 낳아라."

영조는 젊은 문 씨의 탄력 있는 배를 이불 속에서 어루만지면서 기뻐했다. 이때 문 씨는 영조에게 넌지시 말을 던졌다.

"상감, 효장세자는 일찍 세상을 떠났고, 지금 동궁(사도세자)은 공부는 않고 시정잡배들과 주색잡기에만 빠져 있사옵니다."

"그래, 그래서 나도 고민이구나. 또한 내 나이가 칠십인데 아들을 낳을 수 있을지 모르겠구나?"

"마마, 정성마마가 승하하셨다 해도 저도 있는데 왜 계궁을 들여놓으시려 하세요?"

"질투하는구나. 신하들이 권하니까 생각 중일뿐이야".

"상감, 저보다 젊은 처자를 중전으로 들여놓으시면 질투가 나옵니다."

"중전이 들어오건 말건 넌 내가 가장 귀여워하지 않느냐."

문 씨는 이불 속에서 영조가 배를 만지면 힘을 주었고, 낮에는 치마 속에 솜뭉치를 넣었다. 이것은 왕이 계궁을 맞이하는 것을 막으려는 술책이었다. 이런 노력에도 불구하고 간신들은 중전 자리가 비어있는 것은 왕실의 예의가 아니라고 주장했다. 마침내 김한구의 15세 딸을 정순왕후로 맞이했다.
　그러나 영조는 정순왕후를 맞은 뒤에도 문숙의와의 육체적 향락을 잊지 못해 종종 그녀를 찾아갔다. 그러던 어느 날 밤 영조가 찾아가자 문 씨는 밥을 굶고 배에 힘을 빼며 낙태했다고 말했고 영조는 그녀의 꺼진 배를 안타까워했다. 문 씨는 거짓말의 고통에서 벗어난 것에 대해 마음속으로 환한 미소를 지었다. 더구나 왕의 동정과 사랑을 자신에게 집중시키는데 성공했던 것이다.
　"제가 상감의 사랑을 한 몸에 받고 있지만 조정의 대신들은 궁녀출신이라며 저를 멸시합니다. 양반이 별건가요. 당파싸움이나 하고 백성의 재물과 나라재물을 도적질하는 놈들이잖아요."
　"네 생각에는 당파싸움으로 나라가 망할 것 같으냐?"
　"상감마마, 당파싸움을 못하게 하는 묘안이 있습니다."
　"그래? 어디 한 번 들어보자."
　"당파싸움은 상감의 명령이라도 고쳐지지 못합니다. 다른 파끼리는 원수지간이 되어버리니까요. 그래서 당파와 관계없는 사람을 등용해야 합니다."
　"허~나도 그렇게 생각하고 있지만 쉽지 않구나."
　"양반들은 모두 당파에 속해 있지요. 그래서 당파와 관계없는 중인이나 상민들을 등용시키시면 그런 폐단이 없어질 것이옵니다."
　중인과 상민에게 벼슬을 시킨다는 것은 뿌리 깊은 신분제도를 타파하는 혁명이다. 임금이라도 쉽게 용단을 내릴 수는 없었다. 각파의 양반들과 전국의 유림이 단합하고 봉기할 것이 뻔한 일이기 때문이다.
　문숙의는 친정 동생에게 벼슬을 주어 중인 신분에서 벗어나 양반대우를 받게 하려는 야심을 품고 있었다.
　"상감마마, 저의 아우에게 벼슬을 먼저 주세요. 제 동생은 어느 양반집 가문 사람보다 학문과 인품도 잘났습니다. 하지만 조상이 중인이고 제가 천한 궁녀출신이라 양반들에게 천대를 받고 있지요. 그래서 그런 천대를 면하게 하고 싶습니다."

"그래? 네 친정 동생이 그런 인물이더냐.?"

"네, 상감마마. 대신들은 자신의 친척이라면 사돈의 팔촌까지 벼슬을 시키지요. 중인들도 양반의 족보를 사서 돈으로 감투까지 사지만, 저는 그런 짓을 차마 할 수 없어서 지금까지 상감께서 알아서 처리하실 때만 기다렸습니다."

"그렇구나. 내가 처남의 존재를 몰랐구나. 그래 무슨 벼슬을 원하느냐?"

"단번에 대감까지 바랄 수는 없지 않습니까? 그러니 적당한 영감자리만 시켜 주세요."

"흠~ 그렇다면, 육상궁소감 자리가 어떻겠니?"

문 씨는 자신의 동생이 궁중에 자유롭게 출입할 수 있는 벼슬을 하게 되어 더욱 기뻤다.

문 씨의 친정 동생 문성국은 글깨나 하는 청년이지만 유명한 건달이었다. 그는 장안의 건달과 깡패를 모아 육상궁에서 밤낮으로 도박과 술을 마셨다. 더구나 그는 문 씨의 밀령으로 '자왕파'라는 소론을 잡아 죽이려는 무서운 밀정이었다. 이 소문이 장안에 퍼지자 소론파들은 술집에서 말을 함부로 하지 못했다. 소론파는 윤지의 반란이 실패한 후에 자신들의 희망을 사도세자에게 걸었는데 이것이 자왕파의 기초가 되었다.

이들은 일을 시작함에 있어서 유언비어를 퍼트리고 미신까지 이용했다. 황해도에 예언하는 '생불'이란 여자를 민심선동에 끌었던 것이 좋은 예이다. 당시 이 여자는 무당들에게 세자를 지지하고 선동하며 자신의 이름을 퍼뜨렸다.

첩보를 입수한 조정에서는 이경옥을 암행어사로 명하여 황해도로 파견시켰다. 암행어사는 허술한 옷차림으로 변장해 봉산 어느 시골에서, 생불이란 무당이 기도하는 것을 구경했다. 기도를 하러온 사람들에게 무당은 부자가 되며 아들을 낳게 하고, 벼슬을 얻게 해 달라고 기도한 뒤에 설법했다.

"벼슬을 하려면 늙은 세력을 없애버리고 젊은 세력이 일어서야 한다. 늙은 세력은 노망한 임금과 노론의 간신들이다. 젊은 세력은 왕세자와 소론의 중신들이다. 따라서 늙은 세력이 멸망하라고 기도를 해야만 한다."

암행어사는 곧바로 황해감사와 각 읍의 수령에게 지시해서 무당들을 검거해 엄하게 다스렸다. 하지만 민심은 더욱 흉흉해졌고 노망한 임금이라고 저주 받는 영조도 불안감을 느끼고 있었다.

이때 사도세자가 반역의 마음을 품고 있을 것이라는 의심이 생겼다. 글은 읽지 않고 무술에 전념한 것이 변란을 준비하는 것처럼 보였던 것이다. 그러나 뚜렷한 증거가 없었기 때문에 자왕파인 소론을 경계했다.

문숙의와 내통하는 부왕파는 이것을 기회로 자왕파로 지목되는 소론파를 소탕하려고 했다. 이때 문성국은 영의정 김상로의 집을 밤중에 찾아갔다. 영의정의 부탁으로 일을 하려는 다짐을 받고 싶어서였다. 또한 중대한 문제가 조정에 상정되었을 때 영의정이 책임지고 증언하는 것을 노렸던 것이다.

다음날 문성국은 궁중으로 달려가 누이 문 씨에게 사도세자가 반역 음모를 꾸미고 있다며 고자질했다. 문숙의는 영조에게 밀고하면서 부자간을 이간질했다. 동궁의 반역심을 조장한 것은 동궁 측근의 소론들이다. 노론파는 그들을 능지처참해야 한다고 주장했다. 공격을 받자 영부사 이천보와 우의정 민백상이 차례로 자결했다. 사도세자는 자신을 감싸주던 가신들이 이렇게 자결하자 마침내 차츰 실성한 사람이 되어갔다.

영조 37년 4월 사도세자는 부왕 몰래 평양으로 유람의 길을 떠났다. 그는 부왕이 언제 자신을 역적으로 몰아서 죽일지 모른다는 공포감에서 해방되고 싶은 생각이 많았다. 세자는 산에 놀러갔다가 기생에서 여승으로 전향하고 수도 중인 가선을 농락했다. 한양으로 돌아올 때는 그동안 가선을 포함한 평양 미인 5~6명을 몰래 가마에 태워 왔다.

사도세자는 영조를 극도로 무서워했고 미친 자식으로 취급받아 온지 오래되어서 정신병 증세를 나타났다. 영조 32년 세자는 모친상을 당한 후 정신적으로 더 큰 타격을 받았고 영조의 총애를 받는 후궁 문 씨와 친정 동생 문성국이 사사건건 세자를 행실을 고자질 했다.

세자는 영조에게 인간 취급을 받지 못하고 울화병이 점점 심해져 궁중의 내관들을 매질하거나, 칼로 궁중비복을 찔러 죽이는 살인도 여러 번 저질렀다.

영조 38년 여름, 마침내 세자와 영의정 신만 사이가 극도로 악화했다. 신만은 영조에게 세자에 대한 여러 가지 걱정스러운 일들을 상소했는데 모두 세자의 잘못에 대한 선후책들이었다. 하지만 영조의 신임을 받고 있는 영의정 신만에게 직접 화풀이를 할 수가 없었다. 그래서 그의 아들이자 누이동생인 화협옹주의 남편 영성위를 대신 죽여야 겠다고 벼르고 있었다.

영조의 때 늦은 후회

영조 38년(1762년) 윤5월, 중전 김 씨의 아버지 김한구와 그 일파인 홍계희, 윤급 등의 사주를 받은 나경언이 세자의 비행과 함께 역적모의를 꾀한다고 무고했다.

휘녕전에 엎드린 세자가 끝까지 역모를 부인하였으나 영조는 용천검을 내리며 자결하라고 했다. 이때 임금과 세자 사이를 중재한 영의정 홍봉한은 파직되고 후임으로 신만이 임명되었다. 신만 역시 임금에게 자결명령을 거두어 달라고 애원해도 듣지 않았고 임덕재가 죽기를 각오하고 간언했지만 역시 쫓겨났다.

덕성합에서 이런 살벌한 소식들을 듣고 있던 세자빈 홍 씨는 통곡하였고, 세손 산도 울면서 어머니를 위로하였다. 마침내 세손이 영조를 찾아가 엎드려 울면서 애원했지만 영조는 자리에서 세손을 끌어내라고 했다.

이때 영빈 이 씨가 적은 글을 읽은 영조는 바로 찢어버리며 단호한 어조로 명을 내렸다.

"여봐라, 동궁의 토굴 속에 있는 뒤주를 이곳으로 옮겨 오너라."

뒤주는 세자가 만든 것 이었다. 그 속에서 낮잠을 자기도하고, 울적할 때면 들어가 마음을 가라앉히기도 했다. 세자는 부왕 영조에게 절하고 뒤주 속으로 들어갔다. 그러자 뒤주 뚜껑에 큰 못을 박더니 그 위에 풀을 덮고 큰 돌까지 올려놓았다.

도승지 이이장이 세자를 위해 간언하다가 참수 당했기 때문에 누구 한 사람 세자를 위해 나서는 사람이 없었다. 가끔 뒤주 안에서 세자의 신음소리만 들렸다.

세자빈 홍 씨의 아버지 홍봉한과 숙부 홍인한은 세자의 죽음을 지지하는 입장이었고 영의정 김상로도 세자를 죽음에 이르게 하는 데 한몫을 했다.

임금 역시 가슴 아프긴 마찬가지였다. 얼마 후 영조는 명을 내렸다.

"여봐라, 세자의 비행 10조를 적어 응징해야 한다고 상소한 나경언을 끌고 오너라."

나경언은 형조판서 윤급, 판부사 조재호, 응교 이미 등의 사주로 올린 상소문이라면서 살려 달라고 애걸했지만 곧바로 처형되었다. 세자가 뒤주 속에 갇힌 지 8일 만에 뚜껑을 열었다. 숨이 멎어 있는 세자의 앞가슴은 얼마나 쥐어뜯었는지 살갗이 모두 헤어지고 유혈이 낭자했다.

세자빈 홍 씨는 기절하였다. 그 후 홍 씨는 1795년 남편의 애절한 죽음과 자신의 일생을 기록한 『한중록』을 썼다. 이것은 『인현왕후전』과 함께 궁중문학의 효시라고 할 수 있다.

영조는 세자를 죽인 것을 후회하며 '사도'라는 시호를 내렸다. 후일 세손정조가 즉위하자 '장헌'으로 추존했다가 다시 '장조'로 추존했다. 처음 양주 배봉산(동대문구 휘경동)에 묻혔다가 정조 13년(1789년) 경기도 화성군 태안면 안녕리로 천장되어 현륭원으로 이름이 바뀌었다. 장조로 추존된 뒤에 융릉으로 정해졌다. 세자빈 홍 씨는 사도세자가 죽은 뒤 혜빈에 오르고 정조 즉위년에 궁호가 혜경궁으로 올랐다.

영조는 세자의 죽음을 부채질한 김상로를 파직시켜 귀양을 보냈다. 그리고 전 우의정 조재호에게 사약을 내렸다. 영조는 세손에게 말했다.

"네 아비의 원수는 김상로 이니라."

사도세자의 죽음에 관련된 홍봉한은 계속 세도를 누렸다. 노론들의 화살은 이제 세손에게 향했다. 세손이 즉위할 경우 자신들에게 보복이 있을 것은 당연했기 때문이다. 이때 홍봉한은 사도세자의 후궁 임 씨가 낳은 은언군 인을 추대하려 했다가 영조 48년(1772년)에 사직 당했다.

이렇듯 세손이 외가에 의해 궁지에 몰리자 소론을 앞세워 홍인한을 공격하는 상소가 올라왔고 홍인한은 노론을 내세워 반대 상소를 올려 대립했다. 그러던 중 영조 51년(1775년) 5월, 목숨을 걸고 직간한 춘방설서 홍국영의 상소로 12월 영조는 세손에게 대리청정을 명했다.

　24세의 왕세손 산이 대리청정한 지 3개월 뒤 영조52년(1776년) 3월 83세로 죽었고 경기도 구리시 인창동 동구릉 능역의 원릉에 묻혔다. 영조의 생모 숙빈 최 씨는 서울 종로구 궁정동 소재 칠궁에 신위가 모셔져 있다. 칠궁은 최 씨처럼 조선시대 역대 왕이나 왕으로 추존된 이의 생모인 일곱 후궁들로서 왕비에 오르지 못한 여인들의 신주를 모신 궁이다.

출생의 비밀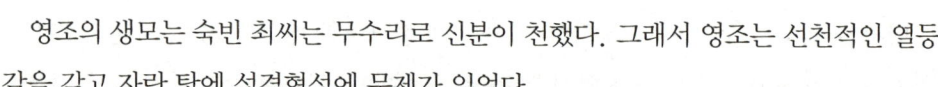

　영조의 생모는 숙빈 최씨는 무수리로 신분이 천했다. 그래서 영조는 선천적인 열등감을 갖고 자란 탓에 성격형성에 문제가 있었다.
　연잉군(영조)은 이복형 경종의 무능함과 자신을 지지한 당파 덕분으로 왕세제가 되었다. 하지만 이것으로 인해 소론에서는 즉위 후에도 폐왕 시키려고 반란을 일으켰다.
　영조 원년, 임금 자리를 노리던 왕족들과 소론파들은 영조를 쫓아낼 음모를 진행시키고 있었다. 지난날 연잉군이 왕세자로 책립되는 순간 맨 먼저 경종에게 반대 상소를 올렸던 유봉휘가 귀양을 갔다. 그때 경종의 병세가 악화되자 소론파의 조성복이 동궁에게 섭정을 시키자며 상소했고, 이어 경종은 동궁에게 국정을 맡겼다.
　그런 후 영의정 김창집과 최석항이 왕에게 상소를 올려 거사를 음모했다고 하여 조성복을 진도로 귀양 보냈다. 그러자 소론파에서는 계략을 꾸며 노론파의 김창집과 이이명, 조태채 등을 귀양 보낸 후 조성복를 복귀시 켰다.
　연잉군이나 밀풍군 중 누가 임금이 되건 백성들에겐 상관없었다. 하지만 노론파는 연잉군을 소론파는 밀풍군을 지지하며 자신들의 권력을 유지하기 위해서 안간힘을 썼다.
　한편 당파싸움에 신물을 느낀 영조는 당파싸움을 금하려는 탕평책으로 노론파의 원한은 어느 정도 풀어졌지만 소론파의 불평은 더욱 격화되었다. 김일경의 아들 김영해,

목호룡의 형인 목시룡의 패거리들은 영조를 원망한 후 반란 음모를 꾸며 영조 4년에 반란을 일으켰다. 그들은 이유익, 조덕징과 함께 임금으로 추대할 밀풍군을 충동질했고 한세홍과 함께 청주로 내려가 이인좌를 충동해 반란군의 대원수로 추대하겠다고 권했다.

그러나 이들의 반란음모를 사전에 알게 된 봉조하의 최규서가 궁중으로 달려가 왕에게 알렸다. 그러자 왕실과 조정에서는 반란군 진압에 대한 긴급대책을 세웠다. 반란군들은 한양 장안에 격문 등을 붙이고 유언비어를 퍼트렸다.

'지금 영조는 어미가 없는 가짜 임금이다. 왕대비 명령으로 남원군을 모시려는 의병이 일어난다.'

드디어 청주에서 반란이 일어났다. 이인좌가 반란군의 대원수를 자칭하고 청주병영을 점령했던 것이다. 조정은 양성, 진위, 안성, 용인의 수령을 무관으로 대체했다. 그런 후 병조판서 오명항을 사로도순무사로 임명하고 박찬신을 중군 사령관으로 파견했다. 관군은 안성에서 반란군과 맞서 선봉장 박종원의 목을 베고, 이인좌와 청주목사를 자칭하던 권서봉을 사로잡았다. 반란이 진압되고 이인좌를 비롯한 주모자 60여 명은 참형을 당했고, 밀풍군은 일 년 후에 사약을 받았다. 이때 승병과 함께 이인좌를 사로잡은 농민 신길만은 공으로 동지중추부사가 되었다.

영조는 반란의 원인이 노론과 소론의 당파싸움에서 생겼다며 안타까워했다. 따라서 탕평책으로 화해를 시도했다. 임금은 양 파의 영수를 불러 좌우에 앉히고 친히 그들의 손을 잡았다.

"경들과 경들의 동지는 오늘부터 분쟁을 벗어던지고 나와 손을 잡고 국사에 함께 힘씁시다. 나도 앞으로는 어느 당파를 두둔하지 않고 능력과 충성심만을 믿고 등용하겠소."

그들은 시원한 대답 대신 상소하겠다고만 했다. 그러자 영조는 웃으면서 지금 당장 화해를 약속하지 않으면 끝까지 손을 놓지 않겠다고 했지만 그들은 협력을 거부했다. 그러나 왕의 끈질긴 설득으로 함께 조정에서 한 달 동안 일 한 후 결정하겠다고 했다. 물론 이후에도 당파 싸움은 그치지 않았는데 오직 우의정 송인명과 명 어사 박문수 만이 영조의 탕평론을 지지했다.

영조대 탕평책을 통해 18세기 정치사

I. 들어가며

18세기가 한국사에 있어서 중세적 질서의 동요와 여러 방면에서의 대책과 수정이 모색되고 시행되던 변화의 시기였다고 함은 일반적으로 널리 알려져 있다. 그럼에도 불구하고 이러한 변화 현상에 관한 연구는 주로 사회경제적인 면이나 실학 등의 사상적 측면에만 초점이 맞추어져 진행되어 왔을 뿐 정작 변화를 주도하고 커다란 영향을 미쳤던 당사자들의 정치활동에 관해서는 거의 외면하다시피 하여 부진한 상태를 면치 못하고 있는 것이 오늘날의 실정이라고 할 수 있다.

여기에서는 바로 이러한 문제재기에서 출발하여 18세기라는 1세기 동안의 정치사의 중심인 탕평책에 대하여 그것의 본질과 성격 등을 규명하고 나아가 이를 토대로 18세기 정치사에 대해 이해하고자 한다.

II. 붕당 정치의 과정

붕당의 효시라 할 동인과 서인의 분열은 김효원과 심의겸의 이조전랑 자리를 놓고 벌인 대결에서부터 시작되었다는 것이 일반적 견해이다. 그리고 척신 정치에 관한 입장 차이도 한 몫 하였다. 서인 세력의 경우 명종 시대에는 척신 우위 정치를 선조 즉위 이후 사림 우위 정치로 전환하는 것을 적극 지원한 심의겸의 공로를 인정하는 사람들이다. 하지만 문제는 심의겸이 사림의 시대가 열렸던 당시에 사림을 돕기는 했으나 정작 자신은 척신 시대의 산물이었다는 점이다. 이렇듯 서인은 척신 정치의 구체적인 기반을 가진 인물이라도 사림 정치로 전진하는 방향을 받아들이면 사림으로 포용해야 한다고 주장하였다. 그들은 현실적 진보파에 해당하는 성리학자들의 지지를 받았다. 반대로 척신 심의겸으로 상징되는 구체제적 질서와 그 상징인 특권 권력층을 사림 정치에서 제거하자는 공론을 내세운 측이 동인이다. 동인은 정통파와 실천파 성리학자의 지지를 받았다.

　동인의 분열은 동 서의 분열만큼 잘 알려지지 않았다. 그러나 대체로 정여립 역모 사건,을 통해보면 증거 조작이 많고 견강부회가 심한 정략적 사건을 일으킨 서인의 처리 문제를 두고 나누어진 것으로 보고 있다. 당시 북인은 정여립 역모 사건을 조작이라 보면서 역모에 관련된 모든 사람들이 명확한 증거도 없이 불순하다거나 잘못된 정치적 판단을 했다는 이유로 억울하게 죽었다고 생각했다. 보다 실천적이고 급진적인 서경덕, 조식 계열의 학파가 대체로 이 판단을 지지했다. 반면 정여립 역모사건 중 국왕에 대한 불경죄 부분을 긍정하는 쪽이 남인이다. 이들은 정개청 등 몇몇 인물의 경우는 죽을 죄 까지 저지르지 않았다고 생각했지만 정여립의 역적 모의는 인정했다. 즉 군주의 기본적인 권위를 유지하는 선에서 잘못된 정치적 조치를 원상회복시켜야 한다고 생각한 것이다. 보다 보수적인 이황 계열의 학파가 이 판단을 지지하였다. 선조대에는 남인이 우세하였지만 임진왜란 이후 의병의 활동과 향촌 사회의 기반을 유지한 북인이 정권을 잡았다. 그 후 서인과 남인의 공존 체제가 어느 정도 유지되었지만, 숙종 이후에는 서인의 일당 전제가 지속되었다.

　서인의 경우 17세기 이후 노론과 소론으로 갈라서게 된다. 숙종 시대 시작된 남인과 서인의 치열한 상호 살육전은 지역적으로는 경상도와 충청도에 각각 학통의 연원을 둔 붕당 사이의 상호 싸움이었다. 게다가 여기에 서울지역 양반문벌 가문의 권력 독점과 이를 비판하는 여타 지역문벌가문의 싸움까지 얽혀들어 그 양상은 더욱 복잡하게 되었다. 이 과정에서 송시열과 윤증이 대립하면서 노론과 소론의 분열이 나타나게 되었다. 소론의 경우 서인과 남인의 원한관계를 해소하는 데 노력하고 왕실 외척 가문의 정치 간여를 막고자 하였다. 그리고 '나를 따르는 사람은 군자, 아니면 소인' 이라는 식의 송시열의 독단적 판단을 견제해야 한다는 입장이다. 반면 이를 반대하고, 일당 전제를 주장한 붕당이 곧 노론이다. 결국 이 때문에 일진일퇴의 환국정치가 이어졌고 군주는 1당의 정권 장악을 위해 외척에게 군사권을 장악하게 해 주었다. 또한 외척은 정치적 특권을 최대한 누리기 위해 공작정치를 자행하고 궁중세력과 결탁하였다. 동시에 이들은 특권적 권력 행사의 정치적 정통성을 보장받기 위해 송시열로 대표되는 일부 산림세력과 제휴하였고 이 과정에서 송시열 학통과 유력한 왕실 외척문벌이 결합하여 노론 붕당이 성립된 것이다.

III. 영조의 생애

영조(英祖) : 휘는 금(昑), 자는 광숙(光叔), 호는 양성헌(養性軒)

1694년 9월 13일 창덕궁 보경당에서 출생 - 어머니 무수리 출신의 숙빈 최씨(淑嬪崔氏)

1699년 연잉군(延礽君)에 책봉됨

1702년 결혼 (대구서씨 서종제(徐宗悌)의 딸)

1712년 출합(出閣) : 왕자가 나이가 차면 궁궐에서 나와 사가로 나옴

1721년 세제(世弟)로 책봉되어 입궐

1724년 8월 30일 즉위

1776년 3월 5일 경희궁 집경당에서 승하

영조대왕(이하 영조로 함)은 조선왕조에 있어서 재위기간(1724~1776)이 가장 오랜 왕이다. 그의 휘(諱)는 금(昑)이고, 자(字)는 광숙(光叔)이다. 숙종대왕의 넷째 아들로 숙빈최씨와의 사이에서 숙종 20년 9월 13일에 창덕궁 보경당에서 태어났다. 영조가 태어나기 사흘 전에 홍광이 동방에 뻗고 백기가 그 위를 덮었다. 이날 밤 궁인이 꿈에 흰 용이 보경당에 날아 들어가는 것을 보았다. 영조는 나면서부터 특별한 자질이 있고 오른 팔에 잇따라 용이 서린 듯한 무늬 아홉 개가 있었다. 하지만 그의 어머니는 무수리로 천한 신분이었다.

영조에게는 희빈 장씨 소생의 이복 형 경종이 있었고, 아래로 이복 동생 연령군이 있었다. 연잉군은 장남도 아닌, 또 숙종의 총애를 받았던 연령군과는 달리 무수리 출신의 평범한 왕자로서 자랐다. 왕은 6세에 연잉군으로 봉해졌고, 9세에 군수 서종제의 딸과 혼인하여 19세에 출합하였다.

경자년에 숙종이 승하하자 첫째 아들인 경종(景宗)이 즉위하였다. 그러나 경종은 몸이 약하였고, 또 후사도 없었기에 자연히 연잉군에 대한 관심이 증폭되었다. 숙종의 총애를 받았던 연령군은 숙종 말기에 젊은 나이로 죽었기 때문에 후사가 없는 경종 다음에는 연잉군이 왕자의 자리를 받을 수 있었다. 이에 소론에 의해 열악한 정세를 면치 못하던 노론측에서는 연잉군을 내세워 정세를 바로 잡으려 하였다.

이듬해 정언 이정소가 조종의 고사를 인용하면서 저위(儲位)를 미리 세우기를 경종에게 청한 것을 계기로, 경종은 영의정 김창집, 좌의정 이건명, 판부사 조태채 등 대신들과 의논하고, 결국 "효종대왕의 혈맥이며 선대왕의 골육으로는 주상과 연잉군이 있을 뿐이니 어찌 다른 의논이 있겠는가?" 하면서 연잉군을 왕세제로, 군부인 서씨를 세제빈으로 책봉하였다.

이에 소론측의 반발이 있었다. 즉 류봉휘·조태구·김일경) 등 소론측은 경종의 나이가 아직도 젊은데 벌써부터 왕위를 논하는 것은 무뢰한 것이라고 하여 왕세제 결정을 제의했던 신하들의 처벌을 청하였다.

연잉군이 왕세제로 책봉되자 노론측은 나아가 주상이 신하들을 인접)하고 정령을 재결할 때에는 반드시 왕세제를 불러들여 옆에서 참관하고 일에 따라 익히기를 청하였다. 이에 경종은 4대신과 의논하고 하교하기를, "나는 10여 년 동안 기이한 병이 있거니와, 정유년에 청정을 명하신 것은 선조에서 정섭하시기 위한 것이므로 내 몸을 돌볼 겨를이 없었는데, 등극하고부터는 증세가 더욱 깊어졌다. 세제는 장년이고 영명하므로 청정하게 하면 국사를 맡길 데가 있어서 내가 안심하고 조섭할 수 있을 것이니, 이제부터 모든 국사를 세제를 시켜 재단하게 하라." 하였다.

그러나 최석항 등 소론 측에서 "하늘에는 두 해가 없고 땅에는 두 임금이 없습니다. 세제를 시켜 임조하게 하기를 직접 청하지는 않았더라도 참여하여 듣는 것은 임조하는 것이 아니고 무엇이겠습니까? 신하로서 감히 남몰래 천위를 옮길 생각을 품었으니, 죄가 천지 사이에 용납될 수 없습니다."라고 하여 대리청정의 허락을 취소시켜줄 것을 강력하게 경종에게 상소하였다. 이어 중앙 조정은 물론 지방의 관리, 성균관과 각 지방의 유생들까지도 상소를 올려 대리청정의 회수를 간청하고 나섰다. 이에 연잉군도 4번의 상소를 올려 청정 명령을 회수하도록 극구 간청하였다.

이러한 상황이 전개되자 노론측에서도 대리청정의 회수를 3차례나 간하였으나 경종이 계속 허락하지 않자 왕의 확고한 의지라 생각하여 왕명을 따른다는 명분하에 왕세제의 대리청정을 청하는 의례적 차서를 급히 올렸다. 이러한 노론측의 태도에 당황한 경종은 소론측의 조태구를 불러들여 이 사태를 수습할 것을 지시하였다. 조태구는 숙종조의 세자대리청정은 숙종이 나이가 들고 병이 심하여 어쩔 수 없이 내린 조처인데 경종은 불과 34세로 즉위한 지도 겨우 1년밖에 되지 않았기 때문에 왕세제에 의한 대리청정은 부당하다고 강력하게 주장하였다.

이 같은 주장에 노론측은 별다른 반박을 하지 못하였고, 또 종전에 대리청정을 허락해줄 것을 청하였던 연명차서도 잘못임을 인정하고 다시 청정 환수를 청하게 되었다. 이러한 노론측의 일관되지 못한 행동은 소론측의 입지를 강화시켜 주었다. 이 일로 소론측은 대리청정에 앞장섰던 노론 4대신 곧 김창집·이이명·이건명·조태채 등을 탄핵하여 귀양보내는 신축옥사를 일으켰고, 또 남인 목호룡을 매수하여 노론측 일부 인사가 경종의 시해를 도모했다는 고변을 해 임인옥사를 일으켰다. 이에 노론 4대신을 비롯하여 60여 명을 처형시키고 관련자 170여 명을 유배 보내었다. 이 사건에는 왕세제 연잉군도 포함되어 있었다. 그러나 연잉군 이외에 왕통을 이을 왕자가 없다는 경종의 배려로 살아남을 수 있었다. 하지만 지지기반이었던 노론측 인사들이 대거 축출되고, 자신이 부리던 장제상마저 소론측의 사주를 받은 박상검의 모함으로 쫓겨났고, 자신마저 경종을 문안하러 가는 것도 금지당하는 등 궁궐내의 행동이 제약되었다.

경종 4년에 경종이 병환으로 승하하자, 이에 왕세제인 연잉군이 왕대비의 수찰로서 면복을 입고 인정문에 이르러 왕으로 등극하였다. 이어 영조는 왕대비 김씨를 대왕대비로 높이고 왕비 어씨를 왕대비로 높이고 빈서씨를 왕비로 올렸다.

한편 연잉군의 등극은 결국 경종의 죽음에 대한 의문의 여지를 남기었다. 그런 까닭에 영조가 책보받으려 할 때에 환시·궁인 중에서 방자하게 헐뜯는 것이 많았고, 옥새를 넣는 궤를 섬돌 모퉁이에 던지는 소리가 어좌까지 들리기도 하였다.

이렇게 험난하게 왕세제로서 왕위에 오른 영조에게 있어서 왕이라는 지위는 힘들고 또 힘과 지혜가 있어야 함을 인식하게 된 것 같다.

왕위 등극 이후로도 조선왕조 최대의 사건인 이인좌의 난이 발생하였고, 왕위 등극을 꾀하는 역모들이 연달아 일어났다. 그리고 사도세자를 뒤주 속에서 죽게 하는 등 아버지로서 영조는 결함을 갖게 되었다. 이러한 사건을 계기로 영조는 붕당을 타파하기 위해 탕평책을 시행하였고, 한편으로는 역대 왕 중에 가장 많은 경연을 행하여 경연의 군주가 될 정도로 학문에 집중함으로써 성인으로서 위상을 보이고자 하였다. 그것을 사림들과의 정치력에서 왕실의 우위를 차지하려는 영조의 노력으로 보아야 하겠다. 사회적으로는 균역법을 실시하여 민생의 고통을 덜고자 하였다. 1776년 3월에 83세를 일기로 세상을 떠날 때까지 조선왕조 역사상 가장 오랫동안 왕위에 있었던 영조는 그의 정치상을 손자인 정조에게 물려줌으로써 조선왕조의 중흥기를 마련하게 하였다.

영조는 6명의 부인에게서 2남 7녀의 자녀를 얻었는데, 정비 정성왕후 서씨와 계비 정순왕후 김씨 등에게서는 적출이 없었고, 정빈 이씨가 효장세자와 화순옹주를, 영빈 이씨가 사도세자와 화평옹주, 화협옹주, 화완옹주를, 귀인 조씨가 화유옹주를, 숙의 문씨가 화령옹주와 화길옹주를 낳았다.

영조에게는 불행하게도 적출이 없고, 또 직접 왕위를 받은 왕자도 없었다. 두 아들이 모두 영조의 재위 때에 죽어, 손자인 정조에게 왕위를 물려주었다. 두 아들인 진종과 장조는 둘 다 후에 추존되었다.

첫째인 효장세자는 1719년(숙종 45년)에 정빈 이씨 에게 얻은 맏아들로 휘는 행이고 자는 성경이다. 효장세자는 경종이 승하하고 영조가 왕으로 즉위하자 경의군에 봉해졌고, 영조 원년에 세자로 책봉되었다가 영조 4년에 별세하였다. 당시 세자는 좌의정 조문명의 딸을 빈으로 맞았는데 후사가 없었다. 갑신년에 영조의 유명으로 정조를 효장세자의 후사로 삼았고, 영조가 태묘에 부제될 때에 효장세자를 진종대왕이라 추존하고 효순 현빈을 효순왕후라 추존하여 태묘에 같이 부묘하게 하였다. 고종 광무 연간에 황제로 추존되었다.

둘째인 사도세자는 영조 11년에 영빈 이씨 에게 얻은 둘째 아들로, 휘는 선이고 자는 윤관이다. 영조 12년에 효장세자가 졸함에 따라 선을 세자로 책봉하였다. 영조 20년에 세자를 홍봉한의 딸 홍씨(궁호 혜경, 추존 헌경의황후)와 가례를 올리게 하고 별궁에 거처케 하였다. 영조 25년에 영조가 세자에게 섭정을 대리케 하였는데, 세자는 친남인 소론 정치를 행하였다. 영조 28년에 세자의 아들로 손자인 산(후에 정조)이 태어났는데, 영조 35년에 세손으로 책봉하였다.

그러나 사도세자는 영조 38년에 세자의 정치에 위협을 느낀 노론 세력이 '나경언의 고변'을 통해 세자의 비행을 상소함에 따라 부왕인 영조의 노여움을 사게 되어 뒤주 속에 갇혀 죽었다. 시호는 사도세자로, 나중에 장헌세자로 추존되었고, 고종 광무 연간에 장조로 추존되었다.

IV. 영조조의 당쟁과정

周而不比 乃君子之公心 比而弗周 寔小人之私意 (두루 사랑하고 편당하지 않는 것이 군자의 공정한 마음이요, 편당하고 두루 사랑하지 않는 것은 곧 소인의 사사로운 생각이다.)

1742년 성균관의 반수교 위에 세워진 '탕평비'의 전문이다. 영조대의 당쟁을 요약하자면, 경종 때의 신임옥사를 무옥으로 돌리되 왕권이 사당의 복수를 위해 이용되지 않도록 만전을 기하며 자신의 정통성을 확립해 나가는 과정이라고 볼 수 있다. 노론과 소론간의 반목 속에서 영조가 찾은 해결책은 바로 '탕평책'이었다.

당파의 시비를 가리지 아니하고 어느 당파든 온건하고 타협적인 인물을 등용하여 왕권에 순종시키는데 주력하였다. 이를 '완론탕평'이라고 한다. 탕평정책은 숙종 때의 환국 형식의 왕권강화방식이 많은 부작용을 낳은 데 대한 반성으로 초당적 정치운용으로 왕권을 세우자는 발상이었다. 영조는 다른 한편으로 붕당의 뿌리를 제거하기 위해 배후세력인 재야 산림의 이른바 '공론'을 인정하지 않았고 그들의 본거지인 서원을 대폭 정리하였다. 또한 조정안에서 공론의 대변자임을 자처하던 이조낭관과 한림들이 자신의 후임을 자천하는 제도를 폐지하였다. 그 대신에 일반민의 여론을 직접 정치에 반영하기 위해 신문고 제도를 부활하고, 궁 밖에 자주 나가서 직접 민의를 청취하였다. 백성들이 행차 도중의 왕을 직접 만나서 억울한 일을 호소하는 것을 당시 상언, 격쟁이라 하였다. 사상정책에 있어서도 탕평을 지향하여 주자 성리학을 중심에 두면서 왕권강화를 지지하는 남인학자의 고학을 받아들이고 주례나 정관정요와 같은 법가서들도 경연에서 공부하여 개방적 자세를 보였다. 말하자면 당시 여러 붕당의 진보적 사상을 모두 표용하여 왕권 강화와 국가 중흥에 이용했다. 당인들이 장악한 병권을 병조에 귀속시켰다.

　왕세제(영조)의 대리청정 문제를 두고 대리청정을 찬성하는 노론과 반대하는 소론의 대립이 격화되었는데 결국 소론의 주장이 채택되어 대리청정이 거두어 지면서 노론이 대대적으로 숙청되었다. 영조는 즉위 즉시 탕평의 교서를 발표하였다. 그러나 숙종과 같은 편당적 조처를 취하지는 않았다. 세제 시절 자신을 견제했던 소론을 내몰고 노론을 중용하다가 다시 노론의 전횡이 우려된다며 소론을 중용하는 등 탕평을 이루지 못하였다. 이인좌의 난을 계기로 탕평책을 실시할 결심을 하였다. 탕평파를 육성하여 이들을 중심으로 정국을 이끌어 나갔다. 탕평파는 노론이나 소론 출신을 가리지 않고 영조의 논리와 정책을 지지하는 인물들로 구성되었다. 서원을 대폭 정리하였으며 공론의 주재자로 인식되던 산림의 존재를 부인하였다. 또 각 붕당의 전위대 역할을 하던 3사와 전랑의 역할을 바로잡기 위해, 이조 전랑의 권한을 약화시켜 자신의 후임자를 추천하는 권한과 3사의 관리들을 선발하는 권한을 갖던 관행을 없앴다. 붕당 정치의 변질 과정에서 나타난 3사와 전랑의 부정적인 기능이 탕평 정치가 이루어지면서 혁파된 것이다. 영조의 탕평책에 따른 개혁은 붕당 정치, 특히 변질된 이후의 붕당 정치의 폐단을 제거하려는 것 이였으며, 나아가 붕당의 소멸까지도 염두에 둔 것으로 탕평 정치가 전개되면서 정국 운영이나 이념적 지도력에 이르기까지 국정의 모든 영역에서 정치 권력은 왕과 탕평파 대신 쪽으로 집중되어 붕당의 정치적 의미는 차츰 엷어졌다.

　5군영의 운영 방식을 고쳐 붕당인 들로부터의 병권을 회수하려는 노력을 하였다. 5군영 중 어영청, 총융청, 수어청을 서인들이 자신들의 정권을 유지하기 위한 군사적 목적으로 설치했던 일이나 또 붕당 정치가 변질된 이후에 군영을 장악하는 것이 정치적 쟁점으로 등장했던 사실은 인조반정 이후 병권이 왕이 아닌 붕당인 들에게 있었음을 보여주는 증거들이다. 그런데 탕평 정치가 실시되어 왕권이 강화되고 붕당의 중요성이 줄어들면서 다시 국왕이 병권을 되찾으려 시도하고 있는 것이다.

그러나 영조의 탕평책은 강력한 왕권으로 붕당간의 대립을 억누른 것이었을 뿐 붕당 정치의 폐단에 대한 근본적인 해결은 아니었다. 탕평의 원리에 따라 노론과 소론이 공존했으나, 소론 강경파들이 계속 변란을 일으키면서 점차 노론이 정국을 주도하게 되었다. 더욱이 사도 세자의 죽음 이후 거의 절대적으로 노론이 우세하게 되었다. 영조 재위시의 정치 상황은 처음에는 편당적인 조치가 이루어졌고, 이인좌의 난 이후 탕평책이 강력히 추진되었으며 말기에는 노론의 정국 주도가 이루어졌던 3단계로 정리할 수 있다.

(1) 당쟁의 전개과정

① 을사처분

신임옥사[113]를 무옥으로 규정하고, 김창집, 이이명, 이건명, 조태채 등 노론 4대신을 신원하는 조처를 단행했다. 4대신은 영조의 세제 책봉과 대리청정을 주선하다 화를 입은 노론의 원로들이었다. 충역시비는 경종조와 영조 초반의 최대 쟁점으로 신임옥사를 반역으로 규정하면 신임옥사에 연루되었던 영조의 '경종 독살설' 의혹을 풀고 영조 자신의 정통성 확립에 있어서 중요한 문제이다. 그렇기에 영조 초반의 당쟁은 모두 '신임옥사'를 어떻게 규정할 것인가의 문제와 관련이 깊다. 노론의 뒷받침으로 왕위에 오른 영조는 신임옥사를 당장이라도 무옥으로 돌리고 싶었지만 동시에 이를 무옥으로 돌리면 노론이 정국을 주도할 것이 뻔했기 때문에 영조는 이 문제에 있어 만전을 기하였다.

113_김창집의 손자 김성행, 이이명의 아들 이기지와 조카 이희지, 사위 이천기, 그리고 김춘택의 종제 용택 등 노론 명문 자제들이 환관, 궁녀들과 결탁하여 이른바 3급수로 경종을 죽이려 했다고 목호룡이 고변하였다. 3급수란 첫째가 대급수로 자객을 궁중에 침투시켜 왕을 시해하는 방법이다. 둘째는 소급수로 궁녀와 내통해 음식에 독약을 타서 독살하는 방법이다. 그리고 셋째 평지수로 숙종의 전교를 위조해 경종을 폐출시키려는 것이다. 연루자들 대부분이 노론 고위 관료의 자제들이었는데 모두가 심한 고문에도 승복하지 않고 죽었다. 이 사건으로 노론 4대신이 모두가 죽임을 당했고 그 외에도 170여명의 노론계 인사들이 살육되거나 가혹한 형벌을 받았다.

노론의 뒷받침으로 영조가 즉위하자 노론은 그에 대하여 큰 기대를 걸었다. 영조가 역사상 유래 없는 택군의 과정을 통해 즉위했기에 영조로서는 이런 상황이 부담스럽지 않을 수 없었다. 노론은 한번에 완벽한 해결을 계속적으로 요구한 반면에 영조는 단계적인 해결을 원했다. 상황을 한동안 관망하던 영조는 신임옥사[114]의 장본인인 김일경, 목호룡을 처단하고 이의연[115]을 장살[116]하였다. 그 다음 노론과 소론 사이의 충역시비는 일체 간여하지 않겠다고 했다. 영조 역시 노론과 소론의 불만은 알고 있었지만 왕권 강화를 위해서는 불가피한 선택이었다. 그러던 와중 1525년 승지 윤봉조가 올린 소론을 공격하는 상소를 계기로 이세최, 조원명 이하 소론의 중진들을 축출하고 정호, 민진원, 이관명을 3정승에 임명했다. 그리고 그 해 3월 신임옥사를 무옥으로 규정하고 4대신의 신원을 명했다. 이것이 바로 을사처분이다. 을사처분을 통해 노론은 집권의 명분을 인정받고 영조는 정통성을 보장받게 되었다. 그러나 이 처분은 계속되지 않았다.

② 정미환국
을사처분에 대한 소론의 불만 축적은 영조에게 이로울 것이 없었다. 을사처분은 다분히 자신이 왕위에 오를 수 있도록 도운 노론과의 타협이었다. 하지만 영조는 을사처분으로 왕권이 사당의 정치보복에 개입되는 것을 두려워했다. 그러나 노론의 주청은 노론의 4대신에 대한 신원을 넘어서 소론의 완전한 제거를 요구하기 시작했다. 영조의 걱정이 현실로 나타난 것이다. 영조는 노론에 대해서 협조를 요청했지만 유봉휘, 이광좌, 조태억에게 무거운 죄를 주라는 정청은 그치지 않았다. 영조는 계속적으로 권위를 내세우거나 인정에 호소했지만 당시 노론 영주인 민진원이 자신의 거취를 걸고 노론 아니면 소론을 택하라고 하자 영조는 민진원을 좌의정에서 해임시켰다. 그 대신 노론 완론의 영수인 홍치중을 등용하여 탕평을 주도하여 노소병용을 구현하는

---

[114] 신축옥사와 임인옥사를 합쳐서 신임옥사로 칭한다.
[115] 경종 집권 당시 연잉군의 세제 책봉을 주장하다 처벌된 대신들을 신원해야 한다는 성급한 주장을 펴다가 소론측의 탄핵을 받아 오히려 유배되고 말았다.
[116] 왕조 때, 매로 쳐서 무참히 죽이는 형벌.

데 노력했다. 이 때 국가의 중대사 외에는 일체 불간섭을 고수하던 정호가 "눈치나 살피면서 이록을 탐내는 구차한 무리!"라고 홍치중에게 말하자 홍치중은 이를 대단한 모욕으로 받아들여, 영조의 만류에도 불구하고 홍치중이 사임하였다. 영조는 노론에 대해 염증을 느끼기 시작했고 이는 '정미환국'으로 표출되었다. 유배된 소론 인사들이 대대적으로 석방, 등용되어 다시 정국은 소론의 수중으로 넘어갔다.

③ 무신란

1728년 3월에 영조와 노론에 대한 반감이 폭력적인 수단으로 표출된 것이 바로 무신란이다. 반란의 주체는 소론의 급진 세력과 일부 남인 세력으로 영조를 제거하여 독살된 경종의 원수를 갚고 소현세자의 증손 밀풍군 탄을 새로운 왕으로 추대하여 노론 정권을 타도한 다음 소론과 남인의 연합 정권을 구성하려고 하였다. 반란이 토벌되긴 하였지만 이를 계기로 노론도 소론도 못믿게 된 영조는 적극적으로 탕평에 대한 각오를 다지게 되었다.

반란의 촉매가 된 것은 경종의 의문스런 죽음이다. 경종은 1724년 8월 20일 게장과 생감을 먹고 복통과 설사를 거듭하다, 5일 뒤 8월 25일 사망했다. 이와 관련해서 세간에 "경종이 동궁인 영조가 들여 보낸 게장을 먹고 죽었는데, 게장 속에 독이 들어 있었다."는 소문이 퍼졌다. 이와 관련하여 1725년 영조의 면전에서 경종의 독살설을 발설하다 죽음을 당한 경우나 1727년 경종이 비명에 죽었다는 괘서가 등장하여 진상 조사가 벌어지는 경우도 있었다. 격분한 소론과 남인 과격파들은 영조를 군주로 인정할 수 없었고 그 결과 무신란이 일어났다. 무신란은 영조에 대한 도전인 동시에 경종을 위한 복수였다. 무신란은 전국적인 규모의 반란이었다. 호서, 호남, 영남의 삼남 지방, 경기, 평안도까지 반란 조직이 결성되어 있었다. 반란의 주모자는 호남의 박필현, 호서의 이인좌, 영남의 정희량으로 박필현은 소론 급진 세력을 대표하는 존재이며 이인좌는 남인 명가의 자제, 정희량은 인조 반정 이후 역향으로 간주되어 심한 차대를 받아오던 경상우도의 불만이 적극적인 반란 참여로 표출된 경우였다. 반란 주도층은 '무신당을 결성하였고 이에는 소론과 남인의 명가 출신, 향임층, 노비층, 명화적 등 중인층과 하층민까지 참여했다. 1728년 이인좌가 청주성을 점령하면서 시작된 반란은 끝내 관군에 의해 토벌되었다. 무신란을 최초로 보고한 최규서와 토벌군의 사령관 오명항은 모두 소론으로 이는 무신란의 연대 책임을 피할수 없었던 소론이 토벌에 적극적으로 참여한 것이다. 무신란을 통해 영조는 탕평에 대한 의도를 굳혀갔다.

④ 기유처분(1729), 경신처분

영조에게 노론은 탕평의 최대 장애물이었다. 신하가 임금을 선택하는 택군은 역사상 유래 없는 것으로 노론의 최대 공로였지만 영조에게 있어서는 왕권 강화의 걸림돌이었다. 무신란 은 소론에게는 치명적인 사건이 되었고, 계속적으로 소론에 대한 공격을 멈추지 않았던 노론은 무신란 이후 공세를 취하고 소론은 수세에 몰렸다. 그러나 영조는 왕권 안보가 가장 중요했다. 그렇기에 노론이 다시 토역론을 제기했을 때 영조는 "소론에 김일경의 무리가 있다면, 노론에 정인중의 무리가 있다. 피차에 어찌 역이 나오지 않은 당이 있는가?"라고 대꾸하며 노론의 주장을 막았다. 영조는 무신란을 진압하는 데 혁혁한 공을 세운 조문명, 송인명, 조현명, 박사수, 이광덕 등의 탕평파를 신임하였고 이들은 영조의 절대적인 지지를 바탕 삼아 정국의 주도 세력으로 부상했다. 탕평파는 노소 보합을 추진해나갔고 그 과정에서 가장 문제 되는 노론 4대신의 신원 문제에 대해 신축옥사(건저대리)는 충으로, 임인옥사(삼수역옥)는 역으로 규정하여 이건명, 조태채의 신원은 찬성하고 이이명, 김창집의 신원은 곤란하다는 분등설을 내놓았다. 이를 반영한 것이 바로 기유처분이었다. 하지만 이는 미봉책에 불과했다. 기유처분 이후 영조는 사실상 소론 위주의 정국을 유지하고 있었다. 조문명, 송인명, 조현명 등 소론 계열의 탕평론자들이 정국의 주도세력으로 부상하여 쌍거호대[117]의 인사 방식을 적용하였다. 한동안 계속되던 소론 탕평은 1732년 홍치중, 조문명이 사망하고 김창집, 이이명의 신원이 강력히 요구되자 전환을 맞이했다. 김창집, 이이명의 신원은 기유처분의 번복이다. 이 상황을 영조는 노론의 요구를 일축하고 지

117_영의정이 노론이면 좌의정은 소론에서 기용하고 이조판서가 소론이면 참판, 참의는 노론에서 기용한다.

나갔으나 1738년 소론과의 공존을 거부하는 노론 준론의 영수 유척기가 입조하여 노론 세력이 성장하게 되었다. 이때 영조는 인임옥사에 관계자인 서덕수의 신원을 지시하고 소론 계열의 탕평파를 대거 파직하고 유척기, 김재로, 조상경 등의 노론을 등용하여 이를 바탕으로 신임의리의 개정요구를 진행해나갔다. 계속되는 노소공방은 노론과 소론 간의 협상을 통해 임인옥사가 무옥임을 천명하고 피화자의 신원을 강구하는 선에서 타협한 것을 1740년의 경신처분이라 한다.

⑤ 신유대훈

경신처분을 통해 임인옥사가 무옥으로 천명되었지만 노론은 소론에 대한 별다른 조처가 단행되지 않은 것에 대한 불만이 축적되었고 소론 역시 임인옥사의 번안에 큰 관심을 가지고 지켜보고 있었다. 그 와중에 위시사건[118]이 발생하였다. 이를 통해 소론은 경신처분을 고수하기로 마음먹었으나 이는 영조가 기고만장한 노론을 누르기 위한 것이었지 소론을 살려주기 위함이 아니였다. 또 지평 이광의가 노론 대신들이 김원재를 구호했다는 이유로 삭직을 요구했으나 영조는 이를 군주를 속이는 망언으로 간주하여 그를 귀향 보냈는데, 이광의는 조현명과 혼맥으로 연결되어 있는 사이였다. 이는 영조가 아직 소론의 힘이 필요했음을 보여주는 대목이다. 그러던 와중 1741년 형조참판 오광운이 세상의 의혹을 해소하기 위해서 대훈을 반포할 것을 건의하였고 영조는 이 기회를 통해 「신유대훈[119]」을 발표해 자신의 원죄에서 벗어났다. 「임인옥안」의 소각과 경종 초에 자신을 세제로 책봉한 것은 역모가 아니라 대비 김씨와 경종의 하교에 의한 정당한 조치라고 해석한 것이 「신유대훈」의 내용이었다. 이로써 왕위에 오른 지 무려 17년만에 자신을 옭아매고 있던 역적의 혐의에서 공식적으로 벗어나게 됐다.

118_노론의 주장에 따르면 숙종은 김용택, 이천기에게 연잉군, 연령군을 부탁하는 증표로 7언시를 지어 주었고 이를 김용택의 아들인 김원재가 보관하고 있었다. 영조는 그 어제시를 읽어 보았는데 이것이 가짜로 판명되자 임인옥사의 번안 명분을 반감시켜 김원재는 어시위 조죄로 장살되었다.

119_첫째, 신축년의 건저는 대비와 경종의 하교에 따른 것이다. 둘째, 임인옥은 무옥(誣獄)이므로 국안은 소각하고 피화자는 신원한다. 셋째, 김용택, 이천기, 이희지, 심상길, 정인중은 역으로 단정해 별안에 둔다.

⑥ 을해옥사

　1755년 나주목의 객사에 괘서가 붙었는데 이 괘서에는 '간신이 조정에 가득하여 백성이 도탄에 빠졌으니 거병하노라, 백성이 곤궁한데 가렴주구는 더욱 심하다. 이를 구제하기 위해 군사를 움직이려 하니, 백성은 놀라 동요하지 말라'는 내용이었다. 이는 조정의 정책과 당시의 집권층을 비방하는 데 있었다. 영조는 전라감사 조운규의 장계에서 보고 알았는데 주동자는 윤지로 드러났다. 윤지는 소론계 인물로 1725년 정월에 신임옥사를 무옥으로 규정하고 노론 4대신을 신원한 을사처분이 단행되었는데 김일경의 당인이라 지목되어 처벌을 받은 윤취상의 아들이었다. 윤지도 목호룡의 심복으로 음모에 참여했다는 이유로 유배를 가게 되었는데 유배지에서 필묵계를 조직하였다. 이는 표면적으로는 상부상조를 위한 모임이었지만 실제 일종의 비밀결사로 이를 통해 동조자를 모으고 거사를 계획하고자 했다. 윤지가 소론계 인물이고 또 그가 소론 인사들과 주고받은 서찰이 다수 발견되자 이를 계기로 소론의 명문가들 대부분이 몰락하여 재기 불능의 상태로 이르게 되었다. 이로써 영조조에 계속되어 온 충역시비는 끝나고 노론이 완전히 정권을 장악하게 되었다. 그 후 영조는 자신의 왕위 계승을 세제 책봉과 즉위 정당성을 천명한 『천의소감[120]』의 편찬을 통해 정당화 하였다.

⑦ 서원철폐와 전랑통청권, 한림회천권 혁파

　1741년에 영조는 서원 정비에 착수하여 170개에 달하는 서원을 철폐하였다. 당시의 서원은 더 이상 교육 기관이 아니었다. 원래의 강학, 강론의 전통은 사라지고 선현에 대한 제사도 순수한 존경심보다는 자신들의 정치적 입장을 강화하기 위한 수단으로 이용되고 있었다. 서원에서는 양인들을 불법적으로 모집하는가 하면, 면역촌의 규모를 늘려가고 있었고 지방관에 대한 청탁 행위 역시 문제시되었다. 또 도학자나

120_조선 영조 때 왕명에 따라 1755년(영조 31) 청사(淸沙) 김재로(金在魯:1682~1759) 등이 편찬하여 왕세자 책봉의 의의를 밝힌 책으로 활자본. 4권 3책. 내용은 세자 책봉을 에워싸고 갖은 음모와 풍파가 자심하므로, 역사적인 사실을 적어 후세의 거울로 삼는 데 목적이 있었다. 인용된 사건으로는 노론·소론의 당쟁이 치열하던 1728년(영조 4), 1730년, 1748년 등의 화란(禍亂)과 을해옥사(乙亥獄事), 1755년(영조 31)의 사건이 소상히 적혀 있어 이것을 통하여 건저(建儲)의 의(義)를 후세에 밝히고 하나의 교훈을 남기도록 하였다. 따로 언해(諺解) 4권이 전한다.

유현을 제향 하는 기준이 무시된 채 의병장, 의사, 향현, 일반 관료를 제향 하는 서원이 늘어났고 한 사람이 수십 개에 달하는 서원에 제향되는 사례까지 발생했다. 가장 근본적인 문제로 17세기 이후 서원이 정치적인 색채를 강하게 드러내기 시작했기에 영조는 서원 철폐를 하기 시작했다. 당쟁의 여파가 지방에까지 미치면서 서원은 지방 유생층의 정견을 수렴하여 결집하는 구심점이 되어 당인을 규합하는 동시에 당쟁의 소굴로 변질되었다. 영조는 조현명 등 탕평론자들의 지지와 협력을 바탕으로 서원 철폐를 결정하였다. 1715년에서 1741년까지 사사로이 건립된 모든 서원의 철폐를 지시하고 이를 통해 170여 개의 서원이 철폐되었다.

영조는 문무관의 인사 행정을 담당하던 이조와 병조의 정랑, 좌랑의 후임자를 추천하는 권한과 정 3품 통정대부 이하의 관리를 청직에 의망하는 권한(당하관 통청권)을 혁파하였다. 전랑은 인사의 기안자이며 반란, 모반 등 무거운 죄가 아니면 탄핵받지 않는 등 출세가 보장되는 자리였다. 전랑 자리를 두고 동·서인이 갈리는 등 전랑직을 둔 싸움은 격했다. 전랑권은 특권을 보장하는 직책이기에 탕평을 위해서는 통청권이 혁파되어야 했다. 조문명, 오명신 등 소론 계열의 탕평파들이 통청권의 혁파를 제기하였고 영조는 1741년 전랑 통청권과 회천권을 혁파하였다. 이후 통청권은 이조판서와 참판에게 넘어갔고 전랑은 순번제로 임명되었다.

⑧ 임오화변

이는 영조의 탕평책이 보인 최대의 비극으로 사도세자가 당쟁의 희생으로 뒤주에 갇혀 아사한 사건이다. 세자의 파행이 문제시되자 영조는 세자를 뒤주 속에 가두고 못을 박고 동아줄로 묶었다. 세자는 8일 동안 버텼지만, 끝내 굶어죽게 되었다. 이는 단순히 영조와 사도세자의 대립을 넘어서 영조와 노론, 사도세자와 소론의 대립이 표출된 결과이다.

영조는 진성황후 서 씨와 계비 정순왕후 김 씨 모두에게서 후사를 보지 못했다. 대신 정빈 이 씨와 영빈 이 씨와의 사이에서 효장세자와 사도세자를 두었다. 사도세자는 영조 나이 40세인 1735년 출행했는데 효장세자가 1728년 10살의 나이로 요절하는 바람에 사도세자는 2세 무렵 세자로 책봉되었다. 조급하고 민첩한 성격의 영조에 비해 세자는 말수가 적고 행동이 느린 편이었다. 영조는 이러한 세자를 불만스러워 했고 세자는 영조를 두려워했다. 세자는 영조의 기대에 부응하지 못했고 그런 와중 영조의 총애를 받던 숙의 문 씨가 임신하여 세자는 위기의식에 휩싸이게 되었다. 다행히 숙의 문 씨가 옹주를 낳았지만 노론 내부에서 세자의 자질을 거론하였다. 당시 세자는 술과 여자에 빠지고 짐승은 물론 죄 없는 사람까지 비행을 서슴지 않았다. 그 동안 세자를 보호하던 소론의 이종성 마저 죽고 나자 세자를 감쌀 수 있는 세력이 사라졌다. 1762년 나경언이 국왕 주위의 내시들이 역모를 꾸미고 있다고 형조에 고변서를 올렸고 나경언을 친국하던 중 그가 세자의 비행이 십여 조목에 걸쳐 자세히 기록된 글을 왕에게 바쳤다. 영조는 이에 충격을 받게 되었고 칼을 휘두르며 세자에게 자결할 것을 명했다. 계속되는 실랑이 끝에 영조는 손수 세자를 뒤주 속에 가둬 죽였고 세자가 죽은 후 영조는 곧 세자의 위호를 회복하고 자신이 직접 세자의 시호를 사도라고 지었다. 장례 절차 또한 손수 신하들에게 지시했고 세자의 묘지문도 친히 지었다. 그리고 그 날의 처분을 "의로써 은을 제어한 것이며, 나를 위해 의로써 결단을 내린 것"이라 규정했다. 그리고 앞으로 일체 이 사건을 재론할 것을 금지했다. 세자가 죽는 전대미문의 사건에서 신하들은 명분과 의리보다는 자신들의 이해 관계를 따라 움직였다.

(2) 《심경》을 역이용한 영조

《심경》은 경을 핵심으로 하면서, 군자소인론을 주 내용으로 삼고 있다. 이는 패도가 아닌 왕도를 행하기 위해서는 우선 무엇보다도 군자가 되는 것이 중요하다는 사림파들의 논리를 뒷받침하고, 나아가서 왕도 사대부와 별반 다를 게 없다고 보는 논리를 가능하게 하여 배타적인 사족 지배 체제를 강화하는데 일조하였다. 그렇기 때문에 사림파는 군주가 왕도를 행하기 위해서는 군자유, 즉 사림파 관료들에게 훈도를 받아야한다는 명분을 내세워 심경을 경연 과목으로 정착시키기 위해 노력했다. 그러나 영조시기에 들어오면 이러한 심경의 역할이 바뀌고 있음을 알 수 있다.

영조는 자신의 출생 콤플렉스를 극복하기 위해 성학 군주로서의 위상을 확립함으로써 정당성을 획득하려는 의도에서 심경의 경연을 선택했다. 영조에 의한 심경의 강조는 내용보다는 형식에 매달리는 유교적 교양을 추구하는 군조로서의 이미지 창출에 치중된 것이다. 더 나아가 태만한 관리들의 정신 상태를 교정하기 위한 기재로서 심경을 강독하게 하고 신료들을 압박하기에 이른다. 경을 핵심대상으로 하면서 대부분 군자유가 되는 방법론을 설명하고 있는 심경은 누가 우위에 입장에서 운영하느냐에 따라 신하가 왕을 억압하거나, 역설적으로 왕이 신하를 제재하는 도구로 이용될 수도 있었던 것이다. 이는 군주 성학의 내용이 완전히 심화되어 유학 강론의 시대적 조류가 되어 버린 심경을 가지고 영조가 자신의 취약한 정통성을 보완하고 심경의 내용을 도리어 신하들에게 강조함으로써 맞선 것이라 할 수 있다. 이는 정치권력이 신하들의 손에서 국왕에게로 옮겨 가기 시작했음을 반증한다.

V. 탕평의 의미

탕평론이 왕도의 회복, 관료 집단의 생존, 왕권의 강화 등 몇 가지 측면에서 당시의 절박한 정치 상황을 극복하기 위하여 제시된 현안이었다고 하면, 탕평의 개념은 그 몇 가지 측면에서 설명되어야 할 것이다. 탕평의 개념을 간단히 풀이한다는 것은 그 진의를 올바로 이해하지 못하게 하는 것이며, 나아가 탕평책의 역사적 의미를 정확히 부각하지 못하게 하는 결과를 초래할 수 있다.[121]

탕평이란 의미는 서경 홍범조의 "왕도탕탕 왕도평평(王道蕩蕩 王道平平)"[122]에서 비롯된 것으로 기자가 무왕에게 제시한 홍범구주의 제 5주인 황극에 들어 있다. 기존의 연구에서는 탕평의 뜻은 대체로 '왕도의 회복' 내지는 '인군의 정치가 대공지정한 경지에 이른 것을 의미하는 보편적 의미'로 보는 것이 일반적이었다. 그렇기에 탕평의

121_「역사의 갈림길에서 고뇌하는 조선 사람들」, 최완기, 이화여자 대학교 출판부, 2004. 99p
122_"無偏無陂 遵王之義 無有作好 遵王之道 無有作惡 遵王之路 無偏無黨 王道蕩蕩 無黨無偏 王道平平 無反無側 王道正直 會其有極 歸其有極" -〈書經〉洪範條

의미를 제대로 파악하기 위해서는 홍범구주에 대한 이해가 먼저 고려되어야 할 것이다. 홍범이란 큰 규범이라는 뜻으로서 왕도에 대하여 연구가 깊은 기자가 주나라 무왕을 위해 제시한 정치의 기본 원리로 알려지고 있고, 아홉 조목이 있어 흔히 홍범구주라고 부른다.

그 첫째는 만물의 원리인 오행[123]을 잘 알아야 하며, 둘째, 정치를 집행하고 백성을 지도함에는 오사[124]를 명심해야 하고, 셋째, 통치의 실천사항으로서는 팔정[125]에 유의해야 하고, 넷째, 세상을 다스림에는 반드시 오기[126]를 지켜야 하고, 다섯째, 근본원리를 정해야 하며, 여섯째, 삼덕[127]을 갖추는데 힘써야 하고, 일곱째는 세상에 대한 통치가 과련 하늘의 뜻에 적합한가를 밝혀야 하고, 여덟째, 여러 상황에 항상 관심을 가지며, 아홉째로는 덕을 갖춘 사람을 힘써 보호해야 한다는 것이다. 이와 같은 아홉 조목 중에서도 특히 다섯째인 황극, 즉 근본을 정한다는 것은 임금의 법도요 정치의 기본 원리로서, 우세에 왕도 정치를 표방한 정치가들은 여기에 깊이 주목하였다. 탕평론의 근거도 바로 여기세 제시되고 있는 것이다.

또한 탕평이란 용어는 두 가지 의미를 가지고 있는데, 첫째는 목표로서의 의미이다. 탕평은 인군의 정치가 회상의 상태에 이른 것을 표현하는 술어이다. 왕도가 '탕평'해지기 위해서는 황극이 세워져야 한다. 황극이란 임금이 극을 세우는 것이다. 여기서 극이란 치세의 법도를 의미한다. 또한 전통적인 유교적 관점에서 임금이 치세의 법도를 세우기 위해서는 임금의 자기 확립이 전제되어야 한다. 따라서 건극에서의 극은 임금이 제시하는 정사의 타당의 극이자 동시에 임금의 수신의 극이다. 어떠한 것이 가장 타당한 정사인가, 즉 탕평에 이를 수 있게 하는 정사가 어떤 것인가는

123_오행이란 수, 화, 목, 금, 토로서 이들이 서로 결합하여 만물을 형성한다는 것인데, 동양 사상의 바탕이다.
124_오사란 모(貌), 언(言), 시(視), 청(聽), 사(思)를 말하는 것으로 사람을 다스림에는 용모에 주의하고 언동에 유의하며, 사물의 관찰, 남의 의견 청취, 바르게 사고하는 것이 매우 중요하다는 것이다.
125_팔정이란 국가 운영을 위해 중요한 여덟 가지 사항을 뜻하는 것으로 생활안정, 화폐제도, 제사, 관리임명, 교육, 치안, 외교, 국방을 지칭한다.
126_오기란 년(年), 월(月), 일(日), 성(星), 역(歷)을 지칭하는데, 계절의 변화를 뜻한다.
127_삼덕이란 평화로운 때에는 정직하게 다스리고, 소요가 일면 확고한 자세로 시국을 수습하며, 백성이 지쳐 있으면 부드럽게 대처하여야 한다는 것이다.

정치론에 따라 다양하게 제시되었다. 그러므로 탕평을 구현하기 위한 방법은 시세와 정론에 따라 그 구체적 내용이 다르다. 정치적 목표 내지 그러한 목표가 이루어진 정치상이란 의미의 탕평이란 용어는 '건극' 혹은 '건극지치'란 표현으로 대치될 수 있다. 정치의 목표를 설정하는 것이 건극이고, 이에 따라 임금의 법도가 세워져 모든 신민이 그 법도에 회귀하면 왕도가 '탕탕평평'해지는 이상정치가 실현되는 것이다. 이러한 의미에서 탕평은 건극을 바탕으로 그 법도가 구현된 상태, 내지는 건극에서 제시되는 목표로서의 정치상이다.

첫 번째의 의미가 이상적 정치상으로서의 의미라는 둘째로는 정치운영 방식으로 볼 수 있다. 즉, 노론·소론·남인 등의 각 黨色을 고루 등용하는 영·정조대의 정치운영 방식을 말하는 것이다. 이 경우 당시에도 흔히 탕평으로 불리었지만, '회탕'이라고도 하였다.[128] 회탕정책은 당색 갈등과 국론의 분열이 심한 상황에서 탕평의 이상정치를 이루기 위해 취해진 하나의 정치안정 정책으로, 탕평이라기보다는 탕평의 일환이며 방법이다. 이처럼 탕평의 의미는 목표로서의 의미(광의의 개념)와 방법으로서의 의미(협의의 개념) 두 가지로 나누어 볼 수 있다.

VI. 탕평책의 의의와 한계

17세기 말에서 18세기 초에 걸쳐 계속 제기된 당쟁은 그 어느 때보다도 집요하고 치열하게 전개되었다. 붕당 상호간에 피차가 이단시하고 역적시하는 속에서 붕당의 화합은 도저히 기대할 수 없는 상황에 이르렀으니, 반목과 대립은 피를 보고야 마는 생리적 거부 현상과도 같은 참상을 되풀이하게 되었다. 이에 당쟁의 참상으로 전개된 정국의 혼돈을 수습하고자 탕평론이 제기되고 탕평책이 추구되었음은 확실히 역사적, 시대적 소산의 하나로 이해될 수 있다. 즉, 사림들이 집권하면서 그들의 이상적인 정치형태로서 제기된 것이 평형을 원리로 하는 붕당 정치였다면 그 변질로 인하여 당쟁이 가열되었고, 이를 극복하고자 황극 탕평설이 제기되고 편당적인 탕평책은 오히려 참상을 심화시켰고 이에 대한 반성으로 결국 탕평론 본의에 입각한 탕평책이

128_「朝鮮後期 蕩平政治 硏究」, 김성윤, 지식산업사, 1997, 32p

요구되었다. 그러나 왕도의 구현을 위한 탕평책의 실시를 위해서는 왕권의 신장의 전제되어야 했다. 영조는 자신의 정책을 지지하는 이른바 탕평파의 협조를 바탕으로 군사제도를 개혁하고 재정 질서를 확립하는 속에서 왕권을 확립하고, 왕권이 당권보다 우위에 있음을 시도하고 붕당의 기능을 조정하는 데에 주력하였다.

요컨대, 탕평책은 조선 후기 정치사에 있어서 몇 가지 의미를 보여주고 있다.

첫째. 정국의 혼돈을 어느 정도 수습하였다. 전대까지는 당쟁으로 인하여 큰 옥사가 빈발하였고 피의 보복으로 참상이 극도에 이르렀으나, 강인한 의지로 보복을 견제한 영조 대에 와서는 옥사가 자제되었고, 파직, 삭출, 좌천 등으로 당론을 조정하게 되면서 국왕이 친히 양당의 화합에 주력함으로써 정국의 혼돈이 어느 정도 수습되었다.

둘째, 인재 등용의 길이 어느 정도 개방되었다. 붕당을 초월한 인재 등용을 통해서 벼슬길이 확대되니, 비록 노, 소론이 정계를 장악하였다고 하여도 노, 소론은 물론 남인과 북인까지도 벼슬길이 허용되었다.

셋째, 왕권이 신장되었다. 평형을 원리로 하는 것이 탕평의 논리였기 때문에, 영조는 붕당을 조정하면서 이른바 탕평파라는 지지 세력을 조성하고 그들의 협조를 바탕으로 군사 제도의 개혁 경제 길서의 정비를 바탕으로 왕권을 확립하여 갔다.

넷째, 새로운 정치 세력이 대두하였다. 탕평책에 호응하여 소론 온건파를 중심으로 한 이른바 탕평파가 형성되어 그들이 정계 요직을 장악하고 정책의 방향을 주도하여 갔다. 탕평파는 반탕론자들의 비판을 절충론으로 회유하면서 모소남북 등 여러 당파에서 지지자를 중심으로 새로운 집단을 조성하기에 이르렀던 것이다.

물론 이와 같은 탕평책의 시행을 위해서는, 탕평에 대한 찬반론의 분석에서 알 수 있듯이 시비의 문제를 확연히 해야만 하는 것이 전제 요건이었기 때문에 본질적으로 한계를 지닌 것이었으니, 그것을 당파의 입장을 절충한다고 하여 문제가 해소될 수 있는 것은 아니다. 왜냐하면 조정에 진출한 관료들의 불만이 어느 정도 해소되고 대립이 다소 완화되었다고 하여도 불만과 대립은 강력한 왕권아래에서 표면상으로만 억눌려 있었던 것이니[129] 탕평 자체가 왕권 신장을 목표로 한 것이었지만, 그 실천 방

129_한영국, 〈양반정치체제의 이완과 그 미봉책〉, 〈한국사대계〉6, 삼진사 1979, p.30.

안이 미온적이고 임기적이었기 때문에 노론의 득세가 불가피 하였고 외척세력의 대두가 불가피하게 전개되는 결과를 초래하였다.

결론하여 왕권의 확립과 왕권의 강화를 주지로 한 탕평론을 찬성하고 지지하여 가면서 찬탕론자들은 붕당의 폐해를 제거한다는 명분 아래 '파붕당'을 역설하였지만 그들 역시 나름대로 새로운 붕당을 조성하여 갔으니, 반탕론자들의 공박과 같이 공평하고 공정한 탕평의 본질이 수용되지 못하는 상황속에서 탕평책의 실시는 본래부터 한계를 내포하지 않을 수 없었던 것이다. 실로 탕평을 빙자하여 왕권을 강화하려는 영조의 의도와 붕당을 타파해야 한다는 찬탕론자들의 주장과 시비의 판정을 전제되어야 한다는 반탕론자들의 문제 제기는 각기 자기 기반의 확립을 시도하기 위한 몸부림이었다. 따라서 그 후 정조에 의해 탕평책이 계승되었다고 하지만 그것이 왕권을 기반으로 하지 않음에 있어서는 권력 쟁탈의 소지가 필연적이었고, 결과적으로 왕권이 약화된 19세기에 이르러서는 그 무의미함이 확연히 노출되지 않을 수 없었던 것이다.

VII. 탕평책의 현대사적 의의

(1) 붕당과 파벌싸움

지금까지 영조가 탕평책을 실시하게 된 배경과 탕평책의 의의와 한계를 알아보았다. 영조가 탕평책을 실시하여 궁극적으로 목표한 바는 왕권의 강화이지만 붕당이 난립한 정치 상황을 타개하고자 했다는 점에서 의의를 찾을 수 있었다. 붕당의 당쟁이 조선의 멸망을 야기했다 라는 식민사학에 완전히 동조하는 바는 아니지만 조선 초기의 혁신적인 분위기가 조선 중, 후기에 이르면서 붕당의 난립과 함께 변질된 모습이 많이 보인다. 붕당은 바로 조선 정계의 변질된 모습이라고 생각된다. 붕당의 난립이 분명 조선의 멸망을 야기한 여러 가지 이유 중의 한 가지였음은 부인하기 어려울 것이다.

가장 신경써야 할 민생안정은 뒷전으로 미뤄두고 자기 당파의 정권 획득을 위해 모든 노력을 경주하는 모습은 영조 때와 지금의 모습과 그다지 다르지 않다. 현재의 정치가들도 국민들의 민생을 위한 다양한 공약을 내세우고 있지만 이는 정권 획득을 위한 공약(空約)에 지나지 않는 경우를 많이 볼 수 있었다. 현재는 매니페스토 운동이 전개되는 등 많은 부분에서 민생을 우선시하고자 하는 모습이 보이지만 아직은 그 노력에 비해 자기의 정권 획득을 주로 하는 많은 정치가들을 볼 수 있다.

붕당과 파벌싸움은 지금의 정치뿐만 아니라 경제나 사회 전반 곳곳에서 발견할 수 있다. 합리성을 가장 최고의 가치로 내세우는 현대 사회에서 지연이나 학연으로 이어지는 지역감정이나 파벌싸움을 보면, 영조가 당쟁을 보고 느꼈을 답답함이 지금도 어느 정도 공감할 수 있을 것이다.

VIII. 마치며

이상에서 영조 때의 탕평책에 대하여 살폈다. 그것은 대체로 신임옥사에 대한 노·소론 간의 충역시비에서 노론측 명분의 정당성을 인정하여 노론정권을 구성하면서도 노론의 일방적인 독주와 소론에 대한 탄압을 억제하려는 양상을 보이고 있었다. 이는 소론의 불만과 반발로 인한 정국의 격화나 왕권의 불안이 초래되지 않을까 하는 왕의 우려에서 나온 결과였다.

요컨대 영조초의 탕평책은 노론정권의 형성과 그로 인한 정국 및 주권의 안정을 목표로 즉위초의 소론 정권하에서는 노론의 점진적 진출을 꾀하며 을사년 이후 노론정권하에서는 노론의 공세로부터 소론을 보호함으로써 공평을 표방, 당파간의 균형을 점차 이루려는 기본 방향에서 왕에 의해 주도된 정책이었다. 현대 사회에서도 정치, 경제, 문화의 많은 영역에서 아직도 파벌싸움이 만연하고 있다. 이런 상황에서 우리는 과거 탕평책에서 파벌 싸움 해결의 실마리를 조금은 얻을 수 있지 않을까.

참고문헌

『군주 리더십』, 김만중, 거송미디어 2001

『당쟁으로 보는 조선 역사』, 이덕일, 석필, 2003

『선비의 배반』, 박성순, 고즈윈, 2004

『시대 정신과 대통령 리더쉽』, 김인수, 신원문화사, 2003

『영조와 정조의 나라』, 박광용, 푸른역사, 2000

『우리 역사를 읽는 33가지 테마』, 우윤, 푸른숲, 2000

『조선후기 당쟁사 연구』, 이은순, 일조각, 2000

『조선시대 당쟁사 2』, 이성무, 동방미디어, 2005

『조선후기 탕평정치 연구』, 김성윤, 지식산업사, 1997

『한국사통론』, 변태섭, 삼영사, 2003

『역사의 갈림길에서 고뇌하는 조선 사람들』, 최완기, 이화여자 대학교 출판부, 2004

『영조대초반의 탕평책과 탕평파의활동』 정만조

신문 기사: 중앙일보 2006.04.08 [중앙 포럼] 《코드 인사, 지역 편중 인사》

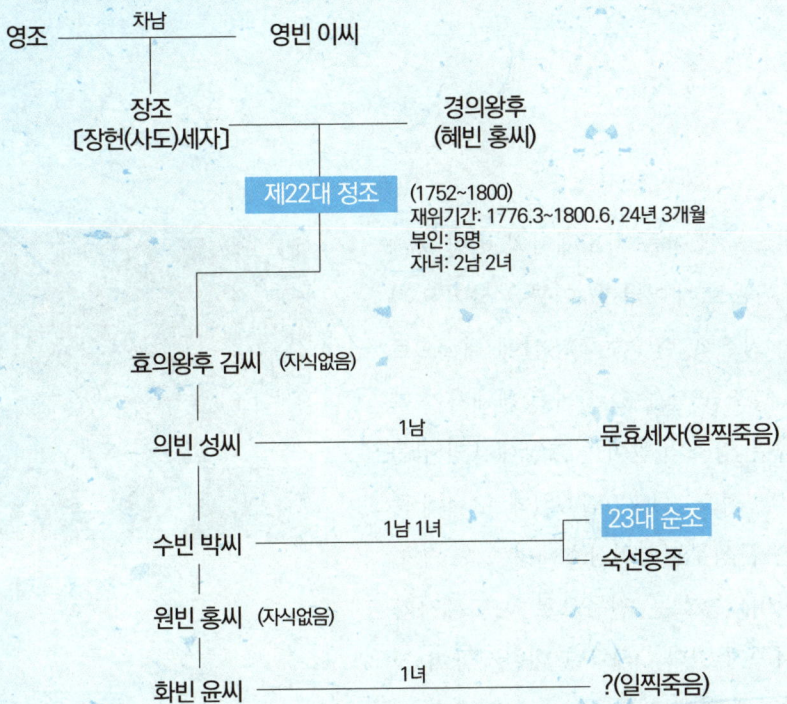

정조실록 433

정조실록
제22대 (1752~1800년)

정조는 영조 둘째 아들 사도세자와 혜빈 홍씨 사이의 둘째 아들로 태어났다. 이름은 산이고 자는 형운이다. 영조 35년(1759년) 8살에 세손으로 책봉되었다. 영조 38년(1762년)에 장헌세자가 죽자, 어려서 죽은 영조의 맏아들 효장세자의 아들로 입적되었다. 정조는 1800년 6월에 48세에 죽었다. 존호는 문성무열성인장효대왕(文成武烈聖仁莊孝大王)이며, 능호는 건릉으로 사도세자가 묻힌 융릉 서쪽에 있다. 1897년 대한제국이 성립되자 1900년에 황제로 추존되어 선황제로 개칭되었다.

22대 정조

● **규장각 설치**: 정조는 친아버지의 죽음과 시파, 벽파의 대립갈등으로 위태로웠지만, 홍국영 등의 보호로 어려움을 이겨냈다. 영조 51년(1775년)부터 대리청정을 하다가 다음해 영조가 죽자, 25세로 즉위했다. 정조는 왕위에 오

른 후 규장각을 설치해 문화정치를 표방했다. 역사상 가장 많은 서적을 저술이 편찬된 조선시대의 황금기이다. 정조의 개혁정치를 뒷받침할 학자를 길러내는 정책 연구 기관으로 수 만 권의 책을 갖추고 학자들을 모아 학문과 정책을 연구하였으며 과거 시험 대과는 규장각 통해 직접 관장하였다.

- **탕평책 실시** : 즉위를 방해했던 정후겸, 홍인한, 홍상간, 윤양로 등을 제거하고 정조 4년(1780년)에는 홍국영을 축출하고 친정체제를 구축하였다. 정조는 영조 이후에 탕평책을 계승하였다.
- **화성 건설** : 자신의 부친 사도세자를 죽이고 자신의 집권을 반대하던 노론을 약화시키기 위한 수원으로 수도를 옮길 목적으로 쌓은 성이다. 성벽의 총 둘레는 약 5.7km, 평균 높이 5m 정도이며 정약용이 고안한 거중기가 사용되었다.
- **서적 편찬** : 경국대전과 속대전을 보완하여 새로 재정된 법을 덧붙여 만든 법전 『대전통편』. 조선 후기의 외교 문서집.『동문휘고』호조의 옛 사례를 기록한 책『탁지지』규장각 학자가 만든 음운서『규장전운』 등을 편찬했다.
- **천주교 활성** : 17세기부터 조선에는 천주교가 들어오게 되었고, 권철신, 정약용 형제 이벽 등과 같은 신자들이 나타났다. 정조 7년(1783년)에는 이승훈이 북경 천주교회당에서 영세를 받았고, 다음 해에는 한양 남부 명례동 역관 김범우의 집에 최초의 천주교회가 창설되었다. 정조 15년(1791년)에는 조상의 신주를 불태운 진산의 윤지충, 권상연 등의 사건이 있었다. 정조 19년(1795년)에는 중국인 신부 주분모가 입국하여 활동하였다. 정조는 천주교를 금지하기는 했지만 심하게 단속하지 않았다. 그래서 1800년경엔 신도가 1만여 명으로 불어났다.

『정조실록』

『정조실록』은 조선 22대 왕 정조의 역사를 기록한 것으로 본서 54권과 부록 2권을 합쳐 모두 54권 56책의 주자본이다.

1800년(순조 즉위) 12월부터 편찬을 시작하여 1805년 8월에 완성했다. 총재관은 이병모, 이시수, 서용보, 서매수 등이며, 도청당상은 이만수와 김조순이다. 이외 각 방 당상으로 김재찬, 한용구, 김달순 외 17명이 참가했다. 조진관, 서유구 외 7명이 교정당상, 서미수, 한용탁이 교수당상을 보았다. 정조의 묘호가 원래 정종이기 때문에 판심에는 『정종대왕실록』으로 되어 있다.(정조라는 묘호는 1899년에 올렸음) 부록에는 정조의 시책문, 애책문, 비문, 시장, 행장 등을 수록했고, 부록 속편에는 천릉비문, 천릉지문 등을 수록했다.

홍국영의 지혜로 목숨을 구한 세손

정조는 1752년 영조의 둘째 아들 사도세자와 혜빈 홍 씨 사이에서 둘째 아들로 태어났다. 이름은 산이고 자는 형운이다.

정조는 왕위에 오르자 아버지 사도세자의 억울한 죽음을 복수하는 한편 조정의 파당을 없애고 새로운 사람들을 조정에 대거 등용해서 자신의 친위세력을 형성해 나가는데 홍국영을 몹시 신임했다.

홍국영

홍국영과 정조는 세손시절부터 매우 가까운 사이였다. 세손을 죽음을 무릅쓰고, 항상 그림자처럼 따라 다녔다. 어느날 세손을 반대하는 세력들은 영조에게 세손이 『시전』의 요아편을 읽는다고 무고하였다.

'아버지가 날 낳으시고 어머니가 기르셨으니 그 깊은 은혜 갚고자 할진대 하늘이 끝이 없음과 같다.'

영조가 세손을 불러 물었다.

"오늘 어떤 글을 읽었는지 말해보아라."

"시전을 읽고 있었사옵니다."

"내가 읽지 말라고 했는데 왜 읽었느냐?"

세손이 머뭇거리자 영조는 내시에게 책을 가져오게 해서 살펴보니 요아편이 칼로 도려내져 없었다.

"요아편을 도려낸 이유가 있느냐?"

"예, 전하께서 읽지 말라고 해서 칼로 도려냈습니다."

세손은 엉겁결에 둘러댔다. 그러자 영조가 말했다.

"음, 앞으로도 '요아편'은 읽지 마라."

세손은 무사히 동궁으로 돌아왔다. 그곳에는 홍국영이 기다리고 있었다.

"저하, 요아편은 여기에 있사옵니다."

"그대의 재치로 내가 살았소. 앞으로 그대에게 잘못이 있다고 해도 내가 반드시 용서하리다."

세손은 홍국영의 손을 덥석 잡고 몇 번이나 고마운 마음을 전했다.

정조가 왕위에 오르자 홍국영을 도승지로 임명돼서 정조의 정적들을 없애는 데 앞장섰는데 왕대비 정순왕후의 동생 김귀주를 흑산도로 유배시켰다. 그리고 자신의 여동생을 정조의 후궁으로 들여보내자 원빈으로 책봉되었다. 그런데 정조 3년(1779년) 5월 홍국영의 여동생 원빈이 갑자기 죽자 자신의 누이가 독살되었다며 중궁전 나인들을 혹독하게 다스려 비난이 일었다. 그러자 정조는 그를 조정에서 물러나게 했다. 그때 32살이었고, 한창 세도를 누리다가 허무하게 쫓겨났다.

정조는 규장각을 넓혀 인재를 모아 외척들과 환관들의 역모를 방지하고 새로운 정치를 펼치기 위해 힘썼다. 1779년 규모가 커진 규장각 외각에 검서관을 두고 박제가 등의 서얼출신 학자들을 그곳에 배치했다.

정조는 규장각을 중심으로 임진자, 정유자, 한구자, 생상자 등의 활자가 만들어졌고, 『속오례의』, 『증보동국문헌비고』, 『국조보감』, 『대전통편』, 『동문휘고』, 『오륜행실』 등을 편찬했다.

정조는 영조의 탕평책을 계승하였다. 이때 조정은 .영조 때 외척중신의 노론은 벽파로, 정조를 찬성하던 남인과 소론은 시파로 나뉘었다.

조선의 신도시 건설

정조 13년 (1789년) 7월 영조의 부마 금성위 박명원이 양주의 배봉산 기슭에 있는 사도세자의 묘를 다녀와 상소했다.

"묘지에는 뱀이 똬리를 틀고 주망석은 쓰러져 있고, 봉분에는 억새풀이 돋아 처량하기 그지없었습니다."

정조는 가슴이 미어지는 듯했다. 왕 의 아버지의 묘가 이 지경이라니 믿기지 않았다. 정조는 조정 대신들을 희정당에 불러 승지로 하여금 상소문을 읽게 하였다.

정조는 아버지 묘를 수원부의 관청 뒤쪽으로 이장하기로 하고, 서유방을 경기관찰사로, 조심태를 수원부사에 임명하여 일을 맡겼다. 그해 10월 공사가 마무리 되어 이장했다. 묘는 영우원에서 현륭원으로 이름을 고쳤고, 묘소 옆에 용주사를 세웠다.

이때 사도세자가 묻힌 현륭원은 수원부의 읍내인데, 이곳에 살고 있는 백성들을 수원 팔달산 아래로 이주시켰다. 그런 후 새로운 도시로 만들기 위해 1794년부터 34개월 동안 공사를 벌여 1797년 10월16일 낙성식을 가졌다.

융릉(사도세자의 묘)

마음 약한 임금

정조는 학문을 좋아해 수많은 편찬사업을 이룩했다. 그러나 패거리 싸움이 다시 시작됐다. 이것은 왕권의 쇠퇴를 가져온 계기가 되었다.

정조는 학문 외의 모든 정치 문제는 신하들에게 맡겼는데 이것 때문에 척신들의 세도정치를 조장하는 폐단을 남겼다. 정권을 노리는 무리들은 정조의 이복형제들을 추대해 정조를 몰아내려는 반역 음모를 여러 번 일으켰다. 정조에게는 영빈 임 씨 소생 은언군, 숙빈 임 씨 소생 은신군, 귀인 박 씨 소생 은전군 등 이복형제가 있었다.

정조 원년에 홍상범 등이 은전군 이찬을 임금으로 추대하려는 반란을 꾸몄다. 홍상범의 부친 홍술해는 황해감사 재직 시 부정 축재자로 죄를 받아 귀양을 갔다. 그러자 그의 일족 홍상간이 원한을 품고 역적모의를 하다가 처형당하고 그의 일족은 모두 귀양을 가거나 폐적을 당했다.

홍술해의 아들 홍상범과 홍상길은 전주로 귀양 갔다가 부친과 일족의 원수를 갚기 위해 탈출한 후 한양으로 잠입하여 홍필해, 강용휘, 전흥문 등과 결탁했다. 그리고 궁녀들과 짠 후 정조를 침전에서 시해하고 은전군을 왕으로 세울 음모를 꾸몄다. 거사 날 밤, 홍술해는 무장한 장정 50여 명을 데리고 궁중을 기습하기 위해 행동을 개시했다. 홍술해와 전흥문과 강용휘 세 명이 맨 먼저 궁궐의 담을 넘었지만 파수병에게 들켜서 죽음을 당했다. 사건에 격분한 대신들과 대사헌 및 종친관들은 은전군을 법대로 다스려 독약으로 죽이라고 주장했다. 그러나 마음이 온순한 정조는 반대를 했고 대신들은 은전군의 처벌을 강력히 주장했다. 정조는 하는 수 없이 독약을 내려서 은전군의 목숨을 끊게 했다.

또 충주의 이술조는 홍인한 일파가 정권을 마음대로 휘둘러 반대파를 역적으로 몰아 죽인다고 분개한 후 대담하게 충주목사와 직접 면담했다.

"조정에 역적 홍인한이 제 마음대로 유능한 충신들을 역적으로 몰아 죽이고 있소. 그놈을 없애려면 그를 신임하는 임금을 갈아치워야겠소. 그래서 난 군사를 일으켜 대궐로 쳐들어가서 나라를 바로잡겠소. 목사도 언제 역적으로 몰려 죽을지 모르니 나의 의거에 찬동하시오."

이 말을 들은 목사는 곧바로 상부에 보고했다. 그리고 이술조를 잡아 처벌했지만 별다른 군사 모집 사실도 없고 단순한 당파적인 불평임이 밝혀졌다. 그리고 숙청당한 홍국영의 잔당인 송우암의 후손 송덕상은 신형하와 함께 소론파를 누르려는 음모를 꾸미다가 사전에 발각되어서 귀양을 갔다. 그 뒤 조정안에서도 정조를 비방하는 사건이 일어났다. 지평에서 쫓겨난 이유백과 공조참의 이택징은 공론했다.

"임금은 규장각에서 벽파 놈들만 만나기 때문에 국정을 돌보지 않고 있소. 규장각을 때려 부셔아 합니다."

"놈들 세력을 무슨 방법으로 제거하겠소. 그리 될 수만 있다면 좋겠지만 공연히 역적으로 몰리면 안 되잖소."

"충신이 역적으로 몰려서 죽는 것이 두려워 의로운 일을 못하겠소? 방법이야 합법적으로 상소를 해서 상감의 잘못을 깨우쳐 드리는 것이요. 그래도 효력이 없다면 다른 방법을 쓰는 수밖에 없지요."

이들은 은근히 실력 행사도 사양치 않겠다는 음모를 꾸몄다. 그리고 이택징은 곧 시폐를 규탄하는 상소문을 올렸다. 이때 그는 역적으로 몰리는 을 각오했다.

'근래 규장각이 승정원 이상의 집정기관으로 변해 모든 국정이 그곳에서 결정되고 있습니다. 규장각은 본래 상감께서 사사롭게 학문을 연구하시는 곳입니다. 신의 생각으로는 규장각과 승정원 둘 중에 하나를 선택하심이 좋을 듯 싶습니다. 부디 전교를 비롯한 모든 국정문제를 승정원을 통해서 처리 하시기 바라옵니다.'

정조는 과격한 표현의 상소를 받고도 노함 없이 이택징을 설득 시켰지만 대사헌은 반역죄로 다스려야 한다고 주장했다. 그러자 이유백은 이택징을 옹호하는 상소문으로 대항했다. 그 내용은 더욱 용감하게 중전의 친정 출신인 김시묵의 죄상까지 들춰 숙청해야 한다고 진언했다.

이택징과 이유백 모두를 귀양 보내라는 왕명이었다. 사태가 이쯤에 이르자 자신에게 화가 미칠것을 겁낸 이유백의 아우 이유원은 자기만 살기 위해 형까지 파는 비굴한 발고를 했다.

'이유백과 이택징은 반역의 뜻을 품고 공모해서 상소문을 연달아 올렸습니다. 사전에 그런 일을 알고 미리 보고하지 못한 속죄를 하기 위해서 늦게나마 사실을 아룁니다.'

그의 발고로 귀양 갈 형과 이택징은 결국 사형당하고 말았다. 그러자 반대파에서는 이 사건을 발전시켜서 귀양 보냈던 송덕상, 신형하를 비롯한 일파 등 일곱 명도 완풍군을 임금으로 내세우려는 음모를 했다는 이유로 역적으로 몰아서 모조리 사형에 처했다.

중전에게 자식이 없었던 정조 8년에 소용 서 씨가 아들을 낳았는데 서자였지만 왕세자 책봉식을 영희전에 받들어 고하는 의식으로 올렸다. 고백헌관 김하재는 직무상 할 수 없이 제전을 집행하였지만 예방승지 이재학에게 정조를 비방했다. 그러나 이재학은 자신이 역적으로 몰려서 죽는 것이 두려워서 친구를 배반하고 왕에게 밀고했다. 왕은 김하재를 잡아다가 직접 심문했는데 그는 왕에게 당당하게 진술했.

"상감께서는 말로만 당파싸움을 금하신다 하면서 실제로는 소론파만 중용하고, 소론파가 날조한 반역죄로 노론파의 충신을 얼마나 죽였습니까? 중전이 아직도 젊은데 좀 더 원자를 기다리지 않고 서실

이택징

정조실록 441

소생을 왕세자로 봉하셨습니까? 신이 죽는 것은 두렵지 않지만 억울한 충신을 죽이는 것은 이제 그만 끝내시길 바라옵니다."

죽음을 두려워하지 않은 김하재의 당당한 말에 그가 죽은 뒤에도 정조는 마음이 편치 않았다. 노론파 집안이 역적죄로 몰려 죽은 사람을 세어보니 소름이 끼쳤다. 다음엔 소론파 집안을 세어보았다. 그 역시 역적에 몰려 죽은 자가 많았다. 정조는 생각했다.

'어렵구나. 어느 파를 믿어야 할까? 저희들끼리 세력싸움으로 죽이고 죽는 것은 모두 미친 짓이야.'

마침내 정조는 국법이 정하는 대사령을 내렸다.

"선왕 때부터 국사범으로 귀양 간 사람들을 모두 용서해서 돌려보내라."

정조는 당파싸움에 환멸을 느껴 당장이라도 양위할 세자가 있으면 정치에서 떠나 학문에만 몰두하고 싶었다.

정조의 왕권 정치 방법

정조는 조선의 임금을 평가할 때 세종대왕 다음으로 높게 평가받는 왕이다. 왜냐하면 다양한 개혁 정치와 효과적인 탕평책의 운용으로 붕당의 폐단을 다잡기 위해 노력하였고 조선의 르네상스를 이끌었다고 평가받기 때문이다. 이에 반해 노론은 선조 때부터 이어진 붕당정치 중에서도 폐단이 중점적으로 나타나던 시기에 존재한, 당의 권력 독점을 위해서 다른 당에 대한 어떠한 탄압도 마다하지 않던 당이라고 인식하는 것이 보통이다.

정조와 노론의 관계는 정조의 집권 전부터 죽음에 이르기까지 상호 대립적으로 이뤄졌던 것이 일반적인 사람들의 인식이다. 그러나 2009년, 정조가 노론 벽파의 거두 심환지에게 보낸 어찰첩이 발굴되면서 이 둘의 관계를 바라보는 시선의 변화가 생기기 시작했다. '심환지가 정조와는 날카롭게 대립했으며 심지어 그가 정조를 독살했다는 주장은 사실상 낭설로 판명 났으며, 정조가 편지를 통한 막후정치에 능수능란했다는 사실이 드러났고, 어찰첩에 의하면 정조는 각종 현안이 있을 때마다 비밀 편지를 보내 심환지와 미리 상의했으며, 때로는 서로 '각본'을 짜고 정책을 추진할 정도로 측근으로 중용한 것으로 밝혀졌다.'는 시선이 그것이다.

따라서 이 글에서는 먼저 일반적으로 알려진 정조의 업적을 다시 한 번 보면서 일반적으로 알려진 정조의 업적과 더불어 정조가 표면적으로는 개혁정책의 일부로 내세웠지만, 실질적으로 노론을 겨냥한 정책들을 살펴 볼 것이다. 이어서 정조 개혁부분 중, 의도하지 않은 방향으로 전개된 인사문제의 실상을 밝혀보고, 정치문제와 개인의 신상과 감정에 대한 문제는 이번에 발굴된 어찰첩을 통해서 재조명 하고자 한다. 이를 통해 탕평책을 통한 붕당의 폐단을 막고 조선의 르네상스를 이끈 일반적으로 알고 있는 성군의 이미지에서 벗어나 어찰첩을 이용해서 정조 자신이 원하는 바를 이루고자 막후정치를 펼친 정조의 다른 면을 이해를 하는데 도움이 되었으면 한다.

1. 정조의 업적

1) 탕평책의 계승

탕평이라는 말은 《서경(書經)》〈홍범조(洪範條)〉의 '무편무당왕도탕탕 무당무편왕도평평'(無偏無黨王道蕩蕩 無黨無偏王道平平)이라는 글에서 유래하였다. 조선시대에는 숙종이 탕평책을 처음 시행하고자 하였으나 여의치 않아 환국이 자주 발생하였다. 신임옥사의 와중에서 왕위에 올라 당쟁의 폐단을 겪은 영조는 1724년 즉위하자 당쟁의 폐단을 지적하고 탕평의 필요를 역설하는 교서를 내려 탕평정책의 의지를 밝혔다. 또한 당파를 초월하여 인재를 등용하고 일반 유생들의 당론에 관련된 상소를 금지시켰다. 그리고 1742년 성균관 입구에 '탕평비'를 세우는 등 당쟁의 해소에 심혈을 기울였다. 이와 같은 영조의 탕평책에 의한 화해기운 조성에도 불구하고 뿌리 깊은 당파의 대립은 그 기세가 꺾이지 않고 사도세자 사건을 계기로 시파와 벽파로 나뉘었다.

1776년 25세의 나이로 조선 제22대 왕으로 즉위한 정조는 영조의 탕평책을 계승하여 그의 거실을 '탕탕평평실'이라 하고 노론·소론뿐만 아니라 출신을 가리지 않고 서얼도 글 잘하는 사람을 등용하였으며, 남인 출신을 영의정채제공에 앉히는 등 적극적으로 탕평책을 써서 많은 효과를 거두었다. 즉, 다양한 세력을 정계로 진출시켜 국정 운영에 다양한 의견을 낼 수 있게 했다. 이러한 다양한 세력의 등용으로 정조는 부패한 노론 세력을 축소하면서 동시에 젊은 신진 관료들로 이루어진 소론과 남인 세력을 등용해 자신의 지지 세력을 넓혀갔다. 이를 통해 점점 노론의 입김은 약해지고 정조의 왕권이 강화되는 결과가 나타났다.

2) 장용영육성

정조는 왕의 전속 친위대인 장용영을 육성하였다. 장용영이란 조선 후기 국왕의 호위를 맡아보던 숙위소[130]를 폐지하고 새로운 금위체제에 따라 조직·개편한 국왕 호위군대를 말한다. 1784년(정조 8) 정조는 생부 사도세자의 존호를 장헌세자로 바꾸

130_1777년(정조 1) 11월 대전을 숙위하는 금군의 신변숙위 실수를 염려하여 건양문동쪽에 따로 둔 임금의 호위소.

고, 이를 축하하기 위한 경과를 실시, 무과에서 무려 2,000여 명을 합격시켰다. 이듬해 홍국영의 역모사건이 일어나자 왕의 호위를 강화하기 위해 경과에 합격한 무사들을 흡수하여 장용위[131]를 설치하고 약 500명의 인원을 5대로 나누어 편제하였다. 1788년 장용영으로 개칭하였고, 1793년 도성중심의 내영과 그 외곽인 수원 성곽 중심의 외영으로 확대 편제하여 기존 5군영보다 더 큰 비중을 차지하였다. 1795년 다른 군영의 군대를 흡수해서 5사 23초의 편제를 갖추었고 장용사[132]가 이를 지휘하였다. 육성 목적은 아버지 사도세자를 죽음으로 몰아간 노론에 강력한 메시지를 전달하기 위하여지만 근본적인 것은 왕권강화에 있었으므로 중앙집권적 오위[133]체제를 도입하여 강력한 왕권의 상징으로 삼으려 했다. 1802년(순조 2) 폐지되었다.

3) 실학의 수용

주자학은 동아시아 사회 체제의 변동기에 형성된 유학의 한 형태로서 오랫동안 조선의 사회와 문화를 지배하였다. 그러나 왜란과 호란의 이후 주자학 중심의 사회 체제가 변화[134]하면서 주자학은 사회 지배력을 점차 상실하게 되었고, 이에 따라 유학의 변화가 요구될 수밖에 없었다. 더구나 17세기를 전후로 하여 시작된 사회 체제의 변동은 중세로부터 근대로의 이행의 조짐을 보이고 있었던 만큼, 유학의 변화 역시 그에 상응하는 획기적인 것이 요청되고 있었다. 이렇게 해서 나타난 것이 바로 실학이었다.

실학이란 실사구시(實事求是)[135]와 이용후생(利用厚生)[136]을 표방하는 비판적이고 실

131_ 정조시기의 왕의 직속 친위대

132_ 장용영의 대장

133_ 5위는 조선시대 중앙군으로 세조 3년(1457년) 삼군부를 5위로 개편하고 5위진무소가 이를 총괄케 했는데 그 후 5위진무소는 5위도총부로 개칭되었다. 5위는 중위인 의흥위 좌위인 용양위 우위인 호분위. 전위인 충좌위 후위인 충무위 다섯 군대로 이루어져 있었다. 그 편성은 병종별과 지방별의 이중으로 되어 있다. 각 위는 또한 5부로 나누어 분담 지구 내의 병력을 통괄케 하였으며, 부 밑의 편성은 통·여·대·오·졸의 계통으로 이루어졌다. 5위는 세조 이후 별 변동 없이 유지되다가, 임진왜란 때 그 기능이 상실되어 도성의 경비만 담당하였다.

134_ ① 양난 이후의 통치 질서의 와해 ② 성리학의 사회적 기능상실 ③ 경제적 변화와 발전 ④ 신분 질서의 와해의 시작 ⑤ 서학의 영향 ⑥ 청의 고증학의 영향

135_ 사실에 입각하여 진리를 탐구하려는 태도. 눈으로 보고 귀로 듣고 손으로 만져 보는 것과 같은 실험과 연구를 거쳐 아무도 부정할 수 없는 객관적 사실을 통하여 정확한 판단과 해답을 얻고자 하는 것

136_ 이로운 것을 써서 삶을 두터이 하다. 기물의 사용을 편리하게 하고 재물을 풍부하게 하여 백성의 삶을 풍요롭게 하고자 하는 것.

천적인 학문으로 대부분의 실학자는 민생안정과 부국강병을 목표로 하여 비판적이면서 실증적, 민족적, 근대지향적인 특성을 지니고 있다. 정조는 정약용을 비롯한 박지원, 홍대용의 실학자들의 정계진출을 도왔다. 그러나 조선사회가 상업보다 농업을 중시했던 사회였기에 실학파 중에서도 중상학파 실학자보다는 중농학파 실학자를 우대한 한계도 지니고 있다.

4) 규장각의 활성화

정조가 즉위한 뒤 1776년(정조 1년) 음력 9월 25일에 창덕궁 금원의 북쪽에 규장각을 세우고, 제학·직제학·직각·대교 검서관 등의 관리를 두었다.[137] '규장'(奎章)은 임금의 시문이나 글을 가리키는 말이다. 이때 규장각은 그 이름대로 역대 왕의 글과 책을 수집 보관하기 위한 왕실 도서관의 역할을 하였다. 정조는 여기에 비서실의 기능과 문한 기능을 통합적으로 부여하고 과거 시험의 주관과 문신 교육의 임무까지 부여하였다. 규장각은 조선 후기의 문운을 불러일으킨 중심기관으로 많은 책을 편찬했으며, 여기에는 실학자와 서얼 출신의 학자들도 채용되었다.

정조가 규장각을 설치한 목적은 당시 왕권을 위협하던 척리환관의 음모와 횡포를 누르고, 학문이 깊은 신하들을 모아 경사를 토론케 하여 정치의 득실과 백성의 질고 등을 살피게 하는 데 있었다. 또한 문교를 진흥시키고 타락된 당시의 풍습을 순화시키려는 목적도 있었다.

또한 정조는 규장각 제도를 정비하여 자신을 지지하는 정예 문신들로 친위 세력을 형성시켜 우문지치[138]와 작인지화[139]를 규장각의 2대 명분으로 내세우고 문화 정치를 표방하였다. 정조는 규장각에서 유생들을 모아 그 중에서 젊은 문신(文臣)을 뽑고, 뽑힌 신하들을 자신이 직접 가르치고 시험을 보게 해서 평가하였다.[140]

137_정조실록 (1/9/25 癸巳)
138_문치주의와 문화국가를 추구하는 정책. 정조는 많은 책을 출판하도록 함.
139_인재를 양성하겠다는 의지 표명
140_초계문신(抄啓文臣)제도

5) 수원화성의 축조

수원화성은 정약용[141]이 서양의 기구를 벤치마킹하여 개발한 거중기를 활용하여 실용성과 아름다움을 겸비한 채 축조한 건물이다. 총길이 5.7km, 면적 1.2km² 의 규모인 수원화성은 평상시에 거주하는 읍성과 전시에 피난처로 삼는 산성을 기능상 분리되어 있다. 따라서 우리나라 성곽에서는 보기 어려운 많은 방어시설을 갖추고 있어 망루는 물론 총안, 즉 총구멍도 설치하여 적의 침입에 대비하는 등 다목적 용도로 건설되었다. 특히 석성과 토성의 장점만 살려서 축성되었으며, 한국 성곽의 약점을 보완하기 위한 방책으로 중국과 일본의 축성술을 본뜨기도 했다. 화성이 위치하고 있는 수원은 팔달산 아래 삼면이 넓게 개방되어 있고 지형이 평탄하며 서울과 지방을 잇는 교통의 요지가 되는 곳이다.

다산 정약용

6) 서얼의 등용과 노비제도 혁파

조광조의 상소로 이루어진 서얼 등용은 신분상 제약으로 정계 진출에 제약이 있었던 서얼들에게 길을 열어줌으로써 신분 해방에 첫 물꼬를 틀었다. 그 결실이 정조대에 서얼허통법으로 이루어진다. 정조는 서얼 중 뛰어난 인재들을 모아 규장각의 검서관으로 등용한다. 검서관은 낮은 직급이나 왕과 직접적인 교류를 가질 수 있었던 매우 중요한 자리로 대표적인 인물에 이덕무, 유득공 등이 있다. 정조 시대에 서얼허통법을 통해 서얼들은 지방의 향임 직에도 임용될 수 있었으며, 규장각 서원직과 같은 청요직에 까지 진출할 수 있었다.

그리고 불합리한 노비제도를 개선하기 위해 도망친 노비를 뒤쫓는 노비추쇄도감을 없애고 노비목록을 적어 놓은 선두안을 승정원을 거쳐 왕에게 보고하도록 했다. 이러한 다양한 정책에도 불구하고 양반들의 반발로 노비제와 신분제가 폐지되지는

141_정약용. 조선 정조 때의 문신이며, 실학자·저술가·시인·철학자·과학자·공학자이다.

않았으나 갑오개혁 때의 신분제 폐지에 초석이 된다.

7) 신해통공

신해통공이란 각 시전[142]의 국역(國役)은 존속시키면서 도가[143] 상업에 대해 공식적으로 금난전권[144]을 금지시킨 조치이다. 조선 중기 이후 농촌 인구의 도시 유입으로 도시 상업의 양상이 변화하기 시작하였다. 한편 시전상인의 도가상업에 타격을 받으면서도 꾸준히 성장해온 영세사상인층의 부단한 공세와 세궁민[145]의 반발 및 도가상업의 폐단으로 도가상업 전체에 대한 새로운 조치가 취해지지 않을 수 없었다. 이에 따라 당시의 좌의정인 채제공은 도가상업의 폐해를 지적하면서 육의전[146] 이외의 모든 시전에게 금난전전매권 즉 도가권을 허용하지 말며, 설립 30년 미만의 시전은 이를 폐지할 것을 건의하였다. 이 건의가 받아들여져 실시하게 되었는데, 이 조치는 조선의 상업 발전사상 한 계기가 되었다.

8) 문체반정

문체반정이란 한문의 문장체제를 순정고문으로 회복하자는 주장을 말한다. 조선 정조는 당시 유행하기 시작한 박지원[147]의 《열하일기》[148]에서 보는 바와 같은 참신한 문장에 대하여 그것이 소품 소설이나 의고문체에서 나온 잡문체라 규정하여 정통적 고문인 황경원·이복원 등의 문장을 모범으로 삼게 하였다. 이 방침을 실행하기 위하여, 첫째 규장각을 설치하고, 둘째 패관소설[149]과 잡서 등의 수입을 금하고, 셋째 주

142_전근대 사회에서 시장거리에 있었던 큰 가게.
143_조선시대 시전계의 본부.
144_조선 후기 육의전과 시전상인이 난전을 금지할 수 있는 권리.
145_매우 가난한 사람
146_조선시대 독점적 상업권을 부여받고 국가 수요품을 조달한 여섯 종류의 큰 상점.
147_《열하일기》, 《연암집》, 《허생전》 등을 쓴 조선후기 실학자 겸 소설가. 이용후생의 실학을 강조하였으며, 자유기발한 문체를 구사하여 여러 편의 한문소설(漢文小說)을 발표하였다.
148_조선 정조 때의 실학자 연암박지원의 중국 기행문집.
149_임금의 정사를 돕기 위하여 가설항담을 모아 엮은 설화.

자의 시문을 비롯하여 당·송 8대가의 문과《5경발초》및 두보[150]의《육유시》등을 신간하였다. 이와 같은 관권의 개입은 모처럼 싹트려 하던 문학의 발전을 저해함으로써 조선 후기 문학의 저미를 가져오게 하였다.

9) 지방 수령의 권한 강화와 암행어사의 적극적 활용

정조는 수령권의 강화와 통제, 암행어사제도의 개선, 소원제도의 개선 등의 방법을 통해 지방 수령들을 통제하기 시작하였다. 우선 수령들 중에서 부정한 수령에 대한 처벌을 강화하고 청렴결백한 수령은 우대하는 신상필벌[151]적인 방법을 모색했다. 그리고 수령 추천권을 강화하고 수령이 되면 최소 15개월의 임기를 보장해주었다. 또한 수령의 측근들을 적극적으로 지방관에 임명하기도 했다. 정조의 지방차원의 개혁은 구향으로 일컬어지는 재지사족세력을 약화시키되, 수령과 신향세력의 권한을 강화하는 방향으로 진행되었다. 국왕이 임명한 수령을 중심으로 향촌질서를 재수립하려는 이 같은 관 주도의 향촌 통제책은 '수령-이·향 지배체제'로 불리기도 했는데, 이 체제는 신향으로 일컬어지는 부민층 및 상층 아전계층의 지원과 정부의 보호정책에 의해 뒷받침되고 있었다. 즉, 정조는 "수령의 목숨을 내놓게" 하는 문제는 "왕부의 체모와 관련된 문제라고 보고 국가기강의 차원에서 수령권을 존중하는 쪽으로 판결을 내렸던 것이다.

정조는 역대 어느 국왕보다도 지방 정치 상황에 높은 관심을 가지고 어사를 적극 활용한 임금으로서, 어사 파견을 통해 지방지배의 강화와 '읍폐·민막의 파악'이라는 두 가지 목표를 동시에 달성하려고 하였다. 즉 암행어사의 활동범역을 확대시켜 수령의 부정과 비리를 폭넓게 감찰할 수 있게 하되, 선정을 베푼 수령들을 적극 보고하게 하여 중용함으로써 국왕의 지방통제력을 강화하려 한 것이다. 정조는 우선 암행어사의 염찰 범위를 종래의 생읍 중심에서 벗어나 연로의 여러 읍까지 확대함으로써 지방에 대한 통제력을 강화하려 하였다. 정조시기에 암행어사는 총 68회 출두하였고

150_중국 최고의 시인으로서 시성)이라 불렸던 성당시대의 시인.

151_공이 있는 자에게는 반드시 상을 주고, 죄가 있는 사람에게는 반드시 벌을 준다는 뜻으로, 상과 벌을 공정하고 엄중하게 하는 일을 이르는 말.

암행어사를 감찰하는 별건어사의 활동 기록도 53회나 된다.

10) 실용적인 서적 편찬

《홍재전서》은 정조대왕의 시문집이다. 여기에는 정조대왕이 아버지 사도세자의 능을 현 융릉으로 천장할 때의 일을 소상히 기록해 놓았다.

1799년(정조 23) 이만수[152] 등이 편집하기 시작하여 총 190편으로 정리하였으며, 정조 사후에 말년의 저술들을 덧붙여 심상규[153] 등이 1801년에 재편집하였다. 1814년에 간행되었다. 국왕의 저술은 사후에 신하들이 편집하여 전대로부터 내려오는《열성어제》[154] 에 덧붙이는 것이 관례였으며 정조에 대해서도 후에 어제집이 편찬되었다.

《대전통편》은 법전을 하나로 통일하고 속대전을 보완한 것으로 고려와 조선시대에 걸친 모든 법전이 망라되었다는 점에서 사회·법제 연구에 많은 자료를 제공해준다. 내용에 있어서는《경국대전》[155] 이나《속대전》[156] 의 조문 중 폐지된 조문은 금폐라고 표시하고, 숫자나 명칭이 뒤바뀌거나 오류가 명백한 것만 바로잡는 외에《경국대전》이나《속대전》의 조문은 그대로 수록하였다.《대전통편》의 편찬으로《경국대전》이후 300년 만에 새로운 통일법전이 이룩되었다.

2. 맺음말

위와 같이 정조는 기존에 알려져 있던 인식과는 많은 차이점을 보여준다. 성군이라 하여 비범한 모습만을 상상하던 이들에게는 충격적인 사실이라 하겠다. 정조는 분명 비범한 인물 이였다. 정조는 연산군과 비교되어 질 수 있다. 연산군은 자신의 어머니의 죽음을 직접 보지는 못했으나 왕위에 오른 뒤 어머니의 죽음에 연루되었던 신

---

[152]_조선시대의 문신. 1811년 홍경래의 난이 일어나자 치안유지를 잘못했다는 죄로 파직되고 경주에 유배되었다가 곧 수원유수로 나가 임지에서 죽었다. 문집《극옹집》, 글씨《양성기적비》를 남겼다.

[153]_조선 후기 정조 때 초계문신이 되었으며, 우의정·좌의정·영의정을 두루 역임하였던 인물로서 노론 시파의 거두였다. 학문적으로는 북학파로서 이용후생을 강조하였다.

[154]_조선왕조 태조(太祖)에서 철종까지의 역대 임금의 시문집.

[155]_조선시대의 기본법전.

[156]_조선 영조 때의 문신 김재로등이 왕명을 받아 1746년(영조 22) 편찬한 법전.

하들을 참수시키며 폭군의 이미지를 보여주었다. 하지만 정조는 자신의 아버지가 눈앞에서 죽어가는 모습을 보며 연산군보다 더 심리적으로 아픔도 크고 힘이 들었을 것이다. 하지만 정조는 왕위에 오른 뒤 자신의 아버지의 죽음에 일조한 노론 벽파를 죽이기보다는 노론의 중심인물인 심환지에게 편지를 보내 일종의 막후정치를 행한 면은 정조의 주도면밀한 모습을 보여준다. 하지만 이 점은 성군의 정국운영방법으로 생각하기에는 약간 괴리가 있다. 결과 면에 있어서는 뛰어난 국정운영 능력을 발휘 한 것으로 여겨 질 수 있지만 말이다. 그래도 이러한 정조의 행동이 비겁하다는 비난으로 깎아 내리지 못한다고 생각하는 것에 반대하는 사람이 없을 거라 생각된다. 이러한 유연하고도 치밀한 국정운영을 통하여 정조는 조선시대에서 성군으로 여겨지는 임금들 중 단연 돋보이는 업적들을 많이 남길 수 있기 때문이다. 물론 뛰어난 업적들을 많이 남겼으나 교목세가 세도정치를 초래하였고 청요직 혁파와 관료제 기강 확립은 결과적으로 국왕을 정점으로 한 권력의 소용돌이 구조를 형성하여 국왕의 갑작스러운 사망 이후 그 구조는 정조의 보호아래 성장한 권력에 이용이 되는 폐단을 낳기도 하였다.

　이러한 어찰은 온화하고 인품의 제왕이라는 이미지와는 다르게 정조가 다양한 얼굴을 지닌 군주라는 사실을 폭로한다. 이점은 오히려 정조가 더 친근하게 느껴지게끔 해주는 것 같다.

　이처럼 정조의 진의나 성품은 기존에 우리가 알고 있던 공식적인 입장과 상반되는 경우가 있음을 알 수 있다. 실록은 편찬자의 의도가 개입될 가능성이 높은 관찬사료로서, 그 정치적 성격과 사료적 한계는 익히 알려진 바이다. 하지만 승정원일기의 경우, 주관적 평가가 배제된 1차 사료라는 점이 강조된 나머지 그 정치적 성격에 대한 주의가 소홀했던 것이 사실이다. 즉, 정조 어찰첩은 실록과 승정원일기의 기록을 문면 그대로 받아들이는 태도에 대한 반성적 고찰의 필요성을 제기하였다. 역사란 역사가와 사실 사이의 부단한 상호작용의 과정이며 현재와 과거의 끊임없는 대화이다. 어찰첩이라는 새로운 사실의 등장이 반가운 것은 기존의 자료들과의 비교를 통해 정조를 재해석 하는 연구가 활발히 이루어져야 할 것이다.

참고 문헌

김문식, 정조말년의 정국 운영과 심환지, 2009

박철상, 정조어찰첩의 자료적 가치, 2009

백승호, 새로 발굴한 정조 어찰첩의 내용 개관, 2009

실록청, 영조실록

실록청, 정조실록, 1805

승정원일기

안대회, 어찰첩으로 본 정조의 인간적 면모, 2009

이중환. ≪택리지≫, 1751

장유승, 『정조어찰첩』의 사료적 성격, 2009

정약용, ≪목민심서≫, 1818

정약용, ≪경세유표≫, 1817

진재교, 안대회, 정조어찰첩, 2009

순조 가계도

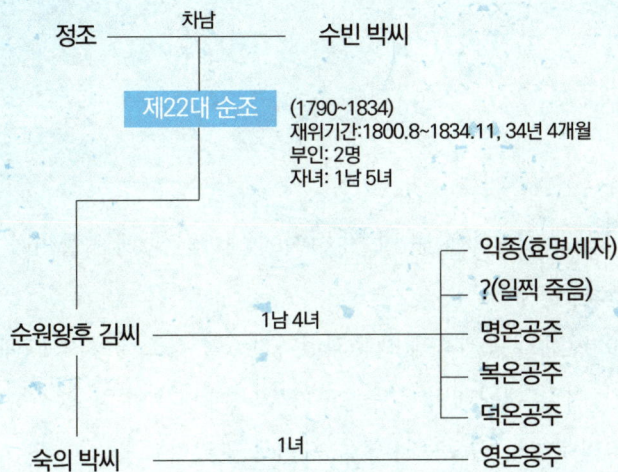

순조실록
제23대 (1790~1834년)

　순조는 정조 14년(1790년)에 수빈 박 씨 사이에 태어난 둘째 아들이다. 이름은 공이고 자는 공보며 호는 순재다.

　정조 24년(1800년) 정월 왕세자에 책봉되었다가 6월 정조가 죽자 11세의 나이로 즉위하였다. 나이가 어려 대왕대비 정순왕후(영조의 계비)가 수렴 청정했다. 순조 2년(1802년) 10월에 영안부원군 김조순의 딸을 왕비로 맞았다.

　순조는 1834년 11월 45세에 죽었다.

　존호는 연덕현도경인순희문안무정헌경성효(淵德顯道景仁純禧文安武靖憲敬成孝)이며, 묘호는 처음 순종으로 정하였다가, 철종 8년(1857년) 8월에 순조로 추존 개정했다. 능호는 인릉으로 처음에 교하군(파주시 탄현면) 장릉(인조의 능) 경내에 조성했지만, 철종 7년(1856년)에 서초구 내곡동 헌인릉 경내로 옮겼다

●**신유사옥** : 대리청정한 정순왕후는 유교 윤리를 받든다는 명분과 시파를 제거하는 이중의 효과를 얻기 위해 천주교 금지령을 내리고, 다섯 가구를 한 통으로 묶어 감시하고 규제하는 오가작통법을 썼다. 당시 잡혀 죽거나 귀양을

간 시파나 남인계 인물로는 이가환, 권철신, 이승훈, 정약종, 정약전, 정약용 등 200여 명의 천주교 신자들을 처형 했는데 이것을 신유사옥이라고 한다. 1804년 순조가 친정을 시작했지만, 부원군 김조순과 안동 김 씨 일문의 세도정치가 기승을 부렸다.

- **홍경래 난** : 정치 기강은 문란해지고 탐관오리들의 대한 수탈이 심해지자 농민층 민란이 전국 각지에서 5차례에 걸쳐 크게 일어났다. 1811년 12월, 평안도 가산에서 홍경래의 반란이 일어났지만 이듬해 4월 정주성이 함락되면서 진압되었다. 그러나 1813년 제주도 양제해의 난, 1815년 용인의 이응길의 난, 1817년 유칠재와 홍찬모의 흉서 사건, 1819년 액예와 원예 등의 모반, 1826년 청주 괘서사건 등이 계속적으로 발생했다.
- **왕권 강화를 위한 노력** : 순조 19년(1819년), 왕세자가 풍은부원군 조만영의 딸을 세자빈으로 맞아들였다. 1827년에는 세자가 대리청정 하면서 풍양 조 씨가 조정에 들어와 안동 김 씨 세도를 견제했다. 하지만 1830년 세자가 죽자 그 세력은 소멸되었다. 외척의 권력에 맞서고 선왕의 정책을 이어받아 국정을 주도하려 노력하였다. 특히 실무를 보는 관원들과 접촉하고 암행어사를 파견하여 민심을 살폈고, 국왕의 친위부대 강화하여 국왕의 권한을 강화하려 하였다. 그리고 조선왕조의 재정과 군정에 관한 내용들이 집약된 『만기요람』을 편찬하였다.

『순조실록』

『순조실록』은 순조의 역사를 기록한 것으로 본서 36권(부록 2권포함)36책의 활자본이다. 원제는 『순종대왕실록(純宗大王實錄)』이다. 순조의 묘호가 처음에는 순종이었기 때문에 『순종대왕실록』으로 표기되었다. 이 실록은 헌종 원년(1835년)에 편찬하여 헌종 4년(1838년)에 완성하였다.

실록청의 구성과 작업일지는 현존하는 『순조실록의궤』에 자세히 기록되어 있다. 3방으로 나눠 먼저 「시정기」를 정리하고 다음 「승정원일기」, 「일성록」의 기타 자료를 토대로 초고를 만들고 중초, 삼초 작업을 거쳐 완성했다. 편찬 담당자는 총재관에 이상황, 심상규, 홍석주, 박종훈, 이지연, 도청당상은 신재식, 조인영 등이다. 각방 당상은 조인영, 조만영, 서유구 외 23명이었다. 부록은 순조의 행록, 시책문, 애책문, 비문, 지문, 시장, 행장, 천릉비문, 천릉지문 등을 모은 것으로 1865년(고종 2년) 『철종실록』을 편찬할 때 추가했다.

천도교 탄압의 시작

정조 16년 영남의 남인들이 상소를 올려 사도세자의 신원을 주장하였다. 이때 상소에 동조한 서유린과 김이익, 김이재, 박제가 등이 유배되었고, 홍국영, 심이지 등의 관작을 추탈하고 정조를 도왔던 김관주, 심환지 등을 죽였다.

정조의 세력을 몰아낸 정순왕후는 천주교도들을 탄압하고 천주교에 관련된 남인들을 제거하려고 했다. 이때 천주교도들을 잡기 위해 오가작통법(다섯 가구를 묶어 서로 감시하게 한 것)을 썼다.

전국적으로 천주교도 색출 령이 내리자 수많은 신도들과 핵심세력인 권철신, 이가환, 정약전, 정약용, 정약종, 이승훈 등이 검거되었다. 권철신과 이가환은 고문으로 죽었고, 정약용은 장기현으로 정약전은 신지도로 유배되었으며 정약종은 서소문 밖에서 참수형에 처해졌다. 당시 500여 명의 천도교도들이 희생되었는데 이 사건을 '신유사옥'이라고 한다.

이때 중국인 신부 주문모가 자수했는데, 그는 강화도에 유배된 은언군 부인 송씨와 며느리 신씨를 만난 사실을 자백해 모두 사사되었다. 그 뒤 항사영의 백서가 발각되었다. 이 백서로 인해 황사영은 처형되었고, 조선은 천주교를 가혹하게 탄압했다. 백서내용은 다음과 같다.

① 청나라 황제가 조선의 왕에게 명령하여 서양인과의 교제를 허용하도록 할 것,
② 안주를 청나라에 편입시켜 감독하게 할 것,
③ 서양의 선박 수백 척을 동원하여 정병 5~6만을 조선에 보내어 천주교를 받아들이도록 보장할 것.

수렴청정과 홍경래의 난

왕위에 오른 순조는 11살로 나이가 어려 영조의 미망인 정순왕후 김 씨가 수렴정치를 했다. 이때부터 대왕대비 정순왕후의 친정인 경주 김 씨들의 척신들이 세도를 부림과 동시에 반대파 숙청의 풍파가 일어났다.

왕대비는 선왕 때 역적으로 몰려서 죽은 김구주를 복권시켰다. 이것은 경주 김 씨가 속한 벽파들을 향한 선전포고였다. 이때 천주교가 전파되고 있었기 때문에 벽파에서는 사학의 추방이라는 명목으로 그들을 탄압했다.

"사학의 괴수 정약종과 그 도당을 잡아서 처단하라."

대왕대비는 엄명을 내림과 동시에 사학 반대에 철저한 목만중을 대사간으로 임명했다. 그런 후 정약종, 정약전, 동생 다산 정약용, 이가환, 이존창, 홍교만 등이 체포되어 문초를 받았다. 그러나 이들은 한결같이 서양학문을 연구하는 자유와 함께 신앙의 자유를 주장하면서 학문까지 당파싸움에 희생하지 말라고 반박했다.

더구나 이들은 위협과 고문에도 신념은 굳건해서 권력으로 그들을 사형에 처하거나 귀양 보내는 것을 할 수가 없었다. 더구나 섭정하는 대왕대비가 엄금하는 천주교였지만 불우한 왕족들 가운데 천주교에 의탁하는 사람들도 있었다.

그 대표격으로 은언군의 며느리 신씨 시아버지는 역적으로 몰려 강화도로 귀양 가서 빈농으로 몰락했고, 남편 역시 역적으로 몰려 독약을 먹고 죽었다. 불우한 왕족을 위로하고 하나님을 잘 믿으면 모든 불행과 고민에서 구원받는다는 중국인 신부 주문모를 믿고 따랐다. 하지만 천주교도에 탄압이 심해지자 은언군의 부인 송 씨는 천주교 탄압은 남인파를 잡아 죽이려는 핑계라고 신부를 피하라고 했고 신부는 다른 신도의 죄를 대신해서 자신이 희생하겠다고 했다. 이때 한 신도가 신도 중 한 사람이 관가에 밀고했다고 했다. 주신부는 의금부로 자수한 후 천주교도를 죄인으로 몰지 말 것을 호소하고, 그 책임을 자신이 대신해 희생하겠다고 했다.

하지만 의금부에서는 대국으로 섬기는 중국 사람이라 소홀히 할 수가 없었다. 그래서 영의정 심환지에게 보고했고 영의정도 청국이 두려워 주신부에게 조심스럽게 물었다.

"당신은 대국인이라 특별대우를 하겠소. 그래도 신도들의 소재만은 정직하게 말해 주기 바라오."

"남자 신도는 이번에 모두 잡혀 처형되고 두세 명의 여자 신도밖에 없소."

중국인 신부는 남은 신자들을 보호하려고 한 말이었다. 하지만 영의정은 여자의 신분을 밝히라고 했다.

"이제 여자까지 처형하시겠소."

"처형은 않더라도 조사는 해야겠소."

신부는 공연한 말을 했다고 후회했지만 꺼낸 말을 부인할 수가 없었다.

경기도 양주군 신월면 은언군의 묘

"송 씨와 신 씨는 왕족이고, 김 씨는 나를 구해 준 사람이요."

이 말을 들은 영의정은 곧 은언군의 미망인과 며느리라는 것을 알았다. 그는 곧바로 궁중으로 들어가 대왕대비 김 씨에게 사실을 보고했다. 그러자 대왕대비는 노하며 죄를 물으라고 했다. 대왕대비의 명령으로 송 씨와 신 씨를 잡아다가 신부와 대질시켰다.

이때 혹시나 하고 있던 대신들은 깜짝 놀랐다. 이들은 임금 순조의 삼촌댁 인 숙모와 사촌 형수였던 것이다. 그러나 체통과 법을 핑계로 내세우 는 이들은 몰락한 왕족쯤이야 눈에 들어오지 않았다. 영의정을 비롯한 대신들은 역적의 과부들이 천주교를 믿고, 외국인 신부와 만나 풍기를 문란했다고 거들었다.

대왕대비는 사형선고를 내리고 사약을 내려 죽게 했다. 벽파에서는 두 여자를 처형한 뒤 송 씨의 남편 역시 독약을 내려서 죽게 만들었다.

경주 김 씨를 중심으로 한 벽파의 세도정치는 정적을 가혹하게 숙청하는 동시에 자기 일파만 벼슬을 하도록 노력했다. 그들의 부패는 국고를 좀먹고 각종 명목의 증세로 민간재물을 취해 자신들의 배만 채웠다.

아래인 해좌원에 매장하였다가 후에 경기도 포천군 포천읍 선단리 산 11번지에 매장하였다. 현재 묘역과 신도비는 1986년 포천시 향토유적 제1호로 지정 보호되고 있다. 1849년 헌종이 후사없이 승하하자 그의 셋째아들 원범이 철종으로 등극하자 먼저 전계군으로 피봉되었다가 축호와 사식을 송나라 복황과 수왕 및 본조 덕흥대원군, 정원대원군의 전례에 따라 다시 전계대원군으로 추봉하고 묘도 다시 정비하고, 묘 앞에 신도비를 세우게 하고 가묘를 중건하여 신주는 불천지위로 정하고 양평군과 그 후손으로 봉사하게 하였다.

순조 11년에 관서지방에서 홍경래가 반란을 일으켰다. 홍경래의 반란군은 2년 동안 파죽지세로 서북지방을 휩쓸었으며, 그 세력은 충청도 일대까지 퍼져나갔다.

또한 홍경래의 밀령인 유한순이 한양으로 잠입해 민심을 선동하고, 김 씨 일파에 몰린 불평많은 정객을 규합해 한양에서 반란을 일으키려고 했다. 그때 암행어사로 잘 알려진 박문수의 증손 박종일은 유한순을 만나 함께 거사를 도모할 뜻을 모았다.

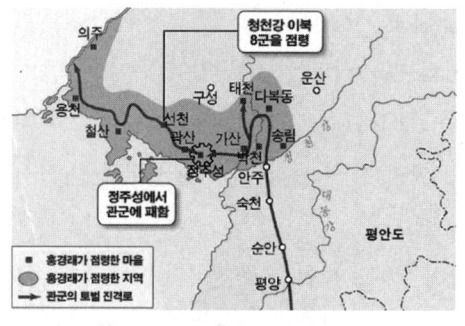

홍경래의 난

그러나 순조 12년에 홍경래는 싸우다가 잡혀 죽음으로써 역시 진압되었다. 그렇지만 그가 죽은 후에도 대원수 홍경래는 살아서 피신 중이며, 병자년(순조 16년)에 다시 난리를 일으켜 새 임금을 맞아서 나라를 바로잡는다는 풍문이 나돌았다.

홍경래 난의 원인과 결과 그리고 영향

I. 홍경래의 난이 일어난 배경

　홍경래의 난은 1811년 12월 18일 (순조 재위 11년)에 일어난 것으로 조선 시대에는 찾아보기 힘든 비교적 큰 규모의 농민항쟁이었다. 이때 재위하고 있던 국왕의 묘호가 순조가 된 것은 홍경래의 난 진압의 성공에 기인한다. 그만큼 대규모 봉기로 조선왕조에 커다란 충격을 준 사건이었던 것이다.

　홍경래의 난은 평안도 가산 다복동에서 진사 김창시가 격문을 낭독함으로써 시작되었다. 모든 역사적 사건은 어떠한 상황이 전제가 되었느냐에 따라서 그 결과의 향방이 다르게 된다. 그 만큼 모든 역사적 사건을 알아보기 위해서는 그 사건이 일어난 배경이 중요시 된다는 것이다.

　즉, 홍경래의 난을 이해하기 위해서 전제되어야 할 조건이 있는데 바로 그 시대의 상황을 결부시켜 난이 발생한 배경을 이해하는 것, 그리고 난을 주도한 홍경래라는 인물이 어떠한 인물인지를 알아보는 것이다. 그렇다면 홍경래의 난이 발생한 배경을 이해하기 위해서 가장 먼저 살펴보아야 할 점은 바로 홍경래는 어떠한 인물인지를 알아보는 것이다.

1. 비운의 지식인, 홍경래

　홍경래는 1771년 평안도 용강군 다미동에서 태어났다. 아들만 네 형제인 집안의 셋째로 태어났으며 부인인 최소사 사이에 두 아들을 두었다. 지금까지 발간 된 수많은 서적에서 홍경래의 신분을 몰락 양반이라고 규정해왔으나, 최근에는 평민이라는 것으로 보는 것이 더 타당하다는 견해가 등장하고 있다. 경제적으로는 전답이나 노비를 지니지 못한 빈궁한 처지에 있었기 때문이다. 그러나 그는 유교는 물론 풍수에 상당한 소양을 지니고 있던 인물이었다. 또한 이러한 유교적 지식의 바탕에서 가난

순조실록 461

한 집안, 소외받는 땅, 말기적 모순으로 치닫는 조선왕조의 현실을 체감하고 있었던 것 같다. 어렸을 적 지었던 그의 시가 이를 대변해주고 있다.

가을바람 불 때 역수 장사의 주먹은 秋風易水壯士拳
대낮에 함양의 천자 머리를 노리네 白日咸陽天子頭

이 시는 중국 전국시대 형가라는 자객이 연나라 태자 단의 원수를 갚기 위해 함양에서 진시황을 죽이려 했던 고사를 노래한 것이다. 기개가 넘치는 이 글은 홍경래가 어떠한 생각을 가진 채로 지었는지 까지는 알 수 없지만 그의 상황 속에서 이미 모순을 체감하고 있었음은 부정할 수 없다.

1801년 우군칙과 난을 논의한 뒤로 10년 동안 각지를 다니며 향촌의 유력자, 무술을 갖춘 장사, 그리고 부호를 끌어들여 봉기를 준비하였다. 평서 대원수의 직책을 띠고 1811년 12월 18일 가산 다복동의 봉기로부터 만 4개월 동안 계속된 반란을 총지휘하였다. 1812년 4월 19일 관군에 의해 정주성이 함락될 때 전사하였으며, 정부로부터 군대를 일으켜 반역한 우두머리로 처리되었다. 그러나 민중들 사이에서는 저항과 변혁의 상징으로 인식되어 죽지 않고 하늘을 날아서 성을 빠져나갔다는 소문이 퍼지기도 하였고, 많은 사람들이 그가 살아있다고 주장하면서 민중봉기를 선동하였을 만큼 그가 영향력 있는 인물이었다는 사실은 약 200여 년이 지난 후에도 변함없는 사실로 남아있다.

2. 서북지역의 지역적 특색, 그리고 차별

평안도의 중심인 평양은 옛날부터 우리나라 역사에서 매우 중요한 위치를 차지하는 곳이다. 고조선의 수도도 평양이고, 고구려가 만주 벌판을 차지한 후 한반도를 지배하기 위해 정책적으로 도읍을 옮긴 것도 이 지방이다. 한반도를 통일한 고려 왕조는 개성을 수도로 하면서도 평양은 서경이라 하여 개경 다음 가는 중심 도시로 삼았다.

고려 태조 왕건은 수도를 정하면서 그 당시 새로운 사상체계로서 인기가 있었던 풍수지리설을 믿고 서북민들을 관직에서 배제시켰다. 이러한 불만은 고려시대 중엽의 묘청의 난에 투영되었다. 묘청은 승려였지만, 그와 함께 난을 일으킨 정지상은 서북 출신으로 불만을 품었던 인물이었다. 조선 왕조에 들어와서도 전통적인 관념은 변하지 않았다. 더욱이 세조대에 이징옥의 난[157], 이시애의 난[158]을 거치면서 서북인들은 더욱더 관직에서 소외되었다. 조선 후기 과거에서는 생원 진사 또는 대과의 정원에서도 서북인은 삼남 지방에 비해 숫자가 제한되어 있었다. 이러한 중앙 정부의 정치적 차별은 이중환)의 저서 〈택리지〉에도 잘 나타나도 있다.

《태조가》 나라를 창건하고는 '서북지방 사람은 높은 벼슬에 임용하지 말라' 는 명을 내렸다. 그런 까닭으로 평안·함경 두 도에는 삼백 년 이래로 높은 벼슬을 한 사람이 없다. 혹시 과거에 오른 자가 있다 하여도 벼슬이 수령 정도였고, 가끔 대간과 시종 망단자에 오른 자가 있었으나 또한 드물었다. (중략) 또 나라 습속이 문벌을 중하게 여겨서 서울 사대부는 서북 지방 사람과 혼인하거나 벗하지 않았다. 서북 사람도 또한 감히 서울 사대부와 동등으로 여기지 못하였다. 그리하여 서북 양도에는 드디어 사대부가 없게 되었다.

-〈택리지〉 팔도총론 함경도

이와 같이 서북지방은 중앙정부의 정치적 차별로 인해 관직 진출이 어려워 사족층이 형성될 수가 없었고 설사 사족이 있다 하더라도 지배세력으로 성장하지는 못했다. 그래서 향촌 지배 질서도 느슨한 편이었고 신분적인 질곡도 상대적으로 약했다. 이러한 까닭에 평안도는 학문도 없고 예의도 모르는 지역으로 인식되어 정치적으로나 사회문화적으로 차별 대우를 받게 된 것이다. 왕권 강화를 추구하는 몇몇 국왕들이 평안도 출신 인재들에 대한 정치적 배려를 시도한 적이 있지만, 기본적으로 이 지역

157_1453년(단종 원년) 음력 10월 18일 이징옥에 의해서 일어난 난이다. 이징옥의 난은 기존의 반란과는 전혀 궤를 달리한다는 점에 특징이 있다. 과거 여진족이 세웠던 나라 금을 되살려, 황제가 되려는 목적으로 반란을 꾀했던 것이다. 또한 세조의 왕위 찬탈에 대한 저항이라는 명분도 가지고 있었다.

158_1467년(세조 13년) 5월 10일 함경도에서 일어난 이시애의 난은 조선 전 시대를 통틀어 가장 큰 규모의 반란이었다. 이 난은 유향소를 중심으로 결집되었던 토호층들이 이시애의 선동에 따라 일으킨 것이며, 여기에 농민들이 호응하여 큰 세력을 이루게 되었다. 이시애의 난이 일어난 원인은 함경도 농민들의 과도한 조세 부담보다는 이 지역의 토호들이 결탁하여 일으킨 것이며, 그 원인은 오랫동안 축적되어온 이 지방 토호들의 중앙 정부에 대한 불만과 반감에 있었다.

의 과거 급제자들은 개인의 능력과 관계없이 고위 관직에 진출하기 어려웠다. 이것이 토착 사족의 형성을 어렵게 하였다. 즉, 사족 계급의 부재는 지배세력의 구성이 사족이 지배하는 삼남 지방과는 다르다는 것을 의미했다. 서북 지방에서의 향권은 양반층 보다는 향인 계층이었던 것이다.

3. 서북지역의 상업의 발달 그리고 수탈의 증가

이러한 서북 지방은 농업 자체의 이익보다는 상업적 작물이 부의 축적의 기반이 되었다. 타 지방과 비교해 경제 사정도 크게 차이가 있었다. 그렇다면 타 지방과 비교해 경제 기반이 달랐던 이유는 무엇이었을까? 그 원인으로 지역적 특색을 가장 큰 요인으로 꼽는다. 조선 시대의 서북 지방은 매우 늦게 국토로 확정된 변경 지역인데다 자연 지리적 조건상 삼남 지방에 비해 농업의 비중이 작았으므로 성리학의 보급과 정착이 제대로 이루어지지 않았다. 이러한 독특한 지역성이 서북지방의 상업을 발달하게끔 만드는 요인이었던 것이다. 또 상업도 국내 시장보다는 청나라와의 무역이 중심이었다. 〈택리지〉는 평안도 지역의 대(對)중국 무역을 다음과 같이 설명하였다.

《평양과 안주 두 고을은 큰 도회지로 되어, 저자에 중국 물품이 풍부하다. 장사치로서 중국에 가는 사신을 따라 왕래하는 자는 매양 많은 이익을 얻어서 부유하게 된 자가 많다.

— 〈택리지〉 팔도총론 평안도 —

밑천이 많은 큰 장사를 말한다면 한 곳에 있으면서 재물을 부려, 남쪽으로 왜국과 통하며 북쪽으로 중국의 연경과 통한다. 여러 해로 천하의 물자를 들여서 혹은 수백만큼의 재물을 모은 자도 있다. 이런 자는 한양에 많이 있고, 다음은 개성이며, 또 다음은 평양과 안주이다. 모두 중국의 연경과 통하는 길에 있으며 큰 부자로 되는 바, 이것은 배를 통하여 얻는 이익과 비교할 바가 아니며, 삼남에도 이런 또래는 없다.

— 〈택리지〉 복거총론 생리 —

18세기 중엽을 지나면서 중국과의 무역이나 수공업, 광산 경영 등을 통해 부를 축적한 세력들이 나타나 새로운 향촌 세력, 즉 신 향층을 이루게 되었다. 또 18세기 말이 되면 평양의 유상과 의주의 만상 및 안주의 상인들은 서울의 경상, 개성의 송상들과 어깨를 나란히 하여 전국의 상권을 장악하고 있었다. 또한 견 직업 등 수공업 생산도 발전하였고 광산 개발도 활발했다. 이러한 상업 활동으로 부를 축적한 세력들은 그들의 경제적 지위에 상응하는 사회적 지위를 얻으려 하였다. 그러나 평안도가 경제적으로는 기회의 땅이었던 것에 비해 정치적으로 지역적으로는 전혀 기회의 땅이 되지 못하였다. 그 이유는 당시의 시대적 상황과도 깊은 연관이 있다.

19세기를 전후한 시기에 중앙의 정치권에는 경화거족(京華巨族)이라는 서울에 근거를 둔 벌족이 대두하여 정치권력을 장악하였다. 이는 부의 비중이 농업에서 상업을 바탕으로 한 유통경제로 옮겨가고 서울이 그 중심지로 되고 있는 것과 궤를 같이 하는 현상이었다. 지방에 근거를 둔 정치집단은 현저히 약화되었다. 이에 따라 중앙에서 임명된 감사, 수령 등의 지방관들의 수탈을 현지 사족들이 막아내기 어려워져 지방은 중앙정치집단의 침탈에 무방비 상태가 되었다. 지방의 수령은 서울의 권세가와 연결되어 있었고 특히 서북 지방이 정도가 심했다. 수령은 경화거족의 대리자로서 향촌사회에 대한 수탈의 일선에 나서고 있었다. 상업이 발달한 평안도는 세도정권의 물질적 기반이 되었다. 즉, 지역적 특색에 의해 토착 사족이 형성되기 어려웠던 평안도는 사족과 같은 견제 세력이 취약하여 더욱 수탈하기 좋았던 것이다.

〈경세유표〉에 따르면 황주목사의 연봉이 3만 냥이었던 데 비하여 평안감사의 연봉은 24만 냥이었다. 또 '평양감사도 제 하기 싫으면 그만'. 이라는 말에서 알 수 있듯이 평안도 지역의 경제적 성장을 잘 보여주는 것뿐만 아니라 평안감사라는 자리가 얼마나 좋은 관직인지를 단적으로 말해주는 것이다.

순조 때의 대표적인 세도가이자 순조의 장인인 김조순이 '관서는 대번이다. 재부와 화려함이 나라에서 최고다. 예부터 재상들이 내직을 사양하고 외직에 나가고자 하는 자는 항상 이 자리를 배회한다.'라고 평가한데서 드러나듯이 평안감사 자리가 재상들이 가장 선호하는 자리가 되었다. 중앙 권력에 의해 집중적으로 수탈되고 있었던 평안도 지역에서 사회적 잉여를 창출하던 부민계층의 피해가 특히 컸다. 이 지역에서 조세 징수는 부민 계층을 주요 대상으로 하였고 이들의 반발이 거세졌다. 수탈을 자행하는 수령과 이를 제도적으로 보장하고 있던 기존의 향촌 지배 질서에 대하여 부민 계층을 중심으로 서북민은 저항하였고 결국 홍경래가 주도한 봉기가 일어나게 된 것이다.

4. 격문을 통해 알아보는 난)의 배경

평원대원수는 급히 격문을 띄우니 우리 관서 지방의 원로들과 공사노비 천민들은 모두 이 격문을 들으시라. 무릇 관서는 기자의 옛터요, 단군 시조의 옛 땅으로서 예의가 바르고 문물이 뛰어난 곳이다.

① 조정에서는 서토를 버림이 썩은 땅과 다름없이 하였고, 심지어 권세 있는 집 노비들도 서토의 인사를 보면 반드시 평안도 놈이라 일컫는다.

② 지금 나이 어린 임금이 왕위에 있으니, 권세 있는 간신배가 날로 치성하여 김조순, 박종경의 무리가 국권을 멋대로 하고 있다. 그래서 어진 하늘이 재앙을 내려 겨울 번개와 지진이 일어나고 살별과 바람과 우박이 없는 해가 없다. 이 때문에 큰 흉년이 거듭되고 굶어 부황 든 무리가 길에 널려 있으며 늙은이와 어린이들이 구렁에 빠져서 산사람이 거의 없어질 지경에 이르렀다. 그러나 다행히 세상을 구하는 성인이 청천강 이북 선천 검산 일월봉 아래 군왕포위의 가야동 홍의도에서 탄생하였다. 장성하여서는 강계와 여연에 5년간 머무르면서 황명의 세신 유족을 거느리게 되었으며 철기 10만으로 부정부패를 숙청할 뜻을 가지셨다. 그러나 관서 땅은 성인께서 나신 고향이므로 차마 밟아 무찌를 수가 없어 먼저 관서의 호걸들로 기병하여 백성들을 구하도록 하였다. 의로운 기치가 이르는 곳이 어찌 참 임금을 기다려 살아난 곳이 아니겠는가! 이제 격문을 띄워 먼저 여러 지역 군수들에게 알리노니 절대로 요동치 말고 성문을 활짝 열어 우리 군대를 맞으라. 만약 어리석게도 항거하는 자가 있으면 철기 5000으로 밟아 무찔러 남기지 않으리라

위는 홍경래의 난의 격문이다. 1811년 12월 18일 김창시가 위의 격문을 낭독함으

로써 홍경래의 난은 시작되었다. 위와 같은 격문을 살펴보면 홍경래의 난이 일어난 배경과 이유를 좀 더 쉽게 이해할 수 있다.

①은 평안도 차별에 대한 반감을 나타낸 것이며, ②는 세도 정권에 부패에 대한 불만을 담아낸 것이다. 즉, 한 장의 격문이 홍경래의 난의 배경을 함축한다고 해도 과언이 아닌 것이다.

II. 홍경래의 난의 봉기군의 계층

1. 봉기군의 지도층

홍경래 난의 전후 사정을 비교적 잘 기록한 〈진중일기〉에 의하면, 진압군 쪽에서 파악한 봉기군의 주도층은 다음과 같다.

"홍경래는 괴수요, 우군칙은 참모였으며, 이희저는 와주요, 김창시는 선봉이었다. 그리고 김사용과 홍총각은 손발의 역할을 하였다. 그 졸개로는 의주에서 개성에 이르는 지역 거의 대부분의 부호와 대상들이 망라되어 있었고, 황해도와 평안도의 파락난당이 모두 부하가 되어 횡행하고, 떠돌이 굶주린 백성들이 또한 많이 투속하였다."

위의 기록에 의하면, 봉기군의 지도층으로는 홍경래 · 우군칙 · 이희저 · 김창시 등이 그 중심이 되었고, 호응 세력으로는 의주에서 개성까지의 부호와 대상들이 포함되었고, 말단 군사력으로는 황해 평안도의 떠돌이 파락호와 난당 그리고 떠돌이 기민들로 이루어져 있었다.

지도층은 평서대원수에 홍경래, 부원수에 김사용, 군사 또는 모사에 우군칙과 김창시, 도총에 이희저 등으로 구성되었다. 이제초와 홍총각은 모의 단계에서는 눈에 띄지 않았으나, 선봉장으로서 중요한 역할을 하였다. 지도층은 향촌 사회의 유력가들을 수령급의 유진장으로 임명하였고, 장사들은 군사지도자로서 장수에 임명하였다. 그리고 향촌사회의 지식인들은 종사관으로서 주로 북진군의 참모로 활동하게 하였다. 각 관아의 하급 관속들로서 내응한 자들은 감관 집사 등 행정실무자로 활동하였다.

홍경래는 젊었을 때 과거에 뜻을 두어 외숙 유학권에게서 유교 경전을 배웠고, 정조 22년(1798년) 28세 때 소과인 사마시에 응시하였으나 실패하였다. 그는 이 실패를 평안도민에 대한 차별 때문으로 생각하였고, 여기에 대한 반감과 선동이 이 난의 중요한 동기라고도 알려져 있다. 과거에 실패한 후 그는 집을 나와 풍수 곧 지관이 되어 각지를 떠돌아다니는 생활을 하였다. 홍경래는 과거를 볼 만큼 유교 경서에 대한 교양을 쌓았고, 병서)나 풍수지리서 기타 여러 가지 술서들을 익혔다. 특히 당시에 유행하던 〈정감록〉에 통달하였다. 그러한 교양을 바탕으로 홍경래는 상당한 경륜을 지닌 지도자로서의 풍모를 갖추고 있었다.

홍경래는 상당한 용력과 무술 실력도 갖추고 있었다. 홍경래를 포함한 주동자들은 개인적 무술 실력뿐만 아니라 상당한 군사 지식도 갖추고 있었다. 관군이 각종 장비를 동원하여 공격하는 것을 막아낼 뿐만 아니라, 화공과 같은 특별한 방법으로 관군에 큰 타격을 가할 수 있었던 것이다. 홍경래는 당시의 전형적인 저항 지식인으로 군사지식과 지도력을 가지고 항쟁을 이끌어나갈 수 있었다.

당시 조선사회는 정치에서는 안동 김씨의 세도정치로 심각하게 부패해있었고, 서울의 양반가는 주지육림의 생활을 하였지만 삼정의 문란으로 일반 백성들의 처지는 비참하기 이를 데 없었다. 홍경래는 풍수를 업으로 삼아 여기저기 돌아다니면서, 이러한 현실을 체험하면서 사회의 모순에 대한 비판적인 인식을 가지고 그것을 개혁하려는 포부를 가지게 되었다. 그는 또 자신이 그랬던 것처럼 당시 서북인들이 벼슬 진출에 제한을 받고 있어서 식자층의 불만과 불평이 팽배해 있다는 사실을 충분히 인식하고 이를 이용하였다.

그러던 중 그는 가산에서 역시 풍수로 부호의 집에 드나들던 우군칙을 만났다. 홍경래가 우군칙을 처음 만나 친교를 맺은 것은 1800년(정조 24)이었다. 우군칙은 태천 출생 양반의 서자로 알려져 있으나, 실제로는 아주 미천한 신분이었던 것 같다.

두 사람은 시국을 논하면서 깊이 공감하는 바가 있었다. 홍경래와 우군칙은 다음해에 이미 병란을 함께 논의할 정도로 의기투합하였다. 이때부터 그들은 시국에 불평과 불만을 품은 자들을 규합하여 동지로 만들기 시작하였다. 그들은 10년 동안 동지들을 규합하면서, 특히 평안도와 황해도를 중심으로 중간 지휘층을 널리 포섭하였다. 봉기군의 중심인물로 홍경래가 정주목사에 임명했었던 최이륜도 봉기 7, 8년 전에 이미 포섭되었다. 홍경래는 지식층의 포섭을 위해 한 때 홍삼장사를 한 일이 있으며, 상인층과 관계가 많았던 우군칙은 중간층 및 상인층의 포섭에 나서서 활약하였다. 우군칙은 우선 가산의 부호로서 자금원이 되어준 이희저를 끌어들였다. 그는 이희저의 부친 묘터를 잡아줌으로써 그를 포섭하게 되었다. 이희저는 봉기하기 수년 전부터 다복동에 큰 기와집을 짓고 우군칙과 어울리면서 준비사업에 적극적으로 동참하였다. 그들은 자금을 마련하기 위하여 몰래 광산을 채굴하고 잠상을 하기도 하였다. 이 때 이희저의 자금이 바탕이 되어주었던 것이다.

　그들은 또 벼슬이 막혀 현실에 불만을 품은 진사 김창시, 정주성의 거부 이침과 김속하, 안주의 상인 나대곤, 개성 상인 박광유와 홍용서 등도 끌어들였다. 또 힘센 장수의 발굴에 주력하여 홍총각, 가난한 평민 이제초 등을 끌어들였고, 지략과 무용을 겸비한 우군칙의 제자 김사용 등을 포섭하였다.

　김사용의 본명은 김종각이고 사용은 자이다. 그는 태천 송우리에서 살았고, 거사 당시의 나이는 38, 39세였다. 그는 태천에 명망 있는 향임 가문 출신이었으나 매우 가난하였다. 그는 봉기군을 잡아가던 장교를 급습하여 구출하는 등 봉기 초기부터 활약하였다. 김사용은 짧은 기간에 부원수로서 관산·정주·선천·철산·용천 등의 넓은 지역을 점령하고 관할함으로써 봉기군 지도자 중에서 가장 폭넓은 활동을 하였다. 그의 임무는 봉기군이 장악한 각 지역의 책임자나 행정담당자들을 임명하고 군사와 군량을 동원하는 일이었다.

　김창시는 곽산의 양반 출신으로 봉기 당시 나이가 36세였다. 그는 일찍부터 과거 공부에 종사하였으며, 봉기 전해인 순조 10년 10월에 소과 식년시에 합격하여 진사가 되었다. 봉기군 지휘자 중에서 가장 신분이 높고 학식이 있었다. 봉기군의 격문은 그가 작성한 것이다. 그는 내응자를 모집하고 봉기의 명분을 선전하는 활동을 하였다. 그는 의주 및 곽산의 상인들과 일정한 연계를 가지고 그들을 포섭하는 일을 하기도 하였다. 그는 또 임신년에 병란이 일어날 것이라는 거짓 소문을 퍼뜨린 장본인이었고, 봉기 이후에는 모사로 활약하였다.

이희저는 일명 이태번으로 가산에 살던 부호였다. 그의 친척들 역시 대부분 여러 읍의 실권을 잡고 있던 향리이거나 부유한 상인들이었다. 그는 평안도 여러 지역의 실력자들과 널리 교분을 맺고 있어서 봉기를 조직하는 데 크게 기여하였다. 그는 본래 역졸의 신분이었으나 재신이 많아 무과에 합격하였고, 돈으로 향임직을 사려고 하였다가 뜻을 이루지 못하였다고 한다. 그는 다복동에 봉기군 기지를 마련하는 데 경제적으로 가장 큰 기여를 하였고, 봉기 후에는 도총을 맡았다.

홍총각은 홍이팔이라고도 하고 본명은 홍봉의라고 한다. 당시의 나이는 24세로 곽산 남면의 평민 출신이었다. 그는 생업에 종사하였지만 빈곤한 처지였던 것으로 보인다. 그는 완력이 강한 장사로서 봉기의 핵심인물이었다. 남진군의 선봉장이 되어 혼자 가산을 점령하였고, 정주성 농성에서는 홍경래와 숙식을 같이하면서 군사를 이끌고 전투를 지휘하였다. 봉기군의 지휘관으로 홍경래와 더불어 가장 많이 활약한 인물이었다.

이제초는 개천군 군내면 사람으로서 봉기 당시에 35세였다. 그는 몰락한 양반이거나 향임층 신분으로서 역시 매우 빈한하였지만, 완력 있는 역사로서 북진군의 선봉장을 맡았다.

이처럼 홍경래난의 주동 인물들은 몰락 양반, 토호지주, 상인, 관예 읍속, 농민 등 여러 부류의 신분 출신들이 섞여 있었다. 파락 난당은 곧 관예와 읍속을 말하는 것으로, 난의 봉기 과정에서 즉시 내응하여 반란군이 청북지역을 쉽게 장악할 수 있었던 주요한 동력이었다. 또 난에 적극적으로 가담하였던 부호와 상인들은 상업적 기반을 갖는 토호 지주층과 큰 상인층들이었다.

2. 병사들의 구성

홍경래는 김사용, 우군칙, 이희저, 김창시 등과 함께 지도부를 결성한 후, 가산구 다복동을 근거지로 삼아 군사를 모집하여 훈련시키는 등 반란 준비에 착수하였다. 처음 동원된 병사들은 주로 운산 촉대봉에 금광을 연다는 소문을 내어 모집된 광산노동자들이었다. 이때 우군칙은 이희저와 박광유 등의 상인들에게서 나온 자금을 바탕으로 1냥~3냥의 선금을 주어 사람들을 다복동으로 불러들였다. 봉기군의 일선 졸병들은 이들 광산 노동자층으로 구성되었다. 봉기군의 깃발을 그리기 위한 병풍수리공, 무기를 만들기 위한 대장장이 등 다양한 직종의 사람들도 포섭되었다. 걸인을 비롯하여, 소상인 마부 등 다양한 업종도 참가하였다. 가산 박청 지방의 땅 없는 농민이나 품삯 노동자들은 '가난하거나 굶주린 자들은 오라.'는 말에 솔깃하여 끊임없이 모여 들었다. 이들은 대부분 지도부가 제시한 돈 몇 냥에 현혹되어 다복동에 몰려든, 용병의 성격을 지닌 사람들이었다.

봉기가 계속되는 과정에서 봉기군의 지도층들은 지방의 진사급 중간 실력자들을 종사관으로 임명하여 이들을 회유하였다. 그리고 그 아래 이임·면임·풍헌들로 하여금 농민들 중에서 군대를 뽑아 올리게 하였다.

이때문에 하층 농민들은 자발적으로 봉기군에게 가담하지 못하고 중간 향반층을 통하여 소집되었다. 이렇게 하층 농민들을 실질적으로 파악하고 장악하는 것은 중간 향반층이었으므로 이들을 통하여 병력을 소집할 수밖에 없었다. 이는 봉기군의 전열을 정비하는 데 약점으로 작용하였다.

봉기군은 박천 송림리 전투에서 관군에 패배하여 정주성으로 쫓겨가 장기 항전에 돌입하였다. 이 때 관군은 봉기군을 밀어붙이기 위해 과격한 초토화 작전을 펼쳤다. 관군은 그 인근 지역의 민간인들을 약탈할 뿐만 아니라 방화와 살인을 계속 저질렀다. 이 사실을 안 조정에서는 불법 행위를 금지하는 명령을 내렸고, 심한 자는 사형에 처하기까지 했다.

하지만 관군의 횡포는 계속되어 심지어는 무고한 농민들의 목을 잘라 전과를 과장하는 일조차 있었는데, 조정에서 이 문제를 논의했을 정도로 사태가 심각했다. 이러한 관군의 과잉진압 작전 에 피해를 입은 이 지역의 대다수 농민들이 정주성에 들어가 저항에 가담하였으며, 관군의 약탈에 피해를 입은 성 밖 농민들의 협조도 컸다. 정주성의 농성군은 주로 박천과 가산 일대의 농민들이었다.

Ⅲ. 홍경래의 난의 진행 과정

1. 준비과정

　홍경래를 비롯한 난의 주동자들은 무려 10년이라는 기간 동안 치밀하게 봉기를 준비하였다. 홍경래와 우군칙의 의기투합을 시작으로 하여 평안도와 황해도를 중심으로 중간 지휘층에 속하는 이희저, 김창시 등의 인물들을 포섭하며 세를 넓혀갔다. 자신들의 은둔처와 봉기군의 새로운 기지를 물색하여 우군칙이 다복동에 기와집을 마련하였고 그곳을 중심으로 봉기의 본부가 되는 군사기지를 설치하였다. 또한 서북 지역인 들에 대한 차별에 분노하고 있는 유력가와 부유층을 포섭하는 활동들을 진행하였다. 그들을 통해 봉기에 필요한 자금을 모으는 것 또한 잊지 않았다. 1811년 9월에 이르러 봉기에 대한 구체적 준비가 진행되기 시작하였다.

　홍경래는 자신의 가족들을 박천으로 이주시켰고 주동자들을 다복동으로 모여들었다. 자금을 마련하고 군수품을 사들이고 그것을 다복동으로 수송한 것은 11월에 이르러서였다. 또한 병란이 일어날 것이라는 소문을 민중들 사이에 의도적으로 퍼뜨림으로써 민심을 교란하여 봉기의 분위기를 형성하였다.

2. 진행과정

1) 봉기일로부터 열흘

　1811년 12월 우군칙은 운산 지역에 금광을 연다는 소문을 내어 광부들을 모집하였다. 선금을 주고 불러들인 광부들이 다복동으로 모여들었고 이들이 봉기군의 병사들이 되었다. 광부들 외에도 걸인, 소상인, 마부 등 다양한 사람들이 모여들었으며 주동층에 의해 포섭된 향임층들 역시 참여하였다.

　봉기계획은 12월 20일이었다. 그러나 계획에 차질이 생겼다. 봉기군은 본격적 봉기를 일으키기 전에 관을 교란시키고 민심을 움직이기 위해 15일 평양의 대동관을 폭파할 계획을 세웠다. 그러나 폭파장치의 결함으로 인해 그 계획은 실패로 돌아가고 말았다. 17일에 이르러서는 여러지역의 사람들이 봉기군에 합류하기 위해 다복동으로 몰려들자 수령이 이를 포착하고 홍경래 일당이 난리를 일으킬 것이라는 사실을 알아낸다. 선천부사에 의해 주동층에 대한 체포령이 내려지게 되었다. 주동층이 체포되기 전에 봉기를 일으켜야 했고 이들은 계획했던 20일로부터 이틀을 앞당겨 12월 18일 봉기를 일으켰다.

거병 당시 다복동에 모인 병력은 총 1,000여 명에 이르렀다고 한다. 봉기군은 크게 북진군과 남진군으로 나누어졌다. 남진군은 가산, 박천, 안주 방향으로 향하였고 남진군을 지휘한 이는 홍경래와 선봉장 홍총각, 모사 우군칙, 후군장 윤후검이었다. 북진은 정주, 곽산, 선천, 철산을 거쳐 의주방향으로 향하였고 지휘는 부원수 김사용, 선봉장, 이제초, 모사 김창시, 영장 김희련이 하였다.

12월 19일, 홍경래가 이끄는 남진군은 가산에 입성하였다. 봉기군은 관아의 무기를 확보하고 창고의 곡식을 풀어 백성들에게 나누어주었다. 이는 민심을 얻고 군사를 더 모으기 위해서였다. 당시 남진군은 기마병 30~40명, 보병 군졸 100~150명 정도의 군사력을 갖추고 있었으나 가산에 입성하여 300여 명으로 봉기군의 숫자가 늘어났다. 가산지역을 확보한 남진군은 박천으로 향하였고 박천 지역 역시 저항 없이 함락되었다. 그런데 박천지역을 점령한 남진군 안에서는 내분이 발생한다. 영변과 안주 지역을 두고 어느 곳을 먼저 공격할 것인가에 대해 논쟁이 발생한 것이다. 홍경래가 우군칙의 건의대로 영변지역을 먼저 공략할 것으로 계획을 정하자 안주의 집사였던 김대린은 자신의 뜻이 거부당했다고 생각하게 되었고 홍경래를 죽여 자신의 공을 세우고자 마음을 먹는다. 김대린은 칼을 뽑았지만 계략은 실패하고 말았다. 홍경래는 김대린이 휘두른 칼로 이마에 상처를 입게 되었다. 홍경래의 부상 치료와 전열정비를 위해 남진군은 다복동으로 회군하였고 그로 인해 봉기군의 진격은 4일 정도 일정을 미루게 되었다. 그러던 중 영변에서는 내응세력이 관에 발각되어 처형되는 일이 발생하였다. 관군의 경계태세가 삼엄해짐에 따라 봉기군은 병영이 있던 안주에 병력을 집중할 수 없는 어려움에 빠지게 되었다.

북진군은 곽산을 함락하고 능한산성을 공격한 후 정주성에 무혈 입성하였다. 봉기에 대한 계획이 장기간동안 치밀하게 이루어졌고 봉기 직전 난이 날 것이라는 소문을 미리 퍼트렸기 때문에 정주성 지역에서도 16일 무렵부터 난리가 날 것이라는 이야기가 돌며 민심이 교란되어 있었다. 정주성의 아전들은 자기들끼리 모여 회의를 하고 봉기군이 정주성을 당도하였을 때에 내응할 것에 대하여 준비하였다. 이미 지역에서의 내응이 준비되어 있었으므로 봉기군이 이렇다할 충돌조차 없이 정주성이 함락될 수 있었던 것이다. 또한 봉기의 소식을 들은 각 지역의 민들이 정주성으로 모여들었고 북진군은 봉기에 참여하고자 온 500여 명을 봉기군에 편입시켰다. 또한 자신들의 봉기에 대해 내응을 한 지역의 향임과 군사계층을 봉기군으로 흡수하였다. 향임과 군사 계층은 당시 지방사회의 실력자이며 지식인이었으므로 이들을 포섭하여 봉기군의 지도부를 편성하는 것에 지역에 대한 봉기군의 지배력을 높이는데 커다란 역할을 하였다. 향임과 군사 계층은 경제적으로 중·소 부농층 또는 경영형 부농층에 속했던 이들로 막강한 경제력을 갖추고 있으면서도 신분적으로 차별을 받는다 여기고 서북민의 차별에 대해 불만을 가지고 있었던 이들이기에 봉기군에 대한 호응이 높았다. 정주성을 함락한 북진군은 12월 24일, 정주성을 떠나 선천에 입성하였다.

　12월 27일까지 열흘동안 봉기군은 가산·박천·곽산·정주·희천·선천·철산 등 청천강 이북의 7개 지역을 함락시켰다. 봉기군은 지역을 함락하면 관아의 곡식을 방출하여 굶주린 백성들에게 나누어주었으며 민폐를 끼치지 않고 엄한 규율에 따라 행동하여 민심을 얻었다.

2) 송림전투의 패배

　중앙정부는 뒤늦게 봉기 사실을 파악하게 되었다 12월 20일 평안병사의 보고를 통해 봉기 소식을 접하였고 이때는 이미 가산·박천·곽산·정주·희천 등의 여러 고을이 함락된 뒤였다. 중앙정부는 서둘러 지역의 봉기군에 항복하거나 도망친 군수들을 대신하여 각 지역의 군수를 새롭게 임명하였다. 이러한 과정에서 웃지 못 할 일이 발생 하였는데 중앙정부가 새로운 곽산군수로 정경행이라는 자를 임명하다. 정경행은 이미 봉기군에 가담하고 있었다. 12월 28일 평안감사는 평양을 중심으로 하여 원을 그리는 방어진을 구축하였고 관군의 전열을 가다듬은 뒤 봉기군과의 본격적인 전투를 준비하였다.

12월 29일 드디어 관군과 봉기군의 접전이 벌어진다. 박천의 송림에서였다. 송림지역에는 홍총각의 부대 300여 명이 일찍부터 주둔하고 있었으며 다복동으로 후퇴했던 홍경래의 부대 500여 명이 26일 합류하였다. 또한 봉기의 과정에서 각지의 농민들이 합세하게 되면서 1000여 명 이상이 모여들었다. 관군 병력은 약 2000여 명이었다.

관군과 봉기군의 전투는 결국 봉기군의 패배로 끝나고 말았다. 봉기군의 실패원인으로 몇 가지를 꼽아볼 수 있는데 먼저 첫 번째는 관군과 봉기군이 비슷한 병력으로 평야지역에서 전투했다. 평야지역은 숨기는 것이 불가능하다. 전략도 없이 활과 총으로 무장한 숙련된 관군과 봉기군이 싸운다는 것은 분명 봉기군에게는 불리한 상황일 수 밖에 없는 것이다. 두 번째는 봉기군의 전술적 미숙함으로 인해 전력이 효율적으로 배치되지 못했다는 점이다. 봉기군은 세 갈래로 진을 나누어 관군에 맞서 싸웠는데 이때 중앙 돌파에만 주력한 나머지 우익군과 좌익군에 대해서는 적절히 대응을 하지 못했다. 이러한 과정에서 봉기군의 기병 3~4명이 총을 맞고 말에서 떨어지자 봉기군의 사기가 크게 떨어졌고 전열이 무너지기 시작한 것이다. 마지막으로 봉기군의 지휘부는 평야지역에 위치하고 있었고 관군의 지휘부는 언덕 위에 위치하고 있었다. 언덕 위에서 전투의 모든 상황을 지켜보고 있는 관군의 지휘부가 효율적이고 적절한 지시를 내릴 수 있는 것을 매우 당연한 결과이다. 결국 봉기군 중 관군에게 머리를 배인 자가 수백 명이고 생포된 자가 30여명에 이르렀다. 봉기군에게 송림전투에서의 패배는 치명적 타격이 되었다.

봉기군은 진압한 관군은 봉기군의 근거지를 불태웠으며 가산 다복동의 근거지까지 불태우고 박천을 수복하였다. 관군의 봉기군의 근거를 없애는 초토전술을 실행하였다. 그것은 봉기군이 거친 모든 곳을 불태우고 남녀노소 할 것 없이 모든 민간인들을 사살하는 것이었다. 정주성으로 후퇴하는 봉기군은 관군의 이러한 초토전술로부터 민간인들을 구하고 자신들의 기반을 튼튼히 하기 위해 후퇴과정에서 적극적으로 농민들을 정주성으로 끌고 들어갔다.
　북진군 역시 송림에서 대패 소식을 듣게 되었고 군사들을 패배 소식에 대부분 흩어졌다. 그리고 나머지는 정주성으로 합세하였다. 북진군은 정주성으로 합세하는 과정에서 진사급 중간 실력자들을 봉기군 지도부로 포섭하여 회유하며 지역의 농민들 중에서 군대를 뽑아 올리도록 하였다. 봉기에군 참여하는 하층 농민들의 수는 늘어갔지만 중간 향반층에 의해 소집된 농민층은 자발적 참여가 아니었으므로 봉기군의 전열이 약화되는 원인이 되었다. 태천과 곽산 지역을 점령하고 있던 봉기군의 진압군의 공격에 연이어 패배하였다. 관군은 태천과 곽산에 이어 선천 지역 역시 점령하였다.

3) 정주성에서의 농성
　정주성은 매우 견고하고 식량이 풍부한 지역이었다. 홍경래는 다시 모여든 봉기군의 지도부를 정비하였다. 총지휘자와 일반 사무를 맡아보는 자, 그리고 성문의 수비를 맡을 자들을 임명하였다.
　송림전투에서의 패배 원인이 된 전술부분 역시 새롭게 정비하였다. 진압군이 성에서 100보 밖에 있을 때는 활을 쏘고 100보 안에 들어오면 총을 쏘고 성 밑에 도달하면 돌을 던지는 전투법을 정하였다. 밖으로는 진압군의 공격에 대해 조직적으로 대비하였고 안으로는 민심을 달래기 위해 노력하였다.
　1월 2일, 진압군에 의한 첫 번째 정주성 공격이 진행되었지만 봉기군의 반격으로 인해 실패하였다. 1월 16일, 서울로부터 도착한 병력을 합친 8천여 명의 진압군에 의해 정주성 공격이 다시 진행되었다. 대포와 구름다리까지 동원된 대대적인 공격이었지만 봉기군의 맹렬한 반격에 의해 실패하였다. 진압군과의 몇 차례의 전투는 봉기군의 전술을 더욱 정비할 수 있도록 하였다. 또한 두 차례 거둔 승리는 봉기군의 사기를 높이는데 일조하였다.
　성 밖의 진압군은 민간의 재물을 약탈하고 방화와 살인을 계속하였다. 정부에서는 진압군의 만행을 막고자 금령을 내리기를 수차례 하였지만 소용이 없고 관군에 대해 민심은 점점 더 멀어져 갔다. 민심은 봉기군쪽으로 이끌려가고 있었다. 이러한 관군의 초토화 작전은 정주성에서 진행된 민란의 주축을 농민군으로 이동시켰으며 시간이 지날수록 정주성에서의 싸움은 최초의 반봉건적 성격으로부터 생존을 위한 투쟁으로 성격이 변모하여갔다.

2월 3일, 봉기군의 총공격이 다시 감행되었다. 그러나 이번에는 공격을 실패로 끝나고 말았다. 2월부터는 봉기군에 의한 선제공격이 시작되었다. 진압군과의 전투에서 계속 승리를 이어가고 있고 민심도 점점 더 많이 얻어가고 있었지만 봉기군은 정주성에 갇혀 있는 상황이었다. 성 내의 식량은 점점 줄어들고 봉기군은 성 밖으로 공격을 감행하여 활로를 타개하고자 하였다. 봉기군의 공격은 3월에 이르자 더욱 적극적이 되어갔다.

3월 8일에는 봉기군과 진압군의 대접전에 의해 봉기군 46명이 죽고 진압군70여 명이 사망하였다. 3월 20일에는 봉기군 1천여 명이 북문으로 나와 공격을 하여 관군 22명이 사망하고 봉기군 역시 48명이 사망하였다. 22일 또 한 번의 접전이 있었고 관군 17명이 사망하고 봉기군 역시 69명이 사망하였다. 계속되는 접전으로 사망자는 늘어갔지만 봉기군의 생각대로 활로의 타개는 쉽게 이루어지지 않았다. 시간이 지날수록 정주성 내의 사정은 점점 더 악화되었다. 곡식이 떨어져 군병들에 대한 배급량이 점차 줄어들었으며 횃불을 올리기 위해 성채의 집도 부수어야 했다. 소와 돼지는 물론 말도 10여 필을 남기고는 거의 다 잡아먹었다. 3월 말에는 인구를 줄이기 위해 두 차례에 걸쳐 노약자와 부녀자 227명을 성 밖으로 내보냈다. 4월에 들어서도 활로의 타개는 이루어지지 않았고 정주성 내의 식량고갈 상황을 눈치 챈 관군에 의한 공격은 한층 거세졌다.

4월 19일 새벽, 드디어 결정적 공격이 진행되었다. 관군은 화약을 동원하여 성을 폭파하였다. 진압군이 성 안으로 돌입하였고 그 과정에서 홍경래는 총에 맞아 전사하였다. 지도부 역시 모두 체포되었다. 정주성에서 농성을 하다 체포된 이는 모두 2,983명이었다. 그 중 10세 이하 소년 224명과 여자 842명을 제외한 1,917명은 23일, 모두 참수형에 처하였다. 진압군의 맞선 4개월간의 공방이 끝을 맺었다.

Ⅳ. 홍경래의 난의 결과와 영향

1. 홍경래의 난의 실패 원인 분석과 평가

이 난은 홍경래 한 개인의 난이 아니다. 추진인물이 거의 백여 명으로 소수가 아니었고 그 참가 인물들의 지역도 두루 있었다. 그들은 지역 농촌사회의 지식층으로 역농에 의하여 부와 신분을 확보하여 가는 계층 즉, 경영형 부농층이었다. 또한 상인층과 광산노동자층을 담당 계층과 결속시킨 유랑 지식인층으로 당시 사회 변혁의 보도자, 예언자로서의 성향을 구비한 인물들이었다. 그리고 지방변장의 수세로 인해 핍박을 당하고 있었던 광산노동자들이었다. 이들의 준비기간도 10여 년으로 무작정 혈기가 지나쳐 봉기를 한 것이 아니다.

그렇지만 이들의 최대 약점이 초기 봉기군의 구성도가 되는데 이는 격문에도 그대로 반영되어있다. 바로 일반 민중의 현실적인 요구보다도 공상적인 측면에 호소하고 있다는 것이다. 이것은 농민들에게 자발적으로 봉기에 참가할 수 있는 현실적인 강령을 제시하지 못하고 있는 것과 부합되는데, 봉기군 지휘부의 계층구성의 성격상 어쩔 수 없는 당초부터의 모순이라고 보인다. 이러한 편성 구성의 성격으로 인해 봉기 세력이 1811년 12월 18일 난이 발발한 이래 10일도 안 되는 사이에 9개 거점을 쉽게 확보할 수 있었으나(이것은 새로운 사회계층으로서의 난을 담당하고 추진한 경영형 부농층의 실력이었다.), 정주를 제외한 그 거점들을 다음해 1월 17일까지 약 한 달도 되지 않는 사이에 완전히 관군에게 뺏기고 만다.

그 일차적인 이유가 하층 농민군을 난에 자발적으로 참가시킬 수 있는 강령의 제시가 없었기 때문이다. 게다가 경영형 부농층들은 하층 농민층의 힘과 결속되지 않는다면 그들의 저력을 나타낼 수 없었기 때문에 하층농민층의 호응이 없는 여건 속에서는 그들의 힘이 발휘될 수 없었다. 이들 농민층이 자발적으로 난에 참가하지 못함으로써 그들의 광대한 저력이 개발될 수 없었던 점이 봉기세력에게는 최대의 약점이었으며, 난이 실패하게 된 최대의 원인이었던 것으로 보인다.

사실 정주성에서 들어가서는 넉 달 가까이 4배나 우세한 관군에 버틸 수 있었는데,

이는 정주성에서는 난의 초기와 달리 농민군이 주축을 이루었기 때문이다. 그러므로 난의 초기성격과 정주성으로 후퇴한 이후의 성격은 구별되어져야 할 것이다. 즉 초기에는 광산노동자층이 봉기군의 일선 행동 대원이었으나, 정주성 입성 후 농민군이 일선 행동대의 주축을 이루고 있다는 점이다. 그러나 봉기군이 애초부터 하층 농민층을 우군으로 하지 못하고, 관군에 완전 포위된 불리한 상황 하에서의 것이기 때문에 농민군의 저력이 십분 발휘될 수 없었다. 그들의 힘이 발휘되기는 하였으나 정주성에 들어간 극히 일부의 하층 농민의 힘이 발휘된 것이며, 농민군의 힘의 저수지가 개발되지 못한 상황이었다.

실패하게 된 이유를 전략 전술의 점에서만 본다면, 우선 영변과 안주를 직공하지 못한 전략적인 약점을 들 수 있다. 홍경래는 20일 태천에서의 피격으로 21일 다시 다복동으로 회군함으로써 전진이 일단 중지되고, 따라서 영변의 내응이 실패로 돌아가고 또한 안주 공략도 실패로 돌아갔다. 속전속결을 생명으로 하는 봉기세력의 작전에 있어서는 치명적인 작전 천연이 아닐 수 없었다. 이 때문에 정주의 북진군도 4일이나 작전 천연을 하지 않을 수 없었으며, 따라서 의주 공략이 실패한 중요한 원인이 되었던 것이다.

더욱 결정적인 패인이 된 것은 박천 송림전투와 곽선 장군대 전야 전투에서의 패전이었다. 이 전투에서는 관군 함종부사 윤욱열과 같은 우수한 전술가가 있어 진세구축에 있어서 벌써 봉기군측이 열세에 놓였던 것이다. 선봉장 홍총각, 이제초 같은 맹장이 있었음에도 불구하고 전투는 봉기군의 참패로 끝나고 정주에 퇴거하게 되었다.

이때 봉기군과 하층농민층이 함께 움직이게 되어 봉기군이 하층 농민군으로 재편성되고 관군의 초토 전술로 인해 일반백성이 봉기군을 위하여 정보와 군량을 제공하게 된다. 여기서 이 홍경래난이 혁명성을 구비하고 있어서 새로운 조직 형태를 구상 실천하고 농민 약탈을 지양하게 된다는 것에 의해 농민층의 지지를 받게 된다. 그러나 봉기군은 식량의 부족, 자체 지휘부 내부에서의 상인 출신 층의 배신 등과 초기 조직구조와 강령 등으로 인해 하층 농민층의 지지결여로 인한 호응 세력의 결여 등이 결국은 난을 실패로 끝나게 하였다.

2. 홍경래의 난의 영향

1) 항쟁의 여파

1811년의 봉기는 서북지방에만 국한되지 않았다. 홍경래군이 가산·박천 등지를 석권하고 있을 때, 그 영향을 받아 해주·황주·서울 등에서도 소요가 일어나고 있었다.

먼저 12월 28일 해주의 귀락방에서 수 백 명이 무리를 이루어 창과 칼, 몽둥이를 들고 횡행하면서 난동을 일으켰다. 황해병사의 장계에는 관서의 '적'과 서로 연결될 염려가 없지 않다고 기록하고 있다. 이 기록을 보면 그들이 홍경래군의 봉기 소식을 듣고 호응한 것이라고 할 수 있다. 그리고 황주 효진포에서는 1812년 1월 홍경래가 정주성을 지키고 있을 때, 뱃사람들이 마장리·용암리 등 12포구에서 3백여 호를 불질러 태우고 4명을 죽이는 등 난동이 일어났다. 이 또한 홍경래군의 봉기에 호응하려 했던 것으로 보인다.

2) 의의 및 한계

19세기 전반의 변란 가운데 대부분은 준비단계에서 고발되거나 가담자의 배반에 의해 발각되어 실패하였다. 그것은 아직도 주도층이 광범한 농민들을 동원할 수 있을 만큼의 역량을 가지지 못했기 때문이었다. 봉기를 일으키는 데 성공하여 집권층과 직접 무력대결을 벌인 것은 '홍경래의 난'이 유일한 사례이다. 홍경래가 남긴 상징적 영향은 매우 커서 난이 진압된 1812년 이후에 일어난 변란들 속에는 이른바 '홍경래 불사설'이 나타나기도 하였다. 이는 홍경래가 죽지 않고 섬에서 살고 있다는 것으로서, 당시 변란을 도모하는 세력들에게 홍경래는 고무적이고 모범적인 본보기로 인식되었던 것이다.

이 난은 정치적으로 보면 신흥 상공업 세력과 기존 정치 권력에서 배제된 몰락 양반의 연합에 의해 추진된 반봉건 투쟁이었다. 이들은 군대를 조직하여 이씨왕조를 타도하려 하였으나, 그들 지도부 자체는 아직도 상당 부분 봉건적 색채를 띠고 있었다.

결국 홍경래 난이 지향한 것은 반봉건 투쟁이라는 측면보다는 지방 행정권이나 세도 정권에 대한 저항이라는 반정부적 차원을 벗어나지 못했다. 그래서 난의 모의나 진행 중에 토지 개혁이나, 신분제 폐지, 삼정의 개혁 등 가난한 하층 농민들을 위한 정책은 아무것도 구상되지 않았다. 격문에서는 단지 서북인에 대한 차별대우, 세도정권의 가렴주구, 정진인의 출현 등만을 언급하였고, 정작 소농과 빈민층의 절박한 문제는 대변하지 않았던 것이다. 이것이 난을 패배로 이끈 가장 중요한 원인이었다.

그러나 여러 가지 사회적 모순이 누적되고 있었던 당시에 조선 왕조 타도라는 기치를 내걸고 4개월 동안 항쟁을 지속한 일은 그 후 반봉건 항쟁의 도화선이 되었다. 또 하층농민으로 하여금 전제왕권과 지배제를 부정하는 정치적 각성의 계기가 마련되었다. 홍경래 난이 끝난 후 민간에는 정감록이나 해도진인, 미륵신앙과 함께 홍경래 불사설이 끊임없이 돌았다.

홍경래 난은 근대 초에 일어난 민중항쟁의 선구라고 할 수 있다. 19세기 전반기의 소요들이 대부분 이를 모형으로 삼고 있기 때문이다. 이 난에서는 홍경래를 비롯한 '저항지식인'들과 장사층이 봉기를 조직하고 이끌었다. 이들은 경제 형편과 사회적 처지에 있어서 농민과 별로 다를 바 없었으므로, 그들은 의식과 행동 면에서 농민들과 강한 친화력을 가졌다. 그러나 사회적으로 중간 실력자들이 농민들 중에서 군대를 뽑아 올리게 하였으므로, 농민들은 자발적으로 봉기군에 가담하지 못하고 중간 향반층을 통해 참여하였다. 봉기군의 전세가 급격하게 약화된 것도 이런 주력부대가 가진 취약성에도 원인이 있다. 빈민층의 자발적인 참여는 이후 민란의 단계로 발전되었다.

모순으로 얼룩진 왕조의 운명을 재촉한 저항 지식인 홍경래와 농민들의 이러한 만남은 19세기 조선사회를 저항의 시대로 열어나가는 원동력을 제공하였다. 농민전쟁이 끝난 뒤어도 홍경래를 본받아 반란을 꿈꾸는 자들이 각지에서 나타났고 농민들의 저항의식은 커져만 갔다. 그들에게 홍경래는 죽어 사라져버린 존재가 아니었다. '홍경래가 살아있다.' '정주성에서 죽은 홍경래는 가짜다.' '홍경래가 우리를 도우러 온다.' 등등의 이야기가 홍경래가 죽은 지 10년이 넘도록 떠돌아다녔다.

비록 실패로 끝났으나 조선 봉건사회가 붕괴되고 해체되는 속에서 생성된 것이며,

또한 봉건 조선왕조의 붕괴에 한층 박차를 가한 커다란 분수령이 되는 것만은 틀림없는 사실이었다. '홍경래의 난'을 경험한 일반 농민층은 봉건정부의 일방적인 강압에 저항할 수 있는 힘을 이 난을 계기로 의식하기 시작한 것이다. 관세 내는 것을 거부하였으며 이 같은 소극적인 반항형태를 넘어 점차 행동에 호소하는 경향을 띠었으며, 명화적과 같은 무력항쟁이 점차 더 만연하여 일반화해 갔던 것이다. 따라서 '홍경래의 난'은 1860년대의 임술민란과 1894년대의 동학농민전쟁등과 유기적으로 연결되어 존재하며 일정한 영향을 주고 있다는 점이 이 난이 주목받는 이유이다.

참고 문헌

1. 고쳐 쓴 한국 근대사, 강만길, 창작과 비평사, 1994

2. 모반의 역사, 한국역사연구회 지금, 세종서적, 2001

3. 민란의 시대, 고성훈 외 지음, 가람기획, 2000

4. 북한 역사소설 〈홍경래〉와 서북, 남상권, 반교 어문학회, 2005

5. 근현대 지역 갈등의 양상과 그 추이, 김상태, 한림대 인문학 연구소, 2003

6. 전통시대의 민중운동(하), 고승제 외 지음, 풀빛, 1981

7. 조선후기 경상도, 평안도 지역 차별의 비교, 오수창, 역사비평, 2002

8. 조선후기 평안도 지역 차별의 극복 방향, 오수창, 역사비평, 1996

9. 최항기 역사소설 '홍경래의 난', 최항기, 함께읽는 책, 2006

10. '홍경래 난'의 성격, 정석종, 한국사연구회, 1972

11. 18세기 평안도저항세력 성장의 사회적 배경, 오수창, 한국문화, 1997

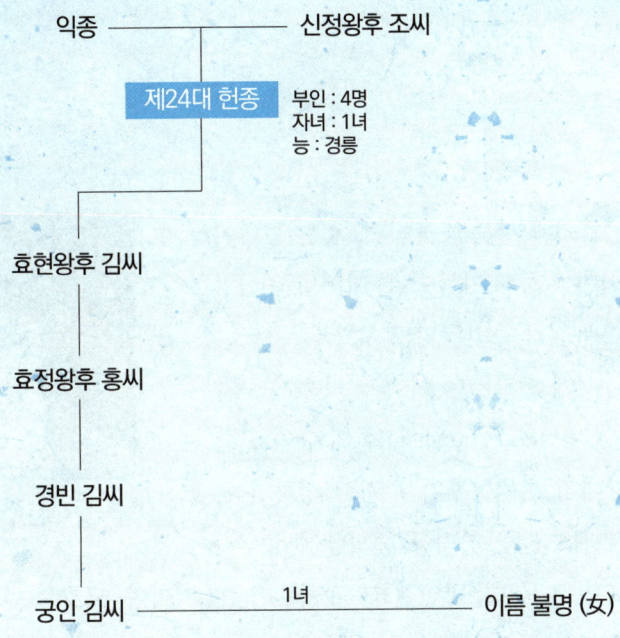

헌종실록
제24대  (1827~1849년)

헌종의 이름은 환이고 자는 문응이며, 호는 원헌이다. 순조의 손자이며 익종의 아들이다. 어머니는 신정왕후 조 씨로 풍은부원군 조만영의 딸이다.

순조 30년(1830년)에 세자였던 아버지 익종이 죽자 왕세손에 책봉되었다. 1834년 6월에 8살의 나이로 즉위하였는데, 대왕대비 순원왕후가 수렴 청정하였다. 헌종(憲宗)은 23세에(1849년) 창덕궁 중희당에서 후사 없이 죽었다. 존호는 경문위무명인철효(經文緯武明仁哲孝)이며, 묘호는 헌종이다. 능호는 경릉(경기도 구리시 인창동 동구릉)이다.

조선 24대 헌종

● **천주교 박해** :
헌종 즉위 초 안동 김 씨 세도정치가 유지되었다. 하지만 헌종 3년(1837년) 3월부터 외척인 풍양 조 씨 세력이 우세했다. 순원왕후가 수렴청정에서 물러나고 헌종의 친정이 시작되었을 때 주도권이 그들에게 있었다. 그러나 1846년 조만영이 죽자 또다시 안동 김 씨가 정국을 주도했다. 1836년에는 남은준, 1844년

에는 이덕원과 민진용 등의 모반사건이 일어나 민심이 동요하고 사회가 불안했다. 그러자 풍양 조 씨 세도정권은 민심의 동요를 막기 위한 일환으로 천주교도들을 탄압하기 시작했다. 따라서 1836년에 기해사옥이라는 천주교 박해가 일어났던 것이다. 헌종 11년(1845년)이후엔 서양 선박의 출몰이 빈번했다. 이때 프랑스인 선교사였던 앙베르, 신부 모방과 샤스탕 등이 학살되었다.
1846년에는 최초의 한국인 신부인 김대건이 처형당했다.

● 발간 서적 : 『열성지잔』,『동국사략』,『문원보불』,『동국문헌비고』,『삼조보감』 등이 편찬되었다

김대건 -
한국 최초의
천주교 신부

『헌종실록』

『헌종실록』은 헌종의 역사를 기록한 것으로 17권 9책(행록, 시책문, 애책문, 비문, 행장 행록 등을 수록한 부록 1책 포함)의 주자본이다. 1850년(철종 1년) 실록청을 설치하여 편찬을 시작해 다음해 9월에 인쇄했다『헌종실록청의 궤』가 남아 있어 작업과정과 일정을 알 수가 있다. 처음에 당상이「시정기」,「일성록」,「승정원일기」에서 필요한 기사를 발췌하면, 낭청이 이를 정리해 초고를 만들고 당상이 이를 다시 교정하여 완성했다. 담당 총재관에 조인영, 정원용 외 5명이며 도청당상은 조두순, 서기순 등이었다. 김좌근이 찬수와 교정당상을 모두 맡았고 조두순과 서기순도 겸임했으며 이외 약 20명의 당상이 참여했다.

편찬관의 수는 많지만 이전 실록과 달리 1권에 1년씩 구성되었으며 1판에 1, 2개월분 기사가 들어갈 정도로 내용이 간략하다. 날짜표시 간지만 있고 기사가 없는 날도

허다하다. 가끔 그날의 날씨만 기록하거나 극히 소략한 인사내용을 수록하는 등 형식적으로 편집한 인상을 강하게 보여준다. 권17은 부록으로 대비언교, 시책문, 애착문, 비문, 기문, 사장, 행장 등이 수록되어 있다.

세도정치에 놀아난 임금

순조가 죽자 헌종이 8세 나이로 임금에 등극했다. 왕이 너무 어려 조모인 순원왕후가 섭정했다.

선왕 순조 때 섭정으로 인해 척신세도정치가 시작되었는데, 이번에는 순원왕후가 안동 김 씨였기 때문에 친정일파가 강력한 척신정치를 했다.

그러자 경주 김 씨와 섭정이 되지 못한 헌종의 모친(순조의 왕후)풍양 조 씨 친정과 안동 김 씨 등이 세력다툼을 시작했다. 경주 김 씨의 세력은 헌종 6년에 안동 김 씨인 김홍근이 대사헌이 된 후, 경주 김 씨 김노경의 벼슬을 추탈했다. 안동 김 씨의 행위로 인해 헌종 외가인 풍양 조 씨가 점점 왕의 세력을 믿고 안동 김 씨를 싫어했다. 따라서 그것에 대한 위협수단의 일환으로 추탈했던 것이다.

헌종이 15세가 되자 섭정을 거두라는 여론에 순원왕후는 노령을 빙자하고 후궁으로 물러났다. 오랫동안 정권을 독점해 오던 경주 김 씨는 안심하고 헌종의 친정을 환영했지만 그것은 큰 실수였다.

헌종이 친정을 맡은 다음 해부터 임금의 외척인 풍양 조 씨의 세력이 강해졌다. 경주 김 씨가 세력을 만회하려고 했지만 경종의 외증조부 조인영이 영의정으로, 외사촌 형 조병구가 총융사가 되어서 국권을 장악했다. 이미 때가 늦었던 것이었다. 따라서 경주 김 씨의 몰락은 점점 속도가 빨라졌다.

가난한 전계군 이광은 과거의 정치적 관계로 언행을 조심하고 있었다. 그러던 중 의술과 관상가로 행세하는 이원덕이 전계군에게 왕운이 있다고 그의 곤궁한 생활을 도와주었다. 전계군은 속으로는 바라는 일이었지만 소문이 퍼지면 화가 미칠 것을 염려했다. 그러나 전계군은 왕운의 대통을 보지 못하고 가난 속에서 병을 앓다가 죽고 말았다. 하지만 이원덕은 그의 어린 아들이 장래에 왕운이 있다고 믿었고 전계군의 큰 아들 원경은 자기를 도와준 이원덕의 은혜를 고맙게 여겼다. 그는 불평정객 민진용, 박순수 등을 선동했다. 그들의 불평은 이종락을 찾아가 김씨 일파와 외척에 휘둘리는 무능한 임금을 몰아내고, 전계군의 아들 원경을 임금으로 추대하자며 동지로 끌어들였다. 또 포천의 서광근에게 접근하여 충의계에 기명하게 한 뒤에 한양에서 거사할 때에 폭도를 몰고 상경하라고 했다.

그러나 서광근은 한양에서의 거사를 기다리면서 준비하는 중에 조부 서기순에게 들키고 말았다. 하는 수 없이 충의계의 음모 사실을 밝히고 조부에게도 협력할 것을 권했는데 서기순은 감투욕에 눈이 어두워 손자를 팔았다. 이 밀고로 이원덕 일당은 일망타진되어 참형을 당했고, 서기순의 손자 서광근은 고문 중에 매를 맞다가 죽었다. 또한 왕족 원경도 18세의 나이에 사형 당했다.

허수아비 임금 순조는 외척들에게 정치를 맡긴 채 비와 빈을 비롯한 궁녀들의 치마폭에 싸여 청춘의 혈기를 탕진해서 폐결핵에 걸렸다. 병세가 점점 중해지고 대통을 이을 혈통을 남기지 못한 젊은 왕은 언제 죽을지도 몰랐다. 이에 아랑곳하지 않고 조정의 당파싸움은 날로 심해졌다.

헌종 13년에는 권불 10년이란 말이 있듯이 풍양 조씨의 세력이 기울기 시작했고 반대파의 공격을 받았다. 헌종의 외조부 조만영의 부자가 차례로 세상을 떠났고 이제 외척으로는 조인영 부자만 남았다.

대사헌 이목연까지 조병현의 비행을 열거했다. 외척의 위복을 남용해 매관매직으로 뇌물을 받아 축재했다고 폭로한 후 숙청해야 한다고 상소를 올렸지만 헌종은 일을 무마하려 했다 하지만 대사간까지 강력하게 주장하고 나섰다. 헌종은 하는 수 없이 그를 귀양 보냈다. 그러나 얼마 후 헌종이 22세로 죽고 철종이 등극하면서 또다시 안동 김 씨가 세력을 잡아 결국 그를 사형에 처했다.

요점정리 (헌종) 낙선재와 연경당 특징

- 낙선재

조선 24대 임금인 헌종은 김재청의 딸을 경빈으로 맞이하여 1847년에 낙선재를, 이듬 해에 석복헌을 지어 수강재와 나란히 두었다.

낙선재는 헌종의 서재 겸 사랑채였고, 석복헌은 경빈의 처소였으며, 수강재는 당시 대왕대비인 순원왕후가 거처하였다. 후궁을 위해 궁궐안에 건물을 새로 마련한 것은 매우 이례적인 일이다.

헌종은 평소 검소하면서도 선진 문물에 관심이 많았다. 그 면모가 느껴지는 낙선재는 단청을 하지 않은 소박한 모습을 지녔으며, 창살과 벽체의 무늬, 평원루의 건축양식 등에서는 청나라의 영향을 엿볼 수 있다. 또한 낙선재는 영친왕 비 이방자여사가 1989년까지 생활했으며 석복헌에서는 순정효황후가 그리고, 수강재는 덕혜옹주가 기거했던 곳으로 지금의 낙선재는 1996년에 복원된 옛 모습이다.

- 연경당

연경당은 효명세자가 아버지 순조에게 존호를 올리는 의례를 행하기 위해 1827년 쯤에 창건했다. 지금의 연경당은 고종이 1865년쯤에 새로 지은 것으로 추정한다. 사대부 살림집을 본떠 왕의 사랑채와 왕비의 안채를 중심으로 이루어졌으며 단청을 하지 않았다. 사랑채와 안채가 분리되어 있지만 내부는 연결되어 있는 점도 유사하다. 그러나 일반 민가가 99칸으로 규모가 제한된 데 비해, 연경당은 120여 칸이어서 차이가 난다. 서재인 선향재는 청나라풍 벽돌을 사용하였고 동판을 씌운 지붕에 도르래 식 차양을 설치하여 이국적인 느낌이 든다.

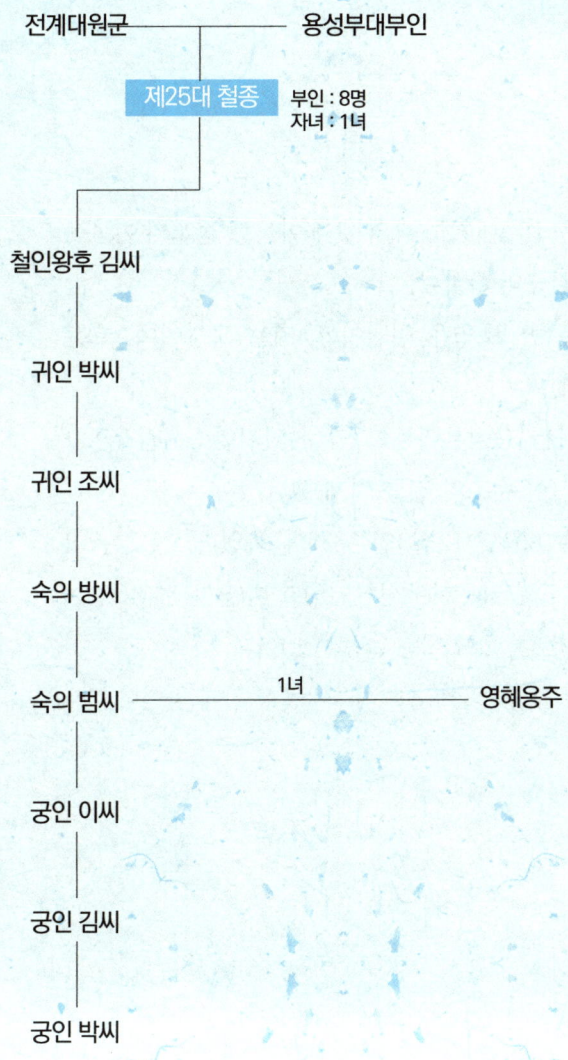

철종실록
제25대 (1831~1863년)

철종은 전계대원군 광의 셋째 아들로 정조의 이복동생인 은언군의 손자다.

이름은 변, 초명은 원범이고, 자는 도승이며, 호는 대용재다.

어머니는 용성부대부인 염 씨였지만, 순원왕후가 양자로 삼아 순조의 뒤를 잇게 했다.

철종은 1863년 12월 8일 33세에 죽었다. 존호는 희륜정극수덕순성문현무성헌인영효(熙倫正極粹德純聖文顯武成獻仁英孝), 묘호는 철종(哲宗)이다.

능호는 예릉(경기도 고양시 서삼릉 능역)에 묻혔다.

조선 25대 철종

● 외척의 전횡

철종의 할아버지 은언군은 사도세자의 서자다. 정조 때 아들 상계군 이담이 모반죄로 몰려 자살했을 때 연루되어 강화도로 안치되었다. 순조 원년(1801년)의 신유사옥 때 그의 아내와 며느리가 천주교 신자로 처형되었으며 그도 사사되었다. 철종의 형 원경도 헌종 10년(1844년) 이원덕의 역모에 연루되어 처형되었다. 철종은 6월 8일 덕완군에 봉해지고, 이튿날 관례를 치른 후 인정문에서 즉위했다. 그러나 나이가 어려 대왕대비 순원왕후가 수렴청정을 하였다. 철종2년(1851년) 9월, 대왕대비의 친족 김문근의 딸과 가례를 올렸다. 철종은 1852년부터 친정했지만, 조정의 실권은 여전히 안동 김 씨에게 있었다. 따라서 매관매직과 탐관오리들의 수탈로 인해 백성들이 도탄에 빠지게 되었다.

● 동학, 천주교의 확산

철종 11년(1860년) 4월, 최제우의 동학이 급속하게 전파되었다. 그러자 조정에서는 1863년 11월 그를 체포하여 다음 해 3월 사도난정의 죄목으로 처형했다.

● 구휼 정책

철종은 구휼에 힘썼는데, 1853년 4월 관서지방에 기근이 들자 철종은 선혜청의 돈 5만 냥과 사역원의 삼포세 6만 냥을 백성들에게 대여해 주었다. 그해 여름에 가뭄이 들자 그들을 구휼하지 못하는 것이 안타까워 탐관오리들을 징벌하기도 했다.

또 1856년 봄에 화재를 입은 1천여 호의 민가에 은전과 약재를 내려 구휼하게 했으며, 함흥의 화재도 3천 냥을 지급했다. 그리고 그해 7월에 영남의 수재지역에 내탕금 2천 냥, 단목 2천 근, 호초 2백근을 내려 구제하게 하였다.

용흥궁 인천광역시 강화군 강화읍 관청리.
인천유형문화재 제20호. 조선 후기 철종(1831~1863)이 왕위에 오르기 전 19세까지 살던 집.

『철종실록』

『철종실록』은 철종의 역사를 기록한 것으로 16권 9책의 주자본이다. 이 실록은 철종이 죽은 다음해인 1864년(고종 1년) 5월에 실록청을 세우고 작업을 시작하여 다음해인 윤5월에 출판했다. 이것은 조선왕조가 편찬한 마지막 실록이다.(고종과 순종실록은 일제강점기에 일본인들에 의해 편찬되었다).

총재관은 정원용, 김흥근, 김좌근, 조두순, 이유원, 김병학 등으로 대부분 『헌종실록』 편찬에 당상으로 참여한 사람들이다. 도청당상은 김병학이 맡았고, 각 방 당상과 교정 및 교수 당상에는 김병기, 김병국, 홍재철 등 20여 명의 인원이 참여했다. 체제는 『헌종실록』과 거의 같으며 역대 실록에 비해 다소 부실하다. 14년의 재위에도 불구하고 1년 기사를 1권으로 편찬하고 1판에 2개월분의 기사를 수록하는 등 내용이 빈약하다. 마지막 권은 부록으로 행록, 애책문 등을 수록했다.

일자무식꾼 강화도령의 행운

헌종이 후사 없이 죽자 대왕대비 안동 김씨가 임금을 모시는 문제로 대신들을 모아놓고 연일 회의를 열었다.

좌의정 권돈인은 말했다.

"대비마마, 도정 이하전을 지명하시지요."

그러자 영의정 정원용은 입을 열었다.

"대비마마, 전계군의 셋째 아들이 좋을 듯싶습니다."

이때 왕대비는 영묘의 혈손으로는 원범밖에 없다며 그로 하여금 종사를 잇도록 하고자 했다. 그런 후 이름을 써서 내 놓았다. 그때서야 비로소 전계군의 막내아들 원범이 강화도에 생존해 있다는 것을 알았다. 이때 안동 김씨들은 속으로 쾌재를 불렀다. 이것은 자신들이 임금을 정했기 때문이었다.

철종은 사도세자의 증손이며 정조의 아우 은언군의 손자다. 사도세자는 두 아들과 함께 후궁에서 은언군, 은신군, 은전군을 얻었다. 첫째 은언군에게는 세 아들이 있었는데 큰아들 담은 반역으로 몰려 사사되었고, 은언군의 부인 송 씨와 큰며느리 신 씨는 1801년 천주교 신자로 사사. 은언군의 아들 전계군은 강화도에 건너가 살았고. 둘째 아들 경응, 셋째 아들 원범은 강화도로 유배되어 농사꾼으로 살았다.

강화도에서 귀양살이하던 이원범이 고아가 된 것은 조부, 부모형제들이 모두 역적으로 몰려 죽었기 때문이다. 한마디로 그는 강화도에서 농사지을 땅 하나 없는 17세의 무식한 고아였으며 오직 자신의 육체노동만 믿고 살아왔다. 그는 상놈 친구들이 장가를 가는 것을 보면서 몹시 부러워했다.

영의정 정원용이 순원왕후의 명을 받아 강화도 관아의 군졸들은 신왕의 집을 찾아 헤매다가 동네 사람의 안내로 초라한 초가삼간으로 달려갔다. 이 광경을 본 이웃사람들은 또 역적으로 몰려서 죽는다며 안타까워했다.

그러나 이런 희소식을 모른 체 이원범은 그날도 지게를 지고 풀을 베러 나갔다. 그때 한 친구가 이원범을 찾아와 피하라고 했고, 얼마 후 다른 친구는 조정에서 왕족 대우를 해준다고 했다.

원범은 '이제 죽었구나!'라며 왕족의 피를 타고난 자신을 원망했다. 그렇다고 도망칠 곳도 기운도 없었다. 운명을 기다리고 있을 때 교군들이 보였다. 그들은 세 명의 총각이 있는 것을 본 후 다가왔다. 그 중에 대신처럼 풍채가 좋고 비단 관복을 입은 노인이 교군과 함께 와서 물었다.

"어떤 분이 강화 도련님이신지요?"

그러자 세 명의 총각 중에서 제일 남루한 옷을 입은 이원범이 일어서면서 물었다. 이때부터 철종은 강화도령으로 불렸다.

"제가 이원범[159]인데 무슨 죄로 절 잡으러 오셨지요?"

그러자 늙은 대신은 공송하게 절을 올리면서 대답했다.

"황공하옵니다. 대왕대비의 어명으로 곧바로 한양으로 행차하셔야 합니다."

그제야 원범은 안심하였다. 이때 대신도 임금으로 모시러 왔다는 말은 하지 않았다. 원범을 가마에 태운 군졸들은 그의 집이 아니라 곧장 강화군으로 달렸다.

궁중에 도착한 원범은 덕완군에 봉해졌고, 6월 9일 창덕궁 희정당에서 대신들이 시키는 대로 면류관을 쓰고, 곤룡포를 입고, 대보를 받고서 조선 25대 철종 임금으로 등극했다 그러나 강화도에 살 때가 편안했다고 생각한 철종은 자유가 없는 것이 제일 고통스러웠다. 더구나 신하들은 무식한 왕에게 글공부를 권했다.

결국 안동 김 씨의 허수아비 왕이 된 철종은 그들의 손아귀에 놀아났던 것이다. 나이가 어리다는 이유로 1851년까지 순원왕후가 수렴청정했다. 21세 되던 1851년 9월 순원왕후의 일가 김문근의 딸을 왕비로 맞은 다음 해부터 철종이 친정했지만 조정의 실권은 안동 김 씨 일족이 쥐고 흔들었다. 그들 안동 김 씨의 세도정치로 나라 안에 탐관오리가 득실거리고 삼정(전정, 군정, 환곡)이 문란해졌다.

더구나 안동 김 씨들은 자신들에게 도전할 수 있는 다른 세력을 원천적으로 봉쇄했다. 왕족 중에서도 자신들에게 위협이 되면 죽였는데 철종 13년(1862년)왕족 이하전이 그들에 의해서 희생된 것이 좋은 예이다.

철종은 세도가 첩자들이 궁중에 있다는 것을 알고 자신의 목숨이 위태롭다는 것을 알았다. 그는 국사를 팽개치고 술과 궁녀들을 가까이지내다가 몸이 점점 쇠약해져 1863년 12월 33세의 나이로 죽었다.

그의 유일한 핏줄로는 숙의 범 씨가 낳은 영혜옹주가 있지만 박영호에게 시집간 3개월 만에 죽었다.

159_이원범은 조선의 제25대 국왕 철종의 본명이다.

철종대 순원왕후의 수렴청정의 특징

순원왕후는 철종의 순조의 대통을 이어 즉위시키고 모자관계를 갖추었다.

철종은 19세에 즉위하였으나 왕이 될 수업이 되어 있지 않았기 때문에 왕실의 가장 어른이자 철종의 모후 된 순원왕후가 수렴청정을 하였다. 순원왕후는 수렴청정에 대해 적극적인 의지를 보여주었다. 이러한 측면은 헌종대와는 다른 경향이다.

순원왕후

수렴청정에 대한 적극적인 의지는 순원왕후의 협조세력이었던 안동 김씨의 변화와 관계다. 헌종의 국혼이 안동 김씨 가문과 치러지면서 안동 김씨는 외척으로서의 지위가 공고해졌었다. 그러나 헌종비였던 효현왕후 김씨가 승하하게 되자 외척의 지위가 다소 약화되었다.

순원왕후는 다소 약화된 안동 김씨의 외척으로서의 지위를 이어가고 강화하기 위해서 수렴청정에 대한 적극적인 의지를 보여주게 된 것이다.

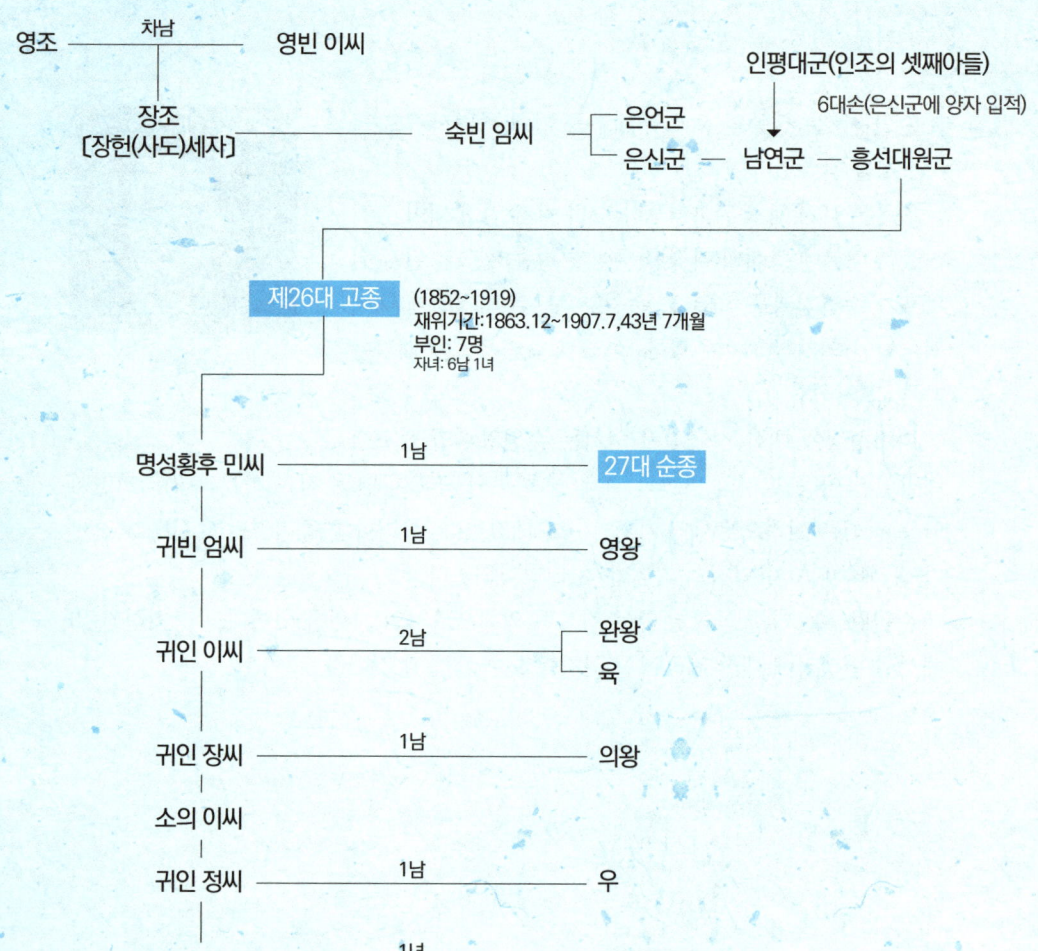

고종실록
제26대 (1852~1919년)

고종은 1852년 7월25일 한성에서 흥선군 이하응의 둘째 아들로 태어났다.

1866년 9월 여성부원군 민치록의 딸과 결혼했다. 고종이 12세의 어린 나이였기 때문에 조대비가 수렴청정했지만 흥선대원군이 국정을 총람하였다.

이후 흥선대원군이 정권을 잡자 안동 김 씨의 세도 정치를 타파하고 왕권을 확립했다.

고종은 1919년 정월 덕수궁에서 68세에 죽었다.

국장일인 3월 1일에 3.1운동이 일어났다.

묘는 경기도 남양주시 금곡동 홍릉에 묻혔다. 민비도 이때 합장되었다.

26대 고종

● 명성황후와 대원군의 세력다툼

대원군은 고종 3년(1866년)부터 천주교를 탄압해 8000여 명을 학살하였다. 이것으로 병인양요를 겪었고, 1871년에는 신미양요를 극복해 전국에 척화비를 세우고 쇄국정책을 고수했다.

민 씨 정권은 개방정책을 시행하여 1876년 일본과 수호조약을 체결하고 구미 열강과 차례로 조약을 맺으며 개항정책을 추진하였다. 고종과 민 씨 정권은 개항 후 일본에 신사유람단과 수신사를 파견하였다.

● 개화파와 수구파의 대립

개화당과 수구세력 간의 세력다툼으로 1882년에 임오군란, 1884년에 갑신정변이 일어났다. 1894년에 동학농민혁명이 발생하자, 이 문제를 둘러싸고 청나라와 일본이 전쟁을 일으켰다. 이 전쟁은 일본의 승리로 끝났고 1895년 강화조약을 체결함으로써 한반도에서 일본이 주도권을 가지게 되었다.

● 열강의 내정 간섭

일본공사 미우라는 1895년 8월 군대와 낭인들을 동원하여 경복궁을 습격해 왕비를 살해하는 을미사변을 일으켰다. 고종은 1896년 2월 러시아 공사관으로 피신하는 아관파천을 단행하였다.

1897년 2월에 환궁했으며, 10월에는 대한제국의 수립을 선포하고 황제에 꼴라 연호를 광무라고 했다. 그때 독립협회를 중심으로 만민공동회가 개최되고 자유민권운동이 확산되었다. 그러자 고종은 보부상과 군대의 힘을 빌려 이를 진압했다. 1904년 러·일 전쟁이 일어나자 일본은 의정서를 강요해 제1차 한일협약을 맺었다. 다음해 일본은 을사조약의 체결을 강요하였다.

고종은 1907년 6월 네덜란드 헤이그에서 개최되는 만국평화의에 특사 이상설, 이준, 이위종 등을 파견하였다. 그러나 일본과 영국의 방해로 수포로 돌아가고 고종은 일제의 강요로 7월 20일 물러났다.

『고종실록』

『고종실록』은 대한제국의 첫 황제인 고종의 재위 기간(45년)의 역사를 편년체로 기록한 사서로 본문 48권 48책과 목록 4권 4책을 합쳐 모두 52권 52책으로 간행되었다. 원명은 『고종순천융운조극돈륜정성광의명공대덕요준순휘우모탕경응명입기지화신열외훈홍업계기선력건행곤정영의홍휴수강문헌무장인익정효태황제실록』이고 약칭은 『고종태황제실록(高宗太皇帝實錄)』이다.

『고종실록』은 『순종실록』과 함께 일제강점기에 일본인들의 주관으로 편찬되었기 때문에 『조선왕조실록』에 포함되지 않았다. 이 실록은 『순종실록』과 함께 이왕직의 주관으로 1927년 4월 1일에 시작하여 이듬해 3월 31일 완료되었다.

편찬에 필요한 사료를 경성제국대학에서 빌려 수록할 기사를 발췌하여 등사하였다. 1930년 3월까지 3년간에 걸쳐 『일성록』,『승정원일기』 등 각종 기록 2,455책에서 총 24만 5,356매 분의 원고를 등사하였다. 편찬위원들은 실록의 기술과 체제 및 편집을 역대 실록, 특히 『철종실록』의 예에 따른다는 범례를 세웠다. 다만 『고종실록』과 『순종실록』은 기사목록을 따로 작성하여 각 일자 밑에 중요기사를 요약하여 수록하였다. 당초의 계획은 1년의 기사를 1권 1책으로 편찬하기로 했지만 고종 즉위년 기사는 원년에 통합하였고 1894년(고종 31년), 1897년(광무 1년), 1898년, 1905년은 기사의 양이 많아 분권 분책하여 모두 48권 48책이 되었다. 실록의 편찬은 1934년 6월에 완료되었고, 익년 3월에 영사본으로 간행되었다.

숨 막히는 왕위 계승

고종이 왕위에 오를 때 안동 김 씨들이 모든 권력을 독차지하고 있었다. 따라서 조대비는 그들의 세력을 내쫓기 위해 흥선군과 결탁하여 그의 둘째 아들을 왕으로 등극시켰다.

흥선대원군은 안동 김 씨의 화를 피하기 위해 호신책으로 시정의 무뢰한들과 어울려 방탕한 생활을 했다. 일부러 안동 김씨 가문을 찾아다니며 술 구걸을 하는 등 비웃음과 조롱을 받으며 살았다. 흥선군은 안동 김 씨 세도에 짓눌려 지내던 풍양 조 씨 일족인 조성하와 조영하에게 접근했다. 이들은 효명세자 비인 대비 조 씨의 조카들이었다. 조대비도 안동 김 씨 일족을 싫어했다.

흥선군은 은밀히 조대비를 만나 안동 김 씨 일족이 철종의 후사를 정하기 전에 선수를 쳐야 한다고 했다. 조대비도 흔쾌히 흥선군의 차남 명복을 왕으로 세우기로 결정하였다.

철종 14년(1863년) 12월, 철종이 죽자 조대비는 옥새를 감추었고 중신들을 창덕궁 중희당으로 불렀다. 상좌에는 조대비, 헌종비, 철종비 등 삼대 과부가 차례로 앉고, 안동 김 씨, 풍양 조 씨, 남양 홍 씨 중신들이 배석했다.

조대비는 외척인 김 씨의 우두머리를 쳐다보면서 다음 임금에 대해 물었다. 그러자 영의정 아들 김병기 이하 안동 김 씨들은 묘책이 없어 당황했다. 안동 김씨들도 오늘과 같은 비상사태에 대해서는 조금도 예측하지 못했고 아무런 준비가 없었다. 그들 생각은 왕실의 누가 왕위에 오르더라도 철종의 양자로 입적해야 하고, 또 철종비가 안동 김씨이므로 정권 유지에는 아무 탈이 없을 것으로 확신했다. 조대비가 주관한 회의장은 조용하고 침묵만 흘렀다.

"이 자리에서 속히 대통을 이을 분을 결정해야 하오."

조대비의 말에 김 씨 일가와 다른 세도가들은 묵묵부답이었다. 이때 팔십 노신인 영중추부사 정원용이 입을 열었다. 그는 조대비와 한통속이었다.

"오늘의 결정은 국새를 보존하시고 궁중에서 제일 어르신인 조대비께서 내리시는 것이 타당하옵니다." 하고 말했다. 그러자 그의 말에 동조하는 자가 있고 반대의 목소리가 없었다. 조대비는 더는 주저할 것이 없다는 판단으로 말했다.

"어차피 내가 결정한 일이고 어떤 의견을 내놓지 않으니 결정하겠소. 왕위 자리는 한시도 비워둘 자리가 아니므로 흥선군의 차남 명복에게 익종의 대통을 받도록 하겠소."라고 했다. 조대비는 익종의 정비이므로 명복이 익종의 대를 이어받았다면 곧 조대비 자신의 양아들로 입적한다는 뜻이었다."

"흥선군의 둘째 아들 명복으로 하여금 대통을 이어 받도록 하겠소!"

이것은 김 씨 일가로선 청천벽력이었다. 지금까지 자신들이 멸시해온 흥선군이 득세하면 모든 것이 끝난다는 것을 알고 있었다. 이때 정원용이 또다시 입을 열었다.

"대왕대비의 말씀이 지당하옵니다. 증거로 친필로 써서 내려주시지요."

조대비는 순식간에 친필로 선언문을 적었다.

"흥선군의 둘째 아들을 익종의 대통을 잇도록 하라."

이 선언문을 받아든 정원용은 도승지 민치상에게 공포하도록 했다.

"도승지는 듣거라! 이 교서를 한문으로 번역해 좌중에 공포하라!"

한문으로 번역된 조대비의 교서는 안동 김 씨들에겐 사형선고문과 같았다. 이때 절차순서 역시 정원용이 또다시 요청했다.

"대왕대비께 아뢰오. 사왕은 아직 봉군하지 않고 계시오니, 먼저 봉군하도록 분부를 내리시옵소서."

효명세자가 부친을 위해 지어 준 건물로 사대부 집과 유사한 형태를 띠고 있다.

그러자 조대비는 얼른 명을 내렸다.

"익성군으로 봉하고 곧 궁중으로 모시는 예를 갖추게 하시오."

안동 김씨 일가들은 그제야 조대비가 치밀하게 준비했다는 것을 눈치 챘다. 이들은 신왕이 문제가 아니라 그의 생부 흥선군 이하응의 섭정이 두려웠던 것이다.

헌종과 철종 때 외척 김씨 일가 때문에 왕족들이 숨도 못 쉬던 수난을 겪었다. 이때 흥선군은 후일의 대망을 위해 우선 생명을 부지한다는 차원에서 정계진출의 뜻을 접었다. 이에 세상을 버린 풍류객 또는 방탕아로 지내면서 시정잡배들과 어울렸던 것이다.
　더구나 세도가의 집을 직접 찾아가 구걸까지 했다. 그래서 재상집큰 사랑에 우글거리는 문객들 역시 그를 모르는 사람이 없었다. 그들까지 흥선군을 조롱했지만 조금도 개의치 않았다.
　이런 가운데 그는 귀신도 모르게 세력의 줄을 잡고 있었다. 즉 익종비 조대비와 그의 조카 조성하가 세도 김 씨들에게 불평이 있다는 것을 알고 있었다. 그래서 흥선군은 조성하에게 접근하여 친분을 맺는데 성공했던 것이다.
　철종이 후사 없이 세상을 떠났을 때 궁중에는 효명세자 비 신정왕후 조대비, 헌종의 계비 효정왕후 홍씨 ,철종비 철인왕후 김씨 등 미망인만 남았을 뿐 남자는 없었다. 궁궐 밖과 조정에는 안동 김씨, 풍양 조씨, 남양 홍씨들이, 영의정에는 안동 김씨 김좌근이 버티고 있었다. 그러나 다음 창위 결정권은 궁중에서 제일 어른인 신정왕후 조대비가 쥐고 있었다.

창덕궁 안에 위치한 연경당의 모습.

흥선군은 평소에 안동 김씨 모임에 가끔 나타나 공짜 술이나 마시고 횡설수설 헛소리나 하면서 세월을 보내던 인물이다. 왕족의 한 사람이었지만 안동 김씨의 세도 정치 밑에서는 먹고 살만한 관직 한 자리도 얻을 수 없었다. 당시 왕족 중에 제대로 학식을 갖춘 사람은 그들에게 죽임을 당하거나 고립될 수밖에 없었다. 따라서 흥선군은 목숨을 유지하기 위한 보신책으로 바보나 건달, 폐인의 인상을 뿌리면서 지내왔다.

척신들이 '궁도령'이라는 별칭으로 천대를 해도 그는 조금도 흥분하지 않고 맞장구를 쳐주었다. 일부러 추운 겨울에 남루한 옷차림과 맨발로 부호들의 문전을 찾아가 구걸하기도 하고 시장바닥의 거지나 불량배와도 어울렸다. 혈통은 분명한 왕족이지만 누가보아도 정상적인 사람으로 보이지 않았다.

한편 신정왕후 조씨는 궁궐 내명부에서 최고 어른으로 품위와 체통에 어긋나지 않도록 몸가짐을 조심했다. 그리고 안동 김씨의 정치에 일체 관여하지 않았다. 특별히 관여해야 할 일이 있어도 늙은 몸이라는 핑계로 거절했다. 그러므로 평소에 안동 김씨들은 조대비를 앞으로 나랏일의 흐름을 바꾸어 놓을 만한 인물로 보지 않았다. 그러나 흥선군과 조대비는 비밀리에 자주 만나 국정 흐름에 대한 문제를 걱정하고 정보를 교환해 왔다. 흥선군은 국새를 보존한 조대비는 비상사태가 발생할 경우 국정 전반에 대한 결정권자라는 것을 잘 알고 있었다. 그런데도 안동 김씨들은 조금도 눈치를 채지 못하였다.

이 두 사람의 인내와 치밀한 비밀 전략에 따라 조대비는 명복을 왕위에 올리고 자신이 수렴청정을 하였다. 그러다가 이하응을 흥선대원군에 봉하고 섭정의 권한을 그에게 위임시켰다. 또한 대원군의 처 민씨는 여흥부대부인으로 봉했다.

조선 역사상 왕의 아버지를 대원군으로 봉한 경우는 철종과 선조에 이어 세 번째이다. 그러나 앞의 두 왕은 즉위하기 전에 이미 그의 아버지가 죽은 경우였고 생존한 임금의 아버지를 대원군으로 봉한 경우는 이번이 처음이었다.

흥선대원군의 10년 정치

아들 고종의 즉위(1820~1898)로 조선역사상 유일하게 왕의 자리에 오른 적이 없었으면서 살아 있는 왕의 아버지로 대원군에 봉해졌다.

흥선대원군은 1820년 남연군 이구의 4남으로 태어났다. 영조의 현손(증손의 아들)으로 이름은 시백이고 호는 석파이다. 고종이 즉위하고 그가 정권을 장악하면서 국정 전반에 새로운 활력소를 불어넣었다.

그 당시 조선에서는 흩어진 민심을 수습하고 국가 재정을 확립하는 것이 시급한 과제였다. 흥선대원군은 경제, 행정 분야를 개혁하고 안동 김씨의 세

흥선대원군 이하응

도 정치로 인한 병폐를 제거하려고 했다. 당색과 문벌을 배제하고 인재를 고르게 등용하였다. 서원을 철폐하고 탐관오리들을 처벌하였으며, 양반과 토호의 면세 전결을 철저히 조사하여 국가 재정에 충당하였다. 이밖에 법으로 정하지 않은 잡세와 왕에게 올리는 진상 제도를 없앴지만 광산개발을 허용하여 재정에 충당했고, 군포세와 호포세를 변경하여 양반도 세금을 부담하도록 했다.

또한 ≪대전회통≫, ≪육전조례≫, ≪양전편고≫ 등의 법전을 편찬하고 법질서를 확립시켰다. 비변사는 폐지하고 의정부 기능을 부활시켰다. 삼군부를 별도로 두어 여기에서 군국 기무를 전담시켜 정무와 군무를 분리하였다.

이처럼 대원군의 집정 제일 목표는 안동 김씨에 의한 세도 정치 타파와 왕권 확립이었다. 오랜 세월 이들의 수탈과 횡포를 당한 민심을 안정시키려 한 것이다. 그러나 한편으로 그의 무리한 정책과 지나친 통상수교 거부정책으로 인해 어려움을 겪기도 하였다. 왕권 확립 차원에서 경복궁을 중건하기 위해 양반이나 일반 백성들에게서 원납전을 징수하고, 이를 내지 못할 경우 부역을 시켜 원성을 사기도 한 것이다.

천주교도에 대한 박해가 지나쳐 1866년부터 6년 동안 8천여 명의 신자들을 학살하였다. 이 사건이 '병인박해'인데, 이 같은 천주교 박해로 인해 또 다른 사건을 불러일으켰다. 1866년 10월 프랑스는 조선에서 신부 9명을 죽인 것에 대한 보복으로 군함 7척에 병력 1천 명을 이끌고 강화도를 점령했다. 이때 조선군의 적절한 대응으로 큰 희생자 없이 프랑스 군함을 격퇴시켰는데 ,이 사건이 '병인양요'이다.

또한 미국의 상선 제너럴셔먼호가 들어왔을 때 평양군민들이 불을 질러 격퇴시킨 사건이 있었다. 이 사건에 대한 보복으로 미국이 1871년에 조선을 침공하는데, 이 사건이 '신미양요'이다. 이들은 군함 5척과 병력 1,200여 명을 동원하여 강화도 해협으로 침입해 왔으나, 흥선대원군의 강력한 통상수교 거부 정책에 밀려 한 달여 만에 물러갔다.

병인양요와 신미양요는 프랑스와 미국이 조선과 통상무역을 하기 위해 벌인 일방적인 무역전쟁이었다. 그러나 이는 조선의 감정만 자극시켰고, 흥선대원군은 척화비를 세우는 등 통상수교 거부 정책을 한층 강화하였다. 이러한 흥선대원군에 대한 정치적인 평가는 다양하다.

한쪽에서는 그를 무자비한 천주교도 학살과 철저한 통상수교 거부 정책을 펼친 독재자로 보았다. 그러나 조선 역사상 정권이 비정상적으로 바뀔 때마다 많은 희생자를 내는 경우가 많았는데, 그는 비교적 보복 정치를 하지 않았다. 자신도 안동 김씨의 세도 정치 밑에서 수난과 멸시를 당하다가 권좌에 올랐지만 과거의 문제를 가지고 목숨을 함부로 하는 일은 하지 않았다.

한편 대원군을 세계적인 근대화 추세를 무시한 자로 보는 시각도 있다. 그것은 당시의 정치를 세심하게 파악하지 않고 본 편견일 수 있다. 그는 분명히 구습을 내던지고 근대화를 외친 바 있다. 고종의 수렴청정을 조대비가 했을 때에도 실질적인 정치는 대원군이 주도해왔다. 조대비가 백성들에게 내린 전교 역시 대원군이 써준 원고였는데, '앞으로 우리 조선의 백성들은 함께 유신을 해야 산다.'는 글이 들어 있었다. 이것은 대원군의 근대화 개혁 정치 철학을 입증할 수 있는 대목이다. 물론 대원군은 포부대로 이룩하지는 못했지만 곳곳에 그의 개혁 의지는 숨어 있었다.

몰락하는 조선 왕실

고종은 20세가 지나자 직접 정치를 관장하였다. 그러자 병인·신미양요 후 강화된 통상 수교 거부 정책은 대원군의 퇴진과 함께 서서히 누그러졌다. 일본은 1875년 2월 군함을 이끌고 조선의 동해, 서해, 남해안으로 들어와 개방을 요청했다. 그러다가 강화도로 침입하자 조선에서는 발포 명령을 내려 일본군에 반격을 했으나 일본군은 영종도까지 상륙했다.

일본군은 영종도를 장악하고 한동안 그곳에서 머물다가 조선의 감정이 더욱 악화되자 일단 물러났다. 그러나 그들이 완전히 물러난 것은 아니었다. 이후에도 그들은 군함을 몰고 영해에 들어와 해상 무력시위를 벌이면서 조선의 개항을 계속 요청했다.

마침내 1876년 조선은 일본의 국교 요청을 받아들여 '강화도 조약'을 맺었다. 이 조약에 따라 인천 제물포항을 먼저 개항하고 다음에 부산항과 원산항을 개항하였다.

그런데 개항 이후 일본의 노련하고 교묘한 경제 정책과 정치적 수단에 조선은 차츰 말려드는 추세가 되었다. 또한 아무런 사전 준비 없이 외세를 받아들인 조선 정부는 일본의 교활한 경제 수탈을 목표로 한 침투를 뒤늦게 발견할 수 있었다. 이에 따라 국내에서는 즉각 일본과의 개항, 개방을 취소해야 옳다는 수구파와 개방을 진행하면서 모순된 점을 시정해 나가자는 개화파로 갈라져 심각한 대립이 벌어졌다.

강화도 조약

1881년 수구파의 위정척사파들은 민씨 세력을 규탄하는 척사 상소 운동까지 전개했다. 이들은 이때 민씨 정권을 뒤집고 고종의 이복형제 이재선을 새 임금으로 세우려고 쿠데타를 모의하기도 했다.

이 사건은 사전에 발각되어 관련자를 전원 체포하고 수구파의 과도한 주장을 가까스로 제압하는 것으로 마무리 되었다. 그러나 수구파의 위정척사파와 개화파의 갈등과 알력은 끝나지 않았다.

1882년에 개화파들이 구식 군대를 폐지하고 새롭게 신식 군대(별기군)를 편성하자는 주장을 했다. 그러자 5군영에 배치되었던 구식 군인들이 항거하여 일본 영사관을 불태우고 일본인 고관을 살해하였다. 이 사건이 '임오군란'이다. 이때 반란 세력을 등에 업고 궁궐에 들어오게 된 흥선대원군 때문에 개화 정책이 일시 정지되는 듯 하였지만, 흥선대원군은 다시 청군에 의해 납치되었다.

이후 청군에 의해 정권을 다시 잡게 된 민씨 세력은 청에 의존하여 서서히 신문물을 받아들이자는 온건 개화파와 손을 잡게 된다. 그런데 이에 불만을 품은 급진 개화파 김옥균, 박영효 등은 일본을 등에 업고 변란을 꾸미는데, 이것이 1884년에 일어난 갑신정변이다.

이들은 결국 정권을 장악했다가 3일 만에 다시 청군에 의해 밀려났는데 이 사건으로 조선 땅에서 청과 일본이 세력 다툼을 벌여 조선의 자주권은 치명적인 손상을 입게 된다.

그러자 사회 혼란은 점차 가중되었고 전국곳곳에서 반봉건, 반외세를 내건 농민 봉기가 일어났다.

이는 결국 1894년3월 동학농민 운동으로 폭발하였다. 관군과 농민 사이의 전면전이 거세지자 급기야 민씨 세력은 청에 원병을 요청하고, 일본 역시 그들 간의 조약에 따라 군대를 동원했다. 이렇듯 외세의 개입으로 농민군과 관군은 화의를 약속하고 동학 농민 운동은 중단되기에 이른다.

한편, 일본과 청은 조선의 내정 개혁의 주도권을 놓고 다툼을 벌이다가, 먼저 일본이 민씨 정권을 몰아내고 흥선대원군을 궁궐에 들여 꼭두각시 정권을 탄생시켰다. 그 뒤 군국기무처가 설치되고 김홍집 중심의 내정 개혁이 단행되었는데, 이것이 갑오개혁이다.

또한 일본은 조선에 주둔해 있던 청군을 공격하기에 이른다. 이렇게 시작된 청·일 전쟁은 두 달 만에 일본의 승리로 끝나고, 이로써 일본은 본격적인 조건 정복을 위한 내정 간섭을 시작하게 된다. 이처럼 일본의 침략 행위가 노골화되자 동학 농민군은 일본군 타도를 내세우며 다시 봉기하였다. 하지만 근대적인 무기로 무장한 일본군에 밀려 결국 실패로 끝나고 만다.

이후 일본의 조선에 대한내정 간섭은 더욱 강화되었다. 이에 조선은 친러 정책을 실시하여 일본군을 몰아내고자 하였다. 이때 러시아에 손을 뻗는 데 주도한 사람이 명성황후였다.

이런 상황을 감지한 일본은 1895년 명성황후를 시해하고 친일 세력에게 조정을 장악하게 한다. 이 사건이 을미사변이다.

한편 고종은 을미사변 후 신변에 위협을 느끼고 은밀히 러시아와 내통하며 1896년 러시아 공사관으로 몸을 옮긴다(아관파천). 고종은 이곳에서 친러 정권을 수립하여 친일 내각의 요인들을 단죄하였고, 갑오개혁 때 실시된 단발령을 철폐하였다. 그러나 친러 내각이 집권할 무렵에는 이미 나라의 위신이 추락하고 국권의 손상이 극심한 상태였다. 이에 독립협회와 국민들은 고종의 찬궁을 요구하는 목소리를 높인다. 그리하여 결국 고종은1 897년 1년 만에 다시 환궁하여 국호를 '대한제국'으로 고치고 연호를 '광무'로 정하였으며, 황제 즉위식을 거행하였다.

이후 일본은 러·일 전쟁을 벌여 승리를 거둔다. 이 전쟁에서 승리한 일본은 고종에게 노골적인 압력을 가하여 제1차 한·일 협약을 강요하였고, 1905년에는 을사조약을 체결하고 만다.

일본이 설치한 통감부에 의해 외교권이 박탈당하자고 종은 대한제국의 문제를 국제 사회에 알리기

이완용

고종황제와 명성황후가 모셔져있는 홍릉

위해 네덜란드 헤이그에서 개최된 '제2차 만국평화회의'에 특사를 파견하는 계획을 세우는 등 수차례 지원 요청을 하려 했지만 모두 실패로 돌아간다. 결국 헤이그 밀사 사건을 빌미로 고종은 이완용, 송병준 등 친일세력 일본의 강요에 의해 1907년 7월 퇴위하게 된다.

고종 사실상 조선의 마지막 왕이나 다름없었으며, 나라를 빼앗기는 비운을 맞은 왕이었다. 일본에 의해 강제로 을사조약이 체결되고, 황제 자리에서도 물러난 뒤에도 일본의 국권 침탈을 지켜볼 수 밖에 없는 처지였다.

 경운궁을 통해 고종의 국난극복의 상징성

1. 대한제국과 경운궁

(1) 근대국가의 틀을 마련

밀려드는 외세에 대비하지 못했던 조선은 개항만으로는 그 위기를 극복할 수 없었다. 대한제국의 탄생은 이러한 국난극복을 위한 시도였으며 정치적으로 국제사회의 세력 균형을 통해 자주권을 유지하려는 방편이었다. 이는 곧 국가 체제의 정비를 통한 근대국가의 틀을 세우는 작업이었고 출발점이 경운궁의 건립이었다.

(2) 국난극복의 구심점

경운궁이 가지고 있는 역사적 가치는 임진왜란으로부터 이어진다. 경운궁 터는 원래 월산대군 이정의 사저로 쓰이다가 1592년 임진왜란의 발발로 경복궁과 창덕궁이 화재로 소실되었다. 이후 서울로 환궁한 선조는 월산대군의 집을 행궁으로 쓰다가 1609년 승하 할 때까지 16년 간 이곳에 머물려 정사를 보았다. 이렇듯 덕수궁은 임진왜란을 극복해 낸 역사적 장소로서 대한제국을 선포한 고종은 국난극복의 상징성을 이어받아 경운궁을 건립했던 것이다.

(3) 근대국가 건설을 향한 고종의 의지

① 대한문

보통 궁궐 정문의 이름은 모두 화(化)자로 끝난다. 그러나 경운궁만은 다르다. 대한문은 경운궁의 정문으로서 원래 이름은 대안문이었다. 경운궁의 건설당시 위태로운 국가 상황속 에서 국민들을 보호하고자 하는 국태민안의 뜻을 담은 대안문 이었지만 1904년 경운궁의 대화재 이후 1906년 대한문으로 개칭되었다. 1905년 을사늑약으로 국권이 위태로워진 시점에서 '한양이 창대해진다'는 의미를 담은 대한문으로의 개칭은 근대국가 건설의 중심에 경운궁이 있으며 고종이 얼마나 근대국가로의 발전을 원했는지 알 수 있는 부분이다.

대한문

② 중화전

중화전은 경운궁의 정전으로서 다른 궁궐의 정전과는 다른 뚜렷한 차이가 있다. 보통 정전의 이름에는 정(政)자가 들어간다. 경복궁의 근정전, 창덕궁의 인정전, 창경궁의 명정전, 경희궁의 숭정전등 대부분의 정전에 들어가는 정(政)이 아닌 화(和)자 들어가 있다. 중화라는 의미는 '한쪽으로 치우치지 않는 바른 성정'이라는 뜻으로 중용에서 유래했다. 중화전이 완공된 1902년 당시는 대한제국을 둘러싼 세계열강들의 경쟁이 치열하게 전개되고 있는 상황이었으므로 고종은 복잡하게 얽혀 있는 세계 정세 속에서 조선을 어느 한쪽에 치우치지 않는 근대국가로 발전시키겠다는 의지를 중화라는 의미에 담았다.

2. 일제 침탈의 흔적들

(1) 단층의 중화전

1904년 4월 경운궁에 큰 화재가 발생하였다. 화재는 고종의 침전이었던 함녕전에서 발생하여 중화전, 즉조당, 석어당 등의 전각이 소실되었다. 당시의 화재는 일본인이 방화한 것으로 알려지기만 했을 뿐, 화재의 원인은 정확히 밝혀지지 않았다. 단지 추측하건데 1904년 2월 8일 러일전쟁이 발발한 이후 러시아는 2월 12일 공사를 서울에서 철수시켰으며 아관파천 이후 조선이 일본 세력에 맞설 수 있게 지원해준 러시아 공사가 철수한 후 전시체제에서 발생한 화재는 조선의 입장에서 보면 우연히 발생한 화재는 아니었다. 1902년 완공된 중화전은 원래 복층의 구조로 되어 있었지만 화재로 인하여 소실되었고, 1906년 다시 세워진 중화전은 단층의 구조를 가지고 있다.

중화전의 단층

(2) 선원전과 터의 해체

1919년 고종의 승하로 인하여 경운궁 또한 일제에 의해 해체되기 시작한다. 지금의 덕수 초등학교와 정동 제일교회, 미국 대사관저를 포함한 6~7천평 규모의 선원전 터는 1920년 선원전의 어진을 창덕궁으로 옮긴 후 조선은행, 식산은행, 경성일보사 등에 매각되었다. 이후 경성여자공립보통학교(현 덕수초등학교 터), 경성제일공립고등여학교(구 경기여자고등학교 터)가 차례로 건축되었고 1927년에는 경성방송국과

구세군 본영이 건축되면서 선원전 터의 흔적은 완전히 사라졌다.

(3) 경운궁의 공원화

1931년 이왕직은 경운궁의 1만 여 평을 중앙공원을 만들겠다는 발표를 하였고 경운궁의 공원화를 추진하면서, 중화전과 함녕전 권역을 중심으로 한 주요 전각만 남겨둔 채 구여당, 함유재, 영복당, 수인당 등 많은 전각들이 철거되었다. 1932년 4월부터 경운궁 내 전각의 수리와 해체가 진행되었고 돈덕전이 있던 자리에는 아동 운동장도 만들어졌다.

3. 경운궁의 근대사적 의의

(1) 항일의 의지

1895년 일어난 을미사변은 일본의 조선에 대한 침략과 압박이 더 노골화되고 있음을 보여주는 사건이었다. 1894년 발생한 청일전쟁의 승리로 인하여 일본은 조선에서의 세력 우위를 점할 수 있었다. 이러한 참극으로 고종은 일본군과 일본 공사관의 영향력에서 벗어나기 위한 아관파천을 단행한다. 러시아 세력을 끌어들여 조선에서 팽창하고 있는 일본 세력을 견제하기 위한 조치였지만 당시 러시아도 조선에서 일본과의 충돌을 피하려고 하였다. 당시 러시아의 관심이 만주를 차지하는데 집중되어 있었을 뿐만 아니라 러시아의 재정 상태가 한국을 지원해줄 만큼의 여유 있는 상태가 아니었다. 당시 건설 중이었던 시베리아철도가 완성되기 전까지는 조선문 제로 인하여 일본과 충돌하는 것은 러시아에게 전혀 도움이 되지 못하였다. 1896년 체결된 로마노프-야마가타협정은 러시아가 당시 동아시아 정책에서 조선을 어떻게 인식하고 있는지를 보여준다. 그러나 분명한 것은 아관파천으로 인하여 일본은 조선에 지배권을 어느 정도 상실하였다는 것이다. 고종에게 이러한 상황은 독립에 대한 의지를 나타내며 열강들의 간섭에서 벗어날 수 있는 좋은 기회로 여겨졌다. 그 결과 덕수궁을 중건하여 대한제국을 선포하여 조선의 항일 의지를 일본에게 확고히 인식시킬 수 있었다.

(2) 고종에 대한 역사적 재인식

그동안 우리가 느꼈던 고종의 이미지는 유약하고 우유부단 하며 조선을 망국의 어둠으로 내몬 능력 없는 군주로 여겨졌다. 그러나 경운궁을 답사하고 고종에 대한 문헌들을 조사하며 느낀 것은 단지 그 모든 책임을 고종에게 전가할 수는 없다는 것이다. 정조의 승하 뒤에 이어진 세도정치 기간에 열강에 대항 할 수 있는 힘을 축적하지 못하였고 단지 강대국들에게 포위된 시대 조건으로 내정의 통제보다 외교를 주로 하던 끝에 국제적인 흐름에 휩쓸려 국력을 끝내 세우지 못하는 불운을 당하고 말았던 것이다. 당시 고종에 대한 서양인들의 평가를 보면 마르티나도이힐러는 '고종이 주변에서 벌어지는 사건들에 대해 수동적으로 대처한 것이 아니라 당시의 극심한 정치문제를 해결하기 위해 진지한 노력을 기울여왔다' 고 평가하였다. 이것은 흥선대원군과 명성황후 일족에게 피동적으로 끌려갔다는 부정적인 평가에 반증이기도 하다. 또한 1896년 10월에 간행된 「코리안레퍼지터리」 3권 11책에 실린 〈한국의 국황 폐하(His majesty, the king of korea)〉에 의하면 "폐하는 진보적이며 그리고 분명히 우리가 편견이라고 말해도 좋은, 동양의 대부분의 나라에서 우세한, 서양의 사람들, 제도들과 관습들에 적대적인 생각에 젖어 있지 않다. 그는 교육적인 일에 아주 관심이 많으며, 그리고 최근 수 년 안에 이런 진보적 방향에서 물질적인 진보들이 이루어졌다"고 평가하고 있다. 이런 고종에 대한 긍정적인 평가는 분명 그가 군주로서의 역할을 충실히 이행하였으며 조선의 발전을 그 누구보다 염원하였던 것을 증명하는 증거들이다. 그리고 경운궁은 이러한 고종의 의지를 고스란히 볼 수 있는 역사적 공간이다.

4. 결론

이상과 같이 근대기 조선 궁궐의 훼손을 통해 일제강점기에 자행된 우리 민족의 얼 죽이기에 대해서 알아보았다. 훼손의 과정은 궁궐의 전각을 다른 곳으로 옮기는 형식, 전각을 해체하는 형식, 그리고 궁궐 내로 새로운 길을 내어 궁궐이 가지고 있는 민족적 정기를 훼손하는 등 여러 형태로 나타났다. 또한 명확한 원인이 밝혀지지 않은 화재로 인하여 궁궐이 소실되는 일도 발생하였다. 경운궁의 경우 고종의 퇴위 후

궁호까지 바뀌는 굴욕까지 당하게 된다. 이런 상황은 일제강점기 내내 지속되었고 이러한 잔재는 부분적으로 현재까지 남아 있는 상태이다. 이처럼 일제에 의한 우리 궁궐의 훼손은 무자비하고 계획적으로 이루어졌다. 그 이유는 궁궐이 가지고 있는 민족적 구심점을 와해시켜 조선의 식민지화를 수월하게 진행하기 위함이라고 판단된다. 궁궐이 가지는 중요성은 아관파천 이후 경운궁을 중건하여 대한제국을 선포한 고종의 업적에서도 확인된다. 대한제국 선포 당시 경운궁은 일제의 침략에 대항하여 조선을 근대국가로 탈바꿈 시키고자 하는 고종의 의지와 민족의 정신이 내포된 상징적 구심점 이었다. 고종의 퇴위 후 경운궁에 단행되었던 선원전 터의 해체와 공원화는 일제의 궁궐에 대한 인식을 파악할 수 있는 증거이다.

정부는 2010년부터 2017까지 3단계에 걸친 경운궁 복원 사업을 추진하고 있다. 이미 복원 사업을 마무리 한 경복궁의 광화문 현판이 균열로 인하여 수리에 들어갔다는 소식은 정부의 복원 사업이 제대로 진행되고 있는가를 의심하게 한다. 경운궁은 대한민국의 근대사적 가치를 많이 포함하고 있다. 경운궁의 복원은 암울했던 근대의 역사를 새롭게 인식하여 국가와 민족의 자존심 회복과 자긍심을 고취시키는 새로운 계기를 만들 수 있고 일제강점의 역사적 현장이라는 상징성은 제대로 된 역사교육을 통해 일본의 역사왜곡에 대응할 수 있는 우리의 역사적 증거가 될 것이다. 따라서 정부의 복원 계획은 체계적이고 역사적 고증에 의한 완벽한 복원이어야 할 것이다.

〈참고문헌〉

고종황제가 경운궁을 세운 뜻, 이태진, 교보문고, 2010

궁궐의 눈물 백년의 침묵, 우동선외 7명, 효형출판, 2009

경운궁 복원계획에 관한 연구, 최병선, 명지대학교 산업대학원, 2008

덕수궁 '시대의 운명을 안고 제국의 중심에 서다', 안창모

고종황제가 사랑한 정동과 덕수궁, 김정동, 발언,

테라우치 총독 조선의 꽃이 되다, 이순우, 하늘재, 2004

고종시대의 재조명, 이태진, 태학사, 2000

부끄러운 문화답사기, 기록문학회, 실천문학사, 1997

신 궁궐기행, 이덕수, 대원사, 2004

한국사 그 끝나지 않는 의문, 이희근, 다우, 2001

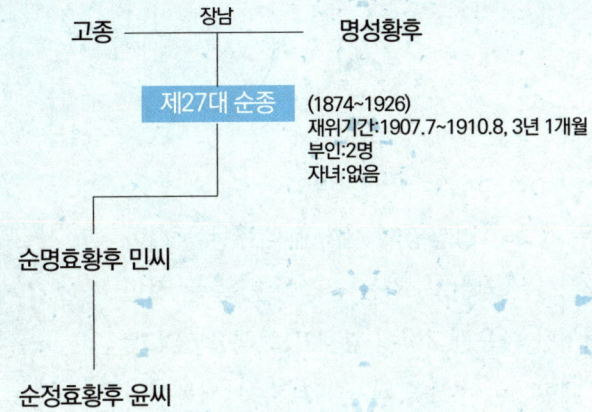

순종실록
제27대 (1874~1926년)

순종은 고종과 명성왕후 사이에 태어난 둘째아들이다. 이름은 척이고, 자는 군방이며, 호는 정헌이다. 태어난 다음해 2월에 왕세자로 책봉되었고, 1897년 대한제국이 수립되자 황태자로 책봉되었다. 1907년 7월 고종의 뒤를 이어 대한제국 제2대 황제로 즉위한 순종은 창덕궁에 거처하다가 1926년 4월 25일 53세의 나이로 죽었다. 국장이 치러지는 6월10일 인산일에 전국적으로 6.10 독립만세운동이 일어났다. 능호는 유릉(경기도 남양주시 금곡동)이다.

조선 27대 순종

조선 최후의 왕인 순종시절에 사실상 정권이 일본으로 넘어갔다고 볼 수 있다. 고종이 강제로 물러나고, 순종이 즉위를 하자 관리의 임명권과 경찰권 과 사법권등 국가가 필요로 하는 권력들이 일본에 넘어 가게 되는 한일 신협약이 체결되었다. 동양척식주식회사 설립을 허가하여 주었으며 마침내 1910년에 국권마저 빼앗기게 되었다.

『순종실록』

『순종실록』은 조선 27대 왕이며 대한제국의 두 번째 황제였던 순종의 역사를 기록한 것으로 본문 4권 3책, 부록 17권 4책, 목록 1책을 합쳐 모두 22권 8책으로 간행되었다. 원제는 『순종황제실록』이다. 순종이 재위 4년 만에 한일합병으로 폐위되었으며, 일제강점기에 일본인들이 기존의 관례에 따라 편찬한 것이다. 이왕직의 주재로 1927년 4월부터 1935년 3월 사이에 고종실록과 함께 편찬했다. 내용은 관찬기록에서 발췌하여 정리한 것이며, 편찬 중에 일일이 일본인의 감수와 교정을 거친 것으로 형식적 의미가 강한 책이다.

『순종실록』은 『고종실록』과 함께 일제침략기에 일본인들의 주관하여 편찬하였기 때문에 일반적으로 『조선왕조실록』에는 포함시키지 않는다. 『순종실록』은 『고종실록』과 함께 1927년 4월 1일부터 1935년 3월 31일까지 이왕직의 주관 하에 편찬하고 간행되었다.

한일합방과 오적들

1907년 7월, 헤이그밀사사건의 책임으로 고종이 물러나면서 순종이 즉위했다. 그러자 한일신협약(정미 7조약)을 강제로 성립시켜 국정전반을 일본인 통감이 간섭할 수 있도록 했다. 더구나 정부 각부의 장관을 일본인으로 임명하는 차관정치를 시작했다.

또한 일제는 재정부족을 이유로 조선군대를 강제로 해산시켰다. 이에 분노한 참령 박성환이 권총으로 자결했고, 해산된 군인과 의병들이 일본군에 대항하여 싸웠다. 하지만 무기와 병력이 우세한 일본군에게 참패당했다. 이것을 빌미로 엄귀비가 낳은 황태자 이은을 유학이란 명목으로 일본에 볼모로 데려갔다.

1909년(융희 3년) 7월엔 기유각서로 사법권마저 강탈당했다. 이때 이토가 사임하고 일본으로 돌아간 후 소네가 부임했는데, 그는 대한제국의 식민화계획을 더욱 강화했다.

내무대신 송병준은 이용구와 함께 노골적으로 합방론을 주장하면서 한일합방건의서를 일본정부에 제출했다. 그러자 한발 늦은 이완용의 눈에선 시기의 빛이 일어났다. 이완용은 그의 비서 이인직과 민영규를 시켜 원각사에서 국민대회를 개최하게 했다. 이때 송병준과 이용구를 규탄했다. 그러자 송병준은 합방 안이 시기상조라며 독자적인 합방 안을 꾸미고 있었다.

이완용은 12월 명동성당에서 열린 벨기에 국왕추도식에 참석한 뒤 인력거를 타고 출발할 때였다. 그 순간 이재명이 이완용의 어깨와 심장을 칼로 찔렀지만 죽지 않았다. 이완용은 15년 뒤 그 후유증으로 죽었다. 당시 이재명은 현장에서 체포되어 사형을 당했다.

1910년(융희 4년) 7월, 육군대신 데라우치 통감이 일본정부의 지시대로 이용구, 송병준 등의 일진회 합방안을 총리대신 이완용에게 지시하자 그는 기꺼이 찬성했다.

송병준

이렇게 하여 일진회와 이완용이 앞장서서 한일합방을 성사시켰다. 8월 11일 이완용의 사주를 받은 순정효황후의 숙부 윤덕영이 옥새를 훔쳐 날인하여 이완용에게 건네주었다.

이때 옥새에 얽힌 일화가 있다. 오적 이완용 등 친일파들이 순종에게 한일합병조약에 날인할 것을 강요했다. 이때 병풍 뒤에서 이것을 엿듣고 있던 윤 씨가 옥새를 치마 속에 감춘 후 내놓지 않았다고 한다. 그러자 숙부 윤덕영이 강제로 옥새를 빼앗아 갔다고 한다. 순종의 계비 순정효황후 윤 씨는 20년 연하로 해평 윤 씨 해풍부원군 윤택영의 딸이다.

일본은 즉시 합방사실을 외국에 통고하였지만, 조선 내에서는 8월 29일 공표했다. 이로써 조선왕조는 27대 519년 만에 막을 내리고 말았다.

순종황제의 유언과 6·10만세운동

1926년 4월 25일(음3월14일) 오전 6시 15분, 대한제국 마지막 황제 순종은 피맺힌 한을 토하는 유언을 남기며 창덕궁 대조전에서 53세로 숨을 거뒀다.

"일명을 겨우 보존한 짐은 병합 인준의 사건을 파기하기 위하여 조칙 하노니 지난 날의 병합 인준은 강린(일본)이 역신의 무리(이완용 등)와 더불어 제멋대로 만들어 선포한 것이요, 다 나의 한 바가 아니라. 오직 나를 유폐하고 나를 협제하여 나로 하여금 명백히 말을 할 수 없게 한 것으로 내가 한 것이 아니니 고금에 어찌 이런 도리가 있으리오. 나 구차히 살며 죽지 않은 지가 지금에 17년이라. 종사의 죄인이 되고 2천만 생

6·10만세 운동

민의 죄인이 되었으니, 한목숨이 꺼지지 않는 한 잠시도 잊을 수 없는지라, 유인에 곤하여 말할 자유가 없이 금일에까지 이르렀으니…….”

순종이 갑작스럽게 죽은 것은 독살이라는 설이 많다. 즉 1898년 커피를 즐기던 고종과 황태자 순종의 커피에 독을 넣었다는 일제 독살설이 있다. 커피 맛을 잘 아는 고종은 한 모금 마시다가 뱉어버렸지만 순종은 다 마셔버려 두뇌에 이상이 왔다는 독살 미수사건의 일설도 있다.

순종황제는 성불구자?

이 당시 민간에서는 순종이 세자 때부터 성불구자였다는 소문이 파다하게 퍼졌다. 황현은 『매천야록』에서 이렇게 전하고 있다.

《세자가 장성했으나 음경이 오이처럼 드리워져 발기되는 때가 없었다. 하루는 명성황후가 계집종을 시켜 세자에게 성교하는 것을 가르쳐주게 하고 자신은 문밖에서 큰 소리로 '되느냐, 안되느냐?'하고 물었으나 계집종은 '안 됩니다.'라고 했다. 명성황후는 가슴을 치며 자리를 일어섰다.》

황현의 기사를 분석해 보면 순종에게 후사가 없었던 점을 생각하면 그의 신체에 문제가 있었을 가능성이 많다.

1898년 '김홍륙 독차사건(1898년)도 순종의 몸을 크게 상하게 했다. 김홍륙은 고종의 러시아어 통역이었으나 거액을 착복한 사실이 드러나 유배형을 받았다. 이에 대해 매천야록은 다음과 같이 기록하고 있다.

《김홍륙은 이에 원한을 품고 어전에서 음식을 담당하던 김종화를 매수해 고종이 마시는 커피에 독약을 타도록 사주했다. 평소 커피를 즐겨 마셨던 고종은 한 번 마시고 토해냈지만, 맛을 구분하지 못하던 황태자는 맛을 보다가 복통과 어지럼증으로 쓰러졌다.》

이밖에 순종이 정신적으로 결함이 있다는 소문과 다른 기록도 있다. 1907년부터 13

순종과 순종효황후

년간 궁내부에서 일한 일본인 곤도 시로스케가 펴낸 대한제국황실비사에는 다음과 같이 적혀있다.

《순종은 자애로운 인정을 지녔으며, 주변인물의 이름과 가족의 일까지 잘 알았으며, 연회석상에서 누구와도 흥미로운 얘기를 나누었다. 명석한 두뇌와 기억력은 참으로 경이로웠다》고 썼다.

순종은 족보연구와 전통의례에 매우 관심이 많았고 경쟁과 살벌함을 싫어했다고 한다.

《도쿄에서 스모를 관람하실 때 전하는 선수들이 거대한 몸을 날리며 장관을 연출하는 모습에는 흥미를 보이지 않으시며, 시종에게 '패한 자가 너무 안 되었구나, 모래흙투성이가 되어 필시 고통스러울 거야'》라고 말씀하셨다. 이렇듯 순종황제는 국난을 헤쳐 나가기엔 너무 유약하고 무책임한 지도자였다. 죽음으로 일본에 저항하지 못하고 왕가의 보전에만 집착하다가 1926년 4월 25일 심장병 등으로 세상을 하직했다.

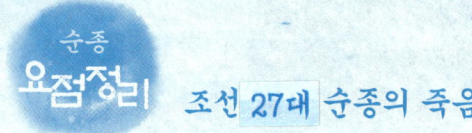 조선 27대 순종의 죽음

　1874년 고종과 명성황후의 이남으로 태어났으며 1875년 왕세자로 책봉되었다가 1895년 홍범14조 반포와 동시에 왕세자로 올랐고 1897년 대한제국이 수립되면서 황태자로 격상되었다.

　그 뒤 친일파 김홍륙이 고종과 순종을 해할 목적으로 고종과 황태자였던 순종이 즐기던 커피에 다량의 아편을 지속적으로 넣었는데 고종은 맛이 이상함을 알고 곧바로 뱉었으나, 순종은 그 사실을 알지 못하고 다량을 복용하여 치아가 모두 상실되고, 몇 일간 혈변을 누는 등 심한 몸살을 알았다고 한다.

　헤이그 밀사파견, 독립군 후원, 한일합방 서명반대 등 일본과 맞서 꺼져가는 대한제국을 지키고자 하였으나 김홍륙의 사주에 의한 다량의 아편 사용과 일본 낭인들에 의해 자행된 어머니 명성황후 죽음 등으로 극도의 스트레스를 받아 일찍 세상을 떠났다.

　합방에는 반대는 하였지만 총리대신 이완용이 서명한 한일합방으로 인해 대한제국은 무너지고 순종황제도 왕으로 강등되어 창덕궁에서 살았다가 죽었다.